Josef Scheipl
Alois Scheucher
Ulrike Ebenhoch
Eduard Staudinger

Zeitbilder OS SB 7/8

Geschichte und Sozialkunde
Politische Bildung

Vom Ende des Ersten Weltkrieges
bis in die Gegenwart

D1727140

www.oebv.at

Wie arbeite ich mit diesem Buch?

Am Anfang des Schulbuchs findest du Informationen zur **Kompetenzorientierung** in den Zeitbilder-Bänden. Da die Aufgabenstellungen mit **Operatoren** formuliert wurden, werden die wichtigsten Operatoren in einer Übersicht präsentiert. Die Zeitbilder-Autorinnen und -Autoren haben sich bezüglich der Bedeutung der Operatoren am Leitfaden des BM:UKK orientiert (vgl.: Die kompetenzorientierte Reifeprüfung aus Geschichte und Sozialkunde/ Politische Bildung. Richtlinien und Beispiele für Themenpool und Prüfungsaufgaben, 2010/2011, S. 14–18).

Alle elf Großkapitel starten mit **Auftaktdoppelseiten**. Großformatige Bilder, übersichtliche Zeitleisten sowie Einleitungstexte helfen dir beim Einstieg in das Kapitel. Sie wollen deine Neugier und dein Interesse wecken.
Die **Kompetenzboxen** zeigen auf, welche Teilkompetenzen du mit Hilfe der Kompetenztrainingskapitel besonders intensiv entwickelst und trainierst. Gibt es im Großkapitel Hinweise zu fachspezifischen Methoden und Arbeitstechniken, so werden sie ebenfalls in den Kompetenzboxen genannt.

Der Online-Code ⊕ verweist auf **Zeitbilder-Online**. Über die Internetseite **www.oebv.at** findest du Links und vielfältige Materialien zu Themen, die dich vielleicht interessieren könnten, sowie zahlreiche Karten aus dem Schülerband.

Jedes Großkapitel umfasst mehrere Einzelthemen. Sie werden in **überschaubaren Kapiteln** angeboten. Der Darstellungstext ist übersichtlich strukturiert (im Allgemeinen zwei oder vier Seiten). Vielfältige Materialien (Textquellen, Bilder, Karten, Illustrationen) helfen bei der inhaltlichen Auseinandersetzung.

Fragen und Arbeitsaufträge regen dich an, die jeweiligen Themen selbstständig zu bearbeiten.

In den **Kompetenztrainingskapiteln zum Bereich Historische Kompetenzen** entwickelst und trainierst du mit Hilfe von verschiedenen Materialien, z. B. Texten, Abbildungen oder Fotografien, die in diesem Schuljahr besonders wichtigen Historischen Teilkompetenzen. In einigen dieser Kapitel findest du auch Informationen zu fachspezifischen **Methoden** und **Arbeitstechniken** und lernst z. B. die Echtheit von Fotos zu überprüfen.

In den **Kompetenztrainingskapiteln zum Bereich Politische Kompetenzen** entwickelst und trainierst du mit Hilfe von verschiedenen Materialien, z. B. Texten, Abbildungen oder Fotografien, die in diesem Schuljahr besonders wichtigen Politischen Teilkompetenzen. In einigen dieser Kapitel findest du auch Informationen zu **Methoden** und **Arbeitstechniken** und lernst z. B. Wahlplakate zu beschreiben, zu untersuchen und zu interpretieren oder politische Reden zu untersuchen.

Das **Basiswissen** fasst am Ende jedes Großkapitels die wichtigsten Inhalte zusammen. Grundbegriffe erleichtern das Erlernen von Fachvokabular zu Geschichte und Politik.

Ein **Längsschnitt** behandelt die Entwicklung der Menschenrechte, ein zweiter die Konfliktregion Naher und Mittlerer Osten im 20. und 21. Jahrhundert.

Die **Semester-Checks** ermöglichen es dir, rasch festzustellen, welche Teilkompetenzen du im Laufe des Jahres/Semesters besonders intensiv trainiert hast und wo du die entsprechenden Kompetenztrainingskapitel findest. Außerdem erhältst du einen Überblick über die wichtigsten im Kapitel behandelten Themenbereiche.

Inhaltsverzeichnis

Kompetenzmodul 7
7. Semester

Österreich II – die Zweite Republik 162

Politische und rechtliche Systeme 182

Kompetenzorientierung in den Zeitbilder-Bänden

Die **Zeitbilder**-Bände unterstützen Schülerinnen und Schüler darin, Wissen und Kompetenzen im Fach Geschichte und Sozialkunde/Politische Bildung zu erwerben. In **Zeitbilder 7/8** finden sie 26 meist als Doppelseiten konzipierte Kapitel zum Trainieren und Erweitern der im Lehrplan vorgegebenen historischen und politischen Teilkompetenzen. Diese stehen immer wieder auch in Verbindung mit Hinweisen und Anleitungen zur Methodenschulung.

Die Aufgabenstellungen im Schulbuch wurden mit so genannten **Operatoren** formuliert. Das sind Verben, die zu bestimmten Handlungen auffordern, wie beispielsweise *beschreiben*, *analysieren* oder *interpretieren*. Die Operatoren lassen sich bestimmten Anforderungsbereichen zuordnen. *Beschreiben* gehört in den Anforderungsbereich I, hier steht die Wiedergabe von Sachverhalten im Mittelpunkt. *Analysieren* lässt sich dem Anforderungsbereich II zuordnen. Schülerinnen und Schüler sollen Inhalte selbstständig erklären, bearbeiten und auf unbekannte Zusammenhänge anwenden. *Interpretieren* gehört in den Anforderungsbereich III; Schülerinnen und Schüler sollen in der Lage sein, zu selbstständigen Begründungen und Bewertungen zu gelangen.

Das **Zeitbilder**-Team hat sich bezüglich der Bedeutung der Operatoren am Leitfaden des BM:UKK orientiert (vgl.: Die kompetenzorientierte Reifeprüfung aus Geschichte und Sozialkunde/Politische Bildung. Richtlinien und Beispiele für Themenpool und Prüfungsaufgaben, 2010/2011, S. 14–18):

Operatoren des Anforderungsbereiches I

Operator	Bedeutung des Operators	Beispiel aus Zeitbilder 7/8
herausarbeiten	Zusammenhänge aus dem zur Verfügung gestellten Material erkennen und wiedergeben	*Arbeite heraus, was Lenin unter der „Diktatur des Proletariats" verstand.*
beschreiben	Wichtige Sachverhalte aus (Vor-)Wissen oder aus dem zur Verfügung gestellten Material systematisch und logisch wiedergeben	*Beschreibe auch mit Hilfe der Homepages die angeführten Arbeitgeber/innen- und Arbeitnehmer/innenverbände näher.*
zusammenfassen	Sachverhalte auf das Wesentliche reduzieren und geordnet darlegen	*Fasse die Ergebnisse zu den in den Schaubildern gestellten Fragen zusammen.*

Auch: (be)nennen, ermitteln, feststellen, skizzieren, schildern, aufzeigen, auflisten, lokalisieren, definieren, wiedergeben

Operatoren des Anforderungsbereiches II

Operator	Bedeutung des Operators	Beispiel aus Zeitbilder 7/8
analysieren	Sachverhalte oder Materialien systematisch untersuchen und auswerten	*Analysiere das Schaubild in Hinblick auf den Wunsch der Bevölkerung nach einer Großen Koalition.*
erklären	Sachverhalte und Materialien durch eigenes Wissen in einen Zusammenhang einordnen und begründen	*Erkläre in knapper Form die politische und wirtschaftliche Situation des neu entstandenen österreichischen Kleinstaates.*
vergleichen	Sachverhalte oder Materialien gegenüberstellen, um so Gemeinsamkeiten und Unterschiede herauszuarbeiten	*Vergleiche die Wahlplakate der Ersten Republik mit Wahlplakaten der letzten bzw. der kommenden Nationalratswahlen.*

Auch: erläutern, auswerten, einordnen/zuordnen, untersuchen, begründen, charakterisieren

Operatoren des Anforderungsbereiches III

Operator	Bedeutung des Operators	Beispiel aus Zeitbilder 7/8
rekonstruieren/ erzählen/ darstellen	Die Vergangenheit in einer selbstständigen Erzählung kritisch darstellen mit Hilfe von Quellen, Darstellungen und eigenem Wissen	*Rekonstruiere mit Hilfe der Geschichtskarte den Verlauf des Zweiten Weltkrieges bis zur deutschen Kapitulation am 9. Mai 1945.*
beurteilen	Den Stellenwert von Aussagen, Behauptungen und Urteilen bestimmen, um so zu einem begründeten Urteil zu gelangen	*Beurteile, welche Voraussagen des Politikwissenschaftlers eingetroffen sind bzw. wo er sich geirrt hat.*
interpretieren	Aus Material Sinnzusammenhänge methodisch herausarbeiten und begründet Stellung nehmen	*Interpretiere den Passus „mit allen ihm zu Gebote stehenden Mitteln".*

Auch: bewerten, erörtern, dekonstruieren, darstellen, Stellung nehmen, diskutieren, überprüfen, gestalten, verfassen

Die Zwischenkriegszeit – Umbrüche und Krisen

1917	**1918 – 1922**	**1919**	**1922**	**1924**
Februar- und Oktoberrevolution in Russland	Bürgerkrieg in Russland zwischen „Roten" und „Weißen"	Vertrag von Versailles/ Vertrag von Saint-Germain; Völkerbund	Gründung der „Union der Sozialistischen Sowjetrepubliken" (UdSSR); Mussolinis „Marsch auf Rom"	Tod Lenins, Stalin wird Nachfolger

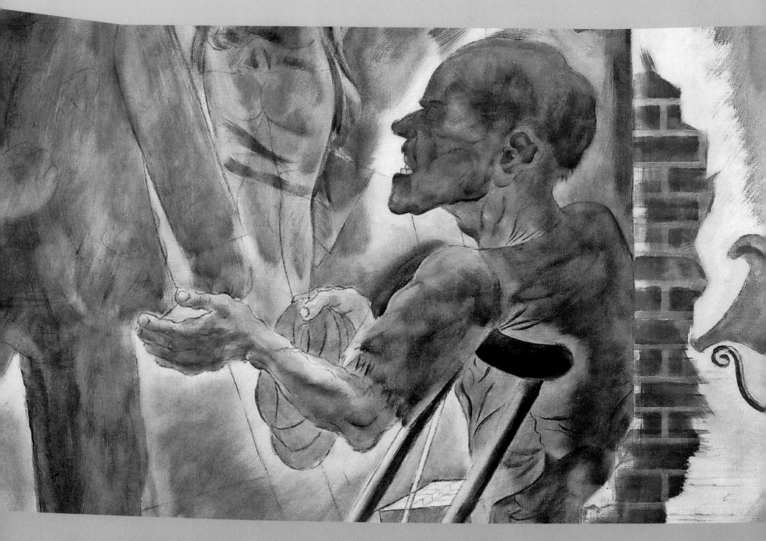

Der Erste Weltkrieg erschütterte Europa in seinen Grundfesten. Er hinterließ eine „zerbrochene" Welt. Die Besiegten waren enttäuscht und verbittert über die Friedensschlüsse. Dies bestimmte das politische, geistige und soziale Klima der Zwischenkriegszeit. Inflation, Arbeitslosigkeit und politische Instabilität führten in vielen Staaten zur Errichtung von vorwiegend rechtsgerichteten Diktaturen.

Ein erster Rückschlag für die Demokratie in Europa war die Machtergreifung Mussolinis in Italien. Auch in Spanien gelangten die Faschisten unter Franco nach mehrjährigem Bürgerkrieg an die Macht.

In Russland machte Stalin die neu errichtete Sowjetunion zu einer kommunistischen Diktatur. Die Massenarbeitslosigkeit infolge der Weltwirtschaftskrise gab extremistischen Gruppierungen weiteren Auftrieb. Im Deutschen Reich konnten die Nationalsozialisten die triste wirtschaftliche Lage für ihren Machtaufstieg nutzen.

Den USA gelang der Aufstieg zur führenden Weltmacht. Der „American Way of Life" beeinflusste das Leben in den europäischen Großstädten.

1924/25	**1929**	**1933**	**Ab 1934**	**1936 – 1939**
Zerschlagung des parlamentarischen Systems in Italien, Mussolini diktatorischer Regierungschef	Börsensturz, die Weltwirtschafts-krise beginnt	Roosevelt wird amerikanischer Präsident, neue Wirtschaftspolitik „New Deal"	Sowjetunion: Schauprozesse, stalinistische „Säuberungen", Deportationen, Ermordungen	Spanischer Bürgerkrieg, Sieg der Faschisten unter Franco

In diesem Kapitel trainiert und erweitert ihr vor allem folgende Kompetenzen:

Politikbezogene Methodenkompetenz
• Medial vermittelte Informationen kritisch hinterfragen

Historische Sachkompetenz
• Unterschiedliche Verwendung von Begriffen/Konzepten in Alltags- und Fachsprache erkennen sowie deren Herkunft und Bedeutungswandel beachten

Online-Ergänzungen
fj8v2t

■ George Grosz (1893–1959), „Drinnen und Draußen".
Gemälde, Öl auf Leinwand, 1926.

1. Veränderungen nach dem Ersten Weltkrieg

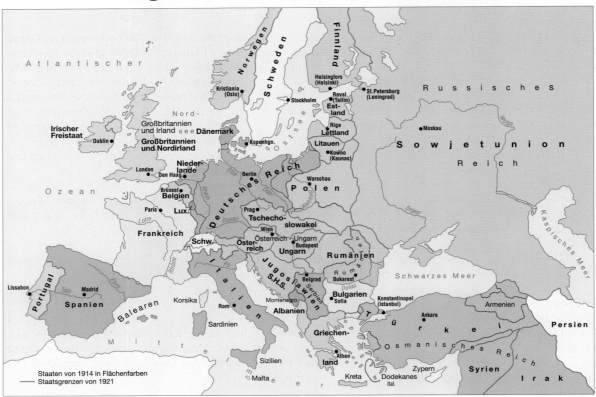

■ Der Erste Weltkrieg veränderte die politische Landkarte Europa.

→ Vergleiche Europas Staatenwelt vor und nach dem Ersten Weltkrieg. Benenne, welche Staaten neu entstanden sind.

Am 11. November 1918 unterzeichneten deutsche Politiker und Offiziere den Waffenstillstandsvertrag. Damit war der Erste Weltkrieg beendet. Zwei Tage zuvor war in Berlin die Republik ausgerufen worden. In Wien verzichtete Kaiser Karl auf jeden Anteil an den Staatsgeschäften, auch Österreich wurde Republik.
Die Verluste, die der Erste Weltkrieg verursachte, waren hoch: 10 Millionen Soldaten wurden getötet, über 20 Millionen verwundet. Enorm waren auch die Opfer unter der Zivilbevölkerung. Sachwerte waren in katastrophalem Ausmaß zerstört worden.

Wilsons 14 Punkte

Zu Beginn des Jahres 1918 legte Woodrow Wilson, der Präsident der USA, ein „14-Punkte-Programm" vor. Es sollte als Grundlage für den künftigen Frieden dienen, einem „Frieden ohne Sieger". Der Plan sah keine Kriegsentschädigungen vor.

Zentrale Forderungen waren:
– das „Selbstbestimmungsrecht der Völker",
– die Gründung einer internationalen Friedensorganisation („Völkerbund"),
– öffentliche Friedensverträge und Abschaffung der Geheimdiplomatie,
– Freiheit der Schifffahrt auf den Meeren,
– Neuordnung der Kolonialfragen,
– Rüstungsbeschränkungen.

Vor allem die neuen demokratischen Regierungen Österreichs und des Deutschen Reiches hofften auf die 14 Punkte Wilsons. Besonders die Umsetzung des Selbstbestimmungsrechtes der Völker sollte zur Richtlinie für die Neugestaltung Europas werden.

Die Friedensregelung

Im Jänner 1919 eröffneten die Siegerstaaten die Friedenskonferenz von Paris. Die Vertreter der Mittelmächte blieben von den monatelangen Verhandlungen ausgeschlossen. Alle Fragen wurden von den Siegerstaaten Frankreich, Großbritannien, Italien und USA allein entschieden. Sie hatten neben gemeinsamen auch völlig unterschiedliche Vorstellungen von der Friedensregelung.

Das Hauptanliegen des amerikanischen Präsidenten Wilson war die Schaffung des Völkerbundes. Das von Wilson vorgeschlagene „Selbstbestimmungsrecht der Völker" wurde vielfach nicht umgesetzt.
Frankreich setzte die wirtschaftliche Schwächung und Entmilitarisierung des Deutschen Reiches sowie Entschädigungszahlungen („Reparationen") für die Kriegsschäden durch.
Großbritannien versuchte, die französische Haltung zu mildern und Volksabstimmungen dort durchzusetzen, wo Gebietsabtretungen vorgesehen waren. Italien trachtete danach, Gebiete von Österreich und Jugoslawien zu gewinnen.
Die wichtigsten Bestimmungen der Friedensverträge waren folgende:

Vertrag von Versailles mit dem Deutschen Reich:
- Abtretung von Elsass-Lothringen an Frankreich sowie von Posen, Westpreußen und Oberschlesien an Polen
- Entmilitarisierung des Rheinlandes
- Völkerbundverwaltung im Saarland
- Abtretung der Kolonien an den Völkerbund zur Verwaltung
- Abrüstung auf ein Berufsheer von 100 000 Soldaten
- Wiedergutmachung der Kriegsschäden (Reparationen)

Vertrag von Saint-Germain mit Österreich:
- Anerkennung der „Nachfolgestaaten"
- Abtretung deutschsprachiger Gebiete im Sudetenland sowie in Böhmen und Mähren, Südtirols, von Teilen der Untersteiermark, des Mießtals, des Seelands und des Kanaltals
- Verbot des Anschlusses an das Deutsche Reich
- Abrüstung auf ein Berufsheer von 30 000 Soldaten

Vertrag von Trianon mit Ungarn:
- Abtretung von fast 70 Prozent Territoriums des Königreichs Ungarn an die Nachbar- und Nachfolgestaaten (siehe Karte)

Vertrag von Sèvres mit der Türkei (trat nicht in Kraft):
- Verlust aller arabischen Gebiete
- Abtretung der ägäischen Inseln an Griechenland

 Vergleiche die hier genannten Bestimmungen der Friedensverträge mit den hier angeführten Vorstellungen von Präsident Wilson. Erkläre, an welchen Bestimmungen des Versailler Vertrages die französischen Interessen erkennbar sind. Nimm Stellung dazu, welche Punkte das Deutsche Reich und Österreich vermutlich als besondere Härten empfanden. Erkläre, warum die Verlierer die Regelungen auch als „Diktatfrieden" bezeichneten.

Reaktion auf die Friedensverträge

In Österreich und im Deutschen Reich lösten die Bestimmungen der Verträge Verbitterung und anhaltende Proteste aus. Die hohen Reparationszahlungen und die Tatsache, dass dem Deutschen Reich und seinen Verbündeten die alleinige Schuld am Ausbruch des Krieges gegeben wurde, wurden entschieden abgelehnt.
Die Revision (= Zurücknahme) der harten Bedingungen des Versailler Vertrages war im Deutschen Reich eine wesentliche politische Forderung. Adolf Hitler erhob die Revision des „Schanddiktates", wie er den Versailler Vertrag nannte, zu einem seiner wichtigsten Programmpunkte.

Der amerikanische Politiker John Foster Dulles, der den Paragraphen der Alleinschuld des Deutschen Reiches entworfen hatte, meinte später:

Q *Es war in allererster Linie die heftige Reaktion des deutschen Volkes auf diesen Artikel des Vertrages, die den Grundstein für Hitler-Deutschland gelegt hat (…).*
(Zit. nach: Craig, Geschichte Europas 1815–1980, 1996, S. 96)

Der Völkerbund

1920 nahm der Völkerbund seine Tätigkeit auf. Damit wurde erstmals in der Geschichte eine globale Friedensordnung umgesetzt. Der amerikanische Präsident Wilson erwartete sich davon einen dauerhaften Frieden („Make the world safe for democracy") und die Entstehung bzw. Stärkung von Demokratien weltweit.

In den Satzungen hieß es u. a. (zusammengefasst):
Art. 8: Nationale Abrüstung bis zu einem Minimum, das mit der nationalen Sicherheit (…) vereinbar ist.
(…)
Art. 10: Gegenseitige Anerkennung der territorialen Integrität [Unversehrtheit der Grenzen, Anm. d. A.] und der politischen Unabhängigkeit der Mitglieder.
(…)
Art. 12: Ein Streit zwischen Mitgliedern, der den Frieden gefährdet, ist einem Schiedsgericht vorzulegen.
Art. 13: Die Mitglieder haben die (…) Entscheidungen (…) anzuerkennen.
(…)
Art. 16: Ein Mitglied, das Krieg beginnt, befindet sich im Krieg mit allen Mitgliedern des Völkerbundes. Diese brechen sogleich alle Handels- und Finanzbeziehungen mit ihm ab.
(…)
Art. 23: Weitere Aufgaben: (…) Sorge für gute Arbeitsbedingungen, Überwachung des Rauschgift- und Waffenhandels, Garantie des freien Handels, Maßnahmen gegen Krankheiten.
(…)
Art. 25: Das Rote Kreuz und ähnliche Organisationen sind zu unterstützen.
(Nach: Die Pariser Völkerbundakte vom 14. Februar 1919, Art. 8, 10, 12, 13, 16, 23, 25)

 Erörtere, inwiefern sich mit solchen Bestimmungen kriegerische Konflikte vermeiden lassen könnten.

Große Erfolge bei der weltweiten Friedenssicherung und Abrüstung konnte der Völkerbund nicht erzielen, jedoch wirkte er bei der Betreuung von Flüchtlingen, der Bekämpfung des Hungers und der Lösung einiger lokaler Konflikte in den 1920er Jahren mit.
Ein Grund für die Schwäche des Völkerbunds lag darin, dass wichtige Nationen nicht oder nur zeitweise Mitglieder waren.
Die USA traten dem Völkerbund gar nicht bei. Der Senat lehnte nämlich eine Mitgliedschaft wegen der neuen isolationistisch ausgerichteten Außenpolitik ab.
Erst spät oder nur zeitweilig Mitglied waren das Deutsche Reich (1926–1933), die Sowjetunion (1934–1939) und Italien (bis 1937).
Letztlich blieb der Völkerbund gegen die aggressiven Diktaturen im Deutschen Reich, in Japan und in Italien machtlos. Endgültig scheiterte er mit dem Ausbruch des Zweiten Weltkrieges. 1946 wurde er offiziell aufgelöst. Schon 1945 waren die „Vereinten Nationen" (UN) gegründet worden.

Folgen im Nahen Osten

Der Zerfall des Osmanischen Reiches führte zu großen Veränderungen im Nahen Osten (vgl. S. 272 ff.). 1916 schlossen Großbritannien und Frankreich ein geheimes Abkommen („Sykes-Picot-Abkommen"). Darin einigten sie sich darauf, wie sie das Osmanische Reich nach dem Sieg aufteilen wollten. Die Grenzziehung erfolgte dabei willkürlich, mit „Lineal und Zirkel". Dies geschah, obwohl Großbritannien den Arabern, die bei der Neuordnung des Nahen Ostens auf das nationale Selbstbestimmungsrecht pochten, die Unabhängigkeit versprochen hatte.

Gemäß dem Sykes-Picot-Abkommen erhielt Frankreich nach dem Ersten Weltkrieg vom Völkerbund ein Mandat (= das Recht auf Verwaltung) für das Gebiet, in dem heute Syrien und der Libanon liegen. Den Briten wurden der Irak, Jordanien und Palästina zugesprochen.

Der Journalist Bernhard Zand beschreibt das Sykes-Picot-Abkommen und seine Folgen so:

> Am Anfang der hundert Jahre Krieg im Nahen Osten aber steht der mutwillige Beschluss zweier europäischer Kolonialmächte, diesen Teil der Welt nach ihren Bedürfnissen zu ordnen und buchstäblich eine Linie in den Wüstensand zu ziehen. (…)
> Das Sykes-Picot-Abkommen ist ein ungeniert imperialistisches Dokument. Es nimmt keine Rücksicht auf die Wünsche der betroffenen Bevölkerung, setzt sich willkürlich über die ethnischen und konfessionellen Grenzen der arabischen und kurdischen Welt hinweg

> und beschwört damit Konflikte herauf, welche die Region noch hundert Jahre später plagen werden.
>
> *(Zand, Hundert Jahre Krieg, 27. 1. 2014. Online auf: http://www.spiegel.de/spiegel/print/d-124 719 307.html, 19. 9. 2017)*

1917 erklärte der britische Außenminister Balfour, dass seine Regierung die „Errichtung einer nationalen Heimstätte für das jüdische Volk in Palästina" begrüße. Noch war nicht von einem jüdischen Staat die Rede, aber von da an wurde das arabisch-jüdische Zusammenleben zu einer bedeutenden politischen Frage.

Im Gebiet des ehemaligen Osmanischen Reiches lebten Minderheiten, deren Hoffnungen auf einen eigenen Staat sich 1918 nicht erfüllten. Dies galt für die Kurden und für die Armenier. An den Armeniern wurde während des Krieges ein Genozid verübt.

Die britische Historikerin Margaret MacMillan antwortete 2015 auf die Frage: „Welches waren die größten Fehler der vier (Siegermächte), aus denen wir heute mit Blick auf Konflikte wie mit Russland oder im Nahen Osten lernen sollten?"

> Sie haben nicht alle Beteiligten an den Tisch geholt, haben die Verträge ohne die Deutschen gemacht und ohne die Russen. Sie hätten mehr tun müssen, um alle zu versammeln. Und sie hätten stärker auf die betroffenen Bevölkerungen hören müssen – insbesondere im Nahen Osten, wo die Siegermächte Grenzen ohne Rücksicht auf die Einheimischen zogen. Die Spätfolgen dieser Politik sind dort bis heute zu besichtigen.
>
> *(MacMillan, Den Versailler Vertrag trifft keine Schuld. Online auf: http://www.zeit.de/2015/46/margaret-macmillan-versailler-vertrag-woodrow-wilson/komplettansicht, 19. 9. 2017)*

Neue politische Entwicklungen in Europa

Nach dem Ersten Weltkrieg entstanden neue internationale Machtverhältnisse. Europa verlor seine Vormachtstellung. Die USA stiegen zur führenden Industrienation und zum größten Kreditgeber der Welt auf. Das Deutsche Reich und die Sowjetunion waren nach Kriegsende international isoliert: das Deutsche Reich als Kriegsverlierer, die Sowjetunion wegen der kommunistischen Machtübernahme.

Dies führte trotz aller ideologischer Gegensätze zu einer Annäherung der beiden Staaten. 1922 schlossen sie im italienischen Rapallo einen Handelsvertrag ab, der wenige Jahre später zu einem Freundschaftsvertrag erweitert wurde. Eine wesentliche Rolle spielte dabei das gemeinsame Interesse an der Zerschlagung Polens. Frankreich reagierte auf die deutsch-sowjetische Annäherung mit einem Bündnis mit der Tschechoslowakei und Rumänien („Kleine Entente"), um seine Stellung in Europa zu festigen.

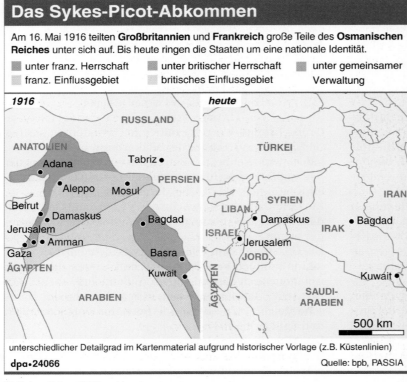

Das Sykes-Picot-Abkommen

Am 16. Mai 1916 teilten **Großbritannien** und **Frankreich** große Teile des **Osmanischen Reiches** unter sich auf. Bis heute ringen die Staaten um eine nationale Identität.

- unter franz. Herrschaft
- franz. Einflussgebiet
- unter britischer Herrschaft
- britisches Einflussgebiet
- unter gemeinsamer Verwaltung

1916

RUSSLAND
ANATOLIEN
Adana
Tabriz
Aleppo · Mosul
PERSIEN
Beirut
Damaskus
Jerusalem · · Amman
Bagdad
Gaza
ÄGYPTEN
Basra
Kuwait
ARABIEN

heute

TÜRKEI
SYRIEN
LIBAN.
Damaskus
ISRAEL
Jerusalem
JORD.
ÄGYPTEN
IRAN
IRAK
Bagdad
Kuwait
SAUDI-ARABIEN

500 km

unterschiedlicher Detailgrad im Kartenmaterial aufgrund historischer Vorlage (z.B. Küstenlinien)

dpa•24066

Quelle: bpb, PASSIA

■ Naher Osten 1916 und heute.

Bis 1948 entstanden im Nahen Osten neue Staaten. Sie gehen auf die Aufteilung in ein französisches und ein britisches Mandatsgebiet zurück.

Inflation, Reparationen und politische Unruhen

Einige Länder Europas litten von 1918 bis 1923 unter einer sehr hohen Inflation. Zur Finanzierung des Staatshaushaltes wurde besonders in Österreich und im Deutschen Reich immer mehr Geld gedruckt. Dieses verlor rasend schnell an Wert („Hyperinflation"). Dazu kam in diesen Jahren eine hohe Arbeitslosigkeit. Besonders viele heimkehrende Soldaten waren davon betroffen.

Die wirtschaftliche Krise führte im Deutschen Reich, wo 1918 eine Republik ausgerufen worden war (nach dem Tagungsort der Nationalversammlung „Weimarer Republik" genannt), zur Radikalisierung in der Politik. Vor allem extremistische rechte Gruppen verübten Staatsstreiche und politische Morde – auch an Regierungsmitgliedern.

Eine große innenpolitische Belastung für die Weimarer Republik stellten die hohen Reparationszahlungen dar, zu denen das Deutsche Reich laut Versailler Vertrag verpflichtet wurde. Als es 1923 mit seinen Reparationen in Verzug geriet, besetzten französische und belgische Truppen das Ruhrgebiet. In dem Monate dauernden „Ruhrkampf" wurden Gewalttaten auf deutscher und französischer Seite verübt.

Eine vorläufige Aussöhnung zwischen dem Deutschen Reich und Frankreich brachte erst 1925 der „Locarno-Pakt": Das Deutsche Reich gab seine Ansprüche auf Elsass-Lothringen auf, Frankreich räumte das Ruhrgebiet.

Daneben gelang es den deutschen Regierungen, die Summe der Reparationen durch Verhandlungen bis zu einer Schlusszahlung von 3 Milliarden Goldmark im Jahr 1932 zu senken.

Großbritannien – Risse im Empire

Großbritanniens Stellung als Großmacht blieb nach 1918 erhalten. Es gab aber wirtschaftliche Probleme. Die hohe Arbeitslosigkeit führte zu großen Streikbewegungen und Hungermärschen aus den Industriezentren nach London. Trotzdem fanden politische Extremisten keinen besonderen Rückhalt in der Gesellschaft, die Demokratie geriet nie ernsthaft in Gefahr. Die Labour Party stellte 1924 erstmals den Premierminister.

In Irland traten die Abgeordneten der irischen Nationalbewegung „Sinn Fein" im Dezember 1918 zu einem eigenen Parlament in Dublin zusammen und bildeten eine Regierung. Es folgte ein Krieg zwischen den irischen Nationalisten und englischen Truppen. 1921 erlangte der katholische Süden Irlands seine Unabhängigkeit und wurde Republik. Der mehrheitlich protestantische Norden (die Provinz Ulster) verblieb jedoch bei Großbritannien.

Veränderungen vollzogen sich aber auch im Empire. 1926 wurde eine britische Nationengemeinschaft, der „British Commonwealth of Nations", gegründet. Seine Mitglieder waren souveräne Staaten mit eigener Regierung und Außenpolitik sowie mit einem eigenen Parlament. Sie anerkannten jedoch die britische Königin oder den britischen König als gemeinsames Oberhaupt.

Die besonderen Krisenherde des Empire lagen in Ägypten und Indien, wo unter dem Einfluss Mahatma Ghandis der nationale Widerstand wuchs.

■ Inflation 1923: An der Theaterkasse des Schlossparktheaters in Berlin-Steglitz sind die Preise in Form von Naturalien angeschrieben. Foto, spätere Kolorierung, 1923.

> ### → Fragen und Arbeitsaufträge
>
> 1. Nenne je zwei territoriale, politische und wirtschaftliche Folgen des Ersten Weltkrieges.
> 2. Erstellt in Kleingruppen eine Zusammenfassung zum Thema: „Die wichtigsten Bestimmungen der Friedensverträge von Versailles und Saint-Germain und das 14-Punkte-Programm von Präsident Wilson".
> 3. Erkläre, warum der Vertrag von Versailles bei vielen Menschen im Deutschen Reich auf große Ablehnung stieß.
> 4. Erläutere die Bedeutung von Inflation und Reparationen für die Weimarer Republik.
> 5. Vergleiche die beiden Karten auf S. 12: Beschreibe, welche neuen Staaten aus den ehemaligen französischen und britischen Mandatsgebieten entstanden.
> 6. Erkläre, auch mit Hilfe der Textquellen, welche politischen Entscheidungen die Siegermächte während und nach dem Ersten Weltkrieg im Nahen Osten getroffen haben.
> 7. Zähle auf, welche Konflikte und Krisen es gegenwärtig in Ländern des Nahen Ostens gibt.
>   Untersuche, ob die Ursachen dafür (auch) mit den damaligen politischen Entscheidungen zu tun haben könnten.

2. Vom zaristischen Russland zur Sowjetunion

Das Zarenreich – ein rückständiger Staat

Die Oktoberrevolution von 1917 und die Errichtung der Sowjetunion beeinflusste die Geschichte des 20. Jh. wesentlich. Die Ursachen dafür waren die seit dem 19. Jh. ungelösten wirtschaftlichen, sozialen und politischen Probleme. An der Spitze des russischen Reiches standen absolutistisch regierende Zaren. Sie sicherten sich ihre Herrschaft mit Hilfe eines großen Polizei- und Spitzelapparates und der orthodoxen Kirche. Russland war zwar eine Großmacht, aber sozial und wirtschaftlich rückständig: Mehr als 80 Prozent der Bevölkerung waren besitzlose Kleinbauern. Ihre Aufstände wurden vom Militär stets mit Gewalt niedergeschlagen. Russlands Rückständigkeit zeigte sich auch in der späten Industrialisierung (ab 1870). Um 1900 machten die Fabriksarbeiter erst ca. 3 Prozent der Gesamtbevölkerung aus. Auch ihre Lebensumstände waren miserabel.

In der zweiten Hälfte des 19. Jh. entstanden in Russland unterschiedliche politische Gruppen. Sie alle bekämpften den Zarismus. Die größte Partei bis 1917 bildeten die Sozialrevolutionäre. Sie waren gemäßigte Sozialisten. Ab etwa 1880 verbreiteten sich auch die Lehren von Marx und Engels in Russland. Zu den marxistischen Aktivisten gehörte der junge Rechtsanwalt Wladimir Iljitsch Uljanow. Er nahm den Decknamen Lenin an. Für seine politischen Aktivitäten wurde er nach Sibirien verbannt. 1898 schlossen sich verschiedene sozialistische Gruppierungen zur „Russischen Sozialdemokratischen Arbeiterpartei" zusammen.

Lenins neue revolutionäre Partei

Seit 1900 lebten Lenin und andere Parteimitglieder außerhalb Russlands. Ab dem 2. Parteikongress der Russischen Sozialdemokraten (1903) nannten sie sich „Bolschewiki". Die zahlenmäßig weitaus größere Gruppe waren die „Menschewiki", die sozialdemokratische Ideen vertraten. Während seiner Jahre im Exil gestaltete Lenin die Lehre von Marx und Engels zum Marxismus-Leninismus um. Eine von Berufsrevolutionären geführte Partei sollte das politische Bewusstsein der Arbeiterschaft wecken und die Revolution in Gang setzen. Die bis zum Kriegsbeginn 1914 ziemlich bedeutungslose bolschewistische Partei nannte sich ab 1918 „Kommunistische Partei".

Februarrevolution und Sturz des Zaren

Im Ersten Weltkrieg schlitterte das russische Heer in eine Niederlage. Es mangelte an Kriegsmaterial, die Bevölkerung in den Städten hungerte. Seit 1916 brachen immer häufiger Streiks in den Betrieben aus: Die Menschen forderten vergeblich Frieden, Brot und höhere Löhne.

Am 25. Februar 1917 (nach dem alten Julianischen Kalender) gab der Zar den Befehl, auf wehrlose Demonstrantinnen und Demonstranten zu schießen. Doch das Militär weigerte sich und schloss sich dem Volk an.

Zwei Tage nach Ausbruch dieser Revolution („Februarrevolution") übernahm eine aus liberalen Adeligen und Großbürgern gebildete „Provisorische Regierung" die Staatsgeschäfte. Zar Nikolaus II. musste abdanken. Jetzt tauchten auch die verbotenen Petersburger Arbeiterräte (russ. Sowjets = Räte) aus dem Untergrund auf. Sie setzten sich aus Menschewiki, Bolschewiki und Sozialrevolutionären zusammen.

Lenin und etwa 30 Revolutionäre wurden im April 1917 mit deutscher Hilfe aus ihrem Exil in der Schweiz nach Petersburg gebracht. Die deutsche Regierung erhoffte sich nämlich von Lenins Rückkehr den Sturz der bürgerlichen Regierung und die von ihm angekündigte sofortige Beendigung des Krieges. Lenin beabsichtigte, die parlamentarische Republik durch eine Republik der Sowjets zu ersetzen. Die neue Gesellschaftsordnung wollte er mit der „Diktatur des Proletariats" durchsetzen. Lenin schrieb:

> **Q** *Der Übergang von der kapitalistischen zur kommunistischen Gesellschaft ist unmöglich ohne „politische Übergangsperiode", und der Staat dieser Periode kann nur die revolutionäre Diktatur des Proletariats sein. Zugleich mit der gewaltigen Erweiterung des Demokratismus (…) bringt die Diktatur des Proletariats eine Reihe von Freiheitsbeschränkungen für die Unterdrücker, die Ausbeuter, die Kapitalisten. Diese müssen wir niederhalten, ihr Widerstand muss mit Gewalt gebrochen werden (…).*
> (Lenin, Staat und Revolution, Kap. V. In: Lenin, Werke, Bd. 25, 1988, S. 393)

 Arbeite heraus, was Lenin unter der „Diktatur des Proletariats" verstand. Beurteile die Mittel, die Lenin zur Errichtung dieser Diktatur für notwendig hält.

Die Oktoberrevolution

Die Bolschewiki drängten auf ein sofortiges Ende des Krieges. Die „Provisorische Regierung" aber setzte ihn fort. Dies endete in einem militärischen Debakel, auch die katastrophale Versorgungslage verbesserte sich nicht. Innerhalb des Petersburger Sowjet wurden die Bolschewiki immer stärker und stellten mit Leo Trotzki den Vorsitzenden. Auch im Revolutionären Militärkomitee erlangten die Bolschewiken die Mehrheit.

Am 25. Oktober 1917 (nach dem Gregorianischen Kalender der 7. November) besetzten die von Trotzki geführten Petersburger Truppen zusammen mit den Roten Garden (= bewaffnete Arbeiterverbände) die strategisch wichtigsten Punkte der Stadt. Sie stürmten ohne nennenswerten Widerstand das Winterpalais, den Sitz der Regierung. Diese wurde entmachtet. Nach diesem Staatsstreich bildete Lenin eine neue Regierung. In den so genannten „Umsturzdekreten" verkündete er: sofortiger Austritt Russlands aus dem Krieg, Enteignung aller Gutsbesitzer und Verteilung des Landes an die Bauern, Enteignung der Fabriksbesitzer, Verstaatlichung von Industrie, Handel und Banken, Trennung von Kirche und Staat, Gleichberechtigung der Frauen und die Einführung der Schulpflicht.

Kommunistische Alleinherrschaft und Bürgerkrieg

Als Anfang 1918 bei den Wahlen zur „Verfassunggebenden Versammlung" die Bolschewiki keine Mehrheit erhielten, ließ Lenin die Versammlung auflösen. Er griff zur Absicherung der alleinigen Macht der Kommunisten auch zum Terror. Eine eigene Sicherheitspolizei, die Tscheka, konnte Todesurteile fällen und Menschen in Zwangsarbeitslager verschicken. Lenin hatte für den jungen Sowjetstaat die nationale Selbstbestimmung ausgerufen. Dies führte gleich zu seiner erheblichen Verkleinerung: Im Süden (Kaukasus) und Osten (Sibirien) des ehemaligen Vielvölkerreiches entstanden mehrere nationale, unabhängige Volksrepubliken.

Im verlustreichen Frieden von Brest-Litowsk verlor Russland Polen, Finnland, die baltischen Länder und die Ukraine (März 1918).

◼ Alexander Petrowitsch Apsit (1880–1944), Vom Jahre 1918. Propagandaplakat, 1918.

Apsit fertigte nach der Oktoberrevolution im Auftrag der bolschewistischen Regierung zahlreiche Revolutionsplakate an. Er prägte Bildsprache und Stil dieser Publikationsform und gilt heute als Begründer der sowjetischen Plakatkunst.

Übersetzung der Textteile: „Proletarier aller Länder, vereinigt euch!" – „Ein Jahr proletarische Diktatur. Oktober 1917– Oktober 1918".

Danach folgte ein grausamer Bürgerkrieg (1918–1922): „Weiße Armeen", bestehend aus zaristischen Offizieren, Großgrundbesitzern, gemäßigten Sozialisten und Westalliierten, bekämpften die von Leo Trotzki aufgebaute „Rote Armee". Der Krieg endete 1922 mit dem Sieg der kommunistischen „Roten".

Dieser Krieg zerstörte das Land. Landwirtschaft und Industrieproduktion lagen darnieder. Millionen Menschen verhungerten, Unruhen von Arbeiterinnen und Arbeitern sowie Bäuerinnen und Bauern folgten.

Lenin reagierte auf die katastrophale Wirtschaftskrise mit einer „Neuen Ökonomischen Politik" (NEP): Das totale Verbot von „Privateigentum an Produktionsmitteln" wurde aufgehoben. Nun konnten Bäuerinnen und Bauern die Hälfte ihrer Produkte selbst verkaufen, Handwerk, Kleinhandel und Leichtindustrie wurden zum Teil reprivatisiert. Ausländische Firmen (wie Ford mit einer riesigen Traktorenfabrik) wurden eingeladen, in der Sowjetrepublik zu investieren. Nur die Schwerindustrie, der Außenhandel, das Bank- und Verkehrswesen blieben in staatlicher Hand.

Die 1922 gegründete Union der Sozialistischen Sowjetrepubliken (UdSSR) erreichte ihre staatsrechtliche Anerkennung bei fast allen europäischen Staaten. Innenpolitisch wichtig war die 1922 auf dem Parteikongress getroffene Entscheidung, dass jede von der Parteispitze abweichende Meinung mit dem Parteiausschluss bedroht werde. Die Linie der Partei bestimmte ausschließlich das Zentralkomitee (ZK). Die eigentliche Parteispitze bildete das Politbüro. Dazu wurden noch ein Organisationsbüro und das Generalsekretariat geschaffen.

Der britische Historiker Steve A. Smith schrieb 2011:

> L *Am Beginn des 21. Jahrhunderts scheint der Schluss keineswegs gewagt, dass bestimmte Elemente der Russischen Revolution weiterhin inspirierend wirken werden und dass es andererseits viele gibt, die in ihrer Fürchterlichkeit eine deutliche Warnung enthalten.*
>
> (Smith, Die Russische Revolution, 2011, S. 244. In: Geschichte lernen, Heft 175/2017, Die Russische Revolution, S. 49)

→ Fragen und Arbeitsaufträge

1. Erläutere, inwiefern bestimmte Elemente der Russischen Revolution „weiterhin inspirierend wirken" können.
2. Nenne die Ursachen und Schritte, die von der Zarenherrschaft zur Gründung der Sowjetunion führten.
3. Recherchiere im Internet und verfasse Kurzbiographien über Lenin und Trotzki.
4. Analysiere das Plakat hinsichtlich Bildkomposition, Bildelementen und Symbolen.
5. Ordne das Propagandaplakat in den historischen Zusammenhang ein. Beurteile die mögliche Aussage des Künstlers Alexander Petrowitsch Apsit.

Medial vermittelte Informationen kritisch hinterfragen

3. „Wenn Fotos lügen …"

Die Inhalte in diesem Abschnitt dienen dazu, Politikbezogene Methodenkompetenz zu entwickeln. Anhand des Themas „Fotomanipulationen" soll der Einfluss der medialen Präsentationsformen reflektiert werden. Ziel ist, Verfälschungen der Aussagen von Fotografien zu erkennen. Dies ermöglicht dir auch, medial vermittelte Informationen kritisch zu hinterfragen.
Du erarbeitest dir diese Kompetenz in Verbindung mit dem Thema „Fotomanipulationen in der Sowjetunion".

„Ein Bild sagt mehr als tausend Worte"?

Häufig schenken wir Bildern mehr Glauben als Worten. Fast automatisch nehmen wir an, dass auf einem Foto „die Wirklichkeit" abgebildet ist. Dabei ist ein Foto nur ein Blick auf die Welt, von der in einem bestimmten Augenblick ein kleiner Ausschnitt gezeigt wird. Diesen Ausschnitt bestimmt die Fotografin oder der Fotograf durch die Wahl des Motivs, des Standorts, durch die Farbigkeit und durch den Zeitpunkt des Auslösens. In der Welt der digitalen Medien gehören manipulierte Fotos zum Alltag. Einige „Klicks", und mit Hilfe von Bildbearbeitungsprogrammen erscheinen Personen attraktiver, werden Ereignisse dramatischer, ungewöhnlicher o. Ä.
In der medialen Berichterstattung, vor allem in Sozialen Medien, werden immer wieder „Fake-Fotos" und manipulierte Videos, so genannte „Hoaxes" (im Internet bewusst verbreitete Falschinformationen) in Umlauf gebracht.
Auch in der Politik wurde und wird mit Fotomanipulationen Propaganda gemacht und werden politische Botschaften und Ansprüche inszeniert.

M2 Thomas Krüger, Präsident der Bundeszentrale für Politische Bildung, über die „Macht der Bilder" (2009):

Unser kulturelles Gedächtnis wird immer mehr mit Bildern füllt, von denen zumindest ein Teil zu Ikonen ganzer Generationen werden. Die Befähigung zu Bildinterpretation und Medienkompetenz ist daher zu einer wesentlichen Aufgabe der politischen und der historischen Bildung geworden.
(…) Die Fortentwicklung der Medien und Übertragungstechniken sorgte dafür, dass immer schneller, immer bessere Bilder jeden beliebigen Adressaten in allen Teilen der Welt von allen Schauplätzen erreichen. (…)
Der so genannten „Pictorial Turn" ist in aller Munde: Der kulturelle Wandel hin zu einer Mediengesellschaft, in der zunehmend Bilder und ihre Botschaften an die Stelle von Worten und ihren Nachrichten treten. (…)
Der technische Fortschritt hat uns aber (…) die Möglichkeit zur Manipulation der scheinbar so objektiven Fotografien und zum Einsatz dieser Bilder und Bilderfahrungen in anderen Zusammenhängen (beschert). Daher ist es umso wichtiger, nach den Bildern, ihren Ursprüngen, ihren Veränderungen und der politischen Absicht ihrer Verbreitung zu fragen: Wer bearbeitet welche Bilder oder welche Bildelemente in welcher Absicht?

(Krüger, Die Macht der Bilder. Online auf: http://www.bpb.de/presse/51122/die-macht-der-bilder, 20. 9. 2017).

M1 Grigori Petrowitsch Goldstein, Lenin spricht vor dem Bolschoi-Theater in Moskau zu den Truppen der Roten Armee. Foto, 5. Mai 1920:

■ *Neben der Tribüne stehen Leo Trotzki und sein Schwager Lew Kamenew. Beide fielen unter Stalin in Ungnade. Kamenew wurde im ersten Schauprozess 1936 zum Tod verurteilt und hingerichtet.*

Als die Fotos lügen lernten

Schon bald nach der Erfindung der Fotografie begannen Menschen Fotos zu manipulieren. Mit gefälschten Bildern wurde auch Politik gemacht: Häufig verwendete Methoden waren Retuschen mit Schere und Pinsel, Zusammensetzungen mehrerer Bilder, Umdatierungen, falsche Untertitel etc. Diktatoren des 20. Jh., z. B. Mussolini, Hitler und Lenin, kontrollierten die Veröffentlichung von Fotos und veranlassten Fotofälschungen zu Propagandazwecken.

Das „Verschwinden" Trotzkis und Kamenews

Das Foto auf S. 16 wurde am 5. Mai 1920 vom Fotografen Grigori Petrowitsch Goldstein aufgenommen. Es zeigt Lenin auf einem Holzpodium vor dem Bolschoi-Theater in Moskau vor zehntausenden Rotarmisten. Seitlich neben dem Podium stehen die Revolutionäre Trotzki und Kamenew. Dieses Bild wurde 1923 in einer Zeitschrift, später auch als Postkarte und 1927 in einem Buch veröffentlicht.

1927 unterlag Trotzki in einem innerparteilichen Machtkampf gegen Stalin und wurde aus der Partei ausgeschlossen. Ab diesem Zeitpunkt wurde von Goldsteins Foto nur mehr die linke Hälfte gedruckt.

Ab etwa 1933 wurden Trotzki und Kamenew in allen veröffentlichten Abbildungen der Szene vom 5. Mai 1920, sowohl in Gemälden als auch in Fotos, durch Holzstufen ersetzt. Das Foto auf dieser Seite ist Ergebnis einer solchen Manipulation.

Vermutlich zwischen 1935 und 1970 wurden solche Stufen als „Platzhalter" für Trotzki und Kamenew auch in das Originalfoto Goldsteins hineinretuschiert. Bis in die Zeit Gorbatschows wurde das Originalfoto nie mehr im Ostblock gezeigt.

Infos und Beispiele zur Bildmanipulation

- Manipulierte Bilder im Internet erkennen: www.saferinternet. at/ [Suchbegriff: Bildmanipulation]
- Beispiele für „Fake News" und manipulierte Bilder sowie Möglichkeiten, „Fake News" zu melden: www.mimikama.at

Methode

Die Echtheit von Fotos überprüfen

- **Quelle hinterfragen:** Welche Person bzw. Organisation steht hinter der Veröffentlichung, wer ist der Fotograf bzw. die Fotografin?
- **Kontext überprüfen:** Passt die Bildunterschrift bzw. der Text oder die Geschichte zum Foto? Lässt sich die Echtheit des Bildinhalts überprüfen?
- **Bildherkunft überprüfen:** Eine Bildersuche im Internet ermöglicht es manchmal, den tatsächlichen Ursprung eines Bildes herauszufinden, z. B. mit Hilfe von: https://images. google.com (Desktop), www.tineye.com (Desktop & mobil) oder www.imageraider.de (Desktop & mobil).
- **Hoax-Datenbanken checken:** Wurde ein Bild bereits als Fälschung enttarnt, z. B. mit der Suchmaschine www.hoax-search.com?

→ Fragen und Arbeitsaufträge

1. Erläutere ausgehend von den Informationen und Materialien auf dieser Doppelseite, warum es wichtig ist, Bilder kritisch untersuchen und interpretieren zu können.
2. Erkläre in eigenen Worten den Begriff „Pictorial Turn".
3. Beschreibe, wie das Foto M3 manipuliert ist. Erkläre den historisch-politischen Hintergrund für diese Manipulation. Finde weitere Beispiele aus der Geschichte, in denen man versuchte, Personen, die „in Ungnade gefallen waren", aus der öffentlichen Wahrnehmung und/oder aus der Erinnerung der Öffentlichkeit „verschwinden" zu lassen.
4. Analysiere ein selbst gewähltes Foto eines geschichtlich oder medial bedeutsamen Ereignisses, das manipuliert wurde, z. B. „Raising the Flag on Iwo Jima" von Joe Rosenthal (1945), „Loyalistischer Soldat im Moment des Todes" von Robert Capa (1936), das Bild aus dem Irak-Krieg für die Titelseite der Los Angeles Times von Brian Walski (2003). Recherchiere die Hintergrundinformationen dazu und präsentiere das Foto und deine Ergebnisse.

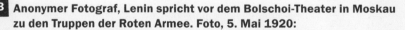

M3 **Anonymer Fotograf, Lenin spricht vor dem Bolschoi-Theater in Moskau zu den Truppen der Roten Armee. Foto, 5. Mai 1920:**

■ *In diesem Foto eines anonymen Fotografen wurden Trotzki und Kamenew entfernt und an ihrer Stelle eine Holztreppe ins Bild retuschiert.*

4. „Goldene" Zwanzigerjahre?

So „golden" waren die 1920er Jahre nicht

Spricht man über die Zwischenkriegszeit, so fällt oft das Schlagwort von den „Goldenen Zwanzigerjahren". Gemeint ist damit die kurze wirtschaftliche Erholungsphase von 1924 bis zum Einsetzen der Weltwirtschaftskrise 1929. Seit Mitte der 1920er Jahre entstanden in Europa durch den Zusammenschluss von Unternehmen große Konzerne. Amerikanische Firmen bauten riesige Produktionsanlagen, vor allem im Deutschen Reich. Diese Großunternehmen rationalisierten ihre Produktionsmethoden und sparten dadurch Arbeitskräfte ein. Dies bedeutete für viele Arbeiterinnen und Arbeiter weniger Lohn aufgrund der großen Konkurrenz. Dazu kamen noch härtere Arbeitsbedingungen, vor allem durch den Einsatz des Fließbandes.

Klein- und Mittelbetriebe, die insgesamt mehr Menschen beschäftigten als die Großbetriebe, gerieten wegen der neuen Konzerne in Schwierigkeiten. In den Großstädten entstanden große Kaufhäuser. Sie lockten die Kundinnen und Kunden durch raffinierte Werbung und Sonderangebote. Kleine Geschäfte gerieten dadurch unter großen Konkurrenzdruck. Auch die Landwirtschaft war wegen der hohen Kosten für die Technisierung einem Strukturwandel unterworfen – Zwangsversteigerungen von Bauernhöfen nahmen stark zu. Der wirtschaftliche Wandel zeigte sich auch im gesellschaftlichen Bereich: Die Zahl der Angestellten wuchs kontinuierlich an. Diese wollten sich durch die Annahme moderner Lebensgewohnheiten bewusst von den „proletarischen" Arbeiterinnen und Arbeitern unterscheiden.

■ Werbeplakat (Ausschnitt), Die französische Schauspielerin und Tänzerin Edmonde Guy mit dem Staubsauger AEG Vampyr. Entwurf: Umberto Brunelleschi, Farbdruck, 1928. In den Familien der Ober- und Mittelschichten hielten Elektrogeräte Einzug in den Haushalten.

„Amerikanisierung" des Lebens in den Großstädten

■ Thomas H. Benton, „City Activities with Dance Hall". Gemälde (Ausschnitt), 1931.

Benton stellte in seinen Gemälden die amerikanische Kultur und Lebenswelt dar.

→ Benenne die dargestellten „City Activities". Erkläre, inwiefern das Gemälde den „American Way of Life" und die „Roaring Twenties" thematisiert.

In den 1920er Jahren orientierte man sich am „American Way of Life". Dieser war gekennzeichnet durch höhere Mobilität in Beruf und Freizeit, durch Massenkonsum und vielfältige Freizeitangebote. Unter den Metropolen in Europa verkörperte besonders Berlin diese moderne Welt.

Die Infrastruktur der Großstädte wurde verbessert: Man baute Schulen, Krankenhäuser, Schwimmbäder und große Fußballstadien (Wembley in London, Prater in Wien). Eine Weltstadt wie Berlin bot denjenigen, die es sich leisten konnten, zahlreiche Vergnügungsmöglichkeiten: Tausende Bars, Nachtclubs, Varietétheater, Tanzpaläste und Warenhäuser entstanden. Kulturelle Importe aus den USA eroberten die „alte Welt": In den großen Kinos wurden Hollywoodfilme gezeigt, die Jazzmusik fand Liebhaber und entschiedene Gegner. Neue Modetänze wie Charleston, Tango und Foxtrott lösten ein regelrechtes „Tanzfieber" aus.

Moderne Massenkommunikationsmittel gewannen schnell an Bedeutung: Die Anzahl der Radios in deutschen Haushalten steigerte sich von 1500 Geräten im Jahr 1924 auf 2,2 Millionen vier Jahre später. Schallplatten, Kino, Illustrierte, Boulevardzeitungen erreichten und beeinflussten Millionen Menschen. Die ungezwungenere Lebensweise und die neuen Unterhaltungs- und Konsummöglichkeiten konnten nun mehr Menschen nutzen. Für die meisten aber blieb das Leben ein harter Kampf ums Überleben. Die ländlichen Gebiete wurden von der „Amerikanisierung" des Alltags ohnehin kaum betroffen. Der deutsche Schriftsteller Leonhard Frank schreibt in seinen Lebenserinnerungen über das Berlin der 1920er Jahre:

> Q *Riesige Summen amerikanischen Privatkapitals wurden ins Land gepumpt (...). Ein neues Deutschland hatte sich herausgeschält. Eine Art Märchen vom Aschenbrödel war für eine ganze Nation Wirklichkeit geworden. Diese Zeit war ein Beweis dafür, dass Wirtschaftskraft und -aufstieg auch das geistige und künstlerische Schaffen befruchten. Selbst der junge Maler hungerte nicht mehr, er malte nicht nur, er verkaufte. Mäzene besonnten sein Leben. Die Bücherproduktion war größer als je. Die neue expressionistische Richtung, in Deutschland entstanden, beeinflusste die europäische Dichtung. Theater, Oper und Konzertsäle waren überfüllt. Europäische Künstler aus Paris, London, Rom, die nach Berlin kamen, waren begeistert und wollten nicht mehr fort. Die Luft in Berlin war elektrisch geladen.*
>
> *(Frank, Links, wo das Herz ist, 1963, S. 113f.)*

→ Diskutiert darüber, in welchem Umfang und in welchen Bereichen unser Leben heute amerikanisiert ist.

Neue Ausdrucksformen in der Kunst

Auf kulturellem Gebiet, besonders in der Malerei, war die Weimarer Republik tonangebend für Europa. Von dort aus verbreiteten sich neue Stilrichtungen, die sich teilweise experimenteller Ausdrucksformen bedienten. Thematisiert wurden die leidvolle Erfahrung des Ersten Weltkrieges, die gesellschaftlichen Veränderungen und die politischen Spannungen der Nachkriegsjahre. Wichtige Stilrichtungen während der Zwanzigerjahre waren der Expressionismus, der schon vor dem Ersten Weltkrieg entstanden war, die „Antikunst" der Dadaisten, der Surrealismus und die wegen ihrer direkten und realistischen Darstellungsart als „Neue Sachlichkeit" bezeichnete Kunstrichtung.

Neue Möglichkeiten für Frauen

In der Zwischenkriegszeit gab es wichtige Entwicklungen für die Emanzipation der Frauen: Jahrzehntelang hatten vor allem Frauenorganisationen um das Frauenwahlrecht gekämpft. Während des Krieges arbeiteten Frauen auch in Berufen, die bis dahin als „typisch männlich" galten. Sie mussten nämlich, z.B. in der Rüstungsindustrie, die kämpfenden oder gefallenen Männer ersetzen. Ab 1918 führten viele Staaten, z.B. die USA, das Deutsche Reich und Österreich (1918), das Frauenwahlrecht ein. Frauen wurden nun als neuer politischer „Machtfaktor" erkannt.

Politische Parteien wandten sich daher verstärkt Frauenbelangen zu. Frauen rückten auch in der Werbung in den Vordergrund. Dies hing auch damit zusammen, dass eine kleine Schicht von Frauen über neue Möglichkeiten verfügte: Junge Frauen mit einer guten Ausbildung fanden nun vermehrt Arbeit als Sekretärinnen, Stenotypistinnen und Telefonistinnen. Diese vorwiegend in den Städten lebenden Frauen stellten den neuen Frauentypus dar: berufstätig, selbstbewusst, wirtschaftlich unabhängig. Auch das Verhalten mancher Frauen in der Öffentlichkeit änderte sich: Kurze Haare („Bubikopf"), kürzere Röcke, Rauchen und Trinken in der Öffentlichkeit und die Ausübung von Sport schockierten viele Zeitgenossen und Zeitgenossinnen. Bäuerinnen und Arbeiterinnen mussten jedoch weiterhin schwere körperliche Arbeit verrichten. Von einer wirklichen Gleichstellung war auch beim neuen „Typ" der berufstätigen Städterin keine Rede: Berufliche Aufstiegschancen boten sich kaum, ihr Lohn lag weit unter dem ihrer männlichen Kollegen.

■ Tamara de Lempicka, Selbstbildnis. Ölgemälde (Ausschnitt), 1929.

→ Beschreibe das Selbstbildnis. Erkläre, warum sich die Künstlerin wohl in einem Auto dargestellt hat.

■ Telefonistinnen in einem Fernsprechamt.
Foto, 1920er Jahre.

Für viele berufstätige Frauen verlief das Leben weniger glamourös, als es in damaligen Frauenzeitschriften dargestellt wurde.

Mit welchen alltäglichen Mühen und Benachteiligungen viele Frauen zu kämpfen hatten, beschreibt eine Wiener Sekretärin 1931:

Q *Oh, dieses ewige Zimmeraufräumen, diese quälende, klebende, tägliche Hausarbeit der hundert Handgriffe. Niemand zählt sie, aber Millionen Minuten müssen ihnen geopfert werden. Und dann – Sorgen über Sorgen – die ewige Kleiderfrage. Die Mehrzahl der weiblichen Angestellten muss allein für die Instandsetzung der Garderobe sorgen. Strümpfe stopfen, Wäsche flicken, Kleider ändern oder sogar nähen. Kein Mann braucht diese Nebenarbeit zu leisten, für die Frau aber wird dieses Muss ein Argument für ihre Minderbezahlung ausgenützt – sie kann dadurch billiger leben. (…) Wer für die Freiheit der Frau kämpft, der muss sie lehren, an ihr Leben Ansprüche zu stellen! Erst dann wird sie nicht mehr billiger arbeiten können als der Mann. Sie soll es auch nicht.*
(Österreichische Angestelltenzeitung 1931, Nr. 279. Zit. nach: Appelt, Von Ladenmädchen, Schreibfräulein und Gouvernanten, 1985, S. 86)

→ | Analysiere die Situation von weiblichen Angestellten anhand der Quellenstelle oben. Welche Gründe werden für die geringere Bezahlung von Frauen angeführt?

Über den Typus der „neuen Frau"

L *Die für die Zwanziger Jahre typische Mode war nicht einfach nur ein neuer Kleiderstil. Sie war Teil einer sozialen Revolution. Die neu entwickelten Modelle befreiten den weiblichen Körper und verliehen so der einsetzenden Emanzipation modischen Ausdruck.*

Die Frau der Zwanziger war unabhängig, dynamisch und selbstbewusst. Sie ging aus, fuhr Auto, rauchte und trieb Sport. Dieser neue weibliche Lebensstil war Teil einer Gesellschaft, die schnell und intensiv lebte, zumindest diejenigen, die es sich leisten konnten. (…)

Dieser Trend zum Praktischen wird vor allem an einem weiteren Modephänomen der Zwanziger Jahre deutlich: der Sportmode. In den großen Kaufhäusern wurden erstmals Sportabteilungen eingerichtet. Für Frauen wurden Sporthosen zum Skifahren oder Reiten entworfen, die den Rock ersetzten.
(Hartl, Frauen in den Goldenen Zwanzigern. Rauchen, Sporteln und Monokeln. Online auf: http://www.stern.de/kultur/kunst/frauen-in-den-goldenen-zwanzigern-rauchen--sporteln-und-monokeln-3087622. html, 19. 9. 2017)

In ländlichen Gebieten war das Tragen von Hosen bei Frauen – selbst bei der Sportausübung – in den 1920er Jahren noch verpönt. Ein Artikel in der Tageszeitung „Vorarlberger Volksblatt" von 1923 berichtete beispielsweise über eine Frau aus Feldkirch, die mit einem Mann auf einem „Zweiradauto" nach Bludenz kam. Aufgrund eines Raddefektes musste die Frau, die im Artikel als „Hosenweib" bezeichnet wurde, durch die Straßen der Kleinstadt gehen.
Die Reaktion der Menge schildert das „Volksblatt" so:

Q *Viel Volk sammelte sich an, manche treffende Bemerkung war auf das Mannweib gemünzt. Das Richtige wäre gewesen, wenn ehrenfeste Frauen das Hosenweib bis zur Grenze der Stadt begleitet und ihr den guten Rat erteilt hätten, nicht mehr in einem der Weiblichkeit so widersprechenden Anzug nach Bludenz zu kommen.*
(Zit. nach: Ebenhoch, Die Frau in Vorarlberg 1914–1933, 1986, S. 99)

■ Skiläuferin. Foto (Ausschnitt), um 1925.

→ | Analysiere die beiden Textquellen und die Bildquelle bezüglich ihrer Aussagen zum Thema „Frauen und Hosen".

Der Film – das Medium des 20. Jahrhunderts

Der Film entwickelte sich zum „Medium des 20. Jahrhunderts". Vor allem in der Weimarer Republik wuchs die Filmindustrie stark an:

L 1911 gab es 11 Filmgesellschaften, um 1915 war die Zahl auf 36 angestiegen, erreichte 131 im Jahre 1918, und 1922 waren es 360. Dieses Emporschießen war größtenteils eine Nebenerscheinung der Inflation, und die überwiegende Mehrheit der Gesellschaften musste zusammenbrechen. Aber die ursprüngliche Vermutung der Geldgeber erwies sich als richtig: Der Film war tatsächlich eine aufblühende Industrie.
Die Zahl der Kinos wuchs ständig: von 2 000 vor dem Krieg auf 3 700 im Jahr 1920, und 1929 waren es über 5 000. Während Filmvorführungen vor dem Krieg oft in Scheunen oder bestenfalls in einem umgebauten Lokal dargeboten worden waren, wurden die Kinos in den Zwanziger- und Dreißigerjahren, wie ihre Namen verkündeten, oft zu kleinen Palästen.

(Laqueur, Weimar. Die Kultur der Republik, 1976, S. 289)

„Neue Sachlichkeit" – eine neue Stilrichtung

In Berlin und Dresden hatte sich um 1919 eine Stilrichtung entwickelt, die wegen ihrer direkten und realistischen Darstellungsart „Neue Sachlichkeit" genannt wurde. In den Werken berühmter Kunstschaffender wie George Grosz und Otto Dix wurden Szenen der modernen Großstadt, die großen sozialen Gegensätze zwischen den reichen und armen Stadtbewohnern auf eine plakative, grelle Art dargestellt. Die „Neue Sachlichkeit" blieb nicht auf die Malerei beschränkt, sie zeigte sich als Stil auch in Stadtplanung, Wohnungsbau, Wohnkultur und Mode. Architektinnen und Architekten, Malerinnen und Maler, Bildhauerinnen und Bildhauer sowie Kunsthandwerkerinnen und Kunsthandwerker entwickelten ab 1919 den „Bauhaus-Stil": Er ist gekennzeichnet durch eine klare Architektur und eine praktische Gestaltung von Gebrauchsgegenständen, Möbeln und Wohnräumen.

→ Fragen und Arbeitsaufträge

1. Erkläre mit Hilfe des Autorentextes, der Quellen und der Bilder in diesem Kapitel, welche Veränderungen das Leben in einer Großstadt für Menschen, speziell auch für Frauen, haben konnte.
Berücksichtige dabei die Bereiche Arbeit, Mode, Sport, Technik, Medien.

2. Wähle eine der vielen Kunstrichtungen der 1920er oder 1930er Jahre aus.
Recherchiere darüber im Internet und stelle den Kunststil mit Hilfe eines charakteristischen Kunstwerkes in der Klasse vor.

3. Benenne die Bildinhalte und die Komposition des Gemäldes „Großstadt" von Otto Dix.
Interpretiere, welche Kritik Dix möglicherweise am modernen Großstadtleben ausdrücken wollte.

■ Otto Dix (1891–1969), linke und mittlere Tafel des Triptychons „Großstadt". Gemälde, 1928.

5. Die USA – die neue Weltmacht

Isolationismus und Wohlstand für viele

Der Eintritt der USA in den Ersten Weltkrieg trug ganz wesentlich zum Sieg der Entente bei. Ein Motiv für das militärische Eingreifen auf Seiten der Entente lag darin, der Demokratie weltweit zum Durchbruch zu verhelfen. Die USA hatten aber auch wirtschaftliche Interessen: An europäische Staaten waren Kredite in Milliardenhöhe vergeben worden. Die USA waren daher sehr interessiert daran, dass die ehemaligen europäischen Kriegspartner ihre Schulden bezahlten.

Die USA traten der Pariser Friedensordnung nicht bei. Sie schlossen später mit den „Verliererstaaten" eigene Verträge ab. Darin verzichteten sie auf Reparationen. Ab 1920 bestimmten die Befürworter des „Isolationismus" die amerikanische Politik. Das bedeutete, dass sich die USA aus Europa politisch zurückziehen wollten.

Im ersten Jahrzehnt nach Kriegsende boomte die amerikanische Wirtschaft. Man nennt diese Zeit daher auch „prosperity" (Wohlstand). Die riesigen Kriegsgewinne wurden in modernste Produktionsmethoden investiert. Die Wirtschaft der USA wurde rationalisiert, mechanisiert und elektrifiziert. Für die Massenproduktion von Autos setzte Henry Ford in seinem Werk in Detroit als Erster Fließbänder ein.

In den 1920er Jahren stieg der Wohlstand in den USA deutlich an. Konsumgüter wie Kühlschrank, Waschmaschine, Radio oder Telefon wurden für weite Kreise der Bevölkerung erschwinglich. Manche konnten sich jetzt sogar ein Auto kaufen: Zwei Monatslöhne reichten einem Arbeiter aus, um sich das Ford-Modell „Tin-Lizzy" leisten zu können.

Börsenkrach und Wirtschaftskrise

Der Wirtschaftsaufschwung in den 1920er Jahren war verbunden mit einem rasanten Anstieg der Aktienkurse.

L (M)ehr und mehr Bürger begeisterten sich für die Börse und legten ihre Ersparnisse dort an, das Fieber erfasste alle Schichten. Unglaubliche Geschichten machten die Runde, etwa die vom Kammerdiener, der an der Börse eine Viertelmillion Dollar gewonnen hatte, oder von der Krankenschwester, die dank eines Tipps um 30 000 Dollar reicher geworden war.
(Jung, Große Depression. Das Fanal von 1929, 10. 8. 2009. Online auf: http://www.spiegel.de/einestages/grosse-depression-a-948 424.html, 19.9.2017)

Immer mehr Menschen kauften Aktien, oft nur mit Krediten finanziert. 1928/29 stockte wegen der Überproduktion der Absatz von Konsumprodukten. Es kam zu Kurzarbeit und Entlassungen. Viele Menschen stießen nun ihre Aktien schnell ab. Innerhalb einer Woche fielen die Aktienkurse wie im freien Fall. Panik breitete sich aus.

Am 24. Oktober 1929 brach an der New Yorker Wall Street der Aktienmarkt völlig zusammen. An diesem „Black Thursday" (in Europa aufgrund der Zeitverschiebung meist als „Schwarzer Freitag" bezeichnet) wurden nämlich fast 13 Millionen Aktien verkauft. Die Besitzer verloren dadurch etwa 5 Milliarden Dollar. Noch höher waren die Verluste in den nächsten Tagen. Anzahlungen und Bankanteile gingen verloren. Viele Banken mussten ihre Zahlungsunfähigkeit erklären und die Schalter schließen.

Der Bankier James P. Warburg schreibt über diese Tage in seiner Autobiografie:

Q *Während des Zusammenbruchs des Aktienmarktes arbeiteten wir Tag und Nacht und versuchten, so viele Kunden wie möglich zu halten. Tag für Tag wurden weitere Maklerfirmen zahlungsunfähig. Zweimal habe ich Männer aus Fenstern der Wall Street springen sehen. Andere erschossen sich, hatten Nervenzusammenbrüche oder Herzattacken.*
(Zit. nach: Treue, Deutschland in der Weltwirtschaftskrise in Augenzeugenberichten, 1976, S. 20)

■ Dorothea Lange, „Migrant Mother". Foto (Ausschnitt), 1936.
Dorothea Lange (1895–1965) und andere Fotografen reisten während der 1930er Jahre im Auftrag der Regierung durch die USA, um die katastrophalen Auswirkungen der Weltwirtschaftskrise zu dokumentieren. Damit sollte auch die Zustimmung der Bevölkerung zum Reformprogramm „New Deal" erhöht werden. In der Nähe eines Camps für Erbsenpflückerinnen und -pflücker bei Nipomo (Kalifornien) entdeckte die Fotografin Florence Owens Thompson mit ihren Kindern.
Sie machte eine Foto-Serie mit der Familie. Das hier abgedruckte Foto war jedoch „gestellt": Für dieses Motiv gab Lange der Familie genaue Anweisungen. Zusammen mit einem Artikel über die Not von Erntehelferinnen und -helfern erfuhr das Foto in den USA eine weite Verbreitung.

Die Folgen von Börsenkrach und Wirtschaftskrise waren katastrophal: In fast allen Industriezweigen kam es zu Massenentlassungen. Da es keine Arbeitslosenversicherung gab, erhielten die Betroffenen auch keine Unterstützung. Hunderttausende Farmer mussten ihre Farmen verlassen. 1932 verzeichneten die USA über 12 Millionen Arbeitslose, das war fast ein Viertel aller Beschäftigten.

■ Margaret Bourke-White, „Kentucky Flood". Foto (Ausschnitt), 1937.
Das Foto der sozial engagierten amerikanischen Künstlerin Margaret Bourke-White (1904–1971) zeigt obdachlose Menschen, die sich nach einer Flutkatastrophe in Louisville, Kentucky, 1937 vor einem Werbeplakat des US-Industriellen-Verbandes für den „American Way of Life" um Essen anstellen.

Q *Eine Stichprobe in zwölf Wohnungen der Stadt Benton zeigte: kein Geld, abgetragene Kleidung, von „unnötigem" Mobiliar entblößte Häuser, aus Mehl bereitete Gerichte, abgezehrte Eltern, unterernährte Kinder, unbezahlte Mieten und eine durchschnittliche Verschuldung der Familien von 300 Dollar für Lebensmittel und Arztrechnungen (…).*

So geht es von einer Stadt zur anderen und hinaus in die Fabriksstädte und Bergwerksdörfer und weiter zu den Farmen, wo die Häute einer Wagenladung Vieh kaum ein Paar Schuhe erbringen und die Traktoren auf den Feldern verrosten.
(…)
Eine Frau lieh sich 50 Cents, kaufte altbackenes Brot zu 3 1/2 Cents den Laib, und die Familie lebte elf Tage davon (…). Wenn jemand von der Familie hungrig war, aß er so wenig wie möglich.

Eine andere sammelte an den Docks entlang verdorbenes Gemüse, und die Familie aß es, außer an drei Tagen, die ganz ohne Essen blieben (…).
Eine andere Familie lebte von Löwenzahn, eine andere von Kartoffeln. Eine andere hatte 2 1/2 Tage lang kein Essen.
(Fortune, Sept. 1932. Zit. nach: Angermann, Die Vereinigten Staaten von Amerika seit 1917, 1987)

„New Deal": Die Regierung greift in die Wirtschaft ein

Massenarbeitslosigkeit und tiefe wirtschaftliche Depression bestimmten den Alltag der Menschen in den USA. Der ab März 1933 amtierende Präsident Franklin D. Roosevelt versprach ein völlig neues Regierungsprogramm. Mit dem so genannten „New Deal" („Neuverteilung der Spielkarten") griff die Regierung erstmals mit einer Reihe von Maßnahmen in die bis dahin freie, ungelenkte Wirtschaft ein. Ein gewaltiges Konjunkturpaket wurde nun umgesetzt.

L *„Es geht darum, den Ball ins Rollen zu bringen", empfahl der Ökonom Keynes am 31. Dezember 1933 in einem offenen Brief an Roosevelt. Diesen Rat hat der Präsident beherzigt. Roosevelt ließ Straßen und Brücken, Schulen und Staudämme bauen, in der Spitze waren drei Millionen Menschen in öffentlichen Stellen beschäftigt. Arbeitslose Frauen bastelten Puppen, Musiker bauten Volksmusiksammlungen auf, Journalisten schrieben Reiseführer. Alles auf Rechnung des Staates. Heute bezweifeln viele Historiker, dass es Roosevelts Konjunkturprogramm war, das Amerika aus der Krise gezogen hat. „Der ‚New Deal' hat die Strukturprobleme der USA nach der Weltwirtschaftskrise nicht gelöst", meint der Frankfurter Historiker Werner Plumpe. Tatsächlich stieg gegen Ende der dreißiger Jahre die Arbeitslosigkeit in den USA wieder an, die Wirtschaft schrumpfte erneut. Erst mit der Aufrüstung zu Kriegsbeginn entspannte sich die ökonomische Lage. Wichtiger als die Ökonomie war wohl die Psychologie des „New Deal": die starken Worte, die symbolhaften Taten, der griffige Slogan – das alles war dazu angetan, die Moral zu stärken.*
(Jung, Große Depression. Das Fanal von 1929, 10. 8. 2009. Online auf: http://www.spiegel.de/einestages/grosse-depression-a-948424.html, 19. 9. 2017)

Auch eine Regulierung der Finanzmärkte und Arbeitsbeschaffungsprogramme gehörten zum „New Deal". Außerdem kam es zu Sozialreformen: Erstmals wurden in den USA Sozialversicherungen eingeführt.
Roosevelt wurde 1936 mit noch größerer Mehrheit als 1932 in seinem Amt bestätigt. Die Maßnahmen des „New Deal" trugen dazu bei, dass in den USA extremistische Bewegungen nicht Fuß fassen konnten. Die demokratische Ordnung der Gesellschaft blieb ungefährdet.

→ Fragen und Arbeitsaufträge

1. Arbeite, unter Berücksichtigung der Text- und Bildquellen, die Ursachen und Folgen der Weltwirtschaftskrise heraus.
2. Bewerte Bedeutung und Wirksamkeit des „New Deal".
3. Beschreibe und analysiere das Foto „Migrant Mother". Schildere seine Wirkung auf dich.
4. Nimm Stellung dazu, warum die Aufnahme heute als fotografische „Ikone" über die Zeit der großen Depression in den USA gilt.

6. Die Weltwirtschaftskrise und ihre Auswirkungen

Weltweite Auswirkungen

Die weltweit engen wirtschaftlichen und finanziellen Verflechtungen führten dazu, dass sich die Finanzkrise von 1929 von den USA aus rasch nach Europa ausbreitete. Schlimme Auswirkungen spürten Großbritannien, ebenso Frankreich, wo die Krise etwas später einsetzte, das Deutsche Reich und auch Österreich.

1931 brachen mehrere österreichische Banken zusammen, unter ihnen die Bodenkreditanstalt. Deutsche Bankhäuser folgten. Eine Kettenreaktion setzte ein: Firmenzusammenbrüche, Arbeitslosigkeit, schwindende Kaufkraft, weitere Firmenzusammenbrüche – 1932 waren in den Industrienationen ca. 30 Millionen Menschen arbeitslos.

Auch in außereuropäischen Ländern war die wirtschaftliche Lage verheerend.

■ „Schulden-Tilgung", Karikatur veröffentlicht in der SPD nahen Zeitschrift „Der Wahre Jacob", 1928.

Text: „Meine Herren Vertreter der europäischen Völker! Das Problem ist: wie werden wir unsere Schulden los, ohne daß wir sie zu bezahlen brauchen!" (Lebhafter Beifall.) „Die Antwort lautet: indem wir einen neuen Pump aufnehmen!" (Stürmischer, nicht enden wollender Beifall.)

→ Analysiere die Karikatur und ordne sie in den Zusammenhang der Weltwirtschaftskrise ein.

Weimarer Republik – Demokratie wird zerstört

Auch die Weimarer Republik trafen die Auswirkungen der Weltwirtschaftskrise mit voller Wucht. Der leichte Wirtschaftsaufschwung ab 1924 hatte zum Großteil auf Krediten aus den USA beruht. Als dort im Herbst 1929 die Krise einsetzte, verlangten die USA kurzfristig die Rückzahlung dieser Kredite. Viele Unternehmen gerieten in Schwierigkeiten.

Fehlender Absatz führte zu Rückgängen in der Produktion. Die Arbeitslosigkeit betrug 1928 knapp mehr als 6 Prozent. 1932 belief sie sich schon auf rund 30 Prozent. Dies bedeutete, dass etwa 5,5 Millionen Menschen arbeitslos waren. Zusammen mit den Angehörigen lebten 1932 über 23 Millionen Deutsche von Arbeitslosengeld und Sozialhilfe, die meist nicht das Existenzminimum deckten. Steigende Arbeitslosigkeit, Kurzarbeit, sinkende Gehälter und Löhne verminderten die Kaufkraft der Bevölkerung und führten zu einem Rückgang des privaten Verbrauchs. Das traf den gewerblichen Mittelstand und die Bäuerinnen und Bauern. Zwangsversteigerungen in der Landwirtschaft stiegen sprunghaft an.

Die Industrieproduktion von 1924 bis 1932 (1929 = 100)

Jahr	USA	Großbritannien	Frankreich	Deutsches Reich
1924	89	89	78	68
1929	100	100	100	100
1932	54	83	72	53

In einem Bericht des preußischen Wohlfahrtministeriums vom August 1931 geht es um die Auswirkungen der Massenarbeitslosigkeit auf die Gesundheit von Kindern:

Q *Die Arbeitslosigkeit der Eltern verursacht bei den jungen Kindern Unterernährung, Häufung der Krankheiten, Gleichgültigkeit gegenüber hygienischen Anforderungen ... Die Kinderkrankheiten häufen sich, da der Arzt sehr oft zu spät oder gar nicht aufgesucht wird, weil für Arztschein und Medizin die notwendigen Gebühren nicht aufzubringen sind oder kein Fahrgeld vorhanden ist. (...)*
Sehr deutlich sind die häufigen Erkrankungen der Kinder in den Schulen infolge Blutarmut und Hunger. Schwindel- und Ohnmachtsanfälle treten stark auf, auch bei älteren Kindern. Bei Nachforschungen in den Haushaltungen hat sich herausgestellt, daß die Ernährung völlig unzureichend ist, Vitamine (Obst, Gemüse) ganz fehlen, weil die Mittel nicht vorhanden sind. Skorbutanzeichen machen sich schon bemerkbar in gewissen Elendsquartieren der Großstädte.
(Zit. nach: Treue, Deutschland in der Weltwirtschaftskrise in Augenzeugenberichten. Online auf: http://www.spiegel.de/spiegel/print/d-46265 081.html, 19.9.2017)

Die Wirtschaftskrise im Deutschen Reich war im Wesentlichen durch vier Faktoren gekennzeichnet: Abbau des Sozialstaates, Zurückdrängung des Parlaments und Zunahme autoritärer Regierungsgewalt, Sparpolitik und Erstarken radikal rechter und linker Parteien, vor allem der NSDAP und der KPD.

Ab 1930 wurde die politische Lage immer instabiler: Bei den Neuwahlen 1930 büßten die SPD und die bürgerlichen Parteien Stimmen ein. Mit 18,3 Prozent rückten die Nationalsozialisten an die zweite Stelle vor. Ihnen folgten die Kommunisten mit 13,1 Prozent. Damit gewannen die radikalen politischen Kräfte an Gewicht. Die Weimarer Koalition zerbrach, eine regierungsfähige Mehrheit kam nie mehr zustande. Bürgerkriegsähnliche Zustände entwickelten sich: Bei den Straßenkämpfen 1931/32 zwischen NSDAP und KPD gab es Tote und Verletzte, wobei besonders von Seiten der NSDAP Terror bewusst eingesetzt wurde. Dass die Regierung auch in den folgenden Monaten die schrecklichen Auswirkungen der Weltwirtschaftskrise nicht in den Griff bekam, trug wesentlich zum Aufstieg des Nationalsozialismus bei.

■ Wahlplakat der NSDAP 1932, Farblithografie, Entwurf: Hans Schweitzer.

In einer Denkschrift über die Ursachen des Anwachsens der nationalsozialistischen Bewegung heißt es:

Q *Das rasche und stetige Anwachsen der nationalsozialistischen Bewegung hat in erster Linie seine Ursache in der katastrophalen Verschlechterung der wirtschaftlichen Lage weitester Kreise der Bevölkerung (…). Es ist bezeichnend, dass gerade der (…) allmählich verelendende Mittelstand in den kleinen Städten, die kleinen Handels- und Gewerbetreibenden, ferner die von der Arbeitslosigkeit betroffenen oder bedrohten Angestellten und schließlich die (…) jeder Aussicht auf späteren Broterwerb baren Kreise des akademischen Nachwuchses, die Studenten und Hochschüler, das Gros der nationalsozialistischen Anhängerschaft bilden (…). Im Gegensatz zum Arbeiter, der in dieser Lage eher den Parolen des Kommunismus zuneigt.*

(Vierteljahreshefte für Zeitgeschichte, Heft 3, 1960, S. 30)

Wahlergebnisse von KPD und NSDAP sowie Arbeitslosigkeit zwischen 1924 und 1933

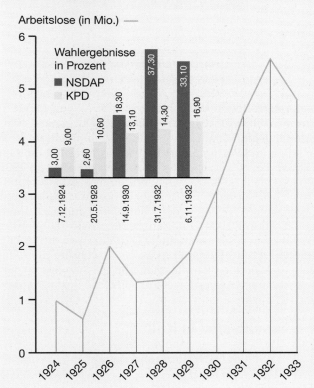

Arbeitslose (in Mio.)

Wahlergebnisse in Prozent
■ NSDAP
□ KPD

Datum	NSDAP	KPD
7.12.1924	3,00	9,00
20.5.1928	2,60	10,60
14.9.1930	18,30	13,10
31.7.1932	37,30	14,30
6.11.1932	33,10	16,90

→ **Fragen und Arbeitsaufträge**

1. Rekonstruiere mit Hilfe der Text- und Bildquellen auf dieser Doppelseite einige Aspekte der wirtschaftlichen und sozialen Auswirkungen der Weltwirtschaftskrise in der Weimarer Republik.

2. Erläutere den Zusammenhang zwischen Massenverelendung und politischer Radikalisierung. Beziehe dazu die Grafik „Wahlergebnisse" mit ein.

3. Beschreibe die Bildinhalte des Wahlplakats. Berücksichtige dabei v. a. die Personen, die Farbgebung, den Text.
Erläutere den Zusammenhang der Bildkomponenten mit den Auswirkungen der Weltwirtschaftskrise.
Erkläre, welche politische Botschaft wohl beabsichtigt war.

7. Diktatorische Systeme in Europa

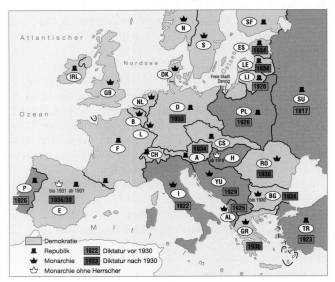

Diktaturen in Europa 1917–1938.

➜ Benenne mit Hilfe der Karte die jeweiligen Herrschafts-
formen in den abgebildeten Staaten.

Nach dem Ersten Weltkrieg wurde in vielen Ländern
Europas die Regierungsform geändert. Die ersten Diktaturen entstanden 1922 in Italien, 1923 in Spanien, 1926
in Polen und Portugal und 1929 in Jugoslawien. Im Gefolge der Weltwirtschaftskrise zeigte sich dann ab 1930
ein allgemeiner Trend zu Diktaturen bzw. diktaturähnli-
chen Staatsformen: Im Deutschen Reich (1933) und in
Österreich (1933/34), in den baltischen Ländern Estland
und Lettland 1934 (Litauen 1926) sowie in Spanien
(1939) kamen rechtsgerichtete Diktaturen an die Macht.
Demokratisch blieben Frankreich, Großbritannien, die
Benelux-Länder, Skandinavien und die Schweiz. In diesen Staaten hatte das jeweilige politische System bereits
vor 1914 bestanden.

7.1 Faschismus in Italien

Italien nach dem „verlorenen Frieden"

Italien gehörte zwar zu den Siegern des Ersten Weltkrieges. Hohe Staatsausgaben für Kriegsinvalide und Witwen sowie eine enorme Arbeitslosigkeit führten in den
Jahren nach 1918 aber zu großen Problemen. Die Mehrheit der Bevölkerung fühlte sich von der Entente um den
Preis des Sieges geprellt. Die Friedensverträge sprachen
Italien nämlich nur das Trentino mit Südtirol, Triest und
Istrien zu, nicht jedoch die übrigen beanspruchten Gebiete (z. B. Rijeka an der dalmatinischen Küste sowie
einen Anteil an den ehemaligen deutschen Kolonien). So
entstand das Schlagwort vom „verlorenen Frieden".

Die sozialistische Partei hatte 1915 den Kriegseintritt Italiens abgelehnt. Dies verhalf ihr 1919 bei den Parlamentswahlen zur Mehrheit. Sie fand aber keine geeig-
neten Maßnahmen zur Bekämpfung der großen wirtschaftlichen Probleme. Streiks und Fabriksbesetzungen
waren die Folge.

Mussolinis Machtergreifung

Benito Mussolini (1883–1945), ursprünglich ein sozialistischer Funktionär, gründete 1919 in Mailand die „Faschistischen Kampfbünde" („Fasci italiani di combatti-
mento").
Die Faschisten stellten sich auf die Seite der Großgrundbesitzer und der Industriellen. Sie bekämpften ihre politischen Gegner, vor allem Sozialisten und Kommunisten, mit äußerster Brutalität. Faschistische Schläger-
trupps, erkennbar an ihren schwarzen Hemden
(„Schwarzhemden"), führten Überfälle und Morde aus.
Vom bürgerlich-konservativen Staatsapparat wurden sie
geduldet, weil dieser mehr Angst vor dem Sozialismus
als vor Mussolini hatte.

1921 gelang der faschistischen Partei der Einzug ins Parlament. Mussolini wollte aber mit einem gewaltsamen
„Marsch auf Rom" die alleinige Macht in Italien an sich
reißen: Daher standen im Oktober 1922 die faschistischen Kampfgruppen in der Umgebung Roms bereit.
Nun ernannte der italienische König Mussolini zum Ministerpräsidenten. Die Faschisten konnten daher ohne
Kampf in die italienische Hauptstadt einrücken.

■ Benito Mussolini während einer Rede auf der Tribüne des Mailänder
Domplatzes. Foto, 1930.
Das Bild zeigt eine der typischen Rednergesten des „Duce" (= „Führer").

Italien wird faschistisch

1925 verkündete der „Duce" die Diktatur seiner Partei:
Alle nicht faschistischen politischen Gruppen wurden
verboten, politische Gegner verhaftet. Schritt für Schritt
baute Mussolini Italien in eine faschistische Diktatur um:
– Verbot nichtfaschistischer Parteien und der oppositio-
  nellen Presse, des Streikrechtes und der Betriebsräte,
– Aufbau einer Geheimpolizei,
– Deportation von Gegnern.

Mit einer Änderung des Wahlrechtes 1928, nach der nur
mehr die faschistische Einheitsliste wählbar war, war der
Umbau Italiens zu einem totalitären, faschistischen Ein-
heitsstaat vollzogen.

7.2 Der Spanische Bürgerkrieg

Militärdiktatur und Republik

1923 wurde Spanien mit Zustimmung des Königs eine Militärdiktatur. Jedoch schon 1930 trat der Diktator zurück und ging ins Exil. Nach dem Wahlsieg der linken Parteien 1931 verließ auch der König das Land. Spanien wurde eine Republik. Das Land kam aber nicht zur Ruhe. Es gab Arbeiteraufstände und anarchistische Unruhen, Putschversuche der Militärs sowie Straßenkämpfe zwischen extremen rechten und linken Gruppierungen. General Franco plante als Führer der faschistischen Falange-Partei Spanien in einen totalitären Staat umzugestalten. Im Wahlkampf 1936 bekämpften sich die rechtsgerichtete „Nationale Front" (u. a. mit den Monarchisten und der katholischen Rechtspartei) und die „Volksfront". Diese umfasste alle linken Parteien (u. a. Sozialisten, Kommunisten) sowie auch liberale Gruppierungen. Die „Volksfront" siegte. Sie konnte aber nicht verhindern, dass radikale Linke und rechtsextremistische Falange ein Klima von Gewalt und Angst verursachten.

Bürgerkrieg mit internationaler Beteiligung

Im Sommer 1936 unternahmen die Falangisten von Spanisch-Marokko aus einen Putsch: Mit deutscher Hilfe wurden spanische Truppen nach Europa verlegt. Hitler und Mussolini erkannten die von Franco gebildete Gegenregierung an. Der Spanische Bürgerkrieg hatte begonnen. Großbritannien und Frankreich beschlossen, sich in die Angelegenheiten Spaniens nicht einzumischen.

Das faschistische Italien und das nationalsozialistische Deutsche Reich dagegen sympathisierten mit Franco. Sie leisteten entscheidende und massive militärische Hilfe mit Truppen und Kriegsgerät. Hermann Göring erklärte im Nürnberger Kriegsverbrecherprozess 1946:

Q *Als der Bürgerkrieg ausbrach, sandte Franco einen Hilferuf nach Deutschland und bat um Unterstützung, insbesondere um Luftunterstützung. Franco war mit seinen Truppen in Afrika stationiert und konnte nicht übersetzen, weil sich die Flotte in der Hand der Kommunisten befand. Der entscheidende Punkt war es also, seine Truppen nach Spanien zu transportieren. Der Führer stellte dazu Überlegungen an. Ich empfahl ihm, auf jeden Fall seine Unterstützung zu gewähren: erstens, um eine weitere Ausbreitung des Kommunismus zu verhindern; zweitens, um meine neue Luftwaffe in technischer Hinsicht einer Überprüfung zu unterziehen.*

(Zit. nach: Praxis Geschichte 52, 1992, S. 37)

→ Arbeite die Motive heraus, welche Hitler bewogen, Franco militärisch massiv zu unterstützen.

Stalin leistete der Republik Spanien Hilfe durch Entsendung von militärischen Beratern und durch Lieferung von Kriegsmaterial.

Sieg der faschistischen Diktatur

Aus allen europäischen Ländern, auch aus Österreich, und aus den USA meldeten sich rund 60 000 Freiwillige. Diese Internationalen Brigaden kämpften an der Seite der Republikaner gegen die spanischen Faschisten. Unter ihnen waren zahlreiche Intellektuelle, vor allem Schriftsteller, wie z. B. Ernest Hemingway und George Orwell. Von Beginn an tobte der Bürgerkrieg mit unvorstellbarer Grausamkeit. Besonders hohe Opfer kostete der blutige Terror der Faschisten: Franco begriff sein Vorgehen als „Kreuzzug gegen den Kommunismus". Er ließ z. B. zur Einschüchterung der Bevölkerung öffentliche Massenerschießungen durchführen. Oft ermordeten die Faschisten wahllos Verdächtige. Aber auch auf republikanischer Seite gab es Gewalt und Mordaktionen: Tausende Geistliche, Falangisten und Mitglieder rechter Parteien wurden von den Republikanern umgebracht.

■ Pablo Picasso, „Guernica". Gemälde, Öl auf Leinwand, 1937.
Am 26. April 1937 wurde das baskische Städtchen Guernica durch einen Angriff deutscher Bombenflugzeuge zerstört. Dabei kamen Hunderte Menschen ums Leben. Der spanische Künstler Pablo Picasso verarbeitete dieses Ereignis in seinem monumentalen Gemälde „Guernica".

→ Beschreibe und analysiere die Bildinhalte. Erkläre die möglicherweise beabsichtigte Aussage Picassos.

Am 1. April 1939 stand der Sieg der Faschisten fest. General Franco errichtete eine Diktatur. Erst nach seinem Tod (1975) kehrte Spanien zur Demokratie zurück.

→ Fragen und Arbeitsaufträge

1. Beschreibe stichwortartig den Weg Mussolinis zur Macht zwischen 1919 und 1928.
2. Diskutiert in der Klasse: Wo seht ihr Ursachen und Gründe, dass es heute noch Menschen gibt, die eine faschistische Weltanschauung haben?
3. Skizziere in Schlagworten Ursachen, Gegner, Verlauf und Ende des Spanischen Bürgerkrieges.
4. Erkläre, inwiefern der Spanische Bürgerkrieg eine europäische bzw. internationale Beteiligung aufwies.

7.3 Stalinismus – Gewaltherrschaft in der Sowjetunion

Nach Lenins Tod 1924 kam es zu Machtkämpfen um seine Nachfolge. Aus ihnen ging der Generalsekretär der kommunistischen Partei, Josef Stalin, siegreich hervor. Gegner und ehemalige Verbündete ließ er aus der kommunistischen Partei ausschließen oder in Schauprozessen hinrichten. Bis 1929 wurde er so zum totalen Beherrscher des Parteiapparates und mächtigsten Mann der Sowjetunion. Sein Ziel war der Ausbau des „Sozialismus in einem Lande", nämlich der Sowjetunion, unabhängig von der Ausbreitung einer kommunistischen Weltrevolution.

Seine Auffassung erklärte er 1925 so:

Q *Es gibt zwei Generallinien: Die eine geht davon aus, dass unser Land noch lange ein Agrarland bleiben müsse, dass es landwirtschaftliche Erzeugnisse ausführen und Maschinen einführen, dass es dabei bleiben und sich auch in der Zukunft in der gleichen Bahn weiterentwickeln müsse.*
Es gibt eine andere Generallinie, die davon ausgeht, dass wir alle Kräfte aufbieten müssen, um unser Land zu einem wirtschaftlich selbstständigen, unabhängigen, auf dem inneren Markt basierenden Land zu machen, zu einem Land, das zum Anziehungsfeld für andere Länder wird, die nach und nach vom Kapitalismus abfallen und in die Bahnen der sozialistischen Wirtschaft einlenken werden. Diese Linie erfordert maximale Entfaltung unserer Industrie, jedoch nach Maßgabe und im Einklang mit den Hilfsquellen, die uns zur Verfügung stehen. Sie lehnt die Politik der Verwandlung unseres Landes in ein Anhängsel des kapitalistischen Weltsystems entschieden ab.
(Zit. nach: Altrichter/Haumann, Die Sowjetunion, 1987, S. 89)

→ Arbeite die in dieser Erklärung angeführten ideologischen Gründe für den Ausbau einer eigenen Industrie heraus.

Kollektivierung der Landwirtschaft, Vernichtung der Kulaken

Stalin versuchte, eine rasche Industrialisierung, Modernisierung und Kollektivierung der Landwirtschaft durchzusetzen. Ab 1927 wurden daher alle Formen der Marktwirtschaft zugunsten einer zentral gelenkten Wirtschaft aufgegeben. Die vielen kleinen, unrentabel arbeitenden Bauernhöfe wurden zu größeren Produktionseinheiten zusammengelegt. Sie wurden nun von Dorfgemeinschaften kollektiv bewirtschaftet. Dabei verloren über 100 Millionen Bauern ihre privaten Klein- und Mittelbe-

triebe. Zwangsgenossenschaften (Kolchosen) und große staatliche Musterbetriebe (Sowchosen) traten an ihre Stelle.

Die Bauern, vor allem die Kulaken (die bäuerliche Mittelschicht), wehrten sich gegen die Kollektivierung: Sie verbrannten Getreide und schlachteten das Vieh. Die GPU (Geheime Staatspolizei) brach ihren Widerstand mit brutaler Gewalt. Zahlreiche Bauernfamilien wurden seit 1930 in Lager (Gulags) nach Sibirien deportiert. Aufgrund der grauenhaften Bedingungen verloren die meisten Deportierten ihr Leben, ebenso wie Millionen Sowjetbürgerinnen und Sowjetbürger während einer großen Hungersnot 1931/32.

Auf dem Weg zum Industriestaat

Mit dem ersten Fünfjahresplan 1928 begann die Entwicklung der Sowjetunion vom rückständigen Agrarstaat zu einem führenden Industriestaat. Stalin förderte besonders die Schwerindustrie.

■ Viktor Govorkov, „Im Namen des Kommunismus". Propagandaplakat, Moskau 1951. Mit dem Plakat wurde der Bau von Kraftwerken beworben.

→ Arbeite heraus, welche politische Botschaft dieses Propagandaplakat enthielt.

Alte Kohle-, Erdöl- und Erzvorkommen wurden besser genutzt, neue erschlossen. Es entstanden riesige Industriebetriebe, die diese Rohstoffe verarbeiteten. Für den Betrieb dieser Fabriken war die Erzeugung von elektrischer Energie besonders wichtig („Sozialismus = Sowjetmacht plus Elektrifizierung").

An allen größeren Flüssen ließ Stalin gigantische Staudämme errichten.

Die Verkehrswege wurden stark ausgebaut, so wurde z. B. eine Bahnlinie von Turkestan im Süden nach dem nördlichen Sibirien gebaut. Damit wurde der Austausch von Baumwolle, Getreide und Holz erleichtert.

Im Zweiten Weltkrieg sollte sich der Ausbau von Industriezentren im Ural und in Sibirien als wichtiger strategischer Vorteil erweisen. In der Sowjetunion herrschte ein Mangel an Technikern und Ingenieuren. Stalin verpflichtete daher auch ausländische Experten. Außerdem wurden junge Sowjetbürgerinnen und Sowjetbürger für höher qualifizierte Posten ausgebildet. So entstand neben der Klasse der Arbeiter und Bauern die neue privilegierte Gesellschaftsschicht der „Intelligentsija".

In hohem Maß wurde die menschliche Arbeitskraft mobilisiert und ausgebeutet. Mit Zwang und härtesten Maßnahmen versuchte man, die Arbeitsmoral zu heben. Stalin appellierte aber auch mit Erfolg an die patriotischen Gefühle der Bevökerung: Erfolgreiche Arbeiterinnen und Arbeiter wurden als „Helden der Arbeit" gefeiert und mit dem Lenin-Orden ausgezeichnet.

Durch die Bevorzugung der Schwerindustrie wurde die Erzeugung von Konsumgütern stark vernachlässigt. Lebensstandard und Löhne der Menschen in der Sowjetunion waren sehr niedrig, Wohnraum war äußerst knapp. Anfang der 1930er Jahre konnten Lebensmittel nur auf Karten bezogen werden. Trotzdem war die zentrale Verteilerorganisation nicht imstande, die Menschen mit den notwendigen Lebensmitteln zu versorgen.

Terror und Personenkult

Jede Abweichung von den Richtlinien der kommunistischen Partei wurde von der Geheimpolizei verfolgt und hart bestraft. 1934 erließ Stalin ein Gesetz, das Eltern und Kinder verpflichtete, sich gegenseitig wegen antisozialistischer Kritik bei den Behörden anzuzeigen. Wer eine derartige Kritik äußerte, wurde meist mit Zwangsarbeit in Lagern (Gulags) in Sibirien bestraft. Viele Millionen Menschen starben dort im Laufe der folgenden zwei Jahrzehnte an den unmenschlichen Arbeitsbedingungen.

Ab 1934 stellte Stalin Mitglieder einer angeblichen „trotzkistischen Opposition" als Konter-Revolutionäre vor Gericht. In den öffentlich geführten Schauprozessen machten die Angeklagten Selbstbezichtigungen und Geständnisse. Diese wurden aber durch vorhergehende Folterungen erzwungen. Von den Terrormaßnahmen Stalins waren altgediente Partei-Funktionäre, hohe Offiziere sowie auch Menschen betroffen, die sich gar nicht politisch betätigten. Es entstand ein Klima der Angst und des gegenseitigen Misstrauens.

Ein Augenzeuge berichtet, wie im Gefängnis von unschuldigen Menschen Geständnisse erpresst wurden:

Q *Er lag auf dem Boden. Seine Hosen waren aufgetrennt, die Beine verbunden. Er hatte viereinhalb Tage „Stoika" hinter sich. Stoika ist die erschwerte Form von Fließband. Fließband bedeutet pausenloses Verhör mehrere Tage hindurch (…).*
Bei der Stoika wird der Untersuchungshäftling gezwungen die ganze Zeit zu stehen. Wenn er sich nicht mehr auf den Beinen halten kann, stützen ihn zwei Polizisten unter den Achseln. Fließband und Stoika wurden damals systematisch angewandt. Kurz ehe der (Mann) das Bewusstsein verlor, fühlte er, dass im Bein etwas platzte – eine Vene. Die Beine waren wie Holzklötze angeschwollen, um sie zu verbinden, mussten die Hosen aufgeschnitten werden.*
(Jakir, Kindheit in Gefangenschaft, 1972, S. 6)

Auf dem Höhepunkt der „Säuberungen" in den Jahren 1936 bis 1938 befanden sich 8 bis 9 Millionen (5 bis 6 Prozent der Bevölkerung) sowjetische Bürgerinnen und Bürger in den Gefängnissen der russischen Staatspolizei. Schätzungen besagen, dass die stalinistische Diktatur mindestens 20 Millionen Menschen das Leben kostete.

1938 ließ Stalin eine neue Geschichte der Kommunistischen Partei der Sowjetunion schreiben. Sie sollte beweisen, dass Stalin der einzige Schüler und engste Freund Lenins gewesen sei. Alle anderen kommunistischen Führer wurden als Abtrünnige und Verräter bezeichnet.

Um von Terror und Gewaltmaßnahmen abzulenken, ließ sich Stalin bis zu seinem Tod 1953 in einem beispiellosen Personenkult als „großer und genialer Führer und Lehrer" feiern.

■ Wassili Swarog, Stalin mit Kindern. Gemälde (Ausschnitt), 1939.
Stalins Personenkult äußerte sich in riesengroßen Fotografien, Plakaten und Statuen. Oft ließ er sich mit Kindern darstellen.

→ Fragen und Arbeitsaufträge

1. Beschreibe die Merkmale der Gewaltherrschaft des Stalinismus. Erkläre in diesem Zusammenhang auch die Begriffe: „Kulaken", „Kollektivierung", „Sozialismus = Sowjetmacht plus Elektrifizierung", „Schauprozesse" und „Säuberungen".
2. Erläutere, was man unter „Personenkult" versteht. Analysiere dazu auch das Gemälde von Swarog. Beschreibe die Bildinhalte (Personen, Hintergrund, Farben etc.). Diskutiert, welche Wirkung der Kult um politische Machthaber auf Menschen haben kann.

Unterschiedliche Verwendung von Begriffen/Konzepten in Alltags- und Fachsprache erkennen sowie deren Herkunft und Bedeutungswandel beachten

8. Begriffe und Konzepte: „Faschismus" und „Totalitarismus"

Wichtige Ziele im Fach „Geschichte und Politische Bildung" sind das Lernen von historischen Begriffen und das Weiterentwickeln von fachspezifischen Konzepten wie „Macht", „Herrschaft", „Zeit" usw. In der Alltagssprache haben diese Begriffe meistens mehrere Bedeutungen und können in unterschiedlichen Zusammenhängen verwendet werden. Auch verändern manche Begriffe und Konzepte im Laufe der Zeit ihre Bedeutung.

Dieses Kapitel unterstützt dich dabei, die Begriffe „Totalitarismus", „Faschismus", „Nationalsozialismus", „autoritäre Systeme" und „politische Religion" mit Hilfe von Lexika und Fachliteratur zu klären, zu vergleichen und zu analysieren sowie sachlich richtig anzuwenden.

Totalitäre und autoritäre Systeme

Der Begriff „Totalitarismus" tauchte erstmals 1923 zur Bezeichnung des von Mussolini geschaffenen Herrschaftssystems auf. Während die Antifaschisten mit dem Begriff vor einer absolutistischen Herrschaft warnen wollten, besetzten die Faschisten den Begriff positiv. Im Deutschen Reich sprachen die Nationalsozialisten von einem „totalen Staat".

Totalitäre Systeme haben keine demokratischen Standards. Sie versuchen, alle politischen, sozialen und gesellschaftlichen Bereiche im Staat zu bestimmen. Oft ist mit einer totalitären Herrschaft der Anspruch verbunden, entsprechend einer bestimmten Ideologie einen „neuen" Menschen zu formen. Als am stärksten ausgeprägte Systeme von Totalitarismus gelten der Nationalsozialismus, der italienische Faschismus und der Stalinismus.

Zu **autoritären Systemen** zählen sowohl kommunistische wie das Jugoslawien unter Tito als auch faschistische, z. B. der österreichische Ständestaat. In autoritären Systemen gibt es zwar gewisse Freiheiten für Bürgerinnen und Bürger, aber auch hier unterdrücken ihre Regierungen politisch Andersdenkende. Beispiele für heutige totalitäre bzw. autoritäre Staaten sind Nordkorea, China, Kuba und Saudi-Arabien.

Das politische Gegenmodell dazu ist der demokratische Rechtsstaat. Seine wesentlichen Merkmale sind die Gewaltenteilung und eine Verfassung, in der die Freiheit der Staatsbürgerinnen und Staatsbürger und deren Grundrechte festgeschrieben sind.

Totalitarismus-Theorie

Die Totalitarismus-Theorie vergleicht die Systeme des Faschismus und des Stalinismus. Sie geht davon aus, dass die beiden Ideologien zahlreiche gemeinsame Merkmale aufweisen. Der deutsche Politikwissenschafter Eric Voegelin vertrat die Ansicht, dass totalitäre Bewegungen selbst religiösen Charakter angenommen hätten. Er wies z. B. auf die Rolle des „Führers" als „Erlöser" und auf das Erlösungsversprechen im Nationalsozialismus und anderen totalitären Systemen hin.

Die Totalitarismus-Theorie blieb nicht unwidersprochen: In den 1980er Jahren entwickelte sich in Deutschland darüber ein Historikerstreit. Manche Wissenschafterinnen und Wissenschafter lehnten nämlich einen Vergleich dieser politischen Systeme überhaupt ab. Einige von ihnen warnten zum Beispiel davor, dass das in der Geschichte einzigartige Verbrechen des Holocausts durch einen Vergleich mit den stalinistischen Massenmorden relativiert werden könnte. Gegenwärtig untersuchen und diskutieren Historikerinnen und Historiker die Frage, wie totalitär der moderne politische Rechts- und Linksextremismus und der Islamismus sind.

M1 **Allgemeinsprachliche Definition des Begriffes „total" im Duden-Wörterbuch:**

to|tal *[Adj.] ganz, gänzlich, vollständig [frz., „ganz u. gar, vollständig, Gesamt…" <mlat. totalis „gänzlich" <lat. totus „ganz, in vollem Umfang"]*

M2 **„Merkmale des totalitären Staates", Zusammenstellung der Schweizer „Kompetenz- und Wissens-Schule" Olten (2016):**

Viele totalitäre Staaten (…) weisen (…) bestimmte gemeinsame Merkmale auf, z. B.:

- *Eine alles durchdringende Ideologie, die nicht auf kritisches Bewusstsein, sondern auf Überzeugung setzt, wie zum Beispiel der Nationalsozialismus, teilweise der Marxismus-Leninismus, und auf die Schaffung eines neuen Menschen.*
- *Unterordnung des Einzelnen unter die Gemeinschaft (Volksgemeinschaft, Klassenlose Gesellschaft, Diktatur des Proletariats), nach dem Grundsatz: „Gemeinsinn geht vor Eigennutz!"; oder: „Du bist nichts, dein Volk ist alles" (Nationalsozialismus). Dieser Kollektivismus bedingt den Verlust der persönlichen Freiheit (Nationalsozialismus).*
- *Keine Gewaltenteilung: Legislative, Exekutive und Judikative sind nicht unabhängig und getrennt voneinander, sondern „liegen in der Hand" des Diktators oder der herrschenden Partei.*
- *Überwachung: Der Machthaber (also der Diktator oder die Partei) versucht, die Bevölkerung seines Staates zu „erfassen", so dass dem Einzelnen kein Privatleben und kein Freiraum mehr bleibt. (…)*
- *Keine bürgerlichen Freiheiten bzw. die Missachtung der Menschenrechte, keine Meinungsfreiheit, keine Medienfreiheit, de facto keine Religions- und Gewissensfreiheit, keine Freiheit der Kunst und Lehre. Das Pressewesen wird weitestgehend durch den Diktator bzw. die herrschende Partei beeinflusst. (…)*
- *Spitzeltum, Geheimdienst, Geheimpolizei bzw. politische Polizei, willkürliche Verhaftung und Repression der Bevölkerung sollen jedes unabhängige Denken im Keim ersticken und die Menschen einschüchtern.*
- *Oft auch Konzentrationslager, Arbeitslager wie z. B. das sowjetische Lagersystem Gulag, Geheimgefängnisse bzw. Folter von Häftlingen.*

(Merkmale des totalitären Staates. Online auf: http://www.kwschulen.ch/Lernlandschaften/06_Zeit/2.Weltkrieg/Z_2.WK_Z_1.pdf, 3.10.2017)

M3 Vergleich totalitärer Systeme:

	Faschismus	Nationalsozialismus	Stalinismus
Ursachen	Ablehnung des parlamentarischen Systems, Ruf nach dem „starken Mann", wirtschaftliche und soziale Krise nach dem Ersten Weltkrieg	Ablehnung des parlamentarischen Systems, Ruf nach dem „starken Mann", wirtschaftliche, soziale und politische Krisen nach dem Ersten Weltkrieg und nach der Weltwirtschaftskrise	Ablehnung des parlamentarischen Systems, Russische Revolutionen, Angst vor Konterrevolution und innerparteilichen Konkurrenten
Ideologie	Technischer Fortschritt als Ziel; Führerprinzip, Verherrlichung der „Volksgemeinschaft", übersteigerter Nationalismus, Befürwortung von Gewalt als Mittel der Politik; Militarismus, Imperialismus; Rassismus/Antisemitismus, Antisozialismus bzw. Antimarxismus	Technischer Fortschritt als Ziel; Führerprinzip, Verherrlichung der „Volksgemeinschaft", übersteigerter Nationalismus, Befürwortung von Gewalt als Mittel der Politik; Militarismus, Imperialismus; extremer Rassismus/Antisemitismus (Holocaust)	Technischer Fortschritt als Ziel; dogmatische Vereinfachung des Marxismus-Leninismus, Sozialismus in einem Land statt Weltrevolution, Kollektivierung von Industrie und Landwirtschaft, Pflege des russischen Patriotismus
Schlagworte	Glauben, kämpfen, gehorchen – Duce	Führer, befiehl, wir folgen dir! Ein Volk, ein Reich, ein Führer!	Sozialismus in einem Land Väterchen Stalin
Gründer	Benito Mussolini (1883–1945)	Adolf Hitler (1889–1945)	Josef Stalin (1879–1953)
Symbol	Römisches Rutenbündel	Hakenkreuz	Hammer und Sichel
Machtübernahme	1922 – von König Viktor Emanuel III. mit Regierungsbildung beauftragt	1933 – von Reichspräsident Hindenburg zum Kanzler bestellt	1924 – nach Lenins Tod durch Ausschaltung der innerparteilichen Konkurrenten
System	Einparteiensystem, Diktator an der Spitze, Informationsmonopol in den Medien (Propaganda); Machtausübung, Machterhalt durch Staatsterror/großer (Geheim-)Polizeiapparat, „Gleichschaltung" aller gesellschaftlichen Kräfte, paramilitärischer Verband (Schwarzhemden)	Einparteiensystem, Diktator an der Spitze, Informationsmonopol in den Medien (Propaganda); Machtausübung, Machterhalt durch Staatsterror/großer (Geheim-)Polizeiapparat, „Gleichschaltung" aller gesellschaftlichen Kräfte, paramilitärische Verbände (SA, SS); totale Erfassung der Bevölkerung durch NSDAP und NS-Organisationen	Einparteiensystem, Diktator an der Spitze, Informationsmonopol in den Medien (Propaganda); Stalin und die elitäre kommunistische Kaderpartei bestimmen Politik und Gesellschaft, Staatsterror
Wirtschaftsform	Privatkapitalismus/Ausschaltung der Gewerkschaften	Privatkapitalismus/Ausschaltung der Gewerkschaften, Produktion und Arbeitsmarkt auf Kriegswirtschaft ausgerichtet	Staatliche Planwirtschaft – Verbot des Privateigentums an Produktionsmitteln
Stellung zur Kirche	Toleranz gegenüber der Kirche	Ablehnung der katholischen Kirche	kirchenfeindlich
Außenpolitik	imperialistisch	imperialistisch	imperialistisch

M4 Hannah Arendt, Carl Joachim Friedrich, Zbigniew Brzezinski: Totalitarismus-Theorien:

Nach dem 2. Weltkrieg lieferte H. Arendt 1951 (...) eine Totalitarismustheorie, in der sie auf den Zusammenhang von Ideologie und Terror verwies. Bestimmte Gruppen (Juden, Kulaken) würden von totalitären Regimen als Feinde (Rassenfeinde, Klassenfeinde) identifiziert und dann vernichtet. Das später entstandene Totalitarismuskonzept von C. J. Friedrich und Z. Brzezinski schreibt totalitären Herrschaftsordnungen sechs Wesensmerkmale zu: 1. Die gesamte Staatsmacht liegt in den Händen einer streng hierarchisch aufgebauten Massenpartei, an deren Spitze ein einzelner Diktator oder eine diktatorisch regierende Gruppe steht. 2. Der Staat hat das Monopol auf Meinungsbildung und Nachrichtenverbreitung und kontrolliert alle Massenkommunikationsmittel. 3. Er vertritt eine Ideologie, die für alle Lebensbereiche verbindlich ist und mit Methoden der Massenpropaganda verbreitet wird. 4. Die Führung setzt ihren Willen mit terroristischen Mitteln durch; dem willkürlichen Vorgehen der Geheimpolizei sind keine rechtsstaatlichen Grenzen gesetzt. 5. Es gibt ein staatliches Waffenmonopol. 6. Die Wirtschaft wird zentral gelenkt.

(Online auf: http://www.wissen.de/lexikon/totalitarismus, 3.10.2017)

Unterschiedliche Verwendung von Begriffen/Konzepten in Alltags- und Fachsprache erkennen sowie deren Herkunft und Bedeutungswandel beachten

M5 Mussolini über den faschistischen Staat (1939):

Der faschistische Staat ist Wille zur Macht und Herrschaft, die römische Überlieferung ist ihm eine Idee des Antriebes. In der Lehre des Faschismus bedeutet Herrschaft nicht nur Land, Soldaten oder Handel, sondern Geist. Man kann sich sehr wohl vorstellen, dass eine Nation andere unmittelbar oder mittelbar anführt, ohne dass es nötig wäre, einen einzigen Quadratkilometer zu erobern. Im Faschismus ist die Neigung zum Imperialismus, das heißt zur nationalen Entfaltung, eine Offenbarung der Lebenskräfte. Sein Gegensatz ist Verfall; Völker, die steigen oder wieder aufsteigen, sind von imperialistischer Gesinnung; nur niedergehende Völker können verzichten. Der Faschismus ist die angemessenste Lehre für die Seelenstimmungen eines Volkes, welches, wie das italienische, sich nach vielen Jahrhunderten der Ohnmacht und der Fremdherrschaft erhebt.

(Zit. nach: Meyer, Weltgeschichte im Aufriss III, 1961, S. 99)

M6 Kennzeichen des Faschismus nach der Definition des Historikers Reinhard Kühnl:

[Faschismus ist gekennzeichnet ...]
1. durch eine Ideologie, die die bäuerliche und kleingewerbliche Lebensform verherrlicht, den Nationalismus entfacht, Demokratie, Sozialismus und Liberalismus bekämpft und den Hass der Massen auf Minderheiten (Juden, Kommunisten, Intellektuelle ...) lenkt;
2. durch ein Herrschaftssystem, das die Vorrechte der Besitzenden schützt, jede Opposition verbietet und in allen Lebensbereichen das Führerprinzip durchsetzen will;
3. durch Kampf- und Herrschaftsmethoden, die Terror und Propaganda verbinden, um politische Gegner auszuschalten, die Massen zum Gehorsam zu bringen und fanatische Kampfbereitschaft zu erwecken.

(Kühnl, Faschismus. Zur Problematik eines politischen Begriffes, 1972)

M7 Faschismus-Definition im österreichischen „Politiklexikon für junge Leute" (2008):

Faschismus war eine Herrschaftsform, die vor allem in der ersten Hälfte des 20. Jahrhunderts in vielen europäischen Ländern verbreitet war. Faschistische Systeme waren Diktaturen, ihre VertreterInnen und Anhängerschaft waren gegen die Demokratie eingestellt. Es gab nur eine politische Partei (andere Parteien waren verboten), massiven Terror und Gewalt gegen Andersdenkende, keine Meinungsfreiheit und keine freie Presse. Viele politische Gegner und Gegnerinnen des Faschismus wurden eingesperrt, gefoltert und ermordet. Die bekanntesten faschistischen Diktaturen waren jene in Italien von 1922 bis 1945 (der Führer – auf Italienisch Duce – war Benito Mussolini), in Spanien zwischen 1939 und 1975 (unter General Franco), in Portugal von 1924 bis 1974 (einer der wichtigen Führer dort war António de Oliveira Salazar) oder in Österreich von 1933 bis 1938 (unter Engelbert Dollfuß und Kurt Schuschnigg). Faschistische Bewegungen gab es aber auch in anderen Ländern wie z. B. Ungarn (Pfeilkreuzler) oder Kroatien (Ustascha).

Eine besonders brutale Form von Faschismus war der Nationalsozialismus. Von den Nazis wurden, im Unterschied zu anderen faschistischen Diktaturen, systematisch Millionen von Menschen ermordet (Holocaust).

(Gärtner, Politiklexikon für junge Leute, 2008, S. 76 f.)

M8 Propagandaplakat „Es lebe Deutschland", 1935:

■ Entwurf: K. Stauber, 1935.

M9 Propagandaplakat „Dank dem geliebten Stalin für unsere glückliche Kindheit", 1950:

СПАСИБО
РОДНОМУ СТАЛИНУ
ЗА СЧАСТЛИВОЕ ДЕТСТВО!

■ Nina Vatolina, Plakat, 1950.

M10 Das österreichische Demokratiezentrum über den „Austrofaschismus":

Österreich lehnte sich in jenen Jahren – insbesondere auch was die intendierte (= beabsichtigte) ständische Gesellschaftsordnung betraf – an den Faschismus Mussolinis an und teilte mit den übrigen faschistischen Strömungen folgende Merkmale:

Führerprinzip, Militarismus, Nationalismus, Antiindividualismus, Antimarxismus, staatliche Gewalt und Demokratiefeindlichkeit.

(Der autoritäre „Ständestaat"/Austrofaschismus 1933–1938. Online auf: http://demokratiezentrum.org/themen/demokratieentwicklung/1918-1938/staendestaat.html, 1. 10. 2017)

M11 Manfred Scheuch, Historiker und Journalist, zur Frage: „Wie faschistisch war der Austrofaschismus?":

Zweifellos treffen Merkmale des Faschismus (…) auch auf das Regime von Dollfuß und Schuschnigg zu: (…) Das Grundbekenntnis der Feindschaft gegenüber der Sozialdemokratie und dem Marxismus. (…) Die gewalttätige Austragung des Kampfes gegen die Arbeiterbewegung durch bewaffnete Organisationen, in Österreich vor allem durch die Heimwehr praktiziert. (…) Die Ausschaltung des Parlaments, das Verbot der Parteien, der Verfassungsbruch. (…) Die Beseitigung der Freiheitsrechte des Individuums, vor allem durch Aufhebung von Versammlungs- und Vereinigungsrecht sowie Pressefreiheit. (…) Die Entrechtung der Arbeiterschaft durch das Streikverbot und ihre angestrebte Einzwängung in ein berufsständisches System. (…) Die Verfolgung der in den Untergrund gedrängten politischen Gegner durch Polizeimaßnahmen, Errichtung von Anhaltelagern und Hochverratsprozesse. (…) Der extreme Nationalismus, wie er sowohl in Italien als auch in Deutschland angeheizt wurde, war durch die Kreierung eines Österreich-Patriotismus kaum zu ersetzen. Auch der sozialrevolutionäre Anstrich, den sowohl Hitler als auch Mussolini ihren Bewegungen gaben, hatte in der rückwärts gewandten christlichsozialen Ideologie keinen Platz. (…) So war es dem Austrofaschismus nicht möglich, (…) eine echte Massenbasis zu schaffen und (…) durch eine „Volksgemeinschaft" zu ersetzen.

(Scheuch. In: Der Standard, 15./16. 5. 2004)

M12 Feierlichkeiten zu Ehren des Staatsgründers in Pjönjang, 2013:

■ Feierlichkeiten in Pjöngjang anlässlich des zweiten Todestags des früheren Diktators, Kim Jong-il. Hunderte Nordkoreaner verbeugten sich vor Denkmälern und Abbildungen ihrer Führer – hier vor einer Wand mit den Bildern von Kim Il-sung und Kim Jong-il. Foto, 17. 12. 2013.

M13 Hans-Gerd Jaschke, Politikwissenschafter über Gemeinsamkeiten von modernem Rechts- und Linksextremismus und Islamismus (2008):

Hierzu gehören der Absolutheitsanspruch der eigenen Auffassungen, Dogmatismus, die Unterteilung der Welt in Freund und Feind, aber auch Verschwörungstheorien und Fanatismus. (…)
Der Glaube an Volksgemeinschaft und Nation oder an die historische Mission der Arbeiterklasse und die Diktatur des Proletariats oder an die Vorschriften des Koran und den islamischen Gottesstaat treten an die Stelle politischer Programmatiken, denen es um die Diskussion und Durchsetzung von rationalen Zielen geht. (…)
Der Islamismus betont die Einheit von Religion und Staat und er politisiert und instrumentalisiert die Religion des Islam. Die Grundprinzipien der westlichen Staats- und Gesellschaftsordnung sind ihm nicht nur fremd, er lehnt sie in militanter Weise ab: Grund- und Menschenrechte, Demokratie und Gewaltenteilung, Rechtsstaat.

(Jaschke, Rechts- und Linksextremismus, Islamismus. Online auf: http://www.bpb.de/politik/extremismus/linksextremismus/ 33589/ rechts-und-linksextremismus-islamismus, 1. 10. 2017)

→ Fragen und Arbeitsaufträge

1. Nenne Alltagssituationen, in denen du den Begriff „total" verwendest (M1).
   Erkläre, welche Bedeutung dieser Begriff, abhängig vom jeweiligen Kontext, haben kann.
2. Beschreibe ausgehend von M2 mündlich die wesentlichen Merkmale des „totalitären Staates".
3. Analysiere das Schema M3 in Hinblick auf Gemeinsamkeiten und Unterschiede der Systeme. Verfasse dazu eine kurze schriftliche Darstellung.
4. Fasse auf der Basis von M4 Hannah Arendts Totalitarismus-Theorie und das Totalitarismuskonzept nach Friedrich und Brzezinski zusammen.
5. Vergleiche die Aussagen von M2 und M4 in Hinblick auf Gemeinsamkeiten und Unterschiede.
6. Arbeite heraus, wie Mussolini (M5) und der Historiker Kühnl (M6) den faschistischen Staat beschreiben. Vergleiche die Definition von Faschismus bei Kühnl mit der Darstellung des Faschismus bei Mussolini.
7. Fasse die Faschismus-Definition des „Politiklexikons für junge Leute" (M7) zusammen. Erkläre, inwiefern sie sich von M5 und M6 unterscheidet.
8. Beschreibe und analysiere die Bildquellen M8, M9, M12. Erläutere, welche Aspekte von Totalitarismus darauf jeweils dargestellt werden.
9. Arbeite heraus, welche Elemente von Faschismus der Austrofaschismus laut M10 und M11 aufweist.
10. Analysiere, inwiefern der Politikwissenschafter Jaschke in modernen Rechts- und Linksextremismen und im Islamismus totalitäre Tendenzen sieht (M13).
11. Nenne Beispiele für Möglichkeiten, als Mitglieder der Zivilgesellschaft Formen des politischen Extremismus zu bekämpfen.

Die Zwischenkriegszeit – Umbrüche und Krisen

Veränderungen nach dem Ersten Weltkrieg

- Im Jänner 1918 präsentierte US-Präsident Wilson sein Friedensprogramm in „14 Punkten". Zentrale Forderungen: Erfüllung des „Selbstbestimmungsrechtes der Völker" und Schaffung eines Völkerbundes, einer internationalen Friedensorganisation.
- 11. November 1918: Ende des Ersten Weltkrieges. 10 Millionen Soldaten wurden getötet, über 20 Millionen verwundet. Der enorme Verlust an Sachwerten und die große Zahl der Opfer unter der Zivilbevölkerung gehören zur erschreckenden Bilanz des Krieges.
- Anfang 1919 trafen sich Vertreter der siegreichen Entente-Staaten in Paris zu Friedensverhandlungen. Sie legten die Bestimmungen der Friedensverträge fest. Die besiegten Staaten waren von den Verhandlungen ausgeschlossen.
- Frankreich setzte sich mit seinen harten Friedensbedingungen dem Deutschen Reich gegenüber im „Versailler Vertrag" am besten durch (Gebietsabtretungen, Entmilitarisierung, Zahlung hoher Reparationen und Zuschreibung der alleinigen Verantwortung des Deutschen Reiches und seiner Verbündeten am Kriegsausbruch). Der Vertrag von Saint-Germain mit Österreich enthielt u. a. das Anschlussverbot an das Deutsche Reich, Gebietsabtretungen und die grundsätzliche Reparationspflicht.
- In Österreich und im Deutschen Reich lösten die harten Friedensbedingungen heftige Abwehrreaktionen aus. Die „Revision" des Versailler Vertrages wurde in der Weimarer Republik zu einem wichtigen politischen Anliegen. Hitler machte sie zu einer zentralen Forderung.
- Obwohl der 1919 gegründete Völkerbund als internationale Friedensorganisation vor allem von US-Präsident Wilson gefordert wurde, traten die USA der Organisation nicht bei. Diese konnte trotz einiger Erfolge die großen politischen Probleme der Zwischenkriegszeit nicht wirksam lösen.
- Das Deutsche Kaiserreich, die Habsburger-Monarchie Österreich-Ungarn, das zaristische Russland und das Osmanische Reich zerfielen oder veränderten sich entscheidend. Neue Staaten entstanden vor allem in Südosteuropa, nationale Spannungen blieben bestehen. Europa verlor seine Vormachtstellung, die USA stiegen endgültig zur Weltmacht auf.
- Hohe Arbeitslosenzahlen und die extreme Inflation machten vor allem Österreich und dem Deutschen Reich schwer zu schaffen. Die 1918 entstandene Weimarer Republik wurde durch Putschversuche und politische Gewalttaten von radikal rechten und extrem linken Gruppierungen erschüttert.
- Im Vertrag von Rapallo 1922 näherten sich das Deutsche Reich und die Sowjetunion an.
- Im Pakt von Locarno 1925 kam es zu einer Verständigung zwischen Frankreich und dem Deutschen Reich. Durch Bündnisse zwischen Frankreich, der Tschechoslowakei und Rumänien („Kleine Entente") sollten die Interessen Frankreichs abgesichert werden.

Vom zaristischen Russland zur Sowjetunion

- Infolge der ungelösten politischen, sozialen und wirtschaftlichen Probleme wurde die Zarenherrschaft durch die Februarrevolution von 1917 beendet. Als Folge der Oktoberrevolution desselben Jahres wurde eine kommunistische Diktatur unter Lenin errichtet.

- Zwischen 1918 und 1922 tobte in Russland ein Bürgerkrieg zwischen Anhängern und Gegnern der Kommunisten. Diese blieben siegreich. 1922 entstand durch den Zusammenschluss von Sowjetrepubliken die „Union der Sozialistischen Sowjetrepubliken" (UdSSR). Unter dem Eindruck einer verheerenden Wirtschaftskrise führte Lenin 1921 den marktwirtschaftlichen Versuch der „Neuen Ökonomischen Politik" ein. Nach Lenins Tod 1924 kehrte der neue Machthaber Stalin zum alten Kollektivsystem zurück.

„Goldene" Zwanzigerjahre?

- Europäische Großstädte, vor allem Berlin, zogen viele Menschen an. Freizeit- und Konsumangebote waren in den etwas stabileren Jahren zwischen 1924 und 1929 auch den städtischen Mittelschichten zugänglich.
- Die neuen Massenkommunikationsmittel wie Radio und Filme beeinflussten Millionen.
- Für Frauen eröffnete das Frauenwahlrecht neue Chancen. Für eine kleine Schicht von gut ausgebildeten Städterinnen wurden nun ungezwungenere Lebensformen, neue Berufe und mehr Selbstständigkeit möglich.

Die USA – die neue Weltmacht

- Mit dem Eintritt in den Ersten Weltkrieg auf Seiten der Entente hatten die USA ihren Aufstieg zur Weltwirtschaftsmacht weiter beschleunigt. Sie wurden zum größten Gläubiger der europäischen Staaten. Das erste Jahrzehnt nach dem Krieg bescherte den Amerikanerinnen und Amerikanern einen Wirtschaftsboom und Wohlstand für viele.
- Durch eine konjunkturelle Überhitzung, die Ende Oktober 1929 zu einem gigantischen Börsenzusammenbruch an der New Yorker Wall Street führte, wurde der Aufschwung gestoppt. Präsident Roosevelt versuchte, die entstehende Massenarbeitslosigkeit durch den „New Deal", eine neue Wirtschaftspolitik, einzudämmen. Sie ermöglichte staatliche Eingriffe ins Wirtschaftsleben und öffentliche Investitionen („deficit spending").

Die Weltwirtschaftskrise und ihre Auswirkungen

- Da die USA ihre Investitionen in Europa einstellten und einen Teil ihrer Kredite kurzfristig zurückverlangten, gerieten auch die europäischen Staaten in eine Krise und es kam schließlich zu einer gewaltigen Weltwirtschaftskrise. Die Not aufgrund des rasanten Anstiegs der Arbeitslosenzahl führte vor allem im Deutschen Reich zu einer Radikalisierung des politischen Lebens. Die Nationalsozialisten nützten propagandistisch aus, dass die Regierungen der Weimarer Republik der Krise hilflos gegenüberstanden; Hitlers Weg zur Macht war damit geebnet.

Diktatorische Systeme in Europa

- Nach dem Weltkrieg konnten in Europa zahlreiche Republiken oder Königreiche mit demokratischen Regierungen gegründet werden. Bereits ab 1922 (Italien) wurden die ersten Diktaturen errichtet. Rechte Parteien und Bewegungen setzten nach 1930 in vielen europäischen Staaten faschistische Diktaturen durch. Die Demokratie blieb nur in den west- und nordeuropäischen Staaten bestehen.

- In Italien gründete Mussolini 1919 die „Faschistischen Kampfbünde". Er nützte die Unzufriedenheit von Teilen der Bevölkerung mit dem Ergebnis der Friedensschlüsse und die wirtschaftliche Dauerkrise aus. Als er 1922 in seinem „Marsch auf Rom" die faschistische Machtübernahme forderte, ernannte der König ihn zum Ministerpräsidenten. Mussolini schaltete in Folge alle politischen Gegner aus und errichtete schrittweise eine faschistische Militärdiktatur.
- 1936 brach in Spanien ein mit großer Grausamkeit geführter Bürgerkrieg aus: Republikaner, Sozialisten und Kommunisten wurden von „Internationalen Brigaden" unterstützt. Sie kämpften für die Erhaltung der Republik. Ihre Gegner waren Nationalisten, die in der faschistischen Falange-Partei unter General Franco die Errichtung einer Militärdiktatur anstrebten. Franco wurde von Hitler und Mussolini militärisch unterstützt, sodass er 1939 den Bürgerkrieg für sich entscheiden konnte. Bis zu Francos Tod 1975 blieb Spanien eine Militärdiktatur.
- Unter Stalin erfolgte in der Sowjetunion die radikale Kollektivierung der Landwirtschaft, der Millionen Bauern zum Opfer fielen. In hohem Tempo wurde die Industrie modernisiert, was auf Kosten des Lebensstandards der Sowjetbürgerinnen und Sowjetbürger ging. In den „Säuberungen" der 1930er Jahre ließ Stalin Millionen Gegner umbringen. Um vom Terror abzulenken, entfaltete er einen ungeheuren Kult um seine eigene Person.

Grundbegriffe

Bolschewismus Bezeichnung für eine Richtung des Marxismus/Kommunismus. Auf dem 2. Parteitag der „Sozialdemokratischen Arbeiterpartei Russlands" 1903 in London errang eine radikale revolutionäre Gruppe unter Führung Lenins bei einer Abstimmung die Mehrheit. Sie nannten sich deshalb fortan „Bolschewiki" (russ. für „Mehrheitler") – im Gegensatz zur zahlenmäßig weit stärkeren, gemäßigten Gruppe der SDAPR, die von nun an als „Menschewiki" (russ. für „Minderheitler") bezeichnet wurden. 1917 übernahmen die Bolschewiki mit Unterstützung der Arbeiter- und Soldatenräte die Macht. 1918 wurde die Partei in „Kommunistische Partei Russlands", später der Sowjetunion (KPdSU) umbenannt.

Falange „Falange" leitet sich von einem griechischen Wort ab und bedeutet „Schlachtreihe" oder „Walze". 1933 wurde in Madrid die radikal rechtsgerichtete, nationalistische und antikommunistische Bewegung „Falange Española" gegründet. Im Spanischen Bürgerkrieg kämpften die falangistischen Milizen auf der nationalistischen Seite unter General Franco. Nach dem Bürgerkrieg bildete die Falange den Kern der Staatspartei „Movimiento nacional" des faschistischen Franco-Regimes.

Faschismus „Faschismus" leitet sich vom lateinischen Wort „fasces" ab. Das waren mit Lederriemen umwickelte Rutenbündel mit einem Beil, Symbol für die Amts- und Strafgewalt der höchsten römischen Beamten. Ursprünglich war Faschismus die Selbstbezeichnung jener rechtsgerichteten Bewegung, die Italien unter Benito Mussolini von 1922–1943 beherrschte. Schon in den 1920er Jahren weiteten Gegner den Begriff „Faschismus" auf andere nationalistische, autoritäre, antisozialistische und antikommunistische Systeme und Parteien aus. Versteht man im engeren Sinn also „Faschismus" als eine Ideologie in einer bestimmten historischen Epoche, so wird der Begriff im weiteren Sinn auch für ideologische Konzepte und Gruppierungen mit rechtsgerichteten, nationalistischen, autoritären, totalitären, gelegentlich auch rassistischen Ideen nach 1945 verwendet.

New Deal („Neuverteilung der Spielkarten", aus dem Englischen): Man versteht unter „New Deal" eine Reihe von Wirtschafts- und Sozialreformen des US-amerikanischen Präsidenten Franklin D. Roosevelt. Zum „New Deal" gehörten die Einführung eines Sozialversicherungssystems, massive Arbeitszeitverkürzung und progressive Besteuerung. Der amerikanische Staat tätigte massive Investitionen, vor allem in den Ausbau der öffentlichen Infrastruktur, beispielsweise durch den Bau großer Energieprojekte.

Stalinismus Die Bezeichnung wird meist verwendet für die Herrschaft von Josef Stalin (1878–1953) in der UdSSR von 1924 bis 1953. Oft wird „Stalinismus" auch gleichgesetzt mit der von Totalitarismus und Gewalt geprägten Machtpolitik Stalins: In der von ihm ausgebauten kommunistischen Diktatur ließ Stalin im Rahmen von „Säuberungen" vermeintliche und tatsächliche Gegner verhaften, in Schau- und Geheimprozessen zu Zwangsarbeit verurteilen oder hinrichten. Millionen Menschen wurden in sibirische Lager (Gulags) deportiert. Ein Merkmal des Stalinismus ist auch der ungeheure Personenkult, den Stalin entfachte.

UdSSR Die „Union der Sozialistischen Sowjetrepubliken" war ein zentralistisch regierter, föderativer, kommunistischer Einparteienstaat. Sie wurde am 30.12.1922 gegründet und durch die Alma-Ata-Deklaration am 21.12.1991 als Union aufgelöst. Ihr Territorium erstreckte sich über Osteuropa und den Kaukasus bis nach Zentral- und Nordasien. Das Kerngebiet der UdSSR war die „Russische Sowjetrepublik". Sie ging im Zuge der Oktoberrevolution 1917 aus dem Zarenreich hervor. Die „Kommunistische Partei der Sowjetunion" (KPdSU) bestimmte als einzige Partei die Politik.

„Volksfront" (spanisch „Frente Popular"): Wahlbündnis von linken und liberalen Politikern, das sich in Spanien vor den Neuwahlen zu Beginn des Jahres 1936 gebildet hatte. Es umfasste Republikaner, Sozialisten und Kommunisten. Bei den Wahlen 1936 siegte die „Volksfront" knapp vor der „Nationalen Front" („Frente Nacional") der Rechtsparteien. Es gelang der „Volksfront" in den folgenden Monaten jedoch nicht, die schwere wirtschaftliche Krise in den Griff zu bekommen. Im Juli 1936 kam es daher zu einem Militärputsch der Rechten unter General Franco und zum Ausbruch des Spanischen Bürgerkrieges, in dem sich die Mitglieder und Sympathisanten der „Volksfront" und Anhänger der „Nationalen Front", zu der auch die Falangisten gehörten, bekämpften.

Zarismus Der Begriff bezeichnet die gesellschaftlichen und politischen Merkmale in der Zeit der Herrschaft der russischen Zaren. Kennzeichnend war die autokratische Regierung der Zaren, die den Bürgerinnen und Bürgern keine verfassungsmäßigen Rechte zugestand. Dazu kam eine zentralisierte Form des Feudalismus. Der Zarismus endete mit der Absetzung des letzten Zaren Nikolaus II. aus der Dynastie der Romanows anlässlich der Februarrevolution 1917. Nikolaus II. und seine Familie wurden 1918 mit Billigung der bolschewistischen Partei von den sie bewachenden Truppen in Jekaterinburg ermordet.

Österreich I – die Erste Republik

12.11.1918	1919	1920/1929	1926	1927
Proklamation der Republik Deutschösterreich	Friedensvertrag von Saint-Germain	Österreichische Bundesverfassung	„Linzer Programm" der Sozialdemokratie	Schattendorf und Justizpalastbrand

Nicht einmal 20 Jahre – vom November 1918 bis zum März 1938 – bestand die Erste Republik in Österreich. Ihre Grenzen wurden von den Siegermächten nach dem Ersten Weltkrieg festgelegt. An das Leben in einem Großreich gewohnt, bezweifelten viele Bewohnerinnen und Bewohner die „Lebensfähigkeit" des neu entstandenen Kleinstaates. Auch wegen der katastrophalen Wirtschaftslage nach Kriegsende wünschten sich die meisten Menschen, aber auch die politischen Parteien einen Anschluss an das Deutsche Reich. Es kam zu einer Radikalisierung des politischen Lebens. Schließlich schaltete der christlichsoziale Bundeskanzler Dollfuß das Parlament aus. Im Februar 1934 folgte ein Bürgerkrieg. Kurz darauf wurde nach italienischem Vorbild der austrofaschistische Ständestaat errichtet. Ein außenpolitischer Hauptgegner war das nationalsozialistische Deutsche Reich.

Der wachsende Druck Hitlers führte im März 1938 zum „Anschluss". Für die folgenden sieben Jahre hörte Österreich auf, als selbstständiger Staat zu existieren. Land und Menschen wurden Teil der national-sozialistischen Diktatur – als Opfer wie auch als Täter.

1930	März 1933	Februar 1934	1.5.1934	1934	12.3.1938
„Korneuburger Eid" der Heimwehr	Ausschaltung des Parlaments	Bürgerkrieg	Proklamation des Ständestaates (austrofaschistische Diktatur)	„Juliputsch" der National-sozialisten – Ermordung von Bundeskanzler Dollfuß	Einmarsch der deutschen Truppen

In diesem Kapitel trainiert und erweitert ihr vor allem folgende Kompetenzen:

Politische Urteilskompetenz
- Bei politischen Kontroversen und Konflikten die Perspektiven und Interessen und zu Grunde liegenden politischen Wert- und Grundhaltungen unterschiedlich Betroffener erkennen und nachvollziehen

Online-Ergänzungen
9yj7qh

◾ Massendemonstration vor dem Wiener Parlament anlässlich der Proklamation der Ersten Republik am 12. November 1918. Foto, 1918.

1. „Rest-Trauma" und Kampf ums Staatsgebiet

Ein Großreich zerfällt

Im November 1916 starb Kaiser Franz Joseph nach 68-jähriger Herrschaft. Nach seinem Tod waren viele Soldaten der slawischen Nationalitäten, aber auch viele Ungarn nicht mehr bereit, für die Erhaltung der Monarchie weiterzukämpfen.

Der Nachfolger Franz Josephs, Kaiser Karl I., gab im Oktober 1918 ein Manifest (= Absichtserklärung) heraus: Die Doppelmonarchie sollte in einen Bundesstaat umgewandelt werden. Zu spät – die einzelnen Nationen erklärten ihre Unabhängigkeit: Im Oktober 1918 wurde die Tschechoslowakische Republik ausgerufen, im November 1918 die Ungarische Republik und im Dezember 1918 das Königreich der Serben, Kroaten und Slowenen (der so genannte „SHS-Staat", ab 1929 „Königreich Jugoslawien").

Die Republik Deutschösterreich wird ausgerufen

Am 21. Oktober 1918 erklärten sich die 1911 gewählten deutschsprachigen Reichsratsabgeordneten zur „Provisorischen Nationalversammlung von Deutschösterreich". Der Sozialdemokrat Karl Renner wurde mit der Ausarbeitung einer provisorischen Verfassung betraut. Ein vorrangiges Ziel der Regierung war es sicherzustellen, dass alle deutschsprachigen Gebiete der Monarchie im neu entstehenden Staat (Deutsch-)Österreich verbleiben würden. Und so lautete der erste Beschluss der „Provisorischen Nationalversammlung":

> **Q** *Das deutsche Volk in Österreich ist entschlossen, seine künftige staatliche Ordnung selbst zu bestimmen, einen selbstständigen Staat Deutsch-Österreich zu bilden und seine Beziehungen zu den anderen Nationen durch freie Vereinbarungen mit ihnen zu regeln. Der deutschösterreichische Staat beansprucht die Gebietsgewalt über das ganze deutsche Siedlungsgebiet, insbesondere auch in den Sudetenländern (…).*
>
> *(Zit. nach: Jochum, Die Erste Republik in Dokumenten und Bildern, 1983, S. 8)*

→ Nenne die in der Quellenstelle angeführten Ziele der „Provisorischen Nationalversammlung".

Am 30. Oktober 1918 trat die kaiserliche Regierung zurück. Gleichzeitig wurde eine provisorische Verfassung angenommen. Damit war der selbstständige Staat „Deutschösterreich" gegründet. Renner wurde Staatskanzler einer Konzentrationsregierung (Staatsrat). Zwar wurde am 3. November 1918 der Krieg beendet, die neuen Grenzen wurden dem jungen Staat aber erst ein knappes Jahr später im Friedensvertrag von Saint-Germain vorgegeben.

Am 11. November 1918 dankte Kaiser Karl I. zwar nicht formell ab, er verzichtete aber auf seinen Anteil an den Staatsgeschäften. Schon am nächsten Tag, dem 12. November 1918, wurde die Republik ausgerufen.

Die Nationalversammlung beschloss:

> **Q** *Art. 1. Deutschösterreich ist eine demokratische Republik. Alle öffentlichen Gewalten werden vom Volke eingesetzt.*
> *Art. 2. Deutschösterreich ist ein Bestandteil der Deutschen Republik.*
>
> *(Zit. nach: Schausberger, Der Griff nach Österreich, 1978, S. 53)*

„Rest-Trauma"

Von der Großmacht mit mehr als 50 Millionen Einwohnerinnen und Einwohnern blieb 1918 nur eine kleine Republik mit etwa 6,5 Millionen Menschen übrig. Unmittelbar nach der Gründung des neuen Staates sprach man vom „Staat, den keiner wollte" und von „Rest-Trauma". Dies drückte die Zweifel an der wirtschaftlichen und staatlichen „Lebensfähigkeit" des geschrumpften Staates mit seinen unsicheren Grenzen aus. Die angebliche „Lebensunfähigkeit" des neuen Kleinstaates wurde hauptsächlich von österreichischen Politikern behauptet. Sie versuchten, mit diesem Argument bei den Friedensverhandlungen in Saint-Germain bessere Bedingungen und den Anschluss an das Deutsche Reich zu erreichen. Viele Österreicherinnen und Österreicher bezweifelten die „Lebensfähigkeit" des neuen Kleinstaates, auch weil sie schwer unter Hunger, Krankheiten und Arbeitslosigkeit litten.

Tatsächlich traten nach dem Ersten Weltkrieg durch die Umstrukturierung vom Großreich in einen Kleinstaat wirtschaftliche Schwierigkeiten auf: Teilweise gab es Probleme bei der Energieversorgung, einige landwirtschaftliche Überschussgebiete der Monarchie lagen jetzt außerhalb des Staates. Dazu gingen Absatzmärkte verloren und neue Exportmärkte mussten erschlossen werden. Auch der aufgeblähte Verwaltungsapparat verursachte hohe Kosten.

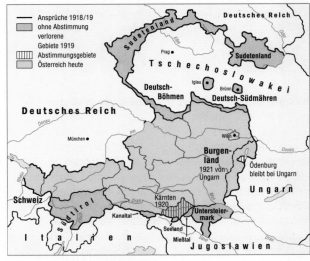

■ Gebietsansprüche Deutschösterreichs.

→ Erkläre mit Hilfe der Karte den Kampf um das Staatsgebiet.

■ Plakat (Ausschnitt) zur Kärntner Volksabstimmung am 10. Oktober 1920. Lithografie, 1920.

→ Beschreibe und untersuche das Plakat. Skizziere die mögliche beabsichtigte Wirkung.

Heute werden die wirtschaftlichen Möglichkeiten der Ersten Republik günstiger beurteilt. Es gab nämlich Rohstoffe, Wasserkraft und eine hohe industrielle Kapazität. Die Legende von der „Lebensunfähigkeit" der Republik hielt sich dennoch. Sie verhinderte bei vielen Menschen eine Identifikation mit dem neu entstandenen Staat.

Festigung der Republik

Bereits am Tag der Ausrufung der Republik kam es in Wien zu einem kommunistischen Putschversuch. Er scheiterte jedoch schon nach wenigen Stunden: Die Volkswehr unter der Führung des Sozialdemokraten Julius Deutsch leistete entschlossenen Widerstand. Nach den Wahlen vom Februar 1919, bei denen zum ersten Mal auch Frauen wahlberechtigt waren, bildeten die Sozialdemokraten und die Christlichsozialen eine Koalition. Staatskanzler wurde der Sozialdemokrat Karl Renner, Vizekanzler der Christlichsoziale Jodok Fink. Im September 1919 wurde der Friedensvertrag von Saint-Germain von der österreichischen Delegation unter Protest unterzeichnet. Damit verbunden war auch die Änderung des Staatsnamens in „Republik Österreich" und das Verbot des Anschlusses an das Deutsche Reich (vgl. S. 48f.).

Der Kampf ums Staatsgebiet

Beim Friedensschluss in Saint-Germain konnte Österreich das Selbstbestimmungsrecht der Völker nicht durchsetzen. Die deutschsprachig besiedelten Gebiete Böhmens und Mährens wurden unter Berufung auf die alten Kronlandgrenzen in die neu errichtete Tschechoslowakei eingegliedert.

Italien erhielt den ausschließlich deutschsprachigen Teil Südtirols. Die überwiegend gemischtsprachige Untersteiermark kam an das Königreich der Serben, Kroaten und Slowenen, das spätere Jugoslawien. Außerdem mussten noch das Kanaltal an Italien sowie das Mießtal und das Seeland an Jugoslawien abgetreten werden.

Jugoslawien beanspruchte darüber hinaus auch noch Südkärnten mit Villach, Klagenfurt und dem Zollfeld. Gegen den Einmarsch von slowenischen Freischärlern setzten sich Kärntner Abwehrkämpfer, unterstützt von Freiwilligen aus anderen Bundesländern, erfolgreich zur Wehr. Als jedoch reguläre serbische Truppen in das Gebiet einmarschierten, musste der militärische Widerstand aufgegeben werden. Österreich konnte daraufhin beim Völkerbund eine Volksabstimmung durchsetzen. Diese sollte in zwei Abstimmungszonen durchgeführt werden. Da die Abstimmung am 10. Oktober 1920 in der Südzone schon eine klare Mehrheit für Österreich brachte, musste in der Nordzone um Klagenfurt nicht mehr abgestimmt werden. Zum mehrheitlichen Bekenntnis zu Österreich trugen auch viele slowenisch sprechende Kärntnerinnen und Kärntner bei.

Als der überwiegend deutschsprachige Teil Westungarns – was dem heutigen Burgenland entspricht – Österreich zuerkannt wurde, kam es auch hier zu Kämpfen zwischen ungarischen Soldaten und den einrückenden österreichischen Gendarmerie- und Zollwacheeinheiten. Die Siegermächte bestanden auf einer kampflosen Übergabe. Sie ließen jedoch eine Volksabstimmung im Raum Ödenburg (Sopron) zu. Ihre korrekte Durchführung wurde von österreichischer Seite in Zweifel gezogen. Sie ergab eine Mehrheit für Ungarn. Im Jänner 1922 wurde Ödenburg offiziell an Ungarn übergeben.

Dass die österreichische Bevölkerung damals kein Vertrauen in die Zukunft ihres Staates entwickelt hatte, zeigte sich in verschiedenen Anschlussbewegungen: In mehreren Bundesländern versuchte man durch Volksabstimmungen Anschluss an andere Staaten zu gewinnen. In Tirol und Salzburg ergab sich eine große Mehrheit für einen Anschluss an das Deutsche Reich. In Vorarlberg gab es eine starke Anschlussbewegung an die Schweiz.

→ **Fragen und Arbeitsaufträge**

1. Erkläre in knapper Form die politische und wirtschaftliche Situation des neu entstandenen österreichischen Kleinstaates.

   Gehe in diesem Zusammenhang auch auf die Begriffe „Rest-Trauma", „Staat, den keiner wollte", die Legende von der „Lebensunfähigkeit", die Anschlussbestrebungen und das Anschlussverbot ein.

2. Parteien – Verfassung – Sozialgesetzgebung – Wirtschaftskrisen

Die Sozialdemokratische Partei

Nach dem Zusammenbruch der Monarchie wurde die Sozialdemokratie in Österreich erstmals politisch bedeutend. Ihre ideologische Grundlage bildete die Lehre von Karl Marx. Innerhalb der Partei existierten zwei Richtungen: Karl Renner, der Führer des gemäßigten Flügels, war zu einer Zusammenarbeit mit allen demokratischen Parteien bereit. Er wollte die Lage der Arbeiterschaft vor allem durch weitreichende Sozialgesetze verbessern. Otto Bauer als Führer des radikalen Flügels strebte eine grundlegende Änderung der Gesellschaftsordnung an. Dazu entwickelten er und andere innerhalb dieser Gruppierung die Lehren von Karl Marx weiter. Sie wurden deshalb auch als „Austromarxisten" bezeichnet. Sie befürworteten die demokratische Regeln in der politischen Auseinandersetzung und akzeptierten Gewalt nur als letztes Mittel zur Erhaltung der Staatsmacht. Otto Bauer lehnte die Zwangsformen des russischen Kommunismus ab. Er war aber auch gegen die Beteiligung an einer Regierung unter der Führung bürgerlicher Parteien.

Die Christlichsoziale Partei

In ihren Anfangszeiten war die Christlichsoziale Partei stark sozial engagiert. Deswegen konnte sie auch in Konkurrenz mit den Sozialdemokraten Anhängerinnen und Anhänger in der Arbeiterschaft gewinnen. Unter dem Einfluss der Gewerbetreibenden jedoch verwandelte sie sich in eine bürgerlich-konservative Partei. Wie in anderen Parteien, gab es auch bei den Christlichsozialen starke antisemitische Strömungen. Viele Funktionäre kamen aus dem katholischen Hochschul- und Vereinswesen; unter ihnen gab es auch eine große Zahl von Priestern. Auch dies verschärfte die Gegnerschaft zu den Sozialdemokraten, die häufig kirchenkritisch eingestellt waren.

Die Wählerschaft der Partei waren vor allem Bäuerinnen und Bauern sowie Gewerbetreibende. Aber auch Arbeiterinnen und Arbeiter, besonders in Kleinbetrieben beschäftigte, wählten christlichsozial. In den 1920er Jahren

■ Der „Karl-Marx-Hof" in Wien. Foto, 2008.
Der soziale Wohnbau des „Roten Wien" wurde in der Zwischenkriegszeit für Europa zum Vorbild.

wurde die „Wiener Richtung" der Partei bestimmend: Sie trat schon als Opposition im „Roten Wien" viel kämpferischer gegen die Sozialdemokraten auf. Dieser Gruppe gehörte auch der bedeutendste Politiker der Christlichsozialen Partei an: Ignaz Seipel. Er war Universitätsprofessor und Prälat (= Titel für einen höheren Geistlichen).

Die kleinen Parteien und Koalitionsregierungen

Neben der Christlichsozialen Partei gab es noch zwei kleine „bürgerliche Parteien": Aus verschiedenen deutschnationalen Gruppen heraus gründeten sich 1920 die Großdeutsche Volkspartei und der Landbund (eine liberale Bauernpartei). Für beide Parteien war das politische Hauptziel der Anschluss an das Deutsche Reich. Bei Wahlen erzielten sie nur geringe Stimmenanteile. Mit den von 1920 bis 1933 regierenden Christlichsozialen gingen sie aber verschiedene Koalitionen („Bürgerblock") ein.

Die 1918 gegründete Kommunistische Partei blieb zahlenmäßig klein und hatte wenig politischen Einfluss.

Bei den Wahlen von 1920 wurden die Christlichsozialen stärkste Fraktion. Sie stellten von nun an den Bundeskanzler. Die Koalition mit den Sozialdemokraten wurde nicht mehr erneuert. Die Sozialdemokraten blieben als knapp zweitstärkste Partei (bei den Wahlen 1930 erreichten sie sogar die relative Mehrheit) bis zum Ende der Ersten Republik 1934 von der Regierungsteilnahme ausgeschlossen.

Moderne Sozialgesetze

Die „rot-schwarze" Koalitionsregierung beschloss zwischen 1918 und 1920 viele Sozialgesetze. Sie bilden die Grundlage für den Sozialstaat, der in der Zweiten Republik bis in die Gegenwart weiter ausgebaut wurde. Dazu zählen u. a.:
- die Einführung des achtstündigen Normalarbeitstages, des Kollektivvertrages, der Arbeitslosenversicherung, des Arbeitsurlaubes, der Betriebsräte;
- Verbot der Nachtarbeit für Frauen und Jugendliche;
- Errichtung der Kammern für Arbeiter und Angestellte.

Die Verfassung von 1920/1929

Die Republik brauchte auch eine republikanische Verfassung. Sie wurde unter der Leitung des Wiener Völkerrechtsprofessors Hans Kelsen ausgearbeitet und 1920 von der Nationalversammlung beschlossen. Dieses Bundes-Verfassungsgesetz (B-VG) blieb mit Novellierungen (Abänderungen) in den Jahren 1925 und 1929 bis zur Proklamation des Ständestaates (1. Mai 1934) gültig. 1945 wurde sie wieder in Kraft gesetzt und gilt, ergänzt durch viele neue Verfassungsbestimmungen, bis heute. Zu den wesentlichen Prinzipien dieser Verfassung zählen: die Trennung der drei Staatsgewalten, ihre Aufteilung zwischen dem Gesamtstaat und den Bundesländern sowie die Sicherung der Demokratie und des Rechtsstaates.

Hunger, Arbeitslosigkeit und Inflation

Während und unmittelbar nach dem Ersten Weltkrieg gab es eine drastische Nahrungsmittelknappheit. Vor allem Kinder und Jugendliche litten an Hunger. Tausende geschwächte Menschen starben an Tuberkulose und Grippe. Ausländische Organisationen errichteten Suppenküchen und spendeten Nahrungsmittel. Die Arbeitslosigkeit wurde nach Kriegsende verschärft durch die zurückkehrenden Soldaten und durch über 100 000 deutschsprachige Beamte, die aus allen Teilen der Monarchie nach Wien strömten. Gelder aus dem Ausland wurden vor allem benötigt, um die immer rascher an Wert verlierende Währung („Hyperinflation") zu sanieren.

Völkerbundanleihe und Sparprogramm

Dem neuen Bundeskanzler Seipel gelang es, 1922 eine Anleihe (= Kredit) vom Völkerbund in Genf zu bekommen. Damit konnten die Währung und der Staatshaushalt saniert werden. Der Kredit war jedoch an harte Bedingungen geknüpft:
- Österreich musste sich (neuerlich) verpflichten, keinen Anschluss an das Deutsche Reich anzustreben.
- Zur Sicherstellung der Rück- und Zinsenzahlungen musste Österreich seine Einnahmen aus den Staatsforsten, dem Salz- und Tabakmonopol und den Zöllen verpfänden.
- Jede Ausgabe von Geld aus der Anleihe musste von einem Völkerbundkommissär genehmigt werden.
- Sparprogramm des Staates: Auflassung von sozialen Einrichtungen, Abbau von Beamtinnen und Beamten usw.

Die Sozialdemokratische Partei stimmte gegen die Völkerbundanleihe. Sie fürchtete wegen der drastischen Sparmaßnahmen einen massiven Abbau der gerade erst beschlossenen Sozialgesetze.

Ende 1924 wurde der Schilling als neue Währung beschlossen: 10 000 Papierkronen wurden gegen einen Schilling umgetauscht. Die Ziele der folgenden Regierungen waren eine stabile Währung und ein ausgeglichenes Budget. Der Abbau der Beamtenschaft verringerte die Staatsausgaben. Die Einnahmen wurden durch die Einführung neuer Steuern erhöht. Dies bewirkte jedoch einen Rückgang des Konsums. Dies hatte die Schließung von Betrieben und damit eine Zunahme der ohnehin schon hohen Arbeitslosigkeit zur Folge:

L *Nach der Währungsstabilisierung 1922 nahm (…) die Arbeitslosigkeit rasch zu und schwankte auch in den relativ guten Jahren um die 9 %. Selbst 1929, im wirtschaftlich besten Jahr der Zwischenkriegszeit, hatte man eine Arbeitslosenrate von 8,8 %, die in der Folgezeit auf über 25 % anstieg. Nach 1922 war die österreichische Wirtschaft ständig unterbeschäftigt und der Arbeitsmarkt durch eine chronische Arbeitslosigkeit gekennzeich-*

net (…). Bis 1929 konnte praktisch jeder Arbeitslose noch mit einer Unterstützung rechnen, 1937 nur mehr jeder Zweite.
(Stiefel, Der Arbeitsmarkt in Österreich. Studia Germanica et Austriaca 2/2002, S. 4 f.)

Die Auswirkungen der Weltwirtschaftskrise

1929 waren in Österreich 192 000 Menschen arbeitslos. 1930 stieg die Zahl der Beschäftigungslosen auf 243 000 an. In den Jahren 1931/32 stiegen die Arbeitslosenzahlen als Folge der Weltwirtschaftskrise sprunghaft an. 1933 wies die offizielle Statistik 557 000 Arbeitslose aus. Zusammen mit den „Ausgesteuerten" (nach einem Jahr Arbeitslosengeld und anschließender Notstandshilfe war man „ausgesteuert") und Jugendlichen, die noch nie gearbeitet hatten, erhöhte sich diese Zahl um etwa 200 000; dies bedeutete eine Arbeitslosenrate von 38 Prozent.

Diese miserable Situation vieler Menschen war nicht nur eine Folge der Wirtschaftskrise, sondern auch ein Versagen der österreichischen Wirtschaftspolitik: Auch die Regierung des autoritären Ständestaates (ab 1933) konnte die dramatische wirtschaftliche Situation nicht verbessern. Die Spirale von Arbeitslosigkeit – weniger Volkseinkommen – Konsumrückgang – Produktionsrückgang – Entlassungen drehte sich immer weiter. Dagegen wirkte die Wirtschafts- und Arbeitsmarktpolitik der Nationalsozialisten ab 1933 im Deutschen Reich auch auf manche Österreicherinnen und Österreicher attraktiv.

■ Lothar Rübelt (österreichischer Pressefotograf), Ausspeisungsaktion in Steyr. Foto, 1932.

→ Fragen und Arbeitsaufträge

1. Gib einen Überblick über die Entwicklung der auf dieser Doppelseite beschriebenen Parteien der Ersten Republik.
2. Erläutere die politischen und wirtschaftlichen Folgen der Völkerbundanleihe.

Bei politischen Kontroversen und Konflikten die Perspektiven und Interessen und zu Grunde liegenden politischen Wert- und Grundhaltungen unterschiedlich Betroffener erkennen und nachvollziehen

3. Wahlplakate spiegeln Interessen und Ideologien

Politische Urteilskompetenz beinhaltet die Fähigkeit und die Bereitschaft zu einer selbstständigen, begründeten Beurteilung politischer Entscheidungen, Probleme und Auseinandersetzungen. Notwendige Teilkompetenzen dafür sind u. a., bei politischen Kontroversen und Konflikten die Perspektiven und Interessen unterschiedlich Betroffener erkennen und nachvollziehen zu können. Damit verbunden sein muss auch die Analyse von Werthaltungen, die dabei zu Grunde liegen. In diesem Kapitel kannst du diese Politische Urteilskompetenz mit Hilfe der Analyse, Interpretation und Beurteilung von Wahlplakaten aus der Ersten Republik trainieren.

Wahlplakate in der Ersten Republik

Politische Parteien werben auf viele unterschiedliche Arten um Wählerstimmen. Seit ca. 50 Jahren kommt dem Fernsehen dabei eine große Rolle zu. In den letzten zwei Jahrzehnten erlangten bei der Wahlwerbung die Sozialen Netzwerke eine immer stärkere Bedeutung.

Unmittelbar vor politischen Wahlen kommt jedoch auch heute noch der „Klassiker" Wahlplakat zum Einsatz.

Wahlplakate von politischen Parteien sind eine wichtige Geschichtsquelle: Sie geben Auskunft über die politische Ausrichtung und die Inhalte, die eine Partei vertritt. Oft thematisieren Parteien auf ihren Wahlplakaten gesellschaftliche und wirtschaftliche Probleme. Auch Pläne und Lösungsvorschläge können auf Plakaten mit Hilfe von kurzen Texten (Slogans) und Bildelementen (Personen, Motiven und Symbolen) dargestellt werden.

Erste politische Plakate entstanden bereits im 19. Jh. Während des Ersten Weltkrieges verwendeten die kriegführenden Staaten Plakate als Propagandamittel.

In keiner anderen Phase der österreichischen Geschichte hatten Wahlplakate jedoch eine so große Bedeutung wie in der Ersten Republik. Damals war das Radio noch nicht sehr verbreitet. Um Wählerstimmen warben die Parteien daher mit Plakaten, die an Mauern, Häuserfassaden und Bäumen angebracht wurden.

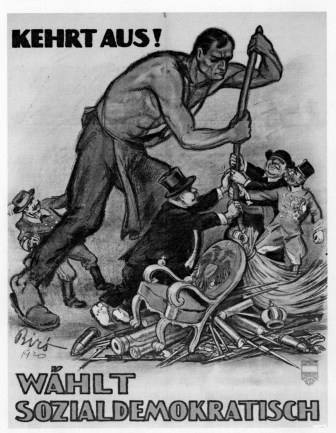

■ Wahlplakat der Christlichsozialen Partei für die Wahl zur Konstituierenden Nationalversammlung 1919.
Gestalter: Fritz Schönpflug. Druckort: Wien, 1919.

■ Wahlplakat der Sozialdemokratischen Arbeiterpartei für die Nationalratswahl 1920.
Gestalter: Mihály Biró. Druckort: Wien, 1920.

Methode

Wahlplakate oder politische Plakate sind Propagandamedien: Mit ihrer Hilfe wollen die Auftraggeberinnen und Auftraggeber das Verhalten, z. B. das Wahlverhalten, der Zielgruppe beeinflussen. Wer das Plakat betrachtet, soll sich angesprochen fühlen und zum Nach- oder Umdenken sowie zum gewünschten Verhalten motiviert werden.

Auf Wahlplakaten werden ideologische Inhalte sowie politische Perspektiven und Absichten dargestellt. Um diese dekonstruieren zu können, sollte man sie einer genauen und kritischen Analyse unterziehen.

Folgende Schritte sind dabei notwendig:

Plakate beschreiben

- Beschreibe die abgebildeten Personen (z. B. Größe, Aussehen, Kleidung, Mimik, Körpersprache, Farbgebung).
- Benenne Gegenstände, Gebäude, Elemente im Hintergrund, Situationen, die erkennbar sind, u. Ä.
- Wenn du Symbole erkennst, erkläre ihre politisch-ideologische Bedeutung und Funktion.
- Beschreibe Text, Farben, Schriftzüge. Erkläre eventuelle Besonderheiten (z. B. Hervorhebungen).
- Fasse die sachlichen Informationen des Plakats zusammen.

Plakate analysieren

- Nenne die Partei bzw. Person oder politische Gruppierung, die das Plakat in Auftrag gegeben hat.
- Notiere, wann und wo das Plakat entstanden ist.
- Recherchiere, für welchen Anlass das Plakat in Auftrag gegeben worden ist.
- Analysiere den Text in Hinblick auf sprachliche und stilistische Mittel (z. B. Ellipsen, Imperative, Hyperbeln).
- Erläutere, ob eine zentrale Botschaft, ein bestimmtes Ereignis, ein Versprechen o. Ä. im Mittelpunkt steht.
- Beurteile, in welchem Verhältnis Bild- und Textelemente zueinander stehen.
- Beschreibe die Wirkung des Plakats (z. B. originell, aufrüttelnd, aggressiv, dynamisch).

Plakate interpretieren

- Ordne das Plakat in einen historischen Zusammenhang ein.
- Erkläre, was deiner Meinung nach die Hauptaussage des Plakats ist.
- Beurteile, ob es sich um ein personalisiertes (auf eine bestimmte politische Person bezogenes) oder ein ideologisiertes (auf die ideologischen Positionen einer Partei bezogenes) Plakat handelt.
- Bewerte die Wirkung, die möglicherweise auf Anhängerinnen und Anhänger sowie auf Gegnerinnen und Gegner der Partei erzielt werden sollte (Aggression, Sensibilisierung, Information, Emotion, Provokation, Appell).

■ Wahlplakat „Wählet die Großdeutsche Volkspartei" für die Nationalratswahl 1920. Gestalter: Ernst Ludwig Franke, Lithografie, 1920.

→ Fragen und Arbeitsaufträge

1. Analysiere die drei hier abgebildeten Plakate mit Hilfe der formulierten Methode.
2. Arbeite Gemeinsamkeiten und Unterschiede in Hinblick auf Sprache, Botschaft, Farben und Symbolik heraus.
3. Stelle dar, welche Zielgruppe jeweils angesprochen wird. Erläutere, welche möglichen Interessen der jeweiligen Zielgruppe auf dem Plakat sichtbar werden.
4. Erkläre, welche ideologischen Werte der jeweiligen Partei auf dem Plakat thematisiert werden. Lies eventuell nochmals die Informationen in Kapitel 2 über die Parteien nach (vgl. S. 40 f.). Erläutere, welche politischen Aussagen mit welchen Argumenten gemacht werden.
5. Beschreibe die Rolle der „Feindbilder". Formuliere Vermutungen, welche Funktion sie erfüllen sollen. Beurteile die Strategie, Feindbilder einzusetzen, um politische Ziele zu erreichen.
6. Vergleiche die Wahlplakate der Ersten Republik mit Wahlplakaten der letzten bzw. der kommenden Nationalratswahlen. Recherchiere dazu im Internet sowie in Zeitungen und Zeitschriften. Erläutere die Unterschiede.
7. Dekonstruiere mit Hilfe der formulierten Methode zwei weitere Plakate (z. B. S. 15, S. 25, S. 75).

4. Die Radikalisierung der Innenpolitik

■ Albert Hilscher, Heimwehraufmarsch in Wiener Neustadt. Foto 1928.

■ Albert Hilscher, Aufmarsch des Republikanischen Schutzbundes in Eisenstadt. Foto, 1932.

Politische Gegensätze verhärten sich

Die Erste Republik war ab 1920 zunehmend geprägt von der politischen Auseinandersetzung zwischen den Christlichsozialen und den Sozialdemokraten.
Die Christlichsozialen sahen in Vaterland, Glaube und in der bestehenden Gesellschaftsordnung ihre höchsten Werte. Die Sozialdemokraten strebten eine von der Vernunft bestimmte klassenlose Gesellschaft an.
Die beiden Parteien standen sich zunehmend feindlich gegenüber. Es kam so zu einer starken Radikalisierung der gesamten Innenpolitik. Die fanatische Sprache der Politiker wurde von Anhängerinnen und Anhängern der Gegenparteien wörtlich genommen. Die Spaltung des österreichischen Volkes in zwei feindliche Lager gewann dadurch noch an Gefährlichkeit, dass sich beide Seiten auf uniformierte und bewaffnete „Selbstschutzverbände" stützten.

Heimwehr und Republikanischer Schutzbund

Die „Selbstschutzverbände" gehen auf die Umbruchtage des Jahres 1918 zurück: Bewaffnete Bauern- und Arbeiterwehren sollten die Ordnung aufrechterhalten. Sie waren auch beim Kampf um die Grenzen im Einsatz. Nach dem Ende der Abwehrkämpfe behielten sie zumeist ihre Waffen oder versteckten sie in geheimen Lagern.

Die Sozialdemokratie gründete 1923 den „Republikanischen Schutzbund". Dieser brachte es bis auf 80 000 Mitglieder. Die bürgerlichen Gruppen fürchteten die gute Organisation der Sozialdemokraten. Deren Anhänger wohnten und arbeiteten in den Ballungszentren und konnten daher rasch mobilisiert werden.

Auf bürgerlicher Seite wurde 1924 die „Heimwehr" bzw. der „Heimatschutz" gegründet. Beide Gruppierungen waren nicht direkt an eine Partei angelehnt. Sie sollten aber ein Gegengewicht zum Republikanischen Schutzbund bilden. Die Heimwehren waren nach Bundesländern organisiert. Sie waren aber nicht so straff geführt wie der Republikanische Schutzbund und kamen auf etwa 120 000 Mann.

„Linzer Programm" der Sozialdemokratie

Die sozialdemokratischen Parteifunktionäre beschlossen auf ihrem alljährlichen Parteitag das „Linzer Programm" (1926). Es fasste die Ideen des „Austromarxismus" zusammen und war deutlich von der Sprache des radikalen Flügels der Partei geprägt:

> Q Die Sozialdemokratische Arbeiterpartei erstrebt die Eroberung der Herrschaft in der demokratischen Republik, nicht um die Demokratie aufzuheben, sondern um sie in den Dienst der Arbeiterklasse zu stellen, den Staatsapparat den Bedürfnissen der Arbeiterklasse anzupassen und ihn als Machtmittel zu benützen, um dem Großkapital und dem Großgrundbesitz die in ihrem Eigentum konzentrierten Produktions- und Tauschmittel zu entreißen und sie in den Gemeinbesitz des ganzen Volkes zu überführen. Die Sozialdemokratische Arbeiterpartei wird die Staatsmacht in den Formen der Demokratie ausüben. Wenn sich aber die Bourgeoisie gegen die gesellschaftliche Umwälzung, die die Aufgabe der Staatsmacht der Arbeiterklasse sein wird, durch planmäßige Unterbindung des Wirtschaftslebens, durch gewaltsame Auflehnung, durch Verschwörung mit ausländischen gegenrevolutionären Mächten widersetzen sollte, dann wäre die Arbeiterklasse gezwungen, den Widerstand der Bourgeoisie mit den Mitteln der Diktatur zu brechen.
> (Zit. nach: Frass, Quellenbuch zur österreichischen Geschichte 4, 1967, S. 9 ff.)

→ Arbeite die Ziele der Sozialdemokratie in diesem Programm heraus. Erkläre den Begriff „Mittel der Diktatur der Arbeiterklasse". Erörtere, welchen Eindruck dieses Programm auf den politischen Gegner gemacht haben könnte.

Otto Bauer erklärte noch auf dem Linzer Parteitag, die angedrohte Gewalt sei rein defensiv zu verstehen. Trotzdem glaubte die bürgerliche Seite nun die wahren Absichten der Sozialdemokratie zu kennen: den gewaltsamen Umsturz. Auch die sozialdemokratische Parteibasis nahm die Worte des „Linzer Programms" ernst. Beide Seiten rüsteten für den zu erwartenden Kampf.

Schattendorf und der Brand des Justizpalastes

Selbst in kleinen Orten organisierten die Wehrverbände Aufmärsche und provozierten die politischen Gegner. Am 30. Jänner 1927 marschierten Schutzbund-Abteilungen durch die burgenländische Gemeinde Schattendorf. Sie provozierten rechtsgerichtete Frontkämpfer, die in einem Gasthaus zusammensaßen. Diese schossen daraufhin auf den Demonstrationszug der Schutzbündler und töteten dabei einen Kriegsinvaliden und ein achtjähriges Kind. Die „Arbeiter-Zeitung" berichtete am 31. Jänner 1927 über die Vorgänge in Schattendorf:

> Q *Für Sonntag, den 30. Jänner wurde von der Sozialdemokratischen Partei in Schattendorf für 4 Uhr nachmittags in Mosers Gasthaus eine Volksversammlung mit der Tagesordnung: Die politische Lage (…) einberufen. (…) Um etwa ½ 5 Uhr nachmittags, als die Versammlung zu Ende ging, sahen die Versammelten durch das Fenster die bereits vom Bahnhof einrückenden Schutzbundabteilungen. Plötzlich hörte man Schüsse fallen (…) plötzlich stürzte ein Schutzbündler (…) durch einen Kopfschuss von rückwärts erschossen, blutüberströmt zusammen (…) im selben Augenblick brachen ein achtjähriges Eisenbahnerkind und ein sechsjähriger Knabe im Blut zusammen. Das achtjährige Kind war getötet, das sechsjährige Kind schwer verletzt (…).*
> (Zit. nach: Klusacek/Stimmer (Hg.), Dokumentation zur österreichischen Zeitgeschichte, 1918–1928, 1984, S. 432)

Auch die „Reichspost" beschrieb den Vorfall in Schattendorf:

> Q *Den Versuch der sozialdemokratischen Schutzbündler, die Frontkämpfer an ihrer erfolgreichen Werbetätigkeit zu hindern und eine Versammlung, die für gestern angesagt war, zu vereiteln, müssen zwei Menschen mit ihrem Leben und mehrere andere mit Verletzungen verschiedenen Grades bezahlen (…). Schattendorf und Mattersburg sind seit langem heißer Kampfboden (…). Und auf so vorbereitetem Boden hat man gestern zum letzten Streich ausgeholt, zur Verhinderung einer Frontkämpferversammlung. Man wollte das volle Fass zum Überlaufen bringen und es gelang (…).*
> (Zit. nach: Klusacek/Stimmer (Hg.), Dokumentation zur österreichischen Zeitgeschichte, 1918–1928, 1984, S. 433)

→ Analysiere die Zeitungsberichte: Beschreibe die Unterschiede in der Darstellung und versuche sie zu erklären.

Ein Wiener Geschworenengericht sprach die Frontkämpfer frei. Der leidenschaftliche Protest der Arbeiter-Zeitung zeigte Wirkung: Die Wiener Arbeiterinnen und Arbeiter zogen spontan zum Justizpalast und setzten ihn in Brand.
Sozialdemokratische Parteiführer versuchten erfolglos die empörte Menge zu beruhigen. Daraufhin setzte Polizeipräsident Schober bewaffnete Polizei ein, die in die Menge schoss. 89 Menschen starben (unter ihnen vier Polizisten) und 1 057 Menschen wurden verwundet.
Statt nun eine Annäherung zu suchen, verschärfte sich die Konfrontation: Bundeskanzler Seipel weigerte sich, den bei der Demonstration Verhafteten Straferlass oder Strafmilderung zu gewähren. Von der Arbeiter-Zeitung wurde er daraufhin als „Prälat ohne Milde" bezeichnet, und eine Welle von Kirchenaustritten setzte ein.

„Korneuburger Eid" der Heimwehr

Die Sozialdemokraten boten nun Verhandlungen über die Abrüstung der „Selbstschutzverbände" an. Das bürgerliche Lager war jedoch nicht bereit, auf die Heimwehr zu verzichten. Diese wurden politisch immer eigenständiger und übernahmen immer deutlicher die politischen Ziele Mussolinis, der sie mit Waffen und Geld versorgte. Am 18. Mai 1930 versammelten sich 800 Delegierte zur Generalversammlung der niederösterreichischen Heimwehr in Korneuburg. Der österreichische Bundesführer Richard Steidle verlas ein Grundsatzprogramm, auf das die Delegierten einen „heiligen Eid" schworen:

> Q • *Wir wollen Österreich von Grund auf erneuern!*
> • *Wir wollen den Volksstaat der Heimatwehren.*
> • *(…)*
> • *Wir wollen nach der Macht im Staate greifen und zum Wohle des gesamten Volkes Staat und Wirtschaft neu ordnen.*
> • *(…) Wir verwerfen den westlichen demokratischen Parlamentarismus und den Parteienstaat.*
> • *(…)*
> • *Wir kämpfen gegen die Zersetzung unseres Volkes durch den marxistischen Klassenkampf und liberalkapitalistische Wirtschaftsgestaltung.*
> • *(…)*
> *Jeder Kamerad fühle und bekenne sich als Träger der neuen deutschen Staatsgesinnung; er sei bereit, Gut und Blut einzusetzen, er erkenne die drei Gewalten: den Gottesglauben, seinen eigenen harten Willen, das Wort seiner Führer!*
> (Der „Korneuburger Eid". Online auf: https://austria-forum.org/af/Wissenssammlungen/Schicksalsorte/Korneuburg_N%C3%96, 7. 5. 2018)

→ Benenne die faschistischen Elemente des „Korneuburger Eides".

→ Fragen und Arbeitsaufträge

1. Erkläre die Rolle der beiden großen politischen Parteien in der Ersten Republik. Gehe auch auf die Selbstschutzverbände ein.
2. Skizziere die zunehmende Radikalisierung der Innenpolitik. Erläutere in diesem Zusammenhang auch die folgenden Begriffe bzw. Ereignisse: „Linzer Programm", „Brand des Justizpalastes", „Korneuburger Eid".
3. Nimm Stellung zur Meinung, dass die Erste Republik ein „Lehrstück" biete, wie verhängnisvoll eine radikalisierte Sprache in der politischen Auseinandersetzung sein kann.

5. Das Ende der Demokratie

Die letzten freien Wahlen

Die Folgen der Weltwirtschaftskrise in den Jahren nach 1929 trafen auch Österreich mit voller Wucht. Große österreichische Bankinstitute brachen zusammen. Die Arbeitslosenrate stieg kontinuierlich an.

Während der großen Krise fanden 1930 die letzten freien Nationalratswahlen bis 1945 statt. Dabei mischte sich auch die katholische Kirche in den Wahlkampf ein: In einem Hirtenbrief riefen sie die Gläubigen zur Stimmabgabe für die Christlichsozialen auf.

Die Sozialdemokraten wurden zwar stärkste Partei, blieben aber in Opposition, da neuerlich eine „Bürgerblockregierung" (Christlichsoziale, Großdeutsche, Landbund) gebildet wurde. Die Nationalsozialisten erhielten bei dieser Wahl 111 000 Wählerstimmen.

Auch diese Regierung scheiterte bald an den wirtschaftlichen Schwierigkeiten.

Dollfuß und die Ausschaltung des Nationalrats

1932 wurde der Christlichsoziale Engelbert Dollfuß Bundeskanzler. Seine Regierung hatte sich mittlerweile eng an das faschistische Italien angelehnt. Im Nationalrat besaß sie nur eine hauchdünne Mehrheit von einer Stimme.

Bei einer Abstimmung am 4. März 1933 unterlag die Regierungskoalition mit 80 zu 81 Stimmen. Als die Abstimmung wegen eines Fehlers wiederholt werden musste, legte der sozialdemokratische Erste Nationalratspräsident Karl Renner sein Amt nieder. Dies ermöglichte ihm nämlich, seine Stimme für seine Partei abzugeben. Aber sowohl der Christlichsoziale Zweite als auch der Großdeutsche Dritte Präsident des Nationalrats legten daraufhin ihre Funktion zurück. Die Abgeordneten gingen auseinander, ohne dass die Sitzung formell geschlossen wurde.

Dollfuß verhinderte eine neuerliche Zusammenkunft der Abgeordneten, indem ein Aufgebot der Polizei das Parlament umstellte. In einem Aufruf „An Österreichs Volk" erklärte er das Parlament für gelähmt und ausgeschaltet. Dollfuß und seine Regierung stützten sich dabei auf eine Notverordnung aus dem Ersten Weltkrieg (1917). Sie war nie aufgehoben worden und erlaubte einer Regierung in Notzeiten an Stelle des Parlaments Verordnungen zu erlassen. Dazu gab es eine Pressezensur und ein Versammlungsverbot. Auch Bundespräsident Wilhelm Miklas griff nicht ein. Trotz heftiger Proteste, vor allem seitens der Sozialdemokraten, errichtete Dollfuß nun den autoritären Ständestaat. Das bedeutete das Ende der demokratischen Republik Österreich.

Zunehmender Einfluss des Auslandes

Die Nationalsozialisten überzogen nach der „Machtergreifung" Hitlers im Deutschen Reich (1933) das Land mit einer Welle von Terrorakten gegen Personen, Verkehrseinrichtungen und Gebäude. Die Regierung reagierte mit dem Verbot der NSDAP (Juni 1933).

Hitler dagegen verfügte die „Tausend-Mark-Sperre": Deutsche, die nach Österreich reisen wollten, mussten für ein Visum 1 000 Mark zahlen (das würde heute mehr als 3 000 Euro entsprechen). Ein katastrophaler Rückgang des Tourismus war die Folge.

Gegen diesen Druck der Nationalsozialisten suchte Dollfuß Unterstützung beim faschistischen Italien. Mussolini verlangte als Gegenleistung die rasche Durchsetzung einer faschistischen Ordnung in der österreichischen Innenpolitik: die dauernde Ausschaltung des Parlaments und der Sozialdemokratischen Partei (die Kommunistische Partei war schon verboten) sowie die Förderung der (faschistischen) Heimwehr.

Der österreichische Politikwissenschafter Anton Pelinka schrieb 2017 über das Scheitern der Demokratie:

> L Bei der Zerstörung von Verfassung und Demokratie spielte der (...) Bundespräsident überhaupt keine erkennbare Rolle. Der entscheidende Akteur des autoritären Kurses war der Kanzler (...), der im Zusammenspiel mit den Heimwehren und unter italienischem Druck innerhalb eines Jahres, zwischen März 1933 und Februar 1934, der Republik ein Ende bereiten konnte. (...)
> Die Kontakte zur italienischen Regierung, die den Weg Österreichs in Richtung Diktatur förderte, ja geradezu forderte, liefen direkt über den Kanzler. Der persönliche Kontakt zwischen Dollfuß und Mussolini bestärkte die österreichische Regierung, nicht den Kompromiss mit der Sozialdemokratie zu suchen, sondern diese „auszuschalten" – sie so lange zurückzudrängen, bis sie kapitulieren würde oder aber in einer für sie aussichtslosen Situation militärisch besiegt werden könnte.
>
> *(Pelinka, Die gescheiterte Republik, 2017, S. 129)*

→ Erläutere, welche Rolle Bundeskanzler Dollfuß bei der Beendigung der Demokratie nach Meinung von Pelinka spielte.

■ Bundeskanzler Engelbert Dollfuß (links) auf einer Kundgebung der „Vaterländischen Front" in Tulln. Rechts neben Dollfuß der Justizminister und spätere Bundeskanzler Kurt Schuschnigg. Foto, 1934.

◼ Albert Hilscher, Zerschossene Küche im Karl-Marx-Hof in Wien. Foto, 12. Februar 1934.

Die Regierung ließ Artillerie gegen Arbeiterwohnungen einsetzen.

Die Gründung der „Vaterländischen Front"

Wichtige Schritte bei der Errichtung des autoritären Ständestaates waren das Verbot der Parteien und die Gründung der „Vaterländischen Front" im Mai 1933. Diese verstand sich nicht als Partei, sondern als eine überparteiliche Massenorganisation nach Art der faschistischen Parteien. In ihr sollte das österreichische Nationalbewusstsein vertieft werden. Von allen Staatsbeamten wurde der Beitritt zur „Vaterländischen Front" erwartet, viele Organisationen und Vereine traten geschlossen bei, nicht alle freiwillig.

Dollfuß erklärte in der berühmt gewordenen „Trabrennplatzrede" im September 1933:

> **Q** *Ich will heute all das, was insbesondere in unserem Parlament und in der sogenannten Demokratie gesündigt worden ist, nicht im einzelnen anführen (…). Dieses Parlament (…) wird und darf nie wiederkommen. Im Kampf gegen den Marxismus, der rascher als jemand zu hoffen wagte, zurückgedrängt werden konnte, ist uns unter der Fahne des Nationalsozialismus eine Bewegung in den Rücken gefallen, und so war die Regierung gezwungen, in einem Zweifrontenkrieg die Führung des Staates fest in die Hand zu nehmen (…). Ständischer Neubau ist die Aufgabe, die uns in diesen Herbstmonaten gestellt ist. Der Berufsstand ist die Ablehnung klassenmäßiger Zusammenfassung des Volkes. Berufsauffassung besagt die gemeinsame Arbeit, die die Menschen einigt (…). Im Bauernhause, wo der Bauer mit seinen Knechten nach gemeinsamer Arbeit abends am gleichen Tisch, aus der gleichen Schüssel seine Suppe isst, da ist berufsständige Zusammengehörigkeit, berufsständige Auffassung.*
>
> *(Zit. nach: Berchtold (Hg.), Österreichische Parteiprogramme 1868–1966, 1967, S. 428 ff.)*

Bürgerkrieg in Österreich

Die Regierung ging gezielt gegen die Sozialdemokraten vor. Der Republikanische Schutzbund wurde bereits im März 1933 aufgelöst. In der Folge kam es immer wieder zu provokanten Waffensuchaktionen in sozialdemokratischen Parteilokalen durch die Polizei und die Heimwehr. Regierung und Heimwehr waren fest entschlossen, die Sozialdemokratie auszuschalten.

Als am 12. Februar 1934 eine große Waffensuchaktion begann, eröffneten in Linz der Schutzbundkommandant Richard Bernaschek und seine Schutzbündler das Feuer auf die Polizei. So begann der Bürgerkrieg.

Die Wiener Parteiführung proklamierte für ganz Österreich den Generalstreik und rief den Schutzbund zu den Waffen. Allerdings wurde der Streikaufruf kaum befolgt, nur ein kleiner Teil der Schutzbundangehörigen beteiligte sich an den Kampfhandlungen. Gekämpft wurde vor allem in Wien um die Gemeindebauten, in den Industriezentren des Wiener Beckens, in Linz, in Graz, in der Obersteiermark, aber auch in Westösterreich, wie z.B. in Wörgl. Die Regierung setzte ihre gesamte Macht ein: Polizei, Bundesheer, Gendarmerie und Heimwehr. Nach zwei Tagen brach der Widerstand des Schutzbundes zusammen, am 15. Februar 1934 war der Bürgerkrieg zu Ende. Allein der Wiener Schutzbund hatte weit mehr als 1 000 Tote und Verwundete zu beklagen. Innerhalb der Zivilbevölkerung gab es 109 Tote und 233 Verwundete und auf Seiten der Regierungstruppen 47 Tote und 123 Verwundete.

Die Justiz ging gegen die Aufständischen mit Härte vor. Neun von ihnen wurden von Standgerichten zum Tode verurteilt und hingerichtet. Prominente sozialdemokratische Politiker, darunter Otto Bauer, flohen. Hunderte Schutzbündler und sozialdemokratische Funktionäre wurden in „Anhaltelager" – das größte war im niederösterreichischen Wöllersdorf – gebracht. Diese hatte die Regierung nach dem deutschen Vorbild der Konzentrationslager ab Herbst 1933 für Regimegegner, hauptsächlich für Nationalsozialisten und Kommunisten, eingerichtet.

→ Fragen und Arbeitsaufträge

1. Beschreibe, wie der Nationalrat von der Regierung Dollfuß ausgeschaltet und mit welchen Mitteln ein autoritärer Staat errichtet wurde.

2. Erkläre in eigenen Worten die Bedeutung der Begriffe „Tausend-Mark-Sperre" und „Vaterländische Front".

3. Analysiere anhand der „Trabrennplatzrede" die Ideologie der „Vaterländischen Front" und die Grundzüge des Ständestaates. Nenne die politischen Gegner, die Dollfuß anführt, und erläutere mit Hilfe des Autorentextes die ideologischen Gründe für diese Gegnerschaft.

6. Austrofaschistischer Ständestaat und sieben Jahre NS-Herrschaft

→ Beschreibe und analysiere mit Hilfe des Plakats die Ideale des austrofaschistischen Ständestaates.

■ Ideale im Ständestaat. Plakat, 1936.

Das Kruckenkreuz der „Vaterländischen Front" war das Symbol der „Erneuerung" Österreichs im Sinne des Austrofaschismus.

Stände statt Parteien

Nach dem Bürgerkrieg beendete Dollfuß am 1. Mai 1934 mit einer neuen Verfassung die Erste Republik. Österreich wurde damit ein antidemokratischer, autoritärer „Bundesstaat" mit Führerprinzip, ähnlich dem faschistischen Italien und dem nationalsozialistischen Deutschen Reich.

An die Stelle der Parteien trat die „Vaterländische Front", welche alle Österreicherinnen und Österreicher erfassen sollte. Auch die Christlichsoziale Partei musste sich auflösen. Ihre Führungskräfte übernahmen aber die Spitzenpositionen in der „Vaterländischen Front". Vertreter der Berufsstände sollten den Volkswillen zum Ausdruck bringen. Der Bundespräsident sollte von nun an nicht mehr durch das Volk, sondern von den Bürgermeistern gewählt werden. Bürgermeister wurden aber nur noch Angehörige der „Vaterländischen Front". Die römisch-katholische Kirche erhielt einen sehr großen Einfluss auf Schulwesen, Familienrecht und Ehebestimmungen.

Der „Juliputsch" und das „Juliabkommen"

Im Sommer 1934 planten die Nationalsozialisten einen gewaltsamen Umsturz. Am 25. Juli 1934 drang eine Gruppe von Nationalsozialisten in Uniformen des Bundesheeres in das Kanzleramt ein. Sie schossen auf Dollfuß und verletzten ihn so schwer, dass er nach wenigen Stunden starb. Der Umsturzversuch aber scheiterte. Die Anführer wurden vor Gericht gestellt, einige Todesurteile vollstreckt. Hitler griff nicht ein. Mussolini zeigte seine Unterstützung für Österreich, indem er Truppen an der Brennergrenze aufmarschieren ließ.

Kurt Schuschnigg wurde neuer Bundeskanzler. Er bemühte sich um den Erhalt der Unabhängigkeit Österreichs. Angebote der (illegalen) Sozialdemokraten, eine Einheitsfront gegen die aggressive Politik Hitlers zu bilden, lehnte er jedoch ab. Mussolini aber gab nach dem Überfall auf Abessinien und der darauf folgenden Annäherung an Hitler seine Schutzfunktion für den österreichischen Ständestaat auf. Er riet Schuschnigg, sich mit Hitler zu verständigen.

Diese Verhandlungen führten schließlich zum „Juliabkommen" mit dem Deutschen Reich (1936). Darin anerkannte Hitler die Unabhängigkeit Österreichs, das dafür die deutsche Außenpolitik unterstützen sollte. In einem geheimen Zusatzabkommen musste Österreich einer Amnestie für verhaftete Nationalsozialisten zustimmen. Darüber hinaus musste es auch Vertrauensleute der NSDAP in die Regierung aufnehmen.

Das Ende Österreichs

Hitler war fest entschlossen, Österreich an das Deutsche Reich anzuschließen. Im Februar 1938 befahl er Schuschnigg zu einer Unterredung nach Berchtesgaden. Als Ergebnis musste der österreichische Bundeskanzler den Nationalsozialisten Arthur Seyß-Inquart zum „Sicherheitsminister" ernennen.

Schuschnigg wollte dem weiteren nationalsozialistischen Druck durch eine Volksbefragung am 13. März 1938 begegnen. Dabei sollte sich die österreichische Bevölkerung für oder gegen ein freies und unabhängiges Österreich entscheiden. Unter militärischen Drohungen forderte Hitler jedoch die Absetzung der Volksbefragung, den Rücktritt Schuschniggs und die Ernennung Seyß-Inquarts zum Bundeskanzler.

Da Schuschnigg weder bei den Westmächten noch bei den Nachbarn Hilfe fand, trat er am 11. März 1938 zurück.

Nun ernannte Bundespräsident Miklas Seyß-Inquart zum Bundeskanzler. Trotzdem begann in der Nacht zum 12. März 1938 der Einmarsch deutscher Truppen. Ein Vorauskommando sicherte für die deutsche Reichsbank über 90 Tonnen Gold der Österreichischen Nationalbank und 2,7 Milliarden Goldschilling. Diese riesige Geldmenge war das Ergebnis der Sparpolitik der vorhergehenden Jahre. Sie ermöglichte die weitere militärische Aufrüstung des Deutschen Reiches, dessen Devisenreserven schon fast erschöpft waren.

Die Besetzung Österreichs verlief kampflos. Bis dahin illegale Anhängerinnen und Anhänger der NSDAP und weite Bevölkerungskreise bereiteten den einmarschierenden Soldaten und dem bald nachfolgenden Hitler einen jubelnden Empfang. Schon am 13. März 1938 gab Hitler den „Anschluss" Österreichs an das Deutsche Reich bekannt. Am 10. April 1938 ließ er dies durch eine von der NSDAP kontrollierte Volksabstimmung bestätigen. Viele bekannte Persönlichkeiten, darunter auch der Sozialdemokrat Karl Renner und Kardinal Theodor Innitzer mit den österreichischen Bischöfen, sprachen sich für ein „Ja" zum „Anschluss" aus.

L *Der Einmarsch der deutschen Wehrmacht am 12. März 1938, dem kein Widerstand entgegengesetzt wurde, beendete endgültig die Kleinstaatlichkeit. An die 200 000 Menschen jubelten am Heldenplatz Adolf Hitler als „Befreier" zu. Gleichzeitig begannen erste Verhaftungswellen; 50 000 Österreicher/innen, politische Gegner/innen sowie Jüdinnen und Juden waren Opfer dieser Terroraktionen. Damit wurde auch bereits der Rahmen der Volksabstim-*

mung vom 10. April 1938 abgesteckt, die über den „Anschluss" befinden sollte und deren fast hundertprozentige Zustimmung (99,6 Prozent) ein Ergebnis von Opportunismus, ideologischer Überzeugung, massivem Druck und perfekter Propaganda sowie punktueller Wahlfälschungen war.
(Rathkolb, Die paradoxe Republik, 2011, S. 16)

➜ | Erläutere die Gründe, die hier für die Zustimmung zum „Anschluss" Österreichs angeführt werden.

Nach der Eingliederung in das Deutsche Reich wurde für Österreich zuerst die Bezeichnung „Ostmark" und ab 1942 „Alpen- und Donaugaue" verwendet.

Die „positiven" Erinnerungen an die NS-Zeit

Auch heute noch sprechen manche Menschen von den „positiven Seiten" der nationalsozialistischen Diktatur in Österreich. An erster Stelle der „positiven" Bewertung des Nationalsozialismus steht bis heute die scheinbare Beseitigung der Arbeitslosigkeit. Kurzfristig beendete das NS-Beschäftigungsprogramm die jahrelange Notlage Hunderttausender Menschen. Den vielen verschuldeten Bauern erleichterte man die Rückzahlung ihrer Kredite.

Die „Arisierungen" (Zwangsenteignungen)

Auch der Wohnbau erlebte einen Aufschwung. Besonders in Wien versuchte man, die Wohnungsnot auf Kosten der jüdischen Bürgerinnen und Bürger durch (ca. 70 000) Enteignungen, so genannte „Arisierungen", zu beseitigen.
Nach 1945 hatten die früheren Besitzerinnen und Besitzer – sofern sie die NS-Diktatur überlebt hatten – oft große Schwierigkeiten, ihr Eigentum zurückerstattet zu bekommen. Erst im Jahr 2001 wurde das „Gesetz für die Einrichtung eines Allgemeinen Entschädigungsfonds" für die Opfer des Nationalsozialismus geschaffen.

Die Grundlagen der NS-Politik

– Massive Aufrüstung: Sofort nach dem „Anschluss" wurde die österreichische Industrie in die Kriegsvorbereitungen eingebunden: Die Textilindustrie produzierte fast nur mehr Uniformen, die Schwerindustrie wurde auf Rüstungsproduktion umgestellt.
– Rassismus: Zunächst kam es zu Ausgrenzung, Enteignung und Vertreibung, später zu systematischer Vernichtung der Jüdinnen und Juden – auch dadurch wurden Arbeitsplätze und Wohnungen frei.
– Zwangsarbeit (nicht nur in den Konzentrationslagern): Der verpflichtende Reichsarbeitsdienst schöpfte den Arbeitskräfteüberschuss ab; ab Ende 1939 herrschte bereits ein Arbeitskräftemangel, da die Wehrmacht immer mehr Soldaten benötigte. Frauen mussten – entgegen der NS-Ideologie – den häuslichen Herd mit dem Fließband in der (Rüstungs-)Fabrik eintauschen.

■ Albert Hilscher, Antisemitische Ausschreitungen in Wien. Foto, März 1938.
Ein Jugendlicher wird gezwungen, „Jud" an die Wand eines jüdischen Geschäftes zu schreiben.

➜ | Beschreibe das Foto und analysiere es in Zusammenhang mit den Ereignissen des März 1938.

Eine (unvollständige) Bilanz der NS-Herrschaft:
– 247 000 zur deutschen Wehrmacht eingezogene Österreicher kehrten nicht aus dem Krieg zurück; 76 200 blieben vermisst.
– 200 000 Österreicher blieben Wochen bis Jahre in Kriegsgefangenschaft.
– 117 000 Menschen kehrten als Invalide aus dem Krieg zurück.
– 136 721 Kinder verloren ihre Väter.
– 4 500 Kinder verloren beide Eltern.
– 24 300 Zivilistinnen und Zivilisten starben durch Luftangriffe und andere Kriegshandlungen.
– 65 459 Jüdinnen und Juden wurden ermordet.
– 20 000 Österreicherinnen und Österreicher wurden Opfer der Vernichtung durch Euthanasie.
– 2 700 Österreicherinnen und Österreicher wurden wegen aktiven Widerstands verurteilt und hingerichtet.
– 32 593 Österreicherinnen und Österreicher starben in Gestapo-Haft oder in Konzentrationslagern.
– 177 000 Wohnungen wurden ganz oder teilweise zerstört.
(Nach: Malina/Spann, 1938–1988, 1988, S. 26; Danimann (Hg.), Finis Austriae, 1978, S. 240)

➜ Fragen und Arbeitsaufträge

1. Nenne Faktoren, die deiner Meinung nach zum Scheitern der Ersten Republik beitrugen.
2. Diskutiert über mögliche Gründe, warum sich dagegen kein Widerstand erhob.

Österreich I – die Erste Republik

„Rest-Trauma" und Kampf ums Staatsgebiet

- Kaiser Franz Joseph starb im November 1916. Er hatte als Symbolfigur den Vielvölkerstaat zusammengehalten. Nach seinem Tod waren der Zusammenbruch der Front und das Auseinanderbrechen der Donaumonarchie nicht mehr aufzuhalten. Versuche des letzten Kaisers Karl I., durch einen Umbau die Monarchie noch zu retten, scheiterten.
- Noch vor Kriegsende wurde am 30. Oktober 1918 der selbstständige Staat Deutschösterreich gegründet. Karl Renner wurde Staatskanzler einer Konzentrationsregierung.
- Einen Tag nach der Verzichterklärung Kaiser Karls I. wurde am 12. November 1918 die demokratische Republik Deutschösterreich – als Bestandteil der Deutschen Republik – ausgerufen.
- Die Wirtschaftslage nach Kriegsende war katastrophal. Hunger, Krankheiten, Wohnungsnot, Inflation und Arbeitslosigkeit prägten die Situation nach Kriegsende. Viele Österreicherinnen und Österreicher beurteilten deshalb ihren neuen (Klein-)Staat als nicht „lebensfähig". Trotz wirtschaftlicher Schwierigkeiten waren jedoch die Voraussetzungen für eine gute Entwicklung Österreichs vorhanden. Die Legende von der mangelnden „Lebensfähigkeit" des neuen Kleinstaates hielt sich aber hartnäckig und verhinderte bei vielen Menschen eine Identifizierung mit diesem.
- Eine große Herausforderung stellten die offenen Grenzfragen dar: Die deutschsprachig besiedelten Gebiete Böhmens und Mährens kamen an die neu errichtete Tschechoslowakei. Kärnten blieb nach einem Abwehrkampf gegen Truppen des SHS-Staates bzw. durch eine Volksabstimmung ungeteilt erhalten. Um das Burgenland kämpften ungarische Truppen und die österreichische Gendarmerie – es kam zu Österreich. Der Bezirk Ödenburg (Sopron) fiel nach einer Volksabstimmung an Ungarn. Südtirol fiel nach dem Willen der Siegermächte an Italien. Darüber hinaus kam es infolge des fehlenden Nationalbewusstseins zu weiteren Anschlussbewegungen an das Deutsche Reich und die Schweiz.

Parteien – Verfassung – Sozialgesetzgebung – Wirtschaftskrisen

- Das politische Leben in der Zwischenkriegszeit war durch die Verhärtung der Standpunkte zwischen „Rot" (Sozialdemokratie) und „Schwarz" (Christlichsoziale) geprägt.
- In der Sozialdemokratischen Partei gab es einen gemäßigten (Karl Renner) und einen radikalen (Otto Bauer, „Austromarxismus") Flügel. Ab 1920 war die Partei in der Opposition.
- Die Christlichsoziale Partei war bürgerlich-konservativ ausgerichtet. Sie war ideologisch und personell eng mit der katholischen Kirche verbunden – ihr bedeutendster Führer war Prälat Ignaz Seipel.
- Zu den bürgerlichen Parteien gehörten auch die Großdeutsche Partei und der Landbund. Sie waren nach 1920 an Koalitionen mit den Christlichsozialen beteiligt.
- Zwischen 1918 und 1920 wurde die Sozialgesetzgebung von der „rot-schwarzen" Koalitionsregierung stark ausgebaut.
- Der Wiener Völkerrechtsprofessor Hans Kelsen arbeitete eine Verfassung aus. Sie trat 1920 in Kraft und ist auch heute noch im Wesentlichen die Verfassung der Zweiten Republik.

- Die Wirtschaftskrisen waren ein zentrales Problem in der Ersten Republik. Besonders die „Hyperinflation" bis 1922 stellte eine große wirtschaftliche und politische Belastung dar.
- Mit Hilfe einer Völkerbundanleihe 1922 („Genfer Protokolle") gelang Bundeskanzler Seipel die Sanierung der Währung (1924: Schilling) und des Staatshaushaltes. Das radikale Sparprogramm führte jedoch nicht zu einer Sanierung der Wirtschaft.
- Die hohe Arbeitslosigkeit wurde zu einer Dauererscheinung und erhöhte sich noch einmal drastisch als Folge der Weltwirtschaftskrise in den Jahren nach 1929.

Die Radikalisierung der Innenpolitik

- Der verbale Radikalismus wurde von der jeweiligen Gegenseite als Bedrohung empfunden. Um sich zu schützen, errichtete man militaristische „Selbstschutzverbände": Republikanischer Schutzbund (1923) – Sozialdemokratie; Heimatschutz und Heimwehr (1924) – bürgerliches Lager.
- Das „Linzer Programm" von 1926 (Androhung der „Mittel der Diktatur"), die Ereignisse um den Brand des Justizpalastes (1927) und der „Korneuburger Eid" der Heimwehr (1930) vergifteten das politische Klima vollständig.

Das Ende der Demokratie

- Bundeskanzler Dollfuß (seit 1932) bekämpfte mit Unterstützung des faschistischen Italien (Mussolini) die Sozialdemokratie und den Nationalsozialismus. 1933 schaltete er das Parlament aus.
- Ständige Provokationen der Sozialdemokraten (z. B. Waffensuchaktionen) durch Heimwehr und Regierung führten im Februar 1934 zum Bürgerkrieg, in dem die Sozialdemokratie unterlag und verboten wurde.

Austrofaschistischer Ständestaat und sieben Jahre NS-Herrschaft

- Die „Maiverfassung" 1934 errichtete den austrofaschistischen Ständestaat mit der „Vaterländischen Front" als Einheitspartei. Deren Bundesführer Bundeskanzler Dollfuß wurde im „Juliputsch" 1934 von Nationalsozialisten ermordet.
- Die Kanzlerschaft Kurt Schuschniggs (1934–1938) war vor allem geprägt vom Ringen um Österreichs Unabhängigkeit.
- Nach der Annäherung zwischen Hitler und Mussolini fiel die italienische Unterstützung gegen Hitler weg. Das „Juliabkommen" 1936 war de facto eine Kapitulation vor dem Nationalsozialismus.
- Schuschnigg setzte für den 13. März 1938 eine Volksabstimmung an, in der die österreichische Bevölkerung entscheiden sollte, ob sie für oder gegen ein freies Österreich sei.
- Am 12. März 1938 erfolgte jedoch der Einmarsch der deutschen Truppen. Schon am nächsten Tag verkündete Hitler die „Wiedervereinigung Österreichs mit dem Deutschen Reich", die er am 10. April 1938 in einer fragwürdigen Volksabstimmung bestätigen ließ.
- In der „Ostmark" (ab 1942 „Alpen- und Donaugaue") setzte sofort die Verfolgung von politischen Gegnerinnen und Gegnern und Minderheiten (Jüdinnen und Juden, Roma und Sinti u. v. a. m.) ein.

- Grundlage der nationalsozialistischen Politik nach dem „Anschluss" waren die massive Aufrüstung und Umstellung der Industrie auf die kriegsvorbereitende Rüstungsproduktion, die Zwangsarbeit und der Rassismus, der zu Ausgrenzung, Enteignung („Arisierungen") und Vertreibung, später zu systematischer Vernichtung der Jüdinnen und Juden führte.

Grundbegriffe

Austrofaschismus Bezeichnung für das antidemokratische, antiparlamentarische, autoritäre Herrschaftssystem in Österreich zwischen 1933 und 1938. Die ideologische Basis waren eine ständestaatliche Ordnung, der Antimarxismus, das Führerprinzip an Stelle eines Parlaments mit mehreren Parteien, die Schaffung der „Vaterländischen Front" als Massenorganisation und die Legitimierung durch die katholische Soziallehre, besonders durch die Enzyklika „Quadragesimo anno" von Papst Pius XI. (1931). Wesentlichen Einfluss übten auch die Heimwehren aus. Sie hatten bereits im so genannten „Korneuburger Eid" im Jahre 1930 faschistisches Gedankengut aufgenommen und Demokratie und westlichen Parlamentarismus verworfen.

Heimwehr Die Bezeichnung „Heimwehr" (regional und lokal auch „Heimatwehr", „Heimatschutz" etc.) wird zusammenfassend verwendet für den Wehrverband der Christlichsozialen Partei in der Ersten Republik. Ursprünglich entstand die Heimwehr aus den überparteilichen „Selbstschutzverbänden" in der Übergangsphase vom Zusammenbruch der Monarchie bis zur Herausbildung des neuen Staates Deutschösterreich. Solche Verbände wurden in den Bundesländern gegründet als Bürger- und Ortswehren, Frontkämpfer- und Kameradschaftsvereinigungen. In Tirol und anderen Bundesländern wurden sie zuerst organisatorisch zusammengeschlossen. Unterstützt wurden die Heimwehren von Industriellen, die in ihnen ein Gegengewicht zur sozialdemokratisch organisierten Arbeiterschaft sahen. Ihre Bewaffnung stammt teilweise aus den Beständen des Ersten Weltkrieges, als Uniformen trugen sie Landestrachten. Aufgrund ihres Hutes, einer Feldmütze mit Spielhahnstoß, wurden sie umgangssprachlich auch „Hahnenschwanzler" genannt. Ab etwa 1930 nahmen die Heimwehren immer stärker faschistisches Gedankengut auf. Im austrofaschistischen Ständestaat gehörten sie zu den Stützen des Regimes.

Republikanischer Schutzbund Wehrverband der Sozialdemokratischen Partei, gebildet aus den Arbeiterwehren in den Jahren 1923/24. Der Republikanische Schutzbund verstand sich als Gegengewicht zur Heimwehr. Er entstand aber auch als Reaktion auf den Austritt der Sozialdemokraten aus der Regierung und sollte die verlorene Kontrolle der Sozialdemokraten über das Bundesheer ersetzen. Die Mitglieder des Schutzbundes waren bewaffnet und einheitlich uniformiert. Die innenpolitische Bedeutung schwächte sich Anfang der 1930er Jahre ab. Nach der Ausschaltung des Parlaments 1933 wurde der Republikanische Schutzbund von Dollfuß aufgelöst. Er blieb aber illegal bestehen und bekämpfte im Bürgerkrieg 1934 die Regierung des autoritären Ständestaates.

„Rotes Wien" Bezeichnung für die österreichische Bundeshauptstadt Wien in der Zeit von 1918–1934. In dieser Zeit errang die Sozialdemokratische Arbeiterpartei bei Gemeinde- und Landtagswahlen in Wien wiederholt die absolute Mehrheit. Geprägt war die sozialdemokratische Gemeindepolitik vom umfassenden sozialen Wohnbau – das berühmteste Beispiel ist der Karl-Marx-Hof – und vom Ziel, durch eine intensive Sozial-, Gesundheits- und Bildungspolitik der Arbeiterschaft bessere gesellschaftliche Möglichkeiten zu bieten. Es entstanden zahllose Nebenorganisationen, viele davon waren Arbeiterbildungsvereine. In Wien wurde auch die erste Arbeiterhochschule gegründet. Der sozialdemokratische Politiker Otto Glöckel reformierte das Schulwesen. Das „Rote Wien" erfuhr auch international große Beachtung. Es endete 1934, als der sozialdemokratische Bürgermeister Karl Seitz infolge des Bürgerkrieges seines Amtes enthoben und verhaftet wurde.

Ständestaat Bezeichnung für die autoritäre Staatsform Österreichs von 1934 (mit der Verfassung vom 1. Mai) bis zum „Anschluss" Österreichs an das nationalsozialistische Deutsche Reich im März 1938. Im Mittelalter bezeichnete man als „Stände" bestimmte Gruppen, die sich einander zugehörig fühlten (z. B. der Stand der Geistlichkeit, des Adels, der Bauern, des Bürgertums usw.). Von einem Ständestaat spricht man, wenn Stände bzw. ihre Vertreter an der politischen Herrschaft beteiligt waren (vom 13. bis 18. Jh.). Die Idee des Ständestaates tauchte im 19. Jh. bei katholischen Politikern wieder auf, sie wurde auch 1931 in der Enzyklika „Quadragesimo anno" von Papst Pius XI. vertreten. An die Stelle von Parteien sollten Berufsstände treten. Die faschistischen Regime in der Zwischenkriegszeit – z. B. Mussolini in Italien und Franco in Spanien – beriefen sich auf die Idee eines Ständestaates ebenso wie der austrofaschistische Ständestaat unter Dollfuß und Schuschnigg. Merkmale des autoritären Ständestaates in Österreich sind der Kampf gegen den Marxismus und Nationalsozialismus, das Verbot von politischen Parteien, die Ausschaltung des Parlamentarismus und die Verankerung des Führerprinzips.

„Vaterländische Front" Der christlichsoziale Bundeskanzler Engelbert Dollfuß gründete 1933 die „Vaterländische Front" (VF). Nach der Ausschaltung des Parlaments und der Auflösung aller politischen Parteien war sie eine überparteiliche Massenorganisation. Alle regierungstreuen Kreise sollten in ihr zusammengefasst werden. Öffentliche Bedienstete waren daher zum Beitritt verpflichtet. Ihre Grundlage hatte sie auf der berufsständischen Ordnung, sie richtete sich gegen den Nationalsozialismus, unterstützte daher die Herausbildung eines patriotischen Österreich-Bewusstseins und betonte die staatliche Selbstständigkeit Österreichs. Als Symbol diente das Kruckenkreuz. Dollfuß war der erste Bundesführer der „Vaterländischen Front", sein Nachfolger wurde Ernst Rüdiger Starhemberg, ab 1936 Schuschnigg. Als die Heimwehr 1936 aufgelöst wurde, führte die „Frontmiliz" der „Vaterländischen Front" ihre Tradition weiter. Nach dem „Anschluss" wurde die „Vaterländische Front" aufgelöst.

Nationalsozialismus und Zweiter Weltkrieg

1920
Gründung der National-
sozialistischen Deutschen
Arbeiterpartei (NSDAP)

19.8.1934
Ernennung Hitlers
zum „Führer und
Reichskanzler"

15.9.1935
Entrechtung der
deutschen Jüdinnen
und Juden durch die
„Nürnberger Gesetze"

12.3.1938
Einmarsch deutscher
Truppen in Österreich,
„Anschluss" Österreichs

1.10.1938
Einmarsch
deutscher
Truppen in
sudetendeutsche
Gebiete

15.3.1939
Einmarsch deut-
scher Truppen in
die Tschechoslo-
wakei

Die Machtübernahme der Nationalsozialisten im Deutschen Reich im Jahr 1933 bedeutete den Beginn einer Katastrophe für Europa und die Welt. Hitler und seine NSDAP errichteten eine Diktatur, die den uneingeschränkten Anspruch an den Menschen stellte: „Wer nicht für uns ist, ist gegen uns!", lautete die Devise. Jede Gegnerschaft wurde von den Nationalsozialisten ausgeschaltet. Mit einem rassistisch-nationalistischen Programm wollten sie das Deutsche Reich zu neuer Größe führen: „Heute gehört uns Deutschland, morgen die ganze Welt!", lautete ihre Propaganda.

Mit Japan und Italien als Bündnispartner entfachte das Hitler-Regime den Zweiten Weltkrieg, der zwischen 1939 und 1945 mehr als 50 Millionen Opfer forderte. Die Zivilbevölkerung war davon ebenso betroffen wie die Soldaten, die an den verschiedenen Kriegsschauplätzen ihr Leben verloren. Einzigartig in der Geschichte der Menschheit und besonders verabscheuungswürdig war die Vernichtungspolitik der Nationalsozialisten gegenüber den Jüdinnen und Juden in Europa: Millionen von ihnen wurden ermordet.

1.9.1939	**7.12.1941**	**20.1.1942**	**2.2.1943**	**6.6.1944**	**8.5.1945**	**6. bzw. 9.8.1945**
Angriff auf Polen, Beginn des Zweiten Weltkrieges	Japanischer Angriff auf Pearl Harbor – Kriegseintritt der USA folgt	Wannsee-Konferenz	Kapitulation der 6. deutschen Armee in Stalingrad	Landung alliierter Truppen in der Normandie (D-Day)	Kapitulation des Deutschen Reiches	Abwurf der Atombomben auf Hiroshima bzw. Nagasaki

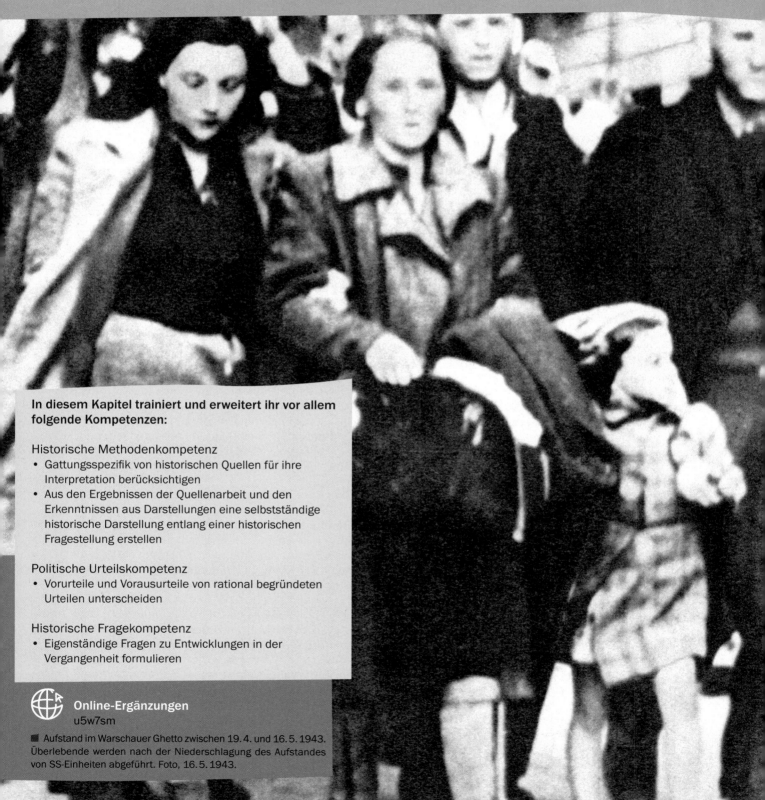

In diesem Kapitel trainiert und erweitert ihr vor allem folgende Kompetenzen:

Historische Methodenkompetenz
- Gattungsspezifik von historischen Quellen für ihre Interpretation berücksichtigen
- Aus den Ergebnissen der Quellenarbeit und den Erkenntnissen aus Darstellungen eine selbstständige historische Darstellung entlang einer historischen Fragestellung erstellen

Politische Urteilskompetenz
- Vorurteile und Vorausurteile von rational begründeten Urteilen unterscheiden

Historische Fragekompetenz
- Eigenständige Fragen zu Entwicklungen in der Vergangenheit formulieren

Online-Ergänzungen
u5w7sm

◼ Aufstand im Warschauer Ghetto zwischen 19.4. und 16.5.1943. Überlebende werden nach der Niederschlagung des Aufstandes von SS-Einheiten abgeführt. Foto, 16.5.1943.

1. Die Nationalsozialisten errichten eine Diktatur

Anfang und Aufstieg der NSDAP

Nach dem Ende des Ersten Weltkrieges bildeten sich im Deutschen Reich mehrere rechtsextreme Gruppen. Aus einer dieser Gruppen entstand 1920 in München die Nationalsozialistische Deutsche Arbeiterpartei (NSDAP). Schon 1921 leitete sie der gebürtige Österreicher Adolf Hitler. Nach dem Vorbild Mussolinis schuf er uniformierte Verbände: zuerst die „Sturmabteilung" (SA), später die „Schutzstaffel" (SS). Offizielle Aufgabe der SA war der Schutz von Parteiveranstaltungen, die SS sollte Hitler persönlich schützen. Bald aber dienten diese paramilitärischen Organisationen der Einschüchterung, Terrorisierung und später der Vernichtung aller Gegner.

Schon 1923 unternahm die radikale, auf 20 000 Mitglieder angewachsene Partei einen Putschversuch in München, der aber scheiterte. Die Partei wurde deshalb verboten, Hitler zu fünf Jahren Haft verurteilt, aber schon nach weniger als einem Jahr wieder freigelassen.

Hitler gründete bald nach seiner Freilassung 1925 die Partei neu. Bis zum Ausbruch der Weltwirtschaftskrise (vgl. S. 24 f., S. 34) blieb die NSDAP eine unbedeutende Splitterpartei. Erst dann begann ihr großer Aufstieg: Außenpolitisch forderten die Nationalsozialisten die Aufhebung des Vertrages von Versailles und ein Ende der Wiedergutmachungszahlungen. Den Millionen von Arbeitslosen versprachen sie „Arbeit und Brot".

Die Not war so entsetzlich, dass viele Menschen ihre Hoffnungen auf Hitler setzten. Dazu zählten viele Menschen der unteren Mittelschicht (Kleinhandwerker und -kaufleute, Arbeiterinnen und Arbeiter, Angestellte und Beamte), aber auch national-konservativ eingestellte Menschen. Außerdem erhielt die Partei kostenlose Propaganda-Unterstützung durch die konservative Presse und spätestens seit 1933 auch finanzielle Unterstützung durch große Teile der Wirtschaft. Die deutsche Großindustrie erwartete sich von Hitler ein Zurückdrängen der Arbeiterbewegungen und eine Vergrößerung der Rüstungsaufträge – beide Erwartungen erfüllten sich. Schon 1930 wurden die Nationalsozialisten nach den Sozialdemokraten zur zweitstärksten Partei im deutschen Reichstag. Auch bei verschiedenen Landes- und Kommunalwahlen wuchs ihr Stimmenanteil beträchtlich. Im Jahr 1931 schlossen sich Nationalsozialisten, Deutschnationale und der aus ehemaligen Frontsoldaten bestehende Bund „Stahlhelm" zur „Harzburger Front" zusammen. Ihre Vertreter verachteten die Demokratie, die Parteien und den Parlamentarismus. Sie waren vom deutschen Sendungsbewusstsein und vom „Herrenmenschentum" überzeugt.

30. Jänner 1933 – Hitler wird Reichskanzler

Aus diesen Gruppen bildete sich auch die „Regierung der nationalen Konzentration". Sie wurde am 30. Jänner 1933 vom Reichspräsidenten Paul von Hindenburg mit Hitler als Reichskanzler ernannt. Außer Hitler waren nur noch zwei weitere nationalsozialistische Minister in der konservativen Regierung vertreten. Daher glaubten jene Politiker, die sich für Hitler als Reichskanzler eingesetzt hatten, Hitler als Regierungschef kontrollieren und für ihre Ziele benutzen zu können. Dies war jedoch eine Fehleinschätzung.

Schon am 1. Februar 1933 setzte Hitler die Auflösung des Reichstags und Neuwahlen durch. Er hoffte nämlich, so zur absoluten Mehrheit zu gelangen.

■ Adolf Hitler während seiner Rede bei der Wahlfeier der NSDAP im Berliner Sportpalast. Foto, 14. September 1930 (Tag der Reichstagswahlen).

Über Hitlers Rednergabe urteilte ein „Parteifreund": „Er sprach über zweieinhalb Stunden, oft von geradezu frenetischen Beifallsstürmen unterbrochen, und man hätte ihm weiter, immer weiter zuhören können. Er sprach sich alles von der Seele und uns allen aus der Seele."

Der Reichstagsbrand – Ausschaltung der Kommunisten

In der Vorwahlzeit terrorisierten SA und SS (zusammen ca. 600 000 Mann) die politischen Gegner. Dieser Terror war staatlich geduldet. Er erreichte nach dem Brand des Reichstagsgebäudes am 27. Februar 1933 seinen Höhepunkt. Die Nationalsozialisten bezichtigten die Kommunisten der Brandlegung und eines Umsturzversuchs. Sie begannen sofort mit der Verhaftung tausender kommunistischer Funktionärinnen und Funktionäre, aber auch anderer politischer Gegnerinnen und Gegner. Die Presse der Linksparteien wurde verboten und damit auch ihre Wahlwerbung stark eingeschränkt.

Das Ende der bürgerlichen Freiheiten

Bereits am Tag nach dem Reichstagsbrand veranlasste Hitler Reichspräsident Hindenburg zur „Verordnung zum Schutz von Volk und Staat" (28. Februar 1933). Sie sollte der „Abwehr kommunistischer staatsgefährdender Gewalttaten" dienen:

Q §1: Es sind daher Beschränkungen der persönlichen Freiheit, des Rechtes der freien Meinungsäußerung, einschließlich der Pressefreiheit, des Vereins- und Versammlungsrechtes, Eingriffe in das Brief-, Post-, Telegrafen- und Fernsprechgeheimnis, Anordnungen von Hausdurchsuchungen und von Beschlagnahme sowie Beschränkungen des Eigentums auch außerhalb der sonst hierfür bestimmten gesetzlichen Grenzen zulässig.
(Reichsgesetzblatt 1933, S. 83. In: Dehlinger, Systematische Übersicht über 76 Jg. RGBl. 1867–1942, 1943)

→ Arbeite heraus, gegen welche allgemeinen Rechte Hindenburgs Verordnung verstößt. Erkläre, wo diese Rechte heute festgeschrieben sind, und erörtere ihren Sinn.

Diese Verordnung hatte zwar den Vermerk „bis auf weiteres", wurde aber bis zum Ende der NS-Herrschaft nie mehr aufgehoben. Das gab den Nationalsozialisten nun ganz offen die Möglichkeit, noch brutaler gegen ihre Gegnerinnen und Gegner vorzugehen, auch mit der neu geschaffenen „Geheimen Staatspolizei" (Gestapo). Trotz des Verbots der Kommunistischen Partei (bis dahin drittstärkste Partei) und der Einschüchterung der anderen Parteien verfehlten die Nationalsozialisten bei den Wahlen im März 1933 klar die absolute Mehrheit.

Das „Ermächtigungsgesetz"

Hitler strebte nun direkt diktatorische Vollmachten an. Dazu legte er dem Reichstag einen Gesetzesentwurf „zur Behebung der Not von Volk und Reich" vor:

Q *Artikel 1: Reichsgesetze können (…) auch durch die Reichsregierung beschlossen werden (…). Artikel 2: Die von der Reichsregierung beschlossenen Gesetze können von der Reichsverfassung abweichen (…).*
Gesetz zur Behebung der Not von Volk und Reich. Online auf: http://www.ns-archiv.de/system/gesetze/1933/ermaechtigungsgesetz/index.php, 6. 7. 2017)

Diesem so genannten „Ermächtigungsgesetz" stimmten am 24. März 1933 mit Ausnahme der Sozialdemokraten alle Parteien zu und sicherten Hitler so die notwendige Zweidrittelmehrheit. In einem nächsten Schritt beschloss die nunmehr schon nationalsozialistisch gelenkte Regierung die „Gleichschaltung der Länder mit dem Reich": Alle Landtage und Gemeinderäte wurden neu zusammengesetzt. Hitler setzte in den Ländern „Reichsstatthalter" ein, die mit diktatorischen Vollmachten regierten.

Verbot aller Parteien

Unter massiven Druck gesetzt, lösten sich die kleineren Parteien selbst auf oder wurden, wie die Sozialdemokratische Partei, im Juni 1933 verboten mit der Begründung: „hochverräterische Unternehmungen gegen Deutschland und seine Regierung". Sozialdemokratische Zeitungen wurden verboten, das Vermögen der Partei eingezogen. Nach nicht einmal sechs Monaten, am 6. Juli 1933, konnte Hitler in einer öffentlichen Rede erklären:

Q *Die politischen Parteien sind jetzt endgültig besiegt. Dies ist ein geschichtlicher Vorgang, dessen Bedeutung und Tragweite man sich vielleicht noch gar nicht bewusst geworden ist. Wir müssen jetzt die letzten Überreste der Demokratie beseitigen, insbesondere auch die Methoden der Abstimmungen und Mehrheitsbeschlüsse, wie sie heute noch vielfach in den Kommunen, in wirtschaftlichen Organisationen und Arbeitsausschüssen vorkommen (…).*
(Zit. nach: Conze, Der Nationalsozialismus 1919–1933, 1979, S. 69 f.)

■ Politische Gegner der Nationalsozialisten nach ihrer Verhaftung im Keller eines SA-Lokals in Berlin. Foto, 1933.

Hitler lässt die SA-Führer ermorden

Der Führer der SA, Ernst Röhm, strebte die Verschmelzung seiner 4,5 Millionen starken „SA-Armee" mit der Reichswehr zu einer großen „braunen" Volksarmee unter seinem Oberbefehl an. Er wäre damit für Hitler zu einem gefährlichen Konkurrenten geworden. Daher ließ Hitler in der „Nacht der langen Messer", am 30. Juni 1934, die Führungsspitze der SA festnehmen und danach ermorden (ca. 100 Personen). Neben der SA-Führung wurden auch andere politisch missliebige Personen ermordet.

Nun stieg die SS, bis dahin der SA untergeordnet, unter der Leitung von Heinrich Himmler zu einer eigenen, direkt dem „Führer" unterstellten Parteiorganisation auf. Die SS, die die Mordaktion durchgeführt hatte, wurde auch zum wichtigsten Terrorapparat der folgenden NS-Herrschaft.

„Führer und Reichskanzler"

Nach dem Tod von Reichspräsident Hindenburg am 2. August 1934 machte sich Hitler zu seinem Nachfolger als Staatsoberhaupt: Das Amt des Reichspräsidenten wurde mit dem des Reichskanzlers vereinigt, und Hitler führte nun den Titel „Führer und Reichskanzler". Damit war er zum unumschränkten Diktator geworden.

→ **Fragen und Arbeitsaufträge**

1. Arbeite heraus, mit welchen Maßnahmen die Nationalsozialisten 1933 die Demokratie ausschalteten.
2. Suche mit den Stichwörtern „Sportpalast", „Hitler" und „1933" auf YouTube ein Video von Hitlers Rede 10.2.1933 und höre einen Ausschnitt an. Schildere die Wirkung auf dich und vergleiche deine Eindrücke mit jenen eines Parteisympathisanten. Analysiere die Rede mit Hilfe der Hinweise auf S. 60 f. Diskutiert, wie eine solche Rede heute beurteilt würde.
3. Erläutere, welchem wichtigen Grundsatz einer demokratischen Verfassung das „Ermächtigungsgesetz" widerspricht. Nimm auch Stellung dazu, ob es Situationen gibt, die die Aufhebung der bürgerlichen Freiheiten bzw. ein solches „Ermächtigungsgesetz" rechtfertigen.

2. Nationalsozialistische Weltanschauung

Die NS-„Rassenlehre"

Während seiner Haft schrieb Hitler das Buch „Mein Kampf". Darin legte er seine politischen Ziele und seine Ideologie offen. In Anlehnung an frühere „Rassentheoretiker" glaubte er an ein „Gesetz des ewigen Kampfes" zwischen den „Völkern und Rassen". Diese wurden dabei in „wertvolle" und „minderwertige" unterschieden und sollten sich daher keinesfalls miteinander vermischen. Diese wissenschaftlich völlig unhaltbare „Rassenlehre" der Nationalsozialisten wurde 1933 so beschrieben:

> Q *Das allgemeine unerbittliche Gesetz des Lebens ist nun Kampf um sein Dasein und seine Entfaltung, Kampf der Rassen um ihren Lebensraum. (…) Die einen suchen diesen Kampf durch Bedürfnislosigkeit, Fügsamkeit, Zähigkeit, vielfach auch Fleiß und allmähliches unmerkliches Eindringen in schon bevölkerte Räume auszufechten. Diese Rassen zeichnen sich durchgehend durch eine außerordentliche Fruchtbarkeit aus. (…) Zu diesen „Kuli- oder Fellachenrassen" gehört die Überzahl der Bevölkerung des Erdballs, das Gros der farbigen Menschen Asiens und Afrikas und das (…) Volkstum Russlands.*
> *Ein kleiner, aber mächtiger Teil der Erdbevölkerung wählte den Weg der Parasiten. Die bekannteste und gefährlichste Art dieser Rasse ist das Judentum.*
> *Die dritte Gruppe endlich führt den Kampf offen, mit Wagemut und selbstbewusstem Einsatz rassischer Kraft. Sie umfasst die Herren- und Kriegerrassen. Die bedeutsamste unter ihnen ist die nordische geblieben, das Vorvolk (führende Volk) dieser Rasse aber ist das deutsche.*
> (Zimmermann, Die geistigen Grundlagen, 1933, S. 73 ff.)

→ Arbeite die wesentlichen Aspekte der NS-Rassenideologie heraus. Recherchiere, wie der Begriff „Rasse" in den 1920er Jahren verwendet wurde und wie ihn die Wissenschaft heute beurteilt.

Nach Meinung der Nationalsozialisten waren Jüdinnen und Juden die „gefährlichsten" Feinde der „nordischen Arier". Deshalb hieß es schon im NS-Parteiprogramm von 1920:

> Q *4. Staatsbürger kann nur sein, wer Volksgenosse ist. Volksgenosse kann nur sein, wer deutschen Blutes ist, ohne Rücksichtnahme auf Konfession. Kein Jude kann daher Volksgenosse sein.*
> (25-Punkte-Programm der NSDAP vom 24.2.1920. Online auf: http://www.documentarchiv.de/ns.html, 7.7.2018)

Militarismus und Imperialismus

> Q *3. Wir fordern Land und Boden (Kolonien) zur Ernährung unseres Volkes und Ansiedlung unseres Bevölkerungsüberschusses (…).*
> (25-Punkte-Programm der NSDAP vom 24.2.1920. Online auf: http://www.documentarchiv.de/ns.html, 7.7.2018)

■ Anonym, Postkarte zur Ausstellung „Der ewige Jude". Lithografie, Wien 1938.

→ Beschreibe und erkläre die im Bild dargestellten Einzelheiten, z.B. Gesicht, Kleidung, Geldstücke, Peitsche, Hammer und Sichel. Identifiziere und erläutere die der Darstellung zu Grunde liegenden Vorurteile.

Punkt 3 im NS-Parteiprogramm von 1920 bildete die geistige Grundlage für den späteren, vor allem gegen Osteuropa gerichteten Eroberungskrieg. Für diesen „Kampf um Lebensraum" wurde schon 1920 die Bildung eines Volksheeres gefordert. Dies wurde mit der Einführung der allgemeinen Wehrpflicht im Jahr 1935 verwirklicht. Gleichzeitig begann eine ungeheure Aufrüstung, um im Anschluss eine imperialistische, kriegerische Außenpolitik zu betreiben: Zuerst planten die Nationalsozialisten „alle Deutschen heim ins Reich" zu holen, dann „Lebensraum im Osten" zu gewinnen und zuletzt die „Weltherrschaft" zu erringen.

„Volksgemeinschaft" und Sündenböcke

Ein wesentliches Element der nationalsozialistischen Weltanschauung war die so genannte „Volksgemeinschaft". Diese Idee verlangte die Unterordnung des Einzelnen und das Zurückstellen der eigenen Interessen zugunsten der „Erhaltung der Gemeinschaft" sowie ein Leben „in Armut und Bescheidenheit". Sie richtete sich gegen die Forderung der Kommunisten, die für die

Arbeiterinnen und Arbeiter das „Recht auf vollen Arbeitsertrag" beanspruchten.

Q *Jeder Arbeiter, jeder Bauer, jeder Erfinder, Beamte usw., der schafft, ohne selber je zu Glück und Wohlstand gelangen zu können, ist ein Träger dieser hohen Idee, auch wenn der tiefere Sinn seines Handelns ihm immer verborgen bliebe (…).*
(Hitler, Mein Kampf, 1939, S. 327)

Wer in dieser „Volksgemeinschaft" die erwünschte Leistung nicht erbringen konnte, gehörte zu den Feinden. Dazu zählten z.B. alle Menschen mit Behinderung, die nach Ansicht der Nationalsozialisten ein „lebensunwertes Leben" führten. Diese unmenschliche Haltung zeigte sich in Gesetzen zur Zwangssterilisierung (ab 1933) und zum Eheverbot für geistig Behinderte (ab 1935) und gipfelte in der planmäßigen Vernichtung von etwa 70 000 Menschen mit Behinderung in den Jahren 1940/41.
Als „Volksschädlinge" galten auch all jene Menschen, die gegen diese nationalsozialistische Politik auftraten (gegnerische Politiker, Intellektuelle, Kunstschaffende), sowie jene, die von den Nationalsozialisten für die politische und wirtschaftliche Krise dieser Zeit verantwortlich gemacht wurden (z.B. die Jüdinnen und Juden).

Führerprinzip statt Parteien und Parlament

Entsprechend der faschistischen Idee übernahm Hitler auch für die „Nationalsozialistische Bewegung" das Führerprinzip und für sich den absoluten Führungsanspruch. Auf den Staat sollte es sich so auswirken:

Q *Die Bewegung vertritt im Kleinsten wie im Größten den Grundsatz der unbedingten Führerautorität, gepaart mit höchster Verantwortung (…). Der erste Vorsitzende einer Ortsgruppe wird durch den nächsthöheren Führer eingesetzt (…). Immer wird der Führer von oben eingesetzt und gleichzeitig mit unbeschränkter Vollmacht und Autorität bekleidet (…). Es ist eine der obersten Aufgaben der Bewegung, dieses Prinzip zum bestimmenden nicht nur innerhalb ihrer eigenen Reihen, sondern auch für den gesamten Staat zu machen (…).*
Damit ist die Bewegung aber antiparlamentarisch und selbst ihre Beteiligung an einer parlamentarischen Institution kann nur den Sinn (…) zu deren Zertrümmerung besitzen.
(Hitler, Mein Kampf, 1939, S. 378 f.)

→ Bewerte die Aussagen Hitlers zum Führerprinzip.

Dieses Führerprinzip wollte Hitler auch in den Unternehmen einführen. Das unterstützten jene Vertreter der (Groß-)Industrie, welche die gesetzlichen Mitbestimmungsrechte der Gewerkschaften in den Betrieben ablehnten. Die Auswirkungen dieses Führerprinzips erklärte Rudolf Heß, Hitlers Stellvertreter, 1934 in einer Rundfunkansprache:

Q *Mit Stolz sehen wir: Einer bleibt von aller Kritik ausgeschlossen, das ist der Führer. Das kommt daher, dass jeder fühlt und weiß: Er hatte immer Recht, und er wird immer Recht haben. In der kritiklosen Treue, in der Hingabe an den Führer, die nach dem Warum im Einzelfall nicht fragt, in der stillschweigenden Ausführung seiner Befehle liegt unser aller Nationalsozialismus verankert.*
(Heß; zit. nach: Dokumente der deutschen Politik, Bd. 2, 1938, S. 18)

→ Analysiere diese Aussage: Mit welchen Argumenten wird der (absolute) Verzicht auf Kritik am „Führer" gefordert? Erläutere, welche Folgen die Anwendung des Führerprinzips in verschiedenen Lebensbereichen hätte.

Mit Propaganda „dem Volk die Lehre aufzwingen"

Für dieses Ziel setzten die Nationalsozialisten wie nie zuvor in der Politik die Propaganda ein.

Hitler beschrieb in „Mein Kampf", wie sie funktionieren sollte:

Q *Jede Propaganda hat volkstümlich zu sein und ihr geistiges Niveau einzustellen nach der Aufnahmefähigkeit des Beschränktesten unter denen, an die sie sich zu richten gedenkt. Damit wird ihre rein geistige Höhe umso tiefer zu stellen sein, je größer die zu erfassende Masse der Menschen sein soll (…).*
Gerade darin liegt die Kunst der Propaganda, dass sie (…) den Weg zu Aufmerksamkeit und weiter zum Herzen der breiten Masse findet (…). Die Aufnahmefähigkeit der großen Masse ist nur sehr beschränkt, das Verständnis klein, dafür jedoch die Vergesslichkeit groß.
(Hitler, Mein Kampf, 1939, S. 197 f.)

Der Rundfunk wurde zum wichtigsten Propaganda-Instrument der Nationalsozialisten. Schon 1933 ließen sie ein einfaches Radiogerät herstellen. Noch im selben Jahr besaßen bereits 25 Prozent aller Haushalte einen solchen billigen „Volksempfänger", 1939 schon 70 Prozent.
Zwar gab es 1933 noch 3400 Tageszeitungen, doch mit der Machtübernahme wurde vielen kritischen Journalistinnen und Journalisten die Berufsausübung verboten.
Vor Kriegsbeginn 1939 gehörten schon mehr als 13 von 20 Millionen täglicher Zeitungsexemplare zur NS-Presse.

→ **Fragen und Arbeitsaufträge**

1. Analysiere die wesentlichen Merkmale der nationalsozialistischen Weltanschauung mit Hilfe der Quellen.
2. Nimm zu Hitlers Vorstellung von einer wirksamen Propaganda Stellung.

3. Die Gesellschaft unter dem Hakenkreuz

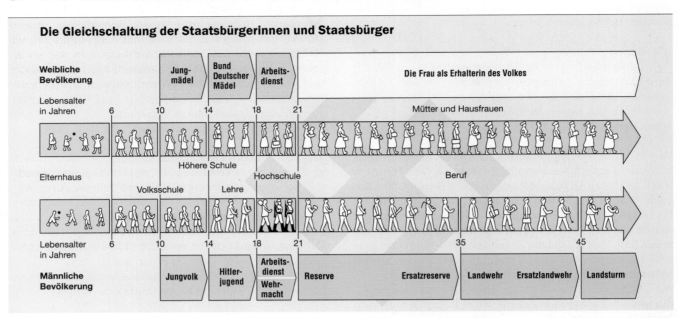

Die Gleichschaltung der Staatsbürgerinnen und Staatsbürger

Der totale Anspruch auf die Menschen

Nach der „Machtergreifung" gingen die Nationalsozialisten daran, jede einzelne Staatsbürgerin und jeden einzelnen Staatsbürger in ihr diktatorisches Herrschaftssystem einzugliedern:

> **Q** Die Revolution, die wir gemacht haben, ist eine totale. Sie hat die Gebiete des öffentlichen Lebens erfasst (...). Sie hat die Beziehungen der Menschen untereinander, die Beziehungen der Menschen zum Staat (...) vollkommen geändert (...).
> Wenn der Liberalismus (...) den Einzelmenschen in das Zentrum aller Dinge stellte, so haben wir das Individuum durch Volk und Einzelmensch durch Gemeinschaft ersetzt. Freilich musste dabei die Freiheit des Individuums insoweit eingegrenzt werden, als sie sich mit der Freiheit der Nation stieß oder im Widerspruch befand.
> *(Goebbels. Zit. nach: Hofer, Der Nationalsozialismus, 1957)*

Wie sich diese „Revolution" auf das Leben der Menschen auswirken sollte, beschrieb der Leiter der Deutschen Arbeitsfront (DAF), Robert Ley, so:

> **Q** In Deutschland gibt es keine Privatsache mehr! Wenn du schläfst, ist das deine Privatsache, sobald du aber wach bist und mit anderen Menschen in Berührung kommst, musst du eingedenk sein, dass du Soldat Adolf Hitlers bist und nach seinem Reglement zu leben hast (...). Die Zeit, in der jeder tun und lassen konnte, was er wollte, ist vorbei (...).
> *(Ley, Soldaten der Arbeit, 1938, S. 31)*

Die „Gleichschaltung" der Menschen

Um die nationalsozialistische „Volksgemeinschaft" zu verwirklichen, mussten die Deutschen von Kindheit an Mitglied einer NS-Organisation sein. Hitler meinte:

> **Q** Diese Jugend, die lernt ja nichts anderes als deutsch denken, deutsch handeln. Und wenn nun diese Knaben (...) mit zehn Jahren in unsere Organisation kommen (...), dann kommen sie vier Jahre später vom Jungvolk in die Hitlerjugend (...), dann kommen sie in den Arbeitsdienst (...), dann übernimmt sie die Wehrmacht zur weiteren Behandlung auf zwei Jahre (...), dann nehmen wir sie (...) in die SA, SS und so weiter. Und sie werden nicht mehr frei, ihr ganzes Leben, und sie sind glücklich dabei (...).
> *(Zit. nach: Huber, Jugend unterm Hakenkreuz, 1982, S. 61 ff.)*

Gleichzeitig wurden die Menschen bis in den familiären Bereich hinein überwacht. Schon die geringste Kritik an der NS-Politik konnte zur Verhaftung und damit auch zur Einlieferung in ein Konzentrationslager führen.

„Hitlerjugend" (HJ) und „Bund Deutscher Mädel" (BDM)

Die politische Erziehung begann bereits bei den Zehnjährigen („Jungmädel", „Jungvolk"). Mit 14 Jahren traten die Mädchen von den „Jungmädel" in den „Bund Deutscher Mädel" (BDM) über. Die Burschen kamen mit 14 Jahren vom „Jungvolk" in die „Hitlerjugend". Alle anderen Jugendorganisationen wurden aufgelöst oder verboten.

Frau und Mutter

Das folgende Heiratsinserat erschien 1940:

> **Q** Zweiundfünfzig Jahre alter, rein arischer Arzt, Teilnehmer an der Schlacht von Tannenberg (Erster Weltkrieg), der auf dem Lande zu siedeln beabsichtigt, wünscht sich männlichen Nachwuchs durch eine standesamtliche Heirat mit einer gesunden Arierin, jungfräulich, jung, bescheiden, sparsame Hausfrau, gewöhnt an schwere Arbeit, breithüftig, flache Absätze, keine Ohrringe, möglichst ohne Eigentum.
> *(Münchner Neueste Nachrichten, 25. Juli 1940, Inseratenteil)*

■ Joachim Schich (Entwurf), „Unterstützt das Hilfswerk Mutter und Kind". Plakat der 1934 gegründeten NS-„Volkswohlfahrt".

Hitler beschrieb die Rollen von Mann und Frau so:

Q *Was der Mann einsetzt an Heldenmut auf dem Schlachtfeld, setzt die Frau ein in ewig geduldiger Hingabe, in ewig geduldetem Leid und Ertragen. Jedes Kind, das sie zur Welt bringt, ist eine Schlacht, die sie besteht für das Sein oder Nichtsein ihres Volkes.*
(Zit. nach: Reden an die deutsche Frau, Reichsparteitag, Nürnberg, 8. September 1934, S. 5 ff.)

In der Parteizeitung „Völkischer Beobachter" beurteilte Hitler die Arbeit von (akademisch gebildeten) Frauen so:

Q *Wenn heute eine weibliche Juristin noch so viel leistet und nebenan eine Mutter wohnt mit fünf, sechs, sieben Kindern (…), dann möchte ich sagen: Vom Standpunkt des ewigen Wertes unseres Volkes hat die Frau, die Kinder bekommen hat (…), mehr geleistet, mehr getan!*
(Zit. nach: Völkischer Beobachter vom 13. September 1936)

Ab 1934 wurden alle verheirateten Beamtinnen entlassen. Damit gab es neue Arbeitsplätze für Männer. Ab 1938 mussten alle Frauen unter 25 Jahren ein unbezahltes Pflichtjahr in Familien oder auf dem Land verrichten.

1939 wurde der Reichsarbeitsdienst auch für Frauen im Alter von 17 bis 25 Jahren eingeführt. Im weiteren Verlauf des Krieges wurden sie überall dort eingesetzt, wo Männer fehlten – in den Rüstungsbetrieben wie im öffentlichen Verkehr. Schließlich dienten sie auch bei der deutschen Wehrmacht als Nachrichten- oder Flakhelferinnen.

„Gleichschaltung" der Kultur im Dritten Reich

Die „totale Revolution" der Nationalsozialisten erfasste auch Kunst und Kultur. Die eigens eingerichtete „Reichskulturkammer" überwachte ab 1933 das gesamte Kulturleben. Vor allem die neuen Stilrichtungen in Literatur, bildender Kunst und Musik (z. B. der Jazz) wurden als „entartete Kunst" aus der Öffentlichkeit verbannt bzw. verboten. Insgesamt 16 000 Gemälde verschwanden aus deutschen Museen und Sammlungen.

„Arbeit und Brot" und „Kanonen statt Butter"

Mit dem Versprechen von „Arbeit und Brot" weckten die Nationalsozialisten große Hoffnungen bei den mehr als sechs Millionen Arbeitslosen Anfang der 1930er Jahre. Daher nahmen sie von Anfang an große Schulden zur Arbeitsbeschaffung in Kauf. Bei der Errichtung von Autobahnen, Kraftwerken, Partei-Prunkbauten und im Wohnungsbau fanden viele Menschen Beschäftigung. Eine starke Entlastung des Arbeitsmarktes erfolgte durch die Einführung der allgemeinen Wehrpflicht und des verpflichtenden Reichsarbeitsdienstes im Jahr 1935. Schon ab 1935 hatte die Rüstungsproduktion jedoch absoluten Vorrang vor der Konsumgüterproduktion. Arbeiterinnen und Arbeiter bekamen Kündigungsschutz und einen Mindesturlaub zugesprochen, doch die niedrigen Löhne wurden nicht erhöht. Die freien Gewerkschaften waren seit 1933 verboten. In der neu gegründeten Deutschen Arbeitsfront (DAF) aber entschieden die Parteifunktionäre und die Unternehmer und nicht die Arbeitnehmervertreter.

→ **Fragen und Arbeitsaufträge**

1. Erläutere, wie sich die NS-Herrschaft vor dem Zweiten Weltkrieg auf das Alltagsleben der Menschen sowie auf die Wirtschafts- und Kulturpolitik auswirkt.
2. Arbeite heraus, welche Leistungen der Staat gegenüber seinen Staatsbürgerinnen und Staatsbürgern bzw. umgekehrt der einzelne Mensch dem Staat gegenüber nach den Vorstellungen der Nationalsozialisten (Goebbels, Ley) erbringen sollte.
   Diskutiert, ob und inwieweit ein Staat heute berechtigt ist, die „Freiheit des Individuums" einzuschränken.
3. Analysiere das Heiratsinserat von 1940: Welche Erwartungshaltung bzw. Einstellung Frauen gegenüber kommt hier zum Ausdruck?
4. Beschreibe und interpretiere die Aussage des Plakats. Erläutere, welche Vorstellungen von der Rolle der Frau hier zum Ausdruck kommen.

4. Politische Reden im Nationalsozialismus: Beispiel „Sportpalastrede"

Politische Reden sind wichtige historische Quellen. Sie weisen bestimmte Merkmale auf, was den Aufbau, den Einsatz sprachlicher und stilistischer Mittel sowie Strategien betrifft. Wenn man diese analysiert, gewinnt man wesentliche Erkenntnisse über die Funktionen der Rede. Damit können auch die politischen Intentionen der Rednerinnen und Redner interpretiert werden.

Auf dieser Doppelseite lernst du anhand einer berühmten politischen Rede aus der Zeit des Nationalsozialismus, die gattungsspezifischen Eigenschaften von Quellen für ihre Interpretation zu berücksichtigen.

Die „Sportpalastrede" von Joseph Goebbels

Am 18. Februar 1943 fanden sich im Berliner Sportpalast, einer großen Veranstaltungshalle, fast 15 000 Menschen ein. Reichspropagandaminister Joseph Goebbels hatte seine 109 Minuten dauernde Rede genau vorbereitet und inszeniert. Das Publikum war von den NS-Parteiorganisationen sorgfältig ausgewählt worden. Anwesend waren Parteimitglieder, Schauspielerinnen und Schauspieler, verwundete Soldaten, Krankenschwestern – alle überzeugte Nationalsozialisten. Fotografen und Kameraleute hatten den Auftrag, besonders den zu erwartenden Jubel der Zuhörenden in Nah- und Großaufnahmen ins Bild zu setzen.

Goebbels hielt die „Sportpalastrede" zwei Wochen nach der verheerenden Niederlage der deutschen Truppen in der Schlacht um Stalingrad. Der Glaube an den „Endsieg" war nun bei vielen erschüttert. Goebbels' Rede sollte die Deutschen daher aus ihrer Niedergeschlagenheit reißen und Optimismus verbreiten. Mit der Ausrufung des „totalen Krieges" forderte er rücksichtslosen Einsatz für den Krieg. Damit wurde indirekt auch die Einführung der Zwangsverpflichtung von Frauen in Rüstungsbetrieben angekündigt. Zudem wollte Goebbels seine eigene politische Stellung festigen.

Die „Sportpalastrede" gilt als „Musterbeispiel" einer politischen Rede oder „Propagandarede". Die Zuhörenden zeigten jedenfalls die von Goebbels gewünschten Reaktionen: Sie brachen nach jeder rhetorischen Frage in begeisterte „Ja"- und „Heil-Hitler"-Rufe aus. Auf Goebbels' Frage: „Wollt ihr den totalen Krieg?" nahm der zustimmende Jubel kein Ende. Die Rede wurde im Radio ausgestrahlt und später in den „Wochenschauen" der Kinos gezeigt. So erreichte sie ein Millionenpublikum und sollte im In- und Ausland Wirkung zeigen.

Der Schluss von Goebbels' Rede lautete:

Ihr also, meine Zuhörer, repräsentiert in diesem Augenblick die Nation. Und an euch möchte ich zehn Fragen richten, die ihr mir mit dem deutschen Volke vor der ganzen Welt, insbesondere aber vor unseren Feinden, die uns auch an ihrem Rundfunk zuhören, beantworten sollt:
Die Engländer behaupten, das deutsche Volk habe den Glauben an den Sieg verloren. Ich frage euch: Glaubt ihr mit dem Führer und mit uns an den end-
gültigen Sieg des deutschen Volkes? Ich frage euch: Seid ihr entschlossen, dem Führer in der Erkämpfung des Sieges durch dick und dünn und unter Aufnahme auch schwerster persönlicher Belastungen zu folgen?
Zweitens: Die Engländer behaupten, das deutsche Volk ist des Kampfes müde. Ich frage euch: Seid ihr bereit, mit dem Führer als Phalanx der Heimat hinter der kämpfenden Wehrmacht stehend, diesen Kampf mit wilder Entschlossenheit und unbeirrt durch alle Schicksalsfügungen fortzusetzen, bis der Sieg in unseren Händen ist?
Drittens: Die Engländer behaupten, das deutsche Volk hat keine Lust mehr, sich der überhandnehmenden Kriegsarbeit, die die Regierung von ihm fordert, zu unterziehen. Ich frage euch: Seid ihr und ist das deutsche Volk entschlossen, wenn der Führer es befiehlt, zehn, zwölf und – wenn nötig – vierzehn und sechzehn Stunden täglich zu arbeiten und das Letzte herzugeben für den Sieg?
Viertens: Die Engländer behaupten, das deutsche Volk wehrt sich gegen die totalen Kriegsmaßnahmen der Regierung. Es will nicht den totalen Krieg, sondern die Kapitulation. Ich frage euch: Wollt ihr den totalen Krieg? Wollt ihr ihn, wenn nötig, totaler und radikaler, als wir ihn uns heute überhaupt noch vorstellen können?
Fünftens: Die Engländer behaupten, das deutsche Volk hat sein Vertrauen zum Führer verloren. Ich frage euch: Ist euer Vertrauen zum Führer heute größer, gläubiger und unerschütterlicher denn je? Ist eure Bereitschaft, ihm auf allen seinen Wegen zu folgen und alles zu tun, was nötig ist, um den Krieg zum siegreichen Ende zu führen, eine absolute und uneingeschränkte?
Ich frage euch sechstens: Seid ihr bereit, von nun ab eure ganze Kraft einzusetzen und der Ostfront die Menschen und Waffen zur Verfügung zu stellen, die sie braucht, um dem Bolschewismus den tödlichen Schlag zu versetzen?
Ich frage euch siebtens: Gelobt ihr mit heiligem Eid der Front, dass die Heimat mit starker Moral hinter ihr steht und ihr alles geben wird, was sie nötig hat, um den Sieg zu erkämpfen?
Ich frage euch achtens: Wollt ihr, insbesondere ihr Frauen selbst, dass die Regierung dafür sorgt, dass auch die deutsche Frau ihre ganze Kraft der Kriegsführung zur Verfügung stellt, und überall da, wo es nur möglich ist, einspringt, um Männer für die Front frei zu machen und damit ihren Männern an der Front zu helfen?
Ich frage euch neuntens: Billigt ihr, wenn nötig, die radikalsten Maßnahmen gegen einen kleinen Kreis von Drückebergern und Schiebern, die mitten im Kriege Frieden spielen und die Not des Volkes zu eigensüchtigen Zwecken ausnutzen wollen? Seid ihr damit einverstanden, dass, wer sich am Krieg vergeht, den Kopf verliert?

Ich frage euch zehntens und zuletzt: Wollt ihr, dass, wie das nationalsozialistische Programm es gebietet, gerade im Krieg gleiche Rechte und gleiche Pflichten vorherrschen, dass die Heimat die schwersten Belastungen solidarisch auf ihre Schultern nimmt und dass sie für hoch und niedrig und arm und reich in gleicher Weise verteilt werden?

Ich habe euch gefragt; ihr habt mir eure Antworten gegeben. Ihr seid ein Stück Volk, durch euren Mund hat sich damit die Stellungnahme des deutschen Volkes manifestiert. (…)

Der Führer hat befohlen, wir werden ihm folgen. (…) Und darum lautet die Parole: Nun, Volk, steh auf und Sturm, brich los!

(Zit. nach: Fetscher, Goebbels im Berliner Sportpalast 1943: „Wollt ihr den totalen Krieg“, 1998 [Redeausschnitt])

Unter „politischen Reden" versteht man längere mündliche Ausführungen mit politischem Inhalt vor Publikum. Während der NS-Zeit wurden öffentliche politische Reden nicht vor einem Parlament oder einer Volksversammlung gehalten, sondern vor einer in Massen organisierten Zuhörerschaft.

Wichtige Funktionen von politischen Reden waren:

• das Wachrufen von Gefühlen, von „emotionaler Überwältigung" mit Hilfe von Pathos;

• die Legitimierung der NS-Herrschaft; die Zuhörerschaft wurde zum freiwilligen und gläubigen Helfer stilisiert;

• die Stärkung der nationalsozialistischen „Volksgemeinschaft": Durch die Einbettung der Rede in eine Massenveranstaltung mit Fahnen, Ritualen, Sprechchören etc. sollte die Zuhörerschaft die Rede als Gemeinschaftserlebnis empfinden.

Methode

Eine politische Rede ist eine Form der appellativen Rede. Ziel ist die Änderung einer Gesinnung oder eines Verhaltens. Die Zuhörenden sollen also manipuliert werden, d. h. einen Impuls für eine bestimmte politische Einstellung bzw. ein bestimmtes Tun erhalten. Eine kritische Einstellung gegenüber appellativen Reden ist daher wichtig. Politische Reden werden oft über Massenmedien wie Zeitungen, Rundfunk, Fernsehen oder Internet verbreitet.

Sie zielen also nicht nur auf das anwesende Publikum, sondern auch auf die breite Masse der Leserschaft, der Zuhörenden oder Zuschauerinnen und Zuschauer. Die Argumentation der Rednerin bzw. des Redners richtet sich meist an das Gefühl, weniger an den Verstand. Eingesetzt werden eine bestimmte Mimik, Gestik, eine emotionale Sprechweise. Eine große Rolle spielen meist auch rhetorische Mittel: Übertreibungen, Ausrufe, Anreden, Wortwiederholungen, das Wiederholen von gleichen Satzanfängen, Vergleiche, bildhafte Darstellungen etc. Um die Rede abschließend interpretieren und bewerten zu können, ist es notwendig, auf die Wertvorstellungen der Rednerin/des Redners einzugehen und diese mit den eigenen Wertmaßstäben abzugleichen.

→ Fragen und Arbeitsaufträge

1. Beschreibe den Anlass der „Sportpalastrede" und ihren historischen Hintergrund.

2. Fasse den Inhalt der Rede zusammen.

3. Benenne Ziele, Zweck und Adressaten.

4. Beschreibe die Verwendung der im Autorentext genannten rhetorischen Mittel und gib an, wo in der Rede sie eingesetzt werden. Analysiere, welche Wirkung damit erzeugt werden soll.

5. Erkläre, welchen Eindruck Goebbels erwecken wollte, indem er die im Saal versammelten Parteigänger/innen als „Ausschnitt aus dem ganzen Volk" bezeichnete.

6. Benenne die von Goebbels angeführten „Feindbilder". Erkläre deren mögliche Funktionen.

7. Erläutere, welche Drohungen und Versprechen gemacht werden und an welche Adressatinnen und Adressaten sie sich richten.

8. Skizziere, welche Ausdrücke in den Bereich von Religion und Glaube verweisen. Erkläre, welche Gefühle damit bei Zuhörerinnen und Zuhörern wohl ausgelöst wurden.

9. Analysiere, welche Interessen Goebbels hatte, sein Publikum zu überzeugen (vgl. die Informationen auf S. 60). Appelliert er stärker an ihr Gefühl oder an ihren Verstand? Bringe Beispiele aus der Rede.

10. Seht bzw. hört euch eine Aufnahme der „Sportpalastrede" an. Wertet eure zusätzlichen Beobachtungen aus, z. B. Mimik, Gestik, Tonlage, Betonung, Reaktion des Publikums, visuelle Inszenierung. Abbildungen und Filme findest du auf YouTube und mittels Internet-Suche: „Goebbels Sportpalastrede".

11. Erkläre, inwiefern die „Sportpalastrede" die Funktionen von politischen Reden erfüllt. Berücksichtige dabei auch das Foto von 1943.

12. Nenne Gründe, warum Goebbels' „Sportpalastrede" als ein „Musterbeispiel" einer NS-Propagandarede gilt.

■ Berliner Sportpalast. Foto, 18. Februar 1943.

Die Wand des großen Saales im Sportpalast war geschmückt mit dem Spruchband „Totaler Krieg – kürzester Krieg".

5. NS-Ideologie im Spielfilm: „Napola – Elite für den Führer"

Spielfilme, die sich auf historische Zeitabschnitte, Personen oder Ereignisse beziehen, versuchen mit spezifischen Mitteln und Formen, die Vergangenheit darzustellen. Diese Filme zählen zu den so genannten „geschichtskulturellen Produkten". Da sie unsere Geschichtsbilder mit prägen, ist es wichtig, die jeweils vermittelten Geschichtsbilder zu hinterfragen und zu dekonstruieren. Dazu müssen z. B. der Entstehungskontext, der Aufbau und die Perspektivität des Films, seine Absichten und mögliche im Film transportierte Bewertungen untersucht werden. Mit Hilfe dieser Analysen können auch Ideologien, die in Spielfilmen thematisiert werden, dekonstruiert werden.

„Napolas": NS-Erziehungsanstalten

Die „Nationalpolitischen Erziehungsanstalten" (NPEA – umgangssprachlich „Napolas" genannt) waren wichtige Bildungseinrichtungen für Burschen im nationalsozialistischen Deutschen Reich.
Zwischen 1933 und 1944 wurden 35 NPEA gegründet. Sie wurden von bis zu 10 000 Schülern besucht. Auswahlkriterien waren neben dem Leistungsvermögen auch „rassische" und ideologische Gesichtspunkte: Jeder Schüler musste einen „Ariernachweis" vorlegen. Ebenso waren Aktivitäten bei der Hitlerjugend notwendig. Söhne von Parteigenossen wurden bevorzugt aufgenommen.
„Napolas" waren besonders gut ausgestattet. Inhaltliche Schwerpunkte waren Sport, militärischer Drill und die Vermittlung der NS-Ideologie.
Die Absolventen der „Napolas" sollten zu „führertreuem" Nachwuchs für Militär und Verwaltung herangebildet werden. Nach dem „Endsieg" sollten sie die Elite des neuen „Großdeutschen Reiches" bilden. Kurz vor Ende des Krieges wurden ganze Jahrgänge dieser Jugendlichen als „Volkssturm" in den Krieg geschickt. Manchen Überlebenden gelang es, in der späteren BRD Karriere zu machen.

„Napola – Elite für den Führer"

2004 wurde der deutsche Spielfilm „Napola – Elite für den Führer" gedreht. Die Handlung ist erfunden. Der Regisseur Dennis Gansel hat jedoch im Drehbuch auch Erfahrungen seines Großvaters, der eine NS-Eliteschule besucht hatte, verarbeitet. Im Mittelpunkt der Handlung steht der aus dem Arbeitermilieu stammende Jugendliche Friedrich Weimer. Wegen seines Boxtalentes wird er 1942 in die (fiktive) „Napola Allenstein" aufgenommen. Zunächst ist er fasziniert von den Möglichkeiten, die sich ihm dadurch eröffnen. Durch verschiedene verstörende Vorfälle entstehen in ihm jedoch Zweifel an den Methoden und Werten der „Napola"-Ausbildung. Schlussendlich verlässt er die Schule.

Die Rezeption von „Napola – Elite für den Führer"

Der Spielfilm „Napola – Elite für den Führer" wurde vom Kinopublikum überwiegend positiv aufgenommen, bei Filmkritikern und bei Historikern stieß er sowohl auf Zustimmung als auch auf Ablehnung.

■ Filmplakat, „Napola – Elite für den Führer". BRD 2004, Regie: Dennis Gansel, Film mit: Max Riemelt, Tom Schilling, Michael Schenk, Justus von Dohnányi und anderen.

Ein Dutzend ehemalige „Napola"-Schüler hatte den Drehbuchautor und Regisseur beraten. Sie waren mit seiner filmischen Darstellung des Themas einverstanden. Der ehemalige „Napola"-Zögling Hans Müncheberg aber, ursprünglich auch als historischer Berater für den Film vorgesehen, hatte mehrere Einwände. Er regte Änderungen an und empfahl schließlich, den Film nicht in der NS-Zeit spielen zu lassen, sondern in eine frei erfundene Eliteschule zu einem unbestimmten Zeitpunkt zu verlegen:

Q Die Geschichte der Geschichte
Unvereinbar mit den damaligen Gegebenheiten waren der Weg eines 14-jährigen Volksschülers aus Berlin auf eine entlegene N.P.E.A., das Ausklammern der Kriegslage 1942/1943, die einseitige Betonung eines den Gegner „vernichtenden" Boxens und mehrere überspitzte Handlungsstränge. So gab es einen Jungmann, der auf der Napola offenbar über Jahre hinweg Bettnässer war, was tatsächlich nicht geduldet worden wäre: Statt permanent gegängelt zu werden, wäre der Jungmann der Schule verwiesen worden. Erste Wurfübungen wurden hier sofort mit scharfen Handgranaten gemacht, Kinder bewaffnet bei der Jagd auf entflohene Kriegsgefangene eingesetzt. Im Winter sollten die Zöglinge unter der Eisdecke eines Sees schwimmen. (...)

Die Räumlichkeiten der Schule, die im Film in einer Burg residiert, und die Schauplätze in ihrem Umfeld sind so primitiv dargestellt, dass eine elitäre Ausbildung unmöglich scheint. Die Stuben stellen hier eine kasernenähnliche Mischung aus Schlafraum und Kleider-Aufbewahrung dar ohne erkennbaren Platz für Schularbeiten und Freizeitaufenthalte. In den Unterrichtsräumen ist keine qualifizierte Ausstattung für fachlich hochwertiges Lernen (in Biologie, Chemie, Physik, Musik) zu erkennen. (...)

Da die in Dennis Gansels Film gezeigte Napola-Erziehung in entscheidenden Punkten nicht den historischen Gegebenheiten entspricht, sondern vielmehr durch eine bewusste Vergröberung die realen Gefahren einer vielschichtig angelegten nationalsozialistischen Indoktrination (gezielte Manipulation von Menschen durch einseitige Erziehung) geringer erscheinen lässt, als sie wirklich war, trägt der Film Napola leider zu einer falschen Sicht auf die Geschichte des Dritten Reiches bei.

(Zit. nach: Geschichte lernen, Heft 158/2014. Online auf: https://www.freitag.de/autoren/der-freitag/die-geschichte-der-geschichte, 15.9.2017)

Weitere Spielfilme, in denen Aspekte der NS-Ideologie dargestellt werden:
- „Das Tagebuch der Anne Frank" (2016)
- „Sarahs Schlüssel" (2010)
- „Inglorious Bastards" (2009)
- „Operation Walküre – Das Stauffenberg-Attentat" (2009)
- „Die Fälscher" (2007)
- „Sophie Scholl – Die letzten Tage" (2005)
- „Der Untergang" (2004)
- „Rosenstraße" (2003)
- „Zug des Lebens" (1998)
- „Das Leben ist schön" (1997)
- „Schindlers Liste" (1993)

→ Fragen und Arbeitsaufträge

Die Fragen und Arbeitsaufträge 1–5 beziehen sich auf einzelne Szenen, die Fragen und Arbeitsaufträge 6–12 auf Aspekte des gesamten Spielfilms.

1. Szene 1: 07:20–13:00
Beschreibe, welche Einstellung der Vater Friedrich Weimers dem Nationalsozialismus gegenüber einnimmt. Erkläre, inwieweit diese mit dem Milieu, in der die Familie lebt, zusammenhängen könnte.

2. Szene 2: 13:40–18:10
Schildere die ersten Eindrücke, die Friedrich von der „Napola" hat. Fasse zusammen, was die Mitschüler und Lehrer ihm über die neue Schule erzählen.

3. Szene 3: 18:11–20:34
Benenne die Ziele und Perspektiven der Ausbildung und die Erwartungen an die Schüler, die der Schulleiter in seiner Rede anspricht.

4. Szene 4: 21:30–27:40
Arbeite heraus, welche Erziehungsmethoden in der „Napola" angewendet werden. Schildere, welche Wirkungen sie auf die verschiedenen Schüler haben.

5. Szene 5: 1:05:50–1:13:05
Erläutere, warum die Schüler auf die Kriegsgefangenen schießen. Analysiere, wie der Film die anschließende Reaktion der Schüler darstellt.

6. Fasse Müncheberg Kritik zusammen. Stelle dar, ob seine Einwände deine Beurteilung des Films ändern. Nimm Stellung zur Frage, wie viel „künstlerische Freiheit" ein Geschichtsfilm haben darf.

7. Arbeite heraus, welche Aspekte der Erziehung im Nationalsozialismus in „Napola" thematisiert werden.

8. Erläutere, inwiefern die ideologischen Grundsätze der NS-Ideologie „Rassismus", „Militarismus", „Sozialdarwinistische Denkweise" und „Führerprinzip" in der Erziehung in den „Napolas" eine Rolle spielen.

9. Analysiere die innere Entwicklung Weimers vom begeisterten Schüler zum Mitläufer und schließlich zum Kritiker des NS-Erziehungssystems.

10. Erläutere, inwiefern Albrecht Stein aus nationalsozialistischer Sicht das Gegenbild eines „idealen" deutschen Burschen verkörpert.

11. Diskutiert, ob es dem Spielfilm „Napola" gelingt, die Faszination darzustellen, die der Nationalsozialismus auf viele Jugendliche ausübte.

12. Schreibe eine Filmkritik über „Napola – Elite für den Führer", in der du besonders auf die Darstellung der NS-Ideologie eingehst.

■ Szene aus dem Film „Napola – Elite für den Führer", mit Michael Schenk, Tom Schilling, Max Riemelt. Foto, 2004.

6. Vorstufen des Zweiten Weltkrieges

6.1 Die Expansionspolitik Japans

Von der Friedenspolitik zur Eroberungspolitik

Nach dem Ersten Weltkrieg betrieb Japan zunächst eine friedliche Außenpolitik. Aber innenpolitische Probleme brachten extrem nationalistischen Parteien schon Ende der 1920er Jahre starken Zulauf. Die Nationalisten wollten die wirtschaftlichen Schwierigkeiten durch eine expansive Politik gegenüber China lösen.

Kriege gegen China

Schon 1931 besetzte die japanische Armee das zu China gehörige Gebiet der Mandschurei. 1932 rief Japan dort den „unabhängigen" Staat Mandschukuo aus und setzte den letzten chinesischen Kaiser als Marionettenherrscher ein. Als der Völkerbund diesen Staat nicht anerkannte, trat Japan 1933 aus dem Völkerbund aus. Die Westmächte gewährten China zwar wirtschaftliche und militärische Hilfe, doch sandten sie keine Truppen. Nach der Einnahme weiterer chinesischer Gebiete wurde schließlich ein Waffenstillstand vereinbart. Dabei wurde eine entmilitarisierte Zone nördlich von Beijing festgelegt. Doch schon 1937 begann Japan neuerlich einen Krieg gegen China und eroberte die chinesische Küste.

Eroberungen in Ostasien und im Pazifikraum

1936 schloss Japan mit dem Deutschen Reich den „Antikomintern-Pakt" (= „Antikommunistische-Internationale-Pakt"). Japans Ziel war nicht nur die Eroberung Chinas, sondern des gesamten ostasiatischen und pazifischen Raumes. 1940/41 besetzte Japan Indochina (Vietnam). Als die japanische Luftwaffe im Dezember 1941 die US-amerikanische Kriegsflotte in Pearl Harbor auf Hawaii angriff, erklärten die USA Japan den Krieg. Wenige Tage später folgte die Kriegserklärung des Deutschen Reiches und Italiens an die USA. Damit weitete sich der Krieg endgültig zu einem Weltkrieg aus.

6.2 Die Expansionspolitik Italiens

Mussolini und das Imperium Romanum

Ein außenpolitisches Ziel Mussolinis war es, Italien eine Vormachtstellung im Mittelmeer zu verschaffen. Die Entente-Mächte hatten Italien für den Eintritt in den Ersten Weltkrieg (1915) neben Südtirol auch Dalmatien und einen Teil der türkischen Küste versprochen. Doch in den Pariser Friedensverträgen bekam Italien nur Südtirol. Auch bei der Aufteilung der ehemals deutschen Kolonien in Afrika ging Italien leer aus. Als Ersatz dafür eroberte Mussolini einen Teil der nordafrikanischen Küste: 1934 wurde die Kolonie Libyen errichtet.

Eroberung von Abessinien

Italien besaß seit dem Ende des 19. Jh. an der ostafrikanischen Küste die Kolonien Somaliland und Eritrea.

Schon damals war es Italiens Ziel, auch das Nachbarland Abessinien (Äthiopien) in Besitz zu nehmen.
Doch 1896 konnte Abessinien noch einen italienischen Angriff erfolgreich abwehren. In den Jahren 1935/36 hatte es aber gegen die modern ausgerüstete italienische Armee keine Chance. Der abessinische Widerstand brach 1936 rasch zusammen. Mussolini verkündete die Annexion Abessiniens und setzte den italienischen König Viktor Emanuel III. als Kaiser von Äthiopien ein.
Der Völkerbund verurteilte Italien und verhängte wirtschaftliche Sanktionen. Nun bot das außenpolitisch bereits isolierte nationalsozialistische Deutsche Reich dem faschistischen Italien seine Hilfe an und lieferte kriegswichtige Güter. Von nun an waren die beiden Staaten durch einen Freundschaftsvertrag, die „Achse Berlin – Rom", miteinander verbunden (1936). Ein Jahr später trat Italien aus dem Völkerbund aus.

Albanien wird erobert

Albanien wurde 1912 ein selbstständiger Staat. Ab 1925 regierte Präsident Achmed Zogu die Republik autoritär und nahm 1928 den Königstitel an. Um sich gegen Gebietsansprüche seiner Nachbarstaaten zu schützen, schloss Albanien mit dem faschistischen Italien einen Freundschaftsvertrag. Wenig später wurde daraus eine Schutzherrschaft. 1939 schließlich ließ Mussolini italienische Truppen einmarschieren. Albanien wurde annektiert und Viktor Emanuel III., italienischer König und Kaiser von Äthiopien, wurde nunmehr auch König von Albanien.

6.3 Die aggressive Außenpolitik des Deutschen Reiches

Der Bruch des Versailler Vertrages

Die Nationalsozialisten forderten bei jeder Gelegenheit die Rücknahme des Versailler Vertrages. Als 1933 die deutsche Forderung nach militärischer Gleichberechtigung nicht erfüllt wurde, trat das Deutsche Reich aus dem Völkerbund aus. Ab diesem Zeitpunkt begann die geheime Wiederaufrüstung.
1935 führten die Nationalsozialisten die allgemeine Wehrpflicht ein. 1936 besetzte die deutsche Wehrmacht das entmilitarisierte Rheinland.
Zu diesen Verletzungen des Friedensvertrages gab es zwar scharf formulierte Proteste der Westmächte, aber keine weiteren Maßnahmen.
Großbritannien verfolgte weiter seine „Appeasement- (= Beschwichtigungs-)Politik" und war zu diesem Zeitpunkt noch gegen jede militärische Aktion. Frankreich wiederum wagte kein alleiniges militärisches Vorgehen.

Die Bündnispolitik

Das Deutsche Reich geriet außenpolitisch durch seine Vertragsbrüche in eine isolierte Lage. Doch Hitlers Hilfe für Mussolini führte zur Partnerschaft der beiden ideologisch verwandten Systeme. Der 1936 ausgebrochene Bürgerkrieg in Spanien verstärkte diese Zusammenarbeit und führte noch im selben Jahr zur „Achse Berlin – Rom". Außerdem schloss das Deutsche Reich mit Japan den „Antikomintern-Pakt", dem 1937 auch Italien beitrat.

Hitler redet von Frieden und will den Krieg

Hitler betrieb außenpolitisch ein Doppelspiel. In einer Reichstagsrede verkündete er im Mai 1935:

> **Q** *Das nationalsozialistische Deutschland will den Frieden aus tiefinnersten weltanschaulichen Überzeugungen (...). Was könnte ich anderes wünschen als Ruhe und Frieden?*
> (Zit. nach: Hofer, Der Nationalsozialismus, 1957, S. 179)

In einer geheimen Besprechung, die von seinem Adjutanten Oberst Hoßbach protokolliert wurde, erklärte Hitler im November 1937 jedoch vor höchsten Offizieren:

> **Q** *Das Ziel der deutschen Politik sei die Sicherung und Erhaltung der Volksmasse und deren Vermehrung. Somit handle es sich um das Problem des Raumes (...). Zur Lösung der deutschen Frage könne es nur den Weg der Gewalt geben, dieser könne niemals risikolos sein (...).*
> (Zit. nach: Schönbrunn, Weltkriege und Revolutionen 1914–1945, Geschichte in Quellen, Bd. 5, 1979, S. 367 f.)

In dieser Besprechung nannte Hitler Österreich und die Tschechoslowakei als erste Kriegsziele.

„The Nation", New York, Frühjahr 1933

Hinter der SA und der SS lauert der Krieg

■ Der „Friedensredner" Hitler: „Hinter der SA und der SS lauert der Krieg." Karikatur von Georges, aus „The Nation", New York, Frühjahr 1933.

Der „Anschluss" Österreichs

Am 12. März 1938 marschierte die deutsche Wehrmacht in Österreich ein (vgl. S. 48 f.). Hitler brauchte Öster-

reich aus strategischen Überlegungen (als Ausgangsbasis gegen die Tschechoslowakei) und aus wirtschaftlichen Gründen (Goldreserven der Nationalbank und wichtige Rohstoffe). Auch hier reagierten die Westmächte ohne nachhaltigen Protest.

Nach dem so genannten „Anschluss" Österreichs begannen die Nationalsozialisten mit der „Zerschlagung der Tschechoslowakei". Als die Regierung in Prag die Forderung der sudetendeutschen Minderheit nach einer Autonomie ablehnte, verlangte Hitler, offen mit Krieg drohend, die Abtretung des sudetendeutschen Gebietes. Bei einem Gipfeltreffen in München im September 1938 stimmten schließlich Großbritannien, Frankreich und Italien einer Abtretung der sudetendeutschen Gebiete an das Deutsche Reich zu. Diese Entscheidung musste auch die tschechoslowakische Regierung akzeptieren. Bereits am 1. Oktober 1938 besetzten deutsche Truppen den zukünftigen „Reichsgau Sudetenland".

Die Vernichtung der Tschechoslowakei

Bereits ein halbes Jahr später marschierte die deutsche Wehrmacht in der Tschechoslowakei ein. Das Land wurde in das „Protektorat Böhmen und Mähren" umgewandelt. Die hitlerfreundliche Slowakei erklärte sich „selbstständig" und unterstellte sich dem Schutz des „Großdeutschen Reiches".

Das Ende der „Appeasement-Politik"

Mit der Annexion des tschechischen Staatsgebietes war den Westmächten klar geworden, dass Hitler das Selbstbestimmungsrecht der Deutschen („Heim ins Reich") nur als Vorwand für seine imperialistischen Ziele benutzte. Die britischen und französischen Politiker mussten zur Kenntnis nehmen, dass Hitler rücksichtslos Verträge schloss und wieder brach, Erklärungen abgab und danach völlig anders handelte.

Daher erhielten die nach britischer Meinung am meisten gefährdeten Staaten (Polen, Rumänien, Griechenland) nun eine britisch-französische Garantieerklärung. Hitler sollte durch die Drohung eines allgemeinen Krieges von weiteren Gewalttaten abgehalten werden. Doch dieser hatte mit einem militärischen Eingreifen der Westmächte früher oder später ohnedies gerechnet.

Längst schon wurde der Angriff auf Polen vorbereitet. Um sich abzusichern, schloss das Deutsche Reich trotz des „Antikomintern-Paktes" einen Nichtangriffspakt mit der Sowjetunion (August 1939). In einem geheimen Zusatzvertrag vereinbarten die beiden Diktaturen die Aufteilung Polens. Außerdem stimmte Hitler dem Anspruch der Sowjetunion auf die baltischen Staaten und auch auf Finnland zu.

→ Fragen und Arbeitsaufträge

1. Beurteile die Beschwichtigungspolitik der Westmächte hinsichtlich ihrer Wirkung. Gehe auch darauf ein, ob es dazu Alternativen gegeben hätte.
2. Beschreibe alle Elemente der Karikatur. Analysiere ihre Symbolik vor dem Hintergrund der Ereignisse von 1933. Formuliere die Botschaft der Karikatur.

7. Der Zweite Weltkrieg

■ Der Zweite Weltkrieg 1939–1942.

→ Fasse den deutschen Angriffskrieg mit Hilfe der Karte chronologisch zusammen.

„Blitzkrieg" gegen Polen

Der Nichtangriffspakt mit der Sowjetunion schützte das Deutsche Reich vorerst vor einem Zweifrontenkrieg. Hitler stellte Forderungen an die polnische Regierung, u. a. die Rückgabe der Freien Stadt Danzig. Diese Forderungen wurden jedoch abgelehnt. Doch auch eine Zustimmung hätte Polen nicht vor einem späteren Krieg verschont. Hitler hatte nämlich schon im Mai 1939 seinen Generälen seine wahren Absichten erklärt:

Q *Danzig ist nicht das Objekt, um das es geht. Es handelt sich für uns um Arrondierung (Abrundung) des Lebensraumes im Osten und Sicherstellung der Ernährung (…). Lebensmittelversorgung ist nur von dort möglich, wo geringe Besiedlung ist (…). In Europa ist keine andere Möglichkeit zu sehen.*
(Zit. nach: Hofer, Die Entfesselung des Zweiten Weltkrieges, 1967, S. 61 f.)

Am 1. September 1939 marschierte die Wehrmacht ohne Kriegserklärung in Polen ein. Schon nach vier Wochen kapitulierte Warschau und wenige Tage später erlosch der letzte Widerstand. Hitler hatte seinen ersten „Blitzkrieg" gewonnen. Die westlichen Provinzen wurden „Großdeutschland" eingegliedert, der Rest zum „Generalgouvernement". Sowjetische Truppen besetzten den vertraglich festgesetzten östlichen Teil Polens und ermordeten bei Katyn mehrere Tausend Offiziere und Zivilisten.

„Blitzkrieg" im Norden und Westen

Großbritannien und Frankreich hatten zwar nach dem Einmarsch dem Deutschen Reich den Krieg erklärt, Polen aber in seinem Kampf allein gelassen. Bereits im Frühjahr 1940 erfolgten die nächsten deutschen Eroberungen: Von April bis Juni 1940 besetzte die deutsche Wehrmacht Dänemark und Norwegen. Parallel dazu begann im Mai 1940 der „Westfeldzug". Nach dem Überfall auf die neutralen Staaten Belgien, Luxemburg und Niederlande drang die Wehrmacht in Frankreich ein. Bereits nach sechs Wochen musste die französische Regierung einen Waffenstillstand unterzeichnen: Elsass-Lothringen kam ans Deutsche Reich und der nördliche Teil Frankreichs unter deutsche Verwaltung. Für Südfrankreich wurde in Vichy eine deutschfreundliche, autoritäre Regierung eingesetzt.

Großbritannien kämpft allein weiter

Nun stand Großbritannien dem Deutschen Reich allein gegenüber. Ein Friedensangebot Hitlers lehnte Premierminister Winston Churchill ab. In seiner Parlamentsrede am 13. Mai 1940 kündigte er den Briten entbehrungsreiche Jahre an:

Q *I have nothing to offer but blood, toil, tears and sweat. We have before us an ordeal of the most grievous kind. We have before us many, many long months of struggle and of suffering. You ask, what is our policy? I will say: It is to wage war, by sea, land and air, with all our might and with all the strength that God can give us; to wage war against a monstrous tyranny, never surpassed in the dark, lamentable catalogue of human crime. That is our policy. You ask, what is our aim? I can answer in one word: Victory – victory at all costs, victory in spite of all terror, victory, however long and hard the road may be; for without victory there is no survival.*

(Churchill. Online auf: http://www.winstonchurchill.org/learn/speeches/ speeches-of-winston-churchill/92-blood-toil-tears-and-sweat, 7. 7. 2017)

Im Sommer 1940 begann die Wehrmacht einen Luftkrieg gegen Großbritannien. Täglich flogen deutsche Kampfflugzeuge Angriffe und bombardierten ganze Stadtviertel (wie z. B. Coventry in London). Doch die britischen Jagdflieger schlugen die deutschen zurück. Nun gab die NS-Führung ihren Invasionsplan auf und begann eine Seeblockade. Deutsche U-Boote versenkten viele Schiffe. Der Einsatz von Radar auf alliierter Seite machte den U-Boot-Krieg aber bald bedeutungslos.

„Blitzkrieg" auf dem Balkan

Nach der Niederlage Frankreichs trat Italien an der Seite des Deutschen Reichs in den Krieg ein. Im Herbst 1940 marschierten italienische Truppen in Griechenland ein, sie unterlagen aber. Nun griff Hitler mit Ungarn, Rumänien und Bulgarien auf dem Balkan ein.
Im April 1941 besiegte die deutsche Wehrmacht innerhalb von zehn Tagen die jugoslawische Armee. Das Land wurde geteilt: Das östliche Slowenien (die ehemalige Untersteiermark) wurde in das Deutsche Reich eingegliedert, der westliche Teil und Dalmatien fielen an Italien. Serbien kam unter deutsche Militärverwaltung. Kroatien wurde ein selbstständiger faschistischer Staat. Schon drei Tage nach Jugoslawien kapitulierte auch Griechenland.

Der „Vernichtungskrieg" gegen die Sowjetunion

Am 22. Juni 1941 marschierte die deutsche Wehrmacht mit mehr als drei Millionen Mann in die Sowjetunion ein – trotz des Nichtangriffspaktes und ohne Kriegserklärung. Anfangs konnten die deutschen Armeen mehrmals große Teile der Roten Armee in „Kesselschlachten" besiegen. Im Herbst 1941 standen sie vor Moskau und hatten Leningrad eingeschlossen. Doch der frühe Wintereinbruch und eine verstärkte Gegenwehr der sowjetischen Armee stoppten einen weiteren Vorstoß der schlecht ausgerüsteten deutschen Heeresverbände.
Im Süden kam der Vormarsch im Sommer 1942 bei der Industriestadt Stalingrad zum Stehen. Nach monatelangen Kämpfen um die Stadt an der Wolga konnte die Rote Armee die deutsche Wehrmacht und ihre Verbündeten einschließen und zur Aufgabe zwingen (Februar 1943).
Bei diesen Kämpfen starben etwa 700 000 Soldaten, davon etwa 100 000 Deutsche. Etwa ebenso viele Wehrmachtssoldaten gerieten in Gefangenschaft, doch nur etwa 6 000 davon kehrten nach dem Krieg zu-

rück. Stalingrad bedeutete die Wende des Krieges in Osteuropa. Von diesem Zeitpunkt an drängten die sowjetischen Streitkräfte die deutschen Truppen langsam, aber unaufhaltsam nach Westen zurück.

Verbrechen von SS und Wehrmacht

L *Die deutsche Kriegsführung gegen die Sowjetunion verstieß gegen jedes Völkerrecht – der „slawische Untermensch" durfte keine Gnade erwarten; Millionen sowjetische Kriegsgefangene kamen um.*
(Wette, Erobern, zerstören, auslöschen. In: Sommer (Hg.), Gehorsam, 1995, S. 13)

Tatsächlich war der Krieg gegen die Sowjetunion ein rassistischer „Vernichtungskrieg":

Q *Hier im Osten (kämpfen) zwei innerlich unüberbrückbare Anschauungen gegeneinander: Deutsches Ehr- und Rassegefühl (...) gegen asiatische Denkungsart und ihre (...) primitiven Instinkte (...). Mitleid und Weichheit gegenüber der Bevölkerung ist völlig fehl am Platz (...).*
(Aus dem Armeebefehl des Oberbefehlshabers der 17. Armee, Generaloberst Hoth vom 17. 11. 1941. Zit. nach: Kößler, Vernichtungskrieg, 1997, S. 45)

Hitler selbst hatte als Oberbefehlshaber den Soldaten einen „Freibrief" bei der Kriegsführung ausgestellt:

Q *Für Handlungen, die Angehörige der Wehrmacht und des Gefolges gegen feindliche Zivilpersonen begehen, besteht kein Verfolgungszwang, auch dann nicht, wenn die Tat zugleich ein militärisches Verbrechen oder Vergehen ist.*
(Zit. nach: Kößler, Vernichtungskrieg, 1997, S. 43)

Der Krieg in der Sowjetunion wurde besonders brutal geführt. Die großen Verbrechen fanden allerdings hinter der Front in den besetzten Gebieten statt.
Sonderkommandos der SS ermordeten, teilweise unter Mithilfe von Wehrmachtangehörigen, Millionen von Zivilistinnen und Zivilisten, darunter vor allem Juden, Kommunisten, Partisanen und Kriegsgefangene.

■ Angehörige der deutschen Wehrmacht erschießen sowjetische Zivilisten. Foto, 1942.

Der Krieg in Ostasien

Wegen der Expansion Japans in Ostasien (s. S. 64) verhängten die USA gegen Japan einen Wirtschaftsboykott und sperrten die japanischen Bankguthaben in den USA. Die japanische Luftwaffe zerstörte deshalb ohne Kriegserklärung im Dezember 1941 einen Großteil der amerikanischen Kriegsflotte im Hafen von Pearl Harbor (Hawaii). Das hatte den Kriegseintritt der USA zur Folge. 1942 erfolgte die Wende im pazifischen Krieg. Bei den Midwayinseln besiegten die USA die japanischen Angreifer. Von nun an gingen die amerikanischen Verbände zum Angriff über und eroberten in verlustreichen Kämpfen Insel um Insel in Richtung asiatische Küste zurück.

Krieg in Afrika – Landung in Süditalien

Italienische Truppen griffen schon 1940 die Briten in Ägypten an. Im Jahr darauf kamen ihnen auch hier deutsche Streitkräfte zu Hilfe. 1943 gelang es britischen und amerikanischen Truppen, die deutschen und italienischen Armeen zu besiegen und zum Aufgeben zu zwingen. Anschließend landeten die Alliierten in Sizilien und Unteritalien.
Schon zuvor war Mussolini vom faschistischen „Großen Rat" abgesetzt und verhaftet worden. Sein Nachfolger wurde Marschall Badoglio. Dieser schloss noch 1943 einen Waffenstillstand mit den Alliierten.

Der Luftkrieg gegen das Deutsche Reich

Im Jahre 1942 begannen die britischen und amerikanischen Einsatzkräfte einen erbarmungslosen Luftkrieg gegen das Deutsche Reich. Vor allem die Royal Air Force bombardierte systematisch große Flächen („Bombenteppiche"). Damit sollte einerseits die Rüstungsindustrie zerstört und andererseits auch die Zivilbevölkerung demoralisiert werden. Viele deutsche Städte wurden zerstört, und viele Tausende Zivilistinnen und Zivilisten wurden verwundet oder getötet.

Die Kriegsziele der Alliierten

Der britische Premierminister Churchill und der amerikanische Präsident Roosevelt formulierten 1941 in der „Atlantikcharta" ihre Kriegsziele: Beendigung der NS-Herrschaft, aber keine territorialen Veränderungen nach dem Krieg sowie dauerhaften Frieden durch Abrüstung. Auf den Konferenzen von Moskau, Teheran (beide 1943) und Jalta (1945) trafen Roosevelt und Churchill mit dem sowjetischen „Führer" Stalin zusammen.
Die Sowjetunion erwartete die Garantie der Grenzen vom 22. Juni 1941, d. h. auch die Anerkennung aller ihrer bis dahin erzielten Gebietseroberungen. Im Jänner 1943 vereinbarten Roosevelt und Churchill in Casablanca, den Krieg nur mit einer bedingungslosen Kapitulation des Deutschen Reiches zu beenden.

Der „totale Krieg" der Nationalsozialisten

Nach der Niederlage von Stalingrad erklärte Propagandaminister Goebbels im Februar 1943 unter dem Jubel Tausender nationalsozialistischer Funktionäre den „totalen Krieg" (vgl. S. 60 f.). Mit Einschüchterungen, „Schutzhaftbefehlen" und strengen Gerichtsurteilen wollten die Nationalsozialisten jeden Widerstand gegen das Regime brechen. Immer mehr Frauen, aber auch Millionen so genannter „Fremdarbeiter" (= Zivilpersonen, die aus den besetzten Gebieten ins Deutsche Reich verschleppt worden waren), Kriegsgefangene sowie KZ-Häftlinge wurden in der Rüstungsindustrie und in der Landwirtschaft eingesetzt.

Das Ende des Krieges in Europa

Am 6. Juni 1944 gelang den Alliierten die Landung an der französischen Küste (D-Day). Somit rückten sie nun von Westen, Süden und Osten gegen „Großdeutschland" vor. Nun mobilisierten die Nationalsozialisten die letzten Reserven. Im September 1944 wurde der „Volkssturm" (alle Männer zwischen 16 und 60 Jahren), ab Februar 1945 auch Frauen zu Hilfsdiensten für dieses „letzte Aufgebot" einberufen.
Die Alliierten waren jedoch deutlich überlegen, sie hatten mehr Rohstoffe, mehr Kriegsmaterial und mehr Soldaten. Als die Sowjettruppen Berlin eroberten, erschoss sich Hitler in seinem Bunker. Sein von ihm eingesetzter Nachfolger, Admiral Karl Dönitz, unterschrieb die Kapitulationserklärung des Deutschen Reiches am 9. Mai 1945. Damit endete der Zweite Weltkrieg in Europa.

Abwurf der Atombombe – Ende des Zweiten Weltkrieges

Nach schweren Kämpfen hatten sich die US-Truppen 1945 bis zu den japanischen Inseln vorgekämpft. Bei einem Angriff auf das Mutterland rechnete die US-Administration jedoch mit zahlreichen Verwundeten und Toten. In den USA war während des Krieges die Atombombe entwickelt worden. Mit ihrem Einsatz wollte die amerikanische Führung die japanische Regierung zum Frieden zwingen.
Am 6. August 1945 wurde die erste Atombombe auf Hiroshima abgeworfen. Die Wirkung war entsetzlich. Von 320 000 Einwohnerinnen und Einwohnern starben etwa 80 000 sofort und mehr als 100 000 noch in den folgenden Monaten und Jahren. Von 90 000 Häusern wurden 62 000 zerstört. Drei Tage später erfolgte ein zweiter Atombombenabwurf auf die Stadt Nagasaki. Dabei starben unmittelbar etwa 70 000 Menschen. Nun kapitulierte auch die japanische Regierung.
Noch im Jahr 1981 lebten 400 000 kranke oder körperbehinderte Bombenopfer. Auch noch Nachkommen der dritten Generation sind durch die strahlenbedingte Schädigung der Erbmasse betroffen.

■ Atompilz nach dem Abwurf der Atombombe „Little Boy".
Luftaufnahme, Hiroshima 6. August 1945, 18:15 Uhr.

Die Folgen des Krieges in Europa

Der Zweite Weltkrieg forderte etwa 55 Millionen Tote und Vermisste. Die Zahl der zivilen Opfer war fast gleich hoch wie die der Soldaten. Weite Teile Europas waren durch die Kriegsführung zerstört. Die alliierten Luftangriffe hatten viele große deutsche Städte in Ruinen verwandelt. Nur mühsam konnten die Überlebenden ein geregeltes Leben aufbauen. Der Mangel an Nahrungsmitteln und die schlechten Wohnverhältnisse forderten weitere Opfer. Deutschland wurde in vier Besatzungszonen aufgeteilt, die Hauptstadt Berlin von den vier Alliierten gemeinsam verwaltet.

Der Zweite Weltkrieg war systematisch von der nationalsozialistischen Regierung vorbereitet und durch den Angriff auf Polen ausgelöst worden. Die Kriegsschuld lag eindeutig bei ihr. In einem großen „Kriegsverbrecherprozess" vor einem internationalen Militärgericht in Nürnberg (1945/46) wurden einige der ehemaligen nationalsozialistischen Machthaber angeklagt. Es gab 12 Todesurteile, lange bis lebenslange Gefängnisstrafen für sieben Angeklagte und drei Freisprüche. NSDAP, SS und Gestapo wurden als verbrecherische Organisationen eingestuft.

→ **Fragen und Arbeitsaufträge**

1. Der Einsatz der Atombombe forderte Hunderttausende Opfer. Diskutiert, ob sich der Einsatz atomarer Waffen überhaupt rechtfertigen lässt.
2. Rekonstruiere mit Hilfe der Geschichtskarte den Verlauf des Zweiten Weltkrieges bis zur deutschen Kapitulation am 9. Mai 1945.

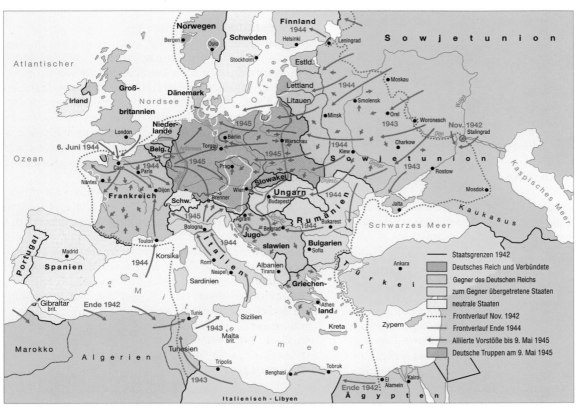

■ Der Zweite Weltkrieg 1942–1945.

8. Vom Antisemitismus zum Holocaust/zur Shoa

Die Stellung der Juden vor 1933

Ab dem Zeitalter der Aufklärung wurden in Europa viele Einschränkungen gegen Jüdinnen und Juden aufgehoben. Im Laufe des 19. Jh. erhielten sie in den meisten Staaten das volle Bürgerrecht – auch in der Habsburger-Monarchie (1867) und im Deutschen Reich (1871). Viele von ihnen verstanden sich als Deutsche, Österreicher oder Franzosen jüdischer Konfession und waren eng mit ihren jeweiligen Heimatländern verbunden.

Ende des 19. Jh. verstärkte sich der (rassistische) Antisemitismus, der eine Zugehörigkeit der Jüdinnen und Juden zu den europäischen Nationen in Frage stellte. Deshalb strebte ein Teil der jüdischen Bevölkerung die Errichtung eines eigenen „Judenstaates" in Palästina an (= Zionismus). Für viele deutsche Jüdinnen und Juden war dieser immer wieder aufkeimende Antisemitismus aber kein Grund, ihr Land zu verlassen.

So erklärte der israelitische Gemeindevorstand in Frankfurt noch am 30. März 1933:

■ Bereits kurz nach der Machtergreifung der Nationalsozialisten 1933 begann die Entrechtung der Juden in Deutschland. Foto, Cuxhaven (Deutschland), 1933.

> **Q** *Nichts kann uns die tausendjährige Verbundenheit mit unserer deutschen Heimat rauben, keine Not und Gefahr kann uns den von unseren Vätern ererbten Glauben abspenstig machen.*
> *(…)*
> *Wenn keine Stimme sich für uns erhebt, so mögen die Steine dieser Stadt für uns zeugen, die ihren Aufschwung zu einem guten Teil jüdischer Leistung verdankt.*
> *(…)*
> *Verzagt nicht! Schließt die Reihen! Kein ehrenhafter Jude darf in dieser Zeit fahnenflüchtig werden.*
> *(Zit. nach: Schmid u. a., Juden unterm Hakenkreuz, Bd. 1, 1983, S. 72)*

Gesellschaftliche Ächtung der Juden (1933–1935)

Für die Nationalsozialisten galten die etwa 500 000 deutschen Jüdinnen und Juden (im Jahr 1933) als größte Feinde des „deutschen Volkes".

Man schrieb ihnen die Schuld an Not und Elend der Zwischenkriegszeit zu. Mit der Machtübernahme Hitlers wurden Antisemitismus und Verfolgung der jüdischen Bevölkerung zum Regierungsprogramm. Am 1. April 1933 gab es einen offiziellen Aufruf zum Boykott (= Ausschluss) jüdischer Geschäfte. Von da an folgten immer wieder Plünderungen jüdischer Geschäfte sowie körperliche Angriffe gegenüber jüdischen Bürgerinnen und Bürgern ohne Folgen für Täterinnen und Täter. Jüdinnen und Juden wurden aus allen öffentlichen Ämtern entlassen und durften auch nicht mehr als Ärztin oder Arzt arbeiten.

Vom Verlust des Bürgerrechts bis zur Isolation (1935–1938)

Nach der gesellschaftlichen Diskriminierung wurden die Jüdinnen und Juden durch Gesetze ausgegrenzt. Im Reichsbürgergesetz vom 15. September 1935 hieß es:

> **Q** *Reichsbürger ist nur der Staatsangehörige deutschen oder artverwandten Blutes, der durch sein Verhalten beweist, dass er gewillt und geeignet ist, in Treue dem deutschen Volk und Reich zu dienen.*
> *(Reichsgesetzblatt 1935. In: Dehlinger, Systematische Übersicht über 76 Jg. RGBl. 1867–1942, 1943)*

Damit verloren die deutschen Jüdinnen und Juden das Staatsbürgerrecht. Wenig später wurde das Gesetz „zum Schutze des deutschen Blutes und der deutschen Ehre" erlassen:

> **Q** *§ 1. Eheschließungen zwischen Juden und Staatsangehörigen deutschen oder artverwandten Blutes sind verboten.*
> *§ 2. Außerehelicher Verkehr zwischen Juden und Staatsangehörigen deutschen oder artverwandten Blutes ist verboten. (…)*
> *§ 5. Wer dem Verbot der § 1 und 2 zuwiderhandelt, wird mit Gefängnis oder Zuchthaus bestraft.*
> *(Reichsgesetzblatt 1935. In: Dehlinger, Systematische Übersicht über 76 Jg. RGBl. 1867–1942, 1943)*

Seit 1938 las man an Ortseingängen: „Juden unerwünscht!", auf Parkbänken: „Nur für Arier!" Jüdinnen und Juden mussten Zwangsvornamen annehmen (Sarah, Israel) und in ihren Pass wurde ein „J" gestempelt.

Vom Novemberpogrom bis zur Deportation (1938–1941)

Die Ermordung eines deutschen Botschaftsangehörigen durch einen jungen polnischen Juden in Paris nahmen die Nationalsozialisten zum Anlass für eine landesweite Judenverfolgung (= Pogrom) am 9. November 1938. Die Nationalsozialisten bezeichneten es als „Reichskristallnacht". Dabei wurden im Deutschen Reich 191 Synagogen sowie Tausende Geschäfte und Wohnhäuser in Brand gesteckt oder zerstört. Rund 20 000 Jüdinnen und Juden wurden festgenommen. Die jüdische Bevölkerung musste eine kollektive „Sühneabgabe" von einer Milliarde Reichsmark zahlen.

Nun begann auch die „Arisierung" (= Zwangsenteignung) jüdischer Geschäfte und jüdischen Grundbesitzes. Wer das Land verlassen wollte, konnte dies unter Verzicht auf sein Vermögen („Reichsfluchtsteuer") noch tun. Allerdings waren viele Staaten nicht bereit, Jüdinnen und Juden aufzunehmen.

Ab 1939 durften Jüdinnen und Juden nur noch isoliert von der übrigen Bevölkerung in eigenen Häusern bzw. Wohnungen leben. Mit Kriegsbeginn wurde ihnen der Besitz von Autos, Rundfunkgeräten, Telefonanschlüssen und auch das Halten von Haustieren verboten.

Ab Herbst 1941 begannen die Nationalsozialisten mit der systematischen Deportation der Jüdinnen und Juden in die Vernichtungslager im besetzten Polen.

Juden in Osteuropa müssen ins Ghetto (ab 1940)

Seit 1940 richtete die deutsche Besatzungsmacht überall in Polen größere und kleinere Ghettos ein. Dort mussten mehr als zwei Millionen Menschen auf engstem Raum unter katastrophalen Bedingungen leben. Dies führte zusammen mit der ständigen Unterernährung bald zu einem Massensterben (z. B. teilte die deutsche Verwaltung im Warschauer Ghetto täglich nur 200 Kalorien pro Person zu). Auch in den später besetzten Gebieten Osteuropas wurde die jüdische Bevölkerung in Ghettos zusammengepfercht. Hierher wurden auch Jüdinnen und Juden aus Österreich und dem Deutschen Reich deportiert.

Die Vernichtung der Juden in Osteuropa

Ab dem Sommer 1941 begannen spezielle Einsatzgruppen und Sonderkommandos von SS und Polizei in den besetzten Gebieten mit der systematischen Vernichtung der osteuropäischen Jüdinnen und Juden (bis Ende 1942: 910 000 Opfer). Auch Roma und Sinti fielen diesen Massenmorden – hauptsächlich durch Erschießung – zum Opfer.

Gleichzeitig begann in Polen die „Aktion Reinhardt": Unter strenger Geheimhaltung wurden unter Leitung des Österreichers Odilo Globocnik die Vernichtungslager errichtet. Im September 1941 wurde erstmals das Giftgas „Zyklon B" an 600 sowjetischen Kriegsgefangenen „ausprobiert". Es wurde schließlich zum am häufigsten eingesetzten Tötungsmittel.

Die systematische Vernichtung der gesamten jüdischen Bevölkerung in „Großdeutschland" und in den besetzten Gebieten war auf höchster Regierungsebene schon lange beschlossen. Die Richtlinien für die Durchführung dieses geplanten und verharmlosend als „Endlösung" bezeichneten Völkermordes erhielten die höchsten Beamten bei einer Besprechung im Jänner 1942 in einer Villa am Berliner Wannsee.

Laut Protokoll dieser „Wannsee-Konferenz" erklärte der Chef der Sicherheitspolizei, Reinhardt Heydrich, Folgendes:

> **Q** *Die Federführung bei der Bearbeitung der Endlösung der Judenfrage liege (…) zentral beim Reichsführer SS und Chef der Deutschen Polizei (…). Anstelle der Auswanderung ist nunmehr als weitere Lösungsmöglichkeit (…) die Evakuierung der Juden nach dem Osten getreten (…). Unter entsprechender Leitung sollen im Zuge der Endlösung die Juden in geeigneter Weise im Osten zum Arbeitseinsatz kommen (…). Unter Trennung der Geschlechter werden die arbeitsfähigen Juden straßenbauend in diese Gebiete geführt, wobei zweifellos ein Großteil durch natürliche Verminderung ausfallen wird. Der allfällig endlich verbleibende Restbestand wird, da es sich bei diesem zweifellos um den widerstandsfähigsten Teil handelt, entsprechend behandelt werden müssen, da dieser, eine natürliche Auslese darstellend, bei Freilassung als Keimzelle eines neuen jüdischen Aufbaues anzusprechen ist.*
> *(Das Wannsee-Protokoll. Online auf: http://www.ns-archiv.de/verfolgung/wannsee/wannsee-konferenz.php, 20. 9. 2017)*

→ | Erkläre Heydrichs Aussage im Wannsee-Protokoll über den Zweck der Arbeit im Rahmen der „Endlösung".

Der „Reichsführer SS", Heinrich Himmler, verdeutlichte am 6. Oktober 1943 in Posen die „Endlösung" folgendermaßen:

> **Q** *Wie ist es mit den Frauen und Kindern? – Ich habe mich entschlossen, auch hier eine ganz klare Lösung zu finden. Ich hielt mich nämlich nicht für berechtigt, die Männer auszurotten – sprich also umzubringen oder umbringen zu lassen – und die Rächer in Gestalt der Kinder für unsere Söhne und Enkel groß werden zu lassen. Es musste der schwere Entschluss gefasst werden, dieses Volk von der Erde verschwinden zu lassen.*
> *(Zit. nach: Graml, Reichskristallnacht: Antisemitismus und Judenverfolgung im Dritten Reich, 1988, S. 264)*

Der Österreicher Adolf Eichmann wurde mit der logistischen Abwicklung der „Endlösung" beauftragt. Seit 1942 rollten unzählige Viehwaggons mit Jüdinnen und Juden in die Vernichtungslager des „Generalgouvernements Polen". Die tschechoslowakische Jüdin Judith Jaegermann wurde 1943 als Dreizehnjährige gemeinsam mit ihren Eltern und ihrer älteren Schwester nach Auschwitz geschickt:

Q *In Viehwaggone hat man uns hineingestoßen (…), niemandem wäre es auch nur eingefallen sich zu weigern oder sich zu sträuben, in die Waggone einzusteigen. Es ging alles so unmenschlich schnell vor sich mit Geschrei: „Na los, los ihr Saujuden" und Gebelle von Hunden aus allen Richtungen. (…)*
In den Viehwaggonen hörte man nichts anderes als Stöhnen und Weinen und ein Geflüster, dass dieser Transport nach Auschwitz gehen würde. Natürlich wusste absolut niemand etwas Bestimmtes, aber alle hatten ein böses Vorgefühl. (…)
Eine meiner ärgsten Erinnerungen, die mir bis heute noch unvergesslich geblieben ist, war, dass man mitten im Waggon einen „Scheißkübel" aufgestellt hatte, der als Toilette für Männer, Frauen und Kinder dienen sollte. (…)
Als wir schon ziemlich nahe an diese mörderische Todesmaschine Auschwitz gekommen waren, hat mein Papa durch eine kleine Öffnung einen Bahnbeamten gefragt, ob von hier auch Transporte woanders hingingen, worauf der Beamte nur mit dem Daumen hinauf zum Himmel zeigte und sagte: „Ja, nach da oben durch den Kamin, der 24 Stunden brennt. Dorthin gehen die Transporte." (…)
Mein armer Papa, als er das hörte, hat sofort Bauchkrämpfe und Durchfall bekommen. Ich habe zusehen müssen, wie mein großer starker Papa, der für mich der Mutigste und Stärkste auf der Welt war, sich auf diesen Scheißkübel setzte, mit großer Scham sich die Hose auszog und vor allen Menschen auf diese erniedrigende Weise aufs Klo ging. Für mich brach die Welt zusammen. Mein Gedanke war sofort, dass wir ins Gas gehen, aber auf welche Weise? Wie würde man uns quälen, bis wir sterben? (…)
(Jaegermann, Meine Erinnerungen, 1985, S. 3 f.)

Neben ausschließlichen Vernichtungslagern erreichte das Arbeits- und Vernichtungslager Auschwitz-Birkenau traurige Berühmtheit. Der Kommandant dieses Lagers, Rudolf Höss, berichtete über den Tötungsvorgang:

Q *Die zur Vernichtung bestimmten Juden wurden möglichst ruhig – Männer und Frauen getrennt – zu den Krematorien geführt. Im Auskleideraum wurde ihnen durch die dort beschäftigten Häftlinge des Sonderkommandos in ihrer Sprache gesagt, dass sie hier nur zum Baden und zur Entlausung kämen. (…)*
Nach der Entkleidung gingen die Juden in die Gaskammer, die mit Brausen und Wasserleitungsröhren versehen, völlig den Eindruck eines Baderaumes machte. (…)
Die Tür wurde nun schnell zugeschraubt und das Gas (das Blausäurepräparat Zyklon B) sofort (…) in die Einwurfluken durch die Decke der Gaskammer in einen Luftschacht bis zum Boden geworfen. Dies bewirkte die sofortige Entwicklung des Gases (…).
Man kann sagen, dass ungefähr ein Drittel sofort tot war. Die anderen fingen an zu taumeln, zu schreien und nach Luft zu ringen. Das Schreien ging aber bald in ein Röcheln über und in wenigen Minuten lagen alle. Nach spätestens 20 Minuten regte sich keiner mehr (…).

Eine halbe Stunde nach dem Einwurf des Gases wurde die Tür geöffnet und die Entlüftungsanlage eingeschaltet. Es wurde sofort mit dem Herausziehen der Leichen begonnen (…).
Den Leichen wurden nun durch die Sonderkommandos die Goldzähne entfernt und den Frauen die Haare abgeschnitten. Hiernach (wurden sie) durch den Aufzug nach oben gebracht vor die inzwischen angeheizten Öfen (…).
(Höss, Autobiographische Aufzeichnungen, 1963, S. 133 f.)

Neben etwa 6 Millionen europäischen Jüdinnen und Juden fielen auch Hunderttausende Angehörige anderer Menschengruppen der nationalsozialistischen Vernichtung zum Opfer, wie z. B. Roma und Sinti, Polen, Russen, politische Gegner, Zeugen Jehovas, die konsequent den Wehrdienst verweigerten, sowie Homosexuelle.

Das erste Vernichtungsprogramm wurde von den Nationalsozialisten bereits seit 1939 durchgeführt: Es betraf die „Ausmerzung unwerten Lebens", die als Euthanasie (= Sterbehilfe) getarnte Ermordung von ca. 100 000 Menschen mit Behinderung sowie unheilbar Kranken jeglichen Alters. In Österreich wurde sie in großem Ausmaß in Schloss Hartheim (Oberösterreich), aber auch in so genannten „Genesungsheimen" oder Krankenhäusern, wie „Am Spiegelgrund" in Wien, durchgeführt.

Die Vernichtung der Roma und Sinti

Die Minderheit der Roma und Sinti zählt aktuell etwa 12 Millionen Angehörige, verteilt auf ganz Europa.

■ Karl Stojka, „Der Schrei – Bruder Ossi". Gemälde, Öl und Acryl auf Leinwand, 1989. © Bianca Stojka-Davis.
Karl Stojka über seinen Bruder Ossi: „In Auschwitz-Birkenau kamen wir nach der Tätowierung der Häftlingsnummer in das Zigeunerlager. Ossi war sechs Jahre alt. Es gab wenig zu essen, meistens Steckrüben. Eines Tages erkrankte mein Bruder an Flecktyphus und kam in die Krankenbaracke. Dort gab es aber keine ärztliche Hilfe, und Ossi starb – auch an Hunger. Er war kein Verbrecher, er war nur ein einfacher Zigeunerjunge."

Diese Volksgruppen sind schon seit dem Mittelalter aus Indien abgewandert. In Österreich, wo sich Roma bereits seit dem 14. Jh. urkundlich nachweisen lassen, gab es vor 1938 drei Gruppen: die Burgenland-Roma, die schon im 18. Jh. unter Maria Theresia zur Sesshaftigkeit gezwungen wurden; die Lovara, die im 19. Jh. aus Ungarn und der Slowakei zugezogen sind; und die Sinti, die vor dem Ersten Weltkrieg aus dem Deutschen Reich zugezogen sind.

Als so genannte „Zigeuner" waren sie jahrhundertelang der Diskriminierung und Verfolgung ausgesetzt. Immer wieder wurden sie beschuldigt, nicht erziehbar, arbeitsscheu und asozial zu sein; auch ihre zum Teil nomadisierende Lebensweise wurde ihnen zum Vorwurf gemacht. Der Verfolgung durch die Nationalsozialisten fielen etwa eine halbe Million Roma und Sinti in eigens errichteten „Zigeunerlagern", in Ghettos und in den Vernichtungslagern zum Opfer. Von den etwa 11 000 österreichischen Roma und Sinti überlebte nur knapp ein Drittel.
Erst nach 1980 wurden für Roma und Sinti Gedenkstätten errichtet. Die Vorurteile und Ablehnung diesen Volksgruppen gegenüber blieben nämlich aufrecht. Sie wurden lange Zeit nicht einmal als Opfergruppe anerkannt und erhielten daher auch keine finanzielle „Wiedergutmachung" für ihr erlittenes Leid.

„Auschwitzlüge" und ...

Die Ermordung von Millionen Jüdinnen und Juden in den Gaskammern der Vernichtungslager Auschwitz-Birkenau, Treblinka, Sobibor u.a. erscheint unfassbar und unvorstellbar. Es ist jedoch eine durch viele Quellen bezeugte Wahrheit.
Etwa seit 1970 gibt es eine Gruppe angeblicher Historiker (so genannte „Revisionisten"), die diese Tatsachen verharmlosen, beschönigen oder überhaupt leugnen. Dieser „Revisionismus" ist international – französische, britische, amerikanische Autoren zählen ebenso dazu wie deutsche und österreichische. So erklärte der Franzose Robert Faurisson:

Q *Es hat nie Vernichtungs-Gaskammern bei den Deutschen gegeben, weder in Auschwitz noch in irgendeinem anderen Lager (…). Der Historiker Henri Amouroux hat wiederholt gesagt, dass bezüglich der Geschichte des Zweiten Weltkrieges Lügen, viele Lügen verbreitet wurden. Ich kann ihm darin nur zustimmen. Die Legende der Gaskammern ist eine schlechte Lüge.*
(Zit. nach: Honsik, Freispruch für Hitler?, 1988, S. 43 ff.)

Eine andere Gruppe von Verteidigern des Nationalsozialismus behauptet bis heute, die Gaskammern und Krematorien seien erst nachträglich von der Sowjetunion erbaut worden. Schon die SS-Männer hatten versucht, die Spuren ihrer ungeheuren Verbrechen zu verwischen – allerdings erfolglos: Von ehemaligen Häftlingen konnten nämlich eindeutige Dokumente gerettet werden (u.a. exakte Pläne der Vernichtungsanlagen). Dazu kamen viele mündliche Berichte von Überlebenden.

■ KZ Mauthausen (Oberösterreich), nach der Befreiung durch amerikanische Soldaten. Foto, 1945.

... „Mauthausenlüge"

Im Jahr 1987 wurde in einer österreichischen neonazistischen Zeitschrift ein angebliches „Dokument" eines „Militärpolizeilichen Dienstes" aus dem Jahr 1948 veröffentlicht. Darin wird behauptet:

Q *Die Alliierten Untersuchungskommissionen haben bisher festgestellt, dass in folgenden Konzentrationslagern keine Menschen mit Giftgas getötet wurden: Bergen-Belsen, Buchenwald, Dachau (…), Mauthausen und Nebenlager (…).*
(Zit. nach: Bailer-Galanda, Das Lachout-„Dokument". In: Bailer-Galanda/Lasek (Hg.), Amoklauf gegen die Wirklichkeit, 1992, S. 76)

Österreichische Zeithistorikerinnen und Zeithistoriker wiesen eindeutig nach, dass dieses vom Wiener Emil Lachout vorgelegte „Dokument" ein plumper Fälschungsversuch war. Sein Ziel war offensichtlich: nämlich die Leugnung der NS-Verbrechen. Dieses „Dokument" gegen die „Mauthausenlüge" wurde dennoch in verschiedenen rechtsextremen Zeitschriften und Flugblättern weiterhin für neonazistische Propaganda verwendet:

Q *Die Mauthausenlüge hatte den Zweck, den Anschluss vom 13. März 1938 zu kriminalisieren. Jenen Tag, da die Liebe über die Zwietracht siegte! Da der uralte Traum aller politischen Lager Österreichs in Erfüllung ging. Nämlich die Heimkehr ins Reich (…). Wir dürfen es nicht zulassen, dass die Erinnerung an diesen Tag mit der Mauthausenlüge beschmutzt wird.*
(Zit. nach: Wodak/de Cillia, Sprache und Antisemitismus, 1988, S. 18)

→ Fragen und Arbeitsaufträge

1. Beschreibe den rassischen Antisemitismus der Nationalsozialisten und seine Ausformungen von Diskriminierung bis zur systematischen Vernichtung der jüdischen Bevölkerung in Europa. Vergleiche damit den religiös motivierten Antisemitismus. Beziehe die Quellen auf S. 72 f. ein.
2. Stelle mit Hilfe ausgewählter Interviews auf: https://www.youtube.com/user/yadvashemgerman die Lebensbedingungen in Auschwitz-Birkenau dar.
3. Erkläre die Begriffe „Auschwitzlüge", „Mauthausenlüge", „Revisionismus".

9. Antisemitische Vorausurteile und Vorurteile

Um deine Politische Urteilskompetenz weiterzuentwickeln, sollst du mit Hilfe der Quellen und Darstellungen auf dieser Doppelseite Merkmale von Vorurteilen, Vorausurteilen und rational begründeten Urteilen kennen und voneinander unterscheiden lernen. Urteilskompetenz bezieht sich hier auf fertig vorliegende Urteile. Inhaltlich sollen sie am Beispiel des historischen Umgangs mit der jüdischen Minderheit in Österreich erarbeitet werden.

Definitionen

Begründete Urteile

... beruhen entweder auf empirisch gesicherten Befunden (wissenschaftliche Untersuchungen, herrschende Lehrmeinungen) bzw. auf einer ausreichenden Erfahrung oder sind logisch aus solchen Befunden oder Erfahrungen ableitbar.

(Ammerer, Warum denke ich, was ich denke? In: Informationen zur Politischen Bildung, Bd. 29, 2008, S. 16).

Vorausurteile

... beruhen auf einer schmalen und nicht gesicherten Wissensbasis.

... entspringen eventuell dem „common sense" [= gesunder Menschenverstand] oder individuellen, wenig reflektierten Prinzipien.

(Ammerer, Warum denke ich, was ich denke? In: Informationen zur Politischen Bildung, Bd. 29, 2008, S. 16).

Vorurteile

Ein Vorurteil ist ein Urteil über Personen oder Sachverhalte, das ohne wirkliches Wissen über diese Person bzw. diesen Sachverhalt gebildet wird. Damit ist auch eine Wertung verbunden. Vorurteile können etwas entweder besser oder aber schlechter darstellen, als es tatsächlich ist, sie können also positiv oder negativ sein. Wenn behauptet wird, dass alle Deutschen fleißig sind, so ist dies genauso ein Vorurteil wie die Annahme, dass alle Schotten und Schottinnen sparsam oder alle Menschen in Österreich gemütlich seien. (...) Gefährlich werden Vorurteile, wenn sie zur Diskriminierung anderer Menschen führen. Das ist z. B. bei rassistischen Vorurteilen der Fall.

(Politiklexikon für junge Leute. Online auf: www.politik-lexikon.at/vorurteil/, 20. 9. 2017).

M1 **Vorurteil – eine Begriffsklärung:**

Versteht man Vorurteile als Zuschreibung von Eigenschaften, die unsere Wahrnehmung (...) von Individuen, Personengruppen, Ethnien, Nationen bestimmen – als „geschäftstüchtige Juden", „diebische Zigeuner", „eroberungssüchtige Muslime", (...) „kriminelle Albaner" usw. –, so ist ihre Erforschung notwendig, um [ihre] Funktion und Wirkung (...) zu verstehen. (...) Charakteristisch für das Vorurteil ist die Verallgemeinerung: Ein einmal beobachteter oder überlieferter Sachverhalt wird (...) generalisiert [= verallgemeinert]. (...) Als Beweisargument wird die punktuelle Erfahrung oder auch nur (...) das Gerücht verbindlich gesetzt zur Definition (...) einer ganzen Gruppe von Menschen. (...)

Ein zweites Definitionselement des Vorurteils ist die Bewertung einer (...) als Einheit wahrgenommenen Gruppe aufgrund negativen Verhaltens einzelner

Mitglieder. *Positives Verhalten Einzelner hat nicht annähernd den gleichen pauschalierenden Effekt (...).*

Ein drittes Merkmal (...) ist seine (...) Resistenz [= Widerstand] gegen rationale, d. h. logische Argumente. Mit [Vorurteilen] kann die Welt in „gut" und „böse" strukturiert werden: „Juden haben eine besondere Affinität [hier: Naheverhältnis] zum Geld" oder „Muslime sind religiöse Fanatiker" oder „Zigeuner haben weder einen Zeitbegriff noch Respekt vor fremden Eigentum" (...).

Ein weiteres Charakteristikum des Vorurteils ist schließlich das verbreitete Gefühl des Bedrohtseins, der Existenzangst, das viele Menschen plagt. Sie projizieren [= übertragen] (...) ihre Emotionen auf eine Minderheit, in der sie alles, was ihnen Sorge macht, verkörpert sehen.

(...) Das Stereotyp [= festes Bild] (...) wird nicht hinterfragt und braucht keine Begründung. Der Angehörige einer bestimmten Ethnie ist deshalb durch stereotype Klischees (...) als listig oder verschlagen, als faul oder berechnend charakterisiert. Natürlich gibt es auch positive stereotype Bilder wie z. B. die „schöne Jüdin" oder die „temperamentvolle Italienerin".

(Benz, Sinti und Roma: Die unerwünschte Minderheit, 2014, S. 14 f.)

M2 **Die jahrhundertelang überlieferte Ritualmordlegende des „Anderl von Rinn" in Tirol:**

Die Unterstellung, Juden würden aus diesem Grund Christenkinder töten, weil sie deren Blut etwa zur Herstellung von Matzen [= ungesäuertes Brot] benötigen würden, ist nicht nur angesichts der jüdischen Speisegesetze völlig absurd, aber so zählebig wie andere irrationale Beschuldigungen. (...)

Ritualmordlegenden dienen seit dem Mittelalter der Stigmatisierung [= diskriminierende Kennzeichnung] der Juden als Fremde, die auf Grund ihres Glaubens auszugrenzen sind.

Dazu sind „teuflische" Machenschaften wie Hostienfrevel und Ritualmord als sinnfällige „Beweise" der Andersartigkeit der Juden notwendig und nützlich. (...)

Zu den Motiven der Errichtung eines Kultus gehörte das Bedürfnis, einen lokalen Märtyrer zu verehren. (...) Verschwand irgendwo ein Kind, wurden die örtlichen Juden des Ritualmords beschuldigt und durch Folter zum „Geständnis" der Missetat gezwungen. Das war (...) vorbildlich für viele Fälle, auch für die Stiftung des Anderl-von-Rinn-Kultes in Tirol. (...)

Den Arzt Hippolyt Guarinoni (1571–1654) inspirierte 1619 das Gerücht über einen fünf Generationen zurückliegenden Ritualmord, (...) am 12. Juli 1462 hätten durchreisende jüdische Kaufleute das Kind Andreas Oxner von seinem Taufpaten gekauft und durch Folter zum Tode gebracht. Die (...) wichtigsten Ergebnisse seines Forschens (...) erschienen ihm in Träumen. Das dürftige Fundament war (...) kein Hindernis für die Etablierung eines Märtyrerkultes, der bis zum Ende des 20. Jahrhunderts blühte.

1678 wurde eine Kirche über dem „Judenstein" errichtet, eine Kinderleiche wurde als Reliquie dorthin überführt. (...) Die katholische Kirche beendete den Kult schrittweise. 1953 strich der Innsbrucker Bischof Paulus Rusch den Anderl-Gedenktag am 12. Juli aus dem kirchlichen Festkalender. 1985 ließ Bischof Stecher die angeblichen Gebeine des Anderl von Rinn aus dem Altar der Kirche über dem Judenstein entfernen. 1988 wurde die Verehrung des Andreas als Märtyrer amtskirchlich in aller Form verboten. (...) Katholische Fundamentalisten gehen [dennoch] unbeirrt alljährlich am Sonntag nach dem 12. Juli auf Pilgerfahrt nach Rinn. (...) Zu den Gläubigen gesellen sich politisch rechts Stehende und Judenfeinde. (...)

(Benz, Jüdische Kulturzeitschrift, Heft 94, 04/2012. Online auf: www.davidkultur.at/ausgabe.php?ausg=94&artikel=747, 19.9.2017).

M3 **Antwortbrief des Bischofs Paul Rusch aus dem Jahr 1954 auf eine Bitte, die jährlich abgehaltenen Ritualmordfestspiele zu verbieten:**

Dieses Spiel wird von einer Spielgruppe durchgeführt, die ihren eigenen Willen hat. Ich habe (...) mit Mühe erreicht, dass sich diese Leute verpflichtet haben, dieses Spiel fünf Jahre lang nicht mehr aufzuführen. (...)
Was nun die Ritualmorde rein historisch gesehen betrifft, so sind die Historiker hierüber verschiedener Ansicht. Eine große Zahl neigt durchaus nicht zu Ihrer Meinung. Es wird also hier zu berücksichtigen sein, daß es fundierte Meinungen gibt, die anderer Ansicht sind. Im Gesamtzusammenhang der Dinge ist auf alle Fälle zu beachten, dass es immerhin die Juden waren, die unseren Herrn Jesus Christus gekreuzigt haben. Weil sie also zur NS-Zeit zu Unrecht verfolgt wurden, können sie sich jetzt nicht plötzlich gerieren, als ob sie in der Geschichte überhaupt nie ein Unrecht getan hätten. Das kann ja kein Volk von sich behaupten, auch das österreichische nicht. Ich bemerke abschließend noch, dass es sich in Rinn überhaupt nicht um eine Judenhetze handelt, sondern um ein Spiel, das in einer volkstümlichen Art dem Volk eben Freude zu machen scheint. In ähnlichen Spielen werden ja auch oft die Bauern verulkt und zum besten gehalten, ohne daß deswegen jemand Anstoß nehmen würde.
Diese Nachrichten zu ihren Diensten.
Mit freundlichen Segensgrüßen Paul Rusch e. h.

(Zit. nach: Albrich, Das offizielle Ende der Ritualmordlegenden um Simon von Trient und Andreas von Rinn. Online auf: www.erinnern.at/bundeslaender/tirol/unterrichtsmaterial/thomas-albrich-hg.-juedisches-leben-im-historischen-tirol/Ende%20der%20Ritualmorlegende%20Rinn.pdf, 18.9.2017)

M4 **Der christlichsoziale, spätere ÖVP-Politiker Leopold Kunschak berichtete über die im Ersten Weltkrieg aus dem Osten der Monarchie nach Wien geflohene jüdische Bevölkerung im Nationalrat (1920):**

Abgeordneter Kunschak: (...) diese Eiterbeule am Körper unseres Volkslebens wie unseres Staatslebens besteht in der Tatsache, dass seit dem Kriegsbe-

ginn bis zum heutigen Tage noch immer von den Flüchtlingen der damaligen Zeit sich eine bestimmte Sorte – es sind das die Ostjuden – in Wien aufhält und anscheinend durch nichts aus Wien hinauszubringen ist. (...) Nur die Ostjuden (...), weil sie keinen Heimatbegriff kennen, sind hier geblieben. Die Heimat des Juden ist der Boden, wo sein Hafer wächst, und nur so lange, als Hafer eingebracht werden kann. (...) Der Heuschreck lässt das Land, das er überfallen hat, nicht eher los, als bis er es kahl gefressen hat. (...) Solange die Juden Anspruch darauf hatten, von uns Gastrecht zu verlangen, weil sie vertriebene, landflüchtige Leute waren, so lange (...) hat das arische Wien (...) vergessen auf die Gefahren und Beschwernisse, die die Anwesenheit der Ostjuden für ihr eigenes Leben bedeutet. (...) Und nun ruft unser Volk ohne Unterschied der Partei, (...) danach, dass Wien endlich befreit werde von der Plage der Ostjuden (...). Wer über Geld verfügt, konnte nicht nur in der Monarchie, der kann auch in der Republik ein Obdach finden. Wer über Geld nicht verfügt – und das sind die breiten Massen der Arbeiter –, der ist all den furchtbaren Erscheinungen der Wohnungsnot schutz- und wehrlos überantwortet (...).

(Protokoll der 78. Sitzung der Konstituierenden Nationalversammlung der Republik Österreich am 29.4.1920. Online auf: http://alex.onb.ac.at/cgi-content/alex?aid=spe&datum=0002&page=2787&size=51, 24.9.2017)

M5 **„Deutsche Christen, rettet Österreich!" Wahlplakat der Christlichsozialen Partei, 1920:**

■ Bernd Steiner, antisemitisches Wahlplakat der Christlichsozialen Partei in Wien für die Nationalratswahl 1920.

→ Fragen und Arbeitsaufträge

1. Vergleiche mit Hilfe von M1 die drei Urteilstypen.
2. Überprüfe und analysiere, welche Urteilstypen M2 und M3 beinhalten.
3. Erläutere und beurteile ausführlich die Aussage, dass M4 und M5 antisemitische Vorurteile schüren.

10. Freiheits- und Widerstandsbewegungen

Formen des Widerstandes

Der österreichische Historiker Gerhard Jagschitz unterscheidet fünf Typen von Widerstand:
- Unpolitische Gegnerschaft: Unmutsäußerungen z. B. über die wirtschaftlichen Mangelerscheinungen.
- Politisch motivierte Gegnerschaft: (passive) Abwehrhaltung gegen das System aus religiöser oder politischer Überzeugung, z. B. das verbotene Abhören ausländischer Rundfunksender oder die Weitergabe unzensierter Informationen.
- Ziviler Widerstand: aktive Widerstandshandlungen von Einzelpersonen im unmittelbaren Arbeits- oder Lebensbereich. Damit sollten das System des Nationalsozialismus mit seinen Funktionärinnen und Funktionären sowie die Wirksamkeit der angeordneten Maßnahmen geschwächt werden; dazu zählte u. a. die Weitergabe von „Flüsterwitzen" und Untergrundinformationen.
- Organisatorisch abgesicherter Widerstand: Untergrundtätigkeit der illegalen politischen Parteien bzw. kirchlicher Gruppen sowie die Arbeit der Emigrantinnen und Emigranten im Ausland gegen das NS-Regime.
- Militärischer Widerstand: Sabotage; Partisanentätigkeit in den besetzten Ländern (in Österreich: vor allem in Kärnten und der Steiermark); Widerstandshandlungen innerhalb der deutschen Wehrmacht.

„Schutzhaft" und Konzentrationslager

Für die Nationalsozialisten zählte jede abweichende Gesinnung als Hochverrat. Die Machthaber reagierten darauf mit „Schutzhaft" in den Gestapo-Gefängnissen, mit Einweisung in Konzentrationslager und auch mit Hinrichtungen. Dennoch leisteten sowohl im Deutschen Reich als auch in allen von deutschen Truppen besetzten Ländern Einzelpersonen oder kleine Gruppen geheimen Widerstand, vor allem Kommunisten, Sozialisten und Katholiken.

Als Verhaftungsgrund genügte die Zugehörigkeit zu einer früheren Partei, eine Anzeige oder (falsche) Beschuldigung durch einen NS-Funktionär, manchmal auch nur ein (unbedachtes) kritisches Wort. Im Krieg gehörte auch das Abhören eines ausländischen Radiosenders zu diesen Delikten.

Nach einem Verhör durch die Geheime Staatspolizei (Gestapo) wurden Verhaftete ohne Gerichtsverfahren auf unbestimmte Zeit in Konzentrationslager eingeliefert.

Diese Konzentrationslager wurden in Selbstverwaltung durch die Häftlinge unter Bewachung der SS-Totenkopfverbände geführt. Offiziell sprach man von einer „Umerziehung im nationalsozialistischen Geist". In Wahrheit sollte der Widerstandswille der Menschen durch schwerste Arbeit, durch körperliche und seelische Misshandlungen und durch ständige Todesdrohungen gebrochen werden.

Jedes Vergehen gegen die überstrenge Lagerordnung wurde mit brutalen Misshandlungen geahndet. Üblich waren auch Kollektivstrafen wie der Entzug des Essens, das schon im Normalfall nicht ausreichend war.

Hermann Lein, der wegen seines Eintretens für die katholische Kirche im KZ Mauthausen in Haft war, berichtet über seinen Alltag als Häftling:

Q *Ich musste aus dem Bett, obwohl es noch stockdunkel war. Rasch ordnete ich mein Bett und lief in den Waschraum, um Gesicht und Hände mit eiskaltem Wasser notdürftig zu reinigen. Eilig präparierte ich meine schweren Arbeitsschuhe mit stinkendem Tran und stellte mich zur Ausgabe des Kaffees an. Dieses Getränk hatte mit Kaffee nichts zu tun (...). Leider hatte ich am Vortag meinen Hunger nicht bezähmen können. So blieb mir für dieses „Frühstück" nicht ein Bissen Brot. Das schwarze Getränk schuf bloß die Einbildung eines vollen Magens. Wir hatten heute immerhin Glück, denn kein SS-Dienstgrad beunruhigte uns durch sein Geschrei, seine Schläge und Fußtritte. Langsam hellte sich der Himmel auf, und wir marschierten zum Appellplatz. Wir stellten uns in Zehnerreihen auf, um leichter gezählt zu werden. Heute hatte ich Glück, denn es gelang mir, einen Platz in der Mitte der angetretenen Häftlinge zu gewinnen. Ich war dort ein wenig von den anderen Häftlingsleibern vor dem eisigen Wind geschützt.*
„Mützen ab" – ein SS-Dienstgrad meldete dem Lagerführer die Zahl der Schutzhäftlinge – „Mützen auf" – „Abrücken". Die Arbeitskommandos stellten sich zu Gruppen zusammen. Mir blieb noch das Privileg einer leichteren Arbeit versagt, ich musste in den Steinbruch. Von bewaffneter SS bewacht, verließen wir nun in Fünferreihen das Lager. Knapp vor der Stiege, die in den Steinbruch führt, lief plötzlich ein Häftling aus der Reihe. Der begleitende SS-Dienstgrad griff sofort zur Pistole, steckte sie aber kurz darauf mit einer erleichterten Geste in die Tasche zurück. Der Häftling war einige Schritte gelaufen, um sich über eine Felswand hinunterzustürzen. Er hatte die Qualen des Lagers nicht mehr ertragen und seinem Leben ein Ende gemacht. Die Arbeit im Steinbruch erwies sich oft als sinnlos (...). Heute bekamen wir die Aufgabe, Steinblöcke von einem Ende des Steinbruches zum anderen zu tragen (...).
Der Mittagseintopf war für mich heute eine traurige Angelegenheit: nur Suppenwasser, wenig Steckrüben, keine Fleischbröckchen. Der Tag dehnte und dehnte sich und schien kein Ende zu nehmen (...). Endlich ertönte der Pfiff zum Antreten. Jeder schulterte einen nicht zu kleinen Steinbrocken und stieg mit einiger Anstrengung die 186 Stufen zum Lager hinauf. Wieder Zählappell! Dann konnten wir in die Baracken gehen. Da hatte ich wieder Glück! Mein Kamerad Hans Eis genoss das Privileg, im Revier zu arbeiten. Er brachte mir ein zusätzliches Stück Brot. Dann suchte ich die grausame Wirklichkeit im Schlaf zu vergessen (...).
(Beitrag des ehemaligen Zeitbilder-Autors Hermann Lein)

■ Konzentrationslager im „Großdeutschen Reich" 1942.

Das erste Konzentrationslager errichteten die Nationalsozialisten im März 1933 in Dachau bei München, das erste in Österreich im August 1938 in Mauthausen.

→ Informiert euch in Dreiergruppen auf www.mauthausen-memorial.org/ über eines der 13 in der Rubrik „WISSEN/Das Konzentrationslager Mauthausen 1938–1945" angeführten Themen. Arbeitet alle auf der Homepage angebotenen Materialien durch. Bereitet anschließend eine Kurzpräsentation der wichtigsten Informationen für die Klasse vor.

Widerstand im Deutschen Reich: „Die Weiße Rose"

1942 gründeten die Geschwister Hans und Sophie Scholl in München die Studentengruppe „Die Weiße Rose". Ihre Mitglieder riefen in mehreren Flugblättern zum Widerstand gegen die Nationalsozialisten auf.
Am 18. 2. 1943 wurden Hans und Sophie Scholl beim Verteilen von Flugblättern beobachtet und festgenommen.
Am 22. 2. 1943 wurden sie gemeinsam mit Christoph Probst, einem weiteren Mitglied der Gruppe, verurteilt und hingerichtet.
Inge Scholl berichtet über ihre Geschwister:

Q *An einem sonnigen Donnerstag, es war der 18. Februar 1943, war die Arbeit so weit gediehen, dass Hans und Sophie, ehe sie zur Universität gingen, noch einen Koffer mit Flugblättern füllen konnten. Sie waren beide vergnügt und guten Mutes, ehe sie sich mit dem Koffer auf den Weg zur Universität machten. Kaum hatten die Geschwister die Wohnung verlassen, klingelte ein Freund an ihrer Tür, der ihnen eine dringende Warnung überbringen sollte.*

Da er aber nirgends erfahren konnte, wohin die beiden gegangen waren, wartete er.
Mittlerweile hatten die beiden die Universität erreicht. Und da in wenigen Minuten die Hörsäle sich öffnen sollten, legten sie rasch entschlossen die Flugblätter in den Gängen aus und leerten den Rest ihres Koffers vom obersten Stock in die Eingangshalle der Universität hinab. Erleichtert wollten sie die Universität verlassen. Aber die Augen des Hausmeisters hatten sie erspäht. Alle Türen der Universität wurden sofort geschlossen. Damit war das Schicksal der beiden besiegelt.
Die rasch alarmierte Gestapo brachte meine Geschwister in das Gefängnis. Und nun begannen die Verhöre. Tage und Nächte, Stunden um Stunden. Abgeschnitten von der Welt, ohne Verbindung mit Freunden und im Ungewissen, ob einer von ihnen ebenfalls ihr Schicksal teilte. Alle, die in jenen Tagen noch mit ihnen in Berührung kamen, die Mitgefangenen, die Gefängnisgeistlichen, die Gefangenenwärter, ja selbst die Gestapobeamten waren von ihrer Tapferkeit aufs höchste betroffen. Der Scharfrichter sagte, so habe er noch niemanden sterben sehen. Hans, ehe er sein Haupt auf den Block legte, rief laut, dass es durch das große Gefängnis hallte: „Es lebe die Freiheit!"
(Scholl, Die Weiße Rose, 1993, S. 92f.)

Militärischer Widerstand – das Attentat vom 20. Juli 1944

Schon vor dem Krieg gab es auch in hohen Militärkreisen Widerstand gegen Hitler und seine Kriegspläne. Doch diese Offiziere bekamen weder Unterstützung aus dem Ausland, noch konnten sie sich innerhalb der Wehrmacht durchsetzen.

Erst als im Sommer 1944 die alliierten Armeen an den Grenzen des Deutschen Reiches standen, beschlossen hohe Offiziere der deutschen Wehrmacht einen Staatsstreich („Operation Walküre"). Sie wollten den Krieg, der nicht mehr zu gewinnen war, beenden und damit weitere Opfer an Menschenleben und weitere Zerstörungen verhindern.

Oberst Stauffenberg gelang es am 20. Juli 1944, im streng bewachten „Führerhauptquartier Wolfschanze" in Ostpreußen, bei einer Besprechung mit Hitler eine Tasche mit einer Zeitbombe zu hinterlegen. Nachdem Stauffenberg nach Berlin zurückgekehrt war, wurden sofort wichtige NS-Funktionäre gefangen genommen und militärische Schaltstellen besetzt.

Doch Hitler wurde bei der Explosion nur leicht verletzt und nahm sofort telefonischen Kontakt mit Goebbels auf. Dieser ließ die Verschwörer – unter ihnen auch Oberstleutnant Bernardis aus Linz – durch das loyal gebliebene Wachbataillon sofort verhaften. Mehrere Verschwörer wurden noch am gleichen Tag standrechtlich erschossen, der andere Teil zum Tode verurteilt, gefoltert und an Fleischerhaken aufgehängt.

Durch die Niederschlagung dieses Widerstandes war es auch nicht mehr möglich, den Krieg früher zu beenden. Erst in der Endphase 1945 konnte vor allem österreichischer Widerstand wirksam werden.

Widerstand in Österreich

In den vom NS-Regime besetzten Ländern bestand gegenüber den Deutschen ein klares Feindbild. Kollaborateure waren isoliert und geächtet.

> L *In Österreich hingegen hatten die Widerstandskämpfer nicht zuletzt Österreicher zum Gegner, in einer von Denunzianten und fanatischen Regimeanhängern durchsetzten Umwelt zu wirken, gegen einen perfekt organisierten Terrorapparat und eine gigantische Propagandamaschinerie anzukämpfen.*
> (Neugebauer, Zwischen Kollaboration und Widerstand, 1988, S. 28)

Nach der kampflosen Besetzung Österreichs durch die deutsche Wehrmacht im März 1938 war die Organisierung eines Widerstandes schwierig:

> L *Der nazistische Siegestaumel hatte (...) breite, weit über die NS-Sympathisanten hinausgehende Kreise der Bevölkerung erfasst. Auch viele, die dem Nationalsozialismus ablehnend gegenüberstanden und später in den Widerstand gingen, wollten erst abwarten, was das neue Regime in der Praxis bringt.*
> (Neugebauer, Widerstand und Opposition, 2002, S. 189)

Außerdem wollten die Nationalsozialisten nach dem „Anschluss" alle mutmaßlichen Gegnerinnen und Gegner möglichst schnell ausschalten: Innerhalb weniger Wochen wurden etwa 50 000 bis 75 000 Funktionäre der „Vaterländischen Front", Kommunistinnen und Kommunisten, Sozialistinnen und Sozialisten, bekannte „Antinazis" sowie Jüdinnen und Juden verhaftet.

Ein Großteil der niederen Funktionäre wurde bald entlassen. Wichtigere politische Gegner sowie die Jüdinnen und Juden jedoch wurden in Konzentrationslager eingeliefert. Tausende weitere Gegnerinnen und Gegner entzogen sich der NS-Herrschaft durch (erzwungene) Flucht. Einige von ihnen konnten aus dem Exil aktiven Widerstand leisten.

→ | Erkläre, weshalb beim österreichischen Widerstand das nationale Motiv lange Zeit nur eine untergeordnete Rolle spielte. Erläutere, welche Widerstandskräfte gegen den Nationalsozialismus schon vor 1938 bestanden.

Widerstand der Frauen

Häufig wird der weibliche Anteil am Widerstand vergessen. Nicht selten haben junge Mädchen an der Seite ihrer Väter oder Brüder, verheiratete Frauen oft mit ihren Ehegatten ebenso wie alleinstehende Frauen am Widerstand teilgenommen. Vor Gericht waren Frauen und Männer derselben gnadenlosen Justiz ausgeliefert, die „unerbittlich zu vernichten" und nicht zu richten hatte. Das Todesurteil für die Salzburger Näherin Rosl Hofmann steht für viele andere:

> Q *Die Angeklagte hat in einer für eine Frau außerordentlich fanatischen und gefährlichen Weise versucht, auf den Geist der deutschen Soldaten Einfluss zu gewinnen. (...) Sie muss, damit das deutsche Volk lebt, (...) fallen.*
> (Zit. nach: Spiegel, Frauen und Mädchen im österreichischen Widerstand, 1967, S. 10)

Der „Fall Jägerstätter"

Wie die Mitmenschen auf offene Gegner des Nationalsozialismus reagierten, zeigt die Geschichte des Innviertlers Franz Jägerstätter. Bei der „Anschluss"-Volksabstimmung am 10. April 1938 stimmte er als Einziger seines Dorfes mit „Nein" und wurde damit sofort zum Außenseiter:

■ Der Innviertler Franz Jägerstätter, der von Oktober 1940 bis April 1941 in der Wehrmacht gedient hatte, verweigerte im März 1943 seinen Dienst als Soldat in der deutschen Wehrmacht und wurde am 9. August 1943 wegen „Zersetzung der Wehrkraft" hingerichtet. Foto, vermutlich 1940/41.

Q Sein Stimmzettel verschwand, den Franz hielten die Dorfbewohner fortan für nicht ganz normal, und als er sich 1943 auch noch weigerte, den Einberufungsbefehl an die Front zu befolgen, weil er Hitler für einen „Anti-Christen" und dessen Krieg für einen „ungerechten Angriffskrieg" hielt, lautete das Urteil im Dorf endgültig: Spinner, Glaubensfanatiker, Bibelforscher, Feigling. Dem Dorf-Urteil folgte bald das Todesurteil der Nationalsozialisten.
(Sagmeister, Mein Mann wird ein Heiliger, 1991, S. 22)

Bald wurde diese Rolle auf seine Angehörigen übertragen, wie die Witwe Jägerstätters (gest. 2013) erzählte:

Q „Das Schwerste", sagt sie, und der klare Blick ihrer Augen verschwimmt hinter Tränen, „war mit den Leuten (...)."
Mit den Leuten, die nur Hass und Verachtung übrig hatten für die Hinterbliebenen eines Kriegsdienstverweigerers und Feiglings. Manche Stalingradkämpfer denken auch heute noch so. Schreiben verbitterte Leserbriefe an die Kirchenzeitung, dass sie eine Heiligsprechung Jägerstätters als eine Beleidigung für alle Kriegsversehrten empfinden und dass sie aus der Kirche austreten werden. „Dass der Franz nach seinem Gewissen gehandelt hat, verstehens halt nicht (...)."
(Sagmeister, Mein Mann wird ein Heiliger, 1991, S. 23)

Militärischer Widerstand

Ab Juni 1944 kämpften Österreicher in der jugoslawischen Volksarmee Titos. Ihre Motive waren unterschiedlich. Geeint hat sie die Gegnerschaft zum Nationalsozialismus. Da ihr Kampf auch vielen Menschen das Leben kostete, ist ihre Beurteilung bis heute umstritten.

Anfang 1945 begannen auch in Österreich bewaffnete Widerstandsaktionen. Schwerpunkte waren Wien, Innsbruck, Teile der Steiermark sowie Südkärnten, wo vor allem Kärntner Slowenen Widerstand leisteten.
Der Plan Major Szokolls, der schon beim gescheiterten Staatsstreich Stauffenbergs aktiv mitgewirkt hatte, in Wien die Macht zu übernehmen, wurde verraten. Er wollte die Stadt kampflos der Roten Armee übergeben. Dennoch konnte eine Belagerung verhindert werden. Ein hoher Offizier meldete im April 1945 an Hitler:

Q Wien ist nicht zu halten, da der Widerstand derartig groß ist, dass er nicht zu brechen ist. Der Volkssturm ist in Wien nicht eingerückt. Ich glaube, man kann ihn auch gar nicht einberufen, weil er sofort auf die SS schießen würde.
(Zit. nach: Görlich, Grundzüge der Geschichte der Habsburgermonarchie und Österreichs, 1970, S. 318)

Noch immer wird da und dort die Meinung vertreten, der österreichische Widerstand wäre im Nachhinein „aufgebläht" worden, um bei den Staatsvertragsverhandlungen eine bessere Position zu haben.
Der Historiker Gerhard Jagschitz bewertet dies so:

■ Die öffentlich in Wien hingerichteten Mitglieder der Widerstandsgruppe um Major Carl Szokoll: Major Carl Biedermann, Hauptmann Alfred Huth, Oberleutnant Rudolf Raschke.
Foto, Wien, 8. 4. 1945.

L Es ist nicht angebracht, diesen österreichischen Widerstand zu bagatellisieren. Vor den Sondergerichten (...) wurden etwa 17 000 Österreicher aus politischen Gründen angeklagt.
Dazu kommen noch etwa 20 000–30 000 Häftlinge in Konzentrationslagern und mehrere hundert Fälle vor dem Berliner Volksgericht. Allein im Wiener Landesgericht wurden etwa 1 000 Personen hingerichtet, in ganz Österreich waren es etwa 1 300, wozu noch die vollzogenen kriegsgerichtlichen Todesurteile gegen österreichische Wehrmachtangehörige kommen. Noch nicht eindeutig geklärt ist die Zahl der in den Konzentrationslagern Umgekommenen – hier werden etwa 15 000 angegeben – und in Gestapogefängnissen Ermordeten – wofür die Zahl von nahezu 10 000 genannt wird (...). Unklar ist auch die Zahl der in den letzten Kriegstagen von fliegenden Standgerichten Erschossenen, doch beträgt sie sicher einige Tausend.
(Jagschitz, Der österreichische Widerstand gegen das nationalsozialistische Regime 1938–1945. In: Schneck/Srentenovic (Hg.): Zeitgeschichte als Auftrag politischer Bildung. Lehren aus der Vergangenheit, 1978, S. 69 f.)

→ Fragen und Arbeitsaufträge

1. Fasse die verschiedenen Formen des Widerstandes zusammen und führe dafür konkrete Beispiele an.
2. Nimm Stellung zur Aussage des Historikers Jagschitz über den österreichischen Widerstand. Begründe deine Position.

Aus den Ergebnissen der Quellenarbeit und den Erkenntnissen aus Darstellungen eine selbstständige historische Darstellung entlang einer historischen Fragestellung erstellen

11. Über Täter und Opfer der NS-Herrschaft

Um deine Historische Methodenkompetenz weiterzuentwickeln, sollst du eine selbstständige Darstellung zum Thema „Über Täter und Opfer der NS-Herrschaft" erarbeiten. Nütze dazu nicht nur die Quellen und Darstellungen auf dieser Doppelseite. Wichtig sind auch deine bisherigen Erkenntnisse aus diesem Großkapitel, vor allem aus den Kapiteln 8 und 10.

M1 **Über die verschiedenen Häftlingsgruppen in den Konzentrationslagern:**

Die „Rassenlehre" stand bei der Klassifikation der Häftlinge immer im Vordergrund. „Zigeuner", die als „Asoziale" gekennzeichnet wurden, verfolgte man wegen ihrer „rassischen" Herkunft und nicht wegen der ihnen unterstellten gefährlichen „Asozialität" (...). Die so genannten „Asozialen" stellten eine eigene Häftlingskategorie dar. Schon vor 1938 wurden Menschen, die keiner Arbeit nachgingen, sowie „Streuner" und AlkoholikerInnen als „asozial" deklariert und verfolgt. (...)
Die (...) Homosexuellen wurden (...) gezielt verfolgt. Himmler, der die Homosexualität als „Pest" sah, ließ sie mit äußerster Strenge bestrafen. (...) Neben dem harten Arbeitseinsatz wurden sie u. a. zu Kastrationsversuchen herangezogen. Die „Umpolung" durch Entmannung und Hormonversuche wurde in vielen Lagern durchgeführt. Sogar nach der Befreiung mussten Homosexuelle in Haft bleiben, da auch in der Zweiten Republik „ihr Andersein" zunächst als „verachtens- und bestrafenswert" galt. Sie erhielten den rosa Winkel. Lesbische Frauen galten zwar als sexuell „fehlgeleitet", jedoch wurde ihr homosexuelles Verhalten als leicht „kurierbar" angesehen, sie wurden daher nicht systematisch verfolgt. (...)
Die so genannten „Bibelforscher" waren Zeugen Jehovas. Sie waren die einzigen „freiwilligen" Häftlinge. Sie wurden vor und auch während der Inhaftierung befragt, ob sich ihre Einstellung gegenüber der Wehrmacht, der sie mit besonderer Ablehnung gegenüberstanden, und ihre Glaubensideologie geändert hätten. Kein einziger (...) Häftling hatte seine bzw. ihre Überzeugung geändert und dem Glauben abgeschworen, keiner wurde entlassen. (...)
Unter den „Rassengesetzen" litten die Juden und Jüdinnen besonders. In der Hierarchie im Lager standen sie von Beginn an auf unterster Stufe. (...) Sie kamen in die schwersten Arbeitskommandos und wurden weit öfter gezielt misshandelt als andere Häftlinge. (...) Zur bereits brutalen und rigorosen Behandlung kam (...) die systematische Vernichtung hinzu. (...)
Unter den „Kriminellen" wurden „BVer" (befristete Vorbeugehäftlinge, auch „Berufsverbrecher" genannt) und „SVer" (Häftlinge aus polizeilicher Sicherheitsverwahrung) unterschieden. Während den Berufsverbrechern wegen ihrer Brutalität höhere Funktionen aufgetragen wurden, ließ die SS den „SVern" schwerste Arbeit auferlegen, da sie als „arbeitsscheue Volksschädlinge" galten. (...)

Die politischen Häftlinge, „Schutzhäftlinge" genannt, wurden anfangs nicht gekennzeichnet. Erst Ende 1937 erhielten sie einen roten Winkel. (...) Die „Bettpolitischen" wurden wegen Sexualverkehrs mit Ausländern inhaftiert und als „politisch" eingestuft. (...) Die (...) Roma und Sinti (...) trugen meist schwarze, aber auch braune Winkel. In so genannten „Zigeunerlagern" wurden sie von anderen Häftlingen getrennt untergebracht. Ihre Lage war zunehmend prekär [= schwierig; Anm. d. A.], da sie zu medizinischen Experimenten herangezogen wurden, vor allem zur Erprobung der Sterilisation, woran sehr viele starben. (...)

(Alakus u. a. (Hg.), Sex-Zwangsarbeit in nationalsozialistischen Konzentrationslagern, 2006, S. 111 ff.)

M2 **Über den Massenmord an Menschen mit Behinderung in Schloss Hartheim (1939–1941):**

In der Tötungsanstalt Hartheim arbeiteten während der Zeit der „Aktion T4" ungefähr 70 Personen. (...) Die leitenden Funktionen wurden (...) mit zuverlässigen nationalsozialistischen Parteigängern besetzt. (...) Die materielle Seite des Tötungsprozesses (...) war Angelegenheit des Arztes (...); der Gashahn musste laut Vorschrift der Zentrale von einem Arzt bedient werden, er bestimmte die offizielle Todesursache und war für die korrekte Führung der Krankenakte zuständig. (...)
Leitende Prämisse [= Bedingung; Anm. d. A.] war die umfassende Geheimhaltung der Todesumstände der Opfer. (...) Von den Informationen, die der Außenwelt mitgeteilt wurden, waren, bis auf die Tatsache des Todes selbst, alle falsch, angefangen von Todeszeitpunkt und Todesursache bis zur Behauptung, in der Urne befinde sich die Asche der betreffenden Person. (...)
In Hartheim angekommen, wurden die Opfer vom Pflegepersonal entkleidet. (...) Anschließend wurden die Opfer (...) dem diensthabenden Arzt vorgeführt, der ihre Identität überprüfte, anhand der Krankenakte eine plausible Todesursache festlegte (...) und das Opfer auf goldenen Zahnersatz untersuchte. (...) [Anschließend] brachten die PflegerInnen sie in die Gaskammer. Dieser Raum (...) war wie ein Brausebad eingerichtet. Eine Pflegerin schildert die dadurch intendierte Täuschung: „Wenn sie ansprechbar waren, sagte man ihnen, sie würden gebadet. Viele freuten sich auf das Baden (...)." Nun öffnete der Arzt den Gashahn. (...)

(Kepplinger/Reese, Das Funktionieren einer Tötungsanstalt. In: Rotzoll u. a. (Hg.), Die nationalsozialistische „Euthanasie"-Aktion, 2010, S. 92 ff.)

M3 **Wie arbeitet die Gestapo?**

Die Gestapo ist das wichtigste (...) Instrument des NS-Terrors. (...) Der Gestapo gelingt es meist innerhalb kürzester Zeit, organisierte Widerstandsgruppen zu zerschlagen. Dabei greift sie auf den systematischen Einsatz von Spitzeln (V-Leute) zurück. Diese sind zumeist politische Gegner, die verhaftet und um den Preis der Freilassung oder des Nichtabschiebens in ein Konzentrationslager wieder auf freien Fuß gesetzt werden. Sie kehren im „Auftrag" der Gestapo wieder in die Widerstandsgruppen zurück und beliefern das Nachrichtenreferat der Gestapo mit Informationen. (…)

Die Gestapo kann sich aber auch auf die Zuträgerdienste aus der Bevölkerung verlassen. Viele „VolksgenossInnen" denunzieren jede Form des abweichenden Verhaltens ihrer Bekannten, NachbarInnen, ArbeitskollegInnen usw.

(Halbrainer/Lamprecht, Nationalsozialismus in der Steiermark, 2015, S. 256)

M4 Adolf Eichmann organisierte die Deportation von Millionen von Menschen in die NS-Vernichtungslager. 1961 erklärte er vor dem israelischen Gericht:

Ich bedaure und verurteile die von der damaligen deutschen Staatsführung angeordnete Vernichtungstätigkeit gegen die Juden. Ich selbst aber vermochte auch nicht über meinen eigenen Schatten zu springen. Ich war lediglich ein Werkzeug in der Hand stärkerer Mächte und stärkerer Kräfte und eines unerfindlichen Schicksals.

(Eichmann-Prozess, 88. Session; 16´50–17´20; Transskript aus: https://www.youtube.com/watch?v=YF2462I109A, 8.8.2017)

M5 Der Fall des NS-Tötungsarztes Dr. Heinrich Gross an der Jugendfürsorgeanstalt „Am Spiegelgrund":

1948 wurde Gross vor dem Volksgericht Wien wegen seiner Beteiligung an den Kindertötungen am Spiegelgrund angeklagt. Das Urteil in der ersten Instanz aus dem Jahr 1950 lautete auf zwei Jahre Kerker, es wurde jedoch vom Höchstgericht wegen eines Formfehlers aufgehoben und das Verfahren verlief schließlich im Sand. Gross startete eine zweite Karriere, wobei ihm die Mitgliedschaft im „Bund Sozialistischer Akademiker" (BSA) zugute kam: Facharztausbildung (…) und anschließend Rückkehr auf den Steinhof, wo er bis zum Primarius aufstieg.

Bereits 1953 begann er mit der Auswertung der Gehirne der Spiegelgrund-Opfer, die sorgfältig präpariert und aufbewahrt worden waren. (…) 1968 erhielt Gross ein eigenes Ludwig Boltzmann-Institut zur Erforschung der Missbildungen des Nervensystems, wo er die systematische Verwertung der Gehirne aus der NS-Zeit fortsetzte. (…) Parallel dazu arbeitete Gross als einer der gefragtesten Gerichtsgutachter Österreichs. 1976 saß er unvermutet einem Überlebenden des Spiegelgrund gegenüber: Friedrich Zawrel, der mit zehn Jahren als „schwererziehbar" am Spiegelgrund interniert worden war. In dem Gutachten, das Gross über Zawrel erstellte, zitierte er ungeniert aus dessen NS-Akte aus dem Jahr 1944. (…)

[1981 nahm sich die Arbeitsgruppe „Kritische Mediziner" des Falles an.] Gross verlor einen aufsehenerregenden Ehrenbeleidigungsprozess, das Gericht betrachtete seine Beteiligung an den Kindermorden als erwiesen. Dennoch dauerte es noch einmal beinahe 20 Jahre, bis die Wiener Staatsanwaltschaft Anklage gegen Gross wegen seiner Verstrickung in die NS-Kindereuthanasie erhob. Zu einem Urteil kam es jedoch nicht mehr, Gross verstarb Ende 2005.

(Der Fall Gross. Online auf: http://www.gedenkstaettesteinhof.at/de/ausstellung/17-der-lange-schatten-der-ns-psychiatrie, 5.8.2017)

M6 Über Anton Wolfbauer, „NS-Altparteigenosse" und ab 1939 Bürgermeister im steirischen Leoben:

[In diesen Funktionen] ist er für die „Arisierungen" mitverantwortlich, ebenso wie für die Verfolgung und Verhaftung von Menschen aus dem Widerstand oder jenen, die sich nicht bedingungslos dem Nationalsozialismus unterwerfen. (…)

Wolfbauer ist (…) als Kreisstabsführer des Volkssturmes auch für die Organisation der Bewachung und Begleitung der ungarischen jüdischen Zwangsarbeiter, die gegen Kriegsende (…) in Gewaltmärschen in das KZ-Mauthausen getrieben werden, im Kreis Leoben verantwortlich. So beruft er am 1. April 1945 (…) eine Sitzung der Volkssturmkommandanten ein. Wolfbauer erklärt ihnen, „dass Juden, welche sich widerspenstig benehmen oder gewaltsam vom Transport ausbrechen wollen, mit der Waffe niederzuhalten sind". Zwar ist nicht bekannt, ob Wolfbauer (…) auch einen Befehl für die Tötung der Gefangenen ausspricht. Doch wie diese Anordnungen von manchen Volkssturmleuten aus Eisenerz ausgelegt werden, zeigt das Massaker vom 7. April 1945 an mehr als 200 Jüdinnen und Juden am Präbichl. (…)

(Halbrainer/Lamprecht, Nationalsozialismus in der Steiermark, 2015, S. 141 f.)

→ Fragen und Arbeitsaufträge

1. Benenne mit Hilfe von M1 die verschiedenen Häftlingsgruppen und ihre „Kennzeichnung".
2. Erkläre den Zusammenhang zwischen der NS-Volksgemeinschaftsideologie und der (Massen-)Tötung von Behinderten (M2).
3. Fasse anhand der Darstellung vor allem der Kapitel 8 und 10 sowie M2, M3, M4, M5, M6 die verschiedenen Täter (-gruppen) zusammen.
4. Verfasse eine Darstellung über die verschiedenen Täter (-gruppen) und ihre Taten während der NS-Herrschaft und versuche dabei auch mögliche Motive für ihr (verbrecherisches) Handeln zu erforschen. Nimm mit Hilfe von M4, M5, M6 auch Stellung zur Verfolgung dieser Taten nach 1945.
5. Verfasse eine Darstellung über die Opfer der NS-Herrschaft. Untersuche dabei vor allem die Frage, aus welchen Gründen die verschiedenen Gruppen verfolgt wurden und welche Bedeutung der Widerstand im Kampf gegen das NS-Regime gespielt hat.

12. Erinnerungskulturen im Umgang mit der NS-Herrschaft und dem Holocaust

Um dein historisches Denken weiter zu schärfen, sollst du mit Hilfe der hier präsentierten Quellen und Darstellungen sinnvolle Fragen zum Thema „Erinnerungskulturen im Umgang mit der NS-Herrschaft und dem Holocaust" entwickeln.
Seit dem Ende des Zweiten Weltkrieges haben sich die damit verbundene österreichische „Gedächtnislandschaft" und die damit zusammenhängende Erinnerungskultur stark verändert. In der Öffentlichkeit wird dies an verschiedenen Gedenktagen, Gedenkorten, Mahnmalen und Denkmälern deutlich.

M1 Der Historiker Gerald Lamprecht über die Entwicklung der Erinnerungskultur von der Opfer- zur Mittäterthese in Österreich:

Die Auseinandersetzung mit Nationalsozialismus und Holocaust war in Österreich nach 1945 vor allem von einem double speak geprägt. Demzufolge klaffte zwischen der offiziellen, politischen, staatstragenden, auf die Außenpolitik ausgerichteten Geschichtspolitik und der konkreten gesellschaftlichen Erinnerungspraxis im Land ein großes Loch. (…)
[D]ieser double speak [kann] auch rund um den seit 1997 bestehenden „Gedenktag gegen Gewalt und Rassismus im Gedenken an die Opfer des Nationalsozialismus" festgestellt werden.
Für viele Jahre in der Zweiten Republik galt offiziell das Diktum [= Lehrmeinung] der sogenannten „Opferthese". Eine Haltung, die sich vor allem auf die Moskauer Deklaration von 1943 stützte und sich bereits in der Proklamation über die Selbständigkeit Österreichs vom 27. April widerspiegelte, wenn darin von einer „militärischen kriegsmäßigen Besetzung des Landes" gesprochen und darauf hingewiesen wird, dass der „Anschluss" somit dem „hilflos gewordenen Volke Österreichs aufgezwungen" worden wäre. (…)
Die „Opferthese" spiegelte sich dann auch in den konkreten ablehnenden Positionen der österreichischen Politik in Fragen der Restitutions- und Entschädigungsleistungen gegenüber den – vor allem jüdischen – Opfern des Nationalsozialismus wie auch in der Praxis des politisch-öffentlichen Gedenkens und Erinnerns (…) wider. (…)
Auf die kurze Phase der antifaschistischen Erinnerung an die Opfer des NS-Regimes folgte [auf gesellschaftlicher Ebene], einhergehend mit der (…) Integration der ehemaligen NationalsozialistInnen, die lange Periode des Gedenkens an die (…) in der Deutschen Wehrmacht getöteten österreichischen Soldaten, das Leid der von Bombardierung und Entbehrung betroffenen Zivilbevölkerung. (…) Dabei wurde bis in die 1980er-Jahre zum einen die Bedeutung des Widerstandes und zum anderen das Leid der vom NS-Regime verfolgten Bevölkerungsgruppen wie Jüdinnen und Juden, Roma und Sinti („Zigeuner"), Homosexuelle und Oppositionelle, weitgehend aus der gesellschaftlichen Erinnerung ausgeblendet. (…) Die Erinnerung an die im double speak „vergessenen" Opfer musste fortan häufig gegen erhebliche Widerstände von den „Opfern" selbst wachgehalten werden. (…)
Die Veränderung des österreichischen Geschichtsbewusstseins weg von der (…) „Opferthese" vollzog sich ab den 1980er-Jahren. (…) [Sie wurde] in ihrer Kernaussage hinterfragt und die gesellschaftliche und letztlich auch politische Verantwortung Österreichs für die Verbrechen des Nationalsozialismus eingemahnt. All dies (…) fand seinen Ausdruck in der sogenannten Mittäterthese.
(Lamprecht, Der Gedenktag 5. Mai im Kontext österreichischer Erinnerungspolitik. In: Informationen zur Politischen Bildung Nr. 32, 2010, S. 30 ff.)

1991 forderte der österreichische Bundeskanzler Franz Vranitzky in einer Nationalratssitzung, Politikerinnen und Politiker müssten sich klar vom Nationalsozialismus distanzieren und auch die Mitverantwortung eingestehen „für das Leid, das zwar nicht Österreich als Staat, wohl aber Bürger dieses Landes über andere Menschen und Völker gebracht haben".

M2 Fritz Cremer: „Oh Deutschland, bleiche Mutter", Mahnmal im Skulpturenpark der KZ-Gedenkstätte Mauthausen:

■ Skulptur (1964/65). Foto, 2014.

Das ehemals größte Konzentrationslager Österreichs ist heute als KZ-Gedenkstätte ein internationaler Erinnerungsort, der jährlich von Zehntausenden Menschen besucht wird. Die Website (www.mauthausen-memorial.org/) bietet umfassende Informationen zum Gedenkstättenbesuch, zum Vermittlungsangebot sowie zur Geschichte des Konzentrationslagers.

M3 Der Historiker Gerald Lamprecht über die Einführung von (Holocaust-)Gedenktagen:

Die beschriebene Veränderung der österreichischen Gedächtnislandschaft ist (...) nicht losgelöst von einer gesamteuropäischen zu sehen. In [einer Entschließung des Europäischen Parlaments] wurde ausgehend von einer beobachteten Zunahme des Rassismus, Antisemitismus und der Fremdenfeindlichkeit die „Einführung eines europäischen Holocaust-Gedenktages in sämtlichen Mitgliedsstaaten der Union" gefordert. Als eines der ersten europäischen Länder reagierte Anfang Jänner 1996 Deutschland. [Es] wurde der 27. Jänner, der Tag der Befreiung des Konzentrationslagers Auschwitz durch die Rote Armee, zum „Tag des Gedenkens an die Opfer des Nationalsozialismus" erhoben. [1997 schließlich] wurde (...) der 5. Mai als jährlich zu begehender nationaler Gedenktag an die Opfer des Nationalsozialismus [im österreichischen Nationalrat] beschlossen. Dabei wurde jedoch im Bestreben, den Allparteienbeschluss erzielen zu können, bei der Namensgebung auf die Nennung des Holocaust verzichtet. (...)

(Lamprecht, Der Gedenktag 5. Mai im Kontext österreichischer Erinnerungspolitik. In: Informationen zur Politischen Bildung Nr. 32, 2010; S. 34 f.)

Im Jahr 2005 erklärten die Vereinten Nationen den 27. Jänner zum „International Day of Commemoration to honour the victims of the Holocaust".

M4 Alfred Hrdlicka, Ruth Beckermann: „Mahnmal gegen Krieg und Faschismus", Wien:

■ Der österreichische Bildhauer Alfred Hrdlicka schuf im „Bedenkjahr 1988" (50 Jahre nach dem „Anschluss") am Wiener Albertina-Platz ein damals sehr umstrittenes Mahnmal. Es besteht aus mehreren Elementen und erinnert an die Verbrechen der Nationalsozialisten und ihre Opfer. Foto, 2015.

Die österreichische Filmemacherin Ruth Beckermann gab dem Mahnmal 2015 (12. 3. – 10. 11. 2015) einen neuen Kontext: Ihre Installation „The Missing Image" fügt Hrdlickas Bronzefigur des liegenden bärtigen Mannes mit einer Bürste in der Hand, die einen straßenwaschenden Juden darstellen soll, die fehlenden Bilder der damaligen – oft lachenden – Zuseherinnen und Zuseher hinzu.

M5 Olaf Nicolai: „Deserteursdenkmal", Wien:

■ Das Denkmal für die Opfer der NS-Militärjustiz („Deserteursdenkmal") zwischen dem Bundeskanzleramt und dem Volksgarten in Wien. Foto, 2014.

Das so genannte „Deserteursdenkmal" wurde 2014 vor dem Bundeskanzleramt vom Deutschen Olaf Nicolai gegen den Widerstand von FPÖ und Österreichischem Kameradschaftsbund geschaffen. Es bildet ein Gegenstück zu den Kriegerdenkmälern in vielen österreichischen Gemeinden. Diese wurden den gefallenen Soldaten der beiden Weltkriege jeweils in den ersten Jahren danach als „unseren Helden" und „Verteidigern der Heimat" errichtet. Das Denkmal stellt ein riesiges „X" dar, auf dem die Inschrift „all alone" eingelassen ist. Es erinnert an die ca. 30 000 Todesurteile, die von der NS-Militärjustiz während des Zweiten Weltkrieges gegen Deserteure und so genannte „Wehrkraftzersetzer" verhängt worden waren.

→ **Fragen und Arbeitsaufträge**

1. Benenne und beschreibe die hier angeführten Gedenktage.
2. Erläutere mit Hilfe von M1 und M3 die Entwicklung der österreichischen „Gedächtnislandschaft" nach 1945.
3. Formuliere zumindest eine Frage an den Historiker Lamprecht, die für dich im Zusammenhang mit der Erinnerungskultur in M1 und M3 nicht gestellt bzw. nicht beantwortet wurde.
4. Beschreibe und vergleiche die in M2, M4 und M5 dargestellten Denkmäler in Bezug auf ihr Aussehen und ihre Form, ihre Wirkung und ihre Aussage(n).
5. Formuliere Fragen, die du in diesem Zusammenhang gerne an die Künstlerin bzw. die Künstler stellen würdest.

Nationalsozialismus und Zweiter Weltkrieg

Der Aufstieg der Nationalsozialisten und ihr Herrschaftssystem

- 1921 wurde der gebürtige Österreicher Adolf Hitler mit diktatorischen Vollmachten ausgestatteter Vorsitzender der Nationalsozialistischen Deutschen Arbeiterpartei (NSDAP). Ein Putschversuch der Nationalsozialisten 1923 in München scheiterte. In der darauf folgenden Haft begann Hitler mit dem Verfassen der programmatischen Schrift „Mein Kampf", in der er Ideologie, Programm und Ziele seiner Partei ausführlich beschrieb.
- Am 30. Jänner 1933 wurde Hitler zum Reichskanzler ernannt. Innerhalb eines halben Jahres schalteten die Nationalsozialisten jede Opposition aus: Nach dem Reichstagsbrand wurden kommunistische Reichstagsabgeordnete verfolgt und ausgeschaltet, danach die bürgerlichen Freiheiten abgeschafft; es folgten die Ausschaltung des Parlaments („Ermächtigungsgesetz") und die Selbstauflösung bzw. das Verbot aller Parteien mit Ausnahme der NSDAP. Im Juni 1934 entledigte sich Hitler durch die Ermordung der gesamten SA-Spitze auch jeder innerparteilichen Opposition. Mit dem Tod des Reichspräsidenten Hindenburg im August 1934 übernahm Hitler als „Führer und Reichskanzler" auch offiziell die unumschränkte Macht im Staat.
- Die NS-Herrschaft war auf die totale Beherrschung der Menschen ausgerichtet. Als Mitglied der „Volksgemeinschaft" sollte man von Kindheit an in das System und seine verschiedenen Organisationen (HJ, BDM, Reichsarbeitsdienst, Wehrmacht etc.) eingebunden sein. Frauen sollten ihre Rolle als Hausfrau und Mutter wahrnehmen und wurden aus dem Berufsleben gedrängt. Neben der „Gleichschaltung" der Menschen kam es auch zur „Gleichschaltung" in der Kultur. Moderne Kunstströmungen wurden als „entartet" verboten, die Werke jüdischer Wissenschafterinnen und Wissenschafter sowie Schriftstellerinnen und Schriftsteller wurden öffentlich verbrannt.
- Die Propaganda der Nationalsozialisten verhieß „Arbeit und Brot". Zur Arbeitsbeschaffung für öffentliche Großaufträge wurden hohe Schulden gemacht („deficit spending"), ab 1935 stiegen die Ausgaben für die Aufrüstung und die Staatsschulden stark an; 1938 hatte der Staat keine Gold- und Devisenreserven mehr.

Vorstufen des Zweiten Weltkrieges

- In den 1920er Jahren gewannen in Japan das Militär und extrem nationalistische Parteien großen politischen Einfluss. Ihr Ziel war eine Expansion auf dem asiatischen Kontinent.
- 1931 besetzte Japan die Mandschurei und proklamierte dort den Staat „Mandschukuo".
- 1937 begann Japan den Krieg gegen China und eroberte in kurzer Zeit die chinesische Küste. Nach der Eroberung Indochinas (Vietnam) 1940/41 zerstörte die japanische Luftwaffe im Dezember 1941 die US-amerikanische Kriegsflotte in Pearl Harbor. Das hatte den Eintritt beider Staaten in den Zweiten Weltkrieg zur Folge.
- 1934 besetzte Italien unter Mussolini die nordafrikanische Küste und errichtete die Kolonie Libyen.
- 1935/36 wurde Abessinien (Äthiopien) von Italien erobert und annektiert. Nach der Verurteilung und Verhängung wirtschaftlicher Sanktionen durch den Völkerbund näherte sich Italien dem Hitler-Regime an („Achse Berlin – Rom").
- 1939 wurde auch Albanien annektiert.

- Das erste außenpolitische Ziel Hitlers war die Zurücknahme des Versailler Vertrages von 1919. Als die deutschen Forderungen nach militärischer Gleichberechtigung nicht erfüllt wurden, trat das Deutsche Reich aus dem Völkerbund aus (1933). Als die deutsche Regierung die Allgemeine Wehrpflicht wieder einführte (1935) und das entmilitarisierte Rheinland besetzen ließ (1936), reagierten die Westmächte nur zurückhaltend. Diese „Appeasement-Politik" behielten sie auch bei, als das Deutsche Reich Österreich (März 1938) sowie sudetendeutsche Gebiete (Oktober 1938) annektierte und die „Rest-Tschechoslowakei" (März 1939) besetzte.
- Trotz des „Antikomintern-Paktes" mit Japan und Italien schlossen das Deutsche Reich und die Sowjetunion im August 1939 einen Nichtangriffspakt ab.

Der Zweite Weltkrieg (1939–1945)

- Mit dem Einmarsch deutscher Truppen in Polen im September 1939 begann der Zweite Weltkrieg, da nun Frankreich und Großbritannien ihre „Appeasement-Politik" aufgaben und dem Deutschen Reich den Krieg erklärten.
- Den deutschen Truppen gelang es in „Blitzkriegen" Polen, Dänemark, Norwegen, Belgien, Luxemburg und die Niederlande sowie Frankreich zu besetzen. Der (Luft-)Krieg gegen Großbritannien scheiterte. Im Frühjahr 1941 besetzten deutsche Truppen Jugoslawien und Griechenland und begannen den Krieg gegen die Sowjetunion.
- Der rasche Vorstoß der deutschen Truppen wurde an der Linie Leningrad – Moskau und später Stalingrad durch die Rote Armee zum Stehen gebracht. Nach der Niederlage der deutschen Wehrmacht in Stalingrad im Februar 1943 kam es zur Kriegswende: Ab diesem Zeitpunkt wurden die deutschen Truppen zurückgedrängt.
- Nach Niederlagen deutscher und italienischer Truppen in Afrika landeten die Alliierten im Herbst 1943 in Süditalien und im Juni 1944 an der französischen Küste. Gleichzeitig führten sie einen Luftkrieg gegen das Deutsche Reich.
- Mit einem „totalen Krieg" wollten die Nationalsozialisten die Niederlage abwenden: Millionen von Zwangsarbeiterinnen und Zwangsarbeitern sowie Kriegsgefangenen mussten für die Rüstung und Versorgung der deutschen Armeen arbeiten. 16- bis 60-Jährige deutsche Männer wurden zum „Volkssturm" einberufen, deutsche Frauen arbeiteten z. B. in Rüstungsbetrieben.
- Am 8./9. Mai 1945 endete der Krieg in Europa mit der vollständigen Kapitulation des Deutschen Reiches. Der Krieg in Ostasien, bei dem Japan seit 1942 von den USA immer weiter aus dem Pazifik zurückgedrängt wurde, endete nach dem Atombombenabwurf auf Hiroshima am 6. August 1945 und auf Nagasaki am 9. August 1945 mit der vollständigen Kapitulation Japans.
- Der Zweite Weltkrieg forderte insgesamt etwa 55 Millionen Tote, davon die Hälfte Zivilistinnen und Zivilisten.
- Der Vernichtungspolitik der Nationalsozialisten fielen Millionen von Menschen zum Opfer. Menschen wurden aus politischen Gründen, aufgrund ihrer Abstammung, Religion oder Nationalität, aufgrund ihrer sexuellen Orientierung, wegen körperlicher oder geistiger Behinderungen oder aufgrund des Vorwurfs der so genannten „Asozialität" verfolgt, inhaftiert, in Konzentrations- und Vernichtungslager gebracht, gequält und oft auch ermordet.

- Die Nationalsozialisten versuchten, mit ihrem Terrorsystem jeden Widerstand mit Gewalt zu ersticken. Es reichte von der Anwendung körperlicher Gewalt (z. B. Folter) und Gefängnisstrafe bis zum „Schutzhaftbefehl" und damit zur Einweisung in ein Konzentrationslager.

- Dennoch gab es Widerstand gegen das NS-Regime, z. B. von politischen Gegnerinnen und Gegnern (z. B. Parteifunktionären), von kirchlichen oder weltanschaulichen oppositionellen Gruppen und von Einzelpersonen mit unterschiedlichen Motiven sowie von Angehörigen des Militärs (z. B. Umsturzversuch am 20. Juli 1944).

Grundbegriffe

„Blitzkrieg" Massiver Einsatz der gesamten Streitkräfte in einem Angriffskrieg, um einen schnellen, überraschenden Erfolg zu erzielen. Mit dieser Strategie sollen lang andauernde Kämpfe (z. B. ein Stellungskrieg wie im Ersten Weltkrieg) oder große Materialschlachten vermieden werden. Sie wurde zu Beginn des Zweiten Weltkrieges von der deutschen Wehrmacht erfolgreich eingesetzt.

Deutsches Reich Darunter versteht man mehrere Zeitabschnitte bzw. Regierungsformen zwischen 1871 und 1945: das Kaiserreich (1871–1918), die demokratische Weimarer Republik (1918/19–1933) und die nationalsozialistische Diktatur (1933–1945).

Deutsche Wehrmacht/Wehrmacht Damit wird die Gesamtheit der See-, Luft- und Landstreitkräfte bezeichnet. Im Deutschen Reich wurde 1935 mit der Einführung der Wehrpflicht die Reichswehr offiziell in „Wehrmacht" umbenannt. Nach dem „Anschluss" 1938 mussten auch die wehrfähigen Männer aus Österreich zur Wehrmacht einrücken. Zu Kriegsbeginn 1939 waren fast 5 Millionen Männer zur deutschen Wehrmacht einberufen. Viele Männer aus Osteuropa, darunter viele Sudetendeutsche, meldeten sich freiwillig zur Wehrmacht sowie auch zur Waffen-SS. Dazu gab es auch eine große Zahl von Zwangsrekrutierungen. Unter deutschem Oberkommando standen aber auch die Armeen der Verbündeten (Rumänien, Slowakei, Ungarn, Kroatien, Bulgarien). 1946 wurde die deutsche Wehrmacht von den Alliierten offiziell aufgelöst.

Deutschland Diese Bezeichnung für Gebiete mit deutschsprachigen Menschen wurde schon im Spätmittelalter verwendet. Vom Mittelalter bis 1806 waren deutsche Länder im „Heiligen Römischen Reich deutscher Nation" zusammengeschlossen. Erst seit 1871 gibt es einen deutschen Nationalstaat, das „Deutsche Reich". Nach 1945 wurde der Begriff „Deutschland" verwendet. Aus den westlichen Besatzungszonen entstand schließlich 1949 die Bundesrepublik Deutschland (BRD). Seit dem Beitritt der DDR zur BRD, 1990, gilt der Name „Deutschland" für den Gesamtstaat.

Euthanasie (griech. schöner oder leichter Tod): Andere Bezeichnung für „Sterbehilfe"; heute eine bewusst erbetene Hilfe zur Herbeiführung des eigenen Todes. Während des Nationalsozialismus verstand man darunter die im Sinne der „Rassenhygiene" geplante systematische Ermordung von mindestens 70 000 Menschen mit Behinderung, unter ihnen ca. 5 000 (Klein-)Kinder („Aktion T4" ab 1939).

„Großdeutsches Reich"/„Großdeutschland" Der Begriff wurde nach dem „Anschluss" Österreichs an das Deutsche Reich eine offizielle Bezeichnung für das Deutsche Reich; Österreich wurde in „Ostmark" umbenannt und in „Reichsgaue" aufgeteilt. Als Kurzbezeichnung verwendete man umgangssprachlich auch den Begriff „Großdeutschland".

Konzentrationslager (KZ) Ab 1933 von den Nationalsozialisten zusätzlich zu den Gefängnissen errichtete Lager, in denen v. a. alle Personen gebracht wurden, die man ohne gerichtliches Verfahren in „Schutzhaft" nahm, z. B. vermutete und wirkliche politische Gegnerinnen und Gegner, Homosexuelle, Wehrdienstverweigerer (z. B. Zeugen Jehovas), unangepasste Jugendliche, (auch) kriminelle Straftäterinnen und Straftäter, Roma und Sinti sowie vor allem Jüdinnen und Juden, später auch Kriegsgefangene. Ab 1934 wurden die KZ der SS unterstellt.

Bis 1945 entstanden 22 Hauptlager und mehr als 1 200 Nebenlager, in denen Hunderttausende Häftlinge unter unmenschlichen Bedingungen leben mussten bzw. ihr Leben verloren. Auf dem Gebiet des besetzten Polen gab es außerdem sieben Vernichtungslager, in denen ab 1942 Hunderttausende Roma und Sinti sowie mehrere Millionen Jüdinnen und Juden planmäßig ermordet wurden. Das größte Vernichtungslager war Auschwitz-Birkenau.

„Mein Kampf" Programmatisches Werk Hitlers, Band 1 geschrieben 1924 während seiner Haft in Landsberg, Band 2 veröffentlicht 1926. Ab 1930 erschienen beide Teile gemeinsam in ständig neuen Auflagen, in 16 Sprachen übersetzt (Gesamtauflage: ca. 10 Millionen). Inhaltliche Schwerpunkte sind die antisemitischen Ausführungen, der Antiparlamentarismus, der Antimarxismus und Antibolschewismus sowie Hitlers Vorstellungen vom Kampf um den „Lebensraum im Osten".

Nationalsozialismus Der Begriff wurde 1903 erstmals verwendet von der im damals österreichischen Sudetenland gegründeten „Deutschen Arbeiterpartei", 1918 in den neuen Parteinamen „Deutsche Nationalsozialistische Arbeiterpartei" (DNSAP) übernommen. Auch die 1919 gegründete Deutsche Arbeiterpartei (DAP) ändert 1920 ihren Namen in „Nationalsozialistische Deutsche Arbeiterpartei" (NSDAP). Der Name sollte für einen „nationalen Sozialismus" im Gegensatz zur „Sozialdemokratie" und zum „internationalen Sozialismus" stehen. Merkmale der nationalsozialistischen Weltanschauung: eine sozialdarwinistische Rassentheorie („Herrenmenschen", „Untermenschen", „Parasiten"); eine imperialistische Außenpolitik („Kampf um den Lebensraum im Osten") durch Aufrüstung (Militarisierung); ein antidemokratisches Führerprinzip (statt Parlamentarismus und Parteienstaat); eine gleichgeschaltete „Volksgemeinschaft", die die Verantwortung für alles Negative auf „Sündenböcke" abschob; der massive Einsatz von Propaganda (Massenveranstaltungen, Volksempfänger etc.) und Machtmitteln (z. B. Staatsterror) zur Aufrechterhaltung der Macht.

Revisionismus (von lat. revidere: wieder hinsehen): Versuch, ein anerkanntes historisch-politisches Ereignis oder eine wissenschaftliche Erkenntnis neuerlich zu überprüfen und unter Umständen neu zu bewerten. Die (Geschichts-)Revisionisten im Zusammenhang mit dem Nationalsozialismus und dem Zweiten Weltkrieg bestreiten die Verbrechen der deutschen Wehrmacht während des Krieges und leugnen die Planung, die Durchführung und das Ausmaß des Holocaust. Beides zusammen bildet eine wesentliche geistige Grundlage des neuen Rechtsextremismus.

Das bipolare Weltsystem und sein Zusammenbruch

1946	1947	1949	1950–1953	1955	1956	1958–1961
Churchill spricht vom „Eisernen Vorhang"	„Truman-Doktrin" und Marshallplan	Gründung zweier deutscher Staaten, Gründung des Rates für gegenseitige Wirtschaftshilfe (RGW bzw. engl. COMECON), Gründung des Nordatlantikpaktes (NATO)	Koreakrieg	Gründung des Warschauer Paktes	Aufstand in Ungarn; Suezkrise	Berlinkrise; Bau der Berliner Mauer

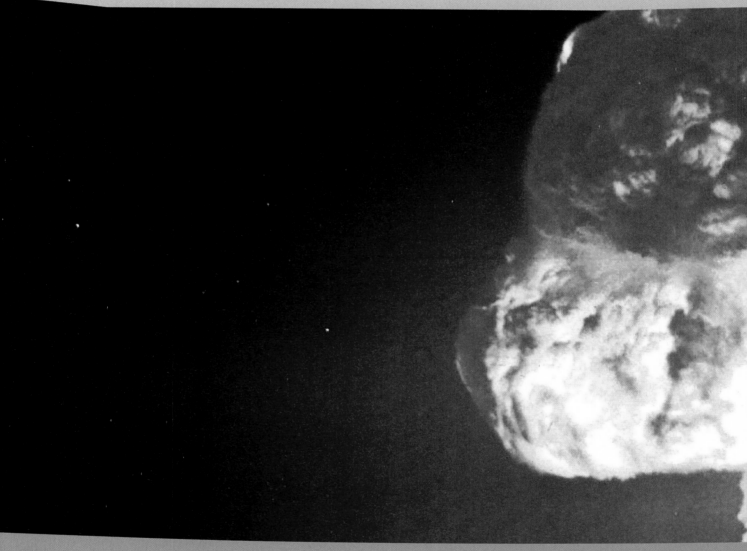

45 Jahre lang hielt der Kalte Krieg zwischen den Supermächten USA und UdSSR die Welt in seinem Bann. In dieser Zeit des „Gleichgewichts des Schreckens" – etwa während der Kubakrise im Jahr 1962 – befürchteten die Menschen immer wieder eine atomare Apokalypse. Meldungen über Auf- und Nachrüstungen, aber auch über Abrüstungsverhandlungen beherrschten die Medien. Besonders wichtig in diesem Zusammenhang war die „Konferenz über Sicherheit und Zusammenarbeit in Europa" (KSZE), die von 1973 bis 1975 in Helsinki stattfand.

Einen besonderen Streitfall im durch den „Eisernen Vorhang" geteilten Europa stellte Deutschland dar. Seit 1949 bestanden zwei deutsche Staaten, die ab 1961 durch eine Mauer bzw. eine nahezu unüberwindbare Grenzanlage getrennt wurden. Erst im November 1989 wurde diese Teilung durch den „Fall der Berliner Mauer" beendet. In diesem Jahr endeten auch die weiteren Volksdemokratien in Europa. In der Sowjetunion begann der Zerfallsprozess, der 1991 schließlich zur Gründung der GUS führte. Auch Jugoslawien zerfiel nach mehreren Kriegen in sieben neue Staaten.

| **1962**
Kubakrise | **1968**
„Prager
Frühling" | **1975**
Abschluss
der KSZE
in Helsinki | **1985**
Gorbatschow wird
Generalsekretär
der KPdSU,
Perestroika und
Glasnost | **1989**
„Fall der
Berliner
Mauer" | **1989**
Öffnung des
„Eisernen
Vorhanges" in
Europa – Ende der
Volksdemokratien | **1990/91**
Ende des
Kalten
Krieges | **1991**
Zerfall der
Sowjetunion;
Gründung
der GUS | **Ab 1991**
Zerfall
Jugoslawiens;
Gründung
sieben neuer
Staaten |

In diesem Kapitel trainiert und erweitert ihr vor allem folgende Kompetenzen:

Politikbezogene Methodenkompetenz
• Erhebungen nachvollziehen, die im politischen Diskurs eingesetzt werden, und deren Daten analysieren

 Online-Ergänzungen
38ib7m

■ Atomwaffentest im Rahmen der Testserie „Operation Castle", durchgeführt von den USA am 26. März 1954 auf dem Bikini Atoll im Nordwesten der Marshallinseln. Foto, 1954.

1. Der Beginn des Kalten Krieges

Von der Multipolarität zur Bipolarität

Das Epochenjahr 1945 wurde für fast die gesamte Welt zum Ausgangspunkt einer neuen politischen Entwicklung. Bis dahin war die Weltpolitik durch Gegensätze mehrerer, vor allem europäischer Großmächte bestimmt worden (Multipolarität). Nach 1945 prägte die Rivalität zweier „Supermächte" – USA und Sowjetunion – die Weltpolitik (Bipolarität). Japan und Deutschland waren als Großmächte ausgeschaltet, Frankreich durch seine Niederlage von 1940 zunächst abgewertet. Großbritannien war nach dem Zweiten Weltkrieg in Zahlungsschwierigkeiten. Europa war ökonomisch und militärisch geschwächt und darüber hinaus politisch durch den beginnenden Kalten Krieg zerrissen.

Streitfall Deutschland

Viele erwarteten, dass der Zweite Weltkrieg wie der Erste mit Friedensverträgen beendet werden würde. Solche wurden 1946 in Paris mit Italien, Rumänien, Bulgarien, Ungarn und Finnland unterzeichnet.
Ganz anders war die Situation mit Deutschland:

L Im Krieg war es um Deutschland gegangen, und das Gleiche galt nun für den Frieden, und das Gespenst eines deutschen Revanchismus prägte die russischen Strategien ebenso wie die der Franzosen. Als Stalin, Truman und Churchill in Potsdam zusammen kamen (17. 7. – 2. 8. 1945) (…), konnte man sich über die Vertreibung von Deutschen aus Osteuropa, die verwaltungsmäßige Aufteilung Deutschlands in Besatzungszonen und auf die Ziele „Demokratisierung", „Entnazifizierung" und „Entflechtung" (= Zergliede-*rung der industriellen Großkonzerne; Anm. d. A.) einigen. Alles, was darüber hinausging, erwies sich als schwierig.*
(Judt, Geschichte Europas von 1945 bis zur Gegenwart, 2012, S. 148)

Das besiegte Deutschland wurde in vier Besatzungszonen geteilt, ebenso die von der sowjetischen Zone umschlossene Hauptstadt Berlin. Es wurde allerdings vereinbart, Deutschland als wirtschaftliche Einheit zu behandeln. Doch hier zeigten sich rasch Gegensätze. Zur Beseitigung der Nachkriegsinflation wurde nämlich 1948 nur in den Westzonen einschließlich der Westsektoren Berlins eine Währungsreform unter Ausschluss der Sowjetzone durchgeführt. Damit wurde die Wirtschaft Westdeutschlands und Westberlins eng an jene in Westeuropa angebunden.
Die UdSSR reagierte scharf: Sie sperrte ihre Zone für jeden Verkehr nach Westberlin und löste damit 1948 die erste Berlinkrise aus. Die Westalliierten gaben jedoch die Stadt nicht auf und richteten eine „Luftbrücke" ein, welche Berlin mit allen lebenswichtigen Gütern versorgte. Stalins Plan, auch die Westsektoren Berlins der sowjetischen Zone einzugliedern, war gescheitert. Die Bevölkerung der Westzonen jedoch bejahte als Folge dieser aggressiven Politik immer stärker eine Einbindung in den Westen. Das war ein wichtiger Grund für die Gründung der BRD (Mai 1949) und als Reaktion darauf für die Gründung der DDR (Oktober 1949).

Der „Eiserne Vorhang"

Während in den USA starke isolationistische Strömungen vorherrschten, nützte die Sowjetunion diese günstige Gelegenheit, ihren Einfluss auszuweiten. Während des Zweiten Weltkrieges hatte die Rote Armee ganz Osteuropa besetzt und war bis Mitteleuropa vorgedrungen. Nun beließ die UdSSR ihre Truppen „zur Sicherung der Nachschubwege zu den Besatzungszonen in Deutschland und Österreich". Sie betrachtete diese Gebiete als ihren ausschließlichen Einflussbereich, schirmte sie gegen den Westen ab und betrieb eine Politik der „Sowjetisierung".
Winston Churchill warnte vor dieser Entwicklung und entwarf schon im März 1946 das Bild eines „Eisernen Vorhanges":

■ Die „Großen Drei" auf der Konferenz in Potsdam im Juli 1945. V. l. n. r.: Churchill (GB), Truman (USA), Stalin (UdSSR). Foto, 23. 7. 1945. Hier wurden die Vereinbarungen der Konferenz von Jalta auf der Krim (Februar 1945) bestätigt. Das hatte die Teilung Deutschlands und Europas zur Folge.

Q *Von Stettin an der Ostsee bis hinunter nach Triest an der Adria ist ein „Eiserner Vorhang" über den Kontinent gezogen (...).*
Die kommunistischen Parteien, die in allen diesen östlichen Staaten bisher sehr klein waren, sind überall großgezogen worden, sie sind zu unverhältnismäßig hoher Macht gelangt und suchen jetzt überall die totalitäre Kontrolle an sich zu reißen (...).
(Zit. nach: Loch/Hoffmann, Die deutsche Nachkriegsgeschichte, 1982, S. 66 f.)

Die Containment-Politik der USA

Die US-Regierung unter Präsident Harry S. Truman sah im Vorgehen Moskaus zunächst noch eine legitime Wahrung der sowjetischen Sicherheitsinteressen. Diese Einschätzung änderte sich jedoch, als die Sowjetunion Druck auf die Regierungen der Türkei und des Iran ausübte und im Bürgerkrieg in Griechenland die Kommunisten unterstützte.
Die US-Regierung gelangte zur Auffassung, man könne die expansive Politik der Sowjetunion nur durch „Zusammenhalt, Festigkeit und Stärke" des Westens unter der Führung der USA „eindämmen" (to contain). Anlässlich der Bedrohung Griechenlands und der Türkei durch den Kommunismus verkündete Truman 1947 seine Doktrin:

Q *Ich glaube, es muss die Politik der Vereinigten Staaten sein, freien Völkern beizustehen, die sich der angestrebten Unterwerfung durch bewaffnete Minderheiten oder durch äußeren Druck widersetzen. (...)*
Unter einem solchen Beistand verstehe ich vor allem wirtschaftliche und finanzielle Hilfe, die die Grundlage für wirtschaftliche Stabilität und geordnete politische Verhältnisse bildet.
(Zit. nach: Lautemann/Schlenke, Geschichte in Quellen, Bd. 7: Die Welt seit 1945, 1978, S. 576 f.)

Damit war die offene Gegnerschaft erklärt. Da beide Seiten eine harte Auseinandersetzung mit politischen, wirtschaftlichen und propagandistischen Mitteln führten, eine direkte militärische Konfrontation jedoch vermieden, sprachen politische Kommentatoren ab 1947 vom „Kalten Krieg". Sie übernahmen damit einen vom US-Publizisten Walter Lippmann geprägten Begriff.

Marshallplan und COMECON

Schon 1947 gingen die USA in Europa daran, den Grundgedanken der Truman-Doktrin in großem Umfang zu verwirklichen. Die Wirtschaft der meisten Staaten war durch den Krieg schwerst geschädigt. Die Politiker in den USA sahen darin eine Gefährdung ihrer Wirtschaftsinteressen. Außerdem befürchteten sie die Anfälligkeit verelendeter Massen für die kommunistische Propaganda. Deshalb planten die USA, durch massive Hilfen die Wirtschaft in Europa wieder zu beleben.
Im Juni 1947 stellte US-Außenminister George Marshall den nach ihm benannten Plan dazu vor:

■ „Freie Bahn dem Marshallplan". Plakat, Deutschland, ca. 1948.
Die USA trugen zur Behebung der Kriegsschäden und zum Wiederaufbau der Wirtschaft in Österreich und Deutschland und dadurch zum „Wirtschaftswunder" der 1950er Jahre bei. Weitere Empfängerländer waren: GB, F, I, B, L, NL, DK, N, S, GR, TR, IRL, IS, P.

Q *Es ist nur logisch, dass die Vereinigten Staaten alles tun, was in ihrer Macht steht, um die Wiederherstellung gesunder wirtschaftlicher Verhältnisse in der Welt zu fördern, ohne die es keine politische Stabilität und keinen sicheren Frieden geben kann. Unsere Politik richtet sich nicht gegen irgendein Land oder irgendeine Doktrin, sondern gegen Hunger, Armut, Verzweiflung und Chaos. Ihr Zweck ist die Wiederbelebung einer funktionierenden Weltwirtschaft, damit die Entstehung politischer und sozialer Bedingungen ermöglicht wird, unter denen freie Institutionen existieren können (...). Jeder Regierung, die bereit ist, beim Wiederaufbau zu helfen, wird die volle Unterstützung der Regierung der Vereinigten Staaten gewährt werden. (...)*
(Zit. nach: Gasteyger, Europa zwischen Spaltung und Einigung 1945–1990, 1990, S. 63 f.)

Insgesamt betrug die von den USA bis 1952 geleistete Hilfe rund 13 Milliarden Dollar, mehr als alle bis dahin getätigten US-Auslandshilfen. Sie wurde 16 europäischen Ländern gewährt. Die UdSSR bezeichnete den Marshallplan (ERP = European Recovery Program) als „Werkzeug des amerikanischen Imperialismus". Sie verbot den Staaten, die in ihrem Einflussbereich lagen, die Teilnahme, so z.B. auch der Tschechoslowakei, wo sich zunächst alle Parteien dafür ausgesprochen hatten. Im Jahr 1949 gründete die Sowjetunion ihrerseits den „Rat für gegenseitige Wirtschaftshilfe" (RGW bzw. engl. COMECON). Mit einem System von bilateralen Verträgen besiegelte die UdSSR die ökonomische Zusammenführung der kommunistischen Staaten. Die Blockbildung nahm von nun an konkrete Formen an.

→ Fragen und Arbeitsaufträge

1. Arbeite die Situation im „Nachkriegsdeutschland" heraus. Ziehe dazu auch die Darstellung von Judt und die Bilddarstellung heran. Analysiere und interpretiere die über die „Handschlagqualität" zur Schau gestellte Beziehung der „Großen Drei" zueinander.
2. Stelle die Zusammenhänge zwischen „Eisernem Vorhang", Truman-Doktrin und Marshallplan dar. Beziehe dazu das Plakat und die Bildunterschrift mit ein.

2. Verfestigung, Lockerung und Auflösung der Blöcke

NATO (1949) und Warschauer Pakt (1955)

Mit der ersten Krise in Berlin (1948) und der kommunistischen Machtergreifung in der Tschechoslowakei (1948) setzte in Westeuropa und in den USA endgültig auch ein militärisches Umdenken ein. Auf Betreiben der britischen Regierung trafen Vertreter der USA, Kanadas und Großbritanniens in Washington zusammen, um einen europäisch-atlantischen Verteidigungspakt zu planen. Am 9. April 1949 wurde der NATO-Vertrag unterzeichnet. Die NATO entsprach in ihrer Gründungsphase ganz massiv den Sicherheitsinteressen der westeuropäischen Staaten:

> L (…) Die Franzosen waren (…) verwundbar wie eh und je – sie hatten Angst vor den Deutschen und nun auch vor den Russen. – Vor allem für Paris war die NATO also doppelt attraktiv (…). Die Briten betrachteten die NATO als großen Schritt in ihrem Bemühen, die USA zu einem dauerhaften militärischen Engagement in Europa zu bringen. Und die US-Regierung präsentierte (…) die NATO als Schutz vor einem sowjetischen Angriff im Nordatlantik. Der erste Generalsekretär der NATO meinte 1952: Zweck des Bündnisses sei es, „die Amerikaner drinnen, die Russen draußen und die Deutschen unten zu halten".
> *(Judt, Geschichte Europas von 1945 bis zur Gegenwart, 2012, S. 178)*

■ Propagandaplakat „Vereinte Abwehr" des Komitees „Sichert Heimat und Freiheit", 1950er Jahre.
Das Plakat wirbt mit dem Symbol der „helfenden Hand" für die Einbeziehung der Bundesrepublik Deutschland in den Schutzdamm gegen die „rote Flut".

Diese „Nordatlantische Allianz" (NATO) vereinigte die USA, Kanada, Großbritannien, Frankreich, Italien, Dänemark, Norwegen, Island, Portugal, Belgien, Luxemburg und die Niederlande. Die Zahl der Mitglieder wurde bald erhöht. 1952 traten Griechenland und die Türkei bei. Eine entscheidende Frage war schließlich, ob die BRD aufgenommen werden sollte. Die USA vertraten die Position, dass Westeuropa nur gemeinsam mit einer wiederbewaffneten Bundesrepublik Deutschland verteidigt werden könnte. 1955 wurde die BRD trotz Widerständen im eigenen Land und vor allem auch in Westeuropa in die NATO aufgenommen.

Auf den Beitritt der BRD zur NATO (1955) reagierte die Sowjetunion mit der Gründung des Warschauer Paktes als militärisches Gegenbündnis. In ihm schlossen die Volksdemokratien (Albanien, Bulgarien, DDR, Polen, Rumänien, Tschechoslowakei und Ungarn) unter sowjetischer Führung ein Verteidigungsbündnis zur Aufrechterhaltung ihrer Interessen in Europa. Im Warschauer Pakt wurde festgelegt, dass sowjetische Truppen als Verbündete in den Unterzeichnerländern stationiert bleiben sollten. Mit dem Ende des Kalten Krieges und der kommunistischen Herrschaft über Osteuropa war auch das Ende des Warschauer Paktes gekommen: Er wurde 1991 formell aufgelöst. Die meisten Staaten Osteuropas traten danach der NATO bei.

„Roll back" und „friedliche Koexistenz"

Mit Beginn der 1950er Jahre verhärteten sich die Gegensätze zwischen den Blöcken. Die Angst vor einer kommunistischen Expansion ermöglichte es dem US-Präsidenten Eisenhower und seinem Außenminister Dulles, die Politik des „Roll back" durchzusetzen. Ihr Ziel war es, die kommunistische Macht unter der Androhung eines Atombombeneinsatzes zurückzudrängen.

Rund um die UdSSR und das 1949 kommunistisch gewordene China errichteten die USA einen Gürtel von Stützpunkten mit (Atom-)Raketen. Die Wirtschaftshilfe an befreundete Staaten wurde durch Militärhilfe ergänzt oder durch eine solche ersetzt. Für den Pazifik, für den südostasiatischen Raum und für den Mittleren Osten wurden Militärbündnisse gegründet. Sie standen wie die NATO unter der Führung der USA. Dabei verstellte der einseitige Blick auf die vermutete kommunistische Gefahr den USA oft die Erkenntnis, mit welcher Art von Partnern sie sich einließen: Auch diktatorisch regierte Staaten und korrupte Regierungen, die unwillig waren, demokratische Verfassungen und soziale Gerechtigkeit in ihrem Machtbereich zu entwickeln, wurden unterstützt (u. a. in Südkorea, in Südvietnam und auch in vielen Staaten Lateinamerikas, wie z. B. in Kuba).

In diese Zeit des erklärten Kalten Krieges fiel 1953 der Tod Stalins. Da viele Menschen im Westen die sowjetische Politik mit seiner Person identifizierten, hofften sie nun auf eine Lockerung der Fronten. In der UdSSR setzte sich nach internen Machtkämpfen Nikita Chruschtschow als neuer Partei- und Regierungschef durch. Er verkündete 1956 die These der „friedlichen Koexistenz" von Staaten mit unterschiedlicher ideologischer Ausrichtung:

Q *Wenn wir davon sprechen, dass im Wettbewerb der zwei Systeme – des kapitalistischen und des sozialistischen – das sozialistische System siegen wird, so bedeutet das keineswegs, dass der Sieg durch die bewaffnete Einmischung der sozialistischen Länder in die inneren Angelegenheiten der kapitalistischen Länder erreicht wird. Unsere Zuversicht in den Sieg des Kommunismus gründet sich darauf, dass die sozialistische Produktionsweise gegenüber der kapitalistischen entscheidende Vorzüge besitzt. (...) Wir glauben daran, dass alle werktätigen Menschen der Welt, wenn sie sich davon überzeugt haben, welche Vorteile der Kommunismus mit sich bringt, früher oder später den Weg des Kampfes für den Aufbau der sozialistischen Gesellschaft beschreiten werden. Wir bauen in unserem Land den Kommunismus auf und wenden uns entschieden gegen die Entfesselung eines Krieges.*
(Zit. nach: Tenbrock u. a. (Hg.), Zeiten und Menschen, 1970, S. 315f.)

Auch in den USA sah man die Gefahr eines möglichen weltweiten Krieges zwischen den Blöcken. So sagte US-Präsident John F. Kennedy 1963:

Q *Wir sollten unsere Haltung gegenüber der Sowjetunion überprüfen (...). Wir sind in einem gefährlichen Teufelskreis gefangen, in dem Misstrauen auf der einen Seite Misstrauen auf der anderen Seite hervorruft und neue Waffen Gegenwaffen erzeugen. Kurz, sowohl die Vereinigten Staaten und ihre Verbündeten als auch die Sowjetunion und ihre Verbündeten haben gleichermaßen ein starkes Interesse an einem gerechten und echten Frieden und an einer Beendigung des Rüstungswettlaufs (...). Deshalb sollten wir (...) unsere Aufmerksamkeit auf die gemeinsamen Interessen lenken und auf die Mittel, mit denen Meinungsverschiedenheiten überwunden werden können (...).*
(Zit. nach: Schmid (Hg.), Fragen an die Geschichte, Bd. 4, 1988, S. 94)

■ „Einverstanden, Herr Präsident, wir wollen verhandeln", Karikatur aus der britischen Zeitung „Daily Mail" vom 20.10.1962. Die Karikatur zeigt die Präsidenten Chruschtschow und Kennedy.

→ Beschreibe, wie die Situation Chruschtschows und Kennedys in der Karikatur dargestellt wird.

Trotz dieser Entspannung blieb das Misstrauen zwischen den Blöcken bestehen. Vor allem die Regierungen Europas suchten unter Einbeziehung der beiden Weltmächte, der USA und der UdSSR, zu einer Regelung zu gelangen, die ein freieres Zusammenleben in Sicherheit wenigstens in Europa gewährleisten sollte. Dazu kamen 1973 in Helsinki die Vertreter von 35 Staaten zur „Konferenz über Sicherheit und Zusammenarbeit in Europa" (KSZE) zusammen: die NATO-Staaten, einschließlich USA und Kanada, die Mitgliedstaaten des Warschauer Paktes sowie die neutralen Staaten und das blockfreie Jugoslawien.

Die Konferenz endete 1975 mit der „Schlussakte von Helsinki". Souveräne Gleichheit, Verzicht auf die Androhung oder Anwendung von Gewalt, die Unverletzlichkeit der Grenzen und die territoriale Integrität der Staaten bildeten ebenso ihren Inhalt wie die friedliche Regelung von Streitfällen, die Nichteinmischung in innere Angelegenheiten sowie die Achtung der Menschenrechte und Grundfreiheiten.

Die militärische Intervention der Sowjetunion in Afghanistan im Jahr 1979 und die Stationierung neuer US-amerikanischer Raketen in der Bundesrepublik Deutschland aufgrund eines NATO-Beschlusses im Jahr 1979 verschärften noch einmal die Lage im Kalten Krieg. Schließlich trafen sich die Staats- und Regierungschefs aus 34 Ländern in Paris zu einer KSZE-Gipfelkonferenz. Dieses Treffen endete am 21. November 1990 mit der Unterzeichnung der „Charta für ein neues Europa", in der das Ende des Kalten Krieges besiegelt wurde.

Der deutsche Historiker Wilfried Loth benennt eine zentrale Voraussetzung für die Charta von Paris:

L *Entscheidend war sodann und vor allem, dass Michail Gorbatschow und die Reformer, für die er steht, den Schritt aus der Festung des Kalten Krieges heraus tatsächlich gewagt haben (...). Dieser Schritt folgte gewiss aus der Einsicht in die desolate Lage des Sowjetimperiums; er wurde mit dem Mut der Verzweiflung unternommen.*
Es ist darum ganz irreführend, zu behaupten, der Westen habe im Kalten Krieg gesiegt. Nicht der Westen hat gesiegt, sondern die westlichen Prinzipien sind im sowjetischen Machtbereich zum Programm geworden. Das ist etwas ganz anderes (...).
(Loth, Was war der Kalte Krieg?, 1991, S. 12)

→ Fragen und Arbeitsaufträge

1. Schildere die Hintergründe für die Bildung der beiden Militärblöcke NATO und Warschauer Pakt. Vergleiche und beurteile dabei besonders die Rolle der beiden deutschen Staaten. Beziehe auch das dargestellte Plakat mit ein. Beschreibe dieses und arbeite Elemente der Propaganda heraus.

2. Analysiere die Bedeutung der KSZE hinsichtlich ihrer politischen Bedeutsamkeit für das Ende des Kalten Krieges. Interpretiere und beurteile das Ende des Kalten Krieges auch unter Einbeziehung der Textquelle von Loth.

3 Vergleiche die Beurteilungen von Chruschtschow und Kennedy.

3. Kriege und Krisen im Zeitalter des Ost-West-Konflikts

Kalt war der Kalte Krieg nur zwischen den Supermächten. In vielen bedeutenden Krisengebieten kam es in jenen Jahren zum offenen Kampf, zu so genannten „Stellvertreterkriegen". Oftmals führten auch direkte Konfrontationen zwischen den Supermächten zwar nicht zu Kriegen, wohl aber zu ernsthaften Krisen.

Der Koreakrieg 1950 – 1953

Nach dem Abzug der japanischen Truppen 1945 sollte Korea ein unabhängiger Staat werden, zunächst noch unter alliierter Besatzung. Im Norden wurde eine unter sowjetischem Einfluss stehende Regierung gebildet, im Süden eine unter US-amerikanischem Einfluss. Beide erhoben Anspruch auf Gesamtkorea.

Nach dem Abzug der Besatzungsmächte versuchte die nordkoreanische Regierung die Wiedervereinigung mit Gewalt zu erreichen. Sie ließ ihre Truppen in Südkorea einmarschieren.

Der Sicherheitsrat der UNO verurteilte das Vorgehen Nordkoreas als Aggression und beschloss eine Militäraktion. Da die Sowjetunion zu diesem Zeitpunkt den Sicherheitsrat aus Protest gegen die Mitgliedschaft der Republik China (Taiwan) boykottierte, konnte sie kein Veto einlegen. Die USA und ihre Verbündeten landeten Truppen in Korea. Nach schweren, wechselvollen Kämpfen und nachdem auf der Seite Nordkoreas starke „Freiwilligenverbände" aus der Volksrepublik China eingegriffen hatten, kamen die Fronten nahe dem 38. Breitengrad zum Stehen. Ein Waffenstillstand beendete die militärischen Auseinandersetzungen. Bis heute wurde jedoch zwischen Nord- und Südkorea kein Friedensabkommen vereinbart.

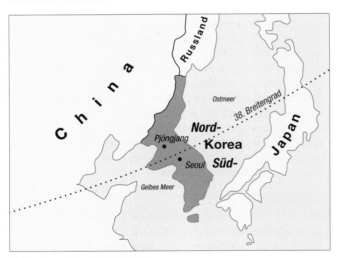

■ Der Koreakrieg 1950–1953.

Die Suezkrise 1956

Die Niederlage im arabisch-israelischen Krieg von 1948/49 hatte in Ägypten innenpolitische Folgen: Offiziere stürzten König Faruk (1936–1952) und seine korrupte Regierung. In den darauf folgenden Machtkämpfen setzte sich Oberst Gamal Abdel Nasser durch. Um seinen Führungsanspruch in der arabischen Welt zu un-

■ „Die vereinten Nationen intervenieren im Suezkonflikt, die Russen kommen in Ungarn davon." Karikatur, veröffentlicht in der Satire-Zeitschrift „Punch", London, 1956.

→ Beurteile die Karikatur daraufhin, was die UNO (strenge Lehrerin) im Blick hat und worauf sie nicht achtet. Ziehe dazu auch die Infos über Ungarn auf S. 96 heran.

termauern, betrieb auch er eine aggressive Politik gegenüber Israel. Als er sich entschloss, Waffen im Ostblock zu kaufen, verweigerten ihm die USA die bereits zugesagten Mittel zur Erbauung des riesigen Nilstaudammes bei Assuan. Daraufhin verstaatlichte Nasser 1956 den Suezkanal. Diesen hatte bisher eine internationale westliche Kapitalgesellschaft betrieben.

Im Oktober 1956 war die Weltpolitik jedoch mit der Ungarnkrise befasst (vgl. S. 96). Das nützte Israel in Absprache mit Großbritannien und Frankreich für einen Angriff auf Ägypten. Auch die beiden europäischen Großmächte landeten Truppen, um – wie sie vorgaben – den Suezkanal zu schützen.

Die USA waren über das Unternehmen nicht unterrichtet worden. Sie stellten sich ebenso wie die UdSSR dagegen, um einen größeren Krieg zu vermeiden.

Nachdem die UNO die Angreifer verurteilt hatte, mussten sie sich aus Ägypten zurückziehen. An der Grenze zwischen Israel und Ägypten wurden UNO-Truppen stationiert.

Die Sowjetunion sprang als Kreditgeber für den Bau des Assuan-Staudammes ein und unterstützte Ägypten von nun an militärisch. Damit hatte sie in der arabischen Welt und gleichzeitig im Mittelmeerraum Fuß gefasst. Israel erhielt daraufhin Unterstützung von den USA.

■ Amerikanische und sowjetische Panzer am Grenzübergang „Checkpoint Charlie" in Berlin im Oktober 1961. Foto, 1961.

Die Berlinkrise 1958 – 1961

Von 1958 bis 1961 erhob die sowjetische Führung unter Generalsekretär Chruschtschow drei Mal die Forderung nach einem Abzug der Besatzungsmächte aus Berlin. Doch in dieser Frage waren die Westalliierten zu keinen Zugeständnissen bereit.

Gleichzeitig flüchteten in Berlin bis 1961 ca. 2,8 bis 3 Mio. Menschen aus der DDR in den Westen – etwa 16 Prozent der DDR-Bevölkerung. Die DDR-Führung befahl mit sowjetischer Zustimmung am 13. August 1961 den Bau einer Mauer.

Der deutsche Historiker Gregor Schöllgen meint:

L *Immerhin hatte Chruschtschow mehr als einmal damit gedroht, dass ein über die Berlinfrage ausbrechender Krieg nuklear geführt werden würde. Wie ernst diese Drohungen immer gewesen sein mögen, ignorieren konnte man sie nicht, und Berlin war gewiss einer der letzten Gründe, um die Vereinigten Staaten einem sowjetischen Nuklearschlag auszusetzen. Tatsächlich ist es in der Berlin-Krise nur einmal zur Demonstration militärischer Stärke gekommen: Am 27. und 28. Oktober 1961 standen sich am Checkpoint Charlie amerikanische und sowjetische Panzer gegenüber. Es fiel zwar kein Schuss, gleichwohl führte die Szene doch allen deutlich vor Augen, was auf dem Spiel stand, wie zerbrechlich der Friede war.*
(Schöllgen, Geschichte der Weltpolitik von Hitler bis Gorbatschow, 1996, S. 160)

Die Kubakrise 1962

1962 entdeckten Aufklärungssatelliten der USA im Bau befindliche sowjetische Raketenstellungen auf der Insel Kuba. Dort war drei Jahre zuvor Fidel Castro durch eine Revolution gegen eine von den USA geförderte korrupte Diktatur an die Macht gekommen. Ihn unterstützte die Sowjetunion. Sie war damit in das unmittelbare Vorfeld der USA eingedrungen. Diese sahen darin den Versuch Moskaus, Kuba zu einer Raketenbasis gegen die USA aufzubauen. Bereits zuvor hatten die USA Raketen im NATO-Partnerland Türkei stationiert. US-Präsident John F. Kennedy war nicht bereit, dies hinzunehmen. Er verfügte eine Seeblockade vor Kuba und erklärte in einer „Rede an die Nation":

Q *Im Laufe der letzten Woche haben eindeutige Beweise die Tatsache erhärtet, dass derzeit auf dieser unterdrückten Insel mehrere Anlagen für Angriffsraketen errichtet werden. Der Zweck dieser Anlagen kann nur darin bestehen, die Möglichkeit eines Atomschlags gegen die westliche Hemisphäre zu schaffen (...). Wir werden das Risiko eines weltweiten Atomkriegs nicht voreilig oder ohne Not eingehen (...), wir werden dieses Risiko aber auch nicht scheuen, falls es zu irgendeinem Zeitpunkt eingegangen werden muss.*
(Zit. nach: Schmid, Fragen an die Geschichte, Bd. 4, 1988, S. 94)

Die Welt verfolgte die Auseinandersetzung der beiden Supermächte mit größter Besorgnis. Schließlich schaltete sich die UNO vermittelnd ein. Chruschtschow befahl im letzten Moment den sowjetischen Schiffen, die bereits Raketen an Bord hatten, umzukehren. Nachdem Kennedy zugesagt hatte, keine Invasion auf Kuba zu unternehmen und über die Raketen in der Türkei Geheimverhandlungen zu führen, erklärte sich Chruschtschow bereit, auch die Raketenrampen abzubauen.

Die Welt atmete auf. Noch nie war die Gefahr eines atomar geführten Weltkrieges so akut gewesen. Auch die beiden Supermächte hatten diese Gefahr erkannt. Sie errichteten einen „heißen Draht" (= direkte Telefonverbindung) zwischen dem Kreml und dem Weißen Haus.

→ Fragen und Arbeitsaufträge

1. Gruppenarbeit: Informiert euch über die gegenwärtige politische Situation im Gebiet des Koreakrieges oder der Suezkrise. Vergleicht und beurteilt sie hinsichtlich ihrer Stabilität oder hinsichtlich ihres Potenzials, eine weltpolitisch bedeutsame Krise auszulösen.

2. Gruppenarbeit: Arbeitet die Zuspitzung und Rückentwicklung von Berlinkrise und Kubakrise heraus. Vergleicht die zwei Krisenherde hinsichtlich des Gefahrenpotenzials einer direkten militärischen Konfrontation der beiden Supermächte.

3. Beschreibe das Foto und stelle es in Beziehung zur Literaturstelle.

4. Von der Sowjetunion zur GUS

Stalins letzte Jahre

Die Sowjetunion zählte zu den militärischen Siegern des Zweiten Weltkrieges. Doch die Verluste waren groß. Nach Schätzungen hatten mindestens 25 Millionen Menschen ihr Leben verloren. Weite Teile des Landes waren verwüstet. Viele sahen in Stalin den „Retter der Sowjetunion". Der Aufbau neuer Industrien, neuer Bildungs- und Forschungsstätten sowie der Aufstieg der Sowjetunion zur neuen militärischen Weltmacht wurden ihm zugeschrieben. Doch Stalins Herrschaft (seit 1924) bedeutete vor allem auch Zwang, (Staats-)Terror und Tod. Die Geheimpolizei verbreitete zudem Misstrauen und Angst. 1953 drohte neuerlich eine Verhaftungswelle, ehe Stalin im März starb.

Ereignisse während der Herrschaft Stalins:

1930/31:	Deportation von knapp 2 Millionen Bäuerinnen und Bauern, Hunderttausende Tote
1932/33:	Ca. 6 Millionen Hungertote als Folge der Zwangskollektivierung
1936 – 38:	Der „Große Terror" führte zu ca. 1,4 Millionen Verurteilungen und ca. 700 000 Hinrichtungen (viele militärische und wirtschaftliche Führungskräfte sowie Intellektuelle, Parteifunktionärinnen und Parteifunktionäre).
1934 – 41:	7 Millionen in Lagern Inhaftierte
1941 – 43:	Ca. 600 000 Tote in den Lagern
1953:	2,75 Millionen in Lagern Inhaftierte

(Zusammengestellt nach: Courtois u. a., Das Schwarzbuch des Kommunismus, 1998, S. 165–275)

Chruschtschow will Reformen in Partei, Staat und Wirtschaft

Chruschtschow wurde neuer Generalsekretär der Kommunistischen Partei. Auf dem 20. Parteitag (1956) verurteilte er den Kult um seinen Vorgänger und enthüllte einen Teil der von Stalin und seinen Helfern begangenen Verbrechen. Knapp die Hälfte der in der Stalinzeit verhafteten Opfer durfte aus den (Arbeits-)Lagern wieder in das zivile Leben zurückkehren. Dennoch herrschte auch unter Chruschtschow Repression. In der Sowjetunion bestimmte die Kommunistische Partei die Politik und alle Bereiche von Wirtschaft und Gesellschaft. Sie war straff organisiert. Kennzeichnend für die Wirtschaft waren zentrale Planung und Verwaltung. Im Mittelpunkt der Wirtschaftspolitik stand der Aufbau der Schwerindustrie. Hinsichtlich des Lebensstandards der Bevölkerung wies die Sowjetunion jedoch einen großen Rückstand gegenüber dem „Westen" auf. Daher sollte die Versorgung mit Konsumgütern, Lebensmitteln und Wohnungen verbessert werden. Die Arbeiterinnen und Arbeiter erhielten das Recht, ihre Arbeitsplätze zu wechseln. In der Landwirtschaft wurden neue Anbauflächen erschlossen und die Ausrüstung mit Maschinen und Traktoren verbessert. Dennoch musste die Sowjetunion weiterhin Getreide importieren. Chruschtschows Reformen stießen bei vielen Parteifunktionären sowie bei der Armeeführung auf Widerstand. Diese lehnte vor allem eine Senkung der Militärausgaben zugunsten des privaten Konsums ab. Zusätzlich schwächten noch außenpolitische Misserfolge wie der Bruch mit China (1960) oder die Kubakrise (vgl. S. 93) Chruschtschows Position. Er wurde 1964 zum Rücktritt gezwungen.

Breschnew festigt die Staatsmacht erneut – und scheitert

Unter dem neuen Parteichef Leonid Breschnew (1964 – 1982) wurden die Reformen gestoppt und der Druck der Staatsmacht wieder verstärkt. Dies bekamen besonders Kritikerinnen und Kritiker des sowjetischen Systems, so genannte „Dissidentinnen" und „Dissidenten", zu spüren. Sie verlangten eine Demokratisierung der Gesellschaft, forderten Meinungsfreiheit und protestierten gegen Rechtsverstöße durch die Behörden. Die Staatsmacht reagierte mit Berufsverboten, Gefängnis, Zwangsarbeit, Einweisung in psychiatrische Kliniken, Verbannung und Ausbürgerung.
Ende der 1970er Jahre geriet die sowjetische Wirtschaft in eine tiefe Krise. Spätestens Mitte der 1980er Jahre erkannten immer mehr Parteifunktionäre, dass sich die Krise in Gesellschaft und Wirtschaft nur noch durch grundlegende Veränderungen bewältigen ließe.

Perestroika und Glasnost

Im Jahr 1985 wurde der Agrarfachmann und Jurist Michail Gorbatschow neuer Generalsekretär der Kommunistischen Partei. Im Gegensatz zu seinen Vorgängern trat er für grundlegende Veränderungen ein – für „Perestroika" und „Glasnost": Erstens sollte ein umfassender Umbau der Wirtschaft (Perestroika) erfolgen. Zweitens sollten die herrschenden Zustände offengelegt und frei kritisiert werden können (Glasnost). Gorbatschow leitete diese Reformen „von oben" ein. Doch schon lange hatten viele Intellektuelle, Kunstschaffende und engagierte Menschen „von unten" auf die Veränderung der herrschenden Zustände gedrängt. 1986 durfte der Atomwissenschafter und Dissident Andrej Sacharow aus seiner Verbannung nach Moskau zurückkehren. Viele politische Gefangene wurden amnestiert, die Werke bisher verbotener Schriftsteller veröffentlicht. Im Zuge der neuen Offenheit in den Medien geriet auch der Terror der Stalinzeit immer stärker unter Kritik.

Auf Lastwagen und in Bussen ziehen die Bürger im sibirischen Irkutsk an einem kalten Wintertag des Jahres 1989 vor die Tore der Stadt. Die Fahnen vor den offiziellen Gebäuden stehen auf Halbmast. Die antistalinistische „Memorial"-Bewegung und die Gemeindeverwaltung luden zum symbolischen Begräbnis der kürzlich entdeckten menschlichen Überreste von Opfern eines NKWD-Lagers aus der Stalinzeit. Der örtliche KGB hatte mitgeholfen, das Massengrab zu finden. Der orthodoxe Pope der Stadt übernimmt die Einsegnung.
(Löw, Revolution von oben, 1990, S. 34)

Am 28. Parteitag im Jahr 1990 verurteilte schließlich auch die Kommunistische Partei offiziell das „totalitäre stalinistische System".

Gorbatschow baut alte Feindbilder ab

Der Kalte Krieg hatte Feindbilder geschaffen, die Michail Gorbatschow abbauen wollte:

Q *Die Zeit steht nicht still. (...) Wir müssen handeln. Die Weltlage lässt es nicht zu, dass wir auf einen günstigeren Moment warten (...). Wir regen Kontakte zu Menschen an, die andere Weltanschauungen und andere politische Überzeugungen vertreten (...). Wir brauchen kein „Feindbild" von Amerika, weder aus innen- noch aus außenpolitischem Interesse. (...)*
(Gorbatschow, Perestroika, 1987, S. 12 f., 284 f.)

Der wirtschaftliche Unterbau zerfällt

Perestroika und Glasnost konnten jedoch die Wirtschafts- und Versorgungskrise nicht beheben. Trotz Reformen, wie z.B. mehr Möglichkeiten privater Wirtschaft, trat keine spürbare Besserung für die breite Bevölkerung ein.
Die zunehmende Unzufriedenheit führte ab Sommer 1989 zu ersten Streiks unter den Bergarbeitern. Die Streikenden verlangten eine bessere Versorgung und höhere Löhne sowie mehr Selbstständigkeit für die Betriebe. Auch eine von der Kommunistischen Partei unabhängige Gewerkschaft wurde gegründet. 1990 forderten die Bergleute schließlich die Auflösung der Parteiorganisationen in den Großbetrieben, in der Armee und im Geheimdienst.

GUS statt Sowjetunion

Der Druck zu politischen Reformen nahm weiterhin ständig zu. Durch Wahlen änderte sich die Zusammensetzung des Volkskongresses. Trotz Manipulationen und massiver kommunistischer Propaganda stimmte die Wählerschaft vielfach für jene Kandidatinnen und Kandidaten, die von der Partei heftig bekämpft worden waren. In Moskau wurde Boris Jelzin, der nunmehr ausgetretene ehemalige KP-Chef der Stadt, mit 89 Prozent der Stimmen gewählt. Jelzin bildete mit gleichgesinnten Abgeordneten im Parlament eine Opposition. Sie kritisierte das Machtmonopol der Kommunistischen Partei und verlangte raschere Reformen. Im Jahr 1990 verzichtete die KPdSU nach über 70 Jahren auf ihre „führende Rolle" in der Gesellschaft.
Aber nicht nur die KPdSU verlor ihr Machtmonopol, Ende 1991 zerfiel auch die Sowjetunion als einheitlicher Staat. An ihre Stelle trat nun die GUS, die Gemeinschaft Unabhängiger Staaten. Ihr gehörten aber nicht mehr alle ehemaligen Sowjetrepubliken an, die baltischen Staaten zum Beispiel traten der GUS nicht bei.

■ Jupp Wolter, „Sollten wir nicht demnächst einmal mit Abrüstungsgesprächen beginnen?". Karikatur, Haus der Geschichte, Bonn.

■ Horst Haitzinger, „Brutal zerstört, unser schönes Feindbild!" Karikatur, 22.11.1988.

→ Fragen und Arbeitsaufträge

1. Analysiere die Aussagen Gorbatschows hinsichtlich seiner Einstellung zur Überwindung von „Feindbildern".
   Setze dazu auch die Karikatur von Horst Haitzinger in Beziehung.
2. Untersuche und interpretiere eine der Karikaturen. Gehe dabei darauf ein, welche politische und wirtschaftliche Aussage bzw. Kritik man erkennen kann und wie das Klischee „Feindbild" problematisiert wird.
3. Arbeite heraus, welche Sachverhalte in der Tabelle und in der Literaturstelle auf S. 94 beschrieben werden.
   Diskutiert ihre mögliche Bedeutung für die Bereitschaft der Bevölkerung zur Umgestaltung und Offenheit in der Sowjetunion.

5. Von der Volksdemokratie zu „Wir sind das Volk"

Der Begriff „Volksdemokratie"

„Volksdemokratie" bedeutete nach kommunistischer Selbstdefinition eine Übergangsform von der parlamentarischen Demokratie zum „Sozialismus". Dieser Weg war im Wesentlichen durch zwei Phasen gekennzeichnet:
– die Phase vom Kriegsende bis zur Errichtung des kommunistischen Machtmonopols;
– die Phase der Angleichung an das stalinistische Vorbild Sowjetunion und die Einbindung in den sowjetisch dominierten „Ostblock".

Der Weg zum kommunistischen Machtmonopol war von Land zu Land verschieden. Anfangs bestanden neben der Kommunistischen Partei (KP) auch bürgerliche, sozialdemokratische und Bauernparteien. Zu ihnen nahmen die Kommunisten – oft über aus Moskau zurückgekehrte Funktionäre – Kontakt auf.

Die Errichtung von Volksdemokratien

In Ungarn erreichte bei den Wahlen im November 1945 die Partei der Kleinlandwirte 57,7 Prozent der Stimmen, die der Sozialdemokraten 17,4 Prozent und die KP 16,7 Prozent. In der neuen Regierung waren alle drei Parteien vertreten. Die Kommunisten trachteten danach, unterstützt durch die UdSSR, Schlüsselpositionen (z. B. das Innenministerium) zu besetzen. Die Partei der Kleinlandwirte wurde ausgeschaltet, die Sozialdemokratische Partei mit der KP (zwangs-)vereinigt. Im August 1949 wurde unter der offiziellen Bezeichnung „Volksrepublik" die Volksdemokratie eingeführt. Damit lag die Macht faktisch in den Händen der KP, auch wenn erst 1952 mit Mátyás Rákosi erstmals ein Kommunist an der Spitze einer neuen Regierung stand.

In Polen wurde im Juni 1945 eine Regierung der „Nationalen Einheit" gegründet. In dieser hatten die von der UdSSR unterstützten Kommunisten die Mehrheit. Ein aus dem Exil zurückgekehrtes Mitglied gründete jedoch eine neue Bauernpartei.
Als die Kommunisten für die Wahlen im Jänner 1947 die Bildung einer Einheitsliste vorschlugen, wurde dies von der Bauernpartei abgelehnt. Mit Hilfe des sowjetischen Geheimdienstes wurden über hunderttausend Polen verhaftet, ca. einer Million Menschen wurde unter dem Vorwurf der Kollaboration mit den Deutschen während des Zweiten Weltkrieges das Wahlrecht aberkannt. Dieser Druck und Manipulationen am Wahltag selbst brachten der von der KP dominierten Wahlliste ca. 90 Prozent der Stimmen. 1952 trat eine Verfassung in Kraft, die das Land zur Volksdemokratie erklärte.

Gescheiterte Reformen

Der 20. Parteitag der KP in der Sowjetunion 1956 (vgl. S. 94) hatte großen Einfluss auf die Entwicklungen in den Volksdemokratien.
In Polen entwickelte sich im Juni 1956 in Poznan (Posen) aus einem Protestmarsch ein Generalstreik. Diesen unterdrückten die polnischen Sicherheitskräfte gewaltsam. Zu einer Intervention der UdSSR kam es allerdings nicht.

In Ungarn war die Erbitterung gegen die Regierung Rákosi und den sowjetischen Einfluss im Land jedoch so groß, dass sich im Oktober 1956 Demonstrationen rasch zu einem Volksaufstand ausweiteten. Eine neue Regierung unter dem Reformer Imre Nagy wurde gebildet. Sie ließ wieder mehrere Parteien zu und erklärte schließlich sogar den Austritt Ungarns aus dem Warschauer Pakt. Anfang November 1956 schlug die sowjetische Armee den Freiheitskampf nieder. Die Appelle der ungarischen Regierung an die UNO und das westliche Ausland blieben unbeantwortet. Der Schriftsteller Manès Sperber schrieb unter dem Eindruck der Ereignisse:

> **Q** *Einzig unser versteinertes Schweigen hat den ungarischen Freiheitskämpfern geantwortet, die in den letzten Schlachten zugrunde gingen. Als sie den ungleichen Kampf aufnahmen, hatten sie auf unsere Hilfe gehofft. Als sie starben, verzweifelten sie an einer freien Welt, die bereit war, mit ihnen den Triumph zu teilen, nicht aber den Kampf. Der Westen, der für das ungarische Volk keine andere Hilfe bereithielt als Worte, hat nicht einmal mehr das Recht, zu weinen. Die demokratischen Staatsmänner waren zu sehr mit der Rettung des Diktators von Ägypten beschäftigt. (...) Eigentlich und rechtens müsste sich der Westen damit selbst ausgetilgt haben. Was ihn rettet, ist nur, dass die totalitären Diktaturen noch früher unter der Last ihrer Untaten zusammenbrechen werden.*
> (Sperber, Der Westen darf nicht einmal weinen, 1956, S. 433 ff.)

Nach dem gewaltsamen Ende der Revolution in Ungarn kamen etwa 180 000 bis 200 000 Flüchtlinge nach Österreich.

In der Tschechoslowakei bildete sich im Jahr 1968 mit dem „Prager Frühling" eine breite Reformbewegung. Sie wurde von Menschen aus Literatur, Kunst und Wissenschaft getragen. Sie erfasste auch die KP unter Partei- und Regierungschef Alexander Dubček. Im August 1968 wurde sie jedoch von den Truppen des Warschauer Paktes unter der Führung der Sowjetunion gewaltsam niedergeschlagen.

Sturz der Volksdemokratien

Die Entwicklung in der Sowjetunion ab 1985 wirkte sich auch auf die Volksdemokratien aus. Außerdem gab es eigenständige Bestrebungen nach Veränderung, die lange vor 1985 eingesetzt hatten.
Bereits in den 1970er Jahren begehrte in Polen die Arbeiterschaft immer wieder auf. 1980 brachen in Danzig und darauf im ganzen Land Streiks aus. Unmittelbarer Anlass waren Erhöhungen der Lebensmittelpreise. Diese Bewegung unterstützte besonders auch die Katholische Kirche. Die Regierung gewährte Lohnerhöhungen und erlaubte die Gründung der unabhängigen Gewerkschaft „Solidarność" (Solidarität) unter Lech Walesa. Da

der politische Einfluss der „Solidarität" rasch zunahm, wurde sie 1981 verboten. 1988, nach einer neuerlichen Streikwelle, einigten sich Regierung und Opposition auf einen Übergang Polens zu einer parlamentarischen Demokratie.

Ebenso wie in Polen brach auch in den anderen Volksdemokratien die kommunistische Staatsmacht zusammen.

Der deutsche Historiker Edgar Wolfrum schreibt:

L *Im Mai 1989 begannen ungarische Grenztruppen mit dem Abbau der Sperranlagen und zerschnitten den Zaun an der ungarisch-österreichischen Grenze; der Eiserne Vorhang wurde durchlässig, vor allem für Zehntausende von DDR-Flüchtlingen. Ebenfalls friedlich verlief der Umsturz in der Tschechoslowakei. Der späte, dann aber beharrliche Massenprotest trieb die reformunwillige kommunistische Führung aus dem Amt, und der noch Anfang des Jahres 1989 inhaftierte Bürgerrechtler und Dramatiker Vaclav Havel wurde zum Staatspräsidenten gewählt. In Bulgarien und Albanien dauerte alles länger und war die Situation lange kritisch. Blutig, ja begleitet von Gewaltexzessen war der Umsturz in Rumänien, denn die gefürchtete Geheimpolizei „Securitate" verübte zahlreiche Gräueltaten, während der Diktator Ceausescu auf der Flucht verhaftet und zusammen mit seiner Frau nach einem kurzen Schau-Prozess hingerichtet wurde. Im blockfreien Jugoslawien, in dem es bereits seit dem Tode Titos 1980 unruhig geworden war, verschärften sich die Autonomiebestrebungen der reicheren Teilrepubliken. Nationalistische Politiker schürten alte ethnische und religiöse Konflikte, die den Balkan für Jahre in einen erschreckenden, schonungslosen Bürgerkrieg mit Vertreibungen und Massenmorden stürzten.*

(Wolfrum, Welt im Zwiespalt, 2017, S. 69)

Auch in der DDR erhob sich in den 1980er Jahren Widerstand. Besonders innerhalb der Kirchen bildeten sich Gruppen, die trotz strenger Überwachung und Bespitzelung für Menschenrechte und Frieden eintraten („Schwerter zu Pflugscharen"). Die Staatsführung lehnte jedoch jede Reformpolitik ab. Viele sahen daher in der Flucht die einzige Chance, dem System zu entkommen. Die Entscheidung fiel schließlich im Herbst 1989. Unter der Parole „Wir sind das Volk" bewirkten immer größere Demonstrationen den „Fall der Berliner Mauer" und den Zusammenbruch der kommunistischen Staatsmacht.

Der britische Historiker Tony Judt weist auf die besondere Rolle der Medien beim Zusammenbruch der kommunistischen Herrschaften hin:

■ Der österreichische Außenminister Mock (links) und sein ungarischer Amtskollege Horn zerschneiden am 27. Juni 1989 symbolisch den Stacheldrahtzaun an der Grenze bei Sopron. Foto, 1989.

Diese Inszenierung für die Medien fand einige Wochen nach der tatsächlichen Beseitigung des Grenzzaunes statt.

L *Ein neuer Faktor war die Rolle der Massenmedien. Besonders die Ungarn, Tschechen und Deutschen waren in der Lage, ihre eigene Revolution jeden Abend in den Fernsehnachrichten zu sehen. Für die Bevölkerung von Prag stellten die Wiederholungen der Ereignisse im Fernsehen eine Art unmittelbarer politischer Erziehung dar, die ihnen eine doppelte Botschaft einhämmerte: „Sie sind machtlos" und „Wir haben es getan". Infolgedessen verlor der Kommunismus seinen entscheidenden Aktivposten, Informationskontrolle und -monopol. Die Furcht, allein zu sein – die Unmöglichkeit zu wissen, ob die eigenen Gefühle von anderen geteilt wurden – war für immer dahin.*

(Judt, Geschichte Europas von 1945 bis zur Gegenwart, 2012, S. 723)

→ **Fragen und Arbeitsaufträge**

1. Skizziere anhand des Autorentextes, wie die jeweiligen kommunistischen Parteien in Ungarn und Polen die Macht im Staat erlangten.

2. Arbeite aus dem Text von Manès Sperber seine Sichtweisen der Ereignisse von 1956 (Suezkrise/Ungarn) und seine Zukunftsvisionen heraus.

3. Analysiere die Bedeutung des Wegfalls eines bestehenden staatlichen Informationsmonopols in der Phase eines revolutionären Umbruchs.

4. Betrachte das Foto und lies die Bildunterschrift. Nennt mögliche Absichten einer derartigen Inszenierung. Denkt an die dargestellten Persönlichkeiten und an jene, die solche Bilder wahrnehmen.

6. Jugoslawien: Sieben neue Staaten

Seit Beginn des 21. Jh. bestehen auf dem Gebiet des ehemaligen Jugoslawien sieben neue Staaten: Slowenien, Kroatien, Bosnien und Herzegowina, Nordmazedonien (bis Februar 2019 Mazedonien), Serbien, Montenegro und der Kosovo. Diese neue Staatenkarte ist ein Abbild der bundesstaatlichen Verfassung des untergegangenen Jugoslawiens. Dazu schreibt die Historikerin Marie-Janine Calic:

> Jugoslawien schlitterte in den 1980er Jahren in die tiefste wirtschaftliche, politische und sozialpsychologische Krise seines Bestehens. (...) Je mehr die säkuläre Religion des Kommunismus an Überzeugungskraft einbüßte, desto attraktiver erschien die Flucht in den Glauben an ethnische Identitäten und in die Geschichte. (...) In allen (Teil-)Republiken markierten die späten 1980er Jahre eine nationalistische Wende. (...) Viele Menschen fühlten sich in den schwierigen Zeiten nur noch durch Führer angemessen vertreten, welche mit nationalistischer Massenagitation demokratische Legitimation vorgaukelten.
>
> (Calic, Geschichte Jugoslawiens im 20. Jahrhundert, 2010, S. 141 f.)

Slowenien und Kroatien sagen sich los

Am 25. Juni 1991 erklärten sich Slowenien und Kroatien für unabhängig. Damit begann der Zerfall eines Staates, der nach dem Ersten Weltkrieg 1918 als Königreich der Serben, Kroaten und Slowenen gegründet worden war. Im Zweiten Weltkrieg wurde Jugoslawien nach dem Überfall der deutschen Wehrmacht (1941) unter Beteiligung Italiens, Ungarns und Bulgariens zerschlagen. Es entstand wieder 1945 als Sozialistische Föderative Republik Jugoslawien unter der Führung von Josip Broz Tito.

■ Gedenkstätte Srebrenica. Foto, Juli 2009.
Besucherinnen und Besucher der Gedenkstätte lesen die Namen der bosnischen Muslime, die im Genozid von Srebrenica 1995 getötet wurden.

Nach Titos Tod 1981 traten Spannungen zwischen Serbien und den anderen Teilrepubliken auf. Auch im wirtschaftlichen Bereich wurden Unterschiede zwischen den Teilrepubliken des Nordens (Slowenien, Kroatien) und jenen des übrigen Jugoslawien immer stärker. Vor allem in der autonomen Provinz Kosovo begann eine Politik der Unterdrückung durch Serbien gegenüber den ca. 1,5 Mio. Albanern. 1989 wurde der Provinz die Autonomie aberkannt. Als Slowenien seine neuen Grenzen als internationale Grenzen einrichten wollte, besetzte die jugoslawische Volksarmee die Grenzstationen. Daraufhin folgte ein Krieg, der zehn Tage dauerte. Diese kurze Dauer hängt auch damit zusammen, weil in Slowenien kaum Serben lebten.

Anders war die Situation in Kroatien. Hier brachen unmittelbar nach der Unabhängigkeitserklärung Kämpfe zwischen den kroatischen Sicherheitskräften und bewaffneten Serben aus. Die jugoslawische Volksarmee unterstützte die Serben in Kroatien und besetzte schließlich ungefähr ein Drittel des Landes. Dieser Krieg führte zur Zerstörung ganzer Städte (u. a. Vukovar) und zwang rund eine halbe Million Menschen zur Flucht.

Die internationale Staatengemeinschaft reagierte widersprüchlich. Deutschland und Österreich unterstützten die Selbstständigkeit Kroatiens und Sloweniens. Die UNO sowie die Regierungen in Washington, Paris und Moskau befürworteten hingegen den Erhalt Jugoslawiens. Sie befürchteten einen Präzedenzfall für weitere Unabhängigkeitsbestrebungen. Ende 1991 akzeptierten Kroatien und Serbien einen Plan der UNO. UNO-Truppen wurden in die Krisengebiete entsandt.

Krieg in Bosnien-Herzegowina

Anfang 1992 verlagerte sich der Krieg nach Bosnien-Herzegowina, nachdem es als unabhängiger Staat anerkannt worden war. Dort lebten 44 Prozent Bosniaken (Muslime), 32 Prozent Serben (Orthodoxe) und 17 Prozent Kroaten (Katholiken). Diese Bevölkerungsvielfalt führte im Verlauf des Krieges zu gegenseitigen Vertreibungen. Man wollte „ethnisch homogene" Gebiete schaffen („Ethnic Cleansing"). Davon besonders betroffen war die muslimische Bevölkerung. Sie wurde in Internierungslager gezwängt und vielfach umgebracht. Frauen fielen massenhaft Vergewaltigungen zum Opfer. Vor allem in Srebrenica gedenken alljährlich die Hinterbliebenen eines Massakers, das international als Genozid eingestuft wurde, bei dem ca. 8 000 muslimische Buben, Männer und Greise von bosnischen Serben ermordet wurden.

Über die Folgewirkungen schreibt der Historiker Wim van Meurs:

> In den Staatsorganen gilt sowohl für die Föderation (zwischen Bosniaken und Kroaten) wie für den Gesamtstaat (zwischen Bosniaken, Kroaten und Serben) das Prinzip des ethnischen Proporzes. Da die Bürger des Landes seit den ersten Wahlen nach dem Krieg von 1996 weitgehend der nationalen Zughörigkeit entsprechend wählen, entstand eine einzigartige ethnopolitische Pattstellung. Sie belohnte Politiker, die jede gesamtstaatliche Verantwortung ablehnten, und bestrafte diejenigen, die willens waren, im Interesse des Gesamtstaates

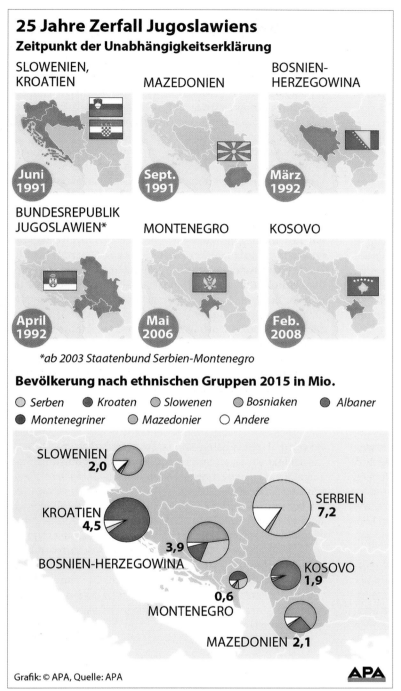

25 Jahre Zerfall Jugoslawiens
Zeitpunkt der Unabhängigkeitserklärung

SLOWENIEN, KROATIEN — Juni 1991

MAZEDONIEN — Sept. 1991

BOSNIEN-HERZEGOWINA — März 1992

BUNDESREPUBLIK JUGOSLAWIEN* — April 1992

MONTENEGRO — Mai 2006

KOSOVO — Feb. 2008

*ab 2003 Staatenbund Serbien-Montenegro

Bevölkerung nach ethnischen Gruppen 2015 in Mio.

○ Serben   ● Kroaten   ○ Slowenen   ○ Bosniaken   ● Albaner
● Montenegriner   ○ Mazedonier   ○ Andere

SLOWENIEN 2,0
KROATIEN 4,5
BOSNIEN-HERZEGOWINA 3,9
MONTENEGRO 0,6
SERBIEN 7,2
KOSOVO 1,9
MAZEDONIEN 2,1

Grafik: © APA, Quelle: APA

APA

■ 25 Jahre Zerfall Jugoslawiens. Erstellt 2016.
Der Nachfolgestaat Mazedonien heißt seit 2019 Nordmazedonien.

und in Abkehr von den nationalen Maximalforderungen Zugeständnisse zu machen. Innerethnische Zusammenarbeit ließ sich ebenso wenig erreichen wie eine schrittweise Übertragung von Kompetenzen auf die schwache zentralstaatliche Ebene.
(van Meurs, Krise, Stabilisierung und Integration, 2011, S. 745)

In der Friedensregelung von Dayton von 1995 blieb Bosnien und Herzegowina zwar formal als Einheit bestehen, doch setzte es sich aus zwei Teilstaaten (Bosniakisch-Kroatische Föderation und Republika Srpska) mit innerer Autonomie zusammen.

Der Kosovo – der jüngste Nachfolgestaat

Die Aberkennung des Autonomiestatus durch Serbien (1989) verstärkte im Kosovo die regionale Unabhängigkeitsbewegung. Die radikalen Gruppen, die eine gewaltsame Loslösung des Kosovo von Serbien betrieben, erhielten immer mehr Zulauf. Die Kämpfe mit den serbischen Sicherheitskräften forderten zunehmend mehr Opfer unter der albanischen zivilen Bevölkerung.

Massenvertreibungen und Massenhinrichtungen von Albanern führten zum militärischen Eingreifen der NATO. Sie rechtfertigte im März 1999 ihre Intervention damit, eine noch größere humanitäre Katastrophe verhindern zu wollen. Nach einem 77 Tage dauernden Bombardement serbischer Städte und Einrichtungen stimmte Serbien dem Abzug seiner Truppen aus dem Kosovo zu. Die KFOR (Kosovo-Force)-Truppen der UNO übernahmen die Kontrolle im Kosovo.

Nach jahrelangen Bemühungen um eine gemeinsame Lösung proklamierte schließlich der Kosovo im Februar 2008 einseitig seine Unabhängigkeit. Er wurde bisher aber nur von etwa der Hälfte der Mitgliedstaaten der UNO anerkannt. In Verhandlungen zwischen Serbien und dem Kosovo bemüht man sich um eine Beilegung des Konflikts.
Bei den Wahlen 2017 vergrößerte sich der Einfluss nationaler Gruppierungen.

→ Fragen und Arbeitsaufträge

1. Beschreibe mithilfe der Infografik die ethnische Zusammensetzung der Bevölkerung der Nachfolgestaaten Jugoslawiens.
2. Erörtere unter Einbeziehung der Textstelle von Calic, ob die ethnische Vielfalt Ex-Jugoslawiens zwangsläufig zu Konflikten führen musste oder ob den Konflikten auch andere Ursachen zu Grunde lagen.
3. Ziehe auch die zweite Literaturstelle (van Meurs) für deine Auseinandersetzung mit der Frage der Folgen der ethnischen Vielfalt im ehemaligen Jugoslawien heran.
   Nimm Stellung dazu, wieweit hier Vorurteile bzw. zu wenig begründete „Vorausurteile" eine wichtige Rolle spielen (vgl. S. 74 f.).
4. Nenne mögliche Folgen von „Ethnic Cleansing".
   Beschreibe das Foto und arbeite in diesem Zusammenhang den Umgang mit Erinnerungen heraus.
5. Slowenien ist seit 2004 Mitgliedstaat der EU, Kroatien seit 2013. Erkläre die aktuelle politische Diskussion um den EU-Beitritt der weiteren Nachfolgestaaten Jugoslawiens.

7. Erinnerungen, Erzählungen und politische Diskussionen

Die Informationen in diesem Kapitel dienen dazu, die Politikbezogene Methodenkompetenz weiterzuentwickeln. Am Beispiel der Methode „Oral History" wird gezeigt, wie Datenerhebungen und dahinterliegende Fragestellungen nachvollzogen und untersucht werden können. Auf diese Weise sollen Sachaussagen und bewertende Aussagen besser unterscheidbar werden.

Die Zeit nach dem Zweiten Weltkrieg bis in die 1990er Jahre war voll von Geschehnissen, die zum Teil weltpolitische Bedeutung erlangt haben. Beispiele dafür sind etwa die Kubakrise und die Berlinkrise in den 1960er Jahren, der Sturz der europäischen Volksdemokratien mit dem Abbau der Grenzzäune gegen Ungarn und die Tschechoslowakei 1989 oder der für viele überraschend gekommene Zerfall der Sowjetunion 1991.

Aber auch regionale Krisen in benachbarten Ländern, wie die Kriege im zerfallenden Jugoslawien, in deren Gefolge zahlreiche Flüchtlinge nach Österreich kamen, sind vielen Menschen im Gedächtnis geblieben.

Einige erinnern sich noch an die Ungarnkrise (1956), als innerhalb weniger Wochen etwa 180 000 bis 200 000 Menschen über die burgenländische Grenze nach Österreich kamen.

Furchteinflößend in der Zeit des Kalten Krieges war immer wieder die Bedrohung durch Atomwaffen. Der Super-GAU im Atomkraftwerk Tschernobyl am 26. 4. 1986 machte die atomare Gefahr in einer neuen Form zur Realität.

Besonders einprägsam waren schließlich auch die Anschläge vom 11. 9. 2001 mit der Zerstörung der Twin Towers des World Trade Centers in New York.

Solche und ähnliche Ereignisse und deren Begleitumstände werden von vielen Menschen so einprägsam erlebt, dass sie sich sogar daran erinnern, was sie zum Zeitpunkt des Geschehens taten, wo sie sich damals befanden o. Ä. Doch diese Erinnerungen sind immer auch verknüpft mit persönlichen Gefühlen sowie subjektiven Wahrnehmungen und Interpretationen. Diese können bereichernd und ergänzend, aber auch verzerrend und verkürzend sein.

Persönliche Gefühle und Interpretationen fließen oft auch in aktuelle politische Diskussionen ein, in denen Erlebtes aus der Vergangenheit thematisiert wird – entweder als Argumente für eine persönliche politische Meinung oder zu Vergleichszwecken. 2015 und 2016 wurden beispielsweise in den österreichischen Medien immer wieder Vergleiche zwischen den „Ungarnflüchtlingen" von 1956 und den Flüchtlingsbewegungen aus Syrien, dem Irak, Afghanistan oder aus afrikanischen Staaten gemacht.

Der Super-GAU von Tschernobyl wird unter Bezugnahme auf die damaligen Ängste auch heute noch als Argument gegen den Ausbau der Atomkraft ins Treffen geführt.

Die Berechtigung des Krieges gegen den Irak durch die USA und ihre Verbündeten im Gefolge von „Nine eleven" ist nach wie vor auch unter Verweis auf die eigenen Eindrücke und das Wissen von damals höchst umstritten.

Die häufige Vermischung von historischen Tatsachen mit persönlichen Eindrücken und Wertungen macht es notwendig, Erzählungen und Berichte von Zeitzeuginnen und Zeitzeugen, das „Datenmaterial" der Oral History-Forschung, genau zu analysieren.

Die Ergebnisse lassen sich dann wiederum vergleichen mit den Beiträgen weiterer Zeitzeuginnen und Zeitzeugen, mit fachlichen Darstellungen, wie sie etwa im Schulbuch, in wissenschaftlicher Literatur oder in Fachzeitschriften zu finden sind.

Um zeitgeschichtliche Erinnerungen und Geschichtserzählungen, die in politischen Diskursen eingesetzt werden, besser nachvollziehbar zu machen, wird hier ein Projektvorschlag gemacht.

Projektanregung – Oral History (OH)

In einem ersten Schritt werden über die Erzählungen Daten „generiert" (= hervorgebracht). Diese sind dann hinsichtlich sachlicher und wertender Aussagen zu analysieren.

Ziel ist es herauszufiltern, welche subjektiven Eindrücke bestimmte Ereignisse bei den Menschen zu einem bestimmten Zeitpunkt hervorgerufen haben und welche Bedeutung und Tragweite diese ihnen dann für ihr eigenes Politikverständnis, für das eigene Leben und auch für das weitere gesellschaftliche Leben beimessen. Dem kann mit der Methode der OH nachgegangen werden.

Methode

Oral History trägt dazu bei, ein erlebtes historisches Ereignis in seiner (unmittelbaren) Wirkung auf Zeitzeuginnen und Zeitzeugen zu erfassen. Sie liefert über Befragungen und angeregte Erzählungen („Narrative = erzählende Interviews") von Zeitzeuginnen und Zeitzeugen entsprechende Aussagen. Diese bilden die Daten für die Rekonstruktion des erlebten und interpretierten Ereignisses. Diese „persönlichen Zutaten" der Erzählenden zum tatsächlichen Ereignis sollen durch eine auch für andere nachprüfbare (d. h. objektive) Methode herausgefiltert werden.

Dabei soll deutlich gemacht werden, wie diese „persönlichen Zutaten" sich in den aktuellen politischen Diskussionen wiederfinden. Dementsprechend sorgfältig sind also diese Daten zu erfassen und auszuwerten.

Oral history is both a subject and a methodology, a way of finding out more by careful, thoughtful interviewing and listening.
(Howarth, Oral History, 1999, S. 4)

Die Methode der OH ist mit Personen aller Altersgruppen und in Interviews zu aktuellen ebenso wie zu vergangenen politischen sowie historischen Ereignissen anwendbar.

Projektvorbereitung

Vorbereitend wird mit der zu befragenden Person das Thema des Interviews geklärt, damit beiden Gesprächspartnern Zeit bleibt, sich fachlich gründlich zu informieren bzw. die eigenen Erinnerungen aufzufrischen.

Über welches historische Ereignis ist das Interview zu führen (Thema; siehe Fragestellungen im Rahmen der Datenauswertung)? Es sollte eines sein, welches die Person besonders gut erinnert und das auch für die gegenwärtige politische Diskussion bedeutsam sein kann. Ganz allgemein können die Themen eines OH-Projektes solche sein, die sich, wie gesagt, auf jede Altersgruppe – auch die eigene – beziehen. D. h., diese Methode ist auch bei Interviews zu aktuellen politischen Ereignissen im Rahmen der Klasse anwendbar.

Weiters muss gesichert sein, dass das Interview auf Tonträgern bzw. auf Video aufgezeichnet und den Datenschutzrichtlinien (Verschwiegenheitspflicht, Anonymisierung) entsprochen wird. Eine Videoaufzeichnung bietet den Vorteil, dass auch nonverbale „Äußerungen" einbezogen und interpretiert werden können.

Bei OH wird also nicht auf Daten von anderen – z. B. Meinungsforschungsinstituten – zurückgegriffen, sondern es werden die Daten selbst hergestellt.

Für die Vorbereitung, Durchführung und Auswertung des Interviews sind Dreier-Teams sinnvoll.

Datenerhebung – Interviewführung

1. Die Interviewsituation zeichnet sich durch Respekt und Höflichkeit aus und ist gleichzeitig von kritischer Distanz getragen. Im Rahmen einer nachbereitenden Reflexion werden Fragen wie die folgenden bearbeitet: Wie wirkt die Person auf mich? Beeindruckt oder vereinnahmt sie mich? Welche positiven oder negativen Vorurteile habe ich ihr gegenüber? Die Ergebnisse dieser Reflexionen werden bei der Datenauswertung mit einbezogen.

2. Der Gesprächsbeginn ist an die Alltagskommunikation angelehnt – z. B. beginnt man mit Erkundigungen über das Befinden, die Situation im Gesprächsraum etc.

3. Die Einstiegsfrage besteht meist darin, die Interviewperson aufzufordern, über das Thema zu erzählen. Der Erzählstrom sollte nicht unterbrochen werden. Bei Erzählpausen sollte vorsichtig angeregt werden, noch nicht Erwähntes zu ergänzen etc. Nachfragen zur Klärung, Erläuterung, Präzisierung sollten erst am Ende gestellt werden.

   Im Lauf des Gesprächs sollte jedenfalls auch geklärt werden, was das für die Interviewperson damals wie heute Besondere am Erlebten darstellt und warum bzw. wie es ihrer Meinung nach die gegenwärtige politische Sichtweise und Diskussion beeinflusst.

4. Das Interview wird wörtlich verschriftlicht (transkribiert). Sprachliche „Unebenheiten" (Wortwiederholungen, unrichtige Satzkonstruktionen etc.) können dabei geglättet, Dialekteinfärbungen in normale Schriftsprache übergeführt werden. Die Zeilen werden fortlaufend nummeriert, um später unter Angabe der Zeilennummer genau zitieren zu können. Mittels der Interviews werden also Daten hergestellt. Mit Hilfe der Transkription werden diese „gespeichert". Nun folgt die Auswertung, d. h. die Analyse und Interpretation.

Datenauswertung – Interviewanalyse

Um die Datenauswertung möglichst objektiv, d. h. transparent und für andere nachvollziehbar, zu gestalten, sind die folgenden Regeln einzuhalten.

1. Ausgangspunkt sind die übergeordneten Leit-Fragestellungen: Warum hat dieses historische Ereignis für die interviewte Person diese Bedeutung erlangt? Was an dem, was die interviewte Person an dem historischen Ereignis damals für besonders wichtig gehalten hat, ist nach ihrer Einschätzung auch für die gegenwärtige politische Situation von Bedeutung?

2. Das gesamte Interview wird Satz für Satz auf diese Fragestellungen hin durchgegangen. Inhaltstragende Teile (solche, die sich auf die Leitfragen beziehen) werden unterstrichen, ausschmückende Teile werden gestrichen.

3. Die unterstrichenen Teile werden jeweils in eine grammatikalische Kurzform gebracht. Aus: „Man kann sich heute die Überraschung für mich, dass sich die Sowjetunion damals einfach aufgelöst hat, glaube ich, einfach gar nicht mehr vorstellen." wird: „Die Auflösung der Sowjetunion kam für mich überraschend." (= Paraphrasierung)

4. In einem neuerlichen Durchgang werden inhaltsgleiche oder nichtssagende Paraphrasen gestrichen.

5. Im Text verstreut vorkommende, aber sich aufeinander beziehende Paraphrasen werden zusammengefasst (= gebündelt) und unter Bezugnahme auf die Zeilennummer ebenfalls nummeriert.

6. Die gebündelten Paraphrasen beziehen sich nun auf die einzelnen im Interview angesprochenen Sachverhalte. Für diese grundlegenden Sachverhalte sind nun entsprechende allgemein gehaltene Benennungen (= Kategorienbezeichnungen) nötig. Sie sollen das bezeichnen, was in den gebündelten Paraphrasen zum Ausdruck kommt.

7. Diese übergeordneten Bezeichnungen werden jetzt auf die eingangs formulierten leitenden Fragestellungen bezogen. Einzelne besonders aussagekräftige Paraphrasen dienen als wörtliche Zitate zur Veranschaulichung der wesentlichen Aussagen. Sie werden zu den Fragestellungen in Beziehung gesetzt und unter Angabe der Zeilennummern zitiert.

8. Das Ergebnis wird schließlich mit der interviewten Person daraufhin überprüft, wie sehr es ihren Vorstellungen entspricht, wo also Übereinstimmung besteht. Ebenso wird geklärt, wo aufgrund der Analyse und Interpretation Unterschiede gegeben sind. Diese Punkte sind in einem gemeinsamen Gespräch mit entsprechenden Argumenten von beiden Seiten zu klären.

9. Auf dieselbe Weise sind auch die Interviews mit den anderen Personen zu führen und auszuwerten.

10. Über den Vergleich der Auswertung von mehreren Interviews lassen sich möglicherweise allgemeine Einsichten dazu gewinnen, was bei (bestimmten) historischen bzw. politischen Ereignissen bestimmte persönliche Bedeutsamkeiten hervorruft.

(Vgl. dazu die Darstellungen zur zusammenfassenden Inhaltsanalyse von Philipp Mayring: Qualitative Inhaltsanalyse. Grundlage und Techniken. 11. aktualisierte Auflage. Weinheim und Basel 2010, bes. S. 67 ff.)

Das bipolare Weltsystem und sein Zusammenbruch

Der Kalte Krieg

- Nach dem gemeinsamen Sieg über das nationalsozialistische Deutsche Reich entwickelte sich rasch eine scharfe Rivalität zwischen den „Supermächten" UdSSR und USA (Bipolarität).
- Die UdSSR verfolgte in den von ihr besetzten Ländern eine Politik der „Sowjetisierung" mit der Errichtung von Volksdemokratien. Diese bestanden bis zum Wendejahr 1989.
- Die USA unter Präsident Truman versuchten mit Wirtschaftshilfe (Marshallplan) und Militärbündnissen (NATO u. a.) das Vordringen des Kommunismus einzudämmen (Containment-Politik).
- COMECON und Warschauer Pakt auf sowjetischer Seite verfestigten die Blockbildung. Ständige Auf- und Nachrüstung sollte das (atomare) „Gleichgewicht des Schreckens" aufrechterhalten.
- In der Zeit des Kalten Krieges kam es zu keiner direkten militärischen Konfrontation zwischen den Supermächten. Die militärischen Konflikte um Einflussgebiete wurden als Stellvertreterkriege geführt. Dabei wurde besonders Deutschland zu einem zentralen Austragungsort des Kalten Krieges.
- Zwischen 1950 und 1962 kam es im Zuge des Ost-West-Konfliktes zu mehreren großen Krisen: Koreakrieg 1950–1953, Suezkrise 1956, Berlinkrise 1958–1961, Bau der Berliner Mauer 1961, Kubakrise 1962.
- Zwischen 1973 und 1975 fand die „Konferenz für Sicherheit und Zusammenarbeit in Europa" (KSZE), eine Folge von mehreren blockübergreifenden Konferenzen europäischer Staaten, statt. Sie endete mit der „Schlussakte von Helsinki" 1975. Als ihre Nachfolgeeinrichtung wurde 1995 die „Organisation für Sicherheit und Zusammenarbeit in Europa" (OSZE) gegründet.
- Die Ereignisse von 1989 in Europa führten zur Auflösung der Volksdemokratien, zum „Fall der Berliner Mauer" und zum Zerfall der Sowjetunion.

■ Schlagzeilen von Westberliner Zeitungen am 23. Oktober 1962 über die Verhängung der Seeblockade gegen Kuba durch die amerikanische Flotte. Foto, 1962.

- 1990 erklärten 32 europäische Staaten sowie die USA und Kanada das „Zeitalter der Konfrontation und der Teilung Europas" mit der Unterzeichnung der „Charta für ein neues Europa" für beendet.

Von der Sowjetunion zur GUS und zum Ende der Volksdemokratien

- In der im Zweiten Weltkrieg siegreichen Sowjetunion blieb Stalins Diktatur noch bis zu dessen Tod im Jahr 1953 erhalten. Der 20. Parteitag im Jahr 1956 brachte erstmals genauere Informationen über die Verbrechen der Gewaltherrschaft Stalins.
- Chruschtschow bemühte sich um Reformen in Partei, Staat, Wirtschaft und Gesellschaft. Nach seinem Sturz wurden die Reformen gestoppt.
- Die Planwirtschaft vernachlässigte die Konsumgüterproduktion zugunsten der Militärausgaben.
- Ab 1985 versuchte der neue Generalsekretär Gorbatschow, die Wirtschaft zu reformieren (Perestroika) und die Gesellschaft offener zu gestalten (Glasnost).
- Versorgungsprobleme führten im Gefolge eines erfolglosen Putsches gegen Gorbatschow im Jahr 1991 zum Zerfall der Sowjetunion.
- Die Reformen Gorbatschows ermutigten Menschen in den europäischen Volksdemokratien zum Widerstand gegen die dort herrschenden kommunistischen Regime. Die kommunistische Herrschaft brach nach und nach zusammen. Ein Demokratisierungsprozess setzte in den Ländern des ehemaligen Ostblocks ein (DDR, Polen, Tschechoslowakei, Ungarn, Rumänien, Bulgarien).
- 1991 schlossen sich die ehemaligen sowjetischen Teilrepubliken Russland, Ukraine und Weißrussland zur Gemeinschaft Unabhängiger Staaten (GUS) zusammen. Unmittelbar nach dem Zerfall der UdSSR traten Armenien, Aserbaidschan, Kasachstan, Kirgisistan, Moldawien, Tadschikistan, Turkmenistan und Usbekistan bei, 1993 auch Georgien. Turkmenistan ist seit 2005 nur noch assoziiertes Mitglied. Georgien erklärte 2008 seinen Austritt aus der GUS, 2009 wurde der Austritt rechtswirksam. Die Ukraine verließ die GUS im Jahr 2019.

Jugoslawien: Sieben neue Staaten

- Im Juni 1991 erklärten Slowenien und Kroatien ihre Unabhängigkeit. Kriegerische Auseinandersetzungen folgten. Auch Mazedonien wurde 1991 unabhängig.
- Zwischen 1992 und 1995 wurde in Bosnien-Herzegowina Krieg geführt, durch den „ethnisch weitgehend homogene" Gebiete geschaffen wurden. Die aus dem Abkommen von Dayton hervorgegangene Republik Bosnien und Herzegowina besteht heute aus der Föderation Bosnien und Herzegowina und der Republik Srpska.
- 2006 erklärte sich Montenegro nach einer Volksabstimmung für unabhängig.
- 2008 erklärte der Kosovo einseitig seine Unabhängigkeit von Serbien. Diese Unabhängigkeit ist völkerrechtlich noch immer umstritten. Die UNO sorgt durch KFOR-Truppen für Aufbau und Erhaltung eines sicheren Umfelds im Kosovo, einschließlich öffentlicher Sicherheit und Ordnung.
- Im Februar 2019 trat der neue Name „Nordmazedonien" der bisherigen Republik Mazedonien in Kraft. Das Balkan-Land heißt seither offiziell „Republik Nordmazedonien".

Grundbegriffe

Bipolare Welt – Multipolare Welt Während des Kalten Krieges (1945 – 1990/91) wurde vielfach von einer „bipolaren Welt" gesprochen. Diese Bezeichnung meint eine zweigeteilte Welt. In dieser dominierten die USA einerseits und die Sowjetunion andererseits mit ihren jeweiligen Verbündeten die Welt politisch und wirtschaftlich.

Verstärkt wurde diese „Bipolarität" dadurch, dass beide Supermächte in ihren Einflusssphären im militärischen und wirtschaftlichen Bereich ihre eigenen Bündnissysteme errichteten. So gründeten z. B. die USA gemeinsam mit führenden Staaten Westeuropas im Jahr 1949 die NATO, die Sowjetunion schloss im Jahr 1955 mit osteuropäischen Staaten den Warschauer Pakt.

Durch den Marshallplan der USA im Jahr 1947 entstand eine enge wirtschaftliche Zusammenarbeit jener Staaten, die an diesem Programm teilnahmen. Die Sowjetunion ihrerseits reagierte im Jahr 1949 mit dem „Rat für gegenseitige Wirtschaftshilfe" (COMECON). In diesem arbeitete sie eng mit den neu entstandenen Volksdemokratien zusammen. Die beiden Systeme – das liberal-demokratisch-kapitalistische und das kommunistisch-staatssozialistische – standen weltweit gegeneinander in Konkurrenz.

Der Begriff „Bipolarität" lässt allerdings außer Acht, dass es darüber hinaus zahlreiche Staaten gab, die formal keinem dieser Blöcke angehörten. Einige (z. B. Österreich seit 1955) waren neutral, andere wiederum bezeichneten sich als „blockfrei" (z. B. Jugoslawien, Indien, Ägypten). Der Begriff „Bipolarität" verdeckt auch die vielen Gegensätze innerhalb der beiden Blöcke, wie z. B. die Aufstände in Polen (1956), in Ungarn (1956) und in der Tschechoslowakei (1968) zeigten. Mit der Auflösung der Sowjetunion im Jahr 1991 und dem Ende der Volksdemokratien in Europa bereits im Jahr 1989 endete der Kalte Krieg und damit auch die „bipolare Welt".

Manche sprachen jetzt von einer „unipolaren Weltordnung", in der allein die USA als verbliebene Supermacht die Weltpolitik dominieren würden. Durch die steigende politische, wirtschaftliche und militärische Bedeutung von Staaten wie der Volksrepublik China, Indien, Japan, Brasilien und nun auch wieder Russland sowie von Staatengemeinschaften wie der EU wird nun verstärkt von einer „multipolaren Welt" gesprochen. In ihr wirken die Staaten mit unterschiedlichen wirtschaftlichen und gesellschaftlichen Systemen als Akteure der Weltpolitik und Weltwirtschaft.

Containment-Politik (= Eindämmungspolitik) Containment-Politik bezeichnet jene politische Haltung der USA nach 1945, die im Wesentlichen vom einflussreichen US-Diplomaten George F. Kennan entwickelt wurde und auf die „Eindämmung" des Kommunismus abzielte. Sie sollte verhindern, dass kommunistische Parteien auch in anderen Staaten außerhalb des „Ostblocks" an die Macht gelangten (z. B. in Griechenland oder in der Türkei). Wesentliche Maßnahmen der Containment-Politik waren 1947 die Truman-Doktrin und das „Europäische Wiederaufbauprogramm" (Marshallplan) sowie 1949 die Gründung der NATO.

„Ethnische Säuberung" („Ethnic Cleansing") Der Begriff – oft auch in Zusammenhang gebracht mit „Säuberung aus religiösen Motiven" – findet im deutschen und internationalen Sprachgebrauch vor allem seit den 1990er Jahren Verwendung. Mit ihm wurden zunächst konkret die Vertreibung und Ermordung bosnischer Muslime durch serbische Milizen bezeichnet. Allgemein wird unter „ethnischer Säuberung" das „Entfernen" einer ethnischen Gruppe (Volksgruppe) aus einem bestimmten Gebiet verstanden. Die dabei zur Anwendung gebrachten Mittel sind Vertreibung mit Gewalt, erzwungene Umsiedlung und sogar Ermordung.

Die Verwendung des Begriffs ist umstritten. Manche wenden ein, dass mit „ethnischer Säuberung" verharmlosend ein Völkermord bezeichnet wird. Andere verweisen auf Unterschiede zwischen einer „ethnischen Säuberung" und einem „Völkermord": Eine „ethnische Säuberung" muss nicht zwangsläufig einen Massenmord einschließen. Eine klare Trennung erweist sich allerdings in der Realität als schwer möglich, da die Ermordung zahlloser Menschen häufig auch bei „ethnischen Säuberungen" erfolgt. Im Hinblick auf das Vorgehen der serbischen Milizen gegen die bosnischen Muslime wird jedoch von einem Völkermord (Genozid) gesprochen.

Friedliche Koexistenz Der Begriff stammt aus dem politischen Sprachgebrauch (= politische Rhetorik) führender sowjetischer Politiker. „Friedliche Koexistenz" bedeutete für sie, dass die beiden gegensätzlichen Systeme des Kapitalismus und des Kommunismus in den Bereichen Politik, Wirtschaft, Gesellschaft und Kultur zwar weltweit um die Vorherrschaft konkurrierten, doch sollte diese Konkurrenz ohne direkten Einsatz militärischer Mittel ausgetragen werden.

Vor allem Nikita Chruschtschow, Generalsekretär der KPdSU von 1953 bis 1964, verwendete diesen Begriff in der Zeit des frühen Kalten Krieges in seinen Reden immer wieder. Mit der „friedlichen Koexistenz" als Prinzip der Außenpolitik wollte Chruschtschow erreichen, dass er sich verstärkt inneren Reformen, vor allem im Bereich der Wirtschaft, zuwenden konnte. Außenpolitische „friedliche Koexistenz" schloss für die sowjetische Führung allerdings nicht aus, ein konsequentes atomares militärisches Aufrüstungsprogramm zu verfolgen. In ihrer politischen Rhetorik bedeutete „militärische Macht" für die Sowjetunion, „Frieden sichern zu können". Offiziell blieb die „friedliche Koexistenz" Prinzip der sowjetischen Außenpolitik bis zu ihrem Ende 1991.

„Schlussakte von Helsinki" Die „Schlussakte von Helsinki" beendete die „Konferenz für Sicherheit und Zusammenarbeit in Europa" (KSZE), die von 1973 bis 1975 tagte. An der Konferenz nahmen 33 europäische Staaten (alle damaligen Staaten außer Albanien) sowie Kanada und die USA teil, die im Rahmen der NATO Truppen in Europa stationiert hatten. Die „Schlussakte" enthält zehn Prinzipien, die die Beziehungen der Teilnehmerstaaten kennzeichnen sollten, u. a. souveräne Gleichheit, Enthaltung von der Androhung oder Anwendung von Gewalt, Unverletzlichkeit der Grenzen, friedliche Regelungen von Streitfällen, Nichteinmischung in innere Angelegenheiten, Anerkennung der Menschenrechte, Selbstbestimmungsrecht der Völker und verstärkte Zusammenarbeit. Diese sollte sich vor allem auch in den Bereichen Wirtschaft, Wissenschaft, Technik und Kultur zeigen und eine Verbesserung bei der Zusammenführung von Familien ermöglichen, die durch die staatlichen Grenzen getrennt waren.

Entkolonialisierung und Nord-Süd-Konflikt

1947
Unabhängigkeit Indiens von Großbritannien; Entstehung der beiden Staaten Indien und Pakistan; Beginn des Konflikts um Kaschmir

1949
Unabhängigkeit Indonesiens von den Niederlanden nach UNO-Vermittlung

1954
Teilung Vietnams nach der Niederlage Frankreichs

1954–1962
Rückzug Frankreichs aus Nordafrika (Tunesien, Algerien, Marokko)

1960
„Jahr Afrikas" (17 neue Staaten)

Der Prozess der Entkolonialisierung vollzog sich nach dem Zweiten Weltkrieg vor allem in Asien und Afrika. Er beendete die bisherige Vormachtstellung der beiden Großmächte Großbritannien und Frankreich. Am Beginn stand die Unabhängigkeit Indiens im Jahr 1947. Es folgten mehrere Länder Südostasiens (Philippinen, Burma, Indonesien, Malaysia, Vietnam). Zwischen 1956 und 1990 gewannen viele afrikanische Staaten ihre Unabhängigkeit von den europäischen Kolonialmächten zurück, allein 17 im „Jahr Afrikas" (1960).

Aktuell gibt es auf dem afrikanischen Kontinent über 50 selbstständige Staaten. Diese sind durch eine Vielzahl politischer, wirtschaftlicher, sozialer sowie kultureller Unterschiede gekennzeichnet. Viele afrikanische Staaten weisen keine Kontinuität in ihren politischen Systemen auf. Den Bemühungen um Demokratisierung stehen immer wieder die Errichtungen von autoritären und diktatorischen Systemen gegenüber. Die formale politische Unabhängigkeit löste somit nicht die vielen politischen und wirtschaftlichen Probleme der neuen Staaten. Positive Entwicklungen wurden u. a. durch interne Gründe, wie z. B. die verbreitete Korruption, fehlende Infrastruktur und regionale Kriege, erschwert. Darüber hinaus blieben afrikanische Länder gegenüber den Industrieländern wirtschaftlich benachteiligt. Die enormen Schwankungen der Rohstoffpreise etwa beeinflussen häufig die stabile wirtschaftliche Entwicklung und gefährden somit oftmals die soziale Stabilität. Auch litten und leiden viele afrikanische Staaten unter den ungleichen Tauschbeziehungen, die auch im Nord-Süd-Konflikt zum Ausdruck kommen.

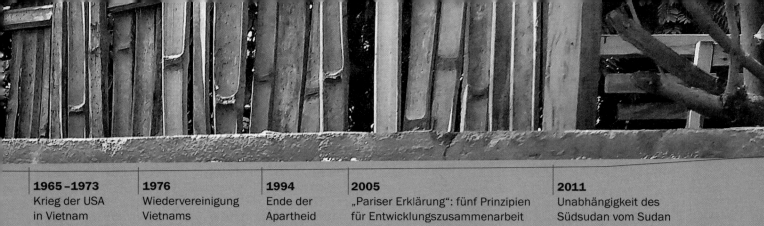

1965–1973	**1976**	**1994**	**2005**	**2011**
Krieg der USA in Vietnam	Wiedervereinigung Vietnams	Ende der Apartheid in Südafrika	„Pariser Erklärung": fünf Prinzipien für Entwicklungszusammenarbeit	Unabhängigkeit des Südsudan vom Sudan

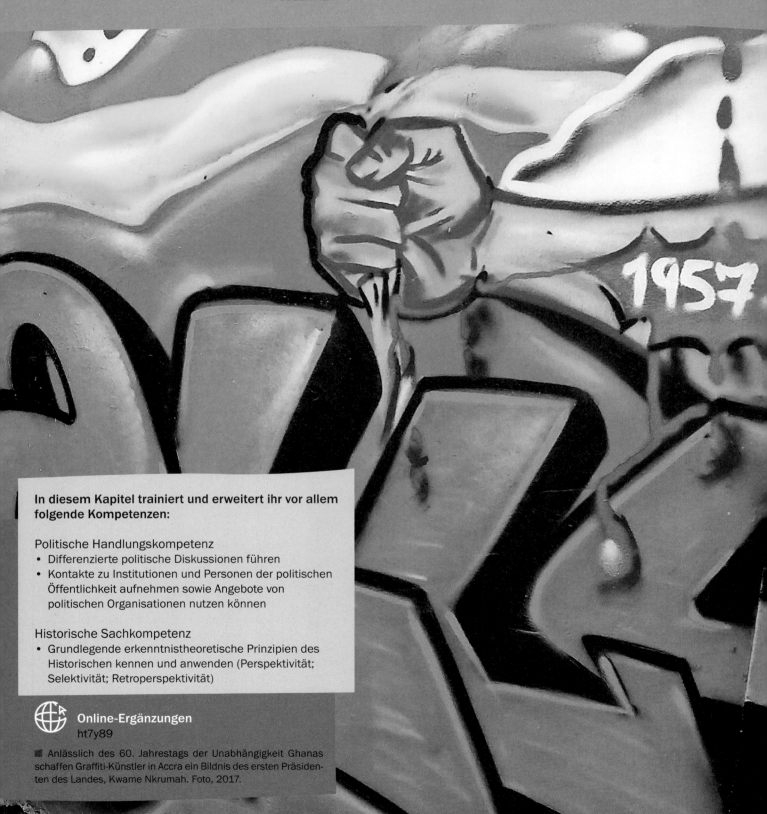

In diesem Kapitel trainiert und erweitert ihr vor allem folgende Kompetenzen:

Politische Handlungskompetenz
- Differenzierte politische Diskussionen führen
- Kontakte zu Institutionen und Personen der politischen Öffentlichkeit aufnehmen sowie Angebote von politischen Organisationen nutzen können

Historische Sachkompetenz
- Grundlegende erkenntnistheoretische Prinzipien des Historischen kennen und anwenden (Perspektivität; Selektivität; Retroperspektivität)

Online-Ergänzungen
ht7y89

▓ Anlässlich des 60. Jahrestags der Unabhängigkeit Ghanas schaffen Graffiti-Künstler in Accra ein Bildnis des ersten Präsidenten des Landes, Kwame Nkrumah. Foto, 2017.

1. Das Ende kolonialer Herrschaft

1.1 Unabhängigkeitsbewegungen in Asien

Indien – „Freiheit um Mitternacht"

Die Zeit nach dem Ende des Zweiten Weltkrieges stand in Asien und Afrika im Zeichen der Entkolonisierung. Schon im 19. Jh. bestanden in Indien Bestrebungen nach Unabhängigkeit. Nach dem Ersten Weltkrieg übertrug die britische Kolonialmacht immer mehr Verwaltungsaufgaben in die Hände von Indern. Sie hoffte damit, die Forderungen nach voller Unabhängigkeit abwehren zu können. Doch die Unabhängigkeitsbewegungen ließen sich nicht mehr von ihrem Ziel abbringen. Eine entscheidende Rolle spielte hierbei Mahatma Gandhi. Er vertraute auf die Wirksamkeit gewaltlosen Widerstandes und zivilen Ungehorsams (Demonstrationen, Boykott britischer Waren, Verweigerung von Steuern und der Zusammenarbeit mit den Kolonialbehörden, Hungerstreik). Die Zahl jener, die sich Gandhi anschlossen, wuchs rasch.

Indiens Unabhängigkeitsbewegung war allerdings zwischen Hindus und Muslimen gespalten. Die Muslime befürchteten, in einem unabhängigen Indien von der Hindu-Mehrheit an den Rand gedrängt zu werden. Viele von ihnen waren zudem Großgrundbesitzer. Sie hatten Angst vor einer Landreform. So entstand unter den Muslimen der Plan, Indien zu teilen und einen eigenen Staat Pakistan zu errichten, in dem Musliminnen und Muslime die Mehrheit stellen würden. Die britische Regierung bestand aber darauf, dass Hindus und Muslime gemeinsam eine neue Verfassung entwerfen sollten. Statt einer Zusammenarbeit folgten schwere Unruhen. Dennoch beschloss das britische Parlament, Indien mit 15. August 1947 für unabhängig zu erklären. Über die Versammlung im Parlament von Delhi, die in der Nacht vom 14. auf den 15. August 1947 auf den Beginn der Unabhängigkeit wartete, schreiben der Historiker Rothermund und die Sachbuchautoren Collins und Lapierre:

L Bei der mitternächtlichen Parlamentssitzung, in der die Erlangung der Unabhängigkeit gefeiert wurde, waren die indischen Abgeordneten unter sich. Es war Nehrus große Stunde. (…) Es war eine Stunde langgehegter Hoffnungen, doch die Freude wurde durch die Teilung des Landes getrübt. Mahatma Gandhi (…) sah keinen Grund zum Feiern. Er war durch die Teilung zutiefst betroffen. Während man in der Hauptstadt die Freiheit willkommen hieß, widmete sich Gandhi der Erhaltung des Friedens zwischen Hindus und Muslims in Bengali.
(Rothermund, Delhi: 15. August 1947. Das Ende kolonialer Herrschaft, 1998, S. 10)

L Das Indien, das diese Männer und Frauen vertraten, würde in wenigen Minuten zu einer Nation werden, die 275 Millionen Hindus (davon 70 Millionen Unberührbare), 50 Millionen Moslems, 7 Millionen Christen, 6 Millionen Sikhs (…) umschloss. Nur wenige in der Halle konnten sich in ihrer Muttersprache verständigen, sie waren auf das Englische angewiesen. In ihrem Staat würde es 15 offizielle Sprachen und 845 Dialekte geben. Dieses Indien beherbergte ein Heer von Bettlern; 15 Millionen Sadhus, heilige Männer; 20 Millionen Nachkommen der Ureinwohner. 10 Millionen Inder waren nicht sesshaft (…). Jeden Tag wurden 38 000 Inder geboren, von denen die Hälfte nicht fünf Jahre alt wurde. (…)
(Collins/Lapierre, Um Mitternacht die Freiheit, 1978, S. 265 ff.)

Nach der Unabhängigkeit führte der Gegensatz zwischen Hindus und Muslimen zur Bildung zweier Staaten: Indien und Pakistan. Besonders in den gemischt besiedelten Gebieten kam es immer wieder zu Gewalttaten mit mindestens einer Million Toten. Riesige Umsiedlungen setzten ein. Muslime flohen nach Pakistan, Hindus und Sikhs nach Indien.

1971 zerfiel Pakistan, das in die weit voneinander entfernt liegenden Teile Ost- und Westpakistan geteilt war: Die bengalische Mehrheit in Ostpakistan errichtete einen eigenen Staat Bangladesch.

Im Süden des Subkontinents schuf eine Unabhängigkeitsbewegung 1948 auf Ceylon einen eigenen Staat (Sri Lanka).

Schon seit 1947 streiten Indien und Pakistan, inzwischen zu Atommächten geworden, um das strategisch bedeutsame Berggebiet Kaschmir. Die beiden Staaten führten bislang vier Kriege (1947–1949; 1965; 1971; 1999), um dort die Vorherrschaft zu gewinnen. 1962 kämpften Indien und China um ein Grenzgebiet im Nordosten, welches China kontrolliert. Nach wie vor ist der Friede in dieser Region äußerst gefährdet.

■ Mahatma Gandhi (1869 – 1948) beim Spinnen. Foto, aufgenommen im Sabarmati Ashram (= Meditationszentrum) in Ahmedabad, 1925. Ghandi setzte sich mit dem Spinnrad als Symbol für die Förderung der heimischen Gewerbe ein, die unter der Einfuhr britischer Industrieerzeugnisse litten. Er wurde von einem fanatischen Hindu ermordet.

Südostasien – Unabhängigkeit und Entwicklungen danach

Das erste Land, das nach dem Zweiten Weltkrieg die Unabhängigkeit erlangte, waren die Philippinen. Seit 1898, nach der Niederlage Spaniens gegen die USA, waren sie eine Kolonie der USA. Während des Zweiten Weltkrieges hatte Japan die Inseln erobert. Gegen Ende des Krieges erfolgte jedoch die Rückeroberung durch die USA.

1946 erhielten die Philippinen zwar ihre Unabhängigkeit, doch sicherten sich die USA große Vorrechte im Bereich der Wirtschaft. Vor allem aber blieb, auf verschiedene Stützpunkte verteilt, amerikanisches Militär im Land. Gesichert wurde dieser Status durch ein diktatorisches Regime. 1986 wurde die Diktatur des Präsidenten Marcos jedoch gestürzt, ein Jahr später trat eine neue demokratische Verfassung in Kraft. Verhandlungen mit den USA führten 1991 dazu, dass die USA in Etappen ihre militärischen Stützpunkte aufgaben.

Burma, eine britische Kolonie, wurde 1948 unabhängig. Hier übernahm bald das Militär die Macht und benannte das Land in „Myanmar" um. Die großen Demonstrationen gegen die Militärherrschaft im Jahr 1988 wurden gewaltsam niedergeschlagen. Die Protestwelle hielt jedoch an. Aung San Suu Kyi wurde ihre Wortführerin.

■ Aung San Suu Kyi, Trägerin des Friedensnobelpreises 1991, seit 2016 Regierungschefin in Myanmar.
Foto, Mai 2016.

Unter dem Druck des Protestes erlaubte die Regierung die Durchführung von Wahlen. 1991 siegte die Opposition trotz massiver Einschüchterungen – u. a. wurde Aung San Suu Kyi unter Hausarrest gestellt – mit überwältigender Mehrheit. Dennoch hielten die Militärs weiterhin an ihrer Macht fest. Erst nach weiteren Protesten im Land selbst und aufgrund von internationalem Druck wurde Aung San Suu Kyi im Jahr 2010 freigelassen. Im Jahr 2012 wurde sie schließlich ins Parlament gewählt, seit 2016 führt sie mit dem Titel einer „Staatsrätin" die Regierung.

Zahlreiche Menschen erwarteten, Aung San Suu Kyi würde sich für grundlegende Verbesserungen für die ethnisch und religiös sehr vielfältige Bevölkerung einsetzen. Ihre passive Haltung gegenüber der Diskriminierung von

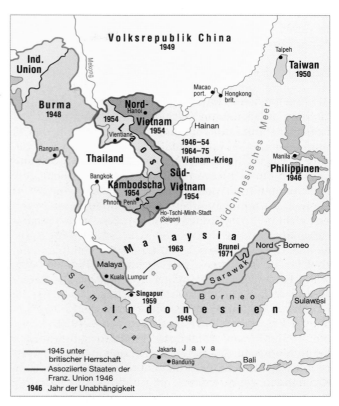

■ Südostasien um 1950.

Minderheiten, vor allem gegenüber der Verfolgung der muslimischen Rohingya durch das Militär löste jedoch in Myanmar selbst und international Kritik aus. Dieser Konflikt verschärfte sich 2017, als Rohingya-Rebellen bei Anschlägen auf Polizei- und Armeeposten dutzende Menschen töteten. Das Militär reagierte mit brutaler Gegengewalt, im September 2017 sprach die UNO in diesem Zusammenhang von einer „ethnischen Säuberung".

Malaysia bildete mit seiner Kautschuk- und Zinnproduktion eine bedeutende Einnahmequelle für Großbritannien. Singapur war ein wichtiger Flottenstützpunkt. In beiden Kolonien entstanden einflussreiche Unabhängigkeitsbewegungen. 1957 entstand auf dem Gebiet des heutigen Westmalaysia ein unabhängiger Nationalstaat, die Föderation Malaya. 1963 wurden Malaya, das heutige Singapur und Teile Borneos zum Staat Malaysia zusammengefasst. Singapur verließ nach zwei Jahren die Föderation.

→ Fragen und Arbeitsaufträge

1. Beschreibe das Gandhi-Bild hinsichtlich der drei zentralen Komponenten: Person, Spinnrad, Umgebung.
   Analysiere und interpretiere die durch den asketischen, fast nackten Gandhi und die Einfachheit des Spinnrades zum Ausdruck gebrachte Symbolik. Benenne Möglichkeiten ihrer Wirkung, z. B. als Herausforderung gegenüber der kolonialen Industrie- und Militärmacht Großbritannien.

2. Vergleiche die beiden Textstellen zunächst hinsichtlich ihrer Darstellungen der Ausgangssituation bei der Verkündigung der Unabhängigkeit. Arbeite weiters die im Autorentext zum Ausdruck gebrachten Perspektiven hinsichtlich Indiens Zukunft heraus.

1.2 Fallbeispiel Vietnam

Für lange Zeit kein Frieden

Während sich Großbritannien aus seinen Kolonien in Asien ohne Kampf zurückzog, versuchte Frankreich in Südostasien seine Kolonien mit Gewalt zu behaupten. Dieser Politik setzte in Vietnam eine Unabhängigkeitsbewegung unter der kommunistischen Führung Ho Chi Minhs politischen und militärischen Widerstand entgegen. Es gelang ihr schließlich mit sowjetischer und chinesischer Hilfe, die französischen Truppen zu schlagen. Auf einer internationalen Konferenz in Genf wurde 1954 vereinbart, Vietnam entlang des 17. Breitengrades vorerst zu teilen. Die Unabhängigkeitsbewegung musste sich in den Norden zurückziehen. Im Süden wurde eine eigene Regierung eingesetzt, die die Unterstützung der USA besaß. Über die weitere Entwicklung sollten Wahlen in beiden Teilen Vietnams entscheiden. Die Regierung im Süden Vietnams verlor jedoch bald – v. a. bei der Landbevölkerung – jede Glaubwürdigkeit. Korruption, die Verschleppung von Reformen sowie die Weigerung, die vorgesehenen Wahlen durchzuführen, führten zur Bildung einer neuen südvietnamesischen Widerstandsbewegung (Vietcong). In ihr spielten die Kommunisten bald eine führende Rolle.

Unterstützt von Nordvietnam, China und der Sowjetunion drängte der Vietcong die Regierungstruppen bald in die Defensive. Je mehr die Regierung Südvietnams in Bedrängnis geriet, umso heftiger verlangte sie wirtschaftliche und militärische Hilfe von den USA. Zuerst leisteten die USA umfangreiche Wirtschafts- und Militärhilfe. Ab 1965 landeten auch immer mehr US-Soldaten in Südvietnam. Ein systematischer Bombenkrieg begann, in dem chemische Kampfstoffe in großem Ausmaß eingesetzt wurden. Darüber hinaus erfolgte eine Ausweitung des Krieges auf Laos und Kambodscha, um den Vietcong vom Nachschub aus dem Norden abzuschneiden. Trotzdem zeichnete sich für Südvietnam und die USA kein militärischer Erfolg ab. Hinzu kam, dass der Widerstand gegen diesen Krieg in den USA seit 1967 immer stärker wuchs. Auch internationale Protestbewegungen forderten den Abzug der US-Truppen. 1973 zogen sich die USA nach einem Friedensabkommen in Paris aus Vietnam zurück. Der Krieg ging jedoch weiter und endete nach zwei Jahren mit einer Niederlage der südvietnamesischen Armee. 1976 wurde das Land unter kommunistischer Führung formell wiedervereinigt und in den sowjetisch dominierten Block der Volksdemokratien eingegliedert.

Das vietnamesische Volk bezahlte einen hohen Preis für den Sieg des kommunistischen Nordens. In diesem Krieg fanden etwa 2 Mio. Vietnamesinnen und Vietnamesen den Tod. Die städtischen Industriezentren im Norden waren durch den Bombenkrieg der US-Luftwaffe schwer beschädigt. Im Süden waren 9 000 der rund 15 000 Dörfer zerstört, viele Millionen Hektar Grund sowie Waldgebiete durch Minen, Bomben und Entlaubungsmittel unbrauchbar gemacht und vergiftet.

Schwieriger Neubeginn im Inneren

Auf einem Trümmerfeld startete das 1976 unter der siegreichen kommunistischen Führung wiedervereinigte Vietnam seinen Neuanfang. Ein erstes symbolisches Zeichen setzte man mit der Umbenennung von Saigon – der bisherigen Hauptstadt Südvietnams – in Ho-Chi-Minh-Stadt. Mit dem Abzug der geschlagenen US-Truppen verließen auch weit über hunderttausend Vietnamesinnen und Vietnamesen das Land in Richtung USA. Dort bilden sie heute eine wichtige Minderheit, und sie stellen zunehmend Kontakte zur alten Heimat wieder her. Vielfach wurde befürchtet, dass die siegreichen Kommunisten in Südvietnam aus Vergeltung ein Blutbad anrichten würden. Diese Befürchtungen erwiesen sich als unbegründet, wohl aber wurden Hunderttausende Vietnamesinnen und Vietnamesen oft viele Jahre in Umerziehungslagern interniert. Einige der im zentralen Hochland Vietnams lebenden ethnischen Minderheiten, die während des Vietnamkrieges besonders eng mit den USA kooperierten, stellen sich weiterhin gegen die kommunistische Regierung und werden nach wie vor verfolgt. Auch christliche Minderheiten sind Repressionen ausgesetzt.

Hunderttausende Menschen versuchten, in kleinen Booten über das Meer nach China, Hongkong oder auf die Philippinen und die Inseln Indonesiens zu flüchten. Darunter befanden sich auch besonders viele Angehörige der chinesischen Minderheit, die im Wirtschaftsleben Vietnams eine wichtige Rolle spielten. Viele dieser „boat people" ertranken bei ihren Fluchtversuchen oder wurden von Piraten auf offener See ausgeplündert und ermordet.

■ Nick Ut, Vietnamesische Kinder auf der Flucht nach einem Napalm-Angriff. Foto, 8. 6. 1972.
Das Bild, das die Welt schockierte, zeigt die nackte, neunjährige Kim Phuc, die nach einem Angriff der südvietnamesischen Luftwaffe mit Napalm-Bomben mit weiteren Kindern aus ihrem Dorf flüchtet. Dieses Bild ist nach eingehender Diskussion in der Redaktion der New York Times als Titelbild ausgewählt worden. Es wurde in der Folge das „Antikriegsbild" schlechthin.

Konflikte mit den Nachbarn

Kambodscha versuchte, dem vom Krieg geschwächten Land Grenzgebiete zu entreißen, die im 17. Jh. an Vietnam verloren gegangen waren.

Die Volksrepublik China unterstützte diese Aggression. Nachdem Vietnam 1978 mit der UdSSR einen Verteidigungsvertrag unterzeichnet hatte, marschierten vietnamesische Truppen in Kambodscha ein. Dort wurden sie vielfach als Befreier von dem Terror-Regime Pol Pots und seiner Roten Khmer begrüßt. Dieses Regime hatte während seiner Schreckensherrschaft mindestens zwei Mio. Kambodschanerinnen und Kambodschaner umgebracht. Das führte zur Bezeichnung „killing fields" für Kambodscha. Die Weltöffentlichkeit schwieg damals zu diesen Grausamkeiten.

Nach einem durch die UNO vermittelten Waffenstillstand zog sich Vietnam 1989 aus Kambodscha zurück. China wollte eine Vormachtstellung Vietnams in Südostasien allerdings verhindern. Daher fielen chinesische Truppen 1979 im Norden Vietnams ein. Sie mussten sich aber nach heftiger Gegenwehr wieder zurückziehen. Das Verhältnis Vietnams zu China ist bis in die Gegenwart nicht frei von Spannungen. U. a. werden jährlich tausende Vietnamesinnen nach China gebracht, um dort den aufgrund der „Ein-Kind-Politik" entstandenen Frauenmangel auszugleichen.

Allmähliche Verbesserung der Wirtschaft

Der langjährige Krieg in Kambodscha und die dauernden Spannungen mit China belasteten die schwierige wirtschaftliche Lage Vietnams zusätzlich. Die Inflationsrate betrug 400 bis 600 Prozent.

Die landwirtschaftliche Produktion ging nach einem kurzen Aufschwung wieder zurück. Um die Wirtschaft zu fördern, wurden ab 1986 die zentrale Planung reduziert und schrittweise privatwirtschaftliche Initiativen und Marktwirtschaft zugelassen. Ab 1988 durften bäuerliche Familien frei produzieren und ihre Produkte auch frei auf dem Markt verkaufen. Die Preise wurden nicht mehr länger vom Staat vorgeschrieben. Darüber hinaus konnten Grund und Boden gekauft und verkauft werden. Ebenso wurden ausländische Investitionen und Firmengründungen gefördert. Dieses Wirtschaftsprogramm (Doi Moi) führte schließlich dazu, dass die Erträge der Landwirtschaft und die Produktivität der Industrie deutlich anstiegen. Die Wachstumsraten lagen nahe bei 10 Prozent.

Neue soziale Gegensätze

Trotz der sichtbaren wirtschaftlichen Erfolge nahmen die Unterschiede zwischen Reich und Arm in der Bevölkerung zu. Von den Menschen, die ihren Grund und Boden an ausländische Firmen, Hotelketten oder auch an Bodenspekulanten verkauften, konnten viele ihr rasch gewonnenes Vermögen nicht langfristig nutzen. Sie verbrauchten ihr Geld, verarmten und leben jetzt in den großen Städten sozial an den Rand gedrängt. Eine Rückkehr in ihr Dorf ist nicht mehr möglich, da sie dort über keine Existenzgrundlage mehr verfügen.

Viele Menschen können mit den neuen Anforderungen nicht mithalten und steigen sozial ab. Jene Menschen aber, die sich in dieser neuen wirtschaftlichen Aufbruchstimmung zurechtfinden, haben Perspektiven. Sie können ihren Lebensstandard verbessern und für die Zukunft planen. Sie finden sich auch mit dem politischen System ab. Dieses sieht nach wie vor ein Monopol der Kommunistischen Partei vor.

→ Fragen und Arbeitsaufträge

1. Beschreibe die beiden Fotos von 1972. Welche Personen sind im Vordergrund und welche im mittleren Bildbereich zu erkennen? Was ist im Hintergrund wahrnehmbar? Beschreibe genau den Gesichtsausdruck der flüchtenden Kinder in Bild 1 und Bild 2.

Interpretiere, was das unbekleidete Mädchen symbolhaft ausdrückt.

Diskutiert, warum Bild 1 zum „Antikriegsbild" schlechthin wurde und nicht Bild 2 gewählt wurde.

Diskutiert auch, welche Wirkung jedes der beiden Fotos auf euch persönlich ausübt.

2. Die beiden Fotos stammen von zwei verschiedenen Fotografen und liegen bloß wenige Sekunden auseinander. Beide „frieren" unterschiedliche Momente des historischen Geschehens ein.

Nimm Stellung dazu, wie aus solchen „kleinen" Unterschieden Geschichte unterschiedlich konstruiert werden kann und wie sich dementsprechend historisches Geschehen letztendlich darstellt.

3. Begründe, warum die Thematik „Vietnamkrieg" noch heute in unserer Gesellschaft für Aufmerksamkeit sorgt.

■ Le Phuc Dinh, Vietnamesische Kinder auf der Flucht nach einem Napalm-Angriff. Foto, 8. 6. 1972. Wenige Sekunden später als Nick Ut fotografierte der NBC-Kameramann Le Phuc Dinh die gleiche Szene. Kim Phuc hat sich bereits etwas beruhigt. Auf diesem Foto sind auch die Reporter zu sehen, die die Ereignisse beobachteten und fotografierten.

1.3 Afrika – späte Unabhängigkeiten

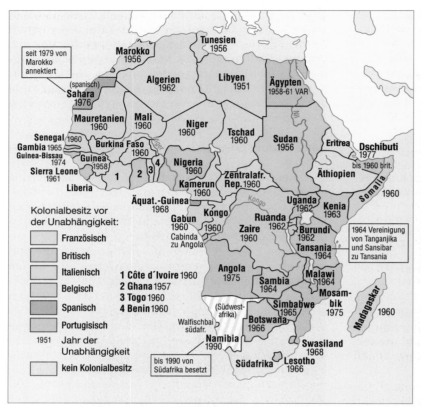

Kolonialbesitz vor der Unabhängigkeit:
- Französisch
- Britisch
- Italienisch
- Belgisch
- Spanisch
- Portugisisch

1951 Jahr der Unabhängigkeit

kein Kolonialbesitz

1 Côte d'Ivoire 1960
2 Ghana 1957
3 Togo 1960
4 Benin 1960

■ Die koloniale Aufteilung Afrikas mit den Jahren der jeweiligen Unabhängigkeiten zwischen 1951 und 1990.

Die Entkolonialisierung beginnt im Norden

In Afrika begann die Welle der Entkolonisierung im Norden des Kontinents. 1951 wurde Libyen unter König Idris unabhängig von Italien. 1956 zog sich Frankreich aus seinen Protektoraten Tunesien und Marokko zurück.

L *Im gleichen Jahr, in dem Frankreich den Krieg in Indochina verlor (1954), eskalierte auch in Algerien die Gewalt. Das nordafrikanische Land galt nicht als Kolonie, sondern als eine Provinz Frankreichs, in der eine starke weiße Bevölkerungsminderheit lebte. Paris versuchte deshalb mit allen Mitteln, jegliche Dekolonisationsbestrebungen zu unterbinden. Bei Terror und Gegenterror, Bombenanschlägen, gewaltsamen Umsiedlungen und systematischer Folter verloren 700 000 Menschen ihr Leben. „Nur" 27 500 von ihnen waren französische Soldaten. Als klar wurde, dass dieser Krieg nicht zu gewinnen war, zogen sich die Franzosen 1962 notgedrungen zurück. Der Großteil der Siedler verließ das Land.*
(Wendt, Vom Kolonialismus zur Globalisierung, 2007, S. 342)

Der siebenjährige Krieg zwischen der algerischen Befreiungsbewegung und Frankreich wurde lange Zeit auf beiden Seiten nicht aufgearbeitet. Nach dem Ende der Kolonialherrschaft in Nordafrika zogen viele Menschen von dort nach Frankreich. Sie wurden zum Großteil in Randgebieten der Großstädte (Banlieus) angesiedelt. Sie sind nach wie vor gesellschaftlich benachteiligt und schlecht integriert, bleiben häufig ohne Ausbildung und Arbeit.

Ideen, Widerstand, Reformversuche

Auch in Afrika südlich der Sahara setzten Unabhängigkeitsbewegungen ein. In vielen Kolonien riefen junge schwarze Intellektuelle Unabhängigkeitsbewegungen ins Leben. Sie hatten vielfach in Europa oder in den USA studiert und dort auch die Ideen der Selbstbestimmung und Demokratie, des Nationalismus und Marxismus kennen gelernt. Jetzt begannen sie, ihre Ideen in die Praxis umzusetzen.

Dabei stützten sie sich häufig auf einheimische Beamte und Angestellte der Kolonialverwaltungen. Parteien und Gewerkschaften wurden gegründet. Sehr bald trugen die neuen Politiker Afrikas die Forderung nach Selbstständigkeit an die Regierungen der Kolonialmächte heran. Gleichzeitig gab es aber auch wachsenden gewaltsamen Widerstand gegen die europäische Herrschaft. So verhängte z. B. die britische Regierung in Kenia den Ausnahmezustand, um einen Aufstand (Mau Mau-Revolte) niederzuschlagen. Auch wurde von Seiten der Kolonialmächte versucht, durch Reformen die Unruhen zu meistern. Doch auch Zugeständnisse vermochten die Bestrebungen nach politischer Unabhängigkeit nicht mehr zu stoppen.

1960 – das „Jahr Afrikas"

Als erste Kolonien erlangten 1956 der Sudan und 1957 Ghana ihre Unabhängigkeit. In Ghana hatte sich schon 1947 eine Unabhängigkeitsbewegung gebildet. In ihr spielte Kwame Nkrumah (1909–1972) eine wesentliche Rolle.

■ Léopold S. Senghor (1906–2001), 1960–1980 Präsident des Senegal. Foto, 1968.

Senghor studierte in Frankreich, und war dort in der Gewerkschaftsbewegung tätig. 1948 gründete er den „Demokratischen Block" Senegals. Von 1945 bis 1958 gehörte er einer Gruppe afrikanischer Abgeordneter in der französischen Nationalversammlung an.

In seinen Schriften forderte Senghor Afrikanerinnen und Afrikaner auf, sich auf ihre eigenen kulturellen Werte und Traditionen zu besinnen, um daraus Selbstbewusstsein und Kraft zu schöpfen. Er vertrat damit das Konzept der „Negritude", die eigene Werte und kulturelle Eigenständigkeit betont.

■ Kwame Nkrumah (1909 – 1972). Foto, 1960.

Nkrumah vertrat die Idee des Panafrikanismus, die Vorstellung vom politischen Zusammenschluss aller afrikanischen Staaten. Anfang der 1960er Jahre wurde die „Organisation afrikanischer Staaten" (OAS) gegründet. Aus ihr ging die heutige „Afrikanische Union" (AU) hervor.

Die Bewegung fand immer mehr Rückhalt in der Bevölkerung. Schrittweise wurde durch Verhandlungen mit der britischen Regierung die Unabhängigkeit erreicht. Dieser Erfolg in Ghana löste eine Welle weiterer Unabhängigkeitsbestrebungen aus.

Die französischen und britischen Kolonialreiche zerfielen nun rasch. Allein im Jahr 1960 gewannen 17 Staaten Afrikas ihre Unabhängigkeit, sodass dieses Jahr auch als „Jahr Afrikas" bezeichnet wird. Noch im selben Jahr verabschiedete die UNO die Resolution Nr. 1514, die von 43 afrikanischen und asiatischen Staaten eingebracht worden war, ohne Gegenstimme. Wesentliche Bestimmungen dazu lauten:

Q *1. Die Unterwerfung von Völkern (...) steht im Widerspruch zur Charta der Vereinten Nationen.*
2. Alle Völker haben das Recht auf Selbstbestimmung.
3. Unzulängliche politische, wirtschaftliche, soziale oder bildungsmäßige Vorbereitung darf niemals ein Vorwand für die Verzögerung der Unabhängigkeit sein.
4. Alle bewaffneten Aktionen oder Unterdrückungsmaßnahmen, gleich welcher Art, gegen abhängige Völker sind einzustellen, um diesen die Möglichkeit zu bieten, ihr Recht auf volle Unabhängigkeit friedlich und frei auszuüben.
(Zit. nach: Pabst, UN und Entkolonialisierung (I), Vereinte Nationen 5/2015, S. 207–213; hier: S. 211)

Die Beseitigung aller kolonialer Abhängigkeiten zog sich aber noch dreißig Jahre hin. Die portugiesische Kolonialmacht verließ Angola und Mosambik erst Mitte der 1970er Jahre. Der von britischen Farmern beherrschte Staat (Süd-)Rhodesien (Simbabwe) erhielt erst 1980 eine schwarze Regierung.
Als letzte Kolonie erlangte Namibia 1990 seine Unabhängigkeit.

Südafrika – formales Ende der Apartheid

1994 brachten in Südafrika die ersten allgemeinen und freien Wahlen dem African National Congress (ANC) 63 Prozent der Stimmen. Sie beendeten die Vorherrschaft der Weißen. Nelson Mandela wurde Staatspräsident. Eine neue Verfassung löste das System der Apartheid ab. Auf Vorschlag von Erzbischof Desmond Tutu wurden zur Aufarbeitung der Verbrechen des Apartheidregimes „Wahrheits- und Versöhnungskommissionen" eingerichtet. Diese Form der Vergangenheitsbewältigung wurde mittlerweile von zahlreichen afrikanischen Staaten übernommen, um die Gräuel ihrer Bürgerkriege aufzuarbeiten. Der ANC verfügt in Südafrika bis heute (2019) über eine absolute Mehrheit.

■ Nelson Mandela (1918 – 2013). Foto, um 1990.

→ Fragen und Arbeitsaufträge

1. Fasse die hier dargestellten Entwicklungen bei der Erreichung der Unabhängigkeit der afrikanischen Staaten zusammen. Arbeite Unterschiede heraus.

2. Lies Artikel 3 der UN-Resolution von 1960 durch. Überprüfe, inwiefern die als Beispiele genannten Sachverhalte als Vorwand zur Verzögerung der Unabhängigkeit von Kolonien eingesetzt wurden.
Nimm Stellung zur Bedeutung, die die UN-Resolution der Unabhängigkeit von Staaten beimisst.

3. Gruppenarbeit: Informiert euch, orientiert am Beispiel der Informationen über Senghor, über Nkrumah, Mandela und Tutu und verfasst entsprechende Kurztexte. Erörtert anhand dieser Beispiele die Bedeutung von Einzelpersönlichkeiten für politische und gesellschaftliche Entwicklungen.

4. Verschaffe dir nähere Informationen über Zusammensetzung und Vorgangsweise der „Wahrheits- und Versöhnungskommissionen". Nimm Stellung zu dieser Form der Vergangenheitsbewältigung. Beachte mögliche Perspektiven von Täterinnen und Tätern, von Opfern und ihren Angehörigen.

1.4 Afrika – politische Unabhängigkeit allein genügt nicht

Vielfalt der Probleme

Trotz der formalen Unabhängigkeit übten in vielen afrikanischen Staaten die ehemaligen Kolonialmächte ihren wirtschaftlichen, politischen und militärischen Einfluss weiter aus. Der deutsche Historiker Wolfrum schreibt:

> *Hatte sich also während des Booms eine neokoloniale Weltordnung etabliert? Es war der ghanaische Präsident Kwame Nkrumah, der 1965 den Begriff „Neokolonialismus" prägte. Darunter verstand er eine Situation, in der trotz formaler Souveränität von Staaten wirtschaftliche und politische Angelegenheiten mehr oder weniger von außen gesteuert werden. Auslandsinvestitionen führten demnach nicht zur „Entwicklung", sondern zur „Ausbeutung".*
> *(Wolfrum, Welt im Zwiespalt, 2017, S. 318)*

Die hohe Auslandsverschuldung hatte verheerende Auswirkungen. Statt in die eigene Entwicklung investieren zu können, förderten die afrikanischen Staaten mit ihren Schuldenrückzahlungen die reichen „Geldverleiher" im Norden. Als Folge dieser Wirtschaftsentwicklung verstärkte sich die Arbeitslosigkeit v. a. von jungen Menschen. Die Gesellschaft entwickelte sich auseinander: Heute leben immer mehr sehr arme Menschen neben bewachten „Wohlstandsinseln", in denen sich eine kleine Minderheit alles leisten kann. Dieser schroffe Gegensatz fördert die Bereitschaft zur Gewalt. Der deutsche Historiker Rödder benennt auch die schwierigen Startbedingungen vieler afrikanischer Staaten:

> *[Diese schwierigen Ausgangsbedingungen] bestehen in willkürlichen Grenzziehungen und gewaltigen Größenunterschieden zwischen den Staaten, unterentwickelter Infrastruktur, uneinheitlicher Ressourcenvorkommen und Monokulturen von Exportgütern. Hinzu kam, dass die bis dahin von den Kolonialmächten beherrschten Staaten nur über kleine indigene Eliten verfügten. Die Folgen waren problematische politische und wirtschaftliche Weichenstellungen, die in Afrika, im Unterschied zu den erfolgreichen ostasiatischen Entwicklungsländern, zu staatszentrierten und nicht exportorientierten Ökonomien führten. Das zentrale Problem der wirtschaftlichen Entwicklung lag im Fortbestehen von Traditionen der „Rentenökonomie". Damit sind Einkommen gemeint, die nicht auf dem Einsatz von Arbeit oder Kapital beruhen, wie etwa Einkommen aus Rohölexporten oder aus der Entwicklungshilfe. Ökonomisch ist Afrika somit das „Armenhaus der Welt" geblieben, in dem heute noch jeder Zweite in extremer Armut lebt.*
> *(Rödder, 21.0. Eine kurze Geschichte der Gegenwart, 2016, S. 365 f.)*

Krisen und Krisenregionen

Gewalt in Afrika wird häufig mit ethnischer Zugehörigkeit und Religion in Verbindung gebracht. Ethnische Konflikte führen immer wieder zu gewaltsamen Auseinandersetzungen. Die religiösen Differenzen offenbaren sich bei Auseinandersetzungen zwischen Muslimen und Christen. Gewalt hat aber auch einen Genderaspekt. Vor allem Frauen und sozial schwache Mitglieder der Gesellschaft werden zu Opfern.

Dazu hält der deutsche Historiker Andreas Rödder fest:

> *Afrika erlebte auch nach 1990 immer wieder Eruptionen von Gewalt wie etwa den Völkermord der Hutu an den Tutsi in Ruanda 1994, der sich mit den Bürgerkriegen in Zaire (ab 1997 der Demokratischen Republik Kongo) bis 2003 überlagerte. Die weitere Entwicklung vor allem im Nordosten des Kongo war symptomatisch für die Destabilisierung von staatlichen Strukturen durch bürgerkriegsähnliche Auseinandersetzungen und das Wirken von Warlords, die private Milizen aus Söldnern und nicht zuletzt aus Kindersoldaten rekrutierten. Solche Entwicklungen waren allerdings volatil (= schwankend; Anm. d. A.) – in Richtung Destabilisierung ebenso wie in Richtung Konsolidierung, wobei sich zunehmend diffuse Regierungsformen ausbildeten. Diese Zustände öffneten das Einfallstor für den Islamismus, der sich nach dem „Arabischen Frühling" in Nigeria, in Mali und in weiten Teilen des Maghreb ausbreitete und die wohl größte Bedrohung im frühen 21. Jh. darstellte.*
> *(Rödder, 21.0. Eine kurze Geschichte der Gegenwart, 2016, S. 367)*

Vielfach wird als Folge von staatlichen Entwicklungen von, wie Rödder sie beschreibt, „schwachen" oder „fragilen Staaten" gesprochen.

■ Flüchtlingslager in Tansania: Etwa 90 000 ruandische Flüchtlinge warten auf Versorgung mit Essen durch das Rote Kreuz. Foto, 20. 5. 1994. Im zentralafrikanischen Ruanda führte ein seit dem Ende der 1980er Jahre bestehender Konflikt 1994 zu einem verheerenden Genozid, in dem Hunderttausende Tutsi ermordet und über 3 Millionen zur Flucht gezwungen wurden. Bereits 1994 wurde vom UNO-Sicherheitsrat ein internationales Straftribunal (ICTR) eingerichtet. Im Dezember 2015 hat dieser Gerichtshof seine Arbeit beendet.

Mögliche Perspektiven

Der Journalist Thomas Scheen gibt folgende Ausblicke:

> *Wirtschaftlich ist Afrika alles andere als ein hoffnungsloser Fall. Nahezu alle Volkswirtschaften auf dem Kontinent wachsen seit Jahren beständig um*

durchschnittlich vier bis fünf Prozent. Allenthalben entstehen (mit chinesischer Hilfe) neue Straßen und Eisenbahnlinien. In Ländern wie Kenia, Uganda und Südafrika sind leistungsstarke Breitband-Internetverbindungen längst Standard. Bislang allerdings sind es fast ausschließlich private chinesische Unternehmen, die diesen enormen Markt bedienen.

(Scheen, Afrika kommt. In: Frankfurter Allgemeine Woche Nr. 28, 2017, S. 16)

Ebenfalls nach Scheen, wächst allerdings die Bevölkerung auf dem Kontinent viel rascher als die Wirtschaft. Laut Prognose der Vereinten Nationen für das Jahr 2100 wird sich die afrikanische Bevölkerung von derzeit 1,3 Mrd. auf 4,5 Mrd. Menschen mehr als verdreifachen. Dabei ziehen die Menschen zunehmend in die Städte. Dort wird die Bevölkerung laut Prognosen zweimal so schnell wachsen wie die Gesamtbevölkerung. Die Menschen finden in den Städten aber keine ausreichenden Arbeitsmöglichkeiten. Auf diese Weise entstehen in den afrikanischen Städten – wie das Beispiel Lagos zeigt – neben einer boomenden City riesige Armutsviertel.

Das Fallbeispiel Sudan – ein zerrissenes Land

Der Sudan galt um das Jahr 2000 als ein politisch, aber auch religiös zerrissenes Land. 1989 putschte General Omar Bashir mit islamisch gesinnten Militärs gegen eine zwar schwache, aber demokratisch gewählte Regierung. Schritt für Schritt wurde der Sudan in eine

„Islamische Republik" umgewandelt. Maßnahmen der Islamisierung der Gesellschaft engten die Freiheiten der christlichen Bewohnerinnen und Bewohner v. a. im Süden des Landes ein. Omar Bashir wurde 2019 gestürzt. Im Süden begann die „Sudan People's Liberation Army" einen bis 2018 dauernden Unabhängigkeitskrieg gegen die Regierung in Khartum, der vor allem auch von vielen Christen unterstützt wurde. Im Jahr 2011 wurde in einer Volksabstimmung mit überwältigender Mehrheit (98,8 Prozent bei einer Beteiligung von 97,6 Prozent) für die Unabhängigkeit des Südsudan gestimmt. Diese wurde im Juli 2011 offiziell erklärt. Doch kurz danach führten die verfeindeten Machthaber des nun unabhängig gewordenen Staates das Land in einen Bürgerkrieg.

→ Fragen und Arbeitsaufträge

1. Arbeite anhand der ersten Literaturstelle (Wolfrum) heraus, aus welchen Gründen politische Unabhängigkeit allein nicht ausreichen muss, um sich als Staat erfolgreich entwickeln zu können. Beziehe zur umfassenderen Sichtweise auch das Fallbeispiel (Süd-)Sudan mit ein.

2. Zähle die von Rödder in Literaturstelle 3 auf S. 112 genannten Krisenregionen auf. Arbeite heraus, welche Merkmale sie laut Rödder zu schwachen/fragilen Staaten machen. Beziehe auch die Informationen aus den Abbildungen und Bildunterschriften in diesem Kapitel mit ein.

3. Halte die anhand des Beitrages von Scheen, des Schulbuchtextes und des Fotos von Lagos vorgestellten Perspektiven fest. Beurteile die Sachargumente und nimm dazu Stellung.

■ Armenviertel in Lagos (Nigeria), im Hintergrund die Skyline des Finanzzentrums. Foto, 2005.

2. Der Nord-Süd-Konflikt

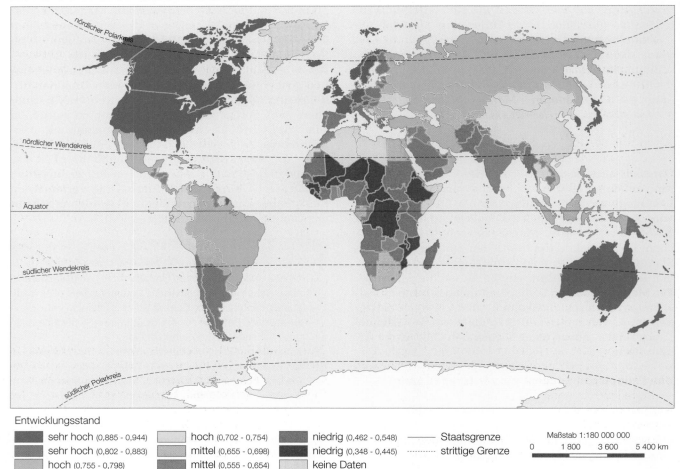

Entwicklungsstand

- sehr hoch (0,885 - 0,944)
- sehr hoch (0,802 - 0,883)
- hoch (0,755 - 0,798)
- hoch (0,702 - 0,754)
- mittel (0,655 - 0,698)
- mittel (0,555 - 0,654)
- niedrig (0,462 - 0,548)
- niedrig (0,348 - 0,445)
- keine Daten

—— Staatsgrenze
········ strittige Grenze

Maßstab 1:180 000 000
0   1 800   3 600   5 400 km

■ Human Development Index (HDI) 2015. Der HDI berücksichtigt neben dem Bruttonationaleinkommen pro Kopf auch die Lebenserwartung bei der Geburt sowie die durchschnittliche und die voraussichtliche Schulbesuchsdauer.

Nach dem Ende der kolonialen Herrschaft sahen sich die neuen Staaten rasch einer Reihe von Problemen gegenüber, die vielfach bis in die Gegenwart ungelöst geblieben sind. Umfassende Diskussionen dazu wurden schon in den 1990er Jahren geführt. Viele der damals gewonnenen Einsichten und Kritikpunkte haben bis heute Gültigkeit behalten.

2.1 „Dritte", „Vierte", „Fünfte" Welt – unscharfe Begriffe

Um das Macht- und Entwicklungsgefälle im Weltmaßstab zu benennen, wurden in unterschiedlichen historischen Zusammenhängen verschiedene Begriffe verwendet: Länder des Nordens und des Südens, Erste-Zweite-Dritte Welt, Entwicklungsländer – Industrieländer, entwickelte und unterentwickelte Länder.

Die Bezeichnungen „Nord-Süd" lösen sich aus ihrer geographischen Zuordnung und werden zu Metaphern eines auf Ungleichheit basierenden und stets neue Ungleichheit hervorbringenden Dominanz- und Abhängigkeitsverhältnisses.

Die Bezeichnung „Dritte Welt" stammt vom französischen Historiker und Ethnologen Alfred Sauvy. Sie sollte die vielfach wertend verwendete Gegenüberstellung von „entwickelt" und „unterentwickelt" vermeiden hel-

fen. Als „Erste" und „Zweite Welt" galten die westlichen Industrieländer sowie die sozialistischen Länder des sowjetisch dominierten Blocks mit ihren Zentralwirtschaften. Repräsentanten der „Dritten Welt" wiesen aber bald auch auf die Problematik dieses Begriffs hin. „Dritte Welt" als gemeinsame Bezeichnung für eine Vielzahl von Ländern verleitet zur Annahme, es handelt sich hierbei um eine einheitliche Welt. Darüber hinaus legt sie nahe, die „Dritte Welt" gesondert zu betrachten und nicht in Beziehung zu den „anderen Welten" im Sinne „einer Welt" zu sehen.

Die Vereinten Nationen sprachen lange von „Less Developed Countries". Dafür hat sich im Deutschen die Übersetzung „Entwicklungsländer" durchgesetzt. Nach UN-Kriterien galten als Entwicklungsländer solche Staaten, die unter anderem über ein niedriges Pro-Kopf-Einkommen, ein rasches Bevölkerungswachstum, einen hohen Anteil an Analphabeten und ein deutliches Übergewicht der Landwirtschaft gegenüber der Industrie verfügten.

Ein Blick auf die wirtschaftliche und soziale Lage der Länder der „Dritten Welt" ließ jedoch so große Unterschiede erkennen, dass viele weitere Unterscheidungen sinnvoll erschienen:

– Die Gruppe jener Länder, die Erdöl exportieren: Sie profitierten vor allem von den Preissteigerungen in

den 1970er Jahren, wodurch sich ihr Anteil am Welthandel vergrößerte. Allerdings hängt der Rang dieser Länder wesentlich von der Höhe des Erdölpreises ab.
– Die Gruppe jener Länder, die sich „an der Schwelle zum Industriestaat" befinden.
– Die große Gruppe der „armen Länder" wurde vielfach nochmals unterteilt in „Least Developed Countries" und „Most Seriously Affected Countries".

Aufgrund dieser vielfachen Unterschiede sprachen manche von einer „Vierten" und „Fünften Welt". Viele stellen aber die Frage, ob es überhaupt noch sinnvoll ist, diese Unterscheidungen zu treffen. Sie regen vielmehr an, von „einer Welt" zu sprechen, in der es allerdings vielfältige Formen der Ungleichheiten und Abhängigkeiten vieler Länder von den reichen Industrieländern gibt.

2.2 Ernüchternde Entwicklungspolitik

Der erfolgreiche Abschluss der formalen politischen Entkolonialisierung und damit die politische Unabhängigkeit dieser Länder rief in den 1950er und 1960er Jahren großen Optimismus hervor, dass auch der wirtschaftliche Entwicklungsprozess nach dem Muster der Industrieländer erfolgreich verlaufen würde. Als Voraussetzungen dafür wurden angesehen:
– Kapitalinvestitionen,
– Industrialisierung,
– freier Handel,
– Entwicklung von an der „Modernisierung" orientierten Führungseliten in Politik und Wirtschaft.

L Solche Überlegungen bildeten das Fundament der „Entwicklungspläne" der Nachkriegszeit (in Wirklichkeit handelte es sich aber um Wachstumspläne). Vor allen Dingen rechtfertigte es die Hilfsprogramme, mit denen die „Entwickelten" den „weniger Entwickelten" helfen sollten, den Rückstand aufzuholen. Soziale Ziele waren bis in die Siebzigerjahre hinein von untergeordneter Bedeutung, ging man doch davon aus, dass sich niedrigere Arbeitslosigkeit und größere Gleichheit, ja sogar eine parlamentarische Demokratie ganz von allein einstellen würden, sobald das Pro-Kopf-Einkommen nur genügend gestiegen wäre.
(Seers, Prioritäten, 1978, S. 14)

Hinzu kam, dass im Kalten Krieg die Sowjetunion und die USA ihre „Entwicklungshilfe" vielfach nach strategischen Gesichtspunkten vergaben. So meinte 1962 der amerikanische Präsident John F. Kennedy:

Q Auslandshilfe (...), eine Methode, durch die die Vereinigten Staaten eine Einfluss- und Kontrollposition überall in der Welt aufrechterhalten und zahlreiche Länder unterstützen, die sonst mit Sicherheit zusammenbrechen oder in den kommunistischen Block überwechseln würden.
(Zit. nach: Gärtner u. a., Internationales Kräftefeld, 1990, S. 140)

Bald zeigte sich, dass sich die Hoffnungen auf Wirtschaftswachstum, soziale Wohlfahrt und Demokratie

nicht wie angenommen erfüllen würden. Die Unterschiede zwischen den reichen und armen Ländern wurden nicht geringer, sondern immer größer. Viele Untersuchungen über die bisher im Rahmen der Entwicklungszusammenarbeit geleistete Hilfe zogen daher eine negative Bilanz. So hieß es z. B. 1991 in einer indischen Studie über die finanziellen Leistungen der letzten dreißig Jahre:

Q Sie haben „das Gleichgewicht der Wirtschaft gestört" und den Bestrebungen entgegengewirkt, tatsächlich unabhängig zu werden. (...) Die ausländische Hilfe habe den Willen des Landes „zerfressen", eigene Hilfsquellen zu erschließen, und die Wirtschaft des Landes daher in eine wachsende „Hilfe-Abhängigkeit" gesteuert. Die Mittel seien größtenteils für den Erhalt und Verbrauch ausländischer Importe und den Schuldendienst aufgewendet worden. So hätten z. B. die US-Weizenimporte (...) das Gefühl geschaffen, dass importieren einfacher sei, als selbst zu produzieren.
(Frankfurter Rundschau, 19. 5. 1991, S. 3)

Diese Darstellung löste viele häufig sehr gegensätzliche Reaktionen aus. Sie führte zu scharfer Kritik an der bestehenden Praxis der Entwicklungszusammenarbeit. Diese Kritik richtete sich hierbei sowohl gegen die Industrie- als auch gegen die Entwicklungsländer selbst. 1985 trat die deutsche Politikerin Brigitte Erler sogar für die Abschaffung jeder „Entwicklungshilfe" ein. In ihrem Buch „Tödliche Hilfe" hielt sie unter anderem Folgendes fest:

Q Entwicklungshilfe pumpt Kapital in Länder, deren Reiche keine oder wenig Steuern zahlen. (...) Stattdessen schaffen sie ihr Geld auf Schweizer Konten.
• Was sich bei uns als arbeitsplatzvernichtend und ökologisch unvertretbar erwiesen hat, wird (...) bedenkenlos in die Dritte Welt exportiert. Modernisierung der Landwirtschaft bedeutet die Vernichtung kleinbäuerlicher Existenzen, Modernisierung der Industrie die Zerstörung von traditionellem Kleingewerbe.
• Entwicklungshilfe dient der Marktöffnung für unsere Industrieprodukte und fördert den Export landwirtschaftlicher Produkte aus Ländern mit Hunger. Sie trägt dazu bei, die Wirtschaften der Entwicklungsländer auf die Bedürfnisse der Industrieländer auszurichten anstatt auf die Bedürfnisse der eigenen Bevölkerung.
(Zit. nach: Gärtner u. a., Internationales Kräftefeld, 1990, S. 155 f.)

Seit 30 Jahren beschäftigt sich der britisch-US-amerikanische Nobelpreisträger für Wirtschaft, Angus Deaton, ebenfalls mit den Folgen der Entwicklungshilfe:

L So paradox es klingt: Die Entwicklungshilfe gehört zu den Dingen, die insbesondere in Subsahara-Afrika und einigen anderen Ländern die Entwicklung erschweren. Der gewaltige Strom an Hilfsgeldern *untergräbt in diesen Ländern die örtlichen Institutionen und verhindert auf lange Sicht den Aufbau von Wohlstand. Entwicklungshilfe, die ausbeuterische Politiker oder politische Systeme als Bollwerke gegen den Kommunismus oder den Terrorismus am Leben erhält, ist eine Hilfe, die die Armut der Normalbürger armer Länder in unserem Interesse vertieft.*

(Deaton, Der große Ausbruch, 2017, S. 396)

2.3 Die Industrieländer denken nur an sich

Der frühere Präsident von Tansania, Julius Nyerere, charakterisierte die „Entwicklungshilfe" einmal auf folgende Weise: „Sie ist eine Hilfe, die mit der Armut spielt wie das Benetzen der Lippen eines Verdurstenden mit Wasser."

Bereits 1964 verpflichteten sich die Länder der OECD gegenüber der UNO, jährlich mindestens 0,7 Prozent ihres Bruttosozialproduktes für die öffentliche Entwicklungszusammenarbeit aufzuwenden. Von 1976 bis 1989 lagen die durchschnittlichen Leistungen jedoch nur bei 0,35 Prozent. Wenige Länder wie die Niederlande, Norwegen, Dänemark oder Schweden leisteten 0,7 Prozent oder mehr. Betrachtet man die Wirtschafts- und Finanzbeziehungen zwischen den Industrie- und Entwicklungsländern jedoch insgesamt, dann floss seit 1982 sogar mehr Geld in Richtung Industrieländer als umgekehrt. Ausschlaggebend dafür waren unter anderem:
– die ungleichen Tauschbeziehungen in der Weltwirtschaft, wo niedrigen Preisen für Rohstoffe hohe Energiekosten und hohe Preise für Fertigprodukte gegenüberstehen;
– die (hohen) Zinsen, die aus der Verschuldung erwachsen;
– die Verluste aus der Abwanderung von Fachkräften (z. B. Ärztinnen und Ärzte oder Wissenschafterinnen und Wissenschafter) in die Industrieländer.

■ Minenarbeiter in einer Kupfermine in Sambia. Foto, 2004.

Hinzu kommt, dass die gewährten Kredithilfen der Weltbank und des Internationalen Währungsfonds oft an eine Vielzahl von Bedingungen geknüpft sind. Dazu schreibt Walter Michler:

L *Das Bestehen der westlichen Geber auf ökonomisch nicht mehr zu vertretenden Schuldendienstzahlungen hat nichts mit Demokratie zu tun, sondern ist nichts anderes als die Diktatur der Reichen über die Verarmten. Ein überschuldetes Land nicht zu entschulden, Sanierungsauflagen zu verfügen, die aus Armen Hungernde machen, all dies steht (…) in krassem Gegensatz zu den Grundwerten der westlichen Demokratie. Wir müssen das Wort Entwicklungshilfe, wenn wir ehrlich sein wollen, aus unserem Vokabular streichen, bis es angemessene Rohstoffpreise gibt und mehr von den Reichen an die Armen fließt als umgekehrt.*

(Michler, Weißbuch, 1991, S. 10)

2.4 Der ungleiche Tausch – die „Terms of Trade" in den 1980er Jahren

Die Entwicklungsländer, besonders jene ohne eigenes Erdöl, sind gegenüber den Industrieländern vielfach benachteiligt. Die Kolonialmächte errichteten häufig Monokulturen, um sich auf ein oder zwei Exportprodukte zu spezialisieren. Vom Export dieser wenigen Produkte sind viele Entwicklungsländer heute noch abhängig.

Die Preise für agrarische und mineralische Rohstoffe unterliegen auf dem Weltmarkt jedoch starken Schwankungen. Das heißt, dass die Einnahmen der Entwicklungsländer sehr unregelmäßig ausfallen können. So finanzierte z. B. Marokko seine Ausgaben lange mit den Erlösen aus dem Phosphatexport. Mit dem Preisverfall für Phosphat sanken auch die Einnahmen. Die Regierung musste Kredite im Ausland aufnehmen und ihre Ausgaben kürzen. Solche Kürzungen betreffen meistens den Sozialbereich und die Stützung der Preise von Nahrungsmitteln.

Sambia bestritt in den 1980er Jahren rund 80 Prozent seines Gesamtexports mit Kupfer. Der Preisverfall dieses Rohstoffes traf das Land schwer.

Neben den Preisschwankungen bei Rohstoffen verteuerten sich für die Entwicklungsländer die Importe von Fertigprodukten hingegen ständig. Auf diese Weise verschlechterten sich die Bedingungen des Handels („Terms of Trade") aus der Sicht der Entwicklungsländer, und sie erhoben die Forderung nach einer neuen Weltwirtschaftsordnung.

■ Der achtjährige Geimin Ramirez Barrios hilft seinem Vater Max bei der Zuckerrohrernte in der Region Escuintla in Guatemala. Foto, 2010.

Kinderarbeit ist in den Ländern des Südens nach wie vor sehr verbreitet.

2.5 Welten der Ungleichheit

Trotz der Forderungen nach einer neuen Weltwirtschaftsordnung in den 1990er Jahren hat sich in den folgenden Jahrzehnten wenig geändert.
Nach einer Studie zu historischen Grundlagen globaler sozialer Ungleichheit von amerikanischen Soziologen aus dem Jahr 2009 lässt sich Folgendes festhalten:

Die kolonialen Übergriffe der europäischen Mächte seit dem ausgehenden 15. Jh. sowie die massiven Migrationsströme von Europa in die (ehemaligen) Kolonien im 19. Jh. legten die Basis für eine globale Ungleichheitsstruktur, die uns heute als gleichsam „natürlich" erscheint. Die gewaltsame Aneignung materieller Ressourcen in Übersee war eine wesentliche Grundlage für den wirtschaftlichen Aufstieg der europäischen Industrienationen.
(Zit. nach: Dörre/Lessenich/Rosa, Lob der Gleichheit, 2015, S. 160)

Des Weiteren heißt es darin zur aktuellen Situation:

Die prosperierenden, demokratisch verfassten Wachstumskapitalismen im globalen Norden hinterließen auf ihrem Weg zur Weltherrschaft verheerende Spuren sozialer Ungleichheit und ökonomischer Ausbeutung – und zwar in den Ländern des globalen Südens, die damit systematisch und dauerhaft in ihren Entwicklungschancen behindert wurden. (...) Zwei Welten, innerhalb derer sich wiederum ganz eigene, gleichfalls stabile Strukturen der Ungleichheit ausgebildet haben – im reichen Norden ist sie im Vergleich geringer, im armen Süden hingegen extrem.
(Zit. nach: Dörre/Lessenich/Rosa, Lob der Gleichheit, 2015, S. 161)

Die Studie legt eine konkrete Berechnung der Verteilung der Einkommensdaten von 85 Ländern aus dem Jahr 2007 vor:

Sie zeigt, dass praktisch alle Einkommensgruppen in den europäischen Ländern zu den reichsten 20 Prozent der Welt gehören – selbst das einkommensschwächste Zehntel etwa der norwegischen Bevölkerung zählt global noch zu den wohlhabendsten 20 Prozent. Umgekehrt gehören große Teile des südlichen Afrikas – zum Beispiel 80 Prozent der äthiopischen Bevölkerung – zu dem weltweit ärmsten Zehntel.
(Zit. nach: Dörre/Lessenich/Rosa, Lob der Gleichheit, 2015, S. 161)

→ Fragen und Arbeitsaufträge

1. Erörtert die Angemessenheit der unter 2.1 (S. 114 f.) vorgestellten Begriffe. Diskutiert die diesen Begriffen zu Grunde liegenden Perspektiven, Bewertungen und Interessen.
2. Arbeite die Punkte heraus, die der Autor Seers (S. 115) am Entwicklungsmodell der 1960er Jahre kritisiert.
3. Nimm Stellung zu den Kritikpunkten an der Entwicklungspolitik, wie sie in der Frankfurter Rundschau, in den Quellen von Gärtner und in den Literaturstellen von Deaton und Michler vorgenommen werden. Beziehe die Karte auf S. 114 mit ein.
4. Arbeite heraus, worauf Dörre, Lessenich und Rosa die heutigen Ungleichheiten zwischen „Erster" und „Dritter Welt" zurückführen.
5. Beurteile, ob die Aussagen der Quellen und Literaturstellen auch heute noch zutreffend sind.
   Diskutiert darüber in der Klasse und artikuliert eure Positionen.
   Bezieht dabei auch eure Kenntnisse aus dem Geographie- und Wirtschaftskunde-Unterricht mit ein.
6. Fair Trade-Projekte versuchen, den ungleichen „Terms of Trade" entgegenzuwirken.
   Recherchiert Projekte in eurer Umgebung bei Konsumartikeln, Lebensmitteln etc.
   Präsentiert das Projekt, das euch am interessantesten erscheint, auf einem Plakat in der Klasse.

3. Entwicklungszusammenarbeit am Beispiel Afrika

Die Arbeitsaufträge 1 bis 4 erweitern deine Kompetenz, differenzierte politische Diskussionen zu führen. Arbeitsauftrag 5 leitet dazu an, deine Kompetenz zu trainieren, demokratische Mittel zur Durchsetzung deiner Anliegen zu nützen. Du wirst Kontakte zu Institutionen und Personen herstellen, die mit nachhaltiger Entwicklungszusammenarbeit befasst sind. Diese bieten auch entsprechende Informationen an, die für konkrete Projekte genutzt werden können.

Damit politische Diskussionen fundiert und differenziert geführt werden können, braucht es entsprechende Grundlagen. Die Bezeichnung „Entwicklungsländer" ist erst nach 1945 gebräuchlich geworden. Mit der Entwicklungsproblematik haben sich in den vergangenen Jahrzehnten nationale Regierungen, internationale Organisationen wie die UNO und die OECD, Nichtregierungsorganisationen (NGOs) und Kirchen, aber auch die Wissenschaften beschäftigt.

M1 **Der Politikwissenschafter Dieter Senghaas: Entwicklungspolitik. Alte und neue Herausforderungen, 2010:**

Wenn zwischen Gesellschaften und insbesondere ihren Ökonomien, die miteinander regen Austausch pflegen, eine Kluft an Wissen (z. B. im technologischen Bereich) und organisatorischen Fähigkeiten entsteht, dann steht im Laufe der Zeit einer weniger produktiven Wirtschaft eine produktivere gegenüber. Zwischen ihnen bildet sich ein Gefälle an Fähigkeiten heraus. In weiterer Folge werden die mit veralteter Technologie und geringerer Produktivität erzeugten Waren einfach niederkonkurriert. In einer liberalen Wirtschaftsordnung werden solche Gesellschaften an den Rand gedrängt (marginalisiert). Die wirtschaftlich und technologisch moderner entwickelten Gesellschaften in Europa, Amerika (z. B. USA, Kanada, Brasilien) und teilweise in Asien (z. B. Japan, Süd-Korea, VR-China) benutzen sie als Lieferanten von Rohstoffen. Dazu zählen unverarbeitete Erze, Diamanten, Erdöl und besonders auch landwirtschaftliche Produkte von Plantagenwirtschaften, wie Kaffee, Tee, Zucker und Früchte. Von dieser Situation ist gegenwärtig in besonderem Maße Schwarz-Afrika betroffen.

(Senghaas: Entwicklungspolitik. Alte und neue Herausforderungen. In: Praxis Politik. Februar 1, 2010, S. 4 f.)

M2 **Austrian Development Agency (ADA): Entwicklungshilfe – Entwicklungspolitik – Entwicklungszusammenarbeit, 2011:**

Am Anfang stand die „Entwicklungshilfe". Sie wurde im Wesentlichen von privaten Einrichtungen und Kirchen getragen. Die Finanzierung erfolgte hauptsächlich über Spenden. Dann kam von der Organisation für wirtschaftliche Zusammenarbeit und Entwicklung (OECD) die Aufforderung an ihre Mitgliedsländer, Entwicklungshilfe von Staat zu Staat zu leisten. Auf diese Weise entwickelte sich die bisherige Entwicklungshilfe zur „Entwicklungspolitik" weiter. Die Finanzierung erfolgte nun zu einem überwiegenden Teil aus den nationalen Budgets der Geberländer; Spendengelder (z. B. der Kirchen und der NGOs) ergänzten diese. Vielfach schufen aber diese Hilfsmaßnahmen neue Abhängigkeiten. Im Vordergrund der entwicklungspolitischen Aktivitäten der Geberländer standen nämlich sehr oft deren Interessen um politische Einflusssphären und wirtschaftliche Absatzmärkte. Darüber hinaus lieferte man nicht selten Produkte, ohne auf die Bedürfnisse der Bevölkerung in diesen Ländern zu achten. Und schließlich hat man es lange Zeit verabsäumt, Voraussetzungen für deren eigenständige Entwicklung zu schaffen. Dazu zählen besonders eine entsprechende Ausbildung und Gesundheitsförderung der Bevölkerung, die Sicherung der Menschenrechte und der Ausbau einer leistungsfähigen Infrastruktur für die Verwaltung und den (Güter-)Verkehr. Darauf haben Tausende Expertinnen und Experten, die in entwicklungspolitischen Projekten gearbeitet haben, immer wieder hingewiesen. Diese Erkenntnisse bewirkten, dass die traditionelle Entwicklungspolitik der 1960er und 1970er Jahre, welche vornehmlich aus finanziellen Zuwendungen bestand, allmählich verändert wurde. Es begann sich das Verständnis einer nachhaltigen „Entwicklungszusammenarbeit" durchzusetzen. Im Jahr 2005 formulierte man dazu in der „Pariser Erklärung" fünf Prinzipien für nachhaltige Entwicklungszusammenarbeit: 1. Stärkung der Eigenverantwortung der Partnerländer (Ownership); 2. Ausrichtung der Entwicklungszusammenarbeit auf die nationalen Entwicklungsstrategien, -institutionen und -verfahren (Alignment); 3. Harmonisierung der Geberaktivitäten (Harmonisation); 4. Einführung ergebnisorientierten Managements (Managing for Results); 5. gegenseitige Rechenschaftspflicht (Mutual Accountability).

(Nach: Informationen der Österreichischen Entwicklungszusammenarbeit. Weltnachrichten Nr. 3/2011, S. 6).

M3 **Spiegel Online: Mehr Hilfe zur Selbsthilfe, 2009:**

Die G-8-Staaten planen eine Kehrtwende in der Entwicklungspolitik. Eine Initiative sieht vor, weniger Nahrungsmittel in Hungergebiete zu schicken und stattdessen die regionale Landwirtschaft zu unterstützen. (...)

Statt Nahrungsmittel in Hungergebiete zu liefern und so lokale Märkte kaputtzumachen, soll den Landwirten dort geholfen werden, die Produktion anzukurbeln. (...) Vertreter der Vereinten Nationen begrüßten den Vorstoß der Industrienationen. Die Abkehr von Nahrungsmittelhilfen zu mehr Selbsthilfe sei ein längst überfälliger Schritt. Jacques Diouf, Chef der FAO, der UNO-Ernährungsorganisation, sagte: „Nahrungsmittelhilfe ist aber nötig, weil Menschen unter Dürre, Überschwemmungen und Konflikten leiden, und was sie sofort brauchen, sind Lebensmittel. Aber wenn wir es mit einer Milliarde hungernder Menschen zu tun haben, müssen wir ihnen dabei helfen,

Kontakte zu Institutionen und Personen der politischen Öffentlichkeit aufnehmen sowie Angebote von politischen Organisationen nutzen können

dass sie selbst Nahrungsmittel in ausreichendem Ausmaß anbauen können."

(Spiegel Online: G-8 startet 20-Milliarden-Plan gegen Hunger. 10. 7. 2009. Online auf: http://www.spiegel.de/politik/ausland/entwicklungshilfe-g8-startet-20-milliarden-plan-gegen-hunger-a-635 453.html, 24. 7. 2017)

M4 Welthaus-Jahresbericht 2016, Landkonflikte im Senegal:

Im Senegal haben Landkonflikte massiv zugenommen. Oft werden sie gewaltsam ausgetragen. Die Gründe dafür sind die steigende Nachfrage nach Lebensmitteln, Wasser und Energie in Kombination mit dem Bevölkerungswachstum, der Bau von Autobahnen, Straßen oder Flughäfen oder die galoppierende Urbanisierung. Die Regierung fördert insbesondere das Agrobusiness, die Nahrungsmittelindustrie und große Infrastrukturprojekte – mit massiven Auswirkungen auf die Landverteilung. Die Betroffenen werden in die Planung kaum miteinbezogen, ihre Rechte auf Entschädigungszahlungen werden oft missachtet.

In den Landkonflikten stehen sich Staat und Bevölkerung, Gemeinden untereinander und ihre Einwohner als Streitparteien gegenüber. Hinzu kommen Investoren, die auf Kosten der Bevölkerung großen Landbesitz anhäufen. Korruption spielt bei der Landvergabe eine maßgebliche Rolle. Die Landrechtspolitik im Senegal ist widersprüchlich, die Gesetzgebung entspricht nicht der gelebten Praxis. Diese Situation schafft soziale Ungerechtigkeiten, insbesondere von Kleinbauern und Kleinbäuerinnen – mehr als 60 Prozent der senegalesischen Bevölkerung.

„Eines Morgens waren meine Felder besetzt von Baumaschinen und Arbeitern, die mir erklärten, dass hier die neue Autobahn gebaut werde. Als ich bei der Gemeinde nachfragen wollte, was hier los sei, wurde mir gesagt, dass sie keine Auskunft geben", erzählte Pate Mbaye.

(Welthaus-Jahresbericht 2016, Senegal. Lösung von Landkonflikten, S. 11)

M5 Autorentext, Zwei österreichische Organisationen für Entwicklungszusammenarbeit:

Die Entwicklungszusammenarbeit wurde in Österreich im Jahr 2002 gesetzlich neu geregelt. Die drei Kernanliegen sind: 1. Armut verringern; 2. Sicherheit fördern; 3. Ressourcen nachhaltig schützen. Dabei sind vor allem die Eigenverantwortung der Partnerländer für deren Entwicklungsweg sowie der Respekt für kulturelle Vielfalt grundlegend. Zu den regionalen Schwerpunkten zählen Westafrika und das südliche Afrika. Die Austrian Development Agency (ADA), die „Agentur der Österreichischen Entwicklungszusammenarbeit", setzt die vom Bundesministerium für Europa, Integration und Äußeres (Außenministerium) geplanten Strategien und Programme um. Sie arbeitet dabei mit anderen öffentlichen Einrichtungen, NGOs, Kirchen, Unternehmen etc. zusammen.

Das Welthaus in Graz ist seit 1970 eine entwicklungspolitische Einrichtung der Diözese Graz-Seckau. Es ist mit Projekten weltweit aktiv und unterstützt vorwiegend Projekte, durch die Armut in ländlichen Gebieten verringert und Menschenrechtssituationen verbessert werden sollen. In Afrika war es im Jahr 2016 im Senegal und in Tansania tätig. Gleichgeartete Einrichtungen bestehen in Linz, Salzburg, Innsbruck, Klagenfurt, St. Pölten und Wien. Sie sind im „Welthaus Österreich" zusammengeschlossen. Sie bieten einschlägige Bildungsangebote an und arbeiten auch mit Schulen zusammen.

(Scheipl, Staudinger, Autorentext)

→ Fragen und Arbeitsaufträge

1. Arbeite heraus, welche Zusammenhänge zwischen Technologie-Wissen sowie organisatorischem Knowhow einerseits und wirtschaftlichem Erfolg andererseits M1 herstellen. Halte diese für weiterführende Diskussionen schriftlich fest.

2. Stelle auf der Grundlage von M2 die Entwicklung von der „Entwicklungshilfe" über die „Entwicklungspolitik" bis hin zur „Entwicklungszusammenarbeit" dar. Benenne die jeweiligen Akteure, Interessen und Ziele.

3. Arbeite anhand von M2 die fünf Prinzipien der „Pariser Erklärung" von 2005 heraus und nimm dazu Stellung. Beziehe dazu auch M3 ein.

4. Arbeite die in M4 dargestellten Probleme und Konflikte heraus. Stelle diese den fünf Prinzipien der „Pariser Erklärung" gegenüber.
   Diskutiert die Widersprüche für die Praxis einer nachhaltigen Entwicklungszusammenarbeit. Bezieht dazu auch M3 mit ein.

5. Arbeitet zu zweit oder zu dritt. Stellt unter Bezugnahme auf M2 oder M5 einen Kontakt zur Austrian Development Agency, zum Welthaus oder zu einer vergleichbaren Einrichtung her.
   Linktipps:
   www.entwicklung.at/; http://welthaus.at/
   Informiert euch über deren einschlägige Angebote und Initiativen, z. B. a) wo diese stattfinden; b) was bei diesen Projekten maßgeblich ist, um erfolgreich zu sein; c) wo besondere Schwierigkeiten liegen; d) wo sich eventuell unbeabsichtigte nachteilige Nebenwirkungen ergeben; e) in welcher Form die fünf Prinzipien der „Pariser Erklärung" dabei Beachtung finden.

6. Nutzt die Informationen aus Aufgabe 5 für eine sachbezogene und differenzierte Diskussion über Ziele, Aufgaben und Widersprüche im Rahmen einer nachhaltigen Entwicklungszusammenarbeit.
   Artikuliere dabei deine Standpunkte und begründe deine Meinung.
   Beziehe dazu auch die klassisch gewordene Aussage zur Entwicklungszusammenarbeit ein: „Gib den Menschen nicht den Fisch. Lehre sie zu fischen und ihre Fische zu verkaufen."

7. Skizziere Möglichkeiten, wie die Erkenntnisse aus Aufgabe 6 deine persönlichen Entscheidungen im Hinblick auf Entwicklungszusammenarbeit beeinflussen können.

4. Kritischer Vergleich von Geschichtsschulbuchdarstellungen zum Thema „Die Entkolonialisierung Afrikas"

Österreichische Geschichtsschulbücher zwischen 1969 und 1980 – eine Auswahl

Für den folgenden Vergleich wurden sechs Ausschnitte aus Geschichtsschulbüchern ausgewählt, die zum Zeitpunkt ihrer Verwendung approbiert waren, d. h., die den damaligen Lehrplänen entsprachen und im Rahmen der Schulbuchaktion Schülerinnen und Schülern zur Verfügung gestellt wurden.

Die Bücher wurden zwischen 1969 und 1980 verfasst und fanden in den Schulen damals weite Verbreitung.

Das für den Vergleich der Geschichtsdarstellungen ausgewählte Thema ist die „Entkolonialisierung Afrikas", die im Wesentlichen in den späten 1950er und frühen 1960er Jahren stattfand, also nur wenige Jahre, bevor die ausgewählten Schulbücher verfasst wurden.

Folgende Bücher werden hier untersucht:

1. *Allgemeine Geschichte der Neuzeit von der Mitte des 19. Jahrhunderts bis zur Gegenwart (5. Auflage). 1969.*
Das Thema „Afrika" wird gemeinsam mit Asien im Großkapitel „Die Welt seit 1945", Teilkapitel „Der Aufstieg der asiatischen und afrikanischen Länder und das Ende des Kolonialismus" in einem Umfang von etwas mehr als drei Seiten behandelt (S. 182 ff.).
(Umfang Großkapitel: 32 Seiten; Umfang Buch: 198 Seiten)

2. *Zeiten, Völker und Kulturen. Geschichte des 20. Jahrhunderts. 1972 (Nachdruck 1977).*
Das Thema „Afrika" wird im Großkapitel „Die außereuropäische Staatenwelt seit 1945", Teilkapitel „Das neue Afrika" in einem Umfang von etwas mehr als sieben Seiten behandelt (S. 192 ff.).
(Umfang Großkapitel: 40 Seiten; Umfang Buch: 198 Seiten)

3. *Geschichte und Sozialkunde für die 8. Klasse. 1974.*
Das Thema „Afrika" wird im Großkapitel „Agrarstaaten und Entwicklungsländer" auf einer Seite behandelt (S. 120).
(Umfang Großkapitel: 17 Seiten; Umfang Buch: 164 Seiten)

4. *Geschichte 4 für die Oberstufe. 1975.*
Das Thema „Afrika" wird gemeinsam mit Asien im Großkapitel „Weltpolitik und Weltkrisen der letzten zwanzig Jahre" in einem Umfang von etwas mehr als vier Seiten behandelt (S. 270 ff.).
(Umfang Großkapitel: 29 Seiten; Umfang Buch: 333 Seiten)

5. *Zeitgeschichte (2. verbesserte Auflage). 1979.*
Das Thema „Afrika" wird in einem eigenen Kapitel unter dem Titel „Das nationale Erwachen der afrikanischen Völker" auf drei Seiten behandelt (S. 130 ff.).
(Umfang Buch: 173 Seiten)

6. *Weg durch die Zeiten 4. 1980.*
Das Thema „Afrika" wird im Großkapitel „Die Dritte Welt", Teilkapitel „Die Entkolonialisierung – Das Entstehen der Dritten Welt" gemeinsam mit Asien und Lateinamerika auf etwas mehr als drei Seiten dargestellt (S. 127 ff.).
(Umfang Großkapitel: 11 Seiten; Umfang Buch: 147 Seiten)

→ Fragen und Arbeitsaufträge

Schulbücher weisen jeweils eine spezielle Gliederung und Kapiteleinteilung auf. Daraus lässt sich bis zu einer gewissen Weise die Wertigkeit der einzelnen Themen erschließen.

1. Arbeite unter Verwendung der Informationen zu den Schulbüchern heraus, wie das Thema „Afrika" jeweils eingeordnet wird.

2. Vergleiche den jeweiligen Seitenumfang, den die Autoren der Schulbücher dem Thema widmen. Ziehe Schlüsse aus deinem Befund und begründe sie. Beziehe dabei mit ein, dass für den Umfang von Schulbüchern auch andere als inhaltliche Faktoren Bedeutung haben, z. B. Lehrplanvorgaben, „Gewichtsgrenzen" für Schulbücher, gestalterische Vorgaben, Vorerwartungen von Lehrerinnen und Lehrern sowie Schülerinnen und Schülern.

3. Untersuche die Formulierung der Titel der jeweiligen Großkapitel und Kapitel. Arbeite heraus, welche Perspektiven die dabei verwendeten Begriffe möglicherweise mit transportieren. Achte dabei auch darauf, ob die Formulierungen auch in aktuellen Geschichtsschulbüchern noch vorkommen bzw. vorkommen könnten.

4. Interpretiere deine Befunde, indem du mögliche Perspektiven auf das Thema „Afrika" und damit verbundene Bewertungen der Autoren daraus ableitest.

■ Beispiele für Cover österreichischer Geschichtsschulbücher aus den Jahren 1969 bis 1980.

Konstruieren Schulbücher Geschichte?

Im folgenden Abschnitt wird anhand von Ausschnitten aus den sechs auf S. 120 vorgestellten Geschichtsschulbüchern untersucht, welche „Geschichtserzählungen" die Autoren jeweils über das Thema „Entkolonialisierung Afrikas" transportieren.

Durch die Analyse und den Vergleich der Ausschnitte kann man herausarbeiten, was diesen Geschichtsdarstellungen gemeinsam ist und worin sie voneinander abweichen.

Q1 *Auch die wenig entwickelten Länder Zentralafrikas und der Guineaküste verlangen die Unabhängigkeit. Ghana (entstanden aus der ehemaligen Goldküste und Teilen von Togo) wurde der erste „schwarze" Mitgliedsstaat des Commonwealth. Nigerien folgte 1960. Die französischen Gebiete dieses Raumes wurden auf Grund der in der Verfassung der „Fünften Republik" gegebenen Möglichkeiten selbständige Staaten innerhalb der französischen Gemeinschaft. Guinea schied völlig aus. Belgien gab seine Kolonien im Kongo auf und schuf dadurch einen völlig neuen Unruheherd. (...)*
Der schwarze Erdteil ist im Aufbruch. Da die neuen Länder nur über geringe finanzielle Mittel verfügen und kulturell auf einer niedrigen Stufe stehen, sind sie fremden Einflüssen sehr zugänglich. Die Folge davon ist, dass diese Gebiete erneut in den politischen und wirtschaftlichen Konkurrenzkampf der Weltmächte hineingezogen werden.
(Allgemeine Geschichte der Neuzeit, 1969, S. 184 f.)

Q2 **Die Entkolonisierung** – *Den ersten Impuls zur Entkolonisierung gab die britische Labourregierung, die trotz des Widerstands der Konservativen bemüht war, die Bevölkerung der britischen Kolonien zur Mündigkeit und Selbstregierung zu erziehen. Daher vollzog sich der Übergang zur Unabhängigkeit in diesen Gebieten ohne größere Schwierigkeiten. Nur in Kenia, wo die wenigen weißen Siedler die besten Ackerböden im Hochland besaßen, brach ein Aufstand der landhungrigen Negerstämme gegen die „Weißen" aus. Die „Mau-Mau"-Bewegung wurde zwar nach blutigen Kämpfen unterdrückt, trug aber zur Erringung der Unabhängigkeit bei (1963).*
Es war ein Erfolg der britischen Politik, dass die meisten ehemaligen afrikanischen Kolonien Mitglieder des Commonwealth blieben. Starrer hielt zunächst Frankreich an seinem großen Kolonialreich fest. Erst mit der Machtübernahme de Gaulles begann auch in „Schwarzafrika" der Prozess der Loslösung, und bald darauf waren alle ehemaligen französischen Kolonien selbständig. Die Unabhängigkeitserklärungen folgten so rasch aufeinander, wie die französischen Minister, die sie verkündeten, in der Lage waren, von Land zu Land zu fliegen (das „Afrikanische Jahr" 1960). Ein Teil dieser freien Staaten setzte die Zusammenarbeit mit Frankreich in der „Communauté"fort.
(Zeiten, Völker und Kulturen, 1977, S. 194 f.)

Q3 **Schwarzafrika** – *In Schwarzafrika hatte es außer Äthiopien keinen selbständigen Staat gegeben. Großbritannien bereitete seine Kolonien durch beschränkte Selbstverwaltung auf die Unabhängigkeit vor. Frankreich tat schon weniger und Belgien überließ den Kongo völlig unvorbereitet der Unabhängigkeit. Während die britischen Kolonien relativ reibungslos selbständig wurden, kam es bei der Unabhängigkeit des Kongo 1961 wegen der Stammesrivalitäten zu einer schweren Krise, in die auch die Großmächte hineingezogen wurden.*
(...)
Alle Staaten Schwarzafrikas sind wirtschaftlich schwach oder einseitig entwickelt. Ihr Anteil an der Weltwirtschaft ist gering. Sie spielen nur als Rohstofflieferanten eine Rolle.
(Geschichte und Sozialkunde, 1974, S. 120)

Q4 **Großbritanniens Rückzug aus Afrika** – *Schon in der Zwischenkriegszeit hatten die Briten dort, wo es möglich war, die einheimische Bevölkerung zur Mitarbeit an der Verwaltung herangezogen und vielerorts den Übergang vom Kolonialstatus zur Autonomie vorbereitet. Mit Ausnahme Kenias, wo sich seit 1952 die Mau-Mau-Bewegung gegen das Übergewicht weißer Siedler wandte, und mit Ausnahme der „Südafrikanischen Union" und Rhodesiens, die sich aus dem Commonwealth lösten und eigene Wege gingen, vollzog sich dieser Übergang im Wesentlichen reibungslos und kann heute als abgeschlossen betrachtet werden. (...)*

Das Ende des französischen Kolonialreichs in Afrika – *Nach dem Zweiten Weltkrieg versuchte Frankreich durch die Schaffung der „Französischen Union" (1946), nach dem Wiedereintritt De Gaulles in die französische Politik (1958) durch die „Communauté Francaise" (eine Art Commonwealth Organisation) dem Zerfall des französischen Kolonialreichs entgegenzuwirken. Seit den sechziger Jahren behindert Frankreich die völlige Loslösung einzelner Gebiete vom Mutterland nicht mehr. So entstanden in Afrika eine Reihe von neuen Staaten, die z. T. noch eine lose Zugehörigkeit zur Communauté bewahrt haben.*
(...)
Die Auflösung des italienischen Kolonialreichs war eine Folge des Zweiten Weltkriegs. Libyen, zunächst unter britischer Treuhandverwaltung, wurde zum Königreich (seit 1969 Republik), Abessinien (Äthiopien), schon seit 1943 wieder in Händen des Negus, erhielt „Italienisch-Eritrea" zugeteilt. Italienisch-Somaliland wurde 1960 mit Britisch-Somaliland zur unabhängigen „Republik Somalia" zusammengeschlossen.
Während der Großteil des spanischen Kolonialbesitzes in Afrika ohne Schwierigkeiten aufgelöst werden konnte (Übergabe Spanisch-Marokkos an das Königreich Marokko, Gründung der „Republica de Guinea Ecuatorial"), hatte die Aufgabe der Kolonialherrschaft in Belgisch-Kongo 1960 verheerende Folgen.
(...)

So verblieben nunmehr nur noch die „portugiesischen Überseeprovinzen" (Azoren, Madeira, Kapverdische Inseln, Guinea, Angola, Moçambique) in einem an die frühere Kolonialherrschaft gemahnenden Status. Doch auch hier waren nationale Kräfte am Werk, die die Unabhängigkeit herbeiführen wollten.

(…)

Die Staatenbildung in Afrika ist nun vollzogen, doch fehlt den meisten Staaten noch die echte Demokratie.

(*Geschichte 4 für die Oberstufe, 1975, S. 271 ff.*)

Q5 *Die europäischen Kolonialmächte versuchten, die oft sehr stürmische Entwicklung in Afrika dadurch zu steuern, dass sie die selbständig gewordenen Gebiete in ihren Staatenbund eingliederten. So entstanden souveräne afrikanische Staaten im Commonwealth of Nations und in der Französischen Union (ab 1958 Französische Gemeinschaft). Anfangs genügten diese Maßnahmen, aber im Jahr 1960, im „Afrikanischen Jahr", setzte eine neue, viel stärkere Unabhängigkeitswelle ein, welche die bisherigen Staatenbünde fast sprengte und in vielen Fällen zu kriegerischen Auseinandersetzungen mit den ehemaligen Kolonialmächten führte.*

(…)

Das Jahr 1960 brachte den Höhepunkt der Unabhängigkeitsbewegung in Afrika. Es entstanden 16 selbständige Staaten: die westafrikanischen Länder Senegal, Mauretanien, Niger, Obervolta, Elfenbeinküste, Togo und Dahomè; die zentralafrikanischen Länder Kamerun, Tschad, Zentralafrikanische Republik, Republik Kongo (Brazzaville), Gabun, Nigeria und das ehemalige Belgisch Kongo, Kongo-Leopoldville (heute Kinshasa); die ostafrikanischen Länder Somalia und Madagaskar.

In den nächsten Jahren folgten Mali, Sierra Leone, Tansania (aus Tanganjika und Sansibar) und Malawi. Im Jahre 1965 erklärte sehr gegen den Willen Großbritanniens das frühere Südrhodesien als „Rhodesien" unter Führung einer weißen Minderheit seine Unabhängigkeit.

(*Zeitgeschichte, 1979, S. 131*)

Q6 *In Afrika entstanden zwischen 1951 und 1961 sechsundzwanzig neue Staaten. Das Jahr 1960, in dem eine Reihe von Kolonien ihre Unabhängigkeit erlangten, wird als das „afrikanische Jahr" bezeichnet. 1975 erhielten als letzte die portugiesischen Kolonien Angola und Moçambique die Unabhängigkeit. Nicht überall wurde die Unabhängigkeit ohne Auseinandersetzungen erreicht.*

(…)

Frankreich und Großbritannien versuchten ihre ehemaligen Kolonien in von ihnen dominierte Gemeinschaften, in die Französische Gemeinschaft und das Commonwealth of Nations, einzubeziehen. Diese Bindungen erwiesen sich jedoch von nicht allzu großer Bedeutung.

(*Weg durch die Zeiten 4, 1980, S. 127 f.*)

1. Untersuche die sechs Quellenstellen daraufhin, welche Gemeinsamkeiten und Unterschiede sich erkennen lassen. Gehe dabei auf folgende Fragen ein:
   - Wie ausführlich bzw. knapp ist die Darstellung im Schulbuch?
   - Welche Staaten werden genannt?
   - Wie wird die „Entkolonialisierung" zeitlich eingeordnet?
   - Welche Schwerpunkte setzen die Autoren innerhalb des Themas?
   - Welche Perspektiven für Afrika entwickeln die Autoren (z. B. zukünftige Zugehörigkeiten der ehemaligen Kolonien, wirtschaftliche Entwicklung)?

   Belege deine Aussagen mit Textstellen.
2. Nenne mögliche Gründe für die Unterschiede, die du entdeckst.
3. Untersuche die unterschiedlichen Darstellungen der Erreichung der Unabhängigkeit.

   Analysiere die dabei verwendeten Formulierungen und Begriffe.

   Überprüfe, ob sie direkte oder indirekte Bewertungen enthalten.

   Halte deine Ergebnisse und die jeweiligen Belegstellen schriftlich fest.
4. Bildet drei Gruppen. Untersucht anhand von jeweils zwei Darstellungen, auf welche Weise diese durch die vorgenommene Auswahl der Inhalte beeinflusst werden.

   Bringt eure Ergebnisse in Verbindung mit dem Prinzip „Konstruktion durch Selektivität".
5. Arbeitet heraus, ob in den Darstellungen der Entkolonialisierung „das Gesetz des Handelns" den Kolonialmächten zugeschrieben wird oder ob die nach Unabhängigkeit strebenden Kolonien selbst als Handelnde dargestellt werden.

   Untersucht im zweiten Fall auch das Wie dieser Darstellung.

   Versucht abschließend eine Beurteilung der einzelnen Darstellungen.
6. Wendet eure Erkenntnisse aus der Untersuchung der Schulbuch-Ausschnitte auf die Darstellung des entsprechenden Kapitels in eurem Geschichtebuch an.

   Untersucht die Darstellung der Entkolonialisierung Afrikas. Orientiert euch dabei an den Arbeitsaufträgen in diesem Kapitel.

40. Das nationale Erwachen der afrikanischen Völker

Zur Vorbereitung: 1. Sprich über die Europäisierung der Welt! – 2. Welche Staaten hatten Kolonien in Afrika? – Welche Bedeutung hatten sie für die Mutterländer? – 3. Vergleiche die Karten aus der Zeit vor 1914 und von heute!

Gleich nach 1919 wurde sichtbar, daß sich Europas wirtschaftliche und politische Herrschaft über manche asiatischen und afrikanischen Staaten gelockert hatte. So mußten die Engländer in der Zwischenkriegszeit Zugeständnisse an Indien und Ägypten machen, welche die erste Durchbrechung des britischen Herrschaftsanspruchs bedeuteten.

Dem Völkerbund gehörten als Gründungsmitglieder nur vier asiatische Staaten an, nämlich China, Siam, Iran und Indien. Damals zählten weder Asien noch Afrika als Partner in der internationalen Politik. In der Zwischenkriegszeit kündeten sich aber epochemachende Ereignisse an. Nationale Bewegungen entstanden in Indien, China und Indonesien, bald auch im Vorderen Orient und nahmen Formen an, die Europa zum Aufhorchen zwangen.

Die Russische Revolution von 1917 beeinflußte die politische Lage auch in Asien nachhaltig. Sie wirkte zweifellos bei der Bildung des asiatischen Nationalismus wesentlich mit, da sie das „Recht aller Kolonialvölker auf Freiheit" proklamierte. Die Vorkämpfer der nationalen Strömungen, SUN YAT-SEN, MAO TSE-TUNG, GANDHI, SUKARNO, waren hervorragende Persönlichkeiten, die im Kampf für ihre Völker Großes errangen.

Das Erwachen des afrikanischen Selbstbewußtseins wurzelte u. a. in den Auseinandersetzungen der kriegsführenden Staaten des Zweiten Weltkrieges. Die farbigen Völker emanzipierten sich von ihrer kolonialen Bevormundung und verlangten die Einlösung von politischen Zusagen aus der Zeit vor und nach 1939. Triebfeder dafür war der Umbruch in der Arabischen Welt, der in Vorderasien seinen Ausgang genommen hatte und sehr bald nach dem Ende des Zweiten Weltkrieges auch auf Nordafrika übergriff. Der Erste Weltkrieg hatte die arabischen Völker des Vorderen Orients zunächst nur von der türkischen Herrschaft befreit, der Zweite Weltkrieg brachte ihnen die volle Unabhängigkeit. Die reichen Erdöllager des arabischen Raumes machten diesen zu einem Schnittpunkt internationaler Wirtschaftsinteressen. Mit der Erteilung von Erdölkonzessionen Saudiarabiens an die ARAMCO (Arabian-American Oil Company) gegen Ende des Krieges wurden die Vereinigten Staaten in die innerarabischen Konflikte hineingezogen.

War Afrika im Ersten Weltkrieg eine wichtige Kraftquelle für die Alliierten, sowohl als Menschenreservoir für die französische Armee als auch als Rohstofflieferant, so wurde Nordafrika im Zweiten Weltkrieg sogar zu einem wesentlichen Kriegsschauplatz. In der Zeit zwischen 1939 und 1945 erlebten die afrikanischen Kolonien einen gewaltigen Aufschwung ihrer Wirtschaft durch Lieferungen kriegswichtiger Güter und stärkten dadurch ihr Selbstbewußtsein. Daraus erwuchsen einerseits revolutionäre Bewegungen, andererseits Forderungen nach stärkerem Mitbestimmungsrecht innerhalb der kolonialen Verwaltungen. Da sowohl Großbritannien als auch Frankreich ihren Kolonien gewisse Erleichterungen

versprachen, konnten sich rasch nationale Bewegungen bilden, deren Führer fast ausschließlich auf europäischen Universitäten ausgebildet wurden.

Schon 1946 mußte Frankreich allen seinen Untertanen in Afrika das französische Bürgerrecht verleihen, schaffte die Zwangsarbeit ab und nahm eine Reihe afrikanischer Abgeordneter in die Nationalversammlung in Paris auf. Großbritannien setzte auf Initiative der Labour-Party in seinen westafrikanischen Kolonien Verwaltungs- und Verfassungsreformen ein, die allmählich zur Autonomie und Unabhängigkeit aller seiner Kolonien führte.

Die europäischen Kolonialmächte versuchten, die oft sehr stürmische Entwicklung in Afrika dadurch zu steuern, daß sie die selbständig gewordenen Gebiete in ihren Staatenbund eingliederten. So entstanden souveräne afrikanische Staaten im Commonwealth of Nations und in der Französischen Union (ab 1958 Französische Gemeinschaft). Anfangs genügten diese Maßnahmen, aber im Jahre 1960, im „Afrikanischen Jahr", setzte eine neue, viel stärkere Unabhängigkeitswelle ein, welche die bisherigen Staatenbünde fast sprengte und in vielen Fällen zu kriegerischen Auseinandersetzungen mit den ehemaligen Kolonialmächten führte.

1950 gab es nur vier unabhängige Staaten in Afrika: Äthiopien, Ägypten, Liberia und die Südafrikanische Union. In den folgenden zehn Jahren kamen hinzu: das Königreich Libyen, die Republik Tunesien, das Königreich Marokko, die Republik Sudan, die nicht in das Commonwealth eintrat, die vormals britische Kolonie Goldküste als selbständige Republik Ghana innerhalb des Commonwealth und das vordem französische Guinea, das völlig unabhängig wurde.

In Nordafrika war nur noch Algerien, seit 1881 Bestandteil des französischen Mutterlandes mit über einer Million französischer Siedler, unselbständig geblieben. An einer starken Bindung an Frankreich festhaltenden „Colons" stand jedoch fast 9 Millionen Moslems gegenüber, deren Ziel die völlige Unabhängigkeit ihres Landes war. Eine nationalistische Gruppe (Front de la Libération Nationale – FLN) begann Ende 1954 einen Aufstand gegen die französische Herrschaft, der sich zu einem blutigen, mehr als sieben Jahre dauernden Bürgerkrieg ausweitete. Angesichts der Aussichtslosigkeit einer militärischen Lösung entschloß sich der französische Präsident DE GAULLE 1962, Algerien die Unabhängigkeit zu gewähren und den Krieg zu beenden.

Das Jahr 1960 brachte den Höhepunkt der Unabhängigkeitsbewegung in Afrika. Es entstanden 16 selbständige Staaten: die westafrikanischen Länder Senegal, Mauretanien, Niger, Obervolta, Elfenbeinküste, Togo und Dahomé; die zentralafrikanischen Länder Kamerun, Tschad, Zentralafrikanische Republik, Republik Kongo (Brazzaville), Gabun, Nigeria und das ehemalige Belgisch Kongo, Kongo-Leopoldville (heute Kinshasa); die ostafrikanischen Länder Somalia und Madagaskar.

Apartheid in Südafrika

In den nächsten Jahren folgten Mali, Sierra Leone, Tansania (aus Tanganjika und Sansibar) und Malawi. Im Jahre 1965 erklärte sehr gegen den Willen Großbritanniens das frühere Südrhodesien als „Rhodesien" unter Führung einer weißen Minderheit seine Unabhängigkeit. In dem daraus sich entwickelnden Konflikt verlangten vor allem die farbigen Mitglieder des Commonwealth energische Maßnahmen gegen dieses Land. Da sich die weiße Minderheitsregierung in Rhodesien der britischen Formel „No independence before majority rule" nicht beugte, kam es zu einem Boykott rhodesischer Waren auf den Märkten des Commonwealth, der aber ziemlich wirkungslos blieb, da Rhodesiens Ausfuhrgüter meist über andere Staaten auf den Weltmarkt kamen.

Seit 1978 hat Rhodesien eine „weiß-schwarze" Übergangsregierung.

Schließlich wurden noch Uganda, das frühere Betschuanaland als Botswana, das ehemalige Basutoland als Lesotho, Swasiland, Guinea-Bissau, Angola, Mosambik und Dschibuti unabhängige Staaten. Namibia, das ehemalige Deutsch-Südwestafrika, soll in Kürze die Unabhängigkeit erhalten.

Diese in so kurzer Zeit entstandenen jungen Staaten Afrikas haben viele gemeinsame politische und wirtschaftliche Probleme. Einig sind sich alle in ihrer Haltung gegenüber der Republik Südafrika. Die dort betriebene Politik der „Apartheid" unterdrückt die Farbigen, die etwa drei Viertel der Bevölkerung ausmachen. Neger und Inder sind vom Wahlrecht ausgeschlossen und müssen räumlich von den Weißen getrennt leben. Die weiße Bevölkerung, Nachkommen der Buren und Briten, will damit „rein weiße" und „rein schwarze" Staaten errichten, in denen sämtliche öffentlichen Einrichtungen, wie Schulen, Krankenhäuser, Hotels usw., für Weiße und Farbige getrennt sind. Das erste dieser autonomen Gebiete für Schwarze (Bantustan) ist in der

Afrika 1914 – Afrika 1978

■ Doppelseite 130/131 aus dem österreichischen Schulbuch „Zeitgeschichte" (2. verbesserte Auflage), 1979.

Schulbuchdarstellungen – ein Beispiel: „Das nationale Erwachen der afrikanischen Völker"

Die Quellenstellen Q1 bis Q6 sind Ausschnitte aus umfassenderen Darstellungen. Dies gilt es bei ihren Interpretationen mit zu berücksichtigen.

Um dies zu veranschaulichen wird daher die Schulbuchseite, aus der die Quellenstelle 5 entnommen ist, hier abgebildet.

→ Fragen und Arbeitsaufträge

1. Untersuche und beschreibe die Gestaltung der Darstellung der Schulbuch-Doppelseite.
2. Untersuche die Schulbuch-Doppelseite.
   Orientiere dich an der Vorgangsweise der bisherigen Arbeitsaufträge, z. B.:
   • Wie ist der Umfang?
   • Was wird genannt, was ausgespart?
   • Analysiere die Formulierungen, Schwerpunktsetzungen, die zeitliche Einordnung, die Perspektiven etc.

3. Analysiere, ob durch die Einbettung der ausgewählten Quellenstelle Q5 in den Gesamtkontext der Doppelseite eine umfassendere Perspektive erkennbar wird.
4. Die Quellenstelle Q5 stellt einen Schwerpunkt der Thematik, nämlich die Ereignisse um das Jahr 1960, in den Vordergrund.
   Benenne mögliche Vorteile, welche die Gesamtheit einer Darstellung über die Entkolonialisierung in Afrika erbringen kann. Denke dabei z. B. an den Zeitverlauf und an die räumliche Zuordnung.
5. Untersuche die obige Darstellung des Gesamtkontextes nach der Vorgangsweise der bisherigen Arbeitsaufträge, z. B. Analyse der Formulierungen, Schwerpunktsetzungen, die zeitliche Einordnung, die Perspektiven, direkte und indirekte Bewertungen etc.
6. Arbeitet in Kleingruppen. Fasst die Ergebnisse und Erkenntnisse eurer Arbeit mit Schulbüchern zusammen.
   Formuliert Richtlinien, die beim Verfassen von Geschichtsdarstellungen in Schulbüchern beachtet werden sollten.
7. Nimm Stellung zur Frage, ob Schulbücher „Geschichte machen" bzw. konstruieren.

Grundlegende erkenntnistheoretische Prinzipien des Historischen kennen und anwenden (Perspektivität; Selektivität; Retroperspektivität)

5. Das Ende kolonialer Herrschaft in Asien und Afrika

Die Materialien in diesem Kapitel dienen dazu, die Historische Sachkompetenz weiterzuentwickeln. Anhand des genannten Themas geht es darum, verschiedene Perspektiven in historischen Quellen und Darstellungen zu identifizieren und zu hinterfragen bzw. themenbezogene Auswahlentscheidungen in historischen Darstellungen zu erkennen (Selektivität) sowie die Retrospektivität von Geschichte zu erkennen und zu reflektieren.

M1 Resolution „Quit India" („Verlasst Indien"), verfasst von einem Komitee des indischen Nationalkongresses unter Führung Mahatma Gandhis, 8.8.1942:

Die Beendigung der britischen Herrschaft in diesem Land ist eine lebenswichtige und unmittelbar zu treffende Entscheidung, von der Zukunft des Krieges und der Erfolg von Freiheit und Demokratie abhängen. (...) Das Komitee beschließt daher, zur Erlangung von Indiens unveräußerlichem Recht auf Freiheit und Unabhängigkeit, den Beginn eines Massenkampfes mit gewaltlosen Mitteln in weitestmöglichem Ausmaß zu genehmigen.

(Zit. nach: Rothermund, Blutiger Bruderzwist. In: Die Zeit. Welt- und Kulturgeschichte, Bd. 14, 2006, S. 328)

M2 Jawaharlal Nehru, der künftige Premierminister Indiens, am 15.8.1947 in einer Botschaft an die Presse:

Der vorbestimmte Tag ist gekommen (...) und Indien tritt nach langem Schlummer und langem Kampf wieder in den Vordergrund, ist erwacht, voller Leben, frei und unabhängig. (...) Wir sind Bürger eines großen Landes, wir stehen an der Schwelle zu kühnem Fortschritt, und wir müssen auf dieses hohe Ziel hinarbeiten. Welcher Religion wir auch angehören mögen, wir alle sind Kinder Indiens und haben gleiche Rechte, Privilegien und Pflichten. (...)
Wir grüßen die Nationen und Völker der Welt und versprechen ihnen, mit ihnen zusammen an der Weiterentwicklung des Friedens, der Freiheit und der Demokratie zu arbeiten.

(Zit. nach: Wolfrum/Arendes, Globale Geschichte des 20. Jahrhunderts, 2007, S. 137)

M3 Fachartikel über die Außenpolitik von J. Nehru:

Außenpolitisch leitete Nehru eine Politik der „Blockfreiheit" ein, um die Unabhängigkeit seines Landes, vor allem angesichts des Ost-West-Konflikts, zu wahren; er verband diese Maxime mit dem Gedanken der Koexistenz von Staaten mit unterschiedlichen Gesellschaftssystemen. Zusammen mit Indonesien, Ägypten und Jugoslawien entwickelte sich Indien zu einem der tonangebenden Staaten der Dritten Welt, was 1955 vor allem auf der Bandungkonferenz sichtbar wurde und in die Bewegung der blockfreien Staaten mündete.

Da die indische Nationalbewegung ihren Einsatz für die Unabhängigkeit Indiens zugleich als Kampf für nationale Selbstbestimmung aller abhängigen Völker betrachtete, setzte sich das unabhängige Indien für die Entkolonialisierung der in kolonialer Abhängigkeit von europäischen Mächten lebenden Nationen ein.

(Schmidt u.a., Im Besitz der Kongresspartei: Indien. In: Die Zeit. Welt- und Kulturgeschichte, Bd. 15, 2006, S. 370)

M4 Der Historiker Reinhardt Wendt über die verschiedenen Wege zur Unabhängigkeit:

Unabhängigkeit von einer Kolonialmacht konnte gewährt oder erkämpft werden. Die USA auf den Philippinen, die Briten in Ceylon, an der Goldküste und zuletzt in Hongkong oder die Franzosen in Westafrika übergaben die Macht nach einem festgelegten Fahrplan in einheimische Hände. Diesen „geordneten" Dekolonisationen standen turbulente gegenüber, bei denen die westlichen Herren sich notgedrungen zurückzogen oder zur Aufgabe gezwungen wurden. Guerilla-Aktivitäten in Malaya oder der Mau-Mau-Aufstand in Kenia beförderten die britische Bereitschaft, Unabhängigkeit zu gewähren. Die Dekolonisation Niederländisch-Indiens wurde durch eine Kombination von indigenem Widerstand und außenpolitischem Druck der USA erreicht.
(...)
Befreiungskriege trotzten den Kolonialmächten die Unabhängigkeit in Vietnam, Algerien und den portugiesischen Kolonien in Afrika ab.

(Wendt, Vom Kolonialismus zur Globalisierung, 2007, S. 341 f.)

M5 Der Historiker Reinhardt Wendt über die Folgen der Dekolonisation:

Die (...) Dekolonisation hat die politischen und ökonomischen Rollenverhältnisse auf der Welt nicht grundsätzlich verändert. Der Verlust formeller Kolonialherrschaft schwächte die einstigen Mutterländer allenfalls kurzfristig. Interessen in der Überseeischen Welt ließen und lassen sich auch mit Hilfe informeller Strukturen aufrechterhalten.
(...)
Man kann von informellen Abhängigkeiten sprechen. Dass sich manche Länder aus dieser Lage nicht befreien können und weiterhin unter ökonomischer und kultureller Fremdbestimmung leiden, dafür lassen sich neben hausgemachten eine Reihe externer Ursachen anführen. Letztere liegen in der Art und Weise, wie die Länder des Nordens ihre Interessen wahrnehmen und durchsetzen. Diese strukturellen Behinderungen, die eine selbstbestimmte Entwicklung hemmen, wurden zeitweise als Neokolonialismus bezeichnet.
Heute werden sie häufig unter dem Begriff „Globalisierung" subsumiert.

(Wendt, Vom Kolonialismus zur Globalisierung, 2007, S. 326)

M6 Der Historiker Dierk Walter über den Begriff „Stellvertreterkrieg":

Das böse Wort „Stellvertreterkrieg" zentriert viereinhalb Jahrzehnte Gewaltgeschichte der Welt auf die Konfrontation von USA und UdSSR – als seien die Kriegsparteien in der Dritten Welt nichts als Marionetten der Supermächte gewesen, mit Entwicklungshilfe bestochen, mit Waffenlieferungen und Militärberatern aufgerüstet und mit ideologischen Parolen aufgepeitscht. (…)

Wahr daran ist, dass die beiden Blöcke ihre Energien tatsächlich ein Stück weit in die Dritte Welt verlagerten, als sich abzeichnete, dass der Konflikt in der direkten Konfrontation politisch und militärisch nicht zu entscheiden war. Bereits in den fünfziger Jahren begann die Sowjetunion „fortschrittliche" Regime und antikoloniale Befreiungsbewegungen in der Dritten Welt zu fördern, um die westliche Vorherrschaft zu untergraben. Die Vereinigten Staaten bemühten sich ihrerseits um die „Eindämmung" der kommunistischen Ausdehnung in Übersee. (…)

Viele der „heißen Kriege" in der Dritten Welt waren zumindest bis 1975 primär Dekolonisationskonflikte. Sie resultierten aus einer Geschichte, die sehr viel älter ist als der Kalte Krieg – sie wurzelten im Zeitalter des Imperialismus. Viele „heiße Kriege" waren aber auch schlicht regionale Machtkonflikte oder innerstaatliche Bürgerkriege, die genauso ohne den Kalten Krieg entstanden wären. (…) Der Kalte Krieg hat also die Mehrzahl der „heißen Kriege" nicht ausgelöst. Er hat sie aber ideologisch überformt und durch politische und ideologische Einflussnahme, durch Waffenlieferungen, Militärberater und Wirtschaftshilfe intensiviert und in vielen Fällen verlängert.

(Walter, Globale Fronten. In: ZEIT-Geschichte 3/2012, S. 52 f.)

M7 Der Historiker Reinhardt Wendt schreibt über die so genannten „Stellvertreterkriege":

Der Ost-West-Konflikt und heiße oder kalte Stellvertreterkriege, in denen nicht die USA und die Sowjetunion, sondern ihre jeweiligen Verbündeten aufeinander stießen, spielten nicht nur in Vietnam, sondern auch in Afrika eine wichtige Rolle. Beide Seiten suchten Partner, denen sie ökonomisch und militärisch zur Seite standen. Nicht immer traten dabei die Großmächte direkt in Erscheinung. Die USA schaltete westliche Verbündete (…) ein, und für die Sowjetunion agierten beispielsweise die DDR oder Kuba. Als Belgien den Kongo aufgab, setzten West und Ost alles daran, das Land nicht dem weltanschaulichen Rivalen zufallen zu lassen. Patrice Lumumba, erster Premierminister des Kongo, verlor zwischen diesen Fronten sein Leben, und aus den Wirren des Bürgerkriegs ging schließlich mit westlicher Unterstützung Mobuto Sese Seko als starker Mann hervor. (…) Die Befreiungsbewegungen, die sich in Angola, Mozambique und Guinea-Bissau Anfang der sechziger Jahre bildeten, erfreuten sich der Unterstützung der sozialistischen Staaten.

(Wendt, Vom Kolonialismus zur Globalisierung, 2007, S. 324)

M8 Jean Ziegler, UNO-Sonderberichterstatter für das Recht auf Nahrung (2000–2008), über die „Rekolonisierung" Afrikas:

Das Land Grabbing der Spekulanten hat die gleichen sozialen Folgen wie das Land Grabbing durch die Geier des „Grünen Goldes". Ob man es mit Libyern in Mali, Chinesen in Äthiopien, Saudis oder Franzosen in Senegal zu tun hat – dieser Ausverkauf des Bodens geht natürlich zu Lasten der einheimischen Bevölkerung – und oft genug, ohne dass sie vorher gefragt wurde.

Ganze Familien werden von den natürlichen Ressourcen abgeschnitten und von ihrem Grund und Boden verjagt. Wenn die multinationalen Konzerne, die das Land in Besitz nehmen, nicht ihr eigenes Kontingent an Arbeitern haben, findet ein kleiner Teil der einheimischen Bevölkerung Arbeit, aber für einen Elendslohn und unter oft unmenschlichen Arbeitsbedingungen.

Meist werden die Familien von ihrem angestammten Land vertrieben; ihre Gemüse- und Obstgärten sind bald verwüstet, weil das Versprechen auf eine gerechte Entschädigung reine Makulatur ist. Mit der Vertreibung der Kleinbauern wird die Ernährungssicherheit Tausender von Menschen gefährdet.

(Ziegler, Wir lassen sie verhungern, 2012, S. 283)

→ **Fragen und Arbeitsaufträge**

1. Analysiere die Quellenstelle M1 und die Darstellung M4 daraufhin, welche Wege zur Unabhängigkeit führen können. Arbeite die entsprechende Perspektive in M1 heraus und vergleiche sie mit der retrospektiven Darstellung in M4.

2. Lies die Quellenstelle M2 und die beiden Literaturstellen auf S. 106. Arbeite die Perspektiven Nehrus (M2) für Indien und für die Welt heraus. Vergleiche sie mit den in den beiden Literaturstellen auf S. 106 zum Ausdruck gebrachten Sichtweisen und erkläre die Unterschiede.

3. Ziehe die Arbeitsergebnisse aus A2 zu M2 heran. Vergleiche die darin zum Ausdruck gebrachten Perspektiven mit den retrospektiven Darstellungen in M3 und M5. Arbeite die Übereinstimmungen und Unterschiede in den retrospektiven Beurteilungen der Entkolonialisierung in M3 und M5 heraus.

4. Analysiere M6 und M7 hinsichtlich ihres Verständnisses der „Stellvertreterkriege" in der Dritten Welt: Arbeite heraus, welche Perspektive der Bezeichnung „Stellvertreterkrieg" zu Grunde liegt. Erläutere, wie die Historiker Walter und Wendt diese Sichtweise beurteilen. Versuche abschließend, die Stichhaltigkeit der beiden Perspektiven zu bewerten.

5. Formuliere ausgehend von M8 (Buchtitel und Textstelle) und den Informationen über Ziegler Vermutungen darüber, an wen Ziegler sich wendet. Gib wieder, welche Folgen des „Land Grabbing" er aufzeigt. Versetze dich dann in die Rolle eines Großinvestors, der in Afrika fruchtbares Land gekauft hat und nun den Aktionären darüber berichtet. Verfasse in dieser Rolle eine kurze Darstellung über die Folgen des Landkaufs.
Erkläre abschließend, welche Ursachen den Unterschieden zwischen der Darstellung Zieglers und jener des Investors wohl zu Grunde liegen.

Entkolonialisierung und Nord-Süd-Konflikt

Das Ende kolonialer Herrschaft

- Der Prozess der Entkolonialisierung nach dem Zweiten Weltkrieg vollzog sich vor allem in Asien und Afrika. Er beendete die bisherige Weltmachtstellung der beiden Großmächte Großbritannien und Frankreich. Auch andere europäische Kolonialmächte (z. B. Italien, Belgien, die Niederlande, Portugal) mussten ihre Kolonien aufgeben.

Entwicklungen in Asien (1947 bis 2002)

- 1947 wurde „Britisch-Indien" unabhängig. Eine entscheidende Rolle in diesem Prozess spielte Mahatma Gandhi. „Britisch-Indien" wurde in zwei Staaten geteilt: Indien und Pakistan. In der Region Kaschmir beanspruchte sowohl Indien als auch Pakistan die Vorherrschaft. Dies führte seit 1947 bereits mehrmals zu bewaffneten Auseinandersetzungen zwischen den beiden mittlerweile zu Atommächten gewordenen Staaten.
- In Südostasien verlief die Entkolonialisierung auf unterschiedliche Weise. Auch die weitere Entwicklung unterschied sich in den einzelnen Ländern erheblich (z. B. in Philippinen, Burma/Myanmar, Malaysia, Singapur, Vietnam, Indonesien).
- Bei der Unabhängigkeit Indonesiens von den Niederlanden im Jahr 1949 spielte auch die UNO eine Rolle. Sie vermittelte zwischen den Niederlanden und der Indonesischen Unabhängigkeitsbewegung.
- In Vietnam versuchte die Regierung Frankreichs die während des Zweiten Weltkrieges verlorengegangene Vorherrschaft militärisch zurückzugewinnen, erfuhr aber 1954 eine entscheidende Niederlage durch die kommunistisch dominierte vietnamesische Unabhängigkeitsbewegung unter der Führung von Ho Chi Minh. Vietnam wurde 1954 in zwei Staaten geteilt. Die kommunistische Regierung in Nordvietnam wurde von der Sowjetunion und der Volksrepublik China unterstützt, die dem Westen zugeneigte Regierung in Südvietnam von den USA.
- In Indonesien wurden Mitte der 1960er Jahre von der Armee unter dem Vorwand, einen kommunistischen Umsturz zu verhindern, Hunderttausende Menschen ermordet oder in Konzentrationslager gebracht. 1967 bis 1998 war Indonesien eine Militärdiktatur. Ab den 1970er Jahren kennzeichneten regionale Konflikte, z. B. in Aceh, auf den Molukken und auf Papua, die innenpolitische Situation Indonesiens. In Aceh gewannen radikale islamistische Strömungen großen Einfluss. Heute ist Indonesien der Staat mit der größten muslimischen Bevölkerungsgruppe weltweit.
- Von 1965 bis 1973 führten die USA Krieg in Vietnam, um eine kommunistische Herrschaft auch im Süden des Landes zu verhindern. 1976 erfolgte die formelle Wiedervereinigung Vietnams unter einer gemeinsamen kommunistischen Regierung.
- Nach der Vereinigung Vietnams flüchteten Hunderttausende Menschen aus dem Land, u. a. auf kleinen Booten über das Meer (= „boat people").

- Ende der 1970er Jahre marschierten vietnamesische Truppen im angrenzenden Kambodscha ein. Durch diese Intervention wurde dort das Terrorregime der Roten Khmer beendet.
- Ende der 1980er Jahre begann die kommunistische Regierung Vietnams mit Wirtschaftsreformen. Das politische Machtmonopol der Kommunistischen Partei blieb bestehen.

Entwicklungen in Afrika (1954 bis 2011)

- Von 1954 bis 1962 herrschte in Algerien Krieg zwischen Truppen der französischen Regierung und der algerischen Unabhängigkeitsbewegung. Er war von Terror und Gegenterror gekennzeichnet. Viele in Algerien geborene Menschen leben heute in Frankreich, häufig am Rande der Gesellschaft.
- 1956 wurde der Sudan von Großbritannien unabhängig. Ethnische und religiöse Unterschiede zwischen dem Norden und dem Süden des Landes bestimmten danach die Innenpolitik. Sie machte Unterschiede zu Gegensätzen, die in Feindschaft mündeten. Die wirtschaftlichen Ressourcen – vor allem die Erdölvorkommen im Süden – waren dabei von zusätzlicher Bedeutung.
- 1960 wurde zum „Jahr Afrikas": 17 afrikanische Staaten gewannen ihre Unabhängigkeit von europäischen Kolonialmächten.
- Im Juni 1974 wurde die Militärdiktatur in Portugal gestürzt. 1975 gab Portugal seine Kolonien in Angola und Mosambik auf.
- 1994 endete in Südafrika formal das System der Apartheid (= die Vorherrschaft der Weißen).
- 1994 ermordeten in Ruanda Angehörige der Hutu Hunderttausende Tutsi oder zwangen sie zur Flucht in angrenzende Staaten. Die internationale Staatengemeinschaft stufte diese Verfolgung als Genozid ein.
- 2011 erfolgte die Teilung des Sudan in zwei Staaten. Die Frage, von wem und wie der nun unabhängig gewordene Südsudan regiert werden sollte, führte zu einem von Gewalt gekennzeichneten Machtkampf.

Der Nord-Süd-Konflikt

- Nach der Entkolonialisierung wurden die Staaten der Welt unterschiedlichen Kategorien zugeordnet: z. B. „Erste Welt", „Zweite Welt", „Dritte Welt". Es wurde auch von „entwickelten Ländern" und „Entwicklungsländern" gesprochen. Dem stand der Vorschlag gegenüber, die Welt als „eine Welt" zu sehen, in der es allerdings vielfältige Formen der Ungleichheiten gibt.
- Mit der formalen politischen Unabhängigkeit endeten nicht die vielfachen Ungleichheiten in der Welt (Nord-Süd-Konflikt). Insbesondere verschlechterten sich in den 1980er Jahren u. a. die „Terms of Trade" zuungunsten der „Länder des Südens".

Grundbegriffe

Apartheid („Getrenntheit") Ab den späten 1940er Jahren bis 1994 wurde in Südafrika von staatlicher Seite die Vorherrschaft der Weißen sowie die „Rassentrennung" festgelegt. 1948 wurde die radikale weiße Nationale Partei die stärkste politische Kraft. Sie dominierte bis 1994 die Regierungen Südafrikas. Durch zahlreiche Gesetze schuf sie ab 1948 das „System der Apartheid".

Die südafrikanische Bevölkerung wurde in vier ethnische Gruppen unterteilt: „Weiße" (White), „Farbige" (Coloured), „Asiaten" (Asiatic, auch Indians) und „Schwarze" (Natives).

Im öffentlichen Raum wurde eine strikte Trennung von Weißen und Nicht-Weißen angeordnet. „Mischehen" und „Mischbeziehungen" waren verboten, Wohn- und Lebensbereiche wurden nach ethnischen Gruppen getrennt. Die schwarze Bevölkerung lebte in ihr zugewiesenen Reservaten oder an den Stadträndern (Townships), außerhalb ihrer Wohnbereiche mussten Schwarze einen Pass bei sich haben. Gesundheitssystem, Schul- und Bildungsbereich waren getrennt. Schwarze konnten auch nur an wenigen Universitäten studieren. Trotz dieser massiven Beschränkungen hatten die Schwarzen in Südafrika einen besseren Zugang zur Bildung als in vielen anderen Staaten Afrikas. Dadurch wurde Südafrika zu einem Einwanderungsland für Schwarze.

Gegen das „System der Apartheid" formierte sich schon in den 1950er Jahren massiver Widerstand auf Seiten der Schwarzen, der von vielen liberalen Weißen unterstützt wurde. Anfang der 1960er Jahre wurden Nelson Mandela, einer der Wortführer, und zahlreiche andere Kritiker der Apartheid verhaftet und blieben viele Jahre in Haft. Das „System der Apartheid" und die brutale Unterdrückung des Widerstandes führten zur Verhängung zahlreicher Boykottmaßnahmen gegen Südafrika durch die internationale Staatengemeinschaft. Sie wurden allerdings vielfach umgangen, da Südafrika während des Kalten Krieges als Verbündeter des Westens galt. Südafrika war auch die stärkste militärische und wirtschaftliche Macht der Region.

Die regelmäßigen Proteste im Land selbst, die wirtschaftlichen Nachteile der Apartheid und die hohen Kosten ihrer Aufrechterhaltung sowie internationale Kritik und das Endes des Kalten Krieges führten dazu, dass einige regierende Politiker in den frühen 1990er Jahren umzudenken begannen. 1990 wurde Nelson Mandela freigelassen. In den folgenden Jahren wurde ausverhandelt, wie das „System der Apartheid" beendet werden sollte. Diese Jahre waren aber auch von massiver Gewalt gekennzeichnet. 1994 erfolgte schließlich die Abschaffung der Apartheid und Mandela wurde zum Staatspräsidenten gewählt.

Entkolonialisierung (auch: „Entkolonisierung", „Dekolonisation", „Dekolonisierung") Entwicklungen, die vor allem nach dem Zweiten Weltkrieg zum Ende kolonialer Herrschaften in Asien und Afrika sowie zur Erreichung staatlicher Unabhängigkeit geführt haben. „Entkolonialisierung" bezieht sich nicht nur auf das Erreichen von formaler politischer Unabhängigkeit, der Begriff schließt vielmehr auch Prozesse der Selbstbestimmung und Selbstbehauptung in wirtschaftlichen und kulturellen Bereichen ein. Zwischen 1945 und 2002 wurden 120 ehemalige Kolonien unabhängig. Historisch gesehen gehören auch die Unabhängigwerdung der USA im ausgehenden 18. Jh. und jene der meisten Länder Lateinamerikas im 19. Jh. zur Entkolonialisierung.

Neokolonialismus – Rekolonisierung Viele ehemalige Kolonien blieben auch nach Erreichen der Unabhängigkeit politisch, militärisch und wirtschaftlich im Einflussbereich ihrer ehemaligen Kolonialmächte oder gerieten in Abhängigkeit von anderen reichen Industriestaaten, etwa von den USA und von europäischen Staaten. In den letzten Jahren wurde auch die Volksrepublik China ein in vielen Regionen der Welt wirtschaftlich und finanziell einflussreicher „Global Player". Chinas Interesse gilt vor allem Rohstoffen wie Seltenen Erden, Erzen, Erdöl sowie Holz. Auch internationale Organisationen wie die Weltbank, der Internationale Währungsfonds (IWF) und die Welthandelsorganisation (WTO) beeinflussen z. B. mit ihren Auflagen bei Kreditvergaben und Schuldennachlässen die Entwicklungen der entkolonialisierten Staaten mit. Dadurch entstehen vielfach neue Abhängigkeiten. Schon in den späten 1960er Jahren wurde daher von einem Prozess des beginnenden Neokolonialismus gesprochen. Der Schweizer Globalisierungskritiker Jean Ziegler spricht aktuell von einer „Rekolonisierung".

Schwacher Staat („Fragile State", früher „Failed State") Eine Reihe von Staaten, vor allem in Afrika, werden heute als schwache Staaten angesehen, die ihre Aufgaben nicht mehr wahrnehmen können. Man bezeichnet sie auch als „fragile", „zerfallene" oder „kollabierte" Staaten. Es gibt keine exakte Definition dieser teilweise umstrittenen bzw. auch kritisierten Begriffe. Drei Kennzeichen werden jedoch fast immer genannt:

(1) Der Staat hat kein Gewaltmonopol. Das Staatsgebiet zerfällt in regionale und lokale Machtzentren, in denen die dortigen Machthaber de facto die staatliche Gewalt ausüben. Die Institutionen des Gesamtstaates, z. B. Polizei und Gerichte, können die Sicherheit der Staatsbürgerinnen und Staatsbürger nicht gewährleisten (z. B. im Kongo, in Somalia, im Südsudan).

(2) Durch die Aufsplitterung des Staates in viele (fast) eigenständige Machtzentren sind die Staatseinnahmen über Steuern gering. Die Regierungen sind daher nicht in der Lage, Grundbedürfnisse der Bevölkerung zu erfüllen, und verlieren dadurch an Legitimation.

(3) Korruption und ein Verteilungssystem, in dem sich einzelne Familien und Clans die lukrativen Stellen in Politik, Wirtschaft, Gesellschaft und Kultur wechselseitig zuteilen („Vetternwirtschaft"), sind weit verbreitet. So wird eine breitere Teilhabe der Bevölkerung am Staat und seiner Politik unmöglich.

„Terms of Trade" Die „Terms of Trade" eines Landes stellen im Wesentlichen die Preise für Exportgüter jenen für Importgüter gegenüber (= Austauschverhältnis). Ihre besondere entwicklungspolitische Bedeutung erhielten die „Terms of Trade" durch Berechnungen von Ökonomen, die zeigten, dass diese sich sehr zu Ungunsten der Entwicklungsländer gestalteten. Die weitere Verschlechterung der „Terms of Trade" aus der Sicht der Entwicklungsländer in den 1970er und 1980er Jahren war ein wesentlicher Auslöser für die Schuldenkrise, unter der diese Länder litten und leiden.

Politische und soziale Welten nach 1945

1972
Gründung der Autonomen Frauenbewegung (AUF) in Österreich

1975
Gleichstellung der Geschlechter in der Ehe

1979
Gleichbehandlungsgesetz

1984
Proteste von Umweltschützerinnen und Umweltschützern in der Hainburger Au

1986
Atomarer Super-GAU in Tschernobyl (Sowjetunion/Ukraine)

1994
UNO-Weltbevölkerungskonferenz in Kairo

1997
Volksbegehren „Alles, was Recht ist" für Frauenförderung in Österreich

Die letzten Jahrzehnte des 20. Jh. und die Wende zum 21. Jh. sind von großen Veränderungen und der Entstehung bzw. Weiterentwicklung einflussreicher gesellschaftlicher Bewegungen gekennzeichnet. Besonders die Zweite Frauenbewegung, die Anti-Atom-Bewegung und die Umweltbewegung wurden im letzten Viertel des 20. Jh. zu wichtigen sozialen Kräften. In diesen Bereichen tätige Institutionen, Organisationen, Gruppen und Einzelpersonen sind seither ein selbstverständlicher Teil moderner westlicher Gesellschaften.
Die Globalisierung führte weltweit zu zahlreichen Verbindungen und Vernetzungen auf wirtschaftlicher und politischer Ebene.

Die Bevölkerungsentwicklung und der Umgang mit Armut bleiben umfassende politische Herausforderungen.
Migrantinnen und Migranten stellen durch ihre kulturelle Vielfalt eine Bereicherung dar, bringen aber auch neue gesellschaftliche Fragestellungen mit sich. Die vorübergehend starke Zuwanderung, vor allem von Flüchtlingen im Jahr 2015, führte in der Folge zu Spannungen und zu Problemen. Die gelingende Integration der Migrantinnen und Migranten bleibt daher eine wichtige Aufgabe sowohl für Österreich als auch für die EU und die Aufnahmestaaten in aller Welt.

1998	2011	2015	ab 2015	2018
Verabschiedung der Charta von „ATTAC-International" zur demokratischen Kontrolle der Finanzmärkte und Institutionen in Paris	Atomarer Super-GAU in Fukushima (Japan)	UNO-Klimakonferenz (COP21) in Paris, Abschluss des „Pariser Klimaabkommens"; Beschluss der „Agenda 2030 für nachhaltige Entwicklung" durch die UN-Vollversammlung in New York	Einreise und Durchreise hunderttausender Migrantinnen, Migranten und Flüchtlinge nach Europa	„Frauen-volksbegehren 2.0" zur Gleichstellung von Frauen in Österreich

In diesem Kapitel trainiert und erweitert ihr vor allem folgende Kompetenzen:

Historische Orientierungskompetenz
- Darstellungen der Vergangenheit hinsichtlich angebotener Orientierungsmuster für die Gegenwart und Zukunft befragen
- Orientierungsangebote aus Darstellungen der Vergangenheit hinterfragen und mit alternativen Angeboten konfrontieren

Politische Handlungskompetenz
- Demokratische Mittel zur Durchsetzung eigener Anliegen konzipieren und/oder anwenden, insbesondere Formen schulischer und außerschulischer Mitbestimmung
- Medien nutzen, um eigene politische Meinungen und Anliegen zu verbreiten

Historische Methodenkompetenz
- Darstellungen der Vergangenheit kritisch-systematisch hinterfragen (dekonstruieren)
- Aufbau von Darstellungen der Vergangenheit analysieren

 Online-Ergänzungen
a7np8k

■ Globaler Marsch „System Change, not Climate Change" in Wien. Foto, 29. 11. 2015.

1. Frauenemanzipation und Gleichstellungspolitik in Österreich

Frauen sind mehrfach belastet

Auch in Österreich sind berufstätige Frauen, die Kinder zu versorgen und einen Haushalt zu führen haben, mehrfach belastet. Berechnungen von Fachleuten haben ergeben, dass es in Österreich etwa 22 Mrd. Euro jährlich kosten würde, die Hausarbeit nach dem Kollektivvertrag für Hausangestellte abzugelten.

In der Folge der Zweiten Frauenbewegung haben auch die Frauen in Österreich begonnen, sich gegen geschlechtsspezifische Benachteiligungen zu wehren.

AUF – Partnerschaft und Volksbegehren

7. Mai 1971. *Mehr als 130 Frauenrechtler und -rechtlerinnen ziehen zum Muttertag mit Pfannen und Kochlöffeln über die Wiener Mariahilferstraße. Sie demonstrieren für die Gleichberechtigung und das Selbstbestimmungsrecht der Frauen, gegen das Abtreibungsverbot. Mit hörbarem Erstaunen registriert und kommentiert ein ORF-Reporter diese „Demonstration von Anhängern der Frauenemanzipation", mit der sich der Aufbruch der Frauenbewegung auch in Österreich ankündigt.*

(Geiger/Hacker, Donauwalzer – Damenwahl, 1989, S. 13)

Im Herbst 1972 erfolgte die Gründung der ersten „Autonomen Frauenbewegung" (AUF). Ihre Hauptanliegen waren die Emanzipation der Frau, die Neubewertung der Aufgaben in der Familie und die Ermöglichung des straffreien Schwangerschaftsabbruchs. Dieses letzte Ziel wurde 1975 mit der Einführung der „Fristenlösung" erreicht.

1975 trat das „Gesetz über die Neuordnung der persönlichen Rechtswirkungen der Ehe" in Kraft, das erstmalig eine Verbindung der Ehepartner nach dem Grundsatz der Gleichheit der Geschlechter und dem Partnerschaftsprinzip vorsah:

Q *§ 89: Die persönlichen Rechte und Pflichten der Ehegatten im Verhältnis zueinander sind, soweit in diesem Hauptstück nicht anderes bestimmt ist, gleich.*
(BGBl. vom 31. 7. 1975/412)

Bis zu diesem Zeitpunkt hatten die familienrechtlichen Vorschriften des „Allgemeinen Bürgerlichen Gesetzbuches" (ABGB) aus dem Jahre 1811 gegolten. Dort stand:

Q *§ 91 Der Mann ist das Haupt der Familie. In dieser Eigenschaft steht ihm vorzüglich das Recht zu, das Hauswesen zu leiten; (...)*
§ 92 Die Gattin erhält den Namen des Mannes, und (...) ist verbunden, dem Manne in seinen Wohnsitz zu folgen, in der Haushaltung und Erwerbung nach Kräften beyzustehen, und soweit es die häusliche Ordnung erfordert, die von ihm getroffenen Maßregeln sowohl selbst zu befolgen, als befolgen zu machen.
(ABGB 1811, § 91 und 92. Online auf: http://www.renner-institut.at/fileadmin/frauenmachengeschichte/sd_frgesch/sub-dat/famrecht.htm, 7. 7. 2018)

Die Abschaffung der Vorrangstellung des Mannes in der Familie führte auf gesetzlicher Ebene zur Gleichberechtigung der beiden Ehepartner. Auch Elternkarenzzeiten stehen Müttern und Vätern gleichermaßen zu.

In der Lebenswirklichkeit entstehen in der Regel aber weiterhin Probleme, wenn ein Paar Kinder bekommt: Meist erzieht die Frau die Kinder und besorgt den Haushalt, auch wenn sie berufstätig ist.

1996 führte die Frauenministerin Helga Konrad eine Kampagne für die Gleichstellung von Frauen durch. „Ganze Männer machen Halbe-halbe" lautete der damalige Slogan: Nicht nur bei der Hausarbeit, sondern auch bei allen politischen Mandaten sowie in allen Führungsgremien sollten Frauen und Männer zu gleichen Teilen vertreten sein.

1997 lenkten Frauen mit dem „Volksbegehren für Frauenförderung" unter dem Motto „Alles, was Recht ist" die Aufmerksamkeit auf ihre vielfältigen Benachteiligungen in Österreich. Folgende gesetzliche Maßnahmen wurden gefordert: gleicher Lohn für gleichwertige Arbeit, staatliche Bildungsmaßnahmen für Frauen, ganztägige qualifizierte Betreuungseinrichtungen für Kinder, Anspruch auf Teilzeitarbeit für Eltern bis zum Schuleintritt ihrer Kinder u. v. a. m. Etwa 645 000 Frauen und Männer haben das Frauenvolksbegehren unterschrieben.

Einen weiteren Schritt in Richtung soziale und ökonomische Gleichstellung von Frauen und Männern forderte 2018 das „Frauenvolksbegehren 2.0", das etwa 482.000 Unterschriften erzielte.

 Eine Demokratie bleibt unvollständig ohne Geschlechtergerechtigkeit. Berechne den aktuellen Frauenanteil in den politischen Vertretungsgremien, welche dich betreffen: Nationalrat, Landtag, Gemeinderat.

„Gleicher Lohn für gleichwertige Arbeit"

Die Gleichberechtigung der Frauen beim Arbeitsentgelt wurde 1979 mit dem „Gleichbehandlungsgesetz" rechtlich verankert.

Der vierte Frauenbericht des Bundeskanzleramts aus dem Jahr 2010 stellte fest, dass sich die Einkommenssituation der Frauen in den 1980er Jahren zwar spürbar verbessert hat, dass aber nach wie vor deutliche geschlechtsspezifische Unterschiede gegeben sind.

Als Gründe für diesen „Gender Pay Gap" werden u. a. angeführt:

Teilzeitarbeit, geringere Stundenlöhne, unterschiedliche Bildungs- und Berufslaufbahnen, geringere regionale Mobilität und Erwerbsunterbrechungen der Frauen aufgrund von Betreuungsarbeit z. B. von Kindern und pflegebedürftigen Familienangehörigen (vgl. 4. Frauenbericht 2010).

Ein weiteres Beispiel bildet der „Equal Pension Day". Diesen legte man in Österreich für das Jahr 2017 auf den 27. Juli. Bis zu ihm erhielten die Männer von Jahresbeginn an so viel Pension, wie die Frauen für das ganze Jahr bekommen werden. Das bedeutet, dass Frauen im Schnitt nur 57 Prozent des Betrages bekommen, den Männer erhalten.

Die Gründe dafür kommentierten Politikerinnen und Politiker 2017 laut „Salzburger Nachrichten" auf folgende Weise:

L Für den Chef des SPÖ-Pensionistenverbandes ist die Pensionsreform unter Schwarz-Blau schuld an der klaffenden Pensionslücke. Die Grünen sehen es ähnlich. Die ÖVP-Seniorenbundchefin ortet das Problem – wie viele andere – im hohen Anteil von Teilzeitarbeit unter Frauen. Für die FPÖ sind die Benachteiligungen von Müttern auf dem Arbeitsmarkt hauptverantwortlich für die niederen Pensionen, für die Neos sind es die „rückständige" Frauenpolitik der letzten und noch amtierenden Regierung und – wie für viele andere – fehlende Kinderbetreuungsplätze.
(Salzburger Nachrichten, 28. 7. 2017, S. 2)

→ Vergleiche die Begründungen für die einkommensmäßige Benachteiligung der Frauen, die im Jahr 2010 gegeben wurden, mit jenen aus dem Jahr 2017. Halte Ähnlichkeiten und Unterschiede fest. Diskutiert diese.

Frauen holen in der Bildung auf

Noch in den 1970er Jahren lag der Anteil der Mädchen in den höheren Schulen weit unter jenem der Burschen. Seither hat sich hier aber Entscheidendes verändert: Die Grafik der Statistik Austria von 2018 zeigt die Reifeprüfungsquoten der Burschen und Mädchen (jeweiliger Anteil am Altersjahrgang) zwischen 1986/87 und 2016/17.

■ Frauenstaatssekretärin Johanna Dohnal (1939–2010) vor einem Plakat mit dem Slogan *„Jeder zweite Abgeordnete ist eine Frau"*. Foto, 1979.

Bei der Wahl von Lehrberufen zeigt sich bei den Mädchen stärker als bei den Burschen ein Umdenken: 2018 haben sich laut WKO-Statistik immerhin 3 Prozent der Mädchen für den für sie geschlechtsuntypischen Lehrberuf Metalltechnik entscheiden; somit befindet sich erstmals ein technischer Lehrberuf unter den Top-Ten-Berufen der Mädchen.
Im Sinne des Gender Mainstreaming sollten aber in den Schulen und in der Jugendarbeit Themen wie „Gewalt und Aggressivität von jungen Männern" vermehrt Beachtung erfahren. Die Forderung nach der Einstellung von mehr männlichen Lehrkräften hat zum Ziel, den Burschen verstärkt positive Rollenvorbilder beim Bildungserwerb anzubieten.

Frauen- und Gleichstellungspolitik seit den 1980er Jahren

1979 wurde ein Staatssekretariat für allgemeine Frauenfragen im Bundeskanzleramt eingerichtet. 1990 folgte ein Frauenministerium mit Einspruchsrecht bei allen Ministerratsbeschlüssen und einem eigenen Budget zur Frauenförderung. Das ermöglichte eine selbstständige Unterstützung von Frauenforderungen.
Bei den letzten Regierungsbildungen wurden die Frauenagenden allerdings häufig mit anderen Agenden, z. B. mit dem Öffentlichen Dienst oder der Gesundheit, in einem Ministerium zusammengefasst.

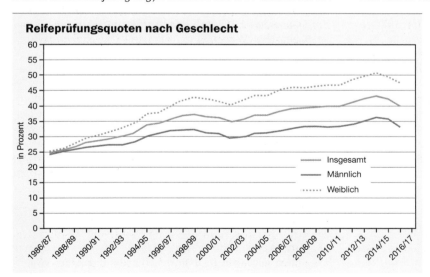

Reifeprüfungsquoten nach Geschlecht

in Prozent (y-Achse: 0–60)
x-Achse: 1986/87 bis 2016/17

— Insgesamt
— Männlich
····· Weiblich

■ Quelle: Statistik Austria, Schulstatistik. Erstellt am 1. 2. 2018.

→ Interpretiere die Grafik „Reifeprüfungsquoten nach Geschlecht". Halte die Ergebnisse schriftlich fest. Diskutiert mögliche Gründe für die unterschiedlichen Entwicklungen bei Maturantinnen und Maturanten.

Bei der Wahl von Lehrberufen lassen sich heute Mädchen seltener von traditionellen geschlechtstypischen Berufsvorstellungen leiten als Burschen.

→ **Fragen und Arbeitsaufträge**

1. Nenne wesentliche Errungenschaften der Gleichstellungspolitik. Überprüfe anhand von aktuellen Medienberichten, wo sich noch Defizite erkennen lassen.
2. Informiere dich auf https://frauenvolksbegehren.at/ über die Forderungen des Frauenvolksbegehrens 2018. Wähle eine Forderung aus, die dir besonders wichtig und unterstützenswert oder aber nicht sinnvoll erscheint. Erläutere deine Haltung dazu.

2a. Familienbilder

Die vorliegenden Materialien dienen der Weiterentwicklung der Historischen Orientierungskompetenz. Den Ausgangspunkt bilden grundsätzliche und für unveränderlich gehaltene Aussagen zur Familie, die mit Darstellungen von sich im Laufe der Zeit wandelnden Familienformen kontrastiert werden, um eventuelle Orientierungsmuster für zukünftige Entwicklungen zu erkennen.

M1 Vorstellungen davon, was eine Familie sein kann oder sein soll:

Die Familie ist Quelle und Ursprung der gesamten menschlichen Gesellschaft. Der ergiebigste Quell des Guten und des Gemeinwohls.

(Papst Leo XIII, Rerum novarum, 1891)

Die Familie ist die natürliche Grundeinheit der Gesellschaft und hat Anspruch auf Schutz durch Gesellschaft und Staat.

(Vereinte Nationen, Die Allgemeine Erklärung der Menschenrechte vom 10. 12. 1948; Art. 16/3)

Der bourgeoise Familienkern ist in unserem Jahrhundert zur endgültigen perfektionierten Form der Nichtbegegnungen geworden. Die Familie wird schwachsinnig.

(Cooper, Der Tod der Familie, 1972, S. 7)

M2 Die Familiensoziologin Rosemarie Nave-Herz charakterisiert die idealtypische Familienform der Nachkriegszeit bis in die 1970er Jahre:

Nach dem Zweiten Weltkrieg bis in die 1970er Jahre waren die Kennzeichen von Familie bestimmt durch das Zusammenleben des verheirateten Elternpaares und Kind(ern) und durch eine Aufgabentrennung zwischen den Ehepartnern.
D. h., der Ehemann und Vater hatte für die ökonomische Sicherheit zu sorgen, die Ehefrau und Mutter war für den Haushalt und v. a. für die Pflege und Erziehung der Kinder verantwortlich.

(Nave-Herz, Die Geschichte der Frauenbewegung in Deutschland, 1994, S. 4)

M3 Der Soziologe Ulrich Beck charakterisiert den Wandel der Familienformen seit den 1970er Jahren pointiert:

Noch in den Sechzigerjahren besaßen Familie, Ehe und Beruf als Bündelung von Lebensplänen weitgehend Verbindlichkeit. Inzwischen sind Wahlmöglichkeiten – und Zwänge aufgebrochen. Es ist nicht mehr klar, ob man heiratet, wann man heiratet, ob man zusammenlebt und nicht heiratet, heiratet und nicht zusammenlebt, ob man das Kind innerhalb oder außerhalb der Familie empfängt oder aufzieht, mit wem, mit dem man zusammenlebt oder mit dem, den man liebt, der aber mit einer anderen zusammenlebt, vor oder nach einer Karriere oder mittendrin (…).

Auf die viel diskutierte Frage, ob Ehe und Familie einer ausklingenden Epoche angehören, lässt sich mit einem klaren JEIN antworten.

(Beck, Risikogesellschaft. Auf dem Weg in eine andere Moderne, 1986, 163 ff.)

M4 Statistiken zeigen: Abnahme der Ehe als Grundlage für das Zusammenleben in Familien ...:

Verheiratete Eltern mit Kindern, das war bis in die Mitte der 1980er Jahre noch das vorherrschende Familienbild. Doch seit jener Zeit verfünffachte sich die Anzahl der Lebensgemeinschaften ohne Trauschein auf 368 000. Von ihnen lebten 156 000 (42 %) mit Kind(ern) zusammen.
Der Anteil der Alleinerziehenden an Familien mit Kindern betrug 21 % (300 000). Die Zahl der alleinerziehenden Väter bildet dabei mit 48 000 (3,4 % aller Familien mit Kindern) weiterhin eine relativ kleine Gruppe.

(Statistik Austria, Mikrozensus Arbeitskräfteerhebung – MZ-AKE, 2014)

M5 ... stattdessen: Forderung nach Einführung einer „Ehe für alle":

In den letzten Jahren fordern auch gleichgeschlechtliche Paare nachdrücklich, mit heterosexuellen Paaren in Bezug auf Ehe und Familie rechtlich gleichgestellt zu werden. In Österreich ist dies seit 2010 mit der „eingetragenen Partnerschaft" zunächst einmal weitgehend der Fall („Regenbogenfamilien"). Im Dezember 2017 gab der Verfassungsgerichtshof allerdings den Weg frei für eine gesetzliche Regelung einer „Ehe für alle" ab 1. Jänner 2019 mit einer völligen rechtlichen Gleichstellung von homosexuellen mit heterosexuellen Paaren. Kardinal Schönborn kritisierte diese Entscheidung: „Es ist beunruhigend, dass sogar Verfassungsrichter den Blick verloren haben für die besondere Natur der Ehe als Verbindung von Mann und Frau." Andererseits wird argumentiert: „Vielen wird etwas gegeben, niemandem wird etwas genommen."

(Autorentext)

→ Fragen und Arbeitsaufträge

1. Arbeite anhand der ersten drei Quellenstellen (M1) die zentralen Aussagen zu „Familienleitbildern" aus der Vergangenheit heraus.
2. Erläutere mit Hilfe der Materialien M2 bis M5, welche Veränderungen die Familienformen seit Beginn der 1950er Jahre durchlaufen haben. Gehe auf die unterschiedlichen „Orientierungsmuster" ein.
3. Arbeite zunächst unter Bezugnahme auf die letzten beiden Quellenstellen mögliche „Familienperspektiven" heraus. Beziehe dazu auch die Ergebnisse von Aufgabe 1 und 2 mit ein.
   Verfasse dann anhand der Ergebnisse einen Essay über deine Sichtweise zu dieser Thematik.

2b. Feminismus

Die Materialien M1 und M2 dienen der Weiterentwicklung der Historischen Orientierungskompetenz. Die Autorinnen Kelle und Stoller betrachten Sinn, Zweck und Ziele von „Feminismus" bzw. „Antifeminismus" aus unterschiedlichen Perspektiven. Sie hinterfragen bzw. problematisieren vorhandene Orientierungsangebote auf unterschiedliche Weise und gelangen solcherart zu alternativen Angeboten für gegenwärtige Aufgaben des Feminismus.

M1 **Die Journalistin Birgit Kelle, Autorin des Buches „Gender-Gaga", über den Feminismus:**

Die Frage nach Sinn und Zweck von Feminismus scheitert schon daran, was der Feminismus denn heute noch erreichen will. Denn während von den Golden Girls à la Alice Schwarzer immer noch die Debatten aus den 70ern ausgetragen werden, in denen der Mann der Feind ist und der Sturz des Patriarchats das Ziel ist, ist es bereits für meine Generation nur noch ein aberwitziger Gedanke, dass ich nicht die gleichen Rechte haben sollte wie ein Mann. Und so rüstet man sich alljährlich am Internationalen Frauentag zu den allgemeinen „Das Glas ist halb leer"-Festspielen, an denen dann bejammert wird, wie schlimm doch alles immer noch ist, anstatt zu realisieren, dass diese Welt schon lange eine ganz andere ist als früher. Gleichzeitig wird der alleinige Opferstatus der Frau wie eine heilige Kuh gehütet. (...)

Es lebt eine ganze feministische Bewegung davon, Probleme zu beschwören – oder im Zweifel auch zu konstruieren. Was Feminismus zu wollen hat, ist damit klar: mehr Berufstätigkeit der Frau, mehr Unabhängigkeit, mehr Frauenkarrieren und eine neue Vielfalt der Geschlechter, auch Gender-Mainstreaming und sexuelle Vielfalt genannt. (...)

Nüchtern betrachtet wird das Leben einer Frau dann als erfolgreich betrachtet, wenn sich ihr Lebenslauf dem des Mannes am meisten angeglichen hat. Es ist trauriges Erbe eines verfehlten Feminismus, dass ein spezifisch weiblicher Lebensweg als nicht mehr erstrebenswert gilt. Dass Mutterschaft nur noch ein Problem darstellt. Haben wir Frauen wirklich nichts Anderes anzubieten, als ein besserer Mann zu werden? Die Fronten verlaufen schon lange nicht mehr zwischen Mann und Frau, sondern zwischen Frauen untereinander, die um die Deutungshoheit über das eine, richtige Frauenleben ringen.

Es ist eine Tragödie, dass man als Frau früher gegen die Männer ankämpfen musste, um aus einer traditionellen Rolle treten zu dürfen, und heute gegen die Frauen ankämpfen muss, um in der Rolle bleiben zu können. Was soll ich als vierfache Mutter mit einem Feminismus, der meinen Lebensentwurf als Hausfrau ablehnt, der mich als Retro-Weibchen beschimpft, Verräterin am großen Frauenkollektiv? Nur weil mein Weg ein anderer ist. Was ich aber noch weniger brauche, sind Feministinnen, die in die Fußstapfen der Männer getreten sind, um mir jetzt an deren Stelle das Leben schwer zu machen.

(Kelle. In: Kleine Zeitung, 8.3.2015, S. 2)

M2 **Die Universitätsdozentin für Philosophie und Frauenforscherin Silvia Stoller über den Feminismus:**

Wer glaubt, die Ziele des Feminismus seien erreicht, der irrt. Rechtliche Gleichheit bedeutet noch lange nicht, dass das Recht auch umgesetzt wird. Wer vor dem Gesetz gleich ist, wird nicht automatisch gleich behandelt. Hier sprechen Zahlen und Statistiken eine klare Sprache, angefangen von der geringeren Entlohnung von Frauen über den geringen Anteil weiblicher Führungskräfte bis hin zu den Opferstatistiken häuslicher Gewalt.

Abgesehen von der rechtlichen Seite sind patriarchale Denkmuster nach wie vor tief in der Gesellschaft verankert. Gebildete Frauen werden nicht überall mit offenen Armen empfangen, Feministinnen nach wie vor als „Emanzen" beschimpft, Frauen in leitenden Positionen als „Karrierefrauen" deklassiert und nicht wenige sind heute noch der Ansicht, Frauen gehören an den Herd. (...)

Darüber hinaus gibt es ein neues gesellschaftliches Phänomen: den selbstbewusst auftretenden radikalisierten Antifeminismus. Dieser findet Unterstützung in der konservativen Väterrechtsbewegung ebenso wie in Religionsgemeinschaften und wird systematisch von den sogenannten Maskulisten propagiert. Letztere stellen Männer als Opfer des Feminismus dar. (...)

Der Antifeminismus ist aber auch gesellschaftsfähig geworden: Er findet sich mittlerweile in hohen akademischen Kreisen ebenso wie im gehobenen Journalismus. Der Feminismus hat also nicht ausgedient, sondern neue Herausforderungen bekommen. (...)

Die Anliegen des Feminismus enden nicht dort, wo einige Grundforderungen umgesetzt werden. Ungleichbehandlung, Ausgrenzung, Misogynie (= Frauenfeindlichkeit), Diskriminierung, Sexismus, Ausbeutung, Frauenhandel müssen auch in globaler Perspektive betrachtet werden. Sich hier zurückzulehnen und zu behaupten, es sei alles schon erledigt, hieße auf einem Auge blind zu sein. Der Feminismus als politische Bewegung ist eine sehr junge Bewegung. Grundlegende gesellschaftliche Veränderungen brauchen ihre Zeit. Ihre Anliegen müssen fortwährend formuliert, erstritten, verteidigt werden. Der Feminismus hat nicht ausgedient, er hat gerade erst begonnen.

(Stoller. In: Kleine Zeitung, 8.3.2015, S. 3)

→ Fragen und Arbeitsaufträge

1. Arbeite anhand von M1 die Vorstellungen von „Feminismus" heraus, welche in den 1970er Jahren entwickelt wurden. Ziehe dazu auch die Ergebnisse aus dem Kapitel „Frauenemanzipation und Gleichstellungspolitik in Österreich" heran.
2. Vergleiche die Sichtweisen von „Feminismus" der beiden Autorinnen in M1 und M2. Halte jeweilige Schlussfolgerungen fest.
3. Organisiert auf der Grundlage der Ergebnisse von Aufgabe 1 und 2 eine Podiumsdiskussion zum Thema „Alternative Perspektiven des Feminismus – seine mögliche Bedeutung für unsere Gegenwart und Zukunft".

3. Die Umweltbewegungen

„Nach uns die Sintflut" – Fortschritte und Ängste

Die globale Erderwärmung ließ den Meeresspiegel in den letzten Jahren stärker ansteigen als vorausgesagt. Das zeigen erste Auswirkungen auf Inseln und Küsten. Für das Jahr 2100 schwanken die Prognosen für den Anstieg zwischen 0,5 und 2 Meter.

Neue Technologien steigern zwar die wirtschaftliche Produktivität und die Möglichkeiten zur Kommunikation. Doch gleichzeitig bekommen die Menschen immer mehr das Gefühl, dass sie diese komplexen Zusammenhänge nicht mehr durchschauen und auch nicht mehr kontrollieren können. Sie fürchten, die Bestimmung nicht nur über ihr eigenes Leben, sondern auch über ihre Umwelt und letztlich über den Bestand der Erde zu verlieren. Denn unser aller Schicksal ist an das unserer Umwelt geknüpft. Der Treibhauseffekt bedroht als tödliche Gefahr die gesamte Menschheit; der Regenwald brennt noch immer; die Genmanipulation bleibt eine offene Frage.

Vielfalt der Umweltbewegungen

Die Umweltbewegungen werden als die umfassendsten und einflussreichsten Bewegungen unserer Zeit bezeichnet. Sie haben sich im letzten Viertel des 20. Jh. v. a. in den USA und im mittleren und nördlichen Teil Europas etabliert. Sie äußern sich in mehreren Ausformungen:
- Der Naturschutz in seinen verschiedenen Formen stand am Anfang. Die Errichtung von Reservaten und Nationalparks geht letztlich auf diese Idee der Erhaltung einer unberührten Natur zurück.
- In weiterer Folge sollte der eigene (Lebens-)Raum vor unerwünschter Nutzung geschützt werden. Als Gefahrenquellen galten und gelten z. B. der Bau von Autobahnen, Stromleitungen oder Flugplätzen, aber auch die Anlage von Giftmülldeponien und schließlich die Errichtung von Atomkraftwerken in der „näheren" Umgebung.
- Das Ziel, die eigene Lebenswelt zu erhalten, förderte am schnellsten das lokale (örtliche) umweltbezogene Handeln, z. B. in Form von Protestbewegungen. Umweltbewusste Menschen fordern mehr Transparenz und Mitbestimmung bei der Entscheidung über die Flächennutzung und letztlich mehr staatliche (öffentliche) Kontrolle gegenüber Konzernen.
- Die „Grüne Politik" fand zunächst im Rahmen von Bürgerinitiativen der 1970er Jahre statt. Diese setzten sich besonders für den Frieden, gegen die Atomkraft und für die Erhaltung der Natur ein. Vor allem junge Studierende und Menschen aus der gebildeten Mittelschicht schlossen sich zusammen. Entscheidungen wurden basisdemokratisch in Versammlungen abgestimmt.
- In Österreich schaffte die „Grünbewegung" als Partei der „Grünen Alternative" im Jahr 1986 mit knapp 5 Prozent den Einzug in den Nationalrat. Sie waren dort 31 Jahre lang als Oppositionspartei (Die Grünen) bis 2017 vertreten. Darüber hinaus sind sie gegenwärtig in Landtagen, in Landesregierungen sowie in den meisten Stadt- und Gemeindevertretungen aktiv.
- Greenpeace gehört als weltweit wirkende Ökobewegung zu den größten sozialen Bewegungen in der bisherigen Menschheitsgeschichte. Greenpeace macht weltweit die Umweltprobleme mit gewaltlosen Aktionen besonders medienwirksam bewusst.

Umweltgerechtigkeit – eine neue Herausforderung

An vielen Beispielen lässt sich zeigen, dass Armut eine wesentliche Ursache für Umweltzerstörung ist. Das zeigt sich z. B. beim Niederbrennen der Wälder, bei der Verschmutzung der Flüsse sowie bei der Schadstoffbelastung durch veraltete Industrieanlagen in Ländern der Dritten Welt. In diesen Ländern bauten daher Umweltgruppen Verbindungen zu Menschenrechtsgruppen, zu Frauenbewegungen und zu Bildungsinitiativen auf. Sie wollen eine gesellschaftliche Entwicklung fördern, welche die wirtschaftliche und technische Erneuerung mit einem gesunden, lebenswerten Leben verbinden kann (= „Umweltgerechtigkeit").

■ Windpark Andau, Halbturn (Burgenland). Foto, 2016.

Neue Perspektiven

L *In der Nähe von Quarzazata in Marokko, am Rand der Sahara, stehen in einem Tal rund 500 000 Parabolspiegel in Reih und Glied und folgen der Bewegung der Sonne über dem Himmel. Das 620 Mio. teure Solarkraftwerk hat im Februar 2016 seinen Betrieb aufgenommen – und es wird nicht lange das einzige seiner Art bleiben. Mehrere afrikanische Länder beginnen, aggressiv ihre Kapazitäten im Bereich Sonnen- und Windenergie auszubauen.*

Die Dynamik dieses Prozesses wirft die Frage auf, ob ein großer Teil des Kontinents sich direkt in eine saubere Zukunft katapultieren kann, ohne den Umweg über die Energiegewinnung durch Verbrennung, mit der Europa, die USA, China und andere nach wie vor die Umwelt verschmutzen und das Weltklima gefährden.

„Die afrikanischen Nationen müssen sich erst gar nicht in die Hände der alten, kohlenstoffreichen Technologien begeben", schrieb 2015 Kofi Annan, der frühere Generalsekretär der Vereinten Nationen. „Wir können jedermann Zugang zu Energie verschaffen, indem wir ein Entwicklungsstadium überspringen und direkt zu den neuen Technologien übergehen, die überall auf der Welt die Energieversorgung revolutionieren."

(…) Wissenschaftliche Untersuchungen zeigen, dass das Potenzial für Sonnen- und Windenergie auf dem Kontinent weit größer ist als vermutet – bis zum 3 700-Fachen des gegenwärtigen Verbrauchs an elektrischer Energie.

(Gies, Energierevolution für Afrika, Spektrum der Wissenschaft 5/2017, S. 72 f.)

In Europa hat die Aufdeckung des „Abgasskandals" im Jahr 2015, wonach Abgaswerte bei Autos manipuliert worden waren, den Forderungen nach dem Ausbau der E-Mobilität Nachdruck verliehen. So haben z. B. Frank-reich und Großbritannien angekündigt, ab dem Jahr 2040 keine neuen Autos mit Verbrennungsmotoren mehr zuzulassen, um den CO_2-Ausstoß zu verringern. Die Belastung der Umwelt (z. B. der Weltmeere) durch Plastikabfall verlangt nach weltweiten Maßnahmen.

Sustainability – nachhaltige Entwicklung

Als „nachhaltig" wird eine Entwicklung dann bezeichnet, wenn sie den Bedürfnissen der heutigen Generation entspricht, ohne die Entwicklungsmöglichkeiten künftiger Generationen zu gefährden. Dabei geht es z. B. darum, Lebensmittel umweltschonend zu erzeugen oder erneuerbare Energiequellen zu nutzen. Natur-, Tier- und Pflanzenschutz sowie Raumplanung und Landschaftspflege sind z. B. im Rahmen der „Alpenkonvention" nachdrücklich zu fördern.

Auf der UNO-Klimakonferenz in Paris im Jahr 2015 wurde eine weltweite Klimaschutz-Vereinbarung beschlossen. Sie sieht die Begrenzung der globalen Erderwärmung auf unter 2° C, möglichst 1,5° C im Vergleich zu vorindustriellen Werten vor. 175 Staaten unterzeichneten das Abkommen. Doch im Jahr 2017 stiegen die USA aufgrund von großen Meinungsunterschieden darüber, ob die vom Menschen verursachten CO_2-Emissionen tatsächlich der primäre Faktor bei der Erderwärmung sei, aus.

Ebenfalls im Jahr 2015 hat die Generalversammlung der Vereinten Nationen in New York die „Agenda 2030 für nachhaltige Entwicklung" beschlossen (vgl. Kapitel 6 „Politik gegen weltweite Armut – die UN-Agenda 2030", S. 142 f.).

→ Fragen und Arbeitsaufträge

1. Skizziere ausgehend vom einleitenden Text unter Einbeziehung deiner persönlichen Wahrnehmung mögliche Bedrohungsszenarien durch eine veränderte Umwelt. Arbeite dabei heraus, wo es fundiertes Wissen gibt und wo nicht.

2. Zähle wichtige Anliegen der einzelnen Umweltbewegungen auf. Setze dich mit einem dieser Themen genauer auseinander.

3. Arbeite anhand der Literaturstelle heraus, was laut Kofi Annan (gest. 2018) eine energiepolitische Perspektive für afrikanische Staaten sein könnte. Erörtere diese Perspektive und beziehe dabei auch die Vorgabe der UNO-Klimakonferenz von Paris mit ein.

■ Besetzung der Hainburger Au im Dezember 1984. Foto, 1984.

4. Globalisierung und Gesellschaft

Globalisierung – ein vielschichtiges Phänomen

„Globalisierung" ist das Schlagwort für eine weltweite Entwicklung, die seit den 1970er Jahren immer deutlicher beobachtbar wurde. Seit dieser Zeit kam es zu einer beispiellos engen Verflechtung zwischen den Ländern der Welt. Diese Veränderungen betreffen Wirtschaft, Politik und Gesellschaft.

Der in den USA lehrende spanische Soziologe Manuel Castells ordnet der Globalisierung folgende Merkmale zu:

Globale Wirtschaft: Sie besitzt die Fähigkeit, aufgrund der neuen Kommunikationstechnologien in Sekundenbruchteilen Informationen auszutauschen und solcherart in „Echtzeit" auf globaler (= weltweiter) Ebene zu funktionieren.

Globale Finanzmärkte: Sie nützen die Möglichkeit, im Internet innerhalb von Sekunden riesige Geldtransaktionen über den gesamten Globus abzuwickeln. Der Kapitalmarkt hat sich dabei verselbstständigt. Der Devisenhandel stieg von ca. 590 Mrd. Dollar pro Tag im Jahr 1989 auf geschätzte 4 000 Mrd. pro Tag im Jahr 2010.

Eine Folge davon ist, dass ein Großteil dieser Gelder – man schätzt 90 Prozent – nichts mehr mit der Bezahlung von Gütern und Dienstleistungen zu tun hat. Das Geld ist vielmehr selbst zur Ware geworden. Es fließt in riesigen Mengen in Einrichtungen, die in kurzer Zeit hohe Gewinne versprechen.

Abbau von Handelsschranken: Dadurch erhofft man sich eine zusätzliche Dynamik des Handels und der Produktion (Liberalisierung) und auf solche Weise einen Wohlstandsgewinn für alle.

Deregulierung: Mit der Liberalisierung nach außen geht ein Abbau innerstaatlicher Vorschriften für die Wirtschaft einher.

Transnationale Konzerne: Ihre Stellung ist beherrschend geworden. Diese Konzerne sind nicht mehr nur an einen Ort gebunden. Sie handeln multilokal bzw. transnational. Der Abbau von zwischenstaatlichen Hindernissen erleichtert es ihnen, ihre Produktion in Länder mit niedrigen Lohnkosten, geringen Umweltstandards oder sozialen Auflagen zu verlegen. Sie können damit trotz zusätzlicher Transportkosten billiger produzieren als in den entwickelten Industrieländern.

Dort gehen dadurch Arbeitsplätze verloren. Da aufgrund der Informationstechnologien die Entfernungen keine bedeutende Rolle mehr spielen, können solche Betriebe als „Global Players" grenzüberschreitend handeln. Sie werden somit immer unabhängiger von Nationalstaaten.

Nationalstaaten: Ihre Regierungen und Parlamente verlieren gegenüber den globalen Konzernen an Macht und Entscheidungskompetenzen. Die globalen Konzerne können die nationalen Regierungen gegeneinander ausspielen – um niedrigere Steuertarife, bessere Unterstützungsleistungen bei Investitionen und Neugründungen sowie Lockerung der Arbeitszeit usw. durchzusetzen.

Das globalisierte Verbrechen: Bedrohlich für die Nationalstaaten sind aber auch die globalen Verbindungen des organisierten Verbrechens – vom Menschenhandel und Drogenhandel über illegale Geschäfte mit Waffen und Kunstschätzen bis hin zur „Mutter aller Verbrechen", der Geldwäsche.

(Nach: Castells, Der Aufstieg der Netzwerkgesellschaft, Band 1, 2001, S. 85 ff. und 275 f. sowie Beck, Politik der Globalisierung, 1998, S. 20 ff.)

Angus Deaton, britisch-US-amerikanischer Nobelpreisträger für Wirtschaft, beschreibt die Globalisierung als eine Entwicklung mit vielfältigen und teilweise gegenläufigen Folgen:

> *Die Globalisierung hat mit dem Rückgang der globalen Armut seit 1980 die bisher schnellste Entwicklung des Lebensstandards in der Welt insgesamt gebracht. Dies hat dazu geführt, dass der Anteil der Weltbevölkerung, der von weniger als einem Dollar pro Tag lebt, von 40 auf 14 Prozent gesunken ist. Obgleich die Armutsquote auch in anderen Regionen der Welt abgenommen hat, ist der Rückgang der absoluten Zahlen an armen Menschen weitgehend auf das rasche Wachstum Chinas und Indiens zurückzuführen. (…) Weil ein Großteil der Weltbevölkerung zurückgelassen wurde, fällt die Ungleichheit in der heutigen Welt unermesslich viele größer aus als vor 300 Jahren. (…) Länder, die vor nicht allzu langer Zeit noch arm waren, wie China, Indien, S-Korea oder Taiwan, haben sich die Globalisierung zunutze gemacht und sind rasch gewachsen, viel schneller als die heutigen reichen Länder. Gleichzeitig haben sie sich von noch ärmeren Ländern abgesetzt, viele davon in Afrika, was neue Ungleichheiten geschaffen hat. Mit sinkender Wachstumsgeschwindigkeit klafft auch die Einkommensschere zwischen den Menschen innerhalb der meisten Länder immer weiter auseinander. Ein paar Glückliche haben ungeheure Vermögen angehäuft und frönen einem Lebensstil, der selbst die größten Könige und Kaiser in den Schatten stellt. Das Nationaleinkommen steigt, aber wir sehen wenig oder kein Einkommenswachstum bei der durchschnittlichen Familie. Die Steuer- und Umverteilungssysteme waren anscheinend nicht geeignet, die jüngste Zunahme der Ungleichheit zu verhindern.*
>
> *(Deaton, Der große Ausbruch, 2017, S. 71, 34, 22, 323, 332)*

> *Wenn das vorhandene Wachstum nicht halbwegs gerecht verteilt wird, entstehen soziale Spannungen. Die Benachteiligten halten vielleicht still, solange sie wenigstens etwas bekommen, doch wenn ihr Einkommen stagniert oder schrumpft, werden sie unruhig. Im Idealfall führt Unzufriedenheit zu gesellschaftlichem Wandel. Doch wenn das politische System nur die Bedürfnisse der Reichen berücksichtigt, gerät die politische Stabilität in unmittelbare Gefahr.*
>
> *(Deaton, Gespaltene Gesellschaft. In: Spektrum der Wissenschaft 5/17, S. 81)*

Der KOF-Globalisierungsindex

Als Maß für die Globalisierung der einzelnen Staaten wurde an der Konjunkturforschungsstelle der ETH Zürich der KOF-Globalisierungsindex entwickelt. Er hat eine wirtschaftliche, eine soziale und eine politische Dimension. Seit den 1970er Jahren ist die Globalisierung in allen drei Bereichen gestiegen, besonders deutlich nach dem Ende des Kalten Krieges.

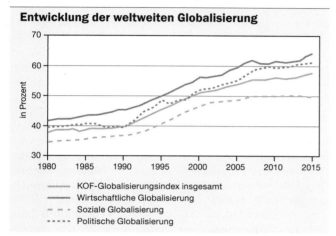

Entwicklung der weltweiten Globalisierung

- KOF-Globalisierungsindex insgesamt
- Wirtschaftliche Globalisierung
- Soziale Globalisierung
- Politische Globalisierung

■ Quelle: ETH Zürich, Konjunkturforschungsstelle. Online auf: https://www.kof.ethz.ch/, 15.9.2017.

Chancen und Risiken der Globalisierung

Globalisierung bietet für die wirtschaftliche Entwicklung große Chancen:

> Die Globalisierung verringert die Kosten der Bewegung von Gütern und Innovation von einem Ort zum anderen. Sie ermöglicht es, Güter dort zu erzeugen, wo die Produktion am effizientesten und kostengünstigsten zu bewerkstelligen ist (…).
>
> (Deaton, Der große Ausbruch 2017, S. 297)

Seit dem Zusammenbruch der kommunistischen Zentralwirtschaft ab 1989 setzten sich parallel zur fortschreitenden Globalisierung zunehmend neoliberale Wirtschaftsvorstellungen durch: Der Staat solle sich als Unternehmer aus der Wirtschaft zurückzuziehen. Er solle nur unternehmensfreundliche Rahmenbedingungen vorgeben. Mögliche negative Folgen von solchen Maßnahmen für Arbeitnehmerinnen und Arbeitnehmer (z.B. Abwanderung von Produktionsbetrieben in Niedriglohnländer, Abbau von Sozialleistungen, Schwächung von Arbeitnehmervertretungen) seien für eine Maximierung der Gewinne und eine Verbesserung der Konkurrenzfähigkeit in Kauf zu nehmen.
Auf diese Weise sollen technologische Innovation und Produktivität generell gesteigert werden.

Ein Topmanager der US-Computerfirma Sun Mikro-Systems äußerte sich auf einem internationalen Kongress 1995 folgendermaßen:

> Jeder kann bei uns so lange arbeiten, wie er will, wir brauchen keine Visa für unsere Leute aus dem Ausland. Regierungen und deren Vorschriften für die Arbeitswelt sind bedeutungslos geworden. Beschäftigt wird, wen man gerade braucht, der so lange arbeitet, wie er kann. Wir stellen unsere Leute per Computer ein, sie arbeiten am Computer und sie werden auch per Computer gefeuert. Mit unserer Effizienz konnten wir den Umsatz seit unserem Beginn vor dreizehn Jahren von null auf über sechs Mrd. Dollar hochjagen.
>
> (Martin/Schumann, Die Globalisierungsfalle, 1996, S. 11)

Die zunehmende internationale Arbeitsteilung trägt dazu bei, die weltweite Wirtschaftsleistung zu steigern. Trotzdem nimmt in vielen Teilen der Welt die materielle Ungleichheit zwischen verschiedenen gesellschaftlichen Gruppen zu.
In der westlichen Welt etwa steigt das Lohnniveau der Beschäftigten nur mäßig, teilweise sinkt es sogar; die Gehälter des Managements und die Konzerngewinne hingegen steigen stark. Das Topmanagement von Konzernen steht unter dem Druck, für transnationale Aktionärinnen und Aktionäre maximale Gewinne erzielen zu müssen, da diese ihre Investitionen sonst zurückziehen könnten. Das neoliberale System zwingt sie auf diese Weise zum „Erfolg“. Soziale Überlegungen werden dabei teilweise als zweitrangig bewertet.
Staatsausgaben kürzen, Löhne senken, Sozialausgaben streichen – die Reformprogramme im Zeichen der Globalisierung sind in vielen Industrieländern ähnlich. Die Mehrheit der Arbeitnehmerinnen und Arbeitnehmer sind nicht globalisiert. Einen Globalisierungsprozess gibt es vor allem in Bezug auf Expertinnen und Experten. Das sind qualifizierte Arbeitskräfte z.B. aus den Bereichen Naturwissenschaften, Technik, Informations- und Kommunikationstechnologie, die überall auf der Welt besonders stark nachgefragt werden. Die Gewerkschaften setzen sich in vielen Ländern gegen Sozialabbau und Lohnkürzungen ein. Doch viele große Unternehmen drohen mit der Auslagerung der Produktionen in Länder mit niedrigeren Löhnen.

„Diktatur des Weltmarktes“ – Gefahr für die Demokratie

In den USA, in Indien, Japan und Europa beginnen die Gesellschaften sich zunehmend in eine Minderheit von Gewinnern und in eine Mehrheit von Verlierern zu spalten. Die Verteilung des durch Globalisierung gewonnenen Reichtums ist sehr ungleich.
Nicht jeder verliert. Doch die Zahl der Verlierer übersteigt die Zahl der Gewinner beträchtlich – national und international. Viele fürchten als Rationalisierungsopfer (sinkende Löhne, Arbeitslosigkeit, Verlust des sozialen Standards) den sozialen Abstieg. Ihre Angst vor der Armut und dem sozialen Abstieg gefährdet den sozialen Frieden und möglicherweise in der Folge die Demokratie.

Der britische Historiker Eric Hobsbawm fasste diese Probleme folgendermaßen zusammen:

> *Erstens hat die gegenwärtig so geschätzte Globalisierung des freien Marktes dazu geführt, dass die Ungleichheit auf nationaler wie auf internationaler Ebene dramatisch zugenommen hat. (…) Zweitens bekommen diejenigen die Globalisierung am stärksten zu spüren, die am wenigsten von ihr profitieren. Daher rührt auch die zunehmende Polarisierung der Ansichten über Globalisierung: zwischen denen, die weitgehend von ihren negativen Folgen geschützt sind – den Unternehmern, die ihre Kosten in Billigländer „outsourcen" können, den Hightechfachkräften und den Hochschulabsolventen, die in jeder Marktwirtschaft mit hohen Löhnen Arbeit finden – und diejenigen, bei denen das nicht der Fall ist. (…) Drittens schließlich (…) sind die politischen und kulturellen Auswirkungen unverhältnismäßig groß. So ist die Zuwanderung in den meisten Volkswirtschaften des Westens ein zentrales politisches Problem. (…)*
>
> *(Hobsbawm, Globalisierung, Demokratie und Terrorismus, 2009, S. 11 f.)*

Globalisierungskritik: „Tittytainment" reicht nicht

Die römischen Kaiser gaben dem Volk „Brot und Spiele", um es für sich zu gewinnen und bei Laune zu halten. „Tittytainment" ist dem vergleichbar: Die Mehrzahl der arbeitsfähigen Menschen, die zu den 80 Prozent Unterprivilegierten gehören werden, folgen einer Kombination von ausreichender Ernährung (titis = nährende Brüste – „Konsumismus") und betäubender Unterhaltung (entertainment – „Event Kultur", z.B. Musik- oder Sportveranstaltungen). Sie halten sich damit bei Laune. Doch solcherart lassen sich die Probleme der Menschheit nicht lösen.

Martin und Schumann, die Verfasser des Bestsellers „Die Globalisierungsfalle", machen überlegenswerte Vorschläge: Soziale und ökologische Mindeststandards sollen für den Welthandel gelten. Weiters: Durchsetzung der Einhaltung von Konventionen, etwa der ILO (International Labour Organisation) gegen Sozialdumping; Boykott von Produkten aus Kinderarbeit, rücksichtsloser Umweltbelastung und Hungerlöhnen; Begrenzung der ökologisch verheerenden Zunahme des Gütertransports u. a. m. Eine andere Forschergruppe setzt vorwiegend auf „globale Verträge". Damit sollen Demokratie, Toleranz und Solidarität mit den Schwächeren weltweit gefördert werden (Gruppe von Lissabon: Grenzen des Wettbewerbs, 1997).

Eine Gruppe von Universitätsprofessorinnen und -professoren analysierte im Jahr 1999 im Auftrag der EU-Kommission das Phänomen der globalen Gesellschaft:

> *Wir beobachten heute, dass sich als Folge der Globalisierung und der mächtigen Potenziale der Informationsgesellschaft die Welt hinbewegt auf einen einzigen integrierten weltweiten Markt, der letzt-*
>
> *lich der wesentliche Treiber aller übrigen Globalisierungsprozesse ist. Aus der Sicht der Autoren ist ein Weg in die Zukunft, der die heutigen ressourcenintensiven Lebensstile der westlichen Welt auf eine Weltbevölkerung von zukünftig 10 Mrd. und mehr Menschen ausdehnt, nicht zukunftsfähig. Demgegenüber könnte die Verfolgung der Leitidee einer weltweiten sozialen und ökologischen Marktwirtschaft einen wichtigen Beitrag leisten (…).*
>
> *(Auf dem Weg in eine globale nachhaltige Informationsgesellschaft – eine europäische Perspektive. Jahrbuch Arbeit und Technik, Friedrich-Ebert-Stiftung Bonn 1999, Zusammenfassung)*

In einer Zusammenfassung neuester Untersuchungen gelangt der in Indien geborene und in Deutschland lebende Erziehungswissenschafter Asit Datta 2013 zur Auffassung, dass die Globalisierung zwar große Chancen biete. Diese ließen sich aber nur nützen, wenn stärker auf einen globalen Ausgleich geachtet werde und wenn – beginnend in den Industriestaaten – eine Änderung des Konsumverhaltens eintrete. Beides erachtet Datta als besonders schwierig (vgl. Datta, Armutszeugnis, 2013).

ATTAC – Gegenbewegung „von unten"

Aufgrund einer Wirtschaftskrise in Südostasien im Jahr 1997 (Thailand, Hongkong, Südkorea), die durch Finanzspekulationen ausgelöst wurde, forderten immer mehr Expertinnen und Experten eine Kontrolle der internationalen Finanzmärkte. Ignacio Ramonet, der Chefredakteur der französischen Monatszeitung „Le Monde diplomatique", machte den Vorschlag, Währungsspekulationen durch die Einführung einer geringen Umsatzsteuer (0,1 Prozent) bei spekulativen internationalen Geldgeschäften einzudämmen („Tobin Tax"). Da gegenwärtig täglich ca. 4 000 Mrd. Dollar weltweit gehandelt werden, ergäbe das beträchtliche Einnahmen. Diese könnten z.B. für den Kampf gegen soziale Ungleichheiten und für das Schul- oder Gesundheitswesen eingesetzt werden.

Im Jahr 1998 wurde aufgrund dieses Vorschlages in Paris die Charta von „ATTAC-International" verabschiedet. Ziel der ATTAC-Bewegung ist es, die Bürgerinnen und Bürger zum aktiven Widerstand zu ermutigen. Man ist also bestrebt, unter ihrer Beteiligung auf globaler Ebene einen demokratischen Raum zu schaffen.

> *ATTAC-Österreich fordert in seiner Gründungsdeklaration (September 2000) gerechte Rahmenbedingungen für die Weltwirtschaft und den Vorrang demokratischer Politik vor neoliberaler Marktideologie. Die drei zentralen Institutionen – Internationaler Währungsfonds, Weltbank und Welthandelsorganisation – haben in dieser Frage nicht nur versagt, sondern sie ergreifen erwiesenermaßen einseitig Partei für kurzfristige Profitinteressen, erschweren alternative Entwicklungswege und stellen eine Bedrohung für das gesellschaftliche Über- und Zusammenleben dar.*
>
> *(Gründungsdeklaration von ATTAC-Österreich, September 2003)*

Finanzkrise 2007 – neue Herausforderungen

Offenbar haben die Verantwortlichen im Bankensektor aus der Wirtschafts- und Finanzkrise in Südostasien im Jahr 1997 zu wenig gelernt. Denn zehn Jahre später, im Jahr 2007, platzte eine riesige Spekulationsblase des Banken- und Finanzsystems in den USA. Führende Großbanken gingen aufgrund von fahrlässigen Kreditvergaben und Fehlspekulationen in Konkurs. Andere mussten vom Staat mit Steuermitteln gestützt werden.
Die Krise griff in der Folge auch auf das Bankenwesen in Europa über. Dort setzten die Regierungen zur Rettung der Banken ebenfalls öffentliche Mittel ein. Deren Summe betrug zwischen 2008 und 2015 etwa 750 Mrd. Euro, zusätzlich 1,19 Billionen Euro in Form von Garantien (vgl. Schneider, Die gescheiterte Generalprobe der Bankenunion. In: Der Standard, 21. 8. 2017, S. 19).
An dieser Krise wurde besonders deutlich, dass sich im globalen Wirtschaftssystem die Finanzwirtschaft von der Realwirtschaft abgekoppelt hat.
Geld wird nicht mehr nur für die Herstellung und den Kauf von Gütern eingesetzt. Geld wird in viel größerem Ausmaß zum Erwerb von Geldvermögen verwendet – z. B. in Form von Spekulationen.

Internationale Regelungen zur Vermeidung von Krisen

In der Folge der Probleme ab 2007 versuchten Regierungen mit führenden Wirtschaftsfachleuten entsprechende internationale Regelungen zu entwickeln, um solche Krisen künftig zu vermeiden. Die EU etablierte zur Kontrolle der Banken beispielsweise eine Bankenunion, um das Finanzsystem transparenter zu gestalten und zu stärken. Daneben setzten die Wirtschaftsmächte aber nach wie vor auf die Belebung der globalen Wirtschaft. Der Abschluss von „Transatlantic Trade and Investment Partnership" (TTIP), eines Wirtschaftsvertrages zwischen den USA und der EU, scheiterte jedoch 2016 am Widerstand einiger Mitgliedsländer der EU – darunter Österreichs. Zahlreiche Menschen protestierten gegen den Vertragsabschluss. Sie fürchteten u. a. eine Aufweichung europäischer Standards im Umwelt- und Verbraucherschutz.
Die Einführung einer Finanztransaktions-Steuer, ähnlich der „Tobin Tax", wird von immer mehr Regierungen sowie Wirtschaftsexpertinnen und Wirtschaftsexperten innerhalb der EU – so auch von Österreich – gefordert.

→ Fragen und Arbeitsaufträge

1. Skizziere die kennzeichnenden Merkmale der Globalisierung nach Manuel Castells.
2. Arbeite Vorteile und Probleme der Globalisierung unter Bezugnahme auf die Literaturstellen von Deaton, den Autorentext und die weiteren Literaturstellen heraus. Verfasse zu dieser Thematik anhand deiner Ergebnisse eine eigene Darstellung mit deinen Schwerpunktsetzungen.
3. Stellt diese Schwerpunkte in der Klasse dar. Führt mit Bezugnahme auf diese eine differenzierte politische Diskussion. Beziehst in diese Diskussion auch eine Bewertung von globalisierungskritischen Bewegungen, wie z. B. ATTAC, ein.

■ Globaler Aktionstag unter dem Motto „Mensch und Umwelt vor Profit" gegen das Freihandelsabkommen TTIP zwischen USA und EU. Foto, Wien, 18. 4. 2015.

5. Die Bevölkerung in der globalisierten Welt

Ungebremstes Wachstum?

Nach Berechnungen der UNO hat die Weltbevölkerung 1999 die 6-Milliarden-Grenze überschritten. 2011 wurde die 7-Milliarden-Grenze erreicht. Bis 2050 wird die Weltbevölkerung voraussichtlich um weitere 2,5 Mrd. auf ca. 9,7 Mrd. Menschen anwachsen. Dieser Zuwachs entspricht fast genau der Größe der Weltbevölkerung im Jahr 1950. Die Bewältigung des starken Bevölkerungswachstums wird somit zu einer entscheidenden Herausforderung in der Menschheitsgeschichte.

→ Erstelle aus diesen Informationen eine Grafik. Interpretiere sie unter Bezugnahme auf die in diesem Kapitel dargestellten Inhalte.

Menschenrechte statt staatlich diktierter Familienplanung

Auf der UN-Weltbevölkerungskonferenz in Kairo (1994) wurde eine neue Ära der Bevölkerungspolitik eingeleitet.

L *Seit Kairo 1994 gibt es keine ethische Grundlage mehr für Bevölkerungskontrolle im Sinne staatlich diktierter und kontrollierter Fruchtbarkeitsniveaus (hier: Anzahl der Kinder pro Frau). Ethisch – und auf lange Sicht weitaus effektiver als staatliche Kontrollen – ist eine Politik, die Frauen und ihre Partner in die Lage versetzt, selbst zu bestimmen, ob und wann sie Kinder haben möchten. Das sollte auf eine Weise möglich sein, dass die Frauen gesund bleiben und eine Gleichbehandlung der Geschlechter in allen Bereichen des wirtschaftlichen und sozialen Lebens gefördert wird.*
(Nach: Weltbevölkerungsbericht 2016, Kurzfassung, S. 37)

Bisher hatte man in den Entwicklungs- bzw. Schwellenländern versucht, über Anreize und Sanktionen den Kinderwunsch in Familien gering zu halten.

In einigen Ländern wurden die Beihilfen für Kinder gekürzt oder es wurden Zuschläge zur Lohn- und Einkommenssteuer eingehoben, sobald in einer Familie eine gewisse Kinderanzahl überschritten wurde.

Andere Länder bevorzugten kleine Familien bei der Vergabe von staatlichen Wohnungen oder begünstigten deren Kinder bei der Zulassung zu Schulen.

Die chinesische Familienpolitik setzte mit staatlichen Zwangsmaßnahmen die Ein-Kind-Familie vor allem in den Städten durch. Mittlerweile wird diese rigorose Form der Familienpolitik gelockert. In Indien gab es lange Zeit Sterilisierungsprogramme als staatliche Familienplanungsmaßnahmen. Solche Maßnahmen sind – neben grundsätzlichen ethischen Bedenken – äußerst problematisch.

Aufgrund der weitgehend fehlenden sozialen Sicherungssysteme (z. B. Alters- oder Arbeitslosenversicherung) in den Entwicklungs- und Schwellenländern galt nämlich eine hohe Kinderzahl in der Familie als eine Form der Altersversorgung. Die arbeitenden Kinder hatten überdies das Familieneinkommen aufzubessern.

Eine chinesische Journalistin berichtet über ein Gespräch in einem Spital:

Q *Viele der Frauen schienen schwach und verängstigt. Eine von ihnen saß am Boden, allein. Sie war zierlich, wirkte zerbrechlich und sehr hilflos. Ich erfuhr, dass sie ihr fünftes Kind abtreiben lassen muss. Mit Unbehagen fragte ich, warum sie nochmals schwanger geworden sei.*
„Ich wollte mich selbst beweisen", sagte sie müde. „Ich habe vier Mädchen geboren, und sie heißen Zhaodi (= einen Bruder erbitten), Pandi (= einen Bruder erwarten), Xiangdi (= an einen Bruder denken) und Sidi (= nach einem Bruder sich sehnen). Aber noch ist kein Bruder gekommen. Auf dem Land giltst du als minderwertig, wenn du keine Söhne bekommst. Ich möchte, dass mich die Menschen respektieren. Aber jetzt kann ich nicht mehr."
(Zit. nach: The Independent, 11. 9. 1991, S. 25; übersetzt d. A.)

Seit der UNO-Weltbevölkerungskonferenz 1994 in Kairo rücken viele Staaten trotz der Bedeutung der globalen Bevölkerungszahlen und Wachstumsraten die Menschen und Menschenrechte ins Zentrum der politischen Überlegungen. Es sollen Bevölkerungsfragen mit der menschlichen Entwicklung, mit der Gleichbehandlung der Geschlechter und mit den Bedürfnissen und Rechten der einzelnen Personen verbunden werden.

Man erkannte, dass die Investitionen in Bildung, Gesundheit und Gleichstellung der Geschlechter den Menschen zusätzliche Entwicklungsmöglichkeiten eröffnen. Dies fördert das Wirtschaftswachstum und stabilisiert auch

Weltbevölkerung nach Kontinenten Mitte des Jahres 2017 (in Millionen)

Kontinent	Bevölkerung in Millionen
Asien	4.494
Afrika	1.250
Europa	745
Lateinamerika, Karibik	643
Nordamerika	362
Australien, Ozeanien*	42

Quelle
DSW
© Statista 2018

Weitere Informationen:
Weltweit

statista

die Bevölkerungszahlen. So etwa ging die Zahl der Kinder pro Familie in den Hauptregionen (Kontinenten) der Erde ab den 1990er Jahren deutlich zurück. Die Prognosen sprechen davon, dass sich dieser Trend auch im 21. Jh. fortsetzen wird.

Dies wird besonders wichtig für Afrika, dessen Bevölkerungswachstum laut dem 2015 veröffentlichten Bericht der UN-Bevölkerungsabteilung deutlich stärker sein wird als bisher angenommen. Laut diesen Schätzungen wird etwa Nigeria bis 2050 mit knapp 400 Mio. Menschen das bevölkerungsreichste Land hinter China und Indien sein.

L *Vor allem gilt es die Frauen zu fördern – sie sind der Schlüssel zu Afrikas Zukunft. In den Bereichen Gesundheit und Erziehung kommt es besonders auf sie an: Wenn der Bildungsgrad der Mütter steigt, sinkt die Säuglings- und Kindersterblichkeit. Und je länger die Mädchen in die Schule gehen, desto niedriger ist später die Zahl ihrer Kinder. Wenn Afrika sein Problem der Bevölkerungsentwicklung in den Griff bekommen will, muss es auf die Frauen setzen.*
(Asserate, Die neue Völkerwanderung, 2016, S. 184)

Alterspyramiden 1869, 2015

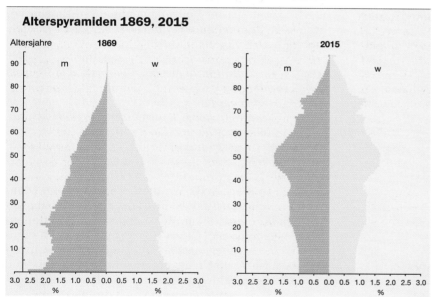

■ Alterspyramiden: Österreich-Ungarn 1869, Österreich 2015. Prozentanteil an der Gesamtbevölkerung pro Altersjahrgang.

Das Altern – eine neue Herausforderung

Der Anteil der über 65-Jährigen wird sich in den meisten Entwicklungsgebieten in den nächsten Jahrzehnten verdoppeln. Dies wird vor allem in Ländern, wo traditionellerweise die Familie die Altenpflege übernimmt, zu Problemen führen. Die Familien werden nämlich aufgrund der abnehmenden Kinderzahl kleiner und durch diese Aufgabe überfordert. Ähnliche Probleme zeigen sich gegenwärtig bereits in den reichen Industriestaaten, so auch in Österreich. Doch ist die Einkommensfrage (z.B. Pensionssicherheit) in den Entwicklungsländern noch ungewisser als in den entwickelten Ländern. Besonders armutsgefährdet werden alte Frauen (v.a. Witwen) und Kinderlose sein.

Bevölkerungsentwicklung in Österreich

In Österreich nahm die Bevölkerung von Mitte des 18. Jh. bis Mitte des 19. Jh. stark zu. Im letzten Drittel des 19. Jh. setzte ein deutlicher Rückgang der Kinderzahlen ein, die Zahl der Menschen, die älter wurden, stieg: Die über 65-Jährigen machten 1869 nur 5,2 Prozent an der Gesamtbevölkerung aus. Im Jahr 2017 stieg ihr Anteil auf 18,6 Prozent. Dagegen sank der Anteil der unter 20-Jährigen im gleichen Zeitraum von 37,5 (1869) auf 19,6 Prozent (2017). Der Anteil der „aktiven" Bevölkerungsgruppe (20 bis unter 65 Jahre) lag 2017 bei 61,8 Prozent, die durchschnittliche Kinderzahl pro Frau bei 1,44 Kindern. Die Elterngeneration wird damit nur mehr zu etwa 60 Prozent ersetzt. Ohne Zuwanderung wäre die österreichische Bevölkerung also ab 2015 geschrumpft.

2017 prognostizierte man einen Wanderungsgewinn (= mehr Zuwanderung als Auswanderung) von ca. 25 000 bis 30 000 Personen pro Jahr, sodass die Bevölkerungszahl in Österreich bis zum Jahr 2022 ca. 9 Mio. übersteigen wird. Die niedrige durchschnittliche Kinderzahl und das Ansteigen der Lebenserwartung haben langfristig starke Auswirkungen auf die Zusammensetzung der Bevölkerung. Der Anteil der über 65-Jährigen wird sich von 18,6 im Jahr 2017 auf 27,2 Prozent im Jahr 2050 erhöhen. Im selben Zeitraum wird jener der unter 20-Jährigen von 19,6 auf 18,8 Prozent und jener der „aktiven" Gruppe auf 53,9 Prozent sinken (vgl. Statistik Austria, Bevölkerungsprognose 2017).

Eine ähnliche Entwicklung ist auch in den anderen Industriestaaten zu beobachten. So kamen im Jahr 2001 in der EU auf 100 Menschen im Erwerbsalter (20–64 Jahre) 27 Menschen, die über 65 Jahre alt waren. Im Jahr 2050 werden es 53 Menschen sein.

→ Fragen und Arbeitsaufträge

1. Benenne Probleme, die sich im Zusammenhang mit der Entwicklung der Weltbevölkerung abzeichnen. Setze dich dabei speziell mit den Fragen der Familienplanung, der Rolle der Frauen und der Alterung der Gesellschaft auseinander.
Ziehe dazu auch die Grafik „Alterspyramiden 1869, 2015" heran.

2. Diskutiert erwartbare Herausforderungen z.B. für Bildungseinrichtungen oder für die Kinder- und Jugendpolitik.

3. Erstelle anhand des Autorentextes zur Bevölkerungsentwicklung in Österreich eine tabellarische Übersicht zu folgenden Inhalten:
  • Entwicklung der jeweiligen Altersgruppen von 1869 bis 2015,
  • Prognose der jeweiligen Altersverteilung von 2015 bis 2050,
  • Prognose der über 65-Jährigen in Beziehung zur Bevölkerung im Erwerbsalter in der EU.

6. Politik gegen weltweite Armut – die UN-Agenda 2030

Armut – weltweit

Armut drückt sich in ihrer extremsten Form als Hunger aus. Im jährlich erscheinenden Bericht zum Welthunger-Index (WHI) wird die Entwicklung des Hungers auf globaler, nationaler und regionaler Ebene erfasst. Die grundlegenden Daten dazu stammen von den Vereinten Nationen. Der WHI berücksichtigt die Versorgungslage der Bevölkerung insgesamt und die Ernährungslage von Kindern. Bei Kindern erhöht eine Unterversorgung mit Nahrungsmitteln das Risiko, Krankheiten, eine mangelhafte körperliche und geistige Entwicklung oder einen frühen Tod zu erleiden.

L *Der Welthunger-Index (WHI) 2017 zeigt einen langfristigen weltweiten Rückgang der Hunger- und Unterernährungswerte (...): Mit 21,8 auf einer Skala bis 100 ist der durchschnittliche WHI-Wert 2017 um 27 Prozent niedriger als der Wert aus dem Jahr 2000 (29,9). (...) Trotz dieser Verbesserungen gibt es eine Reihe von Faktoren, (...) welche die Bemühungen zur Beendigung von Hunger und Unterernährung weltweit untergraben. (...) Anfang 2017 meldeten die Vereinten Nationen, dass (...) über 20 Millionen Menschen von einer Hungerkatastrophe bedroht seien (...).*
(Welthunger-Index. Online auf: http://www.globalhungerindex.org/de/results-2017, 25.4.2018)

Armut ist also nicht nur ein individuelles Problem, sondern eine globale, weltumspannende Herausforderung.

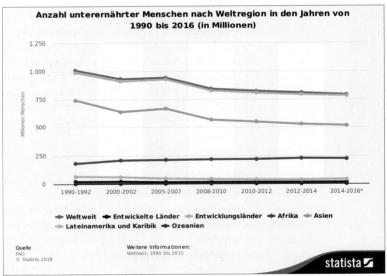

Anzahl unterernährter Menschen nach Weltregion in den Jahren von 1990 bis 2016 (in Millionen)

Quelle FAO © Statista 2018

Weitere Informationen: Weltweit; 1990 bis 2015

statista

Nach Auffassung der Weltbank gilt eine Person als (absolut) arm, wenn ihr weniger als 1,25 US-Dollar pro Tag in der Kaufkraft des jeweiligen Landes zur Verfügung steht. Das betrifft gegenwärtig ca. 1,1 Mrd. Menschen. Als Basis für diese Art der Armutserhebung gilt die ausschließliche Orientierung am Geldvermögen der einzelnen Haushalte. Die Lebenssituationen von Menschen sind jedoch umfassender. Daher wurde für die UNO zur Messung der Armut in den Entwicklungsländern ein neuer Zugang erarbeitet: der „Multidimensional Poverty Index" (MPI).

Der MPI berücksichtigt neben den finanziellen Mitteln und einer Basisversorgung (z. B. Zugang zu sauberem Trinkwasser, Toiletten, Elektrizität) u. a. auch die Anzahl der Kinder in Ausbildung, die Gesundheit und die Kindersterblichkeit.

UNO-Konferenzen gegen Armut – Agenda 2030

Weltbank und Internationaler Währungsfonds (IWF) haben 1999 eine Initiative zur Armutsbekämpfung im Rahmen der Vereinten Nationen gestartet. Der „Milleniums-Gipfel" der Vereinten Nationen im Jahr 2000 in New York forderte als erstes der „Jahrtausendziele" die Halbierung der Armut bis 2015.

Nachdem klar geworden war, dass dieses Ziel nicht erreicht werden konnte (vgl. The Millennium Development Goals Report, 2009), setzte man auf der Konferenz in Rio de Janeiro (2012) eine Expertengruppe ein, um eine „Post-2015 Development Agenda" auszuarbeiten. Ihr Bericht wurde zu einer wesentlichen Grundlage für die „Agenda 2030 für nachhaltige Entwicklung".

Auf dem „Nachhaltigkeitsgipfel" der Vereinten Nationen in New York wurde dieser Aktionsplan 2015 von den 193 Staaten der Vollversammlung einstimmig beschlossen. Die ersten zwei der umfassenden 17 Ziele lauten:

Q *Ziel 1: Armut in allen ihren Formen und überall beenden.*
Ziel 2: Den Hunger beenden, Ernährungssicherheit und eine bessere Ernährung erreichen und eine nachhaltige Landwirtschaft fördern.
(Zit. nach: Bückmann, Die Vision der UNO für die Zukunft der Welt, 2015, S. 96 f.)

In den UNO-Weltkonferenzen über Menschenrechte 1993 in Wien, über die Weltbevölkerung 1994 in Kairo und in der Weltfrauenkonferenz 1995 in Beijing setzte sich die Einsicht durch, dass zur Bekämpfung der weltweiten Armut eine gezielte Bevölkerungs- und Entwicklungspolitik notwendig ist. Als besonders wichtig erkannte man drei Faktoren: Verbesserungen
– im Bereich der reproduktiven Gesundheit,
– im Bereich der Bildung und
– im Bereich der Gleichstellung der Geschlechter.

Familienplanung – „reproduktive Gesundheit"

Q *Reproduktive Gesundheit ist ein Zustand uneingeschränkten körperlichen, geistigen und sozialen Wohlbefindens (...) bei allen Aspekten, die mit den Fortpflanzungsorganen und ihren Funktionen und Prozessen verbunden sind.*
Das bedeutet, dass Menschen ein befriedigendes und ungefährliches Sexualleben haben können und dass sie die Fähigkeit zur Fortpflanzung und die freie

Entscheidung darüber haben, ob, wann und wie oft sie hiervon Gebrauch machen wollen. Darin eingeschlossen ist das Recht von Männern und Frauen, informiert zu werden und Zugang zu sichern, wirksamen, erschwinglichen und akzeptablen Familienplanungsmethoden ihrer Wahl zu haben.

(Internationale Konferenz für Bevölkerungsentwicklung 1994 in Kairo, Aktionsprogramm, Abs. 7.2.; gekürzt. Zit. nach: WBB 2004, S. 46)

Der Zugang zu Informationen über Familienplanung ist für arme Frauen beschwerlicher und oft beschämender als für wohlhabende. Darüber hinaus stehen häufig kulturelle Traditionen, Religionen oder auch ein eingeschränktes Selbstbestimmungsrecht der Frauen einer Familienplanung entgegen.

Eine neue Sichtweise zeigt der UN-Weltbevölkerungsbericht 2016 (WBB 2016) auf. Er stellt 10-jährige Mädchen in das Zentrum der Darstellungen. Diese Mädchen werden im Jahr 2030 25 Jahre alt sein. Ihr Lebenslauf wird dann der wahre Prüfstein für Erfolg oder Scheitern der UN-Agenda 2030 sein.

Zentrale Bereiche darin sind Folgende:

Q *Obwohl die sexuelle und reproduktive Gesundheit ein wichtiger Faktor für das Wohlergehen von Mädchen ist, haben viele von ihnen kein sicheres Forum, wo sie Fragen zu diesen Themen stellen können. Denn vielerorts werden solche Themen immer noch als Tabu betrachtet. Kommunale Bildungsprogramme zu lebenspraktischen Fähigkeiten – speziell für Mädchen im Schulalter mit Schwerpunkt auf sexuelle Gesundheit und Beziehungen – sorgen in Entwicklungsländern für eine sinkende Zahl an Teenagerschwangerschaften. Außerdem stärken sie die persönliche Verhandlungsmacht von Mädchen in ihren Beziehungen mit männlichen Sexualpartnern. Programme zur umfassenden Sexualaufklärung sprechen im Allgemeinen Heranwachsende im Alter von zwölf bis 14 Jahren an, doch besteht auch ein großes Potenzial, diese auf zehnjährige Mädchen auszudehnen.*

(WBB 2016, Kurzfassung, S. 29. Online auf: https://www.dsw.org/ wp-content/uploads/2016/10/SWOP-2016-web-final.pdf, 13. 9. 2017)

Bildung der Armen

Q *Die Länder können die Armut nicht beseitigen, wie es das Nachhaltigkeitsziel 1 verlangt, solange ein Mädchen über große Entfernungen Wasser für den Haushaltsbedarf schleppen muss, statt zur Schule zu gehen. (...)*

Manchmal sehen Eltern wenig Sinn darin, ihre Kinder zur Schule zu schicken, wenn etwa die Bildung von schlechter Qualität ist, keine sanitären Anlagen vorhanden sind (insbesondere für menstruierende Mädchen) oder wenn sie in der Schule oder auf dem Schulweg von Gewalt – einschließlich sexueller Gewalt – bedroht sind. (...)

Mädchenbildung gilt als die beste Investition der Welt, weil dadurch die wirtschaftlichen Chancen von Frauen und Mädchen verbessert und die Produktivität und das Wirtschaftswachstum einer Nation gesteigert werden. Das wiederum führt zu neuen Generationen gesünderer und gebildeterer Kinder. Die Politikschwerpunkte in puncto Mädchenbildung konzentrieren sich bislang auf den gleichberechtigten Zugang zu Grundbildung – und das mit großem Erfolg: Weltweit hat der Schulbesuch von Mädchen in den vergangenen 20 Jahren um 80 Prozent zugenommen.

(WBB 2016, Kurzfassung, S. 9, 22, 32. Online auf: https://www.dsw.org/ wp-content/uploads/2016/10/SWOP-2016-web-final.pdf, 13. 9. 2017)

Gleichstellung der Geschlechter – Stärkung von Frauen

„Geschlechtergleichstellung erreichen und alle Frauen und Mädchen zur Selbstbestimmung befähigen" ist in der UN-Agenda 2030 als eigenständiges Ziel (Nr. 5) verankert.

Frauen sollen z. B. gleiche Rechte auf wirtschaftliche Ressourcen sowie Zugang zu Grundeigentum und Verfügungsgewalt über Grund und Boden erhalten.

Ein großer Teil der Arbeit, den Frauen vor allem innerhalb des Hauses bzw. der Familie leisten, fließt nicht in die volkswirtschaftliche Gesamtrechnung (BIP) ein, z. B. Erziehung der Kinder, Pflege von kranken Familienangehörigen etc. Diese „Unsichtbarkeit" trägt zur systematischen Ungleichbehandlung von Frauen bei. Daher ist ein weiteres Ziel, alle wirtschaftlichen Leistungen von Frauen anzuerkennen.

Eine besondere Form der wirtschaftlichen Förderung von Frauen entwickelte der Ökonom Muhammed Yunus aus Bangladesch bereits in den 1970er Jahren: Die von ihm (1974) gegründete GRAMEEN- (auf Bengali = Dorf) Bank, die Kleinstkredite „zur sozialen und wirtschaftlichen Entwicklung von unten" vergibt, unterstützt zu 95 Prozent Frauen. Die Kredite sollen diesen Frauen den Weg zu einer wirtschaftlichen Besserstellung z. B. als Kleinunternehmerinnen und dadurch auch zu mehr Selbstbestimmung ermöglichen.

→ **Fragen und Arbeitsaufträge**

1. Arbeite anhand der Literaturstelle und des Autorentextes zur Weltbank und zum MPI die Kriterien heraus, nach welchen Armut definiert werden kann. Vergleiche diese Kriterien und überlege deren Sinnhaftigkeit.
2. Analysiere die Grafik zum Thema „Anzahl unterernährter Menschen nach Weltregion".
3. Arbeite die wesentlichen Zielstellungen der einschlägigen UNO-Weltkonferenzen hinsichtlich ihrer Bedeutung für die Armutsbekämpfung heraus.
4. Bildet drei Gruppen. Wählt jeweils einen der drei zentralen Bereiche zur Armutsbekämpfung aus.
   Arbeitet die jeweiligen grundlegenden Einsichten heraus.
   Teilt diese einander mit und nehmt dazu gemeinsam Stellung.

Demokratische Mittel zur Durchsetzung eigener Anliegen konzipieren und/oder anwenden, insbesondere Formen schulischer und außerschulischer Mitbestimmung

7. Armutsbekämpfung im reichen Österreich

Mit Hilfe der vorliegenden Materialien sollen Politische Handlungskompetenzen weiterentwickelt werden.

Im Zentrum stehen die Konzipierung und Erarbeitung von Materialien und Maßnahmen, welche die Durchsetzung politischer Anliegen zur Mitbestimmung und Mitgestaltung – sowohl in als auch außerhalb der Schule – unterstützen. Die aufgezeigten Beispiele dienen dem politischen Handeln gegen Armut an der Schule als Anregung; die einleitenden Literaturstellen liefern grundlegende Informationen.

M1 Obwohl die Bevölkerung Österreichs zu den weltweit reichsten 20 Prozent zählt, schränkt Armut nach statistischen Erhebungen die Lebensmöglichkeiten der betroffenen Personen erheblich ein:

Die Menschen leben oft in Substandardwohnungen und in schlechten Wohngegenden; sie sind mit der Zahlung der Miete oder von Krediten im Rückstand; sie haben Probleme beim Beheizen der Wohnung; sie können abgenutzte Kleidung nicht ausreichend durch neue ersetzen; ihre Freizeitmöglichkeiten sind eingeschränkt; sie können am gesellschaftlichen und kulturellen Leben (z. B. Einladungen, Besuch von Kino, Theater, Kauf von Büchern) nur eingeschränkt teilnehmen und können sich übliche Konsumgüter – z. B. Geschirrspüler – häufig nur mit Mühe leisten; Eltern und ihre Kinder fühlen sich oft hilflos und wertlos u. v. m.

(Nach: BM f. Arbeit und Soziales, Von Ausgrenzung bedroht, 1994, S. 15; BM f. Soziale Sicherheit und Generationen, Bericht über die Soziale Lage 2004, 2005, S. 227 f.; vgl. auch BM für Arbeit, Soziales und Konsumentenschutz, Sozialbericht 2015–2016, 2017, S. 185 ff.)

M2 Seit 2008 erfassen alle EU-Staaten nicht nur eine „Armutsgefährdung", sondern eine „Armuts- und Ausgrenzungsgefährdung". Definition der von „Armut oder sozialer Ausgrenzung bedrohten" Personengruppen:

(1) „Armutsgefährdete Personen". Als solche gelten Personen, deren Haushalt ein Einkommen unter der Armutsgefährdungsschwelle (= 60 % des Medianeinkommens der Bevölkerung) hat.

(2) „Erheblich materiell beeinträchtigte Personen". Sie leben in Haushalten, die mindestens vier von neun Merkmalen aufweisen: z. B. Zahlungsrückstände bei Mieten oder Krediten; man kann es sich nicht leisten, die Wohnung angemessen warm zu halten; unerwartete finanzielle Ausgaben sind nicht leistbar; ein PKW/eine Waschmaschine/ein Fernseher ist finanziell nicht leistbar.

(3) „Personen mit keiner oder einer sehr niedrigen Erwerbsintensität" (z. B. arbeitslos oder nur geringfügig beschäftigt).

Nach dieser Definition galten im Jahr 2015 in Österreich 18,3 % der Bevölkerung als armuts- und ausgrenzungsgefährdet; das waren 1 551 000 Mio. Menschen.

Die meisten von ihnen (1 167 000) befanden sich ausschließlich in einer der drei gefährdeten Lebenslagen, aber 385 000 waren von zwei oder gar allen drei Gefährdungslagen betroffen. Doch insgesamt sind es um 2,3 % oder 14.000 Menschen weniger als im Jahr 2008.

Daneben halten nach aktuellen Schätzungen die Vermögensten 1 % der Bevölkerung in Österreich bis zu 34 % des gesamten Nettovermögens (= bereinigt um die gesetzlichen Steuern und Abgaben).

(Zusammengefasst nach: BMASK, Sozialbericht 2015–2016, 2017, S. 185 f., 278)

M3 Faktoren, welche gegenwärtig für das Abrutschen in die Armut besonders ausschlaggebend sind:

Erwerbslosigkeit: Die zunehmende längerfristige Erwerbslosigkeit zählt zu den Hauptursachen. Nicht ganzjährig Erwerbstätige sind häufiger von Armut bedroht als ganzjährig Erwerbstätige. Dabei sind jetzt soziale Gruppen betroffen, die früher vergleichsweise wenig armutsgefährdet waren, wie Facharbeiter oder Personen mit durchaus qualifizierter Ausbildung.

Haushalte mit Kindern: Mehrpersonenhaushalte mit mindestens drei Kindern sind vor allem dann stark armutsgefährdet, wenn die Frau nicht erwerbstätig ist. Offenbar „machen Kinder arm".

Unzureichende Bildung: Personen „mit höchstens Pflichtschulabschluss" sind signifikant häufiger armutsgefährdet als Personen mit Lehr- oder mittlerem Schulabschluss. Jugendliche ohne Ausbildung oder Arbeit sind eine der Gruppen mit dem höchsten Ausgrenzungsrisiko. Diese Problemgruppe der sogenannten „NEETs" (Not in Education, Employment or Training) ist von 18 % im Jahr 2010 (270 000 Jugendliche zwischen 16 und 29 Jahren) auf 12,5 % (190 000) im Jahr 2015 gesunken.

Nur ein Verdiener: In den Haushalten mit nur einem Verdiener ist die Armutsgefährdung deutlich höher als in Haushalten, in denen ein zweiter Verdiener (z. B. die Frau) vorhanden ist.

Besonders stark von Armut und Ausgrenzung gefährdet sind allein lebende Pensionistinnen.

(Nach: BMASK, Armutsgefährdung und Lebensbedingungen in Österreich, 2011, S. 50 f.; Sozialbericht 2011–2012, 2013, S. 289 f.; Sozialbericht 2015–2016, 2017, S. 190 ff.)

M4 **Anregungen zu ehrenamtlicher Arbeit gegen Armut – die Vinzenzgemeinschaften Österreichs:**

Home Run – *Der „Home Run" ist eine Initiative zweier Mitarbeiter der VinziRast im Rahmen des Vienna City Marathon 2017, der am 23. April stattfand. Ein Appell für Mitgefühl für Menschen in Not. Mit dem Ziel, obdachlose Menschen zu unterstützen, ging die Initiative in diesem Jahr erstmals nach dem Motto „Ich laufe – Du spendest – Wir helfen" als Premiumpartner des Vienna City Marathon an den Start. LäuferInnen waren eingeladen, ihre Teilnahme am Vienna City Marathon der Unterstützung obdachloser Menschen zu widmen und auch andere zum Spenden zu bewegen. Unter den TeilnehmerInnen befanden sich auch ehemals von Obdachlosigkeit betroffene Menschen.*
(Christian Spiegelfeld)

Ein Vinziladen für alle – *Ich wollte schon lange etwas Sinnvolles für die Gemeinde tun – den Menschen vor Ort helfen. Spenden ist ja schön und gut, aber meistens geht das Geld über die Grenzen hinaus. Ich wollte etwas schaffen, damit die Spenden im Ort bleiben. Nicht nur einmalig, sondern auf längere Frist. Das ist und bleibt die Motivation der Vinzenzgemeinschaft Kirchberg/Raab. Im gesamten Team sind verschiedene Berufssparten vertreten, was es ermöglicht, in unterschiedlichen Anliegen optimal zu helfen. Dabei arbeiten wir eng mit bestehenden Einrichtungen wie Pfarre, Gemeinde, Caritas, Schuldnerberatung, Sozial- und Gesundheitsbehörden zusammen. Derzeit arbeiten 30 Freiwillige aktiv mit und auf weitere 20 können wir bei besonderen Fällen zurückgreifen.*
(Christine Hirschmann)

OMNIbus – *Der VinziBus Klagenfurt wurde 2007 nach dem Grazer Vorbild gegründet und versorgt allabendlich unsere bedürftigen Gäste mit Broten und Tee. Drei Stationen werden dabei angefahren. Da es unseren Gästen oft auch an menschlicher Zuwendung fehlt, ist die tägliche Begegnung mit unseren 80 ehrenamtlichen Helferinnen und Helfern auch als „Tankstelle menschlicher Wärme" zu verstehen.*
(Horst Kraiger)

(Zit. nach: Armendienst in Österreich. Gemeinsame Ausgabe der Vinzenzgemeinschaften Österreichs, August 2017, S. 5, 7, 8)

M5 **Anregungen zu ehrenamtlicher Arbeit gegen Armut – die Wiener Tafel:**

Wiener Tafel – *Statements: Unsere ehrenamtlichen MitarbeiterInnen am Wort:*
Maximilian Peter: *„Auf die Wiener Tafel bin ich in der Schule angesprochen worden. Mein ehemaliger Musiklehrer – auch Mitarbeiter der WT – erzählte mir davon und fragte mich, ob ich doch einmal auf eine Schnuppertour mitkommen wolle. Die Idee gefiel mir*

und ich kam einmal an einem Samstag mit auf den Naschmarkt."
(Wiener Tafel. Online auf: http://wienertafel.at/index.php?id=562, 7. 8. 2017)

Suppe mit Sinn – *Die „Suppe mit Sinn" ist die jährliche Winterhilfsaktion der Wiener Tafel (WT). Sozial engagierte GastronomInnen widmen eine Suppe auf ihrer Speisekarte der WT und führen für jede verkaufte Portion einen Euro Spende an Österreichs älteste Tafelorganisation ab. Mit einem Euro versorgt die WT bis zu 10 Armutsbetroffene mit Lebensmitteln. Lebensmittel, die sonst vernichtet würden.*

TafelBox – *Die TafelBox ermöglicht bereits verarbeitete Lebensmittel in Form zubereiteter Speisen, die in Buffets und in der Gastronomie übrig bleiben, vor der Entsorgung zu bewahren! Die Gäste werden am Ende der Veranstaltung oder bei ihrem Restaurant-Besuch eingeladen, sich die übrig gebliebenen Gerichte selbständig und eigenverantwortlich in die TafelBox einzupacken und sie mitzunehmen, um sie zu Hause oder zum Lunch in der Arbeit am darauffolgenden Tag zu genießen.*

Rezepte mit Sinn – *Heiße Suppe gegen soziale Kälte – diesem Thema hat Nathalia Pernstich in Anlehnung an die Winterhilfsaktion der WT „Suppe mit Sinn" das erste Büchlein der Sammeledition „Rezepte mit Sinn" gewidmet. Haubenköche und Küchenchefs von „Suppe mit Sinn"-Lokalen haben ihre Suppenrezepte zur Verfügung gestellt.*
(Wiener Tafel. Online auf: http://wienertafel.at/index.php?id=581&no_cache=1&neues-kampagnentool-849, 6. 9. 2017)

Projektvorschlag

1. Recherchiert Einrichtungen bzw. Initiativen in eurer Schul- bzw. Wohnumgebung, die von Armut und Ausgrenzung bedrohte Menschen unterstützen. Diskutiert mit den Verantwortlichen dort Möglichkeiten der Zusammenarbeit. Erarbeitet eine konkrete Möglichkeit einer Zusammenarbeit.

2. Informiert die Leitung der Schule über euer Vorhaben. Diskutiert dieses im Rahmen des Schulgemeinschaftsausschusses.

3. Bereitet die Ergebnisse dieser Diskussion für das Format eines Flugblattes oder Postings auf. Informiert damit die Elternvertretung, die Schulbehörde und zielbezogen eine über die Schule hinausgehende Öffentlichkeit, z. B. ausgewählte Medien.

4. Diskutiert Möglichkeiten einer weiterführenden Zusammenarbeit zwischen der Schule und der entsprechenden Initiative bzw. Einrichtung. Denkt z. B. an eine Partnerschaft.

5. Verbreitet die Ergebnisse eures (sozial-)politischen Projekts mittels Leserbriefen, Postings etc.

8. Migration und Integration: Das Beispiel Österreich

Migration bis 2000

Schon in den 1990er Jahren hielt der bekannte italienische Sprachwissenschafter und Historiker Umberto Eco, auf eine mögliche Zukunft bezogen, Folgendes fest:

L *Die Dritte Welt klopft an die Pforten Europas, und sie kommt herein, auch wenn Europa sie nicht hereinlassen will. Das Problem ist nicht mehr, zu entscheiden (wie die Politiker zu glauben vorgeben), ob in Paris Schülerinnen mit dem Tschador herumlaufen dürfen oder wie viele Moscheen man in Rom errichten soll. Das Problem ist, dass Europa im nächsten Jahrtausend (…) ein „farbiger" Kontinent sein wird. Ob uns das passt oder nicht, spielt keine Rolle: Wenn es uns gefällt, umso besser; wenn nicht, wird es trotzdem so kommen.*

(Eco, Vier moralische Schriften, 1998, S. 99)

■ Eine Gruppe unter Tausenden von Flüchtlingen marschiert auf der Stadtautobahn M1 von Budapest Richtung Österreich. Foto, Ungarn, 4.9.2015.

Migration in der Gegenwart

Laut Sicherheitsbericht 2015 erlebte Österreich 2015 die „größte Migrationskrise seit dem Zweiten Weltkrieg". Die Zahl der Asylwerber betrug 88 340 gegenüber 28 064 im Jahr 2014. Das war eine Steigerung von 214,78 Prozent. Zwischen 1.9. und 31.12.2015 wurden 679 639 Fremde an Österreichs Grenzen gezählt (vgl. BM f. Inneres, Sicherheitsbericht 2015. Kriminalität, Vorbeugung und Bekämpfung, S. 9).
Vermutlich überschritten 2015 angesichts der zuweilen chaotischen Situation, als der Staat kurzzeitig die Kontrolle über einzelne Grenzabschnitte verloren hatte, sogar mehr Menschen die Grenzen nach Österreich, als offiziell gezählt wurden. Der weitaus größte Teil von ihnen reiste weiter nach Deutschland oder nach Schweden.
Im Jahr 2016 wurden demgegenüber mit 42 285 um 52 Prozent weniger Asylanträge gestellt. 36 030 Anträge wurden positiv entschieden (vgl. BMI-Asylstatistik 2015 und 2016). Wesentliche Gründe für die hohe Zahl an Einwanderern waren die Kriege im Nahen und Mittleren Osten (Syrien, Irak). Daneben ist ein steigender Druck von afrikanischen Auswanderungswilligen aufgrund von kriegerischen Auseinandersetzungen und schlechten wirtschaftlichen Verhältnissen in zahlreichen afrikanischen Staaten erkennbar.

In vielen Fällen werden die Menschen von Schlepperbanden oder Verbrecherkartellen über die Grenzen geschleust.
Die Grenzschutzagentur „Frontex" soll irreguläre Migrantinnen und Migranten an der EU-Außengrenze abweisen.

Verteilung der Bevölkerung mit Migrationshintergrund auf Bundesländer

	2011	2016
Österreich	11 %	22,1 %
Burgenland	5,7 %	11,6 %
Kärnten	7,0 %	12,4 %
Niederösterreich	6,9 %	14,9 %
Oberösterreich	8,1 %	17,8 %
Salzburg	12,8 %	21,3 %
Steiermark	6,9 %	13,4 %
Tirol	11,0 %	20,3 %
Vorarlberg	13,1 %	24,5 %
Wien	21,5 %	42,8 %

Quelle: Statistik Austria 2011, S. 109 sowie Statistik Austria, Mikrozensus Arbeitskräfteerhebung, 22.3.2017.

Begriffsklärung

Die Begriffe „Migration", „Flucht" und „Asyl" werden oft ungenau gebraucht. Verlassen Personen aus wirtschaftlichen oder familiären Gründen ihr Land, bezeichnet man das als „Wirtschafts- bzw. Arbeits-Migration". „Flüchtlinge" sind Personen, die wegen ihrer ethnischen Zugehörigkeit, Religion, Nationalität, Zugehörigkeit zu einer bestimmten sozialen Gruppe oder wegen ihrer politischen Überzeugung aus dem Land, dessen Staatsangehörigkeit sie besitzen, vor (möglicher) Verfolgung fliehen. Nach der Genfer Flüchtlingskonvention von 1951 bzw. 1967 haben sie ein Anrecht auf Asyl. Asyl ist ein Menschenrecht. Um zu entscheiden, ob jemandem Asyl gewährt wird, gibt es in Österreich Asylverfahren. Wird in einem Verfahren positiv über einen Asylantrag entschieden, gilt die Person als „anerkannter Flüchtling" oder „asylberechtigt". Eine solche Person genießt weitgehend die gleichen Rechte auf Arbeit und soziale Sicherheit wie eine Person mit österreichischer Staatsbürgerschaft.

Flucht und Arbeitsmigration – ein Rückblick

Nach dem Ende des Zweiten Weltkrieges fanden rund 350 000 Flüchtlinge und Vertriebene in Österreich bleibend Aufnahme und erhielten anschließend die Staatsbürgerschaft. 1956 flüchteten ca. 180 000 bis 200 000 Menschen aus Ungarn, etwa 20 000 von ihnen blieben dauerhaft (vgl. S. 96). Nach der Niederschlagung des Prager Frühlings (1968) kamen rund 162 000 Flüchtlinge aus der Tschechoslowakei, und 1981 flüchteten 35 000 Menschen aus Polen nach Österreich. Mehrere Tausend von ihnen blieben.

Eine weitere Gruppe von Migrantinnen und Migranten waren jüdische Flüchtlinge aus der Sowjetunion. Rund 250 000 Menschen dieser Gruppe wurden zwischen 1973 und 1989 in die USA oder nach Israel gebracht.

Massenhafte Fluchtbewegungen folgten wieder Anfang der 1990er Jahre: Aufgrund der Kriege und „ethnischen Säuberungen" im zerfallenden Jugoslawien (Kroatien, Bosnien und Herzegowina, Kosovo) flüchteten Hunderttausende Menschen aus diesen Balkanländern nach Westeuropa (vgl. S. 98 f.).

L *Die überwiegende Mehrheit der Flüchtlinge verließ Österreich wieder. Von den bosnischen Flüchtlingen blieb mit 65.000 eine größere Anzahl im Land. Nach der Dokumentation des Wiener Büros der UNHCR (UNO-Organisation, die sich für Flüchtlinge einsetzt) wurden im Zeitraum 1945–1995 rund zwei Millionen Flüchtlinge aufgenommen. Rund 650.000 Flüchtlinge blieben im Land, davon immerhin etwa 300.000 Personen mit nichtdeutscher Muttersprache. Bezogen auf die Einwohnerzahl reihte sich Österreich hinsichtlich der Aufnahme von Flüchtlingen mit Schweden, der Schweiz und Deutschland in die Gruppe der großen Aufnahmeländer.*

(Weigl, Migration und Integration. Eine widersprüchliche Geschichte, 2009, S. 33 f.)

Neben den Fluchtbewegungen spielte die Arbeitsmigration für die Zuwanderung nach Österreich eine bedeutende Rolle. Im Jahr 1961 lebten in Österreich ca. 100 000 ausländische Staatsangehörige (1,4 Prozent der Gesamtbevölkerung). Die Jahre ab Mitte der 1960er und die frühen 1970er waren Zeiten der Hochkonjunktur und der Vollbeschäftigung. Damals waren die Wirtschaft und der Staat am Zuzug von ausländischen Arbeitskräften interessiert (Arbeitszuwanderung).

Viele dieser Menschen haben sich in der Folge mit ihren Familien dauerhaft in Österreich niedergelassen. Das war in Österreich, wie in vielen europäischen Staaten, zunächst nicht vorgesehen: „Man hat Arbeitskräfte gerufen und es kommen Menschen" (Max Frisch, 1965). Die Zahl der Einwanderungswilligen lag in jenen Jahren bis 1987 bei etwa 20 000 Personen jährlich. Der Anteil der Menschen mit ausländischer Staatsangehörigkeit an der Gesamtbevölkerung stieg bis 1974 auf 4 Prozent. Dieser Wert blieb bis Ende der 1980er Jahre konstant. Doch von 1989 bis 1995 (EU-Beitritt Österreichs) verdoppelte sich die Zahl der ausländischen Erwerbstätigen in Österreich von ca. 180 000 auf 325 000. Dementsprechend stieg auch der Anteil der Ausländerinnen und Ausländer in Österreich in den 1990er Jahren auf über 8 Prozent an. Mit der EU-Osterweiterung (2004) wurde Österreich endgültig zum Einwanderungsland für Arbeitskräfte.

„Das Boot ist voll" – ist das Boot voll?

So tönte es Anfang der 1990er Jahre durch ganz Europa. Man war auf die massenhaften Fluchtbewegungen aus Ost- und Südosteuropa nicht vorbereitet. Verständnislosigkeit und Ablehnung machten sich bemerkbar.

Die Zunahme der Arbeitslosigkeit führte zu verstärkten Vorbehalten und sogar zu Gegnerschaft in der Bevölkerung gegenüber ausländischen Arbeitskräften und Flüchtlingen. Diese Situation griff die FPÖ auf: Sie brachte 1993 ein Volksbegehren mit dem Namen „Österreich zuerst" ein. Darin wurde eine strengere Politik gegenüber Ausländerinnen und Ausländern verlangt. Die Forderung wurde mit „Sicherheits"-Bedürfnissen der Österreicherinnen und Österreicher, aber auch der im Land lebenden Ausländerinnen und Ausländer (als Asylwerberin oder Asylwerber bzw. als Gastarbeiterin oder Gastarbeiter) begründet.

Die übrigen Parteien und die Kirchen nahmen in breiter Front gegen dieses Volksbegehren Stellung. Der damalige Caritas-Präsident Schüller, ein in Ausländerfragen anerkannter Experte, verwies auf die Diskussionswürdigkeit mancher Forderungen des Volksbegehrens. Das betraf etwa die Entspannung der Schulsituation für fremdsprachige Kinder oder eine wirkungsvollere Bekämpfung der organisierten Kriminalität.

Das Volksbegehren wurde 1993 schließlich von 416 531 Österreicherinnen und Österreichern unterschrieben. Gegen das Volksbegehren fanden in vielen Städten zahlreiche Aktionen statt. Den Höhepunkt bildete das „Lichtermeer" in der Wiener Innenstadt. An dieser bis dahin größten Demonstration in der Zweiten Republik nahmen mehr als 200 000 Menschen teil und warben für mehr Mitmenschlichkeit und gegen Ausländerfeindlichkeit.

■ Das „Lichtermeer" am Wiener Heldenplatz. Foto, 23. 1. 1993.

Fremde, kommt ihr nach Ö...

Bis in die 1980er Jahre war Österreich das Ziel von Arbeitsmigration hauptsächlich aus dem ehemaligen Jugoslawien und der Türkei. In den 1990er Jahren hingegen wurde Österreich das Ziel von Flüchtlingen v. a. aus Bosnien und Herzegowina und aus dem Kosovo. Seit dem Jahr 2000 kommt die Mehrzahl der Zuwanderinnen und Zuwanderer als Arbeitsmigrantinnen und Arbeitsmigranten aus den EU-Staaten, vor allem aus Deutschland.
2010 lag der Anteil der ausländischen Wohnbevölkerung bei 895 000 Personen (10 Prozent der Bevölkerung), Anfang 2016 bei 1,268 Millionen Personen (14,6 Prozent der Gesamtbevölkerung). Die größte Gruppe der ausländischen Staatsangehörigen in Österreich bilden deutsche Staatsangehörige (2016: 176 500). Etwa 1,8 Mio. Menschen mit Migrationshintergrund leben in Österreich (21 Prozent der Gesamtbevölkerung). Von ihnen gehören rund 1,334 Mio. der „ersten Generation" an. D. h., sie selbst wurden im Ausland geboren und sind nach Österreich zugezogen. Die verbleibenden etwa 478 000 Personen sind in Österreich geborene Nachkommen der Eltern mit ausländischem Geburtsort. Sie werden daher auch als „zweite Generation", ihre Nachkommen als „dritte" bzw. „vierte" Generation bezeichnet (vgl. Statistik Austria, migration & integration 2016, S. 9).

Arbeitsmigration aus Österreich

Nicht übersehen sollte man auch, dass bereits in den 1950er Jahren die Zahl der in Deutschland und in der Schweiz lebenden Österreicherinnen und Österreicher um rund 50 000 angestiegen ist. In der ersten Hälfte der 1970er Jahre waren allein in Deutschland und der Schweiz etwa 120 000 Österreicherinnen und Österreicher beschäftigt. Auch in der Gegenwart pendeln Tausende Österreicherinnen und Österreicher – v. a. aus Vorarlberg – von Österreich zur Arbeit in die Schweiz, nach Deutschland oder Liechtenstein aus.

Immer heftig diskutiert – die Kriminalität

Q *Zweifellos ist die Kriminalitätsbelastung in Österreich durch ausländische Staatsangehörige gestiegen. Allerdings ist der Anteil der Tatverdächtigen deutlich höher als jener der tatsächlich Verurteilten. Doch hat sich der Anteil der inhaftierten nichtösterreichischen Personen gegenüber den 1990er Jahren mehr als verdoppelt und beträgt 2014 und 2015 mehr als 50 % an allen inhaftierten Personen.*
(BM f. Inneres, Sicherheitsbericht 2015, 2016, S. 109)

L *Jugendliche mit Migrationshintergrund, die selbst noch im Ausland geboren wurden (Erste Generation), berichten seltener davon, an Gruppenschlägereien teilgenommen oder Körperverletzungen verübt zu haben, als Jugendliche, die aus Zuwandererfamilien (deren Eltern wurden im Ausland, sie selbst in Österreich geboren; Zweite Generation) stammen. Möglicherweise wirkt sich die Akzeptanz von sogenannten „Gewalt legitimierenden Männlichkeitsnormen" durch Jugendliche mit Migrationshintergrund in der zweiten Generation auf die Bereitschaft aus, entsprechende Delikte zu berichten. Doch ist zu beachten, dass migrantische Jugendliche stärkeren Belastungsfaktoren ausgesetzt sind als ihre einheimischen Altersgenossen.*
(Fuchs/Krucsay, Zählen und Verstehen: Jugenddelinquenz, erfahrungswissenschaftlich betrachtet. In: 6. Bericht zur Lage der Jugend in Österreich, 2011, S. 363)

Gesetze sollen Probleme lösen

Einerseits versuchen die Bundesregierungen seit dem Jahr 1990 die Probleme der Zuwanderung durch Gesetze besser zu regeln. Ihr Ziel war und ist es, unkontrollierte Zuwanderung zu steuern und zu verringern. Die Zuwanderung sollte sich in erster Linie an den Bedürfnissen der österreichischen Gesellschaft und ihrem Arbeitsmarkt ausrichten.
Andererseits soll das Flüchtlings- und Asylwesen den tatsächlichen Gegebenheiten und internationalen Verpflichtungen besser angepasst werden. So erhalten etwa „Saisonarbeiter" und „Pendlerberechtigte" nur eine begrenzte Aufenthaltsdauer und kein Recht auf Niederlassung und Familiennachzug. Mit der „Rot-Weiß-Rot-Card" sollen besonders qualifizierte Personen – ca. 8 000 pro Jahr – als Fachkräfte in Mangelberufen gewonnen werden.
Personen, die Anspruch auf Asyl haben, sollen in Quartiere übersiedeln, die von den Bundesländern zur Verfügung gestellt werden. Dort erhalten sie eine Grundversorgung. Personen aus sicheren Drittstaaten (wo die

Genfer Flüchtlingskonvention erfüllt wird) sollen dorthin zurückgebracht werden. Mit der Einrichtung eines Bundesamtes für Asyl und Migration ab 2013 wurden die Asylverfahren bundesweit vereinheitlicht und können somit rascher erledigt werden.

Risiken und Chancen

Die Zuwanderung ab 2015 war mit den vorhandenen Regelungen nicht zu bewältigen. Etwa ein Drittel der Menschen, die seither nach Österreich kamen, sind Kriegsflüchtlinge aus Syrien und dem Irak. Den größten Teil der Einwanderer bilden wenig qualifizierte Wirtschafts- und Armutsflüchtlinge aus Afghanistan, Pakistan, Bangladesch, aus den Subsaharagebieten und aus Nordafrika. Sie haben nur geringe Chancen auf eine Asylberechtigung. Trotzdem werden wahrscheinlich viele von ihnen in Österreich bleiben. Denn Rückführungen sind wegen fehlender Rückführungsabkommen nur schwer umzusetzen.

Die Frage, wie man die zukünftige Einwanderung nach Europa, v. a. aus Afrika, regeln kann, ist nach wie vor unbeantwortet. Dazu veröffentlichte die UNO-Organisation UNHCR 2017 die Studie „Mixed Migration Trends in Libya: Changing Dynamics and Protection Challenges". Der Libyen-Experte der UNHCR erläutert dazu:

Q *Empfohlen wird mittelfristig die Schaffung mobiler Teams im libyschen Süden. Diese sollen in regelmäßigen Abständen die wichtigsten Stationen auf dem Weg zur Mittelmeerküste aufsuchen. Alles, was Menschen daran hindern kann, an die Küste zu gelangen, ist gut. Denn auf dem Meer sind sie in Lebensgefahr. Noch besser wäre es, wenn es gut ausgestattete Aufnahmezentren in Algerien, Niger, dem Tschad, Sudan und Ägypten gäbe, wo den Durchreisenden andere Perspektiven eröffnet würden. Dazu brauche es aber Aufnahmebereitschaft in der EU. Derzeit fehle diese völlig.*
(Der Standard, 4.8.2017, S. 6)

Um diese Probleme einer Lösung näher zu bringen, müssen sich die politischen und wirtschaftlichen Verhältnisse in Afrika so ändern, dass die Menschen in ihrer Heimat eine entsprechende Perspektive finden: „Wer Europa bewahren will, muss Afrika retten", schreibt der Großneffe des letzten äthiopischen Kaisers Haile Selassie (Asserate, Die neue Völkerwanderung, 2016).

Integration – Österreich wird etwas anders

Alltagsbewältigung, Lebensführung und Weltanschauung dieser Migrantinnen und Migranten sind meist deutlich anders als in der österreichischen Bevölkerung. Daher ist es unerlässlich und mittlerweile auch unstrittig, dass Flüchtlinge, die Asyl erhalten, und auch jene Menschen, die nicht zurückgeschickt werden können, möglichst rasch mit den alltäglichen Lebens- und Umgangsformen sowie den Wertvorstellungen der österreichischen Gesellschaft vertraut gemacht werden. In

Österreich wird dem Thema „Integration" seit dem Jahr 2009 vermehrt Bedeutung beigemessen: Das führte zunächst zur Verabschiedung eines „Nationalen Aktionsplans für Integration" und 2010 zur Schaffung eines „Staatssekretariats für Integration". Eine Studie der UNHCR zeigte für Österreich u. a. Folgendes auf:

Q *Individuelle Unterstützung ist für Flüchtlinge von größter Bedeutung; „Beschäftigung" ist ein Hauptanliegen; angemessene Wohnverhältnisse sind ein großes Anliegen wie auch die Anerkennung der beruflichen Befähigungen. Genannt werden auch die Berücksichtigung gesundheitlicher Bedürfnisse oder die Vernetzung mit Freiwilligenprojekten. Spracherwerb wurde besonders hervorgehoben.*
Auf die einzelnen Ergebnisse folgen eine Reihe von Empfehlungen, wie bspw. mit der Sprachausbildung so früh wie möglich zu beginnen. Zahlreiche „best practice"-Beispiele bringen wertvolle Anregungen für das Handeln im Alltag.
(Nach: UNHCR, Fördernde und hemmende Faktoren. Integration von Flüchtlingen in Österreich, 2013)

Q *In den letzten Jahren meinen zwischen 50 % und 60 % der Österreicherinnen und Österreicher, dass die Integration „eher schlecht" oder „sehr schlecht" funktioniert.*
(Nach: Statistik Austria, migration & integration 2016, S. 92)

Offenbar müssen die Maßnahmen zur Integration verbessert werden, um diese Menschen – vielfach sind es junge Männer – in einen Integrationsprozess zu bringen. In den letzten Jahren wird auch verstärkt Wert gelegt auf Werte- und Orientierungskurse. Damit sollen die europäischen Traditionen wie Toleranz, Demokratie, Frauen- und Kinderrechte sowie der Religions- und Meinungsfreiheit im Zusammenhang mit der österreichischen Verfassung zielgerichtet vermittelt werden. Kritisch wird dazu immer wieder vermerkt, dass die Inhalte nicht auf eine verengte „österreichische Leitkultur" reduziert werden dürfen. Zentral wichtig bleibt jedenfalls die (vor-)schulische und berufliche Qualifizierung.

→ **Fragen und Arbeitsaufträge**

1. Kläre die Begriffe „Migranten", „Flüchtling", „Asylwerber" und „Asylberechtigte".
2. Stellt die im Autorentext vorgestellten gesetzlichen Maßnahmen dar und diskutiert diese.
3. Arbeite Risiken und Chancen bezüglich der Migration heraus, wie sie im Autorentext vorgestellt werden.
   Nimm Stellung zu den Empfehlungen und Erkenntnissen der UNHCR.
4. Analysiere die Verbindung von „Gewalt" und „Männlichkeitsnormen" in Bezug auf möglicherweise vermehrtes abweichendes Verhalten von Jugendlichen mit Migrationshintergrund.
5. Diskutiert die Herausforderungen des Aufeinandertreffens unterschiedlicher Kultur- und Wertvorstellungen. Haltet wichtige Argumente für eine wechselseitige Akzeptanz fest.

9. Jugend

Die Materialien in diesem Kapitel dienen dazu, die Historische Methodenkompetenz weiterzuentwickeln.

Die Aufgaben 1, 2, 5 und 6 leiten dazu an, Darstellungen der Vergangenheit zur Thematik „Jugend" kritisch systematisch zu hinterfragen (zu dekonstruieren).

Aufgabe 3 und 4 zielen darauf ab, den Aufbau von Darstellungen der Vergangenheit zu diesem Thema z. B. hinsichtlich der inhaltlichen Gewichtung, der Argumentationslinien oder der Erzähllogik zu analysieren.

M1   Harry Weber, Halbstarke in einer Wiener Privatwohnung, um 1955:

■ Foto (Ausschnitt), um 1955.

M2   Marina Fischer-Kowalski, Elisabeth Wiesbauer: „FrüchterIn" und was sie fruchten. Jugendkultur in den fünfziger Jahren, 1985:

In der zweiten Hälfte der fünfziger Jahre bevölkerten jugendliche Straßenbanden als „Halbstarke" nahezu jedes dafür geeignete Straßeneck, und dies sicherlich nicht nur in den Arbeiterbezirken der Städte. Sie erfanden weltweit ihr spezifisches Erscheinungsbild: Motorräder, Jeans, Lederjacken und langes fettiges Haar mit Entenschwanz für männliche Jugendliche; aufreizende Kurven unterstrichen von Jeans, schwingenden Röcken und breiten Gürteln, toupiertes und oft gefärbtes Haar für weibliche Jugendliche. All das stand in scharfem Gegensatz zu dem, was ihre Eltern unter „anständigem Äußeren" verstanden. Und sie hatten ihre Musik, eine Musik,

die assoziiert wurde mit Negern (sic!), Sex und Gewalt, die als „primitiv" galt – alles genau das Gegenteil von jenen Mittelklassestandards, denen die meisten Erwachsenen dieser Zeit so verzweifelt nacheiferten. (…)

Ein Merkmal ihrer Elterngeneration ist wichtig: Ein beträchtlicher Teil davon wird in den verschärften Klassenauseinandersetzungen der zwanziger und dreißiger Jahre engagiert gewesen sein, beschuldigt als „Kommunisten", „Sozialisten", „Faschisten". Dies hatte sicher Folgen für ihre Kinder: Als „Entpolitisierung", aber sicher auch als tiefes Misstrauen gegenüber Macht und Herrschaft, das seinen Ausdruck in neuen Formen des Widerstandes fand. (…)

Die Halbstarken waren bisher kaum als ein historisches „Ereignis" von politischer Bedeutung, sondern eher als eine mit besonderen Merkmalen behaftete Unterschichtjugend betrachtet worden. Die Halbstarken-Bewegung wurde als eine Gefahr für die Gesellschaft, nie aber als ein Faktor sozialen Wandels gesehen. An der Halbstarken-Bewegung beteiligte sich ein beträchtlicher Anteil der damaligen Jugend, nach groben Schätzungen etwa ein Fünftel der jeweiligen Jahrgänge, aber doch eine sehr deutlich sichtbare Minderheit. (…) Das Benehmen der Halbstarken drückt sowohl Klassenwiderstand gegen Degradierung körperlicher Kraft und Stärke durch die an Größe und Bedeutung gewinnende neue Mittelklasse aus als auch das Beharren auf Körperlichkeit als zentrale Quelle menschlicher Lust und menschlichen Leids.

Und es gab einfach keine angemessene Sprache, deren sich die Halbstarken hätten bedienen können. Was auf der sprachlichen Ebene praktiziert wurde, war die Ablehnung „großer Worte". So entging man der Heuchelei der herrschenden Sprache: durch „Nichtsprechen", den Gebrauch einer Fremdsprache (englische Song-Texte) oder durch die Weigerung, sich „netter Ausdrucksweisen" zu bedienen.

(Fischer-Kowalski/Wiesbauer, „FrüchterIn" und was sie fruchten, 1985, S. 64 ff.)

M3 **Kurt Luger, Michael Martischnig: Die konsumierte Rebellion, 1991:**

Das Lebensgefühl eines Teils der Arbeiterjugend, ihre sprachlose Distanz zur herrschenden Mittelschichtkultur und zum kleinbürgerlichen „mainstream" fand in den fünfziger Jahren symbolischen Ausdruck im Konsum der populären US-amerikanischen Musik. Der Rock 'n' Roll – er war für die US-Jugendlichen Protest und „fun" zugleich – bildete für die österreichischen Jugendlichen mit den einschlägigen Filmen zusammen eine quasi importierte Protestkultur. 1954 lief der Film „Der Wilde" mit Marlon Brando in der Hauptrolle in Wien an, ein Jahr später kam „… denn sie wissen nicht, was sie tun" mit James Dean. Damit hatten einige wesentliche Elemente dieser jugendspezifischen Kommerz- und Protestkultur die von den Siegermächten besetzte Hauptstadt erreicht. Die Begeisterung männlicher Jugendlicher für Blue Jeans war geweckt, ein Motorrad-Kult entstand, und die Jugendlichen stürmten in die Filme mit den neuen Idolen. 1956 und 1957 erreichten die Aktivitäten der sogenannten Halbstarken ihren ersten Höhepunkt, wobei v. a. die Zeitungen meist nicht zwischen Jugendkriminalität – die es in beträchtlichem Ausmaß auch schon in der unmittelbaren Nachkriegszeit gegeben hatte – und Halbstarken-Umtrieben unterschieden. Jugendliche „Platten" störten zusehends die öffentliche Ordnung, begingen Einbrüche, ließen Motorräder und Roller mitgehen, machten Spritzfahrten um Häuserblocks, montierten Bestandteile ab und ließen die Fahrzeuge dann stehen. Die Ausschreitungen bei Rock 'n' Roll-Konzerten und nach Filmen in Wien und einigen Landeshauptstädten sowie Raufereien zwischen Plattenmitgliedern führten zu einer jugendsoziologischen Enquete im Wiener Polizeipräsidium.

(…) Es waren in erster Linie proletarische Jugendliche, die freie Handlungsräume forderten und die Bevormundung durch Erwachsene zurückdrängen wollten. Ihr spezifisches Erscheinungsbild bestand aus Motorrädern, Jeans, Lederjacken und langem fettigen Haar mit Entenschwanz bei Burschen, aus aufreizenden, die Körperkurven unterstreichenden Jeans, schwingenden Röcken mit breiten Gürteln, toupiertem, oft gefärbtem Haar bei Mädchen.

(Luger/Martischnig, Die konsumierte Rebellion, 1991, S. 105 f.)

M4 **Lothar Böhnisch: Jugendbilder und Jugenddiskurse des 20. Jahrhunderts, 2015:**

Erst in den 1950er Jahren ist von „der Jugend" wieder die Rede. Erneut taucht der Begriff der „Halbstarken" auf. Nietenhosen, Elvis-Rolle, Rock 'n' Roll, Zigaretten, Lederjacken, Mopeds, aggressive Sprache. Es waren insgesamt gar nicht so viele, etwa fünf Prozent der Jugendlichen, so die damaligen Schätzungen. Aber ihre Wellen breiteten sich – freilich abflachend – vor allem in der proletarischen Großstadtjugend aus, wobei Teile der Arbeiterjugendlichen (besonders die organisierten) dazu auf Distanz gingen. Die Jugendforschung prägte den Begriff der „Subkultur". Damit sind Gruppen Jugendlicher gemeint, die zwar arbeiten und sich einigermaßen an die Rechtsnormen halten, aber einen auffälligen bis provokativen Lebensstil – auf der Straße – demonstrieren, der der Erwachsenenwelt als sittenwidrig, anstößig und verachtenswürdig erscheint. Sie eckten in einer Nachkriegsgesellschaft der disziplin- und unterordnungsgewohnten Eltern an, die sich in den Wiederaufbau stürzten und dabei die Vergangenheit zu verdrängen suchten. Sie hatten „Tabuzonen" aufgebaut, in die die Halbstarken einbrachen. Die Erwachsenenwelt nannte sie „Halbstarke", weil sie sie als „Unfertige" abwertete und ihnen die Selbständigkeit absprach; als Teil der ehemaligen Hitlerjugend hatte sie selber keinen Begriff von „Jugend". (…)

Die Alltagswelt war damals aber schnell zu einer „amerikanisierten" Konsumwelt als Mehrheitskultur geworden. Insofern sah die Jugendforschung der 1950er Jahre nicht die provokative Minderheit der „Halbstarken", sondern die konsumierende Mehrheit als prägend für das damalige Jugendbild. Dieses wurde von einer der ersten repräsentativen deutschen Jugendstudien als „skeptische Generation" bezeichnet: unpolitisch, weil politischen Aufforderungen gegenüber skeptisch, pragmatisch, an die Erwachsenenwelt vorauseilend angepasst.

(Böhnisch, Jugendbilder und Jugenddiskurse des 20. Jahrhunderts bis heute, 2015, S. 23)

→ Fragen und Arbeitsaufträge

1. Arbeite anhand der drei Literaturstellen M2, M3 und M4 die Merkmale heraus, mit denen die „Halbstarken" beschrieben werden. Untersuche, inwiefern sich M2, M3 und M4 bezüglich der einzelnen Merkmale gleichen und wo sie sich unterscheiden. Liste die Entsprechungen und Unterschiede auf.

2. Untersuche, ob – und wenn ja, welche – Begründungen in M2, M3 und M4 für Eigenschaften bzw. Verhalten der „Halbstarken" angeführt werden.

3. Analysiere die Gewichtung der einzelnen Merkmale der „Halbstarken" anhand der verwendeten Sprache und der Ausführlichkeit der Beschreibungen. Beurteile die Ergebnisse daraufhin, wie sich dies auf die jeweilige Darstellung der „Halbstarken" auswirkt.

4. Analysiere M2, M3 und M4 daraufhin, wie es ihnen gelingt, die Darstellung der einzelnen Merkmale in eine gut nachvollziehbare Abfolge zu bringen.

5. Vergleiche die Beschreibungen in M2, M3 und M4 mit dem Foto M1. Zeige Parallelen und Unterschiede auf.

6. Nimm anhand deiner Arbeitsergebnisse Stellung zu den schriftlichen Darstellungen. Lege dar, welche davon du bevorzugst. Gib deine Gründe dafür an (z. B. „M2 ist für mich schlüssiger", „M3 belegt alle Aussagen" o. Ä.).

7. Nimm zu den Einstellungen der Jugendgeneration der 1950er Jahre, wie sie in den Darstellungen beschrieben wird, Stellung und setze sie in Beziehung zu deinen Erfahrungen in den dir vertrauten jugendlichen Lebenswelten.

8. Befrage deine Großeltern über die Jugendgeneration der „Halbstarken".

10. Politik in Theorie und Alltag

Wie unterschiedlich wir Politik wahrnehmen

Wir alle machen in unserer unmittelbaren Lebenswelt Erfahrungen, die man als „politisch" bezeichnen kann. Was aber jede und jeder Einzelne unter „Politik" versteht, darüber gehen die Meinungen oft weit auseinander. Ebenso unterschiedlich sind auch unsere Sympathien und politischen Einstellungen. Sie werden z.B. mitbestimmt von unserer persönlichen Entwicklung, wie wir durch unser Elternhaus, unsere nächste Umgebung (Schule, Arbeitsplatz, Freundeskreis) bewusst und unbewusst beeinflusst worden sind. Gerade unsere politischen Werthaltungen werden auch immer stärker von den Massenmedien und auch den Sozialen Medien, die uns mit politischer Information versorgen, beeinflusst.

Wie unterschiedlich Politik definiert wird

In der (Politik-)Wissenschaft gibt es für den Begriff „Politik" eine Vielzahl von Definitionen; dies deshalb, weil dieser Begriff sehr komplex ist und viele Aspekte in sich vereint. Als wesentliche Bestandteile von „Politik" werden von vielen Expertinnen und Experten „Konflikt", „Macht" und „Knappheit" angesehen: Sie gehen von der Annahme aus, dass Konflikte entstehen, weil sich die verschiedenen gesellschaftlichen Gruppen über die Verteilung der nur begrenzt vorhandenen materiellen Güter sowie über ideelle Interessen (z.B. Werte) nicht einig sind. Aufgabe der Politik ist es, diesen Konflikt nach bestimmten verbindlichen Regeln auszutragen.
Um in einem Konflikt die eigenen Interessen gegen die Interessen anderer durchzusetzen, benötigt man Macht. In einer Demokratie kann man diese Macht durch periodisch wiederkehrende Wahlen erlangen.

Wie Politik im 20. Jh. definiert wurde (Beispiele)

Politik ist die Lehre von den Staatszwecken und den besten Mitteln zu ihrer Verwirklichung.
(Brockhaus, Bd. 13, 1903)
Politik heißt: Streben nach Machtanteil oder nach Beeinflussung der Machtverteilung, sei es zwischen Staaten oder innerhalb eines Staates zwischen den Menschengruppen, die er umfasst.
(Weber, 1926)
Unter Politik verstehen wir den Begriff der Kunst, die Führung menschlicher Gruppen zu ordnen und zu vollziehen.
(Bergsträsser, 1965)
Politik ist die Kunst, Leute zu veranlassen, sich um das zu kümmern, was sie angeht.
(Noack, 1974)
Politik ist der Kampf der Klassen und ihrer Parteien, der Staaten und der Weltsysteme um die Verwirklichung ihrer sozialökonomisch bedingten Interessen und Ziele.
(Klaus/Buhr, 1975)
Politik ist der Kampf um die Veränderung oder Bewahrung bestehender Verhältnisse.
(von Krockow, 1976)

Politik betrifft alle, und dennoch ist der Kreis derjenigen, die Politik betreiben, klein.
(von Beyme, 1985)
Politik ist öffentlicher Konflikt von Interessen unter den Bedingungen von Macht und Konsensbedarf. Es ist nicht alles politisch in der Gesellschaft; aber fast alles kann politisch relevant werden.
(von Alemann, 1994)

→ Erkläre, welche der angeführten Definitionen deinem Politikverständnis am nächsten kommt bzw. aus welchen Gründen du Definitionen ablehnst. Erkläre, was du unter Politik verstehst, und versuche, eine eigene griffige Definition zu formulieren.

Die jüngere Politikwissenschaft hat es aufgegeben, eine enge und verbindliche Definition von „Politik" zu suchen. Sie versteht Politik als komplexes Geschehen innerhalb der Gesellschaft, das in drei miteinander eng verbundenen Dimensionen sichtbar wird:

– Polity = die Form bzw. der Ordnungsrahmen, in dem sich Politik vollzieht. Er ist festgelegt durch Verfassung, Rechtsordnung und Tradition. Regierungen, Parlamente, Gerichte, Ämter, Schulen u.a. sind deren sichtbare Institutionen. Auch die Grundsätze der politischen Willensbildung und der Handlungsspielraum der politischen Akteurinnen und Akteure werden dadurch festgelegt (Wahlen, Parteien, Grundrechte etc.).

– Policy = die Inhalte von Politik, ihre Ziele und Aufgaben (Programme, Wertvorstellungen, Lösungsvorschläge etc.). In dieser Dimension kommen die unterschiedlichen Interessen der Gesellschaft zum Ausdruck – die „Konfliktstoffe".

– Politics = Politik als Prozess politischer Willensbildung und Entscheidungsfindung, der zwischen den politischen Akteurinnen und Akteuren sowie den Betroffenen ständig stattfindet. Diese Dimension bezeichnet den Raum, in dem die verschiedenen Interessen artikuliert und die Konflikte ausgetragen sowie durch Kompromiss oder Machteinsatz geregelt werden.

→ Fragen und Arbeitsaufträge

1. Zähle die frühesten politischen Ereignisse bzw. die ersten Persönlichkeiten der österreichischen Politik sowie der Weltpolitik auf, an die du dich erinnern kannst. Nenne je drei Beispiele.
2. Stellt in einem zweiten Schritt in Kleingruppen eure Ergebnisse aus Aufgabe 1 auf einer Zeitleiste (Plakat) dar. Diskutiert über Gemeinsamkeiten und Unterschiede.
3. Wählt eine Sprecherin oder einen Sprecher, die bzw. der das Gruppenergebnis im Plenum vorstellt.
4. Diskutiert anschließend an die Ergebnispräsentationen die Gesamtergebnisse und dokumentiert sie in passender Form, z.B. auf einem Plakat oder mit Hilfe des Computers.

Die Dimensionen des Politischen

Die „Dimensionen des Politischen" kennzeichnen nicht nur die „hohe Politik", sondern auch kleine Gemeinschaften.

→ Erstellt in Kleingruppen eine Rangordnung von politischen Themen entsprechend ihrer Wichtigkeit in eurem Alltag (z. B. Schüler/innen-Mitbestimmung, Jugendschutz, Wahlalter).

Dimensionen	Kategorien	Schlüsselfragen
Polity (Form) Politischer Handlungsrahmen	Internationale Abkommen und Regelungen	Welche internationalen Abkommen sind wirksam?
	Verfassungsprinzipien	Welche Verfassungsprinzipien müssen berücksichtigt werden?
	Politische Institutionen	Welche Institutionen sind an politischen Entscheidungen beteiligt?
	Gesetze und Rechtsnormen	Welche Gesetze und Rechtsnormen spielen eine Rolle?
Policy (Inhalt) Inhaltlicher Handlungsrahmen	Politisches Problem	Um welches Problem geht es?
	Programme, Ziele, Lösungen	Welche Ziele sollen erreicht werden? Welche Lösungsvorschläge gibt es?
	Ergebnisse der Politik	Zu welchen Ergebnissen hat die Politik geführt?
	Bewertung der Politik	Wie werden die Ergebnisse bewertet?
Politics (Prozess)	Politische Akteurinnen und Akteure, Beteiligte, Betroffene	Welche politischen Akteurinnen und Akteure stehen im Mittelpunkt? Wer ist beteiligt, wer ist betroffen?
	Partizipation	Welche Chancen der Mitwirkung werden genutzt?
	Konflikte	Wie verlaufen die Konfliktlinien?
	Kampf um Macht	Welche Machtstrukturen gibt es?
	Interessen, ihre Vermittlung und Durchsetzung	Welche Interessen gibt es, wie werden sie vermittelt und durchgesetzt?
	Mehrheitssicherung, Verhandlungen (Kompromiss etc.)	Wie werden Mehrheiten gefunden, wie wird Zustimmung gesucht?

Nach: Dachs, unveröffentlichtes Manuskript. Vgl. auch Dachs/Faßmann, Politische Bildung, 2002, S. 8.

Selbst-Check 1: Persönlich betrifft mich (nicht):

	Stimme zu	Stimme etwas zu	Stimme nicht zu
In der österreichischen Politik kenne ich mich wenig aus.			
Ich bekomme mit, was in meiner Gemeinde (Stadt) politisch geschieht.			
Meine Rechte als Schülerin bzw. Schüler kenne ich ziemlich genau.			
Über das Jugendschutz-Gesetz in meinem Bundesland weiß ich Bescheid.			
Umweltschutz ist ein wichtiges politisches Thema.			
Migration und Asyl sind wichtige politische Themen.			
Religion ist ein wichtiges gesellschaftliches Thema.			
Ich nutze regelmäßig Soziale Medien.			
Sport- und Musikverein(e) sind wichtig für die Gesellschaft.			

Selbst-Check 2: Persönlich kann ich mir vorstellen:

	Ja	Vielleicht	Weiß nicht	Nein
Mitarbeit in der Schülervertretung				
Mitarbeit in einer Jugend(-partei-)organisation				
Mitarbeit in einer Umweltorganisation				
Mitarbeit in einer Flüchtlingshilfsorganisation				
Mitarbeit in einer religiösen Organisation				
Mitgliedschaft in einem Sport- oder Musikverein				
Mitgliedschaft in einer anderen Organisation oder einem Verein				

Ich will in keiner Organisation / keinem Verein mitarbeiten: _____ (Begründung)

→ Fragen und Arbeitsaufträge

1. Beantworte die Fragen zuerst für dich alleine. Besprecht eure Antworten dann in Kleingruppen und arbeitet Gemeinsamkeiten sowie Unterschiede heraus.

Orientiert euch an folgenden Regeln:
- die Beantwortung der Fragen erfolgt freiwillig,
- die Besprechung der Antworten erfolgt, wenn gewünscht, vertraulich.

11. Ohne Menschenrechte keine Demokratie

Zwar lässt sich das aus dem Griechischen stammende Wort „Demokratie" recht einfach ins Deutsche übersetzen: mit „Volksherrschaft". Aber die inhaltliche Klärung ist ähnlich schwierig wie bei Begriffen wie „Politik", „Macht" o. Ä. Daher gibt es auch für den Demokratie-Begriff unterschiedliche Definitionen, aber keine allgemein akzeptierte. Das ist verständlich: „Demokratie" als Herrschaftsform stellt heute einen hohen Wert in der internationalen Staatengemeinschaft dar. Welcher Staat will sich daher nicht als „demokratisch" bezeichnen? Dennoch haben die verschiedenen Gesellschaftssysteme unterschiedliche Auffassungen von Demokratie.

Beginn von Demokratie und Menschenrechten

Schon vor 2500 Jahren setzte sich im antiken Athen die Demokratie als Herrschaftsform durch. Sie beruhte auf der Gleichheit aller männlichen Bürger vor dem Gesetz. Diese hatten freien Zugang zu allen (zeitlich begrenzten) Ämtern und die Regierung wurde aus der Volksversammlung gebildet. Allerdings hatten höchstens 15 Prozent der Gesamtbevölkerung diese Rechte: Frauen, Fremde, Sklaven und Kinder waren davon ausgeschlossen.

Ab dem 17. Jh., in der Zeit der Aufklärung, beschäftigten sich Philosophen und Staatstheoretiker mit der Frage nach einer „vernünftigen" politischen Ordnung. Einige der „Aufklärer" verknüpften ihre Antworten mit Forderungen z. B. nach völliger Gleichheit der Bürger, Freiheit des Einzelnen, Schutz der Person und ihres Eigentums, Einschränkung der Macht der Regierenden durch Gewaltenteilung sowie Verantwortlichkeit gegenüber dem Volk bzw. Kontrolle der Regierenden durch das Volk.

Über die Form der Machtbeteiligung des Volkes bildeten sich zwei unterschiedliche Denkrichtungen heraus:

- **Die repräsentative Demokratie:** Das Volk lässt seinen „Willen" durch Repräsentantinnen und Repräsentanten (= Abgeordnete) vertreten – das am häufigsten praktizierte Modell gegenwärtiger Demokratien.
- **Die direkte Demokratie:** Sie geht davon aus, dass der „Volkswille" nicht vertreten werden kann. Sie ist in der Schweiz relativ stark ausgeprägt und wird in Österreich von verschiedenen politischen Gruppen gefordert (z. B. auf www.entscheidet.at).

Diese Theorien bildeten u. a. die Grundlage der Verfassung der USA und der Erklärung der „Menschen- und Bürgerrechte" in der Französischen Revolution. Sie waren auch ein Anstoß für die Erkämpfung des allgemeinen Wahlrechts im 19. Jh. und 20. Jh.

1948 wurde die Allgemeine Erklärung der Menschenrechte mit der völkerrechtlich nicht bindenden Resolution 217 der UN-Vollversammlung mit 48 Ja-Stimmen und 8 Enthaltungen angenommen: „Alle Menschen sind frei und gleich an Würde und Rechten geboren. Sie sind mit Vernunft und Gewissen begabt und sollen einander im Geist der Brüderlichkeit begegnen." (Artikel 1)

Demokratie-Theorien der Gegenwart

Im 20. Jh. wurden mehrere Demokratie-Theorien entwickelt. Der „empirische" Demokratie-Begriff leitet Demokratie daraus ab, wie sie sich in den liberal-kapitalistischen westlichen Staaten zeigt. Er anerkennt, dass es in einer Gesellschaft unterschiedliche Interessen und deshalb auch unterschiedliche Lösungen für Konflikte gibt. In diesem Konkurrenzkampf, den Parteien bzw. Politikerinnen und Politiker austragen, entscheidet die Mehrheit.

Die „Direktdemokratinnen und Direktdemokraten", die eher in linken und alternativen Gruppierungen zu finden sind, fordern die direkte Mitbeteiligung an allen wichtigen politischen Entscheidungen.

„Rechte" Demokratie-Theorien gehen von der Idee eines gemeinsamen Volkswillens von Regierenden und Regierten aus. Sie beinhalten die Vorstellung eines „einheitlichen Volkes" (ohne ausländische Mitbürgerinnen und Mitbürger sowie ethnische Minderheiten) mit „einheitlichem Volkswillen". Sie leugnen die unterschiedlichen Interessen innerhalb der Gesellschaft. Ihre Vertreterinnen und Vertreter fordern eine starke politische Führung oder Führungspersönlichkeit, die durch Direktwahl bestellt wird. Parlament und konkurrierende Parteien werden dabei ebenso abgelehnt wie jede andere Form der Opposition.

Unterschiedliche Demokratie-Definitionen

Q *Democracy is government of the people, by the people, for the people.*
(Abraham Lincoln, 1863)

Die demokratische Methode ist diejenige Ordnung der Institution zur Erreichung politischer Entscheidungen, bei welcher einzelne die Entscheidungsbefugnis vermittels eines Konkurrenzkampfes um die Stimmen des Volkes erwerben. (...) Das Volk herrscht in Tat und Wahrheit nie, aber durch Definition kann es immer dazu gebracht werden.
(Schumpeter, Kapitalismus, Sozialismus und Demokratie, 1972)

Demokratie (...) ist Identität von Herrscher und Beherrschten, Regierenden und Regierten, Befehlenden und Gehorchenden.
(Schmitt, Verfassungslehre. In: Schmid, 1999)

Die Identität der Regierenden und der Regierten zu verkünden, der Zwingenden und Gezwungenen, ist ein ausgezeichnetes Rechtfertigungsmittel für den Gehorsam der einen gegenüber den anderen. Das alles ist eine reine Konstruktion des Verstandes und ein Spiel mit Worten.
(Duverger, Die politischen Parteien, 1959)

→ Ordne die Zitate jeweils einer Demokratie-Theorie zu. Stelle dar, welcher Theorie du zustimmst.

Demokratieverständnis in Österreich

L *(...) Ein Drittel der Österreicherinnen und Österreicher assoziieren mit Demokratie Freiheit, ein weiteres Drittel Partizipation und Mitbestimmung. Pluralistischer Wettbewerb, Parteien und Wahlen werden von jedem Zehnten mit dem demokratischen*

System verbunden. 98 Prozent der Bevölkerung identifizieren sich mit dem Grundsatz uneingeschränkter Meinungsfreiheit. 88 Prozent halten die parlamentarische Kontrolle durch Oppositionsparteien für eine unverzichtbare Voraussetzung einer funktionierenden Demokratie. 86 Prozent plädieren für einen offenen Regierungszugang demokratischer Parlamentsparteien und 82 Prozent treten für das demokratische Demonstrationsrecht ein. Was demokratische Werthaltungen und Akzeptanz der zentralen Spielregeln einer pluralistischen Demokratie betrifft, herrscht in der österreichischen Bevölkerung ein demokratischer Grundkonsens.

(Plasser/Ulram, Das österreichische Politikverständnis, 2002, 118 ff.)

→ Erläutere, was du mit dem Begriff „Demokratie" noch verbindest. Erkläre, was deiner Meinung nach zu den Grundsätzen bzw. Regeln einer Demokratie gehört. Erstelle eine Liste. Diskutiert sie in der Klasse.

Demokratie basiert auf Menschenrechten

Ein unverzichtbarer Bestandteil von Demokratie ist die Einhaltung der Menschenrechte bzw. der Grund- und Freiheitsrechte. Sie sind in internationalen Abkommen festgelegt und definiert als in ihrem Kern
– universell gültig (ausnahmslos für jeden Menschen),
– unteilbar (politische, wirtschaftliche, soziale und kulturelle Rechte bilden einen Zusammenhang),
– unveräußerlich (nicht auf andere Personen übertragbar).

Drei Dimensionen von Menschenrechten
- *Bürgerliche und politische Rechte*
  Sicherung der individuellen Freiheit vor staatlichen Eingriffen; Teilnahme an öffentlichen Angelegenheiten. Beispiele: Recht auf Leben, Schutz vor Folter, Recht auf Wahlen

- *Wirtschaftliche, soziale und kulturelle Rechte*
  Sicherung der materiellen Grundbedürfnisse und der Bedingungen für die persönliche Entfaltung. Beispiele: Recht auf Bildung, auf Arbeit, auf Nahrung
- *Solidaritätsrechte/grenzüberschreitende Rechte*
  Sicherung der Überlebensbedingungen von Personengruppen und Einzelpersonen als Antwort auf große Bedrohungen – z. B. Kolonialismus, systematische Diskriminierung, Massenelend, Umweltschäden etc. Beispiele: Recht auf Frieden, auf gesunde Umwelt, auf sauberes Wasser, auf Schutz indigener Gemeinschaften

(Zusammengefasst nach: Polis aktuell Nr. 4, 2017, S. 4)

→ Ermittle, welche Organisationen und Menschenrechtsinitiativen sich jeweils für eine der drei Dimensionen einsetzen.

Demokratie heißt auch: Mitgestalten und Mitbestimmen im Alltag

Demokratie setzt nicht nur eine demokratische Verfassung, freie Wahlen, gleiches Wahlrecht, Kontrolle der Regierenden, Presse- und Meinungsfreiheit, Einhaltung der Menschen- und Bürgerrechte u.v.a. voraus. Demokratie wird auch gelebt in der „Zivilgesellschaft", in der Menschen freiwillig und selbstorganisiert für ihre Anliegen politisch aktiv werden.
Demokratie kann und soll in allen Lebensbereichen verwirklicht werden: in der Schule, am Arbeitsplatz, in Vereinen und Organisationen, auch in der Familie.

→ **Fragen und Arbeitsaufträge**

1. Arbeitet in Kleingruppen. Lest die Menschenrechtserklärung („Resolution der Generalversammlung 217 A (III). Allgemeine Erklärung der Menschenrechte") aufmerksam durch. Wählt drei Artikel aus und bereitet eine Kurzpräsentation dazu vor. Nennt die Gründe für eure Auswahl, beschreibt die Umsetzungssituation dieser drei Rechte und geht darauf ein, für wen/wofür die Durchsetzung dieser Rechte besonders wichtig ist usw.
Linktipp: http://www.un.org/depts/german/menschenrechte/aemr.pdf

2. Diskutiert in Kleingruppen eine der folgenden Fragen: Wo liegen die Grenzen zwischen freier Meinungsäußerung und Hassrede? Wo liegen die Grenzen zwischen berechtigter staatlicher Kontrolle und ungerechtfertigter staatlicher Überwachung? Lest als Vorbereitung folgende Texte:
„Verhetzung" (https://www.jusline.at/gesetz/stgb/paragraf/283);
„Meinungsfreiheit" (http://www.politik-lexikon.at/meinungsfreiheit/);
„Zensur" (http://www.politik-lexikon.at/zensur/).

Repräsentativ-pluralistische Theorien	Partizipatorisch-direktdemokratische Theorien
Wahl von VolksvertreterInnen, die z. B. im Parlament Entscheidungen treffen; sie sind dem Volk gegenüber verantwortlich, werden von ihm kontrolliert (z. B. durch Abwahl).	Versammlungs- und Basisdemokratie; direkte Beteiligung des Volkes an allen gesellschaftlich wichtigen Entscheidungen
Pluralismus/Konkurrenz: Parteien/Personen stehen im Kampf um die Macht in Konkurrenz zueinander (Gemeinde-, Landes-, Bundeswahlen).	Zwischen Regierenden und Regierten wird Identität (Gleichheit) angestrebt. Unmittelbare Entscheidungen durch das Volk (z. B. Volksabstimmung, Volksbegehren, Volksbefragung; zivilgesellschaftliche Aktivitäten wie Bürgerinitiativen, Vereinsarbeit)
Politische Elitenbildung	Politische Selbstentfaltung der BürgerInnen durch aktive Teilnahme
Demokratie gilt nur für den engeren Politikbereich (Wahlen, Regierungsbildung, Parlament etc.).	Demokratie soll in allen gesellschaftlichen Bereichen und Machtverhältnissen gelten (weiterer Politikbereich).

(Zusammengefasst und gekürzt nach: Schaller, Demokratie ist nicht gleich Demokratie, 2002, S. 15 ff.)

Die Menschenrechte und ihre Entwicklung

■ Jean-Jacques-François Le Barbier, Erklärung der Menschen- und Bürgerrechte vom 26. 8. 1789 (17 Artikel).
Tafelbild, Öl auf Holz, zeitgenössisch.

Alltägliches und Grundsätzliches

Du setzt dich mehr oder weniger ausgeschlafen zum Frühstück, nachdem du deine SMS gecheckt hast; mit halbem Ohr hörst du die Nachrichten. Anschließend fährst du zur Schule, wo du mit deinen Freundinnen und Freunden noch schnell den Entwurf für ein Protestschreiben an eine Zeitung wegen der gestrigen einseitigen politischen Berichterstattung diskutierst. …

Alle diese Alltäglichkeiten von morgens bis abends sind durch die Menschenrechte gesichert. Deren heute geltenden Grundsätze wurden 1948 beschlossen:

L *Am 10. Dezember 1948 nahm die Generalversammlung der Vereinten Nationen in Paris die Allgemeine Erklärung der Menschenrechte (Universal Declaration of Human Rights) an. Sie ist in der Geschichte der Menschheit das erste Dokument, in dem sich die Vertreter der überwältigenden Mehrheit der Staaten der Welt auf einen Katalog universell gültiger Rechte des Individuums verständigt haben.*
(Fassbender, Quellen zur Geschichte der Menschenrechte, 2014, S. 133)

Artikel 1 dieser grundlegenden Deklaration lautet:

Q *Alle Menschen sind frei und gleich an Würde und Rechten geboren. Sie sind mit Verstand und Gewissen begabt und sollen einander im Geist der Brüderlichkeit begegnen.*
(Artikel 1 der „Allgemeinen Erklärung der Menschenrechte" (AEMR) vom 10. 12. 1948. Zit. nach: Fritzsche, Menschenrechte, 2004, S. 207)

L *Die AEMR (= Allgemeine Erklärung der Menschenrechte) von 1948 umfasst insgesamt 30 Artikel. Darin werden die Staaten aufgefordert, Rechte zum Schutz der menschlichen Person (Recht auf Leben, Verbot der Sklaverei, Verbot der Folter, Verbot der willkürlichen Festnahme und Haft etc.), Anspruch auf wirksamen Rechtsbehelfs, klassische Freiheitsrechte wie Meinungsfreiheit, Religionsfreiheit, Eigentumsgarantie oder die Ehefreiheit sowie wirtschaftliche, soziale und kulturelle Rechte (Recht auf soziale Sicherheit, Recht auf Arbeit, Recht auf Nahrung und Gesundheit, Recht auf Bildung etc.) zu garantieren. Sie sollen für alle Menschen ungeachtet ihrer Rasse, ihres Geschlechts oder ihrer Nationalitäten gelten, d. h., diese Rechte sind universell gültig (ausnahmslos für jeden Menschen), unveräußerlich (nicht auf andere Personen übertragbar) und unteilbar (d. h., sie bedingen einander und müssen von den Staaten in ihrer Gesamtheit und nicht bloß in einzelnen Rechten verwirklicht werden).*
(Zusammengefasst nach: Fritzsche, Menschenrechte, 2004, S. 52. Primärquelle online auf: http://www.ohchr.org/EN/UDHR/Documents/UDHR_Translations/ger.pdf)

→ Ermittle, auf welche Artikel der AEMR sich die einleitend genannten alltäglichen Tätigkeiten beziehen lassen.
Linktipp: https://www.humanrights.ch/de/ [Menschenrechte für Einsteiger/innen → AEMR von 1948]

Ausgewähltes zur Entwicklung

Wann und wo die Entwicklung von Vorstellungen zu den Menschenrechten begonnen hat, lässt sich nicht eindeutig feststellen.

L *Am Anfang der Entwicklung der Menschenrechte stehen Mord und Folter, Sklaverei und Knechtschaft, also die noch nicht begrenzten Möglichkeiten, Menschen zu erniedrigen und zu unterdrücken. Der Entdeckung der Menschenwürde geht der Schmerz über die Erniedrigung voraus, gefolgt von der Hoffnung, dass das nicht so bleiben muss, und von der Einsicht, dass sich das in politischer Praxis ändern lässt.*
(Fritzsche, Menschenrechte, 2004, S. 24)

Rechtsphilosophen vermuten Vorläufer der Idee der Würde und Gleichheit aller Menschen bereits in der griechischen Philosophie der Antike, v. a. in der Stoa ab dem 3. Jh. v. Chr. Jedenfalls aber findet sich in allen Weltreligionen mehr oder weniger ausgeprägt die „Goldene Regel der Gegenseitigkeit": „Tue nicht anderen, was du nicht willst, dass sie dir tun" (Küng, Handbuch Weltethos, 2012, S. 14).

Der entscheidende Durchbruch der Idee ist aber mit der europäischen Aufklärung verbunden. Die politische Lehre des englischen Philosophen John Locke (1632–1704) war dafür bahnbrechend: Ihm galten die Rechte auf Leben, Freiheit und Eigentum als angeborene, von der Natur gegebene Rechte des Menschen. Zum Schutz seiner Rechte ist der Einzelne bereit, sich mit anderen zu einem Gemeinwesen (= Staat) zusammenzuschließen. D. h., der Zweck eines jeden Staates ist somit, diese natürlich gegebenen Rechte des Menschen („Menschenrechte") zu schützen. Damit hat Locke die politische Verwirklichung der Idee der Menschenrechte nachhaltig beeinflusst.

Ihre tatsächliche politische Umsetzung erfolgte im Rahmen von Revolutionen, zuerst in den USA und dann in Frankreich:

Im Unabhängigkeitskampf der englischen Kolonien in Amerika wurde unter Berufung auf die Ideen von Locke zum ersten Mal in der Geschichte ein Menschenrechtskatalog verfasst: die „Virginia Bill of Rights" (12.6.1776). In 16 Artikeln erhob sie die darin ausgeführten Rechte zu unveräußerlichen Menschenrechten: u.a. das Recht auf Leben, Freiheit und Eigentum, auf Versammlungs- und Pressefreiheit, auf Religionsfreiheit sowie den Anspruch auf Rechtsschutz und Wahlrecht. Sie bilden seither den Kern der Menschenrechte.

Die Berufung auf die unveräußerlichen Rechte des Menschen bildete dann auch die Grundlage der Unabhängigkeitserklärung der Vereinigten Staaten von Amerika vom 4.7.1776.

Im Rahmen der Französischen Revolution setzte die Nationalversammlung bereits am 14.7.1789 einen Verfassungsausschuss ein. Nach mehrwöchigen Beratungen nahm die Nationalversammlung die „Erklärung der Menschen- und Bürgerrechte" an. Die 17 Artikel wurden der 1791 angenommenen französischen Verfassung vorangestellt.

Den Frauen allerdings hatte die französische Menschenrechtserklärung wesentliche Rechte vorenthalten – so z.B. hatten (wie auch in Virginia) nur Männer das Wahlrecht. Die Schriftstellerin Olympe de Gouges stellte 1791 die „Erklärung der Rechte der Frau und Bürgerin" der Deklaration von 1789 entgegen. Sie wurde 1793 wegen „Anmaßung" und Verschwörung verurteilt und hingerichtet.

Menschenrechte in der Verfassung sind Grundrechte

Dem Beispiel, Menschenrechte in den Verfassungen zu verankern, folgten im 19. Jh. immer mehr Staaten. In Österreich geschah dies im Jahr 1867 mit dem „Staatsgrundgesetz". Die Menschenrechte, welche der Staat seinen Bürgerinnen und Bürgern in der Verfassung garantiert, werden als Grundrechte bezeichnet. Sie sind vor Gericht einklagbar.

Menschenrechte im Völkerrecht – ihre Durchsetzung

In diesem bisherigen Verständnis war es der jeweilige Staat, welcher die Grundrechte seiner Bürgerinnen und Bürger im Rahmen der Verfassung garantierte. Die Erfahrungen der systematischen Entrechtung, der rassischen Diskriminierung und der Vernichtungspolitik des Nationalsozialismus führten zu einer entscheidend neuen Praxis: zum völkerrechtlichen Schutz der Menschenrechte durch die Vereinten Nationen.
Dies betont Bardo Fassbender, Professor für Völkerrecht:

L *Seither ist der einzelne Staat nicht mehr der einzige Garant der Grund- und Menschenrechte seiner Angehörigen. Vielmehr wurde die völkerrechtliche Rechtsordnung zum Anwalt des Individuums gegenüber den Staaten (und insbesondere dem jeweiligen Heimatstaat) erhoben. Die UN-Charta hat das Völkerrecht tiefgreifend verändert und auf die Interessen des Individuums hin ausgerichtet.*
(Fassbender, Quellen zur Geschichte der Menschenrechte, 2014, S. 132 f.)

Das Bekenntnis zur AEMR von 1948 bestimmte auch die „Konferenz über Sicherheit und Zusammenarbeit in Europa" 1975 in Helsinki.
Zum Schutz und zur weltweiten Förderung der Menschenrechte wurde allerdings erst im Rahmen der „Wiener Erklärung" im Jahr 1993, in der entspannten Atmosphäre nach dem Ende des Ost-West-Konfliktes, die Stelle eines „Hohen Kommissars für Flüchtlinge" (UNHCR) geschaffen.

L *Für ein solches Amt engagierten sich neben vielen westlichen Staaten vor allem eine Reihe von Nicht-Regierungsorganisationen (NGOs), insbesondere Amnesty International. (…) Vor allem NGOs sind es auch, die mit Hilfe ihrer nationalen und internationalen Netzwerke Menschenrechtsverletzungen ans Licht der Öffentlichkeit bringen, den Opfern Hilfe leisten und in ihren Herkunftsländern jene kritische Öffentlichkeit erzeugen helfen, die Regierungen*

auch dann zum Handeln zwingt, wenn sie es aus politischem und wirtschaftlichem Opportunismus vorziehen würden, zu schweigen.
(Opitz, Menschenrechte und internationaler Menschenrechtsschutz, 2002, S. 174 und S. 225)

Europäische Menschenrechtskonvention (EMRK)

Die Vereinten Nationen müssen bei der Suche nach Lösungen immer weltweite Perspektiven im Auge behalten. Daher ist es bei der Formulierung von so grundsätzlichen Rechten wie den Menschenrechten nötig, unterschiedliche Interessen zu berücksichtigen und Kompromisse einzugehen. Deshalb sind manche Bestimmungen sehr allgemein gehalten und erlauben mehrere Deutungen.
In diesem Sinne verabschiedeten 13 Staaten Westeuropas und die Türkei im Jahr 1950 die „Europäische Menschenrechtskonvention" (EMRK). Sie trat 1953 in Kraft. Um die Durchsetzung der in 59 Artikeln formulierten Grund- und Freiheitsrechte zu gewährleisten, wurde nach Vorgängereinrichtungen schließlich im Jahr 1998 der „Europäische Gerichtshof für Menschenrechte" (EGMR) in Straßburg geschaffen. Dieses Gericht kann von Einzelpersonen und NGOs nach Ausschöpfung der nationalen Rechtsmittel angerufen werden. Seine Urteile über Beschwerden gegen Menschenrechtsverletzungen sind für die Mitgliedstaaten bindend. Sie führten in zahlreichen Ländern immer wieder zu Gesetzesänderungen. So verbot z.B. Großbritannien die Prügelstrafe in Schulen; Österreich änderte seine Gesetze über die Behandlung von Strafgefangenen in Krankenanstalten usw.

Weitere Menschenrechtskonventionen

Neben der EMRK ist zunächst eine „Amerikanische Menschenrechtskonvention" im Jahr 1978 in Kraft getreten.
Doch am weltweiten Geltungsanspruch der Menschenrechte wird insofern Kritik geäußert, als diese vor allem die Werte der westlichen Welt zum Ausdruck bringen.

157

Dementsprechend wurde eine „Afrikanische Charta der Rechte der Menschen und Völker" erarbeitet (1986). Sie betont die Entwicklung und Freiheit der Völker gegenüber den Rechten des Individuums.

Die Vertreter der islamischen Welt haben mit der „Kairoer Erklärung über Menschenrechte im Islam" aus dem Jahre 1990 zunächst versucht, an die internationale Diskussion der Menschenrechte anzuknüpfen, ohne allerdings die überlieferten Vorstellungen des Islams aufzugeben. Die Rechte wurden religiös begründet und ihre Interpretation unter den Vorbehalt der Scharia gestellt. Die 2008 in Kraft getretenen „Arabische Charta der Menschenrechte" räumt nun der Frau die gleichen Rechte ein wie dem Mann, und die Scharia findet keine ausdrückliche Erwähnung. In der Volksrepublik China wird in den „Aktionsplänen für Menschenrechte" der Sicherstellung der Ernährung und der Verbesserung der Lebensqualität der Bevölkerung der Vorrang eingeräumt vor der Sicherung der Freiheitsrechte des Einzelnen.

Die EU-Grundrechte-Charta

Im Jahr 2000 erfolgte die Proklamation der „Charta der Grundrechte der Europäischen Union". Auf der Ebene der EU werden somit erstmals umfassend Grundrechte festgeschrieben. In sechs Kapiteln (Würde des Menschen; Freiheit; Gleichheit; Solidarität; Bürgerrechte; justizielle Rechte) finden sich bürgerliche, politische, soziale und wirtschaftliche Rechte in einem Dokument zusammengefasst. Sie wurde 2009 im Vertrag von Lissabon verankert.

Konventionen für schutzbedürftige Gruppen

Zwar haben alle Menschen die gleiche Würde, aber die Menschenrechte bestimmter Gruppen, z.B. von Frauen, Kindern, Minderheiten und Flüchtlingen, werden besonders oft verletzt. Diese Gruppen haben daher in der weiteren Entwicklung des internationalen Menschenrechtsschutzes besondere Beachtung erfahren:

Frauen: Das „Übereinkommen zur Beseitigung jeder Form von Dis-

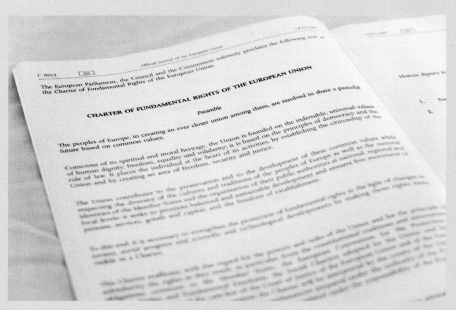

■ Präambel der EU-Grundrechte-Charta. Foto, 2008.

kriminierung der Frau" („Frauenkonvention") ist das bedeutendste Menschenrechtsdokument für Frauenrechte. Es ist 1981 in Kraft getreten. 1993 verabschiedete die UN-Generalversammlung im Wiener Abschlussdokument die „Erklärung über die Beseitigung der Gewalt gegen Frauen". Darin präzisierte sie Gewalt gegen Frauen als Menschenrechtsverletzung (z.B. Genitalverstümmelung; Vergewaltigung in der Ehe).

Kinder: Nach langen Verhandlungen konnte sich die Staatengemeinschaft im Jahr 1989 auf die „Konvention über Kinderrechte" einigen (z.B. Verbot von Kindersoldaten). Österreich hat diese Konvention im Jahr 1991 ratifiziert und im Jahr 2011 durch das „Bundesverfassungsgesetz über die Rechte von Kindern" wichtige Rechte besonders betont (z.B. Recht auf gewaltfreie Erziehung als absolutes Gewaltverbot in der Erziehung).

Minderheiten: Die Konventionen gegen Diskriminierung im Bildungsbereich (1960) und gegen Rassismus (1969) erfuhren eine Weiterentwicklung zur „UN-Erklärung über die Rechte von Angehörigen nationaler oder ethnischer, religiöser und sprachlicher Minderheiten" im Jahr 1992. Die Rechte stehen dabei nicht einer Minderheit als Gruppe zu, sondern den einzelnen Personen, die zu einer Minderheit gehören.

Flüchtlinge: Zum besseren Schutz von Flüchtlingen schufen die Vereinten Nationen im Jahr 1951 die „Genfer Flüchtlingskonvention". Sie war zunächst nur für Personen gedacht, die aufgrund des Zweiten Weltkrieges vor 1951 innerhalb von Europa zu Flüchtlingen gemacht worden waren. Erst das Zusatzprotokoll von 1967 hob die zeitliche und räumliche Begrenzung auf und machte die Genfer Flüchtlingskonvention allgemeingültig.

Wanderarbeiter: Eine „Internationale Konvention zum Schutz der Rechte aller Wanderarbeiter und ihrer Familienangehörigen" beschlossen die Vereinten Nationen zwar schon 1990. Sie ist aber erst 2003 in Kraft getreten.

Mögliche weitere Entwicklungen

Die EMRK gewährleistet die bürgerlichen Menschenrechte. Demgegenüber hält die „Europäische Sozialcharta" die grundlegenden sozialen und wirtschaftlichen Rechte für die Menschen in Europa fest. Sie trat in ihrer revidierten Fassung im Jahr 1999 in Kraft. Neben dem Recht auf Arbeit sieht sie u. a. ein Recht auf soziale Sicherheit, auf Fürsorge, auf Schutz vor Armut und sozialer Ausgrenzung sowie auf Wohnung vor. Zahlreiche europäische Staaten haben sie jedoch noch nicht ratifiziert.

Darüber hinaus diskutieren Expertinnen und Experten gegenwärtig eine weitere Kategorie von grundsätzlichen und übergreifenden Rechten. Dazu zählen etwa ein Recht auf eine gesunde Umwelt, auf sauberes Wasser und reine Luft, ein „Recht auf Kommunikation" oder ein „Recht auf Frieden".

Kritisch wird auf Folgendes hingewiesen:

L Zwischen dem moralisch und politisch Wünschbaren auf der einen und völkerrechtlich akzeptierten Normen auf der anderen Seite müsse genau unterschieden werden, wenn man nicht riskieren will, die Autorität des Rechts und des gesamten Rechtssystems zu untergraben und somit auch den bindenden Charakter bereits existierender Normen einem Verlust an Stärke auszusetzen.
(Opitz, Menschenrechte und internationaler Menschenrechtsschutz, 2002, S. 143)

Stärken „Verantwortlichkeiten" die Menschenrechte?

Artikel 29 (Abs. 1 und 2) der AEMR hält fest:

Q 1. Jeder hat Pflichten gegenüber der Gemeinschaft, in der allein die freie und volle Entwicklung seiner Persönlichkeit möglich ist.
2. Jeder ist bei der Ausübung seiner Rechte und Freiheiten nur den Beschränkungen unterworfen, die das Gesetz ausschließlich zu dem Zweck vorsieht, die Anerkennung und Achtung der Rechte und Freiheiten anderer zu sichern und den gerechten Anforderungen der Moral, der öffentlichen Ordnung und des allgemeinen Wohles in einer demokratischen Gesellschaft zu genügen.
(Artikel 29 Abs. 1 und 2. Online auf: http://www.ohchr.org/EN/UDHR/Documents/UDHR_Translations/ger.pdf, 24. 7. 2017)

Manche Expertinnen und Experten meinen, dass die Pflichten in der Öffentlichkeit gegenüber den Rechten nicht angemessen ins Bewusstsein gerückt werden. Daher haben sie im Jahr 1997 eine universale „Erklärung der menschlichen Verantwortlichkeiten" ausgearbeitet.

Die Präambel des Vorschlags lautet:

Q Da die Anerkennung der allen Mitgliedern der menschlichen Familie innewohnenden Würde und der gleichen unveräußerlichen Rechte die Grundlage für Freiheit, Gerechtigkeit und Frieden in der Welt ist und Pflichten oder Verantwortlichkeiten („responsibilities") einschließt, (…) deshalb verkündet die Generalversammlung der Vereinten Nationen diese Allgemeine Erklärung der Menschenpflichten.
(Erklärung der Menschenpflichten. Online auf: http://www.humanistische-aktion.de/mpflicht.htm, 24. 7. 2017)

→ Fragen und Arbeitsaufträge

1. „[Für manche Menschen wird dadurch deutlich,] dass Menschenrechte und Menschenpflichten sich für die Gesellschaft nicht gegenseitig begrenzen, sondern fruchtbar ergänzen." (Küng, Handbuch Weltethos, 2012, S. 25) Andere befürchten eine Interpretation, „die die Rechte den Pflichten unterordnet bzw. ihre Gewährung (!) von der Erfüllung der Pflichten abhängig macht" (Fritzsche, Menschenrechte, 2004, S. 44). Diskutiert die einzelnen Sichtweisen in der Klasse.

2. In der Präambel der AEMR von 1948 wird gefordert, „durch Unterricht und Erziehung die Achtung dieser Rechte und Freiheiten zu fördern". Erörtere ausgehend von dieser Forderung, ob sich daraus ein Menschenrecht auf „Menschenrechtsbildung" ableiten lässt. Stelle die einzelnen Auffassungen dar und nimm dazu Stellung.

3. Wähle eine der Konventionen aus: Menschenrechtserklärung: http://www.un.org/depts/german/menschenrechte/aemr.pdf EU-Grundrechte-Charta: http://www.europarl.europa.eu/charter/pdf/text_de.pdf Kinderrechte-Konvention: https://www.unicef.de/blob/9364/a1bbed-70474053cc61d1c64d-4f82d604/d0006-kinderkonvention-pdf-data.pdf. Ermittle die aktuelle Situation zu dieser Konvention in bestimmten Staaten oder Regionen, z. B Stand der Ratifizierung(en), Verletzungen von in der Konvention garantierten Rechten, öffentliche Diskussionen über die Konvention usw.

■ Thomas Schultz-Jagow, Der chinesische Künstler Ai Weiwei als Unterstützer der Kampagne „Write for Rights" von Amnesty International. Foto, 2015.
Ai Wei Wei zeigt ein Werk des malaysischen Künstlers Zunar, der wegen seiner politischen Haltung wiederholt verfolgt und verhaftet worden war. Amnesty setzte sich wiederholt für Zunar ein.

Politische und soziale Welten nach 1945

Frauenemanzipation und Gleichstellungspolitik in Österreich

- 1972 erfolgte die Gründung der ersten „Autonomen Frauenbewegung" (AUF) in Österreich.
- 1975 wurde das „Gesetz über die Neuordnung der persönlichen Rechtswirkungen der Ehe" verabschiedet. Es folgt dem Grundsatz der Gleichheit der Geschlechter und dem Partnerschaftsprinzip. Im selben Jahr wurde die „Fristenlösung" (straffreier Schwangerschaftsabbruch innerhalb der ersten drei Monate) eingeführt.
- 1979 wurde mit dem „Gleichbehandlungsgesetz" die Gleichberechtigung der Frau auf dem Arbeitsmarkt rechtlich verankert.
- 1990 wurde erstmals ein eigenständiges Frauenministerium eingerichtet.

Die Umweltbewegungen

- Die Umweltbewegungen sind vielfältig: Zu ihnen gehören z.B. Naturschutzgruppen, Protestbewegungen gegen Umweltzerstörung und Umweltverschmutzung sowie „Grün-Parteien" in einzelnen Staaten.
- 2015 wurde auf der UNO-Klimakonferenz in Paris eine weltweite Klimaschutz-Vereinbarung beschlossen. Die USA teilten 2017 ihren Ausstieg aus diesem Abkommen mit.
- Ebenfalls 2015 wurde von der UNO die „Agenda 2030 für nachhaltige Entwicklung" beschlossen. Im Aktionsplan wurde u. a. gefordert, natürliche Lebensgrundlagen zu bewahren und ökologisch verträgliches Wachstum zu fördern.

Globalisierung und Gesellschaft

- Die Globalisierung führte zu einer sehr engen weltweiten Verflechtung zwischen den verschiedenen Staaten.
- Sie brachte einerseits einen raschen Rückgang der weltweiten Armut aufgrund des Wirtschaftswachstums v. a. in China und Indien. Andererseits wachsen innerhalb der Länder – auch in vielen westlichen Ländern – Einkommensunterschiede immer mehr an. Die wachsende soziale Ungleichheit könnte die politische Stabilität in den betroffenen Ländern gefährden.
- Globalisierungskritische Organisationen wie ATTAC weisen auf mit der Globalisierung verbundene Probleme hin.

Die Bevölkerung in der globalisierten Welt

- Die Weltbevölkerung überschritt im Jahr 2011 die 7-Milliarden-Grenze und wird bis 2050 auf ca. 9,7 Milliarden anwachsen.
- In Österreich sinkt die Geburtenrate seit Jahrzehnten. Bis 2022 wird die Bevölkerungsanzahl durch Zuwanderung auf ca. 9 Millionen ansteigen. Innerhalb der Bevölkerung nimmt der Anteil der Jungen und der „Aktiven" ab, jener der über 65-Jährigen zu.

Politik gegen weltweite Armut – die UN-Agenda 2030

- Ca. 800 Mio. Menschen waren 2016 von Hunger betroffen.
- 2015 beschloss die UNO-Vollversammlung die „Agenda 2030 für nachhaltige Entwicklung". Bis 2030 soll demnach der Hunger weltweit beendet sein.
- Zur Erhebung von Wohlergehen bzw. Armut werden international neben Erwerbseinkommen und Vermögen zunehmend auch Gesundheit, Bildung, (Nicht-)Gleichstellung der Geschlechter etc. herangezogen („Multidimensional Poverty Index" – MPI).
- Auf der UNO-Weltbevölkerungskonferenz in Kairo (1994) und der Weltfrauenkonferenz in Beijing (1995) wurde eine Änderung in der Bevölkerungspolitik beschlossen: Statt repressive Maßnahmen zur Geburtenkontrolle anzuwenden, versucht man nun, mit Hilfe von Förderung der Gesundheit und Bildung sowie der Gleichstellung von Frauen die Geburtenraten auch in den Ländern mit sehr raschem Bevölkerungswachstum zu senken.

Migration und Integration: Das Beispiel Österreich

- Der Anteil der Ausländerinnen und Ausländer in Österreich stieg von 1,4 Prozent im Jahr 1961 über 4 Prozent im Jahr 1974 auf über 8 Prozent im Jahr 1990 an. Im Jahr 2010 betrug er 10 Prozent, Anfang des Jahres 2016 14,6 Prozent.
- Das „Ausländervolksbegehren" der FPÖ im Jahr 1993 führte zu zahlreichen Protestaktionen – u. a. zum „Lichtermeer" in der Wiener Innenstadt.
- Mit Integrations- bzw. Fremdenrechtsgesetzen (u. a. Einführung der „Rot-Weiß-Rot-Card") versuchen österreichische Politikerinnen und Politiker die Zuwanderung zu kontrollieren und in gesetzlich geregelte Bahnen zu lenken.
- 2010 wurde in Österreich mit der Einrichtung des „Staatssekretariats für Integration" eine wichtige Grundlage für eine Verbesserung der Integrationsmaßnahmen geschaffen.

Längsschnitt: Die Menschenrechte und ihre Entwicklung

Die moderne Menschenrechtsentwicklung nahm ihren Ausgang in der europäischen Aufklärung, konkret mit der Unabhängigkeitserklärung der USA (1776) und der „Erklärung der Menschen- und Bürgerrechte" durch die französische Nationalversammlung (1791). Mit der „Allgemeinen Erklärung der Menschenrechte" durch die UNO (1948) werden die Menschenrechte als Teil des Völkerrechts und als Schutz des Individuums gegenüber dem (eigenen) Staat verstanden.

In verschiedenen Weltregionen entwickeln sich im Zusammenhang mit den Menschenrechten unterschiedliche Positionen: Die „Europäische Menschenrechtskonvention" etwa betont das Vorrecht des Individuums, die „Afrikanische Charta" die Freiheit der Völker und ihre Entwicklung.

Die Volksrepublik China hebt den Vorrang der Gemeinschaft gegenüber dem Individuum hervor.

Grundbegriffe

Agenda 21 Der Begriff „Agenda" stammt aus dem Lateinischen und bedeutet „Tagesordnung". Mit Agenda 21 wurde ein Programm zur nachhaltigen Entwicklung für das 21. Jh. bezeichnet. In erster Linie geht es dabei um Fragen der Entwicklungs- und Umweltpolitik. Dabei soll u. a. die aktive Beteiligung von Bürgerinnen und Bürgern gefördert werden. Beschlossen wurde dieses Programm bei der Konferenz der Vereinten Nationen für Umwelt und Entwicklung 1992 in Rio de Janeiro (Brasilien).

Armut/Armutsbekämpfung Haushalte gelten in der EU als armuts- und ausgrenzungsgefährdet, wenn das gewichtete Pro-Kopf-Einkommen unter 60 Prozent des durchschnittlichen Pro-Kopf-Einkommens liegt und wenn Beeinträchtigungen in der alltäglichen Lebensführung auftreten sowie das Risiko einer geringen Erwerbstätigkeit gegeben ist. Nach traditioneller Auffassung der Weltbank gilt eine Person dann als arm, wenn dieser weniger als 1,25 Dollar pro Tag in der Kaufkraft des jeweiligen Landes zur Verfügung steht. Mittlerweile wird international aber ein „Index der mehrdimensionalen Armut" („Multidimensional Poverty Index") bevorzugt, der neben Einkommen und Vermögen auch die Lebenserwartung (Gesundheit, Ernährung, Hygiene) sowie den Bildungsgrad (Alphabetisierungsgrad, Einschulungsrate) der Bevölkerung berücksichtigt.

Asylwerberin, Asylwerber Menschen, die Schutz suchen vor politischer, rassischer oder religiöser Verfolgung in ihrem Herkunftsland und deshalb in einem anderen Land (z. B. in Österreich) um Asyl ansuchen. Die jeweiligen Behörden überprüfen den Asylantrag, bei einem positiven Bescheid kann die Asylwerberin oder der Asylwerber im Land bleiben (Asylberechtigte(r), anerkannter Flüchtling); ein negativer Bescheid kann die Abschiebung zur Folge haben. Das Recht auf Asyl ist ein Menschenrecht.

Frauenemanzipation Ziel der Frauenbewegungen ist es, geschlechtsspezifische Ungleichheiten und Ungerechtigkeiten, die Mädchen und Frauen gegenüber Burschen und Männern benachteiligen, zu beseitigen. In Österreich sind Frauen den Männern zwar rechtlich gleichgestellt, dennoch werden sie in bestimmten Lebensbereichen diskriminiert, z. B. verdienen Frauen weniger als Männer, leisten mehr unbezahlte Arbeit und haben geringere Karrierechancen. Ein Ansatz, die Benachteiligung von Frauen zu ändern, ist die so genannte „positive Diskriminierung" – z. B. mit Hilfe von Frauenquoten.

Globalisierung Weltumspannende Vernetzung von Wirtschaft und Politik. Eine wesentliche Grundlage dafür bieten die neuen Technologien in Telekommunikation und Mikroelektronik. Sie erlauben es, Daten in Sekundenbruchteilen („Echtzeit") weltweit (= global) auszutauschen, in riesigen Mengen zu speichern, in Sekunden zu verarbeiten und jederzeit verfügbar zu machen. Transnationale Konzerne spielen nationale Regierungen v. a. in wirtschaftlichen Belangen (z. B. Steuern, Investitionen) oftmals gegeneinander aus. Die Chancen der Globalisierung werden in einem globalen Ausgleich gesehen.

Migration Form der Auswanderung (Emigration) bzw. Einwanderung (Immigration). Das Hauptmotiv für Migration ist der Wunsch, anderswo Arbeit (oder eine bessere Arbeit als zu Hause) zu finden. In vielen Gegenden gibt es zu wenig Arbeitsplätze, in anderen Gegenden gibt es dafür Arbeitskräftemangel. Um 1960 z. B. herrschte in Österreich Arbeitskräftemangel. Deshalb wurden Menschen in anderen Ländern (v. a. in der Türkei und im damaligen Jugoslawien) angeworben, die nach Österreich kommen und hier arbeiten sollten. Diese nannte man damals „Gastarbeiterinnen" und „Gastarbeiter". Viele von ihnen gingen nach einiger Zeit wieder zurück in ihre Heimatländer, andere blieben in Österreich.

Neoliberalismus Eine freiheitliche, marktorientierte Wirtschaftsordnung, gekennzeichnet u. a. durch privates Eigentum an Produktionsmitteln, Wettbewerbsfreiheit, freie Preisbildung. Staatliche Eingriffe in die Wirtschaft sollen auf ein Minimum beschränkt bleiben – z. B. wenn Fehlentwicklungen drohen (z. B. Bankenkrisen, Monopolbildung). Deregulierung (z. B. weniger staatlich oder gewerkschaftlich geregelte Arbeitszeiten) und Privatisierung (z. B. von bisher vorwiegend staatlichen Leistungen wie Post und Bahn) sind weitere bestimmende Merkmale. Befürchtet wird eine Reduktion von Sozialleistungen durch den Neoliberalismus.

UN-Agenda 2030 Das Programm der UNO nennt 17 Ziele für nachhaltige Entwicklung, die bis zum Jahr 2030 auf der ganzen Welt umgesetzt werden sollen. Dazu gehört zum Beispiel das Ziel, den Hunger und die Armut zu beenden, oder dafür zu sorgen, dass alle Menschen Zugang zu Bildung haben. Auch die Bekämpfung der globalen Erwärmung und der Schutz der Meere und Wälder sind wichtige Ziele.

Österreich II – die Zweite Republik

1943	1945	1945–1947	1947	1955	1966–1970	1970–1983	1978
Moskauer Deklaration	Unabhängigkeits-erklärung, Ende des Zweiten Weltkrieges	Konzentrations-regierung (ÖVP/SPÖ/KPÖ)	Große Koalition (ÖVP-SPÖ) (bis 1966); Beginn der Sozialpart-nerschaft	Staatsvertrag; Neutralitäts-gesetz; UNO-Mitgliedschaft	ÖVP-Allein-regierung	SPÖ-Allein-regierungen (Kreisky)	Volks-abstimmung und Atom-sperrgesetz

Die Anfänge der Zweiten Republik waren schwierig: Nach seiner Befreiung von der NS-Herrschaft blieb Österreich zehn Jahre lang von britischen, französischen, sowjetischen und US-amerikanischen Truppen besetzt. Unter deren Aufsicht begann der Wiederaufbau von Staat und Wirtschaft. Positiv wirkte sich dabei auch der Glaube an ein selbstständiges und „lebensfähiges" Österreich aus.

Am längsten regierte eine Große Koalition von ÖVP und SPÖ bzw. SPÖ und ÖVP das Land: Unter ihr erhielt Österreich 1955 mit dem Staatsvertrag seine Souveränität zurück und beschloss die „immer-während Neutralität". Sie führte Österreich 1995 in die EU und bildete auch zwischen 2007 und 2017 mehrere Regierungen.

Zukunftsweisende Reformen wurden in den 1970er Jahren während der SPÖ-Alleinregierungen unter Kreisky durchgeführt.

Österreich hat sich sowohl außenpolitisch als auch im humanitären Bereich oftmals bewährt: als Asylland bei verschiedenen Flüchtlingskrisen, bei Friedenseinsätzen für die UNO und beim Vorsitz in der OSZE.

Dreimal hatte Österreich bisher in der EU den Ratsvorsitz, und trotz verschiedener Vorbehalte sieht die Mehrheit der österreichischen Bevölkerung die Zukunft der EU derzeit positiv.

1986–1999	1994	1995	2000–2006	2002	2007	2007–2017	ab 2017
Große Koalition (SPÖ-ÖVP)	Volksabstimmung über EU-Beitritt	Beitritt zur EU und zur „NATO-Partnerschaft für den Frieden"	Kleine Koalition (ÖVP-FPÖ/BZÖ)	Einführung des Euro	Wahlrecht ab 16 Jahren	Große Koalition (SPÖ-ÖVP)	Kleine Koalition (ÖVP-FPÖ)

In diesem Kapitel trainiert und erweitert ihr vor allem folgende Kompetenzen:

Historische Methodenkompetenz
- Erstellen verschiedener Darstellungen der Vergangenheit in verschiedenen medialen Formen (z. B. Sachtext, Plakat, Video) zur gleichen Materialgrundlage (Quellen und Darstellungen) erproben

Historische Sachkompetenz
- Fachliche Begriffe/Konzepte des Historischen auf Fallbeispiele kritisch anwenden und adaptieren

⊕ Online-Ergänzungen
qx6k2x

■ Demonstration gegen die Inbetriebnahme des Atomkraftwerkes Zwentendorf am 12.6.1977 in Zwentendorf. Foto, 1977.

1. Österreich – ein Neubeginn

Der Wille zur Wiedererrichtung Österreichs

Noch während des Zweiten Weltkrieges beschäftigten sich die Regierungen der alliierten Mächte mit der Ordnung Europas nach dem Krieg. Bei einer Außenministerkonferenz in Moskau besprachen Hull (USA), Eden (GB) und Molotow (UdSSR) auch die Zukunft Österreichs. Das Ergebnis war die Moskauer Deklaration (im Oktober 1943):

> Q *Die Regierungen des Vereinigten Königreiches, der Sowjetunion und der Vereinigten Staaten von Amerika sind darin einer Meinung, dass Österreich, das erste freie Land, das der Angriffspolitik Hitlers zum Opfer fallen sollte, von deutscher Herrschaft befreit werden soll.*
> *Sie betrachten die Besetzung Österreichs durch Deutschland am 15. März 1938 als null und nichtig. (…) Sie erklären, dass sie wünschen, ein freies, unabhängiges Österreich wieder errichtet zu sehen. (…) Österreich wird aber auch daran erinnert, dass es jedoch für die Teilnahme am Krieg an der Seite Hitler-Deutschlands eine Verantwortung trägt, der es nicht entrinnen kann, und dass anlässlich der endgültigen Abrechnung Bedachtnahme darauf, wie viel es selbst zu seiner Befreiung beigetragen haben wird, unvermeidlich sein wird.*
> *(Moskauer Deklaration. Online auf: http://www.ibiblio.org/pha/policy/1943/431000a.html, 29. 11. 2017, übersetzt d. A.)*

Das Kriegsende in Österreich

Ende März 1945 drängte die Rote Armee von Osten her die deutsche Wehrmacht immer weiter zurück. Einige Verbände stießen über das Burgenland und die Oststeiermark gegen Graz vor, andere in Richtung Wien. In der „Schlacht um Wien" Anfang April wurde die ohnehin schwer bombengeschädigte Stadt noch mehr verwüstet. Ende April rückten französische Truppen über Vorarlberg bis nach Tirol vor. US-amerikanische Truppen besetzten Anfang Mai von Bayern kommend Innsbruck, Salzburg und Oberösterreich. Somit befreiten sie am 5. Mai 1945 auch das KZ Mauthausen. Am 8. Mai 1945 endete der Krieg in Österreich durch die bedingungslose deutsche Kapitulation.

Die Neugründung der Parteien

Schon in den Wochen vor Kriegsende hatten politisch engagierte Menschen – vor allem in den von der Roten Armee besetzten Gebieten – mit der Wiederherstellung des demokratischen Lebens begonnen. Karl Renner, der erste Staatskanzler der Ersten Republik, nahm schon Anfang April das sowjetische Angebot an, eine Konzentrationsregierung zu bilden. Dazu mussten allerdings erst die politischen Parteien wieder erstehen:
– Die Sozialistische Partei Österreichs (SPÖ) entstand am 14. April 1945 durch die Vereinigung der ehemaligen Sozialdemokraten mit den Revolutionären Sozialisten. Die Partei war marxistisch ausgerichtet und

■ Gedenkstein „05" am Wiener Stephansdom. Foto, 2004.
Das Widerstandszeichen „05" tauchte ab Herbst 1944 wiederholt an Hauswänden auf. Es stand für Österreich („O" und „5" für „e" als der fünfte Buchstabe des Alphabets).

hatte das Ziel, alle demokratisch-sozialistischen Wählerschichten der Bevölkerung anzusprechen.
– Die Österreichische Volkspartei (ÖVP) wurde am 17. April 1945 in Wien von christlichsozialen Politikern gegründet. Sie distanzierte sich von der autoritären und klerikalen Politik der „Vaterländischen Front" und verstand sich als Volkspartei aller demokratisch-nichtsozialistischen Österreicherinnen und Österreicher.
– Auch die Kommunistische Partei Österreichs (KPÖ) organisierte sich neu. Ihr Ziel war die Errichtung einer Volksdemokratie in Österreich.

Der politische Neubeginn

SPÖ, ÖVP und KPÖ bekannten sich zu einem unabhängigen Österreich. Andere Parteien waren von der sowjetischen Besatzungsmacht nicht zugelassen. Auch die Widerstandsbewegung „O5" wurde von den Parteien und den Sowjets von der politischen Mitarbeit ausgeschlossen.
Renner bildete eine provisorische Regierung, der Vertreter aller drei Parteien angehörten (Konzentrationsregierung). In dieser Regierung traten die ideologischen Feindschaften aus der Ersten Republik angesichts der außerordentlich schwierigen politischen und wirtschaftlichen Probleme in den Hintergrund. Geprägt z. T. auch von der gemeinsamen KZ-Erfahrung („Geist der Lagerstraße"), begannen die Politiker in demokratischer Zusammenarbeit den Wiederaufbau.
Aus der Vergangenheit hatten auch die Vertreter der Arbeitnehmer gelernt. Gab es in der Ersten Republik nur parteipolitisch ausgerichtete „Richtungsgewerkschaften", so wurde noch im April 1945 der Österreichische Gewerkschaftsbund (ÖGB) als überparteiliche Organisation gegründet.

Die Wiederherstellung des (Gesamt-)Staates

Schon am 27. April 1945 veröffentlichte die provisorische Regierung eine Unabhängigkeitserklärung – sozusagen die „Geburtsurkunde" der Zweiten Republik:

■ Die Besatzungszonen bis 1955.

Q *Art. I: Die demokratische Republik Österreich ist wiederhergestellt und im Geiste der Verfassung von 1920 einzurichten.*
Art. II: Der im Jahre 1938 dem österreichischen Volke aufgezwungene Anschluss ist null und nichtig.
Art. III: Zur Durchführung dieser Erklärung wird unter Teilnahme aller antifaschistischen Parteirichtungen eine provisorische Staatsregierung eingesetzt und vorbehaltlich der Rechte der besetzenden Mächte mit der vollen Gesetzgebungs- und Vollzugsgewalt betraut.
Art. IV: Vom Tage der Kundmachung dieser Unabhängigkeitserklärung sind alle von Österreichern dem Deutschen Reiche und seiner Führung geleisteten militärischen, dienstlichen oder persönlichen Gelöbnisse nichtig und unverbindlich.
(Unabhängigkeitserklärung. Online auf: https://www.ris.bka.gv.at/GeltendeFassung.wxe?Abfrage=Bundesnormen&Gesetzesnummer= 10000204, 12. 12. 2018)

Mit dieser Unabhängigkeitserklärung war jedoch die Einheit des Landes noch nicht erreicht. Die Westalliierten hielten die provisorische Regierung für eine Marionettenregierung der sowjetischen Besatzungsmacht und verweigerten ihr zunächst die Anerkennung.
Ab Anfang Juli 1945 war ein „Alliierter Kontrollrat" die „oberste Regierungsgewalt" in Österreich. Er bestand aus den vier Befehlshabern der Besatzungsmächte. Alle Beschlüsse der österreichischen Regierung mussten von ihm genehmigt werden. Außerdem wurden das österreichische Staatsgebiet und die Hauptstadt Wien in vier Besatzungszonen aufgeteilt.
Auf Initiative Karl Renners kamen im Herbst 1945 mehrere Länderkonferenzen zustande. Dort legten Politiker aller drei Parteien aus allen Bundesländern ein eindeutiges Bekenntnis zum Gesamtstaat ab. Nun anerkannten auch die Westmächte die Wiener Zentralregierung. Damit war die Gefahr einer Teilung Österreichs gebannt.

Erste Wahlen und Konzentrationsregierung

Im November 1945 fanden die ersten Nationalratswahlen nach 1930 statt. Da die Mehrzahl der Kriegsgefangenen noch nicht heimgekehrt war und die ehemaligen Nationalsozialisten nicht wählen durften, waren von den fast 3,5 Millionen Wahlberechtigten 64 Prozent Frauen. Die ÖVP erreichte mit 85 Sitzen die absolute Mehrheit im Nationalrat, die SPÖ erhielt 76 und die KPÖ 4 von insgesamt 165 Mandaten.
Um dem Druck der Besatzungsmächte besser standhalten zu können, wurde wieder eine Konzentrationsregierung gebildet. ÖVP-Obmann Leopold Figl wurde Bundeskanzler und Adolf Schärf, der Vorsitzende der SPÖ, Vizekanzler. Für die KPÖ übernahm Karl Altmann das Ministerium für Elektrifizierung und Energiewirtschaft. Noch 1945 wurde Karl Renner von der Bundesversammlung (Nationalrat und Bundesrat) einstimmig zum Bundespräsidenten gewählt. Auf eine Volkswahl verzichtete man aus Kostengründen. Bis Juni 1946 durfte das frei gewählte Parlament kein Gesetz ohne einstimmige Genehmigung durch den Alliierten Kontrollrat beschließen. Danach galt dies nur noch für Verfassungsgesetze. Bald wurden die Kontrollen an den Zonengrenzen schrittweise abgeschafft. Auch die Besatzungskosten, für die Österreich aufzukommen hatte, wurden ermäßigt und schließlich gestrichen.

Der Kampf gegen den Hunger

Aus der Bundeskanzler Leopold Figl zugeschriebenen Weihnachtsansprache 1945:

Q *(…) Ich kann euch zu Weihnachten nichts geben. Ich kann euch für den Christbaum, wenn ihr überhaupt einen habt, keine Kerzen geben, kein Stück Brot, keine Kohle zum Heizen, kein Glas zum Einschneiden. Wir haben nichts. Ich kann euch nur bitten, glaubt an dieses Österreich.*
(Figl, Zitate aus Ansprachen. Online auf: https://austria-forum.org/af/ Wissenssammlungen/Zitate/Figl%2C%20Leopold, 29. 11. 2017)

Besonders im Osten Österreichs litten die Menschen sehr an den Folgen des Krieges. Hier betrug der tägliche Kaloriensatz der streng rationierten Lebensmittel im Mai 1945 nur 350 Kalorien. Todesfälle infolge Hungers häuften sich, besonders in Wien und den niederösterreichischen Industriebezirken.

In den westlichen Bundesländern war die Ernährungssituation etwas besser, dort mussten jedoch hunderttausende Flüchtlinge versorgt werden. Hilfsprogramme der Besatzungsmächte (sowjetische Nahrungsmittelspende zum 1. Mai 1945, CARE-Pakete aus den USA) und europäischer Staaten sowie Sachlieferungen der UNRRA (United Nations Relief and Rehabilitation Administration) linderten die ärgste Not.

Schwarzmarkt und Währungsreform

Der allgemeine Versorgungsmangel führte zur Entstehung eines Schwarzmarkts. Lieferanten der Schwarzhändler waren häufig alliierte Soldaten, die Lebensmittel, Nylonstrümpfe oder Zigaretten für viel Geld verkauften oder gegen Wertgegenstände wie Uhren oder Fotoapparate eintauschten.

Die Regierung reagierte auf den Schwarzmarkt und die sich immer schneller drehende Lohn-Preis-Spirale 1947 mit einer Währungsreform: Pro Kopf der Bevölkerung wurden 150 alte Schillinge im Verhältnis 1:1 in neue umgetauscht, der Rest des Bargeldes wurde um zwei Drittel entwertet, d.h., für drei alte Schillinge bekam man einen neuen. Dies bewirkte eine Verringerung des Geldumlaufs um rund 60 Prozent.

Diese Maßnahmen stellten vor allem für Menschen mit niedrigem Einkommen eine große Härte dar. Die KPÖ reagierte darauf mit dem Rücktritt ihres Ministers und ging in die Opposition. Nun gab es erstmals eine Große Koalition von ÖVP und SPÖ (bis 1966).

Wirtschaftlicher Neubeginn

Landwirtschaft und Industrie waren schwer beschädigt. Viele Betriebe wiesen große Kriegsschäden auf. Die sowjetische Besatzungsmacht demontierte viele Produktionseinrichtungen. Außerdem beschlagnahmten die Sowjets jene Betriebe in ihrer Zone, die ehemals deutsches Eigentum gewesen waren. Insgesamt waren es 252 Industriebetriebe und 140 landwirtschaftliche Betriebe, darunter die gesamte Erdölindustrie und die Donaudampfschifffahrtsgesellschaft.

Um weiteren Enteignungen durch die Besatzungsmächte zuvorzukommen, beschloss das österreichische Parlament 1946 und 1947 zwei Verstaatlichungsgesetze: Durch sie wurden die damaligen Großbanken, der Kohlebergbau, die Eisen-, Metall- und Erdölindustrie sowie die Elektrizitätswirtschaft verstaatlicht.

Von entscheidender Bedeutung für den wirtschaftlichen Wiederaufbau wurde schließlich von 1948 bis 1951 die Einbeziehung Österreichs in den Marshallplan (ERP = European Recovery Program).

Österreich erhielt dabei nach Norwegen die zweithöchste Pro-Kopf-Unterstützung (insgesamt knapp 1 Milliarde Dollar). Mit Hilfe von Mitteln aus dem US-Hilfsprogramm wurden z.B. Wasserkraftwerke, Straßen und Brücken gebaut.

Mit dem Marshallplan schufen sich die USA nicht nur neue Märkte, er sollte auch dafür sorgen, dass der sowjetische Einfluss auf Mittel- und Osteuropa eingeschränkt bleibt.

Die „Entnazifizierung" in Österreich

Österreicher waren prominent und in großer Zahl an den Verbrechen des NS-Regimes beteiligt und trugen entscheidend zur Durchführung des Massenmordes an den Juden bei. Neben Adolf Hitler und Adolf Eichmann, dem in Linz aufgewachsenen Organisator der „Endlösung", waren mit Ernst Kaltenbrunner, seit 1943 (...) zweiter Mann hinter Heinrich Himmler, oder mit Odilo Globocnik, (...) dem die Vernichtungslager Treblinka, Sobibor und Belzec unterstanden, weitere Österreicher Hauptverantwortliche der „Endlösung". (...) Laut Simon Wiesenthal [der viele Nazi-Verbrecher in der Nachkriegszeit aufspürte; Anm. d. A.] stammten 40 Prozent des Personals und drei Viertel der Kommandanten der Vernichtungslager aus Österreich. (...) Auffallend viele Österreicher waren als Mitglieder der „SS Einsatzgruppen" an Massenerschießungen von Juden und nichtjüdischen Zivilisten im Rückraum der Ostfront beteiligt (...).

(Albrich u.a. (Hg.), Holocaust und Kriegsverbrechen vor Gericht. Der Fall Österreich, 2006, S. 7)

Sofort nach der militärischen Befreiung Österreichs begannen die Alliierten mit der „Entnazifizierung". Schon am Tag der Kapitulation wurden die NSDAP, alle ihre Wehrverbände (wie z.B. SA, SS) und andere Organisationen verboten (= „Verbotsgesetz"). Wenig später folgte ein „Kriegsverbrechergesetz": Alle ehemaligen Nationalsozialisten (Parteimitglieder und Angehörige der Wehrverbände) mussten sich registrieren lassen und waren bei den Nationalratswahlen 1945 vom Wahlrecht ausgeschlossen. Je nach ihrer Einstufung als Kriegsverbrecherinnen und Kriegsverbrecher, als „belastete" und „minderbelastete" Nationalsozialisten hatten sie mit weiteren „Sühnefolgen" zu rechnen: mit Geldstrafen, zeitweiligem Berufsverbot oder fristloser Entlassung vom Arbeitsplatz; in ca. 26 000 Fällen auch mit Verhaftung oder Internierung in einem Anhaltelager.

Ab 1946 wurde die „Entnazifizierung" nur noch von der österreichischen Regierung durchgeführt. So genannte Volksgerichte sprachen bis zum Jahr 1955 13 600 Verurteilungen (darunter 43 Todesurteile und 34 lebenslängliche Haftstrafen) aus. Doch geriet die „Entnazifizierung" bald zu einer bürokratischen Formalität. 1947 erhielten die „Minderbelasteten" wieder das aktive Wahlrecht und 1948 beschloss der Nationalrat die „Minderbelastetenamnestie", durch die ca. 500 000 Personen begnadigt wurden.

Ab 1947/48 verstärkte sich der Trend, einen Schlussstrich unter die Vergangenheit zu ziehen, merklich. Selbst (...) bei den Volksgerichten stieg 1948 die Zahl der Freisprüche auf 52 Prozent (...). (...) Die beiden großen politischen Kräfte versuchten (...) die Stimmen der „Ehemaligen" zu gewinnen, auch um den Preis des Verzichts der Entnazifizierung.

(Rathkolb, Die paradoxe Republik, 2011, S. 307)

In Nürnberg und anderswo

„Er hat mir's doch befohlen!"

◼ Karikatur, Neues Österreich (Tageszeitung), 20. Juli 1946.

→ Erkläre das Thema dieser Karikatur. Interpretiere sie im Zusammenhang mit der „Entnazifizierung".

Es gab aber auch andere Gründe, warum im Bewusstsein vieler Menschen keine „Entnazifizierung" stattfand:

L *Konzentriert auf die strafrechtliche Verfolgung wurde die Aufarbeitung der weiterwirkenden Reste der NS-Ideologie vernachlässigt und ihr Weiterleben in Kauf genommen. Dazu kam, dass die „Kleinen" oft stärker bestraft wurden als die „großen" Täter, die es verstanden haben, sich der Verantwortung zu entziehen, und sehr bald wieder ihre früheren Positionen in Wirtschaft, Industrie und teilweise auch im Staatsdienst einnehmen konnten. Das Ergebnis war bei jenen, die sich nur als unbeteiligte „Mitläufer" betrachteten, ein tiefes Gefühl, ungerecht behandelt worden zu sein. (…) An die Stelle von Einsicht und Umdenken traten Trotz und Verharren im Unrecht, und viele ehemalige Anhänger des Nationalsozialismus verweigerten eine offene Auseinandersetzung mit der Vergangenheit.*
(Malina/Spann, 1938–1988, 1988, S. 30)

Seit 1991: Österreich war nicht nur Opfer – es gab auch viele Täterinnen und Täter

Die Frage der Entschädigung der NS-Opfer blieb viele Jahre ungelöst; vor allem deshalb, weil die österreichischen Regierungen am „Opfermythos" festhielten. Erst im Jahre 1991 gab der damalige Bundeskanzler Franz Vranitzky im Nationalrat eine in aller Welt beachtete Erklärung ab. Erstmals sprach ein Regierungsvertreter offiziell die „Täterrolle" vieler Österreicherinnen und Österreicher während der NS-Herrschaft an.

Q *Es ist unbestritten, dass Österreich im März 1938 Opfer einer militärischen Aggression mit furchtbaren Konsequenzen geworden war: Die unmittelbar einsetzende Verfolgung brachte hunderttausende Menschen unseres Landes in Gefängnisse und Konzentrationslager, lieferte sie der Tötungsmaschinerie des Nazi-Regimes aus, zwang sie zu Flucht und Emigration. Hunderttausende fielen an den Fronten oder wurden von den Bomben erschlagen. Juden, Zigeuner, körperlich oder geistig Behinderte, Homosexuelle, Angehörige von Minderheiten, politisch oder religiös Andersdenkende – sie alle wurden Opfer einer entarteten Ideologie und eines damit verbundenen totalitären Machtanspruchs. Dennoch haben auch viele Österreicher den Anschluss begrüßt, haben das nationalsozialistische Regime gestützt, haben es auf vielen Ebenen der Hierarchie mitgetragen. Viele Österreicher waren an den Unterdrückungsmaßnahmen und Verfolgungen des Dritten Reichs beteiligt, zum Teil an prominenter Stelle. Über eine moralische Mitverantwortung für Taten unserer Bürger können wir uns auch heute nicht hinwegsetzen. (…) Wir bekennen uns zu allen Taten unserer Geschichte und zu den Taten aller Teile unseres Volkes, zu den guten wie zu den bösen; und so wie wir die guten für uns in Anspruch nehmen, haben wir uns für die bösen zu entschuldigen – bei den Überlebenden und bei den Nachkommen der Toten.*
(Vranitzky. Online auf: https://www.parlament.gv.at/PAKT/VHG/XVIII/ NRSITZ/NRSITZ_00035/imfname_142026.pdf, Stenogr. Protokoll, S. 3282f., 13.12.2017)

→ Arbeite die wesentlichen Aussagen dieser Rede heraus. Beurteile die Position, die Vranitzky zur „Täter- und Opferrolle" der österreichischen Bevölkerung einnimmt.

Im Jahr 2000 wurde ein „Versöhnungsfonds" für noch lebende Zwangsarbeiterinnen und Zwangsarbeiter eingerichtet, 2001 ein „Entschädigungsfonds" für die Rückgabe von enteignetem jüdischem Vermögen.

→ Fragen und Arbeitsaufträge

1. Erläutere, warum aus der Moskauer Deklaration ein „Opfermythos" abgeleitet worden ist.
2. Erkläre mögliche Gründe für die Bildung der Konzentrationsregierung im Jahr 1945 und beurteile die Vor- und Nachteile einer solchen Regierungsform.
3. Erörtere, welche Vor- bzw. Nachteile eine Verstaatlichung von wichtigen Unternehmen haben kann.
4. Stelle zusammenfassend die Maßnahmen der Entnazifizierung dar. Erkläre, welche politischen und gesellschaftlichen Probleme damit verbunden waren bzw. sind.

2. Staatsvertrag, Neutralität und Große Koalition

Die Außenpolitik eines besetzten Kleinstaates

In der Moskauer Deklaration des Jahres 1943 legten die alliierten Außenminister der USA, Großbritanniens und der Sowjetunion die Wiederherstellung Österreichs als eines ihrer Kriegsziele fest. Je näher der Sieg über den Nationalsozialismus rückte, desto größer aber wurde ihr gegenseitiges Misstrauen. Es führte bald nach dem Weltkrieg zum Kalten Krieg. Österreich wurde dabei zu einem Spielball der Politik der Großmächte. Obwohl es als befreites Land bezeichnet wurde, gestanden die Besatzungsmächte Österreich erst 1955 die volle Souveränität zu.

Trotz der Beschränkungen durch die Besatzungsmächte bemühte sich schon die erste österreichische Regierung um eine eigenständige Außenpolitik. Dazu zählt besonders die von den Westmächten unterstützte Abweisung jugoslawischer Gebietsansprüche in Kärnten und der Südsteiermark. Jugoslawien fehlte ab 1948 auch die Unterstützung durch die Sowjetunion, weil es zum Bruch zwischen dem kommunistischen jugoslawischen Staatspräsidenten Tito und Stalin gekommen war.

Die „Südtirolfrage"

Österreichs Ansprüche an Italien – die Rückgabe des deutschsprachigen Südtirol – wurden von den Siegermächten abgelehnt. Allerdings erreichte Österreich 1946 ein Abkommen mit Italien zum Schutz der deutschsprechenden Bevölkerung. Es legte u. a. die Rechte hinsichtlich der Verwendung der deutschen Sprache fest.

Q *1. Den deutschsprachigen Einwohnern der Provinz Bozen und der benachbarten zweisprachigen Ortschaften der Provinz Trient wird volle Gleichberechtigung mit den italienischsprachigen Einwohnern (…) zum Schutz des Volkscharakters und der kulturellen und wirtschaftlichen Entwicklung des deutschsprachigen Bevölkerungsteiles zugesichert werden.*
(…) den Staatsbürgern deutscher Sprache [wird] insbesondere Folgendes gewährt werden:
a) Volks- und Mittelschulunterricht in der Muttersprache;
b) Gleichstellung der deutschen und italienischen Sprache in den öffentlichen Ämtern und amtlichen Urkunden sowie bei den zweisprachigen Ortsbezeichnungen;
c) das Recht, die in den letzten Jahren italienisierten Familiennamen wiederherzustellen;
d) Gleichberechtigung hinsichtlich der Einstellung in öffentliche Ämter (…).
2. Der Bevölkerung der oben erwähnten Gebiete wird die Ausübung einer autonomen regionalen Gesetzgebungs- und Vollzugsgewalt gewährt werden (…).
(Zit. nach: Steininger, Die Südtirolfrage, Dokument 1, 1997, S. 497)

■ „Die Vier im Jeep", internationale Patrouille in Wien. Foto, ca. 1950.

→ Nimm Stellung dazu, welche Bedeutung solche Rechte für eine Minderheit in einem Staat haben. Recherchiere, in welchen Staaten der Erde gegenwärtig um solche Regelungen gekämpft wird.

Das Abkommen wurde von Italien nur schleppend und unzureichend erfüllt. In den 1960er Jahren eskalierte deshalb der Konflikt, es erfolgten terroristische Anschläge auf italienische Einrichtungen (u. a. wurden Leitungsmasten gesprengt). 1969 schließlich wurde von beiden Staaten das so genannte „Südtirolpaket" unterschrieben. Es legte die Autonomie Südtirols fest und trat 1972 in Kraft. Die Verhandlungen um seine Erfüllung durch Italien wurden 1992 abgeschlossen.

Der lange Kampf um den Staatsvertrag

Die wichtigsten Ziele der österreichischen Außenpolitik waren der Abzug der Besatzungsmächte und die Erlangung der vollen Souveränität. Obwohl sich Politiker schon ab 1946 darum bemühten, „froren" die Verhandlungen im Zuge des Kalten Krieges ein. Erst Stalins Tod (1953) leitete eine „Tauwetterperiode" ein.

1954 forderte der sowjetische Außenminister Molotow, dass in einem Staatsvertrag die Neutralität Österreichs verankert sein müsse. Das jedoch lehnten die Westmächte strikt ab. Außerdem bestand Molotow auf der weiteren Stationierung alliierter Truppen in Österreich über den Staatsvertrag hinaus bis zum Inkrafttreten eines Friedensvertrages mit Deutschland. Dieser aber schien sich noch lange nicht verwirklichen zu lassen. Die westdeutsche Regierung lehnte nämlich nicht nur das sowjetische Angebot eines bündnisfreien Deutschland ab, sondern beschloss den NATO-Beitritt.

Dennoch wurde im Frühjahr 1955 die österreichische Bundesregierung zu Gesprächen nach Moskau eingeladen. Dort wurde mit dem Moskauer Memorandum im April 1955 der Durchbruch zum Staatsvertrag erzielt. Es enthielt Bestimmungen über die Ablöse für die sowjetischen Unternehmungen in Österreich (u. a. 150 Millionen Dollar in Waren, 2 Millionen Dollar in bar für die Donaudampfschifffahrtsgesellschaft und 10 Millionen Tonnen Erdöl für die Ölfelder und Raffinerien).

Daneben enthielt es auch ein politisches Tauschgeschäft:

– Die Sowjetunion versprach den Abschluss des Staatsvertrages und den Abzug der Truppen aus Österreich.
– Österreich versprach, immerwährend eine Neutralität zu üben, wie sie von der Schweiz gehandhabt wurde.

Nachdem der österreichische Nationalrat diese Abmachungen anerkannt und auch die westlichen Besatzungsmächte zugestimmt hatten, wurde der Vertrag im Mai 1955 in Wien unterzeichnet. Das Ziel war erreicht. Außenminister Figl hat es nach seiner Unterschrift im Schloss Belvedere ausgedrückt: „Österreich ist frei!"

■ Erich Lessing, Nach der Unterzeichnung des Staatsvertrages auf dem Balkon des Wiener Belvedere. Foto, 15. Mai 1955.

Leopold Figl mit dem Staatsvertrag zwischen den Außenministern der Signatarstaaten (von links nach rechts) Pinay (Frankreich), Dulles (USA), Macmillan (Großbritannien) und Molotow (Sowjetunion).

Staatsvertrag und „immerwährende Neutralität"

L Im Staatsvertrag ist von der Neutralität nicht die Rede. Der Zusammenhang zwischen Staatsvertrag und Neutralität ist ein historisch-politischer – mit Blick auf Moskau –, kein rechtlicher. In Artikel 1 heißt es, daß „Österreich als ein souveräner, unabhängiger und demokratischer Staat wiederhergestellt" sei; in Artikel 2 wurde die Wahrung der Unabhängigkeit Österreichs durch die Alliierten und Assoziierten Mächte anerkannt; in Artikel 3 wurde die Anerkennung der Unabhängigkeit Österreichs durch Deutschland bestimmt; der Artikel 4 enthielt das Verbot des Anschlusses von Österreich an Deutschland; in Artikel 5 wurden die Grenzen von Österreich festgeschrieben; in Artikel 6 verpflichtete sich Österreich, die Menschenrechte umfassend einzuhalten; in Artikel 7 wurden die slowenischen und kroatischen Minderheitenrechte festgelegt.
(Steininger, 15. Mai 1955: Der Staatsvertrag, 1997, S. 238f.)

Die Neutralität Österreichs ist nicht im Staatsvertrag festgeschrieben. Die Neutralitätserklärung, obwohl Vorbedingung der Sowjetunion für den Staatsvertrag, sollte von Österreich freiwillig erfolgen, d.h. erst nach Abzug der Besatzungsmächte. Am 26. Oktober 1955 beschloss daher der Nationalrat einstimmig das Bundes-Verfassungsgesetz über die Neutralität der Republik Österreich:

Q (1) Zum Zwecke der dauernden Behauptung seiner Unabhängigkeit nach außen und zum Zwecke der Unverletzlichkeit seines Gebietes erklärt Österreich aus freien Stücken seine immerwährende Neutralität. Österreich wird diese mit allen ihm zu Gebote stehenden Mitteln aufrechterhalten und verteidigen. (2) Österreich wird zur Sicherung dieser Zwecke in aller Zukunft keinen militärischen Bündnissen beitre-

ten und die Errichtung militärischer Stützpunkte fremder Staaten auf seinem Gebiete nicht zulassen.
(Bundesgesetzblatt für die Republik Österreich, Jahrgang 1955, 57. Stück, 211)

Das Völkerrecht unterscheidet zwischen einer „temporären", also in einer bestimmten Konfliktsituation zeitlich begrenzten, und einer „dauernden" Neutralität. Diese beinhaltet besondere Verpflichtungen:

– Das Verbot, einen Krieg zu beginnen.
– Das Verbot der Teilnahme an Kriegen zwischen dritten Staaten.
– Die Pflicht zur Erhaltung und Verteidigung der Unabhängigkeit, der territorialen Integrität und der Neutralität sowie zur Anschaffung der dazu notwendigen Mittel.
– Die Pflicht, jedes Verhalten zu vermeiden, das einen Staat in der Zukunft vielleicht in Konflikt mit seinen Neutralitätspflichten bringen könnte.

„Westintegration" trotz Neutralität

Die wirtschaftliche und politische Anbindung Österreichs an die westlichen Alliierten war schon mit Beginn des Kalten Krieges deutlich: Wirtschaftlich besonders bedeutend war dabei die Einbeziehung Österreichs in den Marshallplan. Politisch bedeutend war sowohl die antikommunistische Haltung der beiden Großparteien als auch die einer großen Bevölkerungsmehrheit. So kommentierte Bundeskanzler Raab am 26. 10. 1955 das gerade beschlossene Neutralitätsgesetz im Nationalrat: Die Neutralität sei militärisch und nicht ideologisch zu verstehen, sie verpflichte den Staat, aber nicht die Staatsbürgerin oder den Staatsbürger.

Dennoch blieben auch nach 1955 geheime Waffenlager des US-Geheimdienstes CIA und des britischen Geheimdienstes MI6 in ihren früheren Besatzungszonen bestehen. Außerdem gab es von österreichischer Seite immer wieder Kontakte zur NATO. Im Ernstfall erhoffte man sich vom österreichischen Bundesheer, es könne die Nord-Süd-Verbindung zwischen den NATO-Staaten Italien und Deutschland gegen einen Vorstoß der kommunistischen Warschauer Pakt-Truppen verteidigen.

Neutralitätspolitik und Landesverteidigung

Schon im Dezember 1955 wurde Österreich als „dauernd neutraler" Staat in die Vereinten Nationen aufgenommen. Nach 1955 fanden die österreichischen Regierungen zu einer eigenständigen Neutralitätspolitik:

– eine aktive Außenpolitik der „guten Dienste": z. B. durch Vermittlung in Konflikten, durch Beteiligung an friedenssichernden Maßnahmen der UNO (die österreichischen „Blauhelme"), als Gastgeber für internationale Organisationen (Wien als UNO-Zentrum).

– eine Stärkung der Abwehrbereitschaft und Abwehrfähigkeit Österreichs. Dazu wurde 1975 die „Umfassende Landesverteidigung" beschlossen:

■ Neben verschiedenen Einsätzen für die UNO und die EU sind österreichische Soldaten seit 1999 auch im Kosovo unter Leitung der NATO stationiert, um dort einen sicheren Wiederaufbau des Landes zu unterstützen. Bundesministerium für Landesverteidigung, Foto, undatiert.

Q Art. 9a. (1) Österreich bekennt sich zur umfassenden Landesverteidigung. Ihre Aufgabe ist es, die Unabhängigkeit nach außen sowie die Unverletzlichkeit und Einheit des Bundesgebietes zu bewahren, insbesondere zur Aufrechterhaltung und Verteidigung der immerwährenden Neutralität. (…)
(2) Zur umfassenden Landesverteidigung gehören die militärische, die geistige, die zivile und die wirtschaftliche Landesverteidigung.
(3) Jeder männliche österreichische Staatsbürger ist wehrpflichtig. Wer aus Gewissensgründen die Erfüllung der Wehrpflicht verweigert und hievon befreit wird, hat einen Ersatzdienst zu leisten. Das Nähere bestimmen die Gesetze
(Umfassende Landesverteidigung. Online auf: http://www.bundesheer. at/pdf_pool/gesetze/verfassungsrecht.pdf, 13. 12. 2017)

Seit dem Endes des Kalten Krieges wird in Österreich über die Abschaffung der Wehrpflicht und die Einführung eines Freiwilligen- bzw. Berufsheeres diskutiert. Im Jahr 2010 sprach sich erstmals ein amtierender Verteidigungsminister für ein Berufsheer aus. Doch die österreichische Bevölkerung stimmte bei einer Volksbefragung im Jahr 2013 mit knapp 60 Prozent für die Beibehaltung der Wehrpflicht.

Neutralität im Wandel

L Bis Mitte der achtziger Jahre blieb die Neutralität Österreichs unter österreichischen Völkerrechts-

experten unumstritten; (…). Nie zuvor ist so viel über die Neutralität Österreichs diskutiert worden wie in den Jahren vor dem Beitritt zur Europäischen Union und in den Jahren unmittelbar vor der Jahrtausendwende. Während die Neutralitätsbefürworter still geworden sind, wurde die Diktion der Neutralitätsgegner, die in den neunziger Jahren den sofortigen NATO-Beitritt forderten, immer radikaler (…).
(Rathkolb, Die paradoxe Republik, 2011, S. 203 f.)

Mehr als zwei Drittel der österreichischen Bevölkerung waren 2010 noch für die Beibehaltung der österreichischen Neutralität. Sie wurde zu einem wesentlichen Merkmal der österreichischen Identität: sowohl als Faktor für den Aufstieg zu einem der reichsten Staaten der Welt als auch für den inneren und äußeren Frieden unseres Landes. Kritische Rechtsexpertinnen und -experten allerdings betrachten die österreichische Neutralität seit dem EU-Beitritt und der Zustimmung zu einer Gemeinsamen Außen- und Sicherheitspolitik als völlig ausgehöhlt. Dennoch ist sie noch immer gültiges Verfassungsgesetz (Stand: 2018).

Vom VdU zur FPÖ

1949 zog der im selben Jahr gegründete VdU (= Verband der Unabhängigen) als vierte Partei in den Nationalrat ein. Er erreichte auf Anhieb einen relativ hohen Stimmenanteil (12 Prozent). Das war darauf zurückzuführen, dass bei diesen Wahlen erstmals auch die „minderbelasteten" Nationalsozialisten (ca. eine halbe Million Personen) stimmberechtigt waren. Diese neue Partei war das Sammelbecken des „nationalen Lagers".
Doch schon 1955 kam das Ende des VdU; in seinem Programm stand nämlich: „Österreich ist ein deutscher Staat. Seine Politik muss dem ganzen deutschen Volk dienen." Das war mit dem Staatsvertrag und dem Neu-

tralitätsgesetz nicht vereinbar. Aus den Resten des VdU entstand im Jahr 1956 die Freiheitliche Partei Österreichs (FPÖ). Sie bekannte sich zwar auch zur „deutschen Volks- und Kulturgemeinschaft", aber ebenso uneingeschränkt zur „Eigenstaatlichkeit Österreichs".

Große Koalition und Sozialpartnerschaft

Kanzler Figl (ÖVP) und Vizekanzler Schärf (SPÖ) führten die 1947 begonnene Große Koalition weiter fort. Trotz der Währungsreform bildete die Inflation nach wie vor ein Problem. Dazu stiegen die Lebenshaltungskosten deutlich stärker als die Löhne. Dies führte zu einer noch stärkeren Bindung zwischen ÖVP und SPÖ: Ab 1947 kam es zur Zusammenarbeit zwischen dem Österreichischen Gewerkschaftsbund (ÖGB) und der Bundeswirtschaftskammer (BWK). Diese vereinbarten ein „1. Preis- und Lohn-Abkommen" zur Stabilisierung der Wirtschaft. Sie begründeten damit die bis heute bestehende Sozialpartnerschaft (S. 196 f.).

Der drohende Generalstreik – ein Putschversuch?

Ende September 1950 war zur Inflationsbekämpfung bereits das „4. Preis- und Lohn-Abkommen" beschlossen worden. Es belastete neuerlich die Arbeitnehmerinnen und Arbeitnehmer. Über 100 000 Menschen nahmen daher an Streiks und Demonstrationen teil, in Ostösterreich gab es auch Straßen- und Eisenbahnblockaden. Den Aufruf der Kommunisten zum Generalstreik am 4. Oktober 1950 erklärten Regierung und ÖGB-Führung als Versuch, „die Demokratie zu stürzen". Polizei und gewerkschaftliche Gegengruppen räumten die von kommunistischen Streikkommandos errichteten Barrikaden sowie die besetzten Elektrizitätswerke und Bahnhöfe. Bereits nach zwei Tagen brach der Streik zusammen. Auch die sowjetische Besatzungsmacht unterstützte die kommunistische Streikbewegung nur teilweise, da auch die sowjetisch verwalteten Betriebe durch die Protestmaßnahmen wirtschaftlich geschädigt wurden.
1994 urteilte der Historiker Ernst Hanisch über dieses Ereignis:

> *Sie [die KPÖ] sah die Chance, über Massenunruhen wieder ins politische Spiel zu kommen, verlorene Positionen in der Gewerkschaft und in der Regierung zurückzuerobern. Genau das aber war auch die Chance von Regierung und Gewerkschaft. Sie antworteten auf die KPÖ-Agitation mit der Parole: Die Kommunisten planen einen Putsch; sie wollen in Österreich eine Volksdemokratie einführen. (...) Der Putschvorwurf war nicht nur eine geschickte Gegenpropaganda; die dahinter stehenden Ängste waren sehr real – lag doch der kommunistische Putsch in Prag erst zwei Jahre zurück.*
>
> *(Hanisch, Der lange Schatten des Staates, 1994, S. 445)*

Der Historiker Oliver Rathkolb meinte dazu im Jahr 2011:

> *Alle vorhandenen Quellen und die (...) wissenschaftlichen Analysen schließen eine derartige Planrichtung [= einen Putschversuch] als unrealistisch aus, doch der „Putschversuch" von 1950 bleibt ein Mythos, der aus (...) der Nachkriegsgeneration nicht wegzudenken ist.*
>
> *(Rathkolb, Die paradoxe Republik, 2011, S. 26)*

Das österreichische „Wirtschaftswunder"

Die ÖVP verfolgte zu Beginn der 1950er Jahre, ähnlich wie in der Ersten Republik, eine strenge staatliche Sparpolitik. Die Folge waren geringe Produktionsziffern und Tausende Arbeitslose (Höchstwert im Februar 1954: 308 000 Menschen).
Doch ab 1953 begann der Wirtschaftsaufschwung, beeinflusst auch von einer weltweiten Konjunkturbelebung. Jetzt konnte auch die Lebensmittelrationierung endgültig aufgehoben werden. Es folgte ein riesiges Investitionsprogramm: Die Wasserkraft wurde ausgebaut (z. B. das Speicherkraftwerk Kaprun), die Eisenbahn auf den wichtigsten Strecken elektrifiziert, der Autobahnbau (Salzburg – Wien) vorangetrieben und die Verstaatlichte Industrie modernisiert. Zehn Jahre nach Kriegsende konnte die Regierungskoalition eine sehr positive Bilanz vorweisen: Die Wirtschaft hatte sich erholt, innenpolitisch herrschte Frieden, hinzu kam noch der lang ersehnte Staatsvertrag.

Krise und Ende der Großen Koalition

Am Beginn der 1960er Jahre leistete die Große Koalition noch gute Arbeit. Die Arbeitslosigkeit sank erstmals unter 100 000. Es wurde in jedem österreichischen Bezirk eine höhere Schule errichtet. Die Koalitionsregierung konnte mit ihrer breiten parlamentarischen Mehrheit auch große staats- und wirtschaftspolitische Aufgaben lösen.
Dennoch zeichnete sich ihr Ende immer deutlicher ab. Mitte der 1960er Jahre waren die Politiker der unmittelbaren Nachkriegszeit gestorben (Raab, Figl, Schärf). Die nächste Politikergeneration war in ihrer Haltung zur Koalition schon sehr gespalten. Die Wahlen im Jahr 1966 brachten der ÖVP die absolute Mehrheit. Sie stellte nun die erste Alleinregierung der Zweiten Republik. Die SPÖ ging in die Opposition.

→ Fragen und Arbeitsaufträge

1. Analysiere und bewerte die unterschiedlichen Interessen von KPÖ, Gewerkschaft und Regierung im Zusammenhang mit den Ereignissen im Oktober 1950.
2. Fasse die wesentlichen Artikel des Staatsvertrages zusammen. Arbeite den rechtlichen Unterschied zwischen Staatsvertrag und Neutralitätsgesetz heraus.
3. Erläutere den Zweck der Neutralität. Interpretiere den Passus „mit allen ihm zu Gebote stehenden Mitteln".
4. Diskutiert in der Klasse: „Österreichische Neutralität heute – pro und kontra".
5. Formuliere Argumente für und gegen die allgemeine Wehrpflicht bzw. für ein Berufsheer sowie für und gegen den Wehrersatzdienst („Zivildienst").

3. Alleinregierungen und die Ära Kreisky

Den Anfang macht die ÖVP (1966–1970)

Während in einigen westlichen Demokratien, wie z. B. in Großbritannien, Alleinregierungen bis heute eine lange Tradition haben, mussten sich in Österreich die beiden Großparteien erst an diese Form des Regierens gewöhnen. Die erste Alleinregierung bildete die ÖVP unter Bundeskanzler Klaus. Ihr gehörte mit Grete Rehor erstmals eine Frau als Ministerin (für Soziale Verwaltung) an. Die wichtigsten Reformen dieser Regierung waren:

■ Pressekonferenz mit PLO-Chef Jassir Arafat (2. v. l.), Bundeskanzler Bruno Kreisky (Mitte) und dem Präsidenten der Sozialistischen Internationale Willy Brandt in Wien. Foto, 1979.

– die Herabsetzung des aktiven Wahlalters auf 19 Jahre;
– ein neues Rundfunkgesetz, das den Einfluss der beiden (Groß-)Parteien auf den ORF verringern sollte;
– die stufenweise Einführung der 40-Stunden-Woche.

Ein außenpolitischer Erfolg war die mit Italien erzielte Einigung in der Frage der Südtiroler Autonomie (1969). Als im August 1968 Warschauer Pakt-Truppen in die Tschechoslowakei einmarschierten, wurde dies im Parlament einstimmig verurteilt. Das bewies, dass in staatspolitisch wichtigen Fragen Regierung und Opposition durchaus eine gemeinsame Haltung einnehmen konnten. Dieses Ereignis schwächte die moskautreue KPÖ weiter, die seit 1959 nicht mehr im Nationalrat vertreten war: Viele Mitglieder verließen die Partei; Funktionärinnen und Funktionäre, die den Einmarsch verurteilten, wurden aus der Partei ausgeschlossen.

SPÖ – die Klassenpartei wird „Volkspartei"

Ein Jahr nach der Wahlniederlage von 1966 wurde Bruno Kreisky neuer Parteiobmann der SPÖ. Er wollte die Partei moderner und offener ausrichten:

Q *So vertrat ich etwa die Auffassung, dass der Gebrauch des Wortes „Arbeiterklasse" nicht mehr zeitgemäß sei. (...) Betrug der Anteil der Arbeiter unter den Lohnabhängigen zunächst weit mehr als die Hälfte, so hat sich dieses Verhältnis umgekehrt. (...) Wollte die sozialistische Partei in Österreich neue Wählerschichten erschließen, musste dieser Entwicklung Rechnung getragen werden. (...) Die Partei musste sich öffnen, freilich nicht nur in Richtung auf die Angestellten. Es galt, auch anderen gesellschaftli-*

chen Gruppen verstärkte Aufmerksamkeit zuzuwenden, vor allem den Bauern.
(Kreisky, Im Strom der Politik, 1988, S. 400 f., 405 f.)

Auch die Gegnerschaft Kirche und SPÖ war beendet worden: Schon 1945 hatte die Bischofskonferenz erklärt, sich nicht mehr – wie in der Ersten Republik – an eine politische Partei zu binden. Im Sozialhirtenbrief des Jahres 1956 würdigten die Bischöfe sogar die Leistungen der gemäßigten Sozialisten für eine gerechtere Gesellschaftsordnung.

Umgekehrt las man im SPÖ-Programm von 1958: „Jeder religiöse Mensch kann gleichzeitig auch Sozialist sein." Eine solche Aussage wäre in der Ersten Republik unvorstellbar gewesen. Diese breite Öffnung der Partei kam der SPÖ bei den Wahlen 1970 ebenso zugute wie ein „Wahlzuckerl" für männliche Jungwähler: die Verkürzung der Wehrdienstzeit von neun auf sechs Monate plus 60 Tage Waffenübungen.

Die Minderheitsregierung Kreisky – bis heute ein Einzelfall (1970/71)

Die Wahlen von 1970 bedeuteten für die ÖVP nach 25 Jahren das Ende der Kanzlerschaft. Nur mit einer relativen Mehrheit ausgestattet bildete Bruno Kreisky mit Duldung der FPÖ die erste und bisher einzige Minderheitsregierung seit Bestehen der Republik Österreich. Für diese Unterstützung bekam die kleine Oppositionspartei FPÖ eine Wahlrechtsreform: Die Anzahl der Abgeordneten wurde von 165 auf 183 erhöht, wodurch auch kleinere Parteien leichter in den Nationalrat einziehen bzw. mehr Mandate erreichen konnten. Da aber ein Minderheitskabinett nur beschränkt handlungsfähig ist, drängte Kanzler Kreisky auf „klare Verhältnisse" durch Neuwahlen im Jahre 1971.

„Lasst Kreisky und sein Team arbeiten" – 12 Jahre sozialistische Alleinregierung

Die SPÖ feierte bei den Neuwahlen einen bis dahin nie erreichten Erfolg – die absolute Mandatsmehrheit im Nationalrat. Es gelang Kreisky, diesen Erfolg noch zweimal zu wiederholen (1975, 1979). Nun konnte er das groß angekündigte Programm der Neugestaltung Österreichs und den Aufbruch zur „Europareife" in Angriff nehmen.

Als wichtigste Reformen der 1970er Jahre gelten:

- die Einführung einer Geburten- und Heiratsbeihilfe;
- die Einführung von Schüler/innenfreifahrt, kostenlosen Schulbüchern sowie die Abschaffung der Studiengebühren;
- ein demokratisches Schulunterrichts- und Universitätsorganisationsgesetz;
- ein Arbeitsverfassungsgesetz, das die betriebliche Mitbestimmung der Arbeitnehmer/innen verbesserte;
- das Gleichbehandlungsgesetz, das Frauen gleichen Lohn wie Männern bei gleicher Tätigkeit garantieren soll;
- der Ausbau des Bundesheeres zum Milizheer sowie die Einführung des Zivildienstes;
- die Einführung des vierwöchigen Mindest- und des Pflegeurlaubs;
- die Einführung der Volksanwaltschaft als Kontrollorgan;
- ein Konsumentenschutzgesetz, das üble Verkaufspraktiken verhindern soll;
- die Fusion der gesamten staatlichen Industrie;
- ein neues Familienrecht, das den Frauen gesetzlich die volle Gleichberechtigung in der Ehe brachte;
- ein neues Scheidungsrecht.

Der größte Teil der neuen Gesetze wurde im Nationalrat einstimmig beschlossen. Das neue Strafrecht aber lehnten ÖVP und FPÖ ab. Streitpunkt war die Einführung der „Fristenlösung". Sie sieht unter bestimmten Bedingungen den straffreien Schwangerschaftsabbruch während der ersten drei Schwangerschaftsmonate vor. Auch das Volksbegehren der „Aktion Leben" (mit fast 900 000 Unterschriften) führte zu keiner Änderung dieses Gesetzes, das auch heute noch Rechtskraft hat.

Der Streit um das AKW Zwentendorf

Ein großes innenpolitisches Streitthema bildete im Jahre 1978 das neu errichtete Kernkraftwerk im niederösterreichischen Zwentendorf. SPÖ, ÖVP sowie führende Vertreter von Gewerkschaft und Industrie waren, dem damaligen internationalen Trend entsprechend, für die Nutzung der Kernenergie. Doch spontan gebildete Bürgerinitiativen, die Vorläufer der Grünen sowie engagierte AKW-Gegnerinnen und -Gegner aus allen Parteien bezweifelten die Nützlichkeit und Sicherheit von Atomkraftwerken und brachten eine breite öffentliche Diskussion darüber in Gang.

Der Streit führte zu einer Volksabstimmung über die Kernkraftnutzung, bei der die Gegnerinnen und Gegner mit 50,5 Prozent knapp siegten. Daraufhin beschloss der Nationalrat ein „Atomsperrgesetz" im Verfassungsrang, das die Nutzung der Kernenergie in Österreich verbietet.

„Lieber Schulden als Arbeitslose"

Nach Jahren der Hochkonjunktur führte ein „Ölpreisschock" (1973) zu einer weltweiten Wirtschaftskrise. Kreisky meinte zur Behebung der Krise in Österreich sinngemäß: „Lieber ein paar Milliarden Schulden als ein paar Hunderttausend Arbeitslose!" Diese Wirtschaftspolitik, später als „Austro-Keynesianismus" bezeichnet, war klar auf Vollbeschäftigung ausgerichtet. Dabei wurden bewusst ein steigendes Budgetdefizit sowie eine höhere Staatsverschuldung (1970: 3,42 Mrd., 1979: 16,78 Mrd. Euro) in Kauf genommen (= „deficit spending").

Dafür aber wies Österreich in den 1970er Jahren gemeinsam mit der Schweiz die geringste Arbeitslosenrate in Europa auf (ca. 2 Prozent). Dazu hatte es eine harte Währung, eine geringere Inflation und ein höheres Wirtschaftswachstum als die anderen europäischen Industriestaaten. Gemessen am Bruttoinlandsprodukt (BIP) je Einwohner/in lag Österreich 1980 bereits an der 16. Stelle der Weltrangliste (1988: 18. Stelle). Nach einem neuerlichen Wirtschaftseinbruch 1980/81 stiegen das Budgetdefizit (1981: 2,6 Prozent; 1986: 5,1 Prozent) und damit auch die Staatsschulden deutlich an.

■ Demonstration gegen die Inbetriebnahme des AKW Zwentendorf (NÖ). Foto, 1977.

→ Fragen und Arbeitsaufträge

1. Fasse die wesentlichen Reformen Kreiskys in seiner Partei und in der Regierung zusammen.

Erstellen verschiedener Darstellungen der Vergangenheit in verschiedenen medialen Formen zur gleichen Materialgrundlage (Quellen, Darstellungen) erproben

4. Die Ära Kreisky

Auf dieser Doppelseite sollst du deine Historische Methodenkompetenz erweitern. Mit Hilfe des Autorentextes auf S. 172 f. und der Materialien, die auf dieser Doppelseite angeführt sind, sollst du über die Politik in der Ära Kreisky bzw. über seine Person Darstellungen in verschiedenen medialen Formen erarbeiten.

M1 **Der Historiker Oliver Rathkolb über die Ära Kreisky:**

Zwei prägende Elemente sind im öffentlichen Gedächtnis in Österreich über die Kreisky-Alleinregierung 1970–1983 präsent: internationale Anerkennung und Reputation [= Ansehen] für einen neutralen Kleinstaat und seinen außenpolitisch höchst aktiven Bundeskanzler sowie Schuldenpolitik. (...)
Grundsätzlich muss darauf hingewiesen werden, dass es den Austro-Keynesianismus als wirtschaftspolitische Strategie (...) 1970 nicht gab. (...) Vor allem in den ersten Jahren nach 1970 wurden hingegen Transferleistungen (Schulfreifahrten, kostenlose Schulbücher, kostenlose Mutter-Kind-Untersuchungen, Heiratsbeihilfe) geschaffen, um die niedrigen Einkommen zu entlasten. Gleichzeitig wurden aber alle Einkommen dadurch erhöht, dass diese Maßnahmen nicht sozial gestaffelt waren (...).
Die Phase eins des Deficit Spending in der Regierung Kreisky II nach 1973 war eine wirtschaftspolitische Reaktion auf den ersten Erdölpreisschock 1973 und entsprach keineswegs sozialistischen Planungen. (...)
Ein zweiter Effekt des Deficit Spending (...) betraf die „Modernisierung" der österreichischen Wirtschaft. (...) Die 1970er Jahre sind jene Jahre in der österreichischen Volkswirtschaft, in der die meisten Infrastrukturmaßnahmen (Verkehrswege, Schulen, Krankenhäuser, Wohnanlagen) gesetzt wurden, auf denen noch heute unsere Wirtschaft aufbaut. (...) In der Perzeption [= Wahrnehmung] der 1970er Jahre dominierte die Vorstellung, dass mit dem Deficit Spending Arbeitsplätze „erkauft" würden; unberücksichtigt blieb, dass ja auch langlebige Investitionen geschaffen wurden. (...) Das wesentliche Problem der Jahre ab 1978 war sicherlich, dass es weder im Verstaatlichtenbereich noch in der Privatwirtschaft gelang, auf die ersten deutlichen Anzeichen der Globalisierung und des Endes nationaler und europäischer „Inselwirtschaft" (...) entsprechend aktiv zu reagieren.

(Rathkolb, Die paradoxe Republik, 2011, S. 95–100)

M2 **Die Journalisten Hermann Sileitsch (2011) und Robert Poth (2003) über Kreiskys „Schuldenpolitik":**

Keine andere Kanzlerschaft ist im öffentlichen Bewusstsein so einseitig verankert wie (...) die Ära Bruno Kreiskys. Schuld ist daran ein legendäres Zitat: jene „paar Milliarden (Schilling) Schulden" mehr, die
dem Kanzler weniger schlaflose Nächte bereiten würden „als ein paar hunderttausend Arbeitslose".

(Sileitsch, Austro-Keynesianer wider Willen. Online auf: https://www.wienerzeitung.at/nachrichten/archiv/30599_Austro-Keynesianer-wider-Willen.html, 13. 4. 2018)

Der Kreisky war schuld! An der hohen Staatsverschuldung nämlich, das glauben sogar SozialdemokratInnen. Betrachtet man allerdings die Entwicklung der Finanzschulden des Bundes seit der ersten Regierung Kreisky 1970 (Minderheitsregierung) bis zum Antritt des ersten Schüssel-Kabinetts 2000, kommt man zum gegenteiligen Ergebnis: In den Jahren der Kreisky-Alleinregierungen war sowohl das Nettodefizit des Budgets wie der prozentuelle Anstieg der Gesamtverschuldung im Schnitt am niedrigsten.

(Poth, Nix Kreisky. Online auf: https://rpoth.at/schulden.html, 13. 4. 2018)

M3 **Kreisky, der Journalisten- und Medienkanzler:**

Bruno Kreisky revolutionierte den Umgang von Politikern mit Medien und Journalisten. Er begründete ein neues Verhältnis zu Journalisten und erkannte früh die Bedeutung des Fernsehens, um seine politischen Botschaften an das Wahlvolk zu bringen. Viele sehen nicht zuletzt darin eines der Geheimnisse für seinen Erfolg. (...)
Egal ob Befürworter oder Gegner – nur die wenigsten Journalisten können sich der Faszination Bruno Kreiskys entziehen. Wohl nicht zuletzt deshalb, weil er ihnen das Gefühl vermittelt, sie ernst zu nehmen, und einen offenen, manchmal fast freundschaftlichen Umgang mit den Journalisten pflegt. In den 70er Jahren war das ein absolutes Novum, erinnert sich [der Journalist] Gerhard Steininger: „Um ein Interview von (Kreisky-Vorgänger ÖVP-Bundeskanzler) Klaus zu bekommen, war es ein Staatsakt. (...) [Kreisky] hat akzeptiert, dass Journalisten mit ihren Quellen reden müssen, und hat sich auch in der Regel dazu bereit erklärt. (...)
Auch die berühmte Floskel: „Ich bin der Meinung, ..." und den langsamen Sprachduktus entlarvt Hausjell als rhetorischen Trick: Das zeige, dass sich der Redner die nötige Zeit nimmt, um zu überlegen, was er als wesentliche Informationen überbringen wolle. Bruno Kreisky gelingt es, im Zusammenspiel mit den Journalisten die öffentliche Meinung zu seinen Gunsten zu steuern. Bald werden ihm die Beinamen Journalistenkanzler, Medienkanzler, großer Zampano gegeben. Kreisky habe die Medien nicht als Bedrohung gesehen, sondern als Chance, sagt Kommunikationswissenschaftler Fritz Hausjell.

(Kreisky, der Journalistenkanzler. Online auf: http://oe1.orf.at/artikel/267499, 13. 4. 2018)

M4 Kreisky – ein beliebtes Objekt für Karikaturisten:

„Er war vielleicht der erste, der für die Karikaturisten so interessant war: durch das Gesicht, durch sein Auftreten, durch seine Bildung, durch seine Eloquenz. Das waren lauter Dinge, die Bruno Kreisky ausgezeichnet haben, und daher wurde er auch oft gezeichnet", sagt [der als „Ironimus" bekannte Karikaturist; Anm. d. A.] Gustav Peichl.

Gezählte 450 Mal wurde Bruno Kreisky von Ironimus gezeichnet. Mit wenigen Federstrichen brachte er die unverwechselbare Physiognomie des Kanzlers zu Papier: eine große Nase, darauf eine tief sitzende Brille, das Haar, das Haar, das sich an der Stirn bereits lichtet, kräuselt sich im Nacken. Wahlweise grantig oder mit einem diabolischen Grinsen setzt Ironimus den Staatsmann in Szene. Den viel zitierten „Sozialisten im Nadelstreif", dessen Vorliebe für Maßanzüge und Maßschuhe legendär ist, karikiert Ironimus häufig als „roten Monarchen". Für diesen „roten Monarchen" interessiert man sich über die Grenzen des Landes hinaus. (...)

Als „Reformkanzler" wollte Bruno Kreisky wahrgenommen werden. Ironimus präsentierte ihn im Gegensatz dazu oft als österreichischen Sonnenkönig mit Krönchen, das eher an die Kopfbedeckung eines Faschingsprinzen erinnert. Auch wenn er über diese Darstellung nicht immer erfreut gewesen sein mag, sei sich Kreisky der Bedeutung der Karikatur immer bewusst gewesen, sagt Gustav Peichl: „Er war ja ein Anhänger der Karikatur, weil er wusste, dass jede Karikatur – auch wenn sie nicht so freundlich war – zur Popularität eines Politikers beiträgt."

Wie wohl kein zweites Mal in der Geschichte der Zweiten Republik erlebte die österreichische Gesellschaft in den 1970er Jahren einen Reform- und Modernisierungsschub. Von der Liberalisierung des Familienrechts bis hin zu bildungspolitischen Weichenstellungen bleibt in dieser Dekade kein Stein auf dem anderen. Dass Zeiten des politischen Aufbruchs Karikaturisten besonders viel Stoff bieten, ist aus der Geschichte bekannt.

(Kreisky zum Schmunzeln. Online auf: http://oe1.orf.at/artikel/ 266823, 13. 4. 2018)

M5 Kreisky auf Filmmaterial:

Ausführliche Biografie (65`):
https://www.youtube.com/watch?v=5w3uIoFuIes

Kreiskys Verhältnis zu den Medien (2,15`):
https://www.youtube.com/watch?v=_WlwV7BX_QY

Best of Kreisky (15`):
https://www.youtube.com/watch?v=cR5xK0n0oYU

Umfassende Darstellung der Ära Kreisky und seiner Person in: Menschen und Mächte Spezial (jeweils ca. 15`):
https://www.youtube.com/watch?v=3XutBNNUnCY

M6 Kreisky – Medienkanzler, Außenpolitiker, „Monarch" (mit Finanzminister Androsch und Außenminister Gratz):

■ Ironimus/Gustav Peichl, Karikatur „König und Kronprinzen" (1974). Die linke Puppe stellt den damaligen Finanzminister (von 1970–1981) und Vizekanzler (1976–1981) Hannes Androsch dar, die rechte den Unterrichtsminister (1970/71) und Wiener Bürgermeister (1973–1984) Leopold Gratz.

■ Ironimus/Gustav Peichl, Karikatur „Kreisky ist der Größte" (1984), präsentiert im Rahmen der Ausstellung „Der wahre Kreisky" im Jahr 2011 in Krems.

→ Fragen und Arbeitsaufträge

1. Bildet Kleingruppen. Ordnet anschließend das auf dieser Doppelseite und im Autorentext (S. 172 f.) zur Verfügung gestellte Material folgenden Themen zu:
   a) Biografie Kreiskys;
   b) Kreisky als „Medienkanzler";
   c) Kreisky als Außenpolitiker;
   d) Die Reformpolitik in der Ära Kreisky

2. Untersucht die Materialien hinsichtlich ihrer Verwendbarkeit für die genannten Themen zur Erstellung
   – eines Kommentars (vgl. Deutsch-Maturatextsorte);
   – eines ausführlichen Lexikon-Eintrages;
   – einer illustrierten Wandzeitung;
   – eines Videoclips (Länge: 2 bis 3 Minuten).

3. Wählt in einem nächsten Schritt aus, mit welchen der vier medialen Formen ihr die vier Themen darstellen wollt.

4. Nützt für die Darstellungen das angebotene Material und ergänzt es nötigenfalls durch eigene Recherche.

5. Präsentiert eure Darstellungen in der Klasse.
   Vergleicht die unterschiedlichen Ergebnisse.

5. Die Regierungen seit den 1980er Jahren und der EU-Beitritt

Erstmals eine Kleine Koalition (SPÖ-FPÖ)

Bei den Nationalratswahlen von 1983 verlor Kreisky die absolute Mehrheit und trat deshalb als Bundeskanzler zurück. Dieses Amt übernahm nun sein bisheriger Vizekanzler Fred Sinowatz. Er bildete mit der FPÖ erstmals eine Kleine Koalition.

1983 trat außerdem zum ersten Mal die „Grünbewegung" an, gleich mit zwei Parteien. Ihre Anhängerinnen und Anhänger kamen aus verschiedenen ideologischen Lagern. Sie waren zum Teil „Protestwählerinnen" und „Protestwähler", zum Teil vertraten sie besonders Umweltschutzinteressen oder alternative Werthaltungen. Doch es gelang den „Grünen" 1983 noch nicht, in den Nationalrat einzuziehen.

Wieder Große Koalitionen (1986–1999)

1986 löste Franz Vranitzky Fred Sinowatz als Kanzler ab. Er beendete die Kleine Koalition, als in der FPÖ der deutsch-national ausgerichtete Jörg Haider neuer Parteiobmann wurde. Gewinner der vorgezogenen Wahlen waren die „Kleinen": Die Haider-FPÖ konnte ihre Stimmen fast verdoppeln. Und die diesmal gemeinsam kandidierende „Grüne Alternative" schaffte erstmals den Sprung in den Nationalrat.

Stärkste Partei blieb trotz großer Verluste wieder die SPÖ. Vranitzky bildete mit der ebenfalls verlierenden ÖVP wieder eine Große Koalition. Er leitete als Bundeskanzler fünf SPÖ-ÖVP-Regierungen. 1997 folgte ihm Viktor Klima als Bundeskanzler und SPÖ-Chef.

Die „Großen" verlieren – der Aufstieg der FPÖ

Die Große Koalition wurde bis 1999 fortgeführt, obwohl die beiden Großparteien bei jeder Wahl empfindliche Verluste erlitten. Die ÖVP sank von 43 Prozent (1983) bis zum Jahr 1999 auf einen historischen Tiefstand von 27 Prozent ab, die SPÖ von 47 Prozent (1983) auf 33 Prozent (1999).

Die FPÖ mit ihrem Obmann Jörg Haider dagegen gewann bei jeder Wahl: Ihr Stimmenanteil wuchs von 5 Prozent (1983) auf 27 Prozent (1999) an. Damit war die FPÖ erstmals zweitstärkste Partei im Nationalrat, obwohl sich 1993 der liberale Flügel der FPÖ abgespalten und eine eigene Partei, das Liberale Forum (LIF), gegründet hatte. Das LIF war allerdings nur von 1994 bis 1999 im Nationalrat mit 6 Prozent vertreten.

Die Grünen festigten seit 1994 ihre Position als Kleinpartei. Sie erreichten 2013 mit 12 Prozent ihr bestes Ergebnis, ehe sie 2018 aus dem Nationalrat ausschieden.

Die erste ÖVP-FPÖ/BZÖ-Koalition

Die Nationalratswahlen von 1999 brachten das Ende von 14 Jahren Großer Koalition. Obwohl die SPÖ die deutlich stärkste Partei blieb, stellte die ÖVP als drittstärkste Partei nach dreißig Jahren mit Wolfgang Schüssel wieder den Bundeskanzler in einer „kleinen" ÖVP-FPÖ-Koalition. Die SPÖ schied nach 30 Jahren aus der Regierung aus.

Schon 2002 zerbrach die ÖVP-FPÖ-Koalition nach FPÖ-internen Konflikten. Die Neuwahlen brachten einen großen Erfolg für die ÖVP – sie wurde erstmals seit 1966 wieder stärkste Partei im Nationalrat. Die ÖVP erneuerte ihre Regierungskoalition mit der FPÖ, die jedoch von 27 Prozent auf 10 Prozent Stimmenanteil abfiel.

Auch bei den folgenden Landtags- und Gemeinderatswahlen verlor die FPÖ, außer in Kärnten, viele Wählerstimmen. Nach innerparteilichen Richtungskämpfen wurde 2005 unter Führung des damaligen Kärntner Landeshauptmanns Haider das „Bündnis Zukunft Österreich" (BZÖ) gegründet. Alle FPÖ-Regierungsmitglieder und die meisten Nationalratsabgeordneten schlossen sich dem BZÖ an. Neuer Obmann der FPÖ wurde Heinz-Christian Strache.

Große Koalitionen von 2007 bis 2017

Nach den Nationalratswahlen 2006 folgten wieder elf Jahre lang Große Koalitionen mit SPÖ-Bundeskanzlern: Den Anfang machten Alfred Gusenbauer (SPÖ) und Vizekanzler Wilhelm Molterer (ÖVP), der aber schon nach zwei Jahren diese Zusammenarbeit beendete. Bei den Neuwahlen 2008, bei denen erstmals auch die Sechzehnjährigen wahlberechtigt waren, verloren die beiden Regierungsparteien viele Stimmen. Dennoch setzten sie unter Bundeskanzler Werner Faymann sowie den Vizekanzlern Josef Pröll und Michael Spindelegger die Große Koalition fort. Sie dauerte, wegen der Verlängerung der Legislaturperiode, volle fünf Jahre.

Bei den Nationalratswahlen 2013 erzielten SPÖ (mit 26,8 Prozent) und ÖVP (mit 24 Prozent) ihr jeweils schlechtestes Ergebnis seit Beginn der Zweiten Republik. Dennoch bildeten sie wieder eine Große Koalition. Dabei löste Christian Kern im Jahr 2016 Bundeskanzler Faymann ab. In der ÖVP übernahm schon 2014 Reinhold Mitterlehner das Amt des Vizekanzlers und Parteichefs. Drei Jahre später trat er von allen politischen Ämtern zurück. Sein Nachfolger als ÖVP-Parteichef wurde der damals erst dreißigjährige Außenminister Sebastian Kurz. Er forderte sofort Neuwahlen.

Die „türkis-blaue" Regierung seit 2017

Die „türkise" Liste „Sebastian Kurz – die neue Volkspartei" ging aus den Neuwahlen 2017 als klare Siegerin hervor (31,5 Prozent). Sie bildete mit der FPÖ eine Koalitionsregierung mit Kurz als Bundeskanzler und Strache als Vizekanzler. Die FPÖ erreichte mit 26 Prozent das zweitbeste Wahlergebnis seit ihrem Bestehen. Das BZÖ und das Team Stronach (Liste FRANK) traten zur Wahl nicht mehr an. Die NEOS schafften zum zweiten Mal den Einzug in den Nationalrat (5,4 Prozent). Das blieb den Grünen nach 30 Jahren Anwesenheit im Nationalrat verwehrt. Dagegen ist die Liste „Pilz" (seit 2018 „JETZT"), eine Abspaltung der Grünen, als kleinste Partei mit acht Abgeordneten seit 2017 dort vertreten (vgl. S. 190 ff.).

Österreichs Bundespräsidenten

1945 wurde der Chef der Provisorischen Regierung, Karl Renner, noch von der Bundesversammlung (Nationalrat und Bundesrat) zum Bundespräsidenten gewählt. Seit 1951 aber wählt das Volk den Bundespräsidenten, wie es in der Verfassungsnovelle von 1929 festgelegt ist. Nachfolger Renners wurde Theodor Körner, ihm folgten Adolf Schärf (1957) und Franz Jonas (1965, Wiederwahl 1971). Von 1974 bis 1986 übte der parteilose Außenminister der Regierung Kreisky, Rudolf Kirchschläger, das Präsidentenamt aus. Sein Nachfolger wurde 1986 der parteilose ÖVP-Kandidat Kurt Waldheim, von 1971 bis 1981 Generalsekretär der UNO. Er hatte über seine Vergangenheit während des NS-Regimes und als Offizier im Zweiten Weltkrieg Tatsachen verschwiegen und selbst alle Anschuldigungen zurückgewiesen ("Ich habe nur meine Pflicht getan!"). Waldheim konnten keine Kriegsverbrechen nachgewiesen werden. Aber er blieb als Bundespräsident außenpolitisch weitgehend isoliert. Die "Waldheim-Affäre" wirkte jedoch auch in Österreich nach: Es gab nun erstmals eine offener geführte Diskussion über die Täterrolle von Österreicherinnen und Österreichern während der NS-Herrschaft.

Waldheims Nachfolger wurde 1992 wieder ein ÖVP-Kandidat, der Spitzendiplomat Thomas Klestil. Ihm folgte 2004 für zwölf Jahre der langjährige SPÖ-Nationalratspräsident Heinz Fischer. Seit 2017 übt der frühere Bundessprecher der Grünen, Alexander Van der Bellen, das Amt des Bundespräsidenten aus.

Österreich und die EU

Österreich konnte aus Neutralitätsgründen nicht der 1957 gegründeten Europäischen Wirtschaftsgemeinschaft (EWG) beitreten. Daher schloss es sich 1960 mit anderen Ländern zur Europäischen Freihandelsassoziation (EFTA) zusammen. Das Ziel der 1993 entstandenen Europäischen Union (EU) war neben der Errichtung eines gemeinsamen Wirtschaftsraumes (EWR, 1994) auch eine politische Gemeinschaft.

Seit Mitte der 1980er Jahre suchte Österreich den Anschluss an die EG, denn sie – besonders Deutschland – war Österreichs wichtigster Wirtschaftspartner. Als auch die Sowjetunion kein Veto mehr einlegte, stellte Österreich im Jahr 1989 den Beitrittsantrag. Dieser erfolgte allerdings mit dem von der SPÖ geforderten Vorbehalt, auch als EG-(EU-)Mitglied die Neutralität beibehalten zu können. Nachdem das Europäische Parlament der Erweiterung der EU zugestimmt hatte, gab es in Österreich 1994 eine Volksabstimmung über den Beitritt zur Europäischen Union: Nach einem "heißen" Wahlkampf (SPÖ, ÖVP und LIF waren für, FPÖ und Grüne gegen den Beitritt) stimmten schließlich 66,58 Prozent mit Ja. Seit 1. Jänner 1995 ist Österreich daher Mitglied der EU. Mit dem EU-Beitritt bekam Österreich Beobachterstatus im Defensivbündnis "Westeuropäische Union" (WEU) und trat auch der "NATO-Partnerschaft für den Frieden" bei (1995). Dreimal übernahm Österreich bisher die EU-Ratspräsidentschaft (1998, 2006, 2018).

Österreich führte ab 2002 auch die derzeit von 19 Staaten verwendete Euro-Währung ein (Stand: 2018).

Die Einstellung der österreichischen Bevölkerung zur EU unterlag Schwankungen: Vor allem die Erweiterungen (2004, 2007) bewirkten anfangs eine stärkere EU-Skepsis bzw. -Ablehnung. Nach wie vor misstraut eine Mehrheit der österreichischen Bevölkerung der EU als Ganzes (55 Prozent), aber gleichzeitig sehen 58 Prozent die Zukunft der EU positiv (vgl. "Eurobarometer" 2017).

Eine andere Umfrage wiederum stellte im selben Jahr fest, dass "57 Prozent der Österreicher (…) der Aussage zu(stimmten), dass die EU von heimischen Politikern oft als Sündenbock verwendet werde, 'um von eigenen Schwächen abzulenken'". (Online auf: http://www.noen.at/in-ausland/oesterreich-mehrheit-lobt-verbindende-rolle-der-eu-asyl-eu-europaeische-union-int-beziehungen-migration-wien/74.343.119, 5.12.2018)

Die internationale Stellung Österreichs

Nach dem Staatsvertrag (1955) begann für Österreich eine neue Periode der Außenpolitik. Es trat der UNO (1955) und dem Europarat (1956) bei und betrieb eine aktive Neutralitätspolitik. Es engagierte sich in der Entspannungspolitik, vor allem im Ost-West-Konflikt. So fand 1961 in Wien das erste Gipfeltreffen nach dem Zweiten Weltkrieg zwischen einem amerikanischen Präsidenten (Kennedy) und einem sowjetischen Regierungschef (Chruschtschow) statt.

Österreich leistete mehrmals humanitäre Hilfe im Dienste der UNO und erhielt auch internationale Anerkennung als Asylland: Nach der gescheiterten Revolution in Ungarn (1956) wurden etwa 180 000 bis 200 000 Flüchtlinge und nach dem Einmarsch der Warschauer Pakt-Truppen in die Tschechoslowakei (1968) etwa 100 000 Flüchtlinge (zum Teil vorübergehend) in Österreich aufgenommen. Auch in Folge des Jugoslawienkrieges fanden zwischen 1991 und 1996 85 000 Flüchtlinge in Österreich Zuflucht. 2015/16 wurden in Österreich ca. 130 000 Asylanträge gestellt. Fluchtgründe waren vor allem die Kriege im Nahen und Mittleren Osten sowie kriegerische Auseinandersetzungen und schlechte wirtschaftliche Verhältnisse in vielen afrikanischen Staaten.

Seit den 1960er Jahren waren bzw. sind bis heute österreichische UNO-Soldaten zur Friedenserhaltung in Krisengebieten tätig (z.B. Golanhöhen, Kosovo, Libanon).

In Wien ist seit 1979 auch die UNO beheimatet. Wien ist Sitz der Internationalen Atomenergie-Agentur (IAEO) und der Organisation für Industrielle Entwicklung (UNIDO). Wien ist seit 1965 auch Sitz der OPEC (= Organisation of the Petroleum Exporting Countries). Österreich führte 2000 und 2017 den Vorsitz in der OSZE (= Organisation für Sicherheit und Zusammenarbeit in Europa, S. 245), die ihren Sitz ebenfalls in Wien hat.

> → **Fragen und Arbeitsaufträge**

1. Skizziere die internationale Stellung Österreichs seit 1955.

6. Neutralität und Neutralitätspolitik

Mit den Arbeitsaufgaben in diesem Kapitel kannst du deine Historische Sachkompetenz erweitern. 1907 wurde in Haag das bis heute völkerrechtlich verbindliche „Übereinkommen betreffend neutraler Staaten" geschlossen. Davon ausgehend sollst du am österreichischen Beispiel die Begriffe „Neutralität" und „Neutralitätspolitik" anwenden lernen: bei der Entwicklung der Neutralitätspolitik seit 1955 und bei der unterschiedlichen Auslegung dieses völkerrechtlichen Begriffes.

M1 **Übereinkommen über „Rechte und Pflichten der neutralen Mächte" (2. Haager Konferenz, 1907):**

Neutrale Staaten dürfen den Kriegführenden keine Truppen und Operationsbasen zur Verfügung stellen oder ihnen den Durchmarsch gestatten; sie verpflichten sich, neutralitätswidrige Handlungen Kriegführender auf ihrem Gebiet (militärisch) abzuwehren; wird ein neutraler Staat angegriffen, ist er vom Bündnisverbot befreit.

(Online auf: http://www.gesetze.ch/sr/0.515.21/0.515.21_000.htm, 9. 4. 2018; zusammengefasst und vereinfacht d. A.)

M2 **Österreichische Neutralitätspolitik:**

Darunter versteht man die Ziele und Handlungsweisen, mit denen die österreichischen Regierungen das Verfassungsgesetz über die „immerwährende Neutralität" seit 1955 in der politischen Praxis umgesetzt haben. Sie veränderte sich im Laufe der Zeit.
Im Gegensatz dazu ist „Neutralität" ein völkerrechtlich definierter Begriff, der im Fall eines internationalen Konfliktes zur Anwendung kommt.

(Autorentext)

M3 **Der Politikwissenschafter und Offizier Gunther Hauser über Neutralität und Sicherheitspolitik:**

Österreichs Sicherheitspolitik zwischen Neutralität und Solidarität

Die Neutralität war für Österreich 1955 der Preis für die Wiedererlangung seiner Souveränität (…). Nach dem Fall der Berliner Mauer am 9. November 1989 (…) veränderten sich der Sinn und Stellenwert der Neutralität Österreichs. (…) Durch die Beitritte in die Europäische Union und in die NATO-Partnerschaft für den Frieden 1995 war die Neutralität völkerrechtlich und verfassungsrechtlich äußerst eingeschränkt und ist heutzutage sowohl faktisch als auch mittlerweile rechtlich kaum mehr gegeben.

Das Verständnis der österreichischen Neutralität

Die Neutralität – anfangs vom Großteil der österreichischen Bevölkerung abgelehnt – wurde ab 1955 schrittweise zu einem Bestandteil des österreichischen Selbstwertgefühls. (…) Die österreichische Linie war die der aktiven Neutralitätspolitik. Das hieß:

Die militärische Blockfreiheit bei gleichzeitiger weitest möglicher Integration in die UNO sowie in die entstehenden westeuropäischen Strukturen (…).

Neutralität und UNO-Mitgliedschaft

[Die UNO-Mitgliedschaft] bedeutet (…) Unterstützung und Mitwirkung an politischen, wirtschaftlichen und militärischen Sanktionen, falls der Sicherheitsrat diese einleitet. (…)
Zudem verpflichtet die UNO-Satzung (…) zu kollektivem Beistand, falls ein Mitglied angegriffen wird. (…)

Neutralität und Solidarität

(…) 1998 wurde auch das BVG dahingehend novelliert, dass sich Österreich überdies an den weiteren Bemühungen um eine gemeinsame Europäische Sicherheits- und Verteidigungspolitik (ESVP) beteiligen kann. So auch an den 1997 in den Vertrag von Amsterdam aufgenommenen Kampfeinsätzen außerhalb der EU. (…)
Aus der internationalen Zusammenarbeit im Bereich des militärischen Krisenmanagements ist Österreich auch verpflichtet, andere Staaten bei der Vorbereitung und Durchführung von Friedensoperationen zu unterstützen. (…) Im Fall Österreichs gehen die Verpflichtungen als Mitglied der UNO, der EU und der NATO-Partnerschaft für den Frieden gegenüber den Neutralitätsverpflichtungen vor.

(Hauser, Sicherheitspolitik. In: Truppendienst. Online auf: http://www.bundesheer.at/truppendienst/ausgaben/artikel.php?id=317, 9. 4. 2018)

M4 **Für die Journalistin Anneliese Rohrer bedeutet eine Teilnahme Österreichs an einem europäischen Verteidigungssystems das Ende der Neutralität:**

Die Streichung der Neutralität aus der Bundesverfassung würde eine Gesamtänderung derselben bedeuten, und eine solche ist zwingend einer Volksabstimmung zu unterziehen. Nun signalisieren aber alle Umfragen eine satte Mehrheit für Beibehaltung der Neutralität. Deshalb passen sich Parteien und Regierungen der Befindlichkeit der Wähler an: (…) Sie wollen die Realität (…) nicht zur Kenntnis nehmen. Sie wollen sich weiter in den Sack lügen (…). Sie wollen nicht zugeben, dass Solidarität in Europa im Ernstfall mit Neutralität nicht vereinbar ist. Oder wie der Chef des Generalstabs, Othmar Commenda, jüngst im Fernsehen festgehalten hat: „Für das Heer ist die Neutralität irrelevant." Wenn nicht für das Heer, für wen dann? Seit 40 Jahren drücken sich Politiker und Bürger vor einer ehrlichen Neubewertung eines ehemals sinnstiftenden Gesetzes. Offenbar weiß niemand, wie wir die Neutralität im Ernstfall handhaben würden. (…)

(Rohrer, Frage des Tages, 26. 10. 2015. Online auf: http://www.kleinezeitung.at/politik/innenpolitik/4851855/Frage-des-Tages_Hat-unsere-Neutralitaet-ausgedient, 9. 4. 2018)

M5 **Der Politikwissenschafter Heinz Gärtner sieht die österreichische Neutralität(-spolitik) positiv:**

Die österreichische Neutralität (…) war immer in der Lage, ein Gleichgewicht zwischen Heraushalten und Einmischen zu finden. Österreich ist nicht Mitglied eines Militärbündnisses (…). Österreich beteiligt sich nicht an fremden Kriegen. Friedensmissionen sollen unter der Oberhoheit der Vereinten Nationen stehen. Der Kalte Krieg war gekennzeichnet durch Blockbildung, Neutralität war die Ausnahme (…). Aktiv war Österreich in seiner Neutralitätspolitik. Bundeskanzler Bruno Kreisky nutzte diese Stellung für globale Aktivitäten. Internationale Organisationen siedelten sich in Wien an, Gipfeltreffen fanden statt.

Nach dem Ende des Kalten Krieges ergibt sich für Österreich die Chance einer engagierten Neutralitätspolitik. Bei internationalen Friedensoperationen des Bundesheeres kann Österreich glaubhaft demonstrieren, dass es nicht im Interesse eines Bündnisses oder einer Großmacht handelt. (…) Wenn sich Österreich bei einer Mission zum Schutz von Zivilisten beteiligt, wie in verschiedenen afrikanischen Ländern, geht es nicht um Öl oder Stützpunkte. (…) Engagierte Neutralität ermöglicht es auch, im Abrüstungs- und Nichtverbreitungsbereich deutliche Akzente zu setzen. Der wohl größte Erfolg der österreichischen Außenpolitik war das „Wiener Abkommen" über das iranische Nuklearprogramm am 14. Juli 2015. Wien wurde von sechs Weltmächten und dem Iran als Verhandlungsort akzeptiert. (…) Österreichs engagierte Neutralität (…) bietet für Politiker eine Plattform, die für internationale Aktivitäten genützt werden kann. So etwas darf nicht leichtsinnig aufgegeben werden (…). Engagierte Neutralität bedeutet nicht Heraushalten, wo möglich, und Einmischen, wo nötig, sondern umgekehrt: Einmischen, wo möglich, und Heraushalten nur, wo nötig.

(Gärtner, Frage des Tages, 26. 10. 2015. Online auf: http://www.kleinezeitung.at/politik/innenpolitik/4851855/Frage-des-Tages_Hat-unsere-Neutralitaet-ausgedient, 9. 4. 2018)

M6 **Der Völker- und Europarechtler Hubert Isak über die (Un-)Vereinbarkeit von österreichischer Neutralität und EU-Verteidigungsunion:**

Es ist richtig, dass es dem neutralen Österreich (…) verfassungsrechtlich erlaubt ist, sich an [EU-] Missionen zu beteiligen. Diese Missionen (…) umfassen u. a. auch (…) „Kampfeinsätze im Rahmen der Krisenbewältigung einschließlich Frieden schaffender Maßnahmen" (…). Festzuhalten ist auch, dass solche Maßnahmen (…) nicht als neutralitätsrechtlich relevanter „Krieg" im Sinne des Völkerrechts qualifiziert werden (…). (…) Der verfassungsrechtlichen Absicherung entspricht auf Unionsebene die (…) sog. „Irische Klausel"(…). [Sie bestimmt] klar, dass ein neutraler Mitgliedstaat (…) nicht zur Mitwirkung an einer Maßnahme verpflichtet werden kann, die zu einem Konflikt mit rechtlichen Verpflichtungen aus der Neutralität führen würde.

Die bisherige (…) Analyse klammert allerdings zwei meines Erachtens wesentliche Aspekte aus: Zum einen „umfasst" die GSVP [= gemeinsame Sicherheits- und Verteidigungspolitik] auch die „schrittweise Festlegung einer gemeinsamen Verteidigungspolitik" (…). Die Teilnahme Österreichs an einer gemeinsamen Verteidigung würde man aber (…) wohl kaum anders denn als (unzulässigen) Beitritt zu einem „militärischen Bündnis" im Sinne des Neutralitätsgesetzes interpretieren können. Zum anderen muss daran erinnert werden, dass der österreichische Neutralitätsstatus zwar auf einer Entscheidung des souveränen Staates beruht (…), aber in seinem Kern handelt es sich um einen im Völkerrecht (insb. der Haager Landkriegsordnung [von 1907] (…) geregelten Status. Welche Rechte und Pflichten ein neutraler Staat hat, unterliegt daher der Auslegung dieses Rechts (…) durch die gesamte Staatengemeinschaft! Das ist auch logisch: Ein Drittstaat wird (und muss) die Neutralität eines Staates in einem Krieg nur dann respektieren, wenn er darauf vertrauen darf, dass der Neutrale im Konflikt nicht für den militärischen Gegner Partei ergreifen wird. (…) Die übliche Aussage „Was Neutralität bedeutet, bestimmen wir selbst!" ist daher (…) falsch. (…)

Österreich ist es gelungen, (…) dafür zu sorgen, dass die Mitwirkung des Landes an der GSVP bisher keine neutralitätsrechtlichen Probleme beschert hat. Für die künftige Entwicklung wird man allerdings nicht außer Acht lassen dürfen, dass schon im geltenden EU-Vertrag mit der „gemeinsamen Verteidigung" ein deutlich „neutralitätssensibleres" Ziel angelegt ist und dass eine allfällige Beteiligung Österreichs daran nicht nur die Frage der verfassungsrechtlichen Kompatibilität [= Verträglichkeit] neu stellen, sondern auch deren Völkerrechtskonformität [= Völkerrechtsübereinstimmung] eine Neubeurteilung erfordern würde.

(Isak, Gemeinsame Verteidigung und Neutralität, 2017. Online auf: https://static.uni-graz.at/fileadmin/rewi-institute/Europarecht/Isak__Gemeinsame_Verteidigung_und_Neutralitaet_28.09.2017.pdf, 9. 9. 2018)

→ **Fragen und Arbeitsaufträge**

1. Fasse mit Hilfe von M1 sowie Autorentext und Quellen auf S. 168 ff. die wesentlichen Merkmale des völkerrechtlichen Begriffs „Neutralität" zusammen.

2. Analysiere mit Hilfe von M3, M5, M6 und dem Autorentext auf S. 168 ff., in welcher Weise sich die Ziele der österreichischen Neutralitätspolitik bis heute verändert haben.

3. Ermittle aus den (Grundsatz-)Programmen der im Parlament vertretenen Parteien (s. Homepages), wie sie zur österreichischen Neutralität stehen.

4. Kläre mit Hilfe der Informationen auf S. 181 und S. 213 die Bedeutung von „GSVP" (Gemeinsame Sicherheits- und Verteidigungspolitik) und „GASP" (Gemeinsame Außen- und Sicherheitspolitik).

5. Erkläre mit Hilfe von M3 und M6 die möglichen verfassungsrechtlichen Probleme im Zusammenhang mit der GASP und nimm Stellung dazu.

6. Bewerte die Pro- und Kontra-Stellungnahmen zur Neutralität (M4, M5).

Österreich II – die Zweite Republik

Österreich – ein Neubeginn

- Noch vor dem Kriegsende kam es im April 1945 zur Neugründung der Parteien ÖVP, SPÖ und KPÖ sowie zur Gründung des ÖGB. Am 27. April 1945 proklamierte die provisorische Regierung die Unabhängigkeit Österreichs.
- Österreich war von vier alliierten Mächten besetzt. Die „Alliierte Kommission für Österreich" schränkte die Arbeit der österreichischen Regierungen stark ein.
- Die ersten Jahre nach Kriegsende waren geprägt vom Kampf gegen den Hunger, vom Aufbau der Infrastruktur und von der Stabilisierung der Währung. Nach der Währungsreform (1947) trat die KPÖ aus der (Konzentrations-)Regierung aus. Von 1947 bis 1966 regierte eine Große Koalition von ÖVP und SPÖ.
- Der wirtschaftliche Wiederaufbau war sehr schwierig: Viele Betriebe wiesen schwere Kriegsschäden auf. Die Sowjets beschlagnahmten in ihrem Sektor das gesamte „deutsche Eigentum" und unterstellten es einem eigenen Wirtschaftskörper. Mit zwei Verstaatlichungsgesetzen (1946/47) wurde der Zugriff der Besatzungsmächte auf die Großunternehmen verhindert.
- Mit der Einbeziehung in den Marshallplan (1948–1951) begann in Österreich ein bedeutender Wirtschaftsaufschwung.
- Unmittelbar nach Kriegsende 1945 begann mit dem „Verbotsgesetz" die „Entnazifizierung".

Staatsvertrag, Neutralität und Große Koalition

- Der 1949 gegründete „Verband der Unabhängigen" (VdU) erreichte als Sammelbecken des „nationalen Lagers" bei den Nationalratswahlen im selben Jahr 12 Prozent der Stimmen. Diese kamen vor allem von den „minderbelasteten" Nationalsozialisten (ca. 500 000 Menschen), die erstmals nach dem Krieg wieder wählen durften. Der VdU musste sich 1955 auflösen; aus seinen Resten entstand 1956 die Freiheitliche Partei Österreichs (FPÖ).
- Der Aufruf der KPÖ zum Generalstreik führte im Oktober 1950 zu einer schweren innenpolitischen Krise. Polizei und Räumkommandos gewerkschaftlicher Gegengruppen beendeten den Streik nach zwei Tagen.
- Das Erringen der vollen Souveränität war bis 1955 das wichtigste Ziel der österreichischen Außenpolitik. Nach dem Tod Stalins (1953) gab die sowjetische Regierung 1955 ihre Zustimmung zu einem Staatsvertrag. Dafür musste Österreich versprechen, die „immerwährende Neutralität" nach Schweizer Vorbild zu beschließen. Am 15. Mai 1955 erfolgte die Unterzeichnung des Staatsvertrages im Wiener Belvedere. Am 26. Oktober 1955 beschloss der Nationalrat das Bundes-Verfassungsgesetz über die „immerwährende Neutralität".
- 1955 trat Österreich der UNO bei, 1956 dem Europarat.
- Österreichs Forderung nach Rückgabe Südtirols lehnten die Siegermächte ab. Einem Abkommen zum Schutz der deutschsprechenden Bevölkerung (1946) folgte 1969 der Abschluss eines „Autonomiepakets". Seine endgültige Erfüllung durch Italien erfolgte 1992.
- 1975 erfolgte der Beschluss zur umfassenden Landesverteidigung: Dazu zählen neben der militärischen auch die geistige, die zivile und die wirtschaftliche. Jeder männliche Staatsbürger ist zum Wehrdienst verpflichtet. Aus Gewissensgründung ist auch ein Wehrersatzdienst möglich.

Alleinregierungen und die Ära Kreisky

- Die Zeit der Alleinregierungen in Österreich begann mit der absoluten Mehrheit für die ÖVP (1966). Es kam zur Senkung des Wahlalters auf 19 Jahre und zur schrittweisen Einführung der 40-Stunden-Woche.
- In der folgenden Ära Kreisky (1970–1983) wurde u. a. die Volksanwaltschaft eingerichtet. Schüler/innenfreifahrt, Gratisschulbücher, Heirats- und Geburtenbeihilfe, eine kürzere Wehrpflicht, der Zivildienst sowie das Gleichbehandlungsgesetz, ein neues Arbeitsverfassungsgesetz, ein neues Familien- und Strafrecht (u. a. mit der „Fristenlösung"), der vierwöchige Mindest- und der Pflegeurlaub wurden eingeführt.
- 1978 wurden in der ersten Volksabstimmung der Zweiten Republik „die friedliche Nutzung der Kernkraft" (und damit die Nutzung des neu erbauten Atomkraftwerks Zwentendorf) abgelehnt und das „Atomsperrgesetz" beschlossen.
- Der Kampf gegen die Nutzung der Kernkraft und die Besetzung der Hainburger Au (1984) stärkte die „Grünbewegung" in Österreich. Bei der Nationalratswahl 1986 erreichte die „Grüne Alternative – Liste Freda Meissner-Blau" (Kurzbezeichnung: Grüne) 4,82 Prozent der Stimmen und kam damit erstmals ins Parlament. Ihr bestes Ergebnis erzielten die Grünen bei der Wahl 2013 mit 12,4 Prozent. Bei der EU-Wahl 2014 erreichten sie 14,5 Prozent. Nach den Nationalratswahlen 2017 schieden die Grünen erstmals wieder aus dem Parlament aus.

Die Regierungen seit den 1980er Jahren und der EU-Beitritt

- Nach einer dreijährigen Kleinen Koalition (SPÖ-FPÖ) kam es wieder zu 14 Jahren Großer Koalitionen: Diese Zeit war parteipolitisch gekennzeichnet von schweren Verlusten der ÖVP und SPÖ einerseits und vom Aufstieg der FPÖ unter Obmann Haider andererseits. Für kurze Zeit zog das Liberale Forum (LIF, 1994–1999) in den Nationalrat ein. Die Grünen waren von 1986 bis 2017 im Nationalrat vertreten. 2017 zog die Liste „Pilz" (seit 2018 „JETZT") erstmals in den Nationalrat ein.
- Die österreichischen Bundespräsidenten werden direkt vom Volk für eine Amtszeit von sechs Jahren, höchstens zweimal aufeinander folgend, gewählt. Von 1945 bis 2016 waren dies immer Kandidaten von SPÖ oder ÖVP. Seit 2017 übt der als unabhängiger Kandidat angetretene ehemalige Bundessprecher der Grünen, Alexander van der Bellen, dieses Amt aus.
- Zwischen 1986 und 1999 stieg die FPÖ von einer Kleinpartei zur Mittelpartei (27 Prozent) auf – trotz Abspaltung des Liberalen Forums (1993).
- 1991 wurde von Regierungsseite durch Bundeskanzler Vranitzky erstmals offiziell die „Täterrolle" vieler Österreicherinnen und Österreicher während der NS-Herrschaft angesprochen. Damit begann auch die Abkehr vom ausschließlichen „Opfermythos" der Republik Österreich.
- Mit einer Zweidrittelmehrheit entschieden sich die Österreicherinnen und Österreicher in einer Volksabstimmung für den EU-Beitritt im Jahr 1995. 1998, 2006 und 2018 hatte Österreich die EU-Ratspräsidentschaft inne.
- 1999 trat Österreich der Europäischen Währungsunion bei und führte im Jahr 2002 die Euro-Währung ein.
- Die Einstellung der österreichischen Bevölkerung zur EU unterliegt Schwankungen. Die Mehrheit misstraut der EU zwar als

Ganzes, aber ebenso eine Mehrheit sieht die Zukunft der EU laut „Eurobarometer" positiv.

- Im Jahr 2000 kam es erstmals zu einer Kleinen Koalition von ÖVP und FPÖ. Bis heute einmalig stellte dabei die drittstärkste Partei (ÖVP) den Bundeskanzler. Als Regierungspartei verlor die FPÖ nach parteiinternen Konflikten bei den Wahlen 2002 schwer und spaltete sich 2005 durch die Gründung des „Bündnis Zukunft Österreich" (BZÖ) nochmals.
- Nach den Wahlen 2006 erfolgte bis 2017 eine Rückkehr zu Großen Koalitionen unter SPÖ-Kanzlern und ÖVP-Vizekanzlern. Die Zustimmung zu dieser Regierungsform nahm aber immer mehr ab, ebenso wie die Mandate für SPÖ und ÖVP.
- 2007 wurde das aktive Wahlalter in Österreich auf 16 Jahre gesenkt und die Legislaturperiode des Nationalrats von vier auf fünf Jahre erhöht.
- Außenminister Kurz wurde 2017 neuer ÖVP-Obmann, beendete die Koalition mit der SPÖ und wurde als Wahlsieger 2017 zum neuen Bundeskanzler angelobt.

- Seit 2006 gewann die FPÖ unter Obmann Strache bei den Nationalratswahlen wieder ständig dazu und bildete schließlich mit der ÖVP unter Obmann Kurz seit 2017 eine Kleine Koalition.
- Österreich wurde und wird international für seine humanitäre Hilfe, z. B. als Asylland für Flüchtlinge, sehr geschätzt (Ungarn 1956, Tschechoslowakei 1968, Jugoslawienkrieg, Flüchtlingskrise 2015/16).
- Österreich betrieb seit 1955 eine aktive Neutralitätspolitik zwischen den Militärblöcken, schickte u. a. oftmals Soldaten zu Friedenseinsätzen der UNO. Seit 1979 ist Wien neben New York und Genf UNO-Konferenzstadt.
- Seit den 1990er Jahren gibt es in Österreich immer wieder eine politische Diskussion um die Beibehaltung der Neutralität, um einen möglichen Beitritt zur NATO sowie um die Frage: Beibehaltung der Wehrpflicht oder Berufsheer.
- Österreich ist Mitglied der OSZE, und es ist 1995 auch der „NATO-Partnerschaft für den Frieden" beigetreten.

Grundbegriffe

Austro-Keynesianismus Die Regierung Kreisky ging zur Behebung der Wirtschaftskrise („Erdölschock") eine höhere Staatsverschuldung zugunsten von Vollbeschäftigung ein. Diese Art der Krisenbekämpfung („deficit spending") hatte der britische Ökonom John Maynard Keynes (1883–1946) schon während der Weltwirtschaftskrise empfohlen.

„Entnazifizierung" Mit dem „Verbotsgesetz" vom Juni 1945 wurden die NSDAP, ihre Wehrverbände (SA, SS) und alle anderen Parteiorganisationen aufgelöst und verboten. Eine Neugründung und die Wiederbetätigung für nationalsozialistische Ziele ist ebenfalls verboten (bis heute gültig). Dem folgte ein „Kriegsverbrechergesetz" für alle ehemaligen „belasteten" und „minderbelasteten" Nationalsozialistinnen und Nationalsozialisten. Dabei wurden ca. 26 000 Personen verhaftet oder in Anhaltelagern interniert. Volksgerichte verhängten bis 1955 13 600 Urteile (davon 43 Todesurteile und 34 lebenslängliche Haftstrafen). Ab 1946 wurde die „Entnazifizierung" von der österreichischen Regierung durchgeführt und bald zur bürokratischen Formalität. 1948 erfolgte eine umfassende Amnestie für alle „Minderbelasteten". Viele Entschädigungsfragen

der NS-Opfer blieben bis zum Ende des 20. Jh. ungelöst.

GASP, Gemeinsame Außen- und Sicherheitspolitik Wichtige Arbeitsfelder der GASP sind die Gestaltung der Annäherungsprozesse vor neuen EU-Beitritten, die Europäische Nachbarschaftspolitik, der Außenhandel, die Entwicklungszusammenarbeit und die Humanitäre Hilfe. Im Rahmen der GASP legen die EU-Staaten gemeinsame Positionen einstimmig fest. So kann die EU auf internationaler Ebene auftreten und ihren Standpunkt zu Konflikten, zu Menschenrechtsfragen oder zu anderen Themen im Zusammenhang mit den Grundprinzipien und gemeinsamen Werten zum Ausdruck bringen. Die Mitgestaltung und Umsetzung der GASP ist eine wichtige Aufgabe der österreichischen Außen- und Europapolitik.

GSVP, Gemeinsame Sicherheits- und Verteidigungspolitik Die GSVP ist das wichtigste Instrument der EU zur Bewältigung neuer, unkonventioneller Sicherheitsbedrohungen. Sie erfüllt militärische und zivile Aufgaben zur Friedenssicherung, Konfliktverhütung und Stärkung der internationalen Sicherheit. Außerdem dient die GSVP der Vorbereitung einer möglichen künftigen gemeinsamen Verteidigung der EU. Angehörige des öster-

reichischen Bundesheers und der Polizei sowie Diplomatinnen und Diplomaten beteiligen sich an GSVP-Missionen innerhalb und außerhalb Europas.

Moskauer Deklaration Die alliierten Außenminister der USA, Großbritanniens und der Sowjetunion erklären im Oktober 1943 die Wiederherstellung eines vom Nationalsozialismus befreiten Staates Österreich zu einem der Kriegsziele.

Neutralität Das Völkerrecht unterscheidet zwischen einer temporären und einer dauernden Neutralität. Die „immerwährende Neutralität" verbietet Österreich u. a., einen Krieg zu beginnen oder daran teilzunehmen, militärische Stützpunkte auf seinem Staatsgebiet zu erlauben oder einem militärischen Bündnis beizutreten; sie verpflichtet Österreich dazu, die Neutralität mit allen Mitteln zu verteidigen.

Sozialpartnerschaft Die österreichische Wirtschafts- und Sozialpartnerschaft ist die Zusammenarbeit der großen wirtschaftlichen Interessensverbände. Als (ÖVP-dominierte) Arbeitgeberverbände sind das die Landwirtschaftskammer (LK) und die Wirtschaftskammer Österreich (WKO), als (SPÖ-dominierte) Arbeitnehmerverbände die Arbeiterkammer (AK) und der Österreichische Gewerkschaftsbund.

Politische und rechtliche Systeme

1920	1947	1949	1951	1957	1960	1964	1967	1977	1993
Österreichische Bundesverfassung tritt in Kraft.	Beginn der österreichischen Sozialpartnerschaft	Gründung des Europarats	Gründung der EGKS	„Römische Verträge": Gründung der EWG	Gründung der EFTA	Österreich: 1. Volksbegehren (ORF-Reform)	Gründung der EG	Österreich: Einführung der Volksanwaltschaft	Gründung der EU (Vertrag von Maastricht)

Die Republik Österreich ist eine parlamentarische Demokratie nach westlichem Muster. Nach dem Verhältniswahlrecht konkurrieren mehrere Parteien spätestens alle fünf Jahre um die 183 Sitze im Nationalrat. Dieser beschließt Gesetze und kontrolliert die Regierung. Neben der staatlichen Verwaltung gibt es auch Elemente der Selbstverwaltung, eine politisch aktive Zivilgesellschaft und die Zusammenarbeit in der Sozialpartnerschaft. Wie in allen Rechtsstaaten bestimmen Rechtsnormen das öffentliche und private Leben. Seit dem EU-Beitritt 1995 unterliegt Österreich dem Gemeinschaftsrecht.

Anfang 2019 lebten etwa 500 Millionen Menschen in der EU. Die Integration Europas hat in den letzten Jahrzehnten wesentlich zu Frieden und Wohlstand beigetragen. Der europäische Einigungsprozess ist allerdings oft mühsam und geprägt von Rückschlägen und Krisen.
Weltweit lebten 2018 nach Angaben der NGO Freedom House etwa 45 Prozent der Menschen in freien, 30 Prozent in teilweise freien und 25 Prozent in nicht freien Staaten. Seit 2006 ist ein Rückgang der Demokratien festzustellen.

1994	1995	2002	2004	2007	2013	2016
Gründung des EWR	EU-Beitritt Österreichs	Euro-Einführung	Große EU-Erweiterung	Vertrag von Lissabon; EU-Beitritt Bulgariens und Rumäniens	Kroatien wird EU-Mitgliedstaat.	Flüchtlingsabkommen EU – Türkei

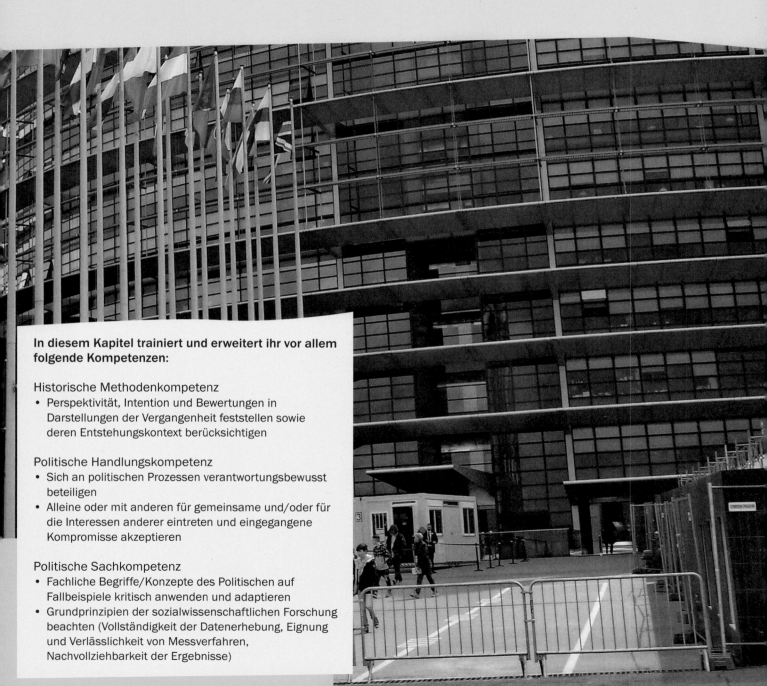

In diesem Kapitel trainiert und erweitert ihr vor allem folgende Kompetenzen:

Historische Methodenkompetenz
- Perspektivität, Intention und Bewertungen in Darstellungen der Vergangenheit feststellen sowie deren Entstehungskontext berücksichtigen

Politische Handlungskompetenz
- Sich an politischen Prozessen verantwortungsbewusst beteiligen
- Alleine oder mit anderen für gemeinsame und/oder für die Interessen anderer eintreten und eingegangene Kompromisse akzeptieren

Politische Sachkompetenz
- Fachliche Begriffe/Konzepte des Politischen auf Fallbeispiele kritisch anwenden und adaptieren
- Grundprinzipien der sozialwissenschaftlichen Forschung beachten (Vollständigkeit der Datenerhebung, Eignung und Verlässlichkeit von Messverfahren, Nachvollziehbarkeit der Ergebnisse)

Online-Ergänzungen
x8fe8t

■ Das Europäische Parlament in Straßburg. Foto, 2016.

1. Österreich – eine parlamentarische Demokratie

Eine Demokratie nach westlichem Muster

Die Demokratie ist in Österreich formal schon dadurch garantiert, dass klare Regeln der Machtbestellung, der Machtkontrolle und der Machtablösung bestehen. Die Regierenden werden von den Regierten bestellt. (…) Die Beherrschten bestimmen selbst, wer sie auch tatsächlich beherrscht. Zumindest theoretisch bestimmen sie, nach welchen Regeln und mit welchen Zielen dies geschieht.
In diesem Sinn ist Österreich eine Demokratie. In diesem Sinn gibt es freilich auch Machtverhältnisse; gibt es mächtige Gruppen und mächtige Personen. Und deshalb gibt es auch ohnmächtige Gruppen und ohnmächtige Personen.
(Pelinka, Das politische System Österreichs, 1981, S. 282)

→ Erkläre, wer die Regierenden, wer die Regierten, wer die Mächtigen, wer die Ohnmächtigen in Österreich sind.

Das politische System Österreichs orientiert sich an den parlamentarischen Demokratien mit kapitalistischen Wirtschaftsformen, die sich seit dem Ersten Weltkrieg im „Westen" herausgebildet haben:

Da gibt es auf der einen Seite ein liberal-demokratisches Subsystem, bei dem Demokratie vor allem in Form eines Parteienwettbewerbs verwirklicht wird. Der Kampf um die Stimmen entscheidet. Auf der anderen Seite gibt es ein liberal-kapitalistisches Subsystem, das in erster Linie nach ökonomischen Erfolgen ausgerichtet ist. Hier wird der Grundsatz des Privateigentums an Produktionsmitteln prinzipiell
beibehalten. Und als Grundsatz gilt: Wer mehr hat, zählt auch mehr.
(Pelinka, Das politische System Österreichs, 1981, S. 281f.)

Der politische Wettbewerb und sein Funktionieren sind nur in den Grundzügen durch die Verfassung(-sgesetze) geregelt. Er findet innerhalb, aber auch außerhalb der verfassungsmäßig vorgesehenen Organe statt.

Österreich – Bundesstaat und EU-Mitglied

Die politischen Entscheidungen werden in einem Bundesstaat wie Österreich auf verschiedenen Ebenen getroffen: Viele wichtige Entscheidungen fallen dabei in der Bundeshauptstadt Wien. Dort haben die höchsten Verfassungsorgane ihren Sitz. Politik wird auch auf der Ebene der Bundesländer und Gemeinden gemacht: Doch sind die österreichischen Landtage und Landesregierungen mit viel weniger Kompetenz (= Machtbefugnis) ausgestattet als z. B. die Bundesstaaten der USA oder die Bundesländer Deutschlands.
Seit Österreichs EU-Beitritt (1995) hat das EU-Recht Vorrang vor dem nationalen Recht. Der österreichische Staat muss auch die Regeln dieses übergeordneten politischen Systems einhalten. Das schränkt den autonomen, also nationalstaatlichen Handlungsspielraum ein. Dafür hat Österreich als Mitgliedstaat die Möglichkeit zur Mitbestimmung und Mitgestaltung auf EU-Ebene.

Parlament und Regierung

Im Bundes-Verfassungsgesetz von 1920 wurde in Artikel 1 festgelegt: „Österreich ist eine demokratische Republik. Ihr Recht geht vom Volk aus." Deshalb ist auch die Regierung dem Nationalrat, der direkt vom Volk gewählten Kammer des Parlaments, verantwortlich. Formell wird die Regierung von der Bundespräsidentin oder vom Bundespräsidenten ernannt. Doch die Verfassungswirklichkeit zeigt: Nur jene Parteien, die bei den Wahlen zum Nationalrat die Mehrheit der 183 Mandate erreichen, stellen im Normalfall auch die Bundesregierung (Ausnahme: eine „Minderheitsregierung" wie 1970/71; S. 172).

■ Konstituierende Sitzung des Nationalrats mit Wahl des neuen Präsidiums. Foto, Wien, 9. 11. 2017.

Der Parlamentarismus ist also gekennzeichnet vom Kampf der Parteien um die Sitze im Nationalrat und damit gleichzeitig um die Regierung(-sbeteiligung). Dieser (Wahl-)Kampf wird öffentlich und mit populären Mitteln ausgetragen (= Konkurrenz-Demokratie).

Verhältniswahlrecht und Vorzugsstimmen

Nationalratswahlen finden spätestens alle fünf Jahre statt. Es gilt der Grundsatz des allgemeinen, gleichen, direkten, persönlichen und geheimen Verhältniswahlrechts. Im Nationalrat sind alle jene Parteien vertreten, die entweder in einem der 43 Regionalwahlkreise ein Grundmandat oder zumindest 4 Prozent der gültigen Stimmen im gesamten Bundesgebiet bekommen haben. Grundsätzlich werden Parteilisten gewählt, auf denen die Kandidatinnen und Kandidaten der Parteien gereiht sind. Um das Prinzip der Persönlichkeitswahl zu verstärken, können die Wählerinnen und Wähler die Bewerberinnen und Bewerber innerhalb der Regional-, der Landes- und – seit 2013 – auch der Bundesparteiliste mit Hilfe von Vorzugsstimmen umreihen und so direkt in den Nationalrat wählen. Allerdings sind dazu so viele Stimmen erforderlich, dass bisher nur die Spitzenkandidatinnen und -kandidaten der Parteien und nicht Regionalpolitikerinnen oder -politiker ein Vorzugsstimmenmandat erringen konnten.

Meist „Klubzwang" statt „freiem Mandat"

Plenarsitzungen und Abstimmungen im „Hohen Haus" sind öffentlich und werden seit vielen Jahren auch im ORF übertragen. Welche Haltung die Abgeordneten dabei jeweils vertreten bzw. wie sie abstimmen, das wird vorher in den vertraulichen Sitzungen der Parteien in ihren „Parlamentsklubs" festgelegt. Obwohl die Abgeordneten grundsätzlich nur ihrem Gewissen verpflichtet sind (die Verfassung garantiert ihnen das so genannte „freie Mandat"), stimmen sie normalerweise im Sinne des „Klubzwangs" immer geschlossen nach Parteien ab.

Unter Ausschluss der Öffentlichkeit finden auch die Sitzungen der vielen parlamentarischen (Unter-)Ausschüsse statt. Dort werden die einzelnen Gesetzesanträge diskutiert, verhandelt und unter Umständen auch abgeändert. Immer wieder kommt es zu Kompromissen zwischen den fachlich spezialisierten Mandataren der Parteien.

Funktionen des Parlaments: Gesetzgebung ...

Gemäß Artikel 24 des Bundes-Verfassungsgesetzes ist das Parlament für die Gesetzgebung zuständig. Damit ist das Volk durch seine gewählten Vertreterinnen und Vertreter, also indirekt, die bestimmende Kraft im Staat –

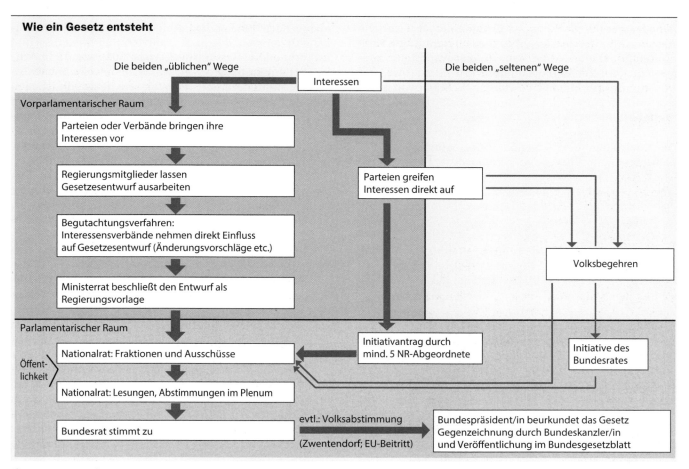

Wie ein Gesetz entsteht

Die beiden „üblichen" Wege · Interessen · Die beiden „seltenen" Wege

Vorparlamentarischer Raum

- Parteien oder Verbände bringen ihre Interessen vor
- Regierungsmitglieder lassen Gesetzesentwurf ausarbeiten
- Begutachtungsverfahren: Interessensverbände nehmen direkt Einfluss auf Gesetzesentwurf (Änderungsvorschläge etc.)
- Ministerrat beschließt den Entwurf als Regierungsvorlage

Parteien greifen Interessen direkt auf

Volksbegehren

Parlamentarischer Raum

Öffentlichkeit

- Nationalrat: Fraktionen und Ausschüsse
- Nationalrat: Lesungen, Abstimmungen im Plenum
- Bundesrat stimmt zu

Initiativantrag durch mind. 5 NR-Abgeordnete

Initiative des Bundesrates

evtl.: Volksabstimmung (Zwentendorf; EU-Beitritt)

Bundespräsident/in beurkundet das Gesetz Gegenzeichnung durch Bundeskanzler/in und Veröffentlichung im Bundesgesetzblatt

■ Aktuell beschließt der Ministerrat ca. 40 % aller Gesetze; ca. 55 % aller Gesetze entstehen durch Initiativanträge (Stand 2019).

185

das zentrale Merkmal jeder parlamentarischen Demokratie.

Doch im politischen Alltag fallen die wichtigen Entscheidungen für das Entstehen neuer Gesetze oder für die Anpassung alter (= Gesetzesnovellen) bereits im „vorparlamentarischen" Raum. Dieser wird beherrscht von den Parteien, den Verbänden und anderen Interessengruppen (Lobbys), den einzelnen Ministerien und ihren Beamtinnen und Beamten (s. Grafik S. 185).

Erst abschließend geschieht die Gesetzgebung im Parlament. Es war oftmals nur noch Vollzugsorgan der beiden großen Parteien, die ihre Entscheidungen längst vorher schon anderswo (z. B. in gemeinsamen Arbeitsausschüssen) getroffen hatten. Seit dem Beitritt zur Europäischen Union hat der Nationalrat jedoch einen großen Teil seiner Gesetzgebungskompetenz an die EU-Organe (Rat, Parlament) abtreten müssen.

... und Kontrolle der Regierung

Entsprechend der österreichischen Verfassung gilt zwischen Legislative (= Parlament) und Exekutive (= Regierung) das Prinzip der Gewaltenteilung. Doch in der Verfassungswirklichkeit treten Regierung und die Mehrheit des Parlaments immer als Einheit auf. Daher ist in der politischen Praxis die Kontrolle der Regierung durch das Parlament kaum gegeben. Denn die Regierung stützt sich ja – außer bei Minderheitsregierungen – immer auf eine parlamentarische Mehrheit. Daher müssen die Oppositionsparteien die Rolle des Kontrollorgans im Parlament übernehmen. Für das Erfüllen dieser wichtigen Aufgabe können sie sich auf gesetzlich garantierte Kontrollrechte stützen. Neben den Oppositionsparteien können auch der Rechnungshof, der Verwaltungs- und der Verfassungsgerichtshof sowie die Volksanwaltschaft (vgl. S. 208 f.) und die Medien (vgl. S. 232 f.) eine Kontrollfunktion ausüben.

Die Kontrollrechte des Nationalrats gegenüber der Regierung sind im Bundes-Verfassungsgesetz festgelegt:

Q *Artikel 50. (1) Politische Staatsverträge (...) dürfen nur mit Genehmigung des Nationalrates abgeschlossen werden. (...)*

Artikel 51. (1) Dem Nationalrat ist spätestens zehn Wochen vor Ablauf des Finanzjahres von der Bundesregierung ein Voranschlag der Einnahmen und Ausgaben des Bundes für das folgende Finanzjahr vorzulegen. (...)

Artikel 52. (1) Der Nationalrat und der Bundesrat sind befugt, die Geschäftsführung der Bundesregierung zu überprüfen (...) sowie ihren Wünschen über die Ausübung der Vollziehung in Entschließungen Ausdruck zu geben. (...)

(...)

(3) Jedes Mitglied des Nationalrates und des Bundesrates ist befugt, in den Sitzungen des Nationalrates oder des Bundesrates kurze mündliche Anfragen an die Mitglieder der Bundesregierung zu richten. (...)

Artikel 53. (1) Der Nationalrat kann durch Beschluss Untersuchungsausschüsse einsetzen. (...)

Artikel 74. (1) Versagt der Nationalrat der Bundesregierung oder einzelnen ihrer Mitglieder durch ausdrückliche Entschließung das Vertrauen, so ist die Bundesregierung oder der betreffende Bundesminister des Amtes zu entheben. [= Misstrauensvotum]
(Bundes-Verfassungsgesetz in der Fassung von 1929)

 Ermittle, welche Untersuchungsausschüsse im Nationalrat in der jüngeren Vergangenheit stattgefunden haben. Erkläre, warum die so genannten Misstrauensanträge im Nationalrat praktisch nie eine Mehrheit erhalten. Linktipp: https://www.parlament.gv.at/PAKT/USA/.

Landtage und Landesregierungen

Ähnlich wie auf Bundesebene funktioniert das parlamentarische System auf der Ebene der neun Bundesländer. Die Gesetzgebungsperiode dauert ebenso fünf Jahre (in Oberösterreich sechs).

Auf unterschiedliche Weise erfolgen jedoch die Regierungsbildungen in den Bundesländern: In Vorarlberg, Salzburg, Tirol, Steiermark, Burgenland und Kärnten werden die Landesregierungen, ähnlich wie auf Bundesebene, nach den Landtagswahlen in freien Koalitionsverhandlungen gebildet. In den anderen Bundesländern gibt es laut Landesverfassung die Verpflichtung zum „Proporz": Das bedeutet, dass jede Partei ab einer bestimmten Größe in der Landesregierung vertreten sein muss. Eine Mischform gibt es in Wien: Zwar müssen auch hier alle Parteien nach dem Proporzsystem in der Stadtregierung (= Stadtsenat) vertreten sein, doch nicht alle Stadträte haben einen Aufgabenbereich. Die amtsführenden Stadträte können mit einfacher Mehrheit bestellt werden.

Regierungschefin oder Regierungschef ist die Landeshauptfrau oder der Landeshauptmann, sie oder er wird von den Mitgliedern des Landtages mit einfacher Mehrheit gewählt.

→ Fragen und Arbeitsaufträge

1. Analysiere den so genannten „Klubzwang" bei Abstimmungen: Welche Vor- und Nachteile hat er für die Regierungen bzw. die Parteien?
2. Arbeite mit Hilfe der Grafik „Wie ein Gesetz entsteht" (s. S. 185) die wesentlichen Stationen einer „Gesetzwerdung" heraus.
3. Fasse die verfassungsmäßigen Kontrollrechte des Nationalrats zusammen und erstelle eine Rangliste hinsichtlich ihrer Wichtigkeit.
4. Nenne die Vor- und Nachteile von frei gewählten Koalitions- bzw. verpflichtenden Proporzregierungen und nimm Stellung dazu.

2. Die Bundesverfassung – das Fundament des Staates

Was die „Verfassung" regelt

Der Rechtsexperte Hans Kelsen, der 1919 mit der Ausarbeitung der österreichischen Bundesverfassung beauftragt wurde, sieht die Verfassung als die rechtliche Basis des Staates an:

Q *Wie immer man den Begriff der Verfassung definiert hat, stets tritt er mit dem Anspruch auf, das Fundament des Staates zu begreifen, auf dem sich die übrige Ordnung aufbaut.*
(Zit. nach: Gerlich/Müller, Grundzüge des politischen Systems Österreichs, 1988, S. 25)

Das bedeutet: Die österreichische Verfassung bzw. die Bundes-Verfassungsgesetze bilden die rechtliche Grundordnung unseres Staates. In ihr sind festgelegt:
– die Staatsform (Republik),
– die Struktur des Staates (Bundesstaat),
– die Bestellung und Aufgaben der Staatsorgane sowie die Festlegung des Regierungssystems,
– Organisation, Wirkungskreis und Verfahrensgrundsätze der Staatsgewalten (Gesetzgebung, Verwaltung, Rechtsprechung),
– die Grundrechte.
Im hierarchischen System der österreichischen Rechtsordnung nimmt das Verfassungsrecht den höchsten Rang ein. Verfassungsgesetze können nur mit einer Zweidrittelmehrheit bei Anwesenheit von mindestens der Hälfte aller Abgeordneten beschlossen werden.

EU-Recht hat Vorrang vor nationalem Recht

Seit dem Beitritt zur Europäische Union gelten in Österreich zwei Rechtsordnungen. Dabei hat das EU-Recht Vorrang vor dem nationalen Recht und der Europäische Gerichtshof ist die höchste Rechtsprechungsinstanz. Österreichisches Recht muss auf jeder Stufe mit dem „Gemeinschaftsrecht" vereinbar sein. Das bedeutet einerseits, dass EU-Richtlinien und Verordnungen in nationales Recht umgesetzt werden, und andererseits, dass nationale Gesetze den EU-Richtlinien und Verordnungen entsprechen müssen. Über dem EU-Recht stehen jedoch die „Grundprinzipien der Bundesverfassung" (vgl. Grafik S. 189).

Die Grundprinzipien der Bundesverfassung

Die Grundprinzipien unserer Verfassung genießen als „Baugesetze" unserer Staatsordnung besonderen Schutz: Will man sie ändern oder beseitigen, kommt das einer Gesamtänderung der Bundesverfassung (und damit unserer Staatsordnung) gleich und bedarf einer Volksabstimmung – wie das mit dem Beitritt Österreichs zur Europäischen Union der Fall war.
Die Prinzipien der Bundesverfassung lauten (alle auf S. 187 bis 189 angeführten Quellen aus dem Bundes-Verfassungsgesetz werden zitiert nach: https://www.ris.bka.gv.at/GeltendeFassung.wxe?Abfrage=Bundesnormen&Gesetzesnummer=10000138, 12.12.2018):

Das republikanische Prinzip

Q *Artikel 1 Österreich ist eine demokratische Republik. Ihr Recht geht vom Volk aus.*
(Bundes-Verfassungsgesetz)

Entsprechend diesem Prinzip steht an der Spitze des Staates ein auf eine begrenzte Amtszeit gewählter und dem Volk gegenüber politisch verantwortlicher Bundespräsident (im Gegensatz zu einem durch Erbfolge legitimierten Monarchen mit unbegrenzter Amtsdauer). Der Bundespräsident kann nur durch eine Volksabstimmung, welche die Bundesversammlung (Nationalrat und Bundesrat) verlangen muss, abgesetzt werden.

Durch die Verfassungsnovelle 1929 wurde die Stellung des Bundespräsidenten gestärkt. Seither wird er nicht mehr durch die Bundesversammlung, sondern direkt durch das Volk für eine Amtszeit von sechs Jahren gewählt. Der Bundespräsident vertritt offiziell den Staat nach außen, ernennt und entlässt die Bundesregierung, hat den Oberbefehl über das Bundesheer, beurkundet die Bundesgesetze, kann Verurteilte begnadigen und gerichtliche Verfahren niederschlagen (s. vor allem Art. 60–69 B-VG).

Das demokratische Prinzip

Es ist neben der grundsätzlichen Bestimmung des Artikel 1 (s. oben) auch in vielen anderen Verfassungsbestimmungen sichtbar, wie z. B.:

Q *Artikel 26 (1) Der Nationalrat wird vom Bundesvolk (...) nach den Grundsätzen der Verhältniswahl gewählt. (...)*
Artikel 43 Einer Volksabstimmung ist jeder Gesetzesbeschluss des Nationalrates (...) zu unterziehen, wenn der Nationalrat es beschließt oder die Mehrheit der Mitglieder des Nationalrates es verlangt. (...)
Artikel 91 (1) Das Volk hat an der Rechtsprechung mitzuwirken.
(Bundes-Verfassungsgesetz)

Die demokratischen Rechte der Staatsbürgerinnen und Staatsbürger sind vielfältig. Sie wählen den Bundespräsidenten, das Europäische Parlament, den Nationalrat, die Landtage, die Gemeinderäte und z. T. auch direkt die Bürgermeisterinnen und Bürgermeister.
In Volksabstimmungen entscheiden sie, ob ein vorgeschlagenes Gesetz in Kraft treten soll oder nicht. Ein erfolgreich durchgeführtes Volksbegehren zwingt die Volksvertreterinnen und Volksvertreter, sich im Nationalrat damit auseinanderzusetzen.
Als Laienrichterinnen und Laienrichter müssen ausgewählte Bürgerinnen und Bürger auch an der Rechtsprechung (als Schöffinnen und Schöffen sowie als Geschworene) mitwirken.

Das bundesstaatliche Prinzip

> Q *Artikel (1) Österreich ist ein Bundesstaat.*
> *(2) Der Bundesstaat wird gebildet aus den selbstständigen Ländern. (…)*
> *Artikel 15 (1) Soweit eine Angelegenheit nicht ausdrücklich durch die Bundesverfassung der Gesetzgebung oder auch der Vollziehung des Bundes übertragen ist, verbleibt sie im selbstständigen Wirkungsbereich der Länder.*
> (Bundes-Verfassungsgesetz)

Dieses Prinzip bedeutet die Aufteilung der Staatsgewalten (Gesetzgebung und Vollziehung) zwischen Bund und Ländern. Die Gerichtsbarkeit jedoch ist ausschließlich Bundessache. Die Länder haben über die zweite Kammer des Parlaments, den Bundesrat, ein sehr geringes Mitwirkungsrecht an der Bundesgesetzgebung – nämlich in Form eines aufschiebenden Vetos gegen Gesetzesbeschlüsse des Nationalrats. Auch sonst liegt das Übergewicht beim Bund. Die Kompetenzen (= Zuständigkeiten) der Länder sind bescheiden. Ihre wichtigsten sind: Raumplanung, Bauwesen, Sozialwesen, Naturschutz und Jugendschutz.

Das rechtsstaatliche Prinzip

> Q *Artikel 18 (1) Die gesamte staatliche Verwaltung darf nur aufgrund der Gesetze ausgeübt werden.*
> (Bundes-Verfassungsgesetz)

In einem Rechtsstaat ist der Gesetzgeber an die Verfassung gebunden. Die Vollziehung (= Verwaltung und Gerichtsbarkeit) wiederum ist an die bestehenden Gesetze gebunden. Die Einhaltung dieses so genannten Legalitätsprinzips überwachen als oberste Kontrollinstanzen der Verfassungsgerichtshof und der Verwaltungsgerichtshof (vgl. S. 208 f.). Bürgerin und Bürger haben zur Durchsetzung ihrer Rechte die Möglichkeit, gegen Entscheidungen (= Bescheide) der Verwaltungsbehörden (z. B. Finanzamt, Bezirkshauptmannschaft, Landes- oder Stadtschulrat) und gegen Urteile der Gerichte Rechtsmittel (Beschwerde, Berufung) zu ergreifen.

Das Prinzip der Gewaltentrennung

> Q *Artikel 94 Die Justiz ist von der Verwaltung in allen Instanzen getrennt.*
> (Bundes-Verfassungsgesetz)

Die Trennung der drei Staatsgewalten Gesetzgebung (Legislative), Verwaltung (Exekutive) und Gerichtsbarkeit (Judikative) soll die Bürgerinnen und Bürger vor der Übermacht und Willkür des Staates schützen. Die Gewaltentrennung wird in der österreichischen Verfassung nicht lückenlos durchgeführt. Vor allem widerspricht ihr, dass jene politischen Entscheidungsträger (Parteien), die die Verwaltung (Regierung) leiten, auch die Mehrheit in

der Gesetzgebung (Nationalrat) bilden. Die Gerichtsbarkeit wird von unabhängigen Richterinnen und Richtern ausgeübt.

Verfassung und Verfassungswirklichkeit

Die Entwicklung in der Zweiten Republik hat dazu geführt, dass die Verfassung aus dem Jahr 1920 die politischen Prozesse der Gegenwart nur noch teilweise regeln kann. Denn diese Verfassung ist noch stark beeinflusst vom gesetzlichen Regelwerk der Monarchie. Deshalb wird sie in unserem gegenwärtigen Parteien- und Verbändestaat von anderen nicht in der Verfassung verankerten Regeln und Mechanismen ergänzt. In der Realpolitik wird in vielen Fällen der Verfassung nur noch im formalen Ablauf entsprochen – wie die folgenden Beispiele zeigen:

In der Gesetzgebung

> Q *Artikel 41 (1) Gesetzesvorschläge gelangen an den Nationalrat als Anträge seiner Mitglieder, des Bundesrates oder eines Drittels der Mitglieder des Bundesrates sowie als Vorlagen der Bundesregierung.*
> *(2) Jeder von 100 000 Stimmberechtigten (…) gestellte Antrag (Volksbegehren) ist von der Bundeswahlbehörde dem Nationalrat zur Behandlung vorzulegen.*
> (Bundes-Verfassungsgesetz)

Die Bundesverfassung sieht für die Gesetzwerdung die Zusammenarbeit der Bundesregierung mit dem Nationalrat, die Initiative einzelner Abgeordneter, Anträge des Bundesrates oder die Initiative durch ein Volksbegehren vor. Tatsächlich aber gehen die Gesetzesanträge vor allem von der Regierung aus (vgl. Grafik S. 185). Daneben sind auch die Verbände und politischen Parteien ganz wesentlich an der Gesetzgebung beteiligt.

Bei der Bestellung der Bundesregierung

> Q *Artikel 70 (1) Der Bundeskanzler und auf seinen Vorschlag die übrigen Mitglieder der Bundesregierung werden vom Bundespräsidenten ernannt. Zur Entlassung des Bundeskanzlers oder der gesamten Bundesregierung ist ein Vorschlag nicht erforderlich.*
> (Bundes-Verfassungsgesetz)

In der politischen Wirklichkeit finden Regierungsbildungen normalerweise im Anschluss an Nationalratswahlen statt. Es hat auch bis heute kein Bundespräsident eine Regierung von sich aus entlassen.

Auch bei der Auswahl des Bundeskanzlers ist der Bundespräsident in der Verfassungswirklichkeit an die Ergebnisse der Nationalratswahlen gebunden: Erhält eine Partei die absolute Mehrheit, so ist er faktisch gezwungen, den Kanzlerkandidaten dieser Partei auch zu ernennen. Bis zum Jahr 2000 stellte immer jene Partei den Bundeskanzler, die im Nationalrat die (relative) Mehrheit an Abgeordneten hatte.

2000 wurde erstmals der Kanzlerkandidat der drittstärksten Partei, Wolfgang Schüssel (ÖVP), zum Bundeskanzler einer ÖVP-FPÖ-Koalitionsregierung ernannt, obwohl diese offensichtlich vom damaligen Bundespräsidenten Thomas Klestil nicht erwünscht war. Trotz seiner verfassungsrechtlich garantierten Ernennungsfreiheit musste er diese Koalition akzeptieren.

Nach Artikel 70 könnte ein neuer Bundeskanzler bzw. eine neue Bundeskanzlerin alle Ministerinnen und Minister aussuchen. In der politischen Wirklichkeit aber wird er bzw. sie sich bei der Auswahl mit den einflussreichsten Funktionärinnen und Funktionären der eigenen Partei absprechen. Noch weniger Einflussmöglichkeit hat er bzw. sie auf die Auswahl der Regierungsmitglieder bei seinem (möglichen) Koalitionspartner. Alle diese Entscheidungen sind durch die Verfassung nicht geregelt.

Bei der Wahl zum Nationalrat

Q *Artikel 26 (1) Der Nationalrat wird vom Bundesvolk aufgrund des gleichen, unmittelbaren, geheimen und persönlichen Wahlrechts der Männer und Frauen, die spätestens am Tag der Wahl das 16. Lebensjahr vollendet haben, nach den Grundsätzen der Verhältniswahl gewählt. (…)*
Wählbar sind alle zum Nationalrat Wahlberechtigten, die am Stichtag die österreichische Staatsbürgerschaft besitzen und am Wahltag das 18. Lebensjahr vollendet haben.
(Bundes-Verfassungsgesetz)

Dieser Verfassungsartikel ist offenbar bewusst kurz gehalten. Er lässt völlig offen, wie Wahlberechtigte wirklich Mitglied des Nationalrats werden können. Ebenso lässt er den politischen Parteien freie Hand, auf welche Weise sie zur Aufstellung und Reihung ihrer Kandidatinnen und Kandidaten auf den Nationalratswahllisten gelangen.

 Recherchiere, wie die Kandidatenlisten der einzelnen Parteien in eurem Bundesland für Gemeinderats-, Landtags- und Nationalratswahlen bzw. für EU-Wahlen erstellt werden.

Die Verfassung und ihre vielen Ergänzungen

Die österreichische Verfassung besteht nicht nur aus dem „Bundes-Verfassungsgesetz von 1920 in der Fassung von 1929", sondern auch aus einer Vielzahl anderer Rechtsquellen. Sie reichen teilweise in die Monarchie zurück (z. B. die Grund- und Freiheitsrechte) oder wurden im Laufe der Zweiten Republik beschlossen (z. B. Neutralitäts-, Zivildienst-, Datenschutz-, Umweltschutzgesetz). Dazu kamen immer wieder Änderungen und Ergänzungen (= Novellen).

Auch durch den EU-Beitritt wurde eine Novelle notwendig (1994, Bundesgesetzblatt 113). Sie regelt u. a. die Wahlen der österreichischen Abgeordneten zum Europäischen Parlament und die Mitsprache- und Einflussmöglichkeiten des Parlaments, der Länder und der Gemeinden auf die österreichischen Ratsmitglieder. Sie

verpflichtet die österreichische Bundesregierung zur umfassenden Information des Parlaments über die EU-Politik. In der Praxis sind das durchschnittlich 20 000 Dokumente pro Jahr.

■ Hrncir/Urbanek, Materialpaket Politische Bildung, 2002, S. 3.

Keine Einigung auf eine neue Verfassung

Die Reformbedürftigkeit der österreichischen Verfassung führte zur Bildung des „Österreich-Konvents". Dieser setzte sich aus Vertreterinnen und Vertretern der verschiedenen politischen Körperschaften sowie Expertinnen und Experten zusammen. Sein Ziel war, Vorschläge für eine grundlegende Staats- und Verfassungsreform auszuarbeiten, die Verfassung also neu zu formulieren. Der im Jahr 2005 vorgelegte Verfassungsentwurf erhielt jedoch keine Mehrheit im Parlament. Zu unterschiedlich waren die politischen Standpunkte bei vielen Themenbereichen (z. B. stärkere Kontrollrechte für das Parlament, verpflichtende Volksabstimmung nach erfolgreichen Volksbegehren), vor allem aber auch bei der Kompetenzverteilung zwischen Bund und Ländern.

→ Fragen und Arbeitsaufträge

1. Fasse die Grundprinzipien der österreichischen Bundesverfassung zusammen.
2. Erkläre den Unterschied zwischen Verfassung und Verfassungswirklichkeit am Beispiel der Gesetzgebung und der Regierungsbildung.

3. Die Parteien der Zweiten Republik

Parteienvielfalt garantiert die Demokratie

> **Q** *Die moderne Demokratie beruht geradezu auf den politischen Parteien, deren Bedeutung umso größer ist, je stärker das demokratische Prinzip verwirklicht ist (…). Nur Selbsttäuschung und Heuchelei kann vermeinen, daß Demokratie ohne politische Parteien möglich sei.*
> (Kelsen, Vom Wesen und Wert der Demokratie, 1929, 19 f.)

Obwohl die Vertreter der politischen Parteien sowohl für die Gründung der Ersten wie auch der Zweiten Republik verantwortlich waren, wurden die Parteien erst 1975 in der Verfassung gesetzlich verankert:

> **Q** *Artikel I § 1 (1) Die Existenz und Vielfalt politischer Parteien sind wesentliche Bestandteile der demokratischen Ordnung der Republik Österreich. (…) (3) Die Gründung politischer Parteien ist frei (…). Ihre Tätigkeit darf keiner Beschränkung durch besondere Rechtsvorschriften unterworfen werden. (…)*
> *Artikel II § 2 (1) Jeder politischen Partei sind für Zwecke der Öffentlichkeitsarbeit auf ihr Verlangen Förderungsmittel (…) zuzuwenden.*
> ("Parteiengesetz" vom 2. Juli 1975, Bundesgesetzblatt Nr. 404)

Über die innere Organisation einer Partei sagt das „Parteiengesetz" nichts aus: In ihrer Grundstruktur sind die Parteien demokratisch aufgebaut. Normalerweise werden Funktionärinnen und Funktionäre von den Parteimitgliedern gewählt, und die Parteispitze stellt sich regelmäßig an Parteitagen der Wahl. Doch gerade an der Parteispitze bilden sich immer wieder Gruppierungen heraus, deren „Machtausübung" von den Mitgliedern an der Basis nur schwer kontrolliert werden kann. Diese Funktionärselite kann nämlich durch die gesetzlich garantierten öffentlichen „Förderungsmittel" eigenständig handeln. Das macht sie von Mitgliedsbeiträgen und Spenden unabhängiger.

Politikerbezüge	in % vom Bezug eines Nationalratsabgeordneten	In Euro (seit 2017)
Bundespräsident/in	280 %	24.516,10
Bundeskanzler/in	250 %	21.889,40
Vizekanzler/in (mit Ressort)	220 %	19.262,70
Nationalratspräsident/in	210 %	18.387,10
Minister/in	200 %	17.511,50
Rechnungshofpräsident/in	180 %	15.760,40
Staatssekretär/in	180 %	15.760,40
Nationalratsabgeordnete	**100 %**	**8.755,80**
EU-Abgeordnete	100 %	8.755,80
Mitglied des Bundesrats	50 %	4.377,90
Landeshauptmann/-frau	200 %	17.511,50
Landesrat/-rätin	170 %	14.884,80
Landtagsabgeordnete	80 %	7.004,60

■ Brutto-Bezügepyramide für Politikerinnen und Politiker, 2019. Zusammenstellung durch den Autor.

Parteienförderung und Politikergehälter

Die Höhe der staatlichen Förderung ist abhängig von der jeweiligen Anzahl der Abgeordneten, die für ihre Parteien im Nationalrat und in den Landtagen sitzen. Diese Parteienfinanzierung hat sich in den letzten Jahrzehnten vervielfacht (1979: 31 Mio.; 2009: 185 Mio.; 2017: 209 Mio. Euro) und ist im europäischen Vergleich ein Spitzenwert. Dennoch reichen diese Gelder normalerweise nicht aus, um die Ausgaben für Personalkosten, Wahlkämpfe, Öffentlichkeitsarbeit, Parteiakademien etc. zu decken. Gerade für die „Mitgliederparteien" ÖVP und SPÖ (gilt nicht für FPÖ, Grüne oder NEOS) sind daher die regelmäßigen Beiträge ihrer Mitglieder eine wichtige Einnahmequelle. Auch die Abgeordneten selbst liefern einen Teil ihres Politikereinkommens als „Parteisteuer" ab. Schließlich gibt es noch Parteispenden von Unternehmen, Einzelpersonen und Verbänden. Seit Jahrzehnten werden die Politikergehälter, die vielen Menschen zu hoch erscheinen, öffentlich kritisiert. Seit 1997 gibt es eine einheitliche „Bezügepyramide", welche die Gehälter der Landes- und Bundespolitikerinnen und -politiker regelt (s. Tabelle). Wegen der Wirtschaftskrise 2008 wurden die Politikerbezüge bis 2011 „eingefroren"; auch für 2018 und 2019 beschloss der Nationalrat eine „Nulllohnrunde". Normalerweise steigen die Politikerbezüge gleich wie die Pensionen oder werden der jährlichen Inflation angepasst. Führungskräfte in der Privatwirtschaft wie auch in staatsnahen Betrieben verdienen im Vergleich deutlich mehr als (Spitzen-)Politikerinnen und (Spitzen-)Politiker. Daher ist es auch nicht immer leicht, Spitzenkräfte für politische Ämter zu gewinnen.

Der „Parteienproporz"

Seit dem Beginn der Zweiten Republik, besonders seit Bildung der ersten Großen Koalition (1947), sicherten sich ÖVP und SPÖ ihren Einfluss in allen staatlichen und staatsnahen Bereichen. Sie teilten alle Führungspositionen untereinander auf oder besetzten sie doppelt (= Proporzdemokratie), auch um sich gegenseitig kontrollieren zu können.
Bundeskanzler Josef Klaus kritisierte 1971 im Rückblick auf die eigene Amtszeit die Auswüchse dieses Systems:

> **Q** *Im Proporz fand die Praxis der totalen Machtergreifung im Staat durch die Koalitionsparteien ihre Fortsetzung, Stellenbesetzungen, Subventionen, ja sogar Regierungs- und Beamtendelegationen, die ins Ausland reisten, mußten im Verhältnis 1:1 besetzt werden.*
> (Klaus, Macht und Ohnmacht in Österreich. Zit. in: Rathkolb, Die paradoxe Republik, 2011, S. 53 f.)

Dieses Proporzsystem setzte sich von „oben" nach „unten" fort: In verschiedenen Institutionen bzw. Betrieben ist z. T. bis heute zumindest eine Parteinähe für eine Anstellung erforderlich.
Das Ende der Großen Koalition 1999 bedeutete nicht das Ende des Proporzsystems.

So analysierte der Historiker Oliver Rathkolb 2011:

L *In der ÖVP-FPÖ-Koalition 2000 bis 2006 war „Proporz neu" angesagt; das heißt, dass vor allem Beamte, die der SPÖ zugerechnet werden, Kompetenzverluste zu gewärtigen haben. In Aufsichtsräten und Vorständen der ÖIAG wurden umfassende Personalwechsel durchgeführt. Zum Unterschied von den 1970er Jahren (…) wurde nun eine starke politische Partei, die SPÖ, deutlich ausgeklammert, (…) unabhängige Manager/innen ohne ÖVP- oder FPÖ-Sympathien werden (…) kaum berücksichtigt. In diesem Zusammenhang spielt die Frage des Parteibuchs weniger eine Rolle als die konkrete ideologische Nähe.*
(Rathkolb, Die paradoxe Republik, 2011, S. 55)

Und noch 2017, knapp vor dem Ende der letzten Großen Koalition, schrieb der deutsche Politikwissenschafter und Österreich-Korrespondent Hans-Peter Siebenhaar:

L *Das Land benötigt dringend einen Masterplan für das 21. Jahrhundert (…). Österreich sollte außerdem die überkommenen politischen Traditionen der vergangenen Jahre über Bord werfen. Dazu gehört insbesondere die politische Farbenlehre, mit der alle Schaltstellen durch zwei Parteien besetzt werden. Selbst wenn künftig noch eine weitere Partei hinzukommt, wird das das grundsätzliche Problem der Ämtervergabe nach politischem Proporz nicht lösen können, wahrscheinlich sogar nur noch komplizierter machen. (…)
Die Rechtspartei [FPÖ] ist mit den bürgerlichen Volksparteien mit ihrem machtpraktischen Anspruch durchaus vergleichbar. Ihr geht es darum, ebenfalls an die Futtertröge des Staates und seiner benachbarten Organisationen zu kommen. Aus dem dualen System (…) wird womöglich in Zukunft ein triales.*
(Siebenhaar, Österreich. Die zerrissene Republik, 2017, S. 244, 250)

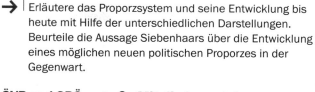

→ Erläutere das Proporzsystem und seine Entwicklung bis heute mit Hilfe der unterschiedlichen Darstellungen. Beurteile die Aussage Siebenhaars über die Entwicklung eines möglichen neuen politischen Proporzes in der Gegenwart.

ÖVP und SPÖ – große Mitgliederparteien

Während die SPÖ eine zentralistische Organisationsstruktur aufweist, ist die ÖVP in Bünde (Bauern-, Wirtschafts-, Arbeiter- und Angestellten-, Seniorenbund, Frauenbewegung, Junge Volkspartei) gegliedert. Beide Parteien haben eine Fülle von Vorfeldorganisationen bzw. ihnen nahe stehende Vereinigungen (z.B. Bund Sozialistischer Akademiker, Sozialistische Jugend, Kinderfreunde, Rote Falken sowie ASKÖ/Arbeitsgemeinschaft für Sport und Körperkultur Österreichs, ARBÖ/Auto-, Motor- und Radfahrverbund Österreichs, Naturfreunde bzw. Österreichischer Akademikerbund, Schülerunion sowie Sport-UNION).

Die beiden Parteien weisen im internationalen Vergleich auch heute noch einen überdurchschnittlich hohen Organisationsgrad (= Anteil der Mitglieder an den Wählerstimmen in Prozent) auf. Die Parteimitgliedschaften haben aber in den letzten Jahrzehnten abgenommen. Die ÖVP hatte im Jahr 2018 nach eigenen Angaben etwa 650.000 Mitglieder (eine genaue Zahl ist aufgrund von Doppelmitgliedschaften nicht zu ermitteln; 1994: 700.000), die SPÖ etwa 180.000 Mitglieder (1990: 590.000). Die FPÖ hatte 2018 55.000 Mitglieder.

Die Parteienkonzentration nimmt stark ab – die „Kleinen" kommen und gehen …

Ein absoluter Spitzenwert im europäischen Vergleich war von 1956 bis 1983 auch die Konzentration der Wählerstimmen auf SPÖ und ÖVP: „Rot" und „Schwarz" erhielten zusammen zwischen 89 und 93 Prozent (s. Grafik). Im Jahr 1986, als die „Grüne Alternative" den Einzug in den Nationalrat schaffte, nahm der Stimmenanteil der Großparteien erstmals ab (84 Prozent). Er sank bei den Nationalratswahlen 1994 zum ersten Mal unter die Zweidrittelmarke (63 Prozent), im Jahr 1999 dann auf 60 Prozent und erreichte 2013 mit 50,8 Prozent einen absoluten Tiefstand.

Die ÖVP lag 1999 mit 27 Prozent und 415 Stimmen weniger als die FPÖ nur an dritter Stelle. Nach einem großen Wahlerfolg im Jahr 2002 erlebte die ÖVP 2013 mit 24 Prozent das schlechteste Wahlergebnis seit ihrer Gründung, wurde aber 2017 wieder zur stärksten Partei (mit 31,5 Prozent).

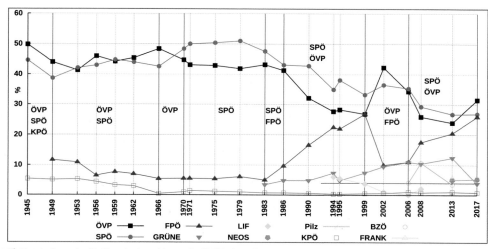

■ Ergebnisse der Nationalratswahlen seit 1945. Erstellt von Johannes Kalliauer, 2017.

Auch die SPÖ verlor seit 1990 bei den Nationalratswahlen viele Stimmen und Mandate. Sie erreichte sowohl 2013 als auch 2017 gerade noch 27 Prozent. Profitiert hat aus dieser Entwicklung vor allem die FPÖ: Sie gewann zwischen 1986 und 1999 bei jeder Wahl Stimmen und Mandate und erzielte 1999 mit 27 Prozent einen historischen Höchststand. Als Regierungspartei erlebte die FPÖ einen deutlichen Absturz. Doch trotz einer neuerlichen Parteispaltung durch die Neugründung des „Bündnis Zukunft Österreich" (BZÖ) im Jahr 2005 konnte sie seit den Wahlen 2008 bis 2017 wieder deutlich dazugewinnen (26 Prozent).

Beide Abspaltungen der FPÖ, sowohl das Liberale Forum (LIF, seit 1999) also auch das BZÖ, sind seit 2013 nicht mehr im Nationalrat vertreten. Die vom austro-kanadischen Unternehmer Frank Stronach gegründete Liste FRANK war zwischen 2013 und 2017 im Nationalrat vertreten. Die Liste NEOS, 2012 von Matthias Strolz gegründet, ging vorerst mit dem LIF ein Wahlbündnis ein und stellt seit 2013 Abgeordnete im Nationalrat. Der langjährige Grüne-Abgeordnete Peter Pilz verließ 2017 seine Partei und schaffte mit seiner Liste „Pilz" (seit 2018 „JETZT") knapp den Einzug in den Nationalrat (mit 4,4 Prozent). Diese Abspaltung war mitverantwortlich dafür, dass die Grünen, seit 1986 als „Kleinpartei" in der österreichischen Parteienlandschaft fest verankert, nicht mehr im Nationalrat vertreten sind. Die KPÖ, einstmals „vierte Kraft" im Land, erhält bei Nationalratswahlen seit den 1980er Jahren nicht einmal mehr 1 Prozent der Stimmen.

Die Veränderung der Parteien(-landschaft)

Schon 1993 sah der Politologe Anton Pelinka die Entwicklung der österreichischen Parteienlandschaft so:

L Österreich wird immer weniger Österreich, wenn Österreich heißt, dass Politik nichts anderes als SPÖ und ÖVP sowie die Sozialpartnerschaft zweier Präsidenten bedeutet. (…) Österreich hat sich vielmehr in allen nachvollziehbar messbaren Werten Westeuropa angenähert. Die Wahlbeteiligung nimmt von einer österreichischen Höhe ab und geht in die Richtung einer westeuropäischen Normalität. Die Zahl der im Parlament vertretenen Parteien ist noch immer gering – aber es spricht mehr Wahrscheinlichkeit dafür, dass im Parlament des Jahres 2000 sechs (…), als dass drei Parteien sitzen werden.
(Pelinka, Die Studentenbewegung. In: Forum Politische Bildung (Hg.): Wendepunkte und Kontinuitäten, 1998, S. 157)

→ Beurteile, welche Voraussagen des Politikwissenschafters eingetroffen sind bzw. wo er sich geirrt hat.

Das Meinungsforschungsinstitut IMAS kam im Jahr 2011 aufgrund einer Umfrage zu diesem Ergebnis:

L Hauptgründe für die spätestens ab 1990 total veränderte Parteienlandschaft sind zum einen das breiter gewordene Spektrum der politischen Mitbewerber, mindestens so sehr aber auch die völlig anders gestalteten Rahmenbedingungen und Problemstellungen der Politik. Überalterung, Globalisierung, Wanderungsbewegungen, ethnische Vermischung, digitale Revolution, neue Informationstechnologien, europäische Verklammerung, Klimawandel, konfessionelle Vielfalt etc. haben grundlegend neue Fragen aufgeworfen. Es geht heute nicht mehr um Verteilungskämpfe allein, sondern um ein ganzes Bündel neuer Probleme. (…)
(…) die Gesellschaft, wie sie von Karl Marx (…) beschrieben wurde, gibt es heute nicht mehr. Wir haben es jetzt mit einer Wählerschaft zu tun, die ihre Klassenbindung (…) verloren hat. Die Volksparteien traditionellen Zuschnitts leiden zugleich am Absterben ihrer Kernmilieus [= Stammwählerschichten].
(IMAS International, Abschied von Wählern und Milieus, Nr. 2, 2011, S. 2)

→ Fasse in eigenen Worten die neuen politisch-gesellschaftlichen Problemstellungen zusammen.

Die Politikwissenschafter Fritz Plasser und Franz Sommer analysierten 2018 die Entwicklung der Parteienlandschaft von den 1980er Jahren bis zur Wahl 2017 so:

L Tatsächlich zeichnete sich die Erosion (= Auslaugung) der traditionellen Großparteien bereits in den späten 1980er Jahren ab. Das rechtspopulistische Momentum (= Impuls) der von Haider angeführten FPÖ drängte beide Großparteien in die wahlpolitische Defensive. Die FPÖ brach in traditionelle Hochburgen der SPÖ ein. Erhebliche Teile der Arbeiterschaft kehrten ihrer traditionellen Partei den Rücken und wählten die FPÖ. Die ÖVP wiederum verlor unzufriedene Handwerker, Gewerbetreibende und Angestellte an die FPÖ, die vor allem unter parteiungebundenen, unzufriedenen Wählergruppen erheblichen Zulauf fand. FPÖ-interne Konflikte während ihrer Zeit als Koalitionspartner der ÖVP (…) bedeuteten aber im Rückblick nicht das Ende, sondern nur eine temporäre Unterbrechung des rechtspopulistischen Momentums, das durch das konfliktäre Erscheinungsbild der SPÖ + ÖVP-Koalitionsregierung, problematische Wirtschafts- und Arbeitsmarktdaten, eine skeptische Grundstimmung gegenüber einer überfordert wirkenden EU, massive Vertrauensverluste politischer Eliten wie die epochale Flüchtlings- und Asylkrise neuerlich an Dynamik gewann.
(Plasser/Sommer, Wahlen im Schatten der Flüchtlingskrise, 2018, S. 16)

→ Nimm zur Analyse der Parteienentwicklung Stellung.

„Allerweltsparteien" statt Lagerparteien

Die Wählerbasis der österreichischen (Groß-)Parteien hat sich durch die tiefgreifenden gesellschaftlichen Veränderungen in der zweiten Hälfte des 20. Jh. deutlich gewandelt.

Bäuerinnen und Bauern, Gewerbetreibende und Arbeiterschaft gingen zahlenmäßig stark zurück. Eine neue Mittelschicht der Angestellten (im Dienstleistungs- und öffentlichen Sektor) nahm stark zu. Das führte bei den ehemaligen „Lagerparteien" der Ersten Republik zu einem massiven Rückgang ihrer Stammwählerschaft (ÖVP: Bäuerinnen und Bauern, Selbstständige; SPÖ: Arbeiterschaft). Diese neue Mittelschicht fühlt sich nicht mehr eng an eine Partei gebunden.

L *47 Prozent [der Wahlberechtigten] bezeichneten sich als mobile, parteiungebundene Wähler, die sich vor jeder Wahl neu entscheiden (…). Die Stammwählerschaften von ÖVP und SPÖ haben sich auf ihre engsten Kernwählerschichten reduziert. Aber selbst bei diesen Kernwählern (…) gibt es mittlerweile keine unüberwindbaren Schranken mehr, die einem Parteiwechsel im Wege stehen.*

(Plasser/Sommer, Wahlen im Schatten der Flüchtlingskrise, 2018, S. 22)

Die Gruppe der Wechselwählerinnen und -wähler nahm in den letzten dreißig Jahren deutlich zu.

Wählermobilität bei Nationalrats- und Landtagswahlen 1999–2017

Legende:
- Haben bei Nationalrats- bzw. Landtagswahlen immer dieselbe Partei gewählt.
- Haben sich im Laufe der Zeit auch schon einmal für eine andere Partei entschieden.

■ Quelle: GfK Austria, bundesweite Repräsentativbefragung 1990–2017. In: Plasser/Sommer, Wahlen im Schatten der Flüchtlingskrise, 2018.

→ Analysiere diese Grafik in Bezug auf das Verhältnis von Stamm- und Wechselwählerinnen und -wählern und vergleiche das Ergebnis mit der Aussage der Textquelle darüber. Diskutiert – jedoch nur auf freiwilliger Basis! –, zu welcher Gruppe von Wählerinnen und Wählern ihr euch zählt, und begründet eure Haltung.

Wechselwählerinnen und -wähler entscheiden oft erst in den letzten Tagen, wem sie ihre Stimme geben. Gerade diese Gruppe wird von den Parteien in ihren Wahl- und Parteiprogrammen angesprochen. Die Parteien haben sich zu nach allen Seiten offenen „Allerwelts-" oder „Volksparteien" entwickelt, die regelmäßig bei Wahlen um Stimmen kämpfen.
Ähnlich wie in den USA stehen daher mittlerweile auch in Österreich in den Wahlkämpfen die Personen stärker im Vordergrund als Sachthemen.

Wählerumfrage: „Welche Partei vertritt Ihrer Meinung nach jeweils die vernünftigere und glaubwürdigere Position?"

In Prozent halten beim Thema für glaubwürdiger	SPÖ	ÖVP	FPÖ	Grüne	NEOS
Sicherung ausreichender Pensionen	**35**	20	7	2	2
Bekämpfung eines radikalen Islam	7	25	**34**	2	1
Maßnahmen gegen den Missbrauch von Sozialleistungen	15	23	**27**	3	2
Verhinderung eines Ansturms von Flüchtlingen und Asylanten	10	**35**	27	5	1
Verringerung der Anzahl von Migranten und Ausländern	9	30	**31**	4	1
Maßnahmen gegen die ungleiche Verteilung von Einkommen und Lebenschancen	**29**	17	11	7	4
Milderung der hohen Steuerbelastung	**26**	**26**	10	1	5
Kampf gegen die steigende Kriminalität	14	24	**29**	2	1
Ursachen des Klimawandels bekämpfen	11	16	4	**30**	2
Maßnahmen gegen die hohe Arbeitslosigkeit	**32**	24	10	1	3
Vorkehrungen gegen terroristische Anschläge in Österreich	12	**28**	23	2	0
Senkung der hohen Miet- und Wohnpreise	**30**	16	8	5	3
Verbesserung der Situation in den Schulen und Klassen	18	**22**	12	5	5
Belebung der Konjunktur- und Wirtschaftslage	19	**34**	6	2	5

■ Kompetenzfelder der Parteien aus Sicht der Wählerinnen und Wähler. Quelle: GfK Austria, bundesweite Repräsentativumfrage (Juli 2017). In: Plasser/Sommer, Wahlen im Schatten der Flüchtlingskrise, 2018, S. 89.

→ **Fragen und Arbeitsaufträge**

1. Fasse die Informationen zu Aufstieg bzw. Abstieg der im Nationalrat vertretenen Parteien zusammen.
2. Erläutere die Ziele und Programme, die sie deiner Meinung nach vertreten.
3. Ermittle mit Hilfe der Tabelle, für welche Bereiche die angeführten Parteien als glaubwürdig gelten. Vergleiche diese Ergebnisse mit deiner eigenen Einstellung dazu.

Perspektivität, Intention und Bewertungen in Darstellungen der Vergangenheit feststellen sowie deren Entstehungskontext berücksichtigen

4. Die Großen Koalitionen der Zweiten Republik

Große Koalitionen waren die häufigste und damit die am längsten dauernde Regierungsform der Zweiten Republik. Dieses Kapitel unterstützt dich dabei, Geschichtsdarstellungen, die sich mit Großen Koalitionen beschäftigen, auf ihre Perspektivität, ihre Bewertungen und ihre Intentionen hin zu untersuchen und dabei auch ihren Entstehungszusammenhang mit einzubeziehen.

Die erste Periode Großer Koalitionen (1947–1966)

1945 bis 1947 regierte in Österreich eine Konzentrationsregierung von ÖVP, SPÖ und KPÖ. Nach der Währungsreform 1947, die zusammen mit der Inflation vor allem einkommensschwächere Menschen stark belastete, trat der einzige kommunistische Minister aus der Regierung aus. Bis 1966 bildeten nun die beiden Großparteien unter einem ÖVP-Kanzler eine Große Koalition. Wegen der wirtschaftlichen Probleme wurde parallel dazu auch eine verstärkte Zusammenarbeit des „rot" dominierten Österreichischen Gewerkschaftsbundes mit der „schwarzen" Bundeswirtschaftskammer vereinbart. Das war der Beginn der bis heute bestehenden Sozialpartnerschaft.

M1 **Der Historiker Norbert Schausberger fasste 1980 die Wirtschaftsentwicklung dieser Zeit so zusammen:**

Die neue Koalitionsregierung konnte, begünstigt durch eine weltweite Konjunktur, (…) überraschend schnell die ökonomische Krisensituation in einen bisher in Österreich noch nie da gewesenen Wirtschaftsaufschwung umwandeln, der als „österreichisches Wirtschaftswunder" in die Geschichte eingegangen ist. (…) So war es in fast 10 Jahren der Zusammenarbeit der beiden großen politischen Lager gelungen, den Staatsnotstand zu beheben und wirtschaftlich und innenpolitisch zu konsolidieren.
(Schausberger, Österreich. Der Weg der Republik 1918–1980, 1980, S. 87)

M2 **Der Historiker Oliver Rathkolb über den Proporz, 2011:**

Das Problem des Proporzes in den fünfziger und sechziger Jahren war, dass die ursprüngliche wechselseitige Kontrollfunktion einer totalen Machtaufteilung gewichen war. In diesem Sinne ist auch das Wahlergebnis 1966 zu interpretieren, das vor allem im Bereich der Erstwähler und Frauen einen höheren Anteil für die ÖVP erbrachte; sie hatte am glaubwürdigsten signalisiert, aus diesem System ausbrechen zu wollen.
(Rathkolb, Die paradoxe Republik, 2011, S. 54)

M3 **Bruno Kreisky, 1959–1966 Außenminister, über das Ende der Koalition, 1988:**

Die Große Koalition, die nach der Auffassung vieler ihre Funktion mit dem Staatsvertrag erfüllt hatte, war schon Anfang der sechziger Jahre ins Wan-

ken geraten. Die eine Regierungspartei trat als Opposition der anderen auf; dies wirkte auf die Menschen unaufrichtig und raubte dem Parlamentarismus seine Glaubwürdigkeit.
(Kreisky, Im Strom der Politik, 1988, S. 382)

Die zweite Periode Großer Koalitionen (1986–1999)

Einen Tag nach der Wahl von Kurt Waldheim zum österreichischen Bundespräsidenten im Jahr 1986 (s. S. 177) trat Fred Sinowatz als Kanzler und wenig später als SPÖ-Parteiobmann zurück. Sein Nachfolger Franz Vranitzky beendete die kleine SPÖ-FPÖ-Koalition, nachdem Vizekanzler Steger als FPÖ-Obmann auf einem Parteitag gestürzt worden war.

Die vorgezogenen Neuwahlen führten, nach einer zwanzigjährigen Pause, zu einer Neuauflage der Großen Koalition. Ausschlaggebend dafür waren große wirtschaftliche Probleme (u. a. Krise der Verstaatlichten Industrie, steigende Arbeitslosigkeit und Staatsverschuldung) sowie die Weigerung Vranitzkys, mit der stärker national ausgerichteten Haider-FPÖ eine Koalition einzugehen.

Diese Großen Koalitionen wurden auch in den 1990er Jahren mehrmals fortgesetzt, obwohl beide Regierungsparteien deutlich an Stimmen verloren. Sie endeten im Jahr 2000 damit, dass die nach den Wahlen 1999 nur drittstärkste ÖVP mit der zweitstärksten Partei, der Haider-FPÖ, eine Kleine Koalition einging und ÖVP-Obmann Wolfgang Schüssel dennoch Bundeskanzler wurde.

M4 **Der Historiker Oliver Rathkolb über die Große Koalition, 2011:**

Der letzte „große Sprung" der Großen Koalition: EU-Beitritt 1995
Seit 1986 wurde in einer neuerlichen Großen Koalition unter der Leitung Franz Vranitzkys (SPÖ) – das Außenministerium führte ÖVP-Parteichef und Vizekanzler Alois Mock – eine Neuorientierung der österreichischen Europapolitik begonnen. Obwohl es vor allem innerhalb der SPÖ – und hier besonders bei den sozialdemokratischen Gewerkschafter/innen – Vorbehalte gegen eine zu starke Integration gab, erzielte man 1989 Einigung über den Beitrittsantrag.
(Rathkolb, Die paradoxe Republik, 2011, S. 108)

M5 **Der Historiker Michael Gehler über die hohe Zustimmung der Bevölkerung zur EU, 1997:**

Die Große Koalition gab sich in dieser historisch wichtigen Entscheidungsfrage nach außen geschlossen und staatstragend. Das Zusammenwirken der Großparteien und die Appelle an das Wahlvolk waren laut Meinungsforschern mitentscheidend: Rund drei Viertel der SPÖ-Anhänger sind der Pro-EU-Linie ihrer Partei, bei der ÖVP rund zwei Drittel der Parteiführung gefolgt.
(Gehler, Der EG-Beitrittsantrag. In: Gehler/Steininger (Hg.), Österreich im 20. Jahrhundert, Bd. 2, 1997, S. 553)

Die dritte Periode Großer Koalitionen (2007–2017)

Nach den Nationalratswahlen 2006 kam es zu einer dritten Periode Großer Koalitionen (S. 176).

M6 Im „Profil" kommentierten Eva Linsinger und Herbert Lackner die „Große Koalition" 2013 so:

Große Koalition: Warum SPÖ und ÖVP einander immer fremd geblieben sind

(…) In keinem anderen Land haben Sozialdemokraten und Christdemokraten so lange miteinander koaliert wie in Österreich – insgesamt 41 Jahre. Und dennoch blieben die beiden Parteien einander fremd. Praktisch kein gesellschaftlicher Bereich, in dem man derselben Meinung ist: Familienpolitik und Homo-Verpartnerung, Schule und Föderalismus, Verteilungspolitik und Daseinsvorsorge – nur mit großen Anstrengungen lassen sich Kompromisse finden, und die sind meist entsprechend flau. (…)

Zeitenwende

Sozialdemokratie und Volkspartei haben allerdings eines gemeinsam: Sie verlieren seit Jahrzehnten Wähler – von fast 95 Prozent im Dezember 1945 bis auf 50,9 Prozent im September 2013. Doch selbst die historische Zeitenwende (…) führte zu keinem Umdenken. Zu tief sind beide Parteien von ihren historischen Differenzen geprägt. (…)
Große Würfe gelangen den SPÖ-ÖVP-Koalitionen immer dann, wenn zufällig zwei eher zukunftsorientierte Politiker an der Spitze standen, etwa Mitte der 1990er-Jahre, als Franz Vranitzky und Erhard Busek den österreichischen EU-Beitritt glatt über die Bühne brachten. Das Erbe der Vergangenheit belastet die Kompromisssuche der Parteien (…). Noch schwerer engt die Verflechtung von SPÖ und ÖVP mit den Interessensvertretungen [= den Sozialpartnern; Anm. d. A.] den Verhandlungsspielraum ein. Mit Ausnahme von Präsident Erich Foglar sitzt die gesamte ÖGB-Spitze für die SPÖ im Nationalrat (…). Gegen den ÖGB geht also gar nichts (…). Spiegelverkehrt sieht es bei der Gegenseite aus: Praktischerweise ist bei der ÖVP der Chef der Interessenvertretung, Wirtschaftskammer-Präsident Christoph Leitl, auch gleich Chef des parteiintern mächtigen Wirtschaftsbunds. (…)

Zusätzliche Konfliktlinien

Für Koalitionsverhandlungen zwischen SPÖ und ÖVP bedeutet das alles: Nicht nur die beiden Parteien müssen sich einigen, sondern auch die Sozialpartner.
(Lackner, Linsinger, Große Koalition, 2013. Online auf: https://www.profil.at/oesterreich/grosse-koalition-warum-spoe-oevp-370 492, 1.4.2018)

M7 Eintrag „Große Koalition" auf Wikipedia, 2018:

(…) Große Koalitionen sind teilweise umstritten, da sie nach Meinung der Kritiker über zu große Regierungsmacht verfügen und aufgrund ihrer Breite zu viele Kompromisse erfordern.
Andererseits schafft eine Große Koalition die Möglichkeit, manche dringend erforderlichen Reformprojekte auch dann durchzusetzen, wenn ihre Begleiter-

scheinungen von den Betroffenen als stark negativ empfunden werden (…). Eine starke Opposition würde diese Projekte – sei es aus Überzeugung oder aus parteitaktischen Gründen – angreifen und eventuell verhindern.
Große Koalitionen werden oft aus einem oder mehreren der folgenden Gründe bzw. Motive gebildet:

- *als Notlösung, wenn sich aufgrund des Machtgleichgewichtes keine eindeutigen, weltanschaulich fundierten Parlamentsmehrheiten bilden, vor allem in Ländern mit einer großen Parteienvielfalt.*
- *Abwehrbewegungen gegen aggressive Klein- oder Randparteien, was z. B. im 20. Jahrhundert mehrmals zu einer Großen Koalition in Österreich führte.*
- *außenpolitische oder allgemein-politische Krisen (…).*

(Große Koalition. Online auf: https://de.wikipedia.org/wiki/Große_Koalition, 2.4.2018)

M8 Abwendung von der Großen Koalition:

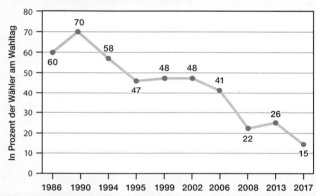

Wunsch nach einer Regierungskoalition aus SPÖ und ÖVP

■ Quelle: GfK Austria, Wahltags- und Vorwahltagsbefragungen 1986–2017. In: Plasser/Sommer, Wahlen im Schatten der Flüchtlingskrise, 2018, S. 39.

→ Fragen und Arbeitsaufträge

1. Fasse mit Hilfe der Autorendarstellung hier und auf S. 168 ff., 176, 190 ff. die Entstehungsgeschichte(n) der drei Perioden von Großen Koalitionen zusammen.

2. Untersuche M1 bis M7 und vergleiche, welche positiven und negativen Aspekte dieser Regierungsform allgemein bzw. in den einzelnen Perioden zugeschrieben werden. Erläutere mit Hilfe von M2, M4, M6 und S. 190 ff. insbesondere, wie die Funktion des Parteienproporzes sowie die Sozialpartner beschrieben und beurteilt werden.

4. Analysiere das Schaubild M8 in Hinblick auf den Wunsch der Bevölkerung nach einer Großen Koalition seit 1986. Vergleiche deine Analyse mit den Aussagen in M5 und M6. Beurteile, inwieweit in den einzelnen Darstellungen (M1–M6) die Großen Koalitionen direkt oder indirekt bewertet werden.

5. Verfasse mit Hilfe all deiner Informationen einen Blog: „44 Jahre Große Koalitionen in Österreich" und/oder einen Artikel (ca. eine Seite) zum Thema „Erfolge und Scheitern der Großen Koalitionen in Österreich" für eure Schülerzeitung.

5. Die Sozialpartnerschaft

Unter der österreichischen „Wirtschafts- und Sozialpartnerschaft" versteht man einerseits die Zusammenarbeit der großen wirtschaftlichen Interessenverbände untereinander und andererseits auch ihre Zusammenarbeit mit der Regierung. Schon bald nach Gründung der Zweiten Republik entwickelten sich die Sozialpartner zu einem wichtigen Faktor in der österreichischen Politik (vgl. S. 171). Sie sind bis heute vor allem mit den beiden Parteien ÖVP und SPÖ eng verflochten.

Verbände der Arbeitnehmer/innen

 1920 wurden die „Kammern für Arbeiter und Angestellte" eingerichtet: Auch die Arbeiterkammern sind öffentlich-rechtlich, d. h. auf gesetzlicher Grundlage organisiert. Es besteht für alle Arbeitnehmerinnen und Arbeitnehmer (mit Ausnahme der Beamtinnen und Beamten und den in der Landwirtschaft Beschäftigten) Pflicht zur Mitgliedschaft (2016: ca. 3,7 Millionen). Aufgabe der Arbeiterkammern ist die Vertretung der beruflichen, sozialen, wirtschaftlichen und kulturellen Interessen ihrer Mitglieder sowie der Konsumentenschutz.

 Der Österreichische Gewerkschaftsbund wurde 1945 als überparteilicher Verein gegründet (vgl. S. 164). Innerhalb des ÖGB gibt es entsprechend den unterschiedlichen Ideologien jedoch verschiedene Fraktionen. Seit 2010 besteht der zentralistisch geführte ÖGB aus sieben untergeordneten Einzelgewerkschaften. Die Zahl der ÖGB-Mitglieder hat in den letzten Jahrzehnten deutlich abgenommen (1990: 1 664 841; 2012: 1 203 441), obwohl die Zahl der Beschäftigten im selben Zeitraum zugenommen hat. Im Jahr 2010 zahlten nur noch knapp 30 Prozent der Arbeitnehmerinnen und Arbeitnehmer freiwillig ihren Mitgliedsbeitrag (1 Prozent des Bruttolohnes). Die Gründe für den Mitgliederrückgang sind vielfältig. Sie liegen vor allem in der Zunahme der so genannten atypischen Beschäftigungsverhältnisse (geringfügige oder Teilzeitbeschäftigung, Leih- und Heimarbeit, Werkvertrag), aber auch in der, im Vergleich zu früheren Jahren, höheren Arbeitslosenrate.

Arbeitgeberorganisationen

 1848 wurden die Handelskammern gegründet. Seit 1993 werden sie „Wirtschaftskammern" genannt und sind in sieben Sparten gegliedert: Gewerbe und Handwerk, Industrie, Handel, Bank und Versicherung, Transport und Verkehr, Tourismus und Freizeitwirtschaft, Information und Consulting. Auf Bundesebene vertritt die WKO die Interessen ihrer (Stand: 2018: 517 477) Mitglieder, auf Landesebene sind es die neun Landeskammern. Alle selbstständig Erwerbstätigen (von Ein-Personen-Unternehmen bis zu Aktiengesellschaften) sind per Gesetz Mitglieder dieser öffentlich-rechtlichen Körperschaften.

Ik Landwirtschaftskammer Österreich — Bereits zur Zeit der Ersten Republik entstanden in den Bundesländern Landwirtschaftskammern. Sie haben sich mit dem Österreichischen Raiffeisenverband auf Bundesebene zum Verein „Präsidentenkonferenz der Landwirtschaftskammern Österreichs" zusammengeschlossen. Gesetzliche Mitglieder sind v. a. alle in der Land- und Forstwirtschaft selbstständig hauptberuflich Erwerbstätigen und alle nebenberuflichen Landwirte (2016: 161 200 Betriebe).

iv INDUSTRIELLEN VEREINIGUNG — Neben den vier offiziellen Sozialpartnern AK, ÖGB, WKO und LK ist die Industriellenvereinigung (IV) eine weitere Interessenvertretung auf Arbeitgeberseite. 80 Prozent der österreichischen Industrieunternehmen sind Mitglieder in diesem freien Verein (ohne Fraktionen). Er vertritt die speziellen Interessen der Industrie und nimmt auch an allen Gesetzwerdungsprozessen teil. Eine Bundesorganisation, neun Landesgruppen und das Brüsseler IV-Büro vertreten die Anliegen ihrer aktuell mehr als 4 400 Mitgliedsunternehmen in Österreich und auf EU-Ebene.

Parteien dominieren auch in den Verbänden

Auch in den formal überparteilichen Kammern sind Mitglieder der Parteien bzw. ihrer Vorfeldorganisationen die bestimmenden Akteure. Die Führungsgremien werden durch direkte Wahl aller wahlwerbenden Gruppen gebildet. In den Wirtschafts- und Landwirtschaftskammern dominieren der ÖVP-Wirtschaftsbund bzw. ÖVP-Bauernbund in allen Bundesländern klar. In den Arbeiterkammern hat die Fraktion Sozialdemokratischer GewerkschafterInnen eine klare Mehrheit – nur in Tirol und Vorarlberg ist die ÖVP-Teilorganisation ÖAAB stärker. Der von der Fraktion Sozialdemokratischer GewerkschafterInnen dominierte ÖGB führt – abgesehen von einzelnen Teilbereichen – bislang noch keine direkten Wahlen durch.

Die Stärkeverhältnisse der Fraktionen ergeben sich aus der Umlegung von Betriebsrats- und Personalvertretungswahlen.

Die Entwicklung der Sozialpartnerschaft

Wirtschaftliche und politische Gründe führten seit 1946 zur Zusammenarbeit der großen Verbände (vgl. S. 171). Damit sollten vor allem wirtschaftliche Stabilität und sozialer Frieden erreicht werden. Im Jahre 1957 wurde aus der fallweisen Zusammenarbeit der vier Sozialpartner eine ständige Einrichtung: die „Paritätische Kommission für Preis- und Lohnfragen". Sie wurde später um den „Beirat für Wirtschafts- und Sozialfragen" sowie um den „Unterausschuss für internationale Fragen" erweitert.

Die „Paritätische Kommission" wurde jedoch seit 1998 nicht mehr einberufen. Sie funktionierte nach den von den Sozialpartnern festgelegten „Spielregeln". Für alle Beschlüsse war Einstimmigkeit erforderlich. Das zwang die Sozialpartner zum Kompromiss. Der Ausschluss der Öffentlichkeit erlaubte ihnen außerdem, auch unpopuläre Maßnahmen zu beschließen. Die positiven Auswirkungen dieser Zusammenarbeit zeigten sich jahrzehntelang an guten Wirtschaftsdaten sowie Verzicht auf Streiks.

Das Verhältnis Sozialpartner und Regierung

Bis in die 1990er Jahre war in Österreich der Einfluss der Sozialpartner auf die Politik so stark wie kaum anderswo in Europa. Seit dem Beitritt zur Europäischen Union werden jedoch wesentliche Entscheidungen der Wirtschaftspolitik (z. B. die Agrar-, Wettbewerbs-, Außenhandels-, Währungspolitik) nur noch gemeinsam mit den anderen EU-Mitgliedstaaten getroffen. Zwar sind die österreichischen Sozialpartner auch in den europäischen Verbänden vertreten. Doch können sie dort ihren Einfluss nicht in solchem Ausmaß geltend machen wie im österreichischen Parlament oder in der Bundesregierung. Die ÖVP-FPÖ/BZÖ-Regierungen (zwischen 2000 und 2006) verzichteten weitgehend auf eine Zusammenarbeit mit den Arbeitnehmer-Verbänden.

Trotz dieser zeitweisen Zurückdrängung sind die Verbände weiterhin in vielen Kommissionen, Beiräten und Fonds der staatlichen Verwaltung eingebunden. Sie verwalten die Sozialversicherungsinstitute, sitzen in der Nationalbank, entsenden Vertretungen in die Arbeitsgerichte u. v. m. Im Jahr 2008 wurden die Sozialpartner in ihrer Funktion als „Selbstverwaltungskörper" (vgl. S. 198) sogar in den Verfassungsrang gehoben (Artikel 120a B-VG).

Aktiv sind sie vor allem im Bereich des Arbeitsrechts und der Sozialpolitik. Sie starten Gesetzesinitiativen, nehmen in Begutachtungsverfahren oder als Abgeordnete im Nationalrat direkt Einfluss auf die Gesetzgebung. Verbandfunktionärinnen und -funktionäre sind bis heute in den Präsidien von ÖVP und SPÖ vertreten. Sie haben auch immer wieder Ministerposten eingenommen (z. B. den Posten der Sozialministerin bzw. des Sozialministers häufig von einer ÖGB-Spitzenfunktionärin bzw. einem ÖGB-Spitzenfunktionär, den der Landwirtschaftsministerin bzw. des Landwirtschaftsministers oft aus der Landwirtschaftskammer).

Kritik und Anerkennung für die Sozialpartner

Der Politologe Emmerich Tálos schätzte 2009 die Sozialpartner so ein:

> *In den Jahren 2007 bis 2008 ist es zu einem Revival [= Wiederbelebung] gekommen. Die Sozialpartnerverbände haben in vielen Bereichen Kompromisse gefunden. Und die Regierung, der ja selbst nicht viel eingefallen ist, hat dieses sozialpartnerschaftliche Zutun auch unbedingt notwendig gehabt. Revival heißt aber nicht eine Wiederkehr der Hochblüte der Sozialpartnerschaft der 1960er und 1970er Jahre (…). Die österreichische Gewerkschaftsbewegung hat durch die Einbindung in die Sozialpartnerschaft sehr viel zum Ausbau der Sozialpolitik, zur Gestaltung der Wirtschafts- und Arbeitsmarktpolitik beigetragen und damit die Lebens- und Arbeitsbedingungen der unselbständig Beschäftigten wesentlich positiv mitgestaltet. Allerdings konnten auch die Unternehmerorganisationen über den Weg der sozialpartnerschaftlichen Verhandlungen ihre Ziele ganz anders realisieren als in Italien, wo sie damit rechnen*

> *müssen, dass die Gewerkschaften ihre Interessen kämpferischer vertreten.*
>
> *(Tálos, Sozialpartnerschaft ist Eliteherrschaft. Online auf: http://derstandard.at/1231151776063/Interview-mit-Emmerich-Talos-Sozialpartnerschaft-ist-Eliteherrschaft, 29. 3. 2018)*

Seit den 1990er Jahren gab es immer wieder Kritik an den Verbänden und manchen ihrer Funktionärinnen und Funktionäre: Bei den öffentlich-rechtlichen Kammern betraf das u. a. die Pflichtmitgliedschaft (mit Pflichtbeiträgen), vereinzelt aber auch hohe Funktionärsgehälter. Beim ÖGB äußern die Arbeitnehmerinnen und Arbeitnehmer ihre Kritik vor allem dann, wenn sie mit den von ihren Gewerkschaften ausgehandelten Lohnabschlüssen nicht zufrieden sind. Dennoch überwiegen noch immer die Zustimmung zur Pflichtmitgliedschaft zu den Kammern und die Zufriedenheit mit den Leistungen der Sozialpartner.

Die Tageszeitung „Die Presse" berichtete am 14. 10. 2014:

> **Wifo-Studie: Sozialpartner bringen mehr Jobs und höheren Lohn**
>
> *Österreich sei heute eine Erfolgsgeschichte. Dieser Erfolg habe viele Väter und sicher auch eine Mutter: die österreichische Sozialpartnerschaft, schrieb Wi[rtschafts]fo[rschungs]-Chef Karl Aiginger. (…) Nun bestätigt eine von der WKÖ beauftragte Studie (…) das auch schwarz auf weiß. Demnach weisen Länder mit einer hohen Intensität an sozialpartnerschaftlichen Verbänden eine geringere Arbeitslosigkeit und stärkere Reallohn-Steigerungen auf als andere Staaten. (…) Wirtschaftswachstum, Beschäftigung, Kaufkraftsicherung und das Gemeinwohl seien die übergeordneten Ziele, denen sich die Sozialpartnerschaft verschrieben habe – und das werde auch anerkannt. Talos: „Es besteht Konsens zur Wichtigkeit eines Beitrags der Sozialpartner zur Krisenlösung." Und: „Am traditionell hohen Vertrauen der Bevölkerung in die Sozialpartnerschaft hat sich nichts geändert."*
>
> *(Wifo-Studie Sozialpartner. Online auf: https://diepresse.com/home/wirtschaft/economist/3888334/WifoStudie_Sozialpartner-bringen-mehr-Jobs-und-hoeheren-Lohn, 29. 3. 2018)*

Vor ihrer Regierungsbeteiligung ab 2017 forderte die FPÖ noch eine Volksabstimmung über die Abschaffung der Pflichtmitgliedschaft in den Arbeiter- und Wirtschaftskammern. Im Rahmen der Koalitionsregierung einigte man sich mit der ÖVP schließlich auf eine Senkung der damit verbundenen Pflichtmitgliedsbeiträge, der so genannten Kammerumlage.

→ Fragen und Arbeitsaufträge

1. Beschreibe auch mit Hilfe der Homepages die angeführten Arbeitgeber/innen- und Arbeitnehmer/innenverbände näher.
2. Analysiere, welche positiven und negativen Argumente im Autorentext und in den Quellen zur Sozialpartnerschaft angeführt werden. Versuche eine Beurteilung.
3. Führt in der Klasse eine Pro- und Kontra-Debatte über Formen des Arbeitskampfes. Welche Argumente kann man für, welche gegen die Abhaltung von Streiks anführen?

6. Verwaltung, Selbstverwaltung und Zivilgesellschaft

Die Aufgaben der staatlichen Verwaltung

Jede Staatstätigkeit, die nicht zur Gesetzgebung oder zur Gerichtsbarkeit zählt, fällt in den Bereich der Verwaltung. An der Spitze der Bundesverwaltung stehen Bundespräsidentin oder Bundespräsident, Bundesregierung sowie Bundesministerinnen und Bundesminister. In den Ländern sind es die Landeshauptleute mit ihren Landesregierungen. Diesen obersten Verwaltungsorganen sind, hierarchisch geordnet, zahlreiche Mitarbeiterinnen und Mitarbeiter unterstellt. Kamen im Jahr 1870 auf 1000 Einwohnerinnen und Einwohner vier „Öffentlich Bedienstete", so waren es 2012 gut viermal so viele. Allerdings übernimmt heute der Staat wesentlich mehr Aufgaben. Seine Aufgaben sind u. a.:

- Die Finanzverwaltung zur (teilweisen) Deckung der Ausgaben von Bund, Ländern und Gemeinden.
- Die Sicherung und Überwachung durch die Polizei (z. B. Sicherheits-, Kriminal-, Bau-, Gewerbepolizei).
- Die Wirtschaftsaufsicht (z. B. Bankenaufsicht).
- Das Arbeitsmarktservice (AMS) zur Vermittlung von Arbeitskräften auf offene Stellen.
- Die Sozialverwaltung: Dazu zählen die Sozialversicherungen (Kranken-, Unfall-, Pensions- und Arbeitslosenversicherung) und die durch das 2019 beschlossene Bundesgesetz über die „Grundsätze der Sozialhilfe" geregelte Sozialhilfe.
- Die Vorsorgeverwaltung: Darunter versteht man die Schaffung und die Erhaltung aller notwendigen öffentlichen Einrichtungen (z. B. Müllabfuhr, Elektrizitätswerke, Schulen, Museen).
- Eine gewinnorientierte Wirtschaftsverwaltung durch staatliche Unternehmungen.

In den letzten Jahrzehnten hat der Staat einige seiner „Aufgaben" aufgegeben und dem freien Markt überlassen.

Die zwei Rechtsformen der Verwaltung

- Die Hoheitsverwaltung (= die Behörde): Von ihr spricht man dann, wenn die Beamtinnen und Beamten staatliche „Befehls- und Zwangsgewalt" ausüben – beim Erlassen von Verordnungen und Bescheiden (z. B. Vorschreibung von Steuern, Verhängung von Strafen, Erteilung einer Baugenehmigung) oder bei der direkten „Abwehr von Gefahr" (Festnahme, Fahrzeugabschleppung etc.).
- Die Privatwirtschaftsverwaltung: Das ist jener Bereich, in dem der Staat selbst als Wirtschaftsunternehmen tätig ist. Hier handeln Bund, Länder oder Gemeinden ohne Staatsgewalt, also privatrechtlich – wie jeder andere private Rechtsträger in Österreich (Einzelpersonen, Gesellschaften etc.), z. B. beim Kauf oder Verkauf eines Gebäudes, beim Straßenbau, bei der Führung von Wirtschaftsunternehmen (wie z. B. der Bundesbahnen).

Das Prinzip der Selbstverwaltung

Bestimmte öffentliche Körperschaften unseres Staates sind mit dem Recht zur Selbstentscheidung und Selbstverantwortung ausgestattet. Sie leisten damit einen wesentlichen Beitrag zur Staatsverwaltung. Im Bereich der sozialen Verwaltung sind das die Sozialversicherungsträger, in der beruflichen Selbstverwaltung die „Kammern", in der kulturellen Selbstverwaltung die Universitäten sowie die Hochschülerschaft.

Die Gemeinde – Beispiel der Selbstverwaltung

Einen wesentlichen Beitrag zur Selbstverwaltung leisten auch die ca. 2 100 österreichischen Gemeinden (= kommunale Selbstverwaltung):

> Q *Artikel 116 (1) Jedes Land gliedert sich in Gemeinden. Die Gemeinde ist Gebietskörperschaft mit dem Recht auf Selbstverwaltung und zugleich Verwaltungssprengel. Jedes Grundstück muss zu einer Gemeinde gehören.*
> (Bundes-Verfassungsgesetz. Online auf: https://www.ris.bka.gv.at/Dokument.wxe?Abfrage=Bundesnormen&Dokumentnummer=NOR 40045821, 13. 12. 2017)

Meist größere (Orts-)Gemeinden dürfen die Bezeichnung „Markt" oder „Stadt" führen. Eine rechtliche Sonderstellung haben die „Städte mit eigenem Statut": Dazu zählen alle Landeshauptstädte (außer Bregenz) sowie die Städte Rust, Wiener Neustadt, Krems, Waidhofen/Ybbs, Wels, Steyr und Villach. Sie haben nicht nur die Aufgaben einer Gemeinde, sondern auch die einer Bezirksverwaltung (d. h., die Bürgermeisterin/der Bürgermeister ist gleichzeitig Bezirkshauptfrau/Bezirkshauptmann, der Magistrat auch Bezirksverwaltungsbehörde).
Eine Sonderstellung nimmt die Bundeshauptstadt Wien ein: Sie ist zugleich Bundesland und Statutarstadt, d. h., die Bürgermeisterin/der Bürgermeister ist zugleich Landeshauptfrau/Landeshauptmann, der Gemeinderat auch Landtag, der Stadtsenat auch Landesregierung.

Der „Wirkungsbereich" der Gemeinden

Die Gemeinden verfügen über einen „eigenen Wirkungsbereich" für alle Angelegenheiten, „die im ausschließlichen oder überwiegenden Interesse" der Gemeinde liegen. Dazu zählen u. a.:

- Die Wirtschaftsfreiheit: Jede Gemeinde führt eigene Unternehmen (z. B. Müllabfuhr, Kindergarten).
- Die „Haushaltsführung": Die Gemeinden müssen ihr Budget selbstständig abwickeln und können zu seiner Finanzierung auch eigene Abgaben (z. B. die Grund-, Gewerbe-, Vergnügungssteuer) einheben.
- Hoheitliche Tätigkeiten: Das sind die behördlichen Aufgaben der Gemeinde für Sicherheit, Gesundheit und die örtliche Raumplanung (Erstellen von Flächenwidmungsplänen, Erteilung von Baugenehmigungen).

Die Gemeinden haben aber auch einen „übertragenen Wirkungsbereich": Darunter versteht man alle Verwaltungsgeschäfte, welche die Gemeinden im Auftrag von Bund und Ländern als unterste, weisungsgebundene Instanz ausüben (z. B. das Meldewesen, die Durchführung der Wahlen).

Die Gemeinden bekommen im so genannten Finanzausgleich von Bund und Ländern die finanziellen Mittel, mit denen sie einen Großteil ihrer teilweise sehr kostenintensiven Aufgaben (z. B. Schulerhaltung, Umweltschutzanlagen, Kanalisation) erfüllen können.

Gemeindevertretung und Bürgermeisteramt

Das beschließende und kontrollierende Organ der Gemeinde ist der Gemeinderat. Er wird wie Nationalrat oder Landtag nach dem Listenwahlrecht direkt gewählt. Entsprechend dem Stärkeverhältnis der Parteien wählt dieses „Gemeindeparlament" die „Gemeinderegierung" (= Gemeindevorstand, in Städten der Stadtrat oder Stadtsenat). Die Bürgermeisterin bzw. der Bürgermeister führt den Vorsitz im Gemeinderat und im Gemeindevorstand. Sie oder er allein ist im übertragenen Wirkungsbereich Bund und Land und im eigenen Wirkungsbereich dem Gemeinderat gegenüber verantwortlich.

Nur in Niederösterreich, in der Steiermark und in Wien werden die Bürgermeisterinnen oder Bürgermeister noch vom Gemeinderat gewählt (Stand: 2018). In den anderen Bundesländern werden sie direkt vom Volk gewählt. Wer dabei mehr als die Hälfte aller abgegebenen Stimmen erhält, ist das gewählte „Gemeindeoberhaupt" – unabhängig vom Kräfteverhältnis der Parteien im Gemeinderat. Gibt es im ersten Wahlgang keine absolute Mehrheit, kommt es zur Stichwahl zwischen den beiden stimmenstärksten Kandidatinnen und Kandidaten.

Zivilgesellschaft statt „Zuschauerdemokratie"

Seit den 1970er Jahren sind die Bürgerinnen und Bürger in Österreich politisch aktiver geworden – und zwar außerhalb der Bereiche, die von Parteien und staatlichen Institutionen „besetzt" sind. Diese Menschen wollen nicht, dass Politik nur „von oben" gesteuert und von einer (Parteien-)Elite ausgeübt wird. Ihr Ziel ist: weg von einer „Zuschauerdemokratie", in der die Bevölkerung nur passiv politische Entscheidungen zur Kenntnis nimmt, und hin zu selbst organisiertem, politischen Handeln.

Aus diesem neuen politischen Verständnis heraus entwickelte sich die gegenwärtige, politisch aktive „Zivilgesellschaft". Die Aktivitäten dieser gesellschaftlichen Gruppen wurden u. a. in der Frauen-, Anti-Atom-, Umwelt- sowie Friedens- und Menschenrechtsbewegung sichtbar (vgl. S. 280 ff.). Die heutigen Menschenrechts- (z. B. Amnesty International, SOS Mitmensch) und Umweltorganisationen (z. B. Greenpeace, Global 2000) sind auf lokaler, nationaler und internationaler Ebene aktiv und miteinander vernetzt (z. B. internationale Konferenzen der NGOs). Zur Zivilgesellschaft im weiteren Sinn zählen auch alle jene privaten Vereine und Institutionen, die für die Öffentlichkeit Leistungen erbringen (Freiwillige Feuerwehr, Caritas, Rotes Kreuz usw.) (vgl. auch S. 200 f.).

Bürgermitbestimmung – lokal und staatlich

Direkte Demokratie in Form von aktiver Bürgerbeteiligung an politischen Prozessen findet in Österreich öfter in den Gemeinden als auf gesamtstaatlicher Ebene statt. Schon in den 1960er Jahren kam es zur Gründung von Bürgerinitiativen und zum oft erfolgreichen Kampf gegen politische Entscheidungen. Seit 1974 hat Graz ein „Büro für Bürgerinitiativen". Dort werden Auskünfte erteilt, dort können sich Bürgerinitiativen registrieren lassen und dort werden Besprechungen zwischen allen Betroffenen organisiert. 1977 kandidierte in Salzburg erstmals eine „Bürgerliste" bei Gemeinderatswahlen und war seither immer wieder im Salzburger Gemeinderat (z. T. auch in der Stadtregierung) vertreten.

Mittlerweile gehören Bürgerinitiativen längst zum politischen Alltag. Sie engagieren sich nicht nur bei Problemen, die ihre unmittelbare Umwelt betreffen (z. B. umweltgefährdende Betriebe, neue Betriebsansiedlungen). Vor allem in Verkehrs- (Transitrouten) und Energiefragen (Kraftwerksbauten) sind sie auch überregional organisiert.

Die zehn stimmenstärksten Volksbegehren in Österreich
(Stand: 2019)

Jahr	Betreff	Unterschriften
1982	Gegen Konferenzzentrum	1 316 562
1997	Gegen Gentechnik	1 225 790
2002	Veto gegen Temelin	914 973
1975	Schutz des menschlichen Lebens	895 665
1969	Einführung der 40-Stunden-Woche	889 659
2018	Don't Smoke	881 692
1964	Für ORF-Refom	832 353
2002	„Sozialstaat Österreich"	717 102
1997	Frauen-Volksbegehren	644 665
2004	Pensions-Volksbegehren	627 559

■ Quelle: https://www.bmi.gv.at/411/files/VB_Ranking_aktuell_Nov2018.pdf, 8. 1. 2019.

Direkte Demokratie, also unmittelbare Bürgermitbestimmung, ist auch auf Staatsebene durch die Verfassung gewährleistet: in Form von Volksbefragungen, Volksabstimmungen (Kernkraftnutzung, EU-Beitritt), parlamentarischen Bürgerinitiativen und Volksbegehren. 42 solcher Volksbegehren wurden zwischen 1964 und 2018 mit teilweise hoher Beteiligung durchgeführt (s. Grafik). Doch blieb vielen davon der Erfolg versagt, weil der Nationalrat einen entsprechenden Gesetzesbeschluss ablehnte (vor allem dann, wenn das Volksbegehren von der Opposition eingeleitet oder unterstützt wurde).

→ Fragen und Arbeitsaufträge

1. Fasse zusammen, welche Aufgaben derzeit unter die staatliche Verwaltung fallen. Diskutiert in der Klasse darüber, ob der Staat a) mehr Aufgaben übernehmen oder b) es bei den derzeitigen Aufgaben belassen soll.

2. Erkundige dich über die Finanzsituation in deiner Heimatgemeinde: Was sind ihre wichtigsten Einnahmequellen? Welche Projekte sind für Jugendliche geplant?

3. In der Schweiz gibt es über wichtige politische Themen immer Volksabstimmungen, in Österreich bisher erst zweimal. Führt eine Pro- und Kontra-Debatte in der Klasse über die Abhaltung von Volksabstimmungen durch (z. B. über den Ausbau von Straße/Bahn, Anhebung des Pensionsalters).

7. Politische Beteiligung und Zivilgesellschaft

Freiwilliges Engagement in verschiedenen Bereichen kann eine wichtige Form verantwortungsbewusster politischer Beteiligung sein. Arbeitsauftrag 1 leitet dazu an, dich grundsätzlich mit der Thematik „Politische Beteiligung und freiwilliges Engagement" von Bürgerinnen und Bürgern auseinanderzusetzen. Die Bearbeitung der Materialien M2 bis M5 (Arbeitsaufträge 2 bis 5) vertieft deine Kenntnisse über verschiedene Formen freiwilligen Engagements in einzelnen Bereichen und deren mögliche politische Bedeutung.

M1   Zivilgesellschaft: Mehr Demokratie durch freiwilliges bzw. ehrenamtliches Engagement:

„Zivilgesellschaftliches" bzw. „bürgerschaftliches Engagement" bedeutet, dass sich Bürgerinnen und Bürger selbst organisieren, um auf das Gemeinwesen (Gemeinde, Land, Staat) einzuwirken. „Zivilgesellschaft" betont besonders das basisnahe politische Engagement „von unten" und verdeutlicht, dass auch eine kritische Haltung gegenüber dem Staat und dem Markt eingenommen werden kann – z. B. im Rahmen von NGOs, Bürgerinitiativen oder Selbsthilfegruppen.

„Bürgerschaftliches Engagement" betont die Übernahme verschiedener Aufgaben im Rahmen des Gemeinwesens. Das geschieht meist unbezahlt als freiwillige bzw. ehrenamtliche Arbeit in vielen Bereichen – etwa im Katastrophenschutz (z. B. Freiwillige Feuerwehr, Rettungsdienst), in Bereichen der Kultur (wie z. B. in Musik-, Gesangs- und Freizeitvereinen oder in Theatergruppen), im Umwelt- und Naturschutz, in kirchlichen Bereichen (= Religion; z. B. in der Pfarrgemeinde, kirchlichen Jugendorganisationen), in sozialen Bereichen (z. B. im Rahmen der Caritas, der Diakonie, der Volkshilfe), im Sport (z. B. Mitarbeit in Sportvereinen), in Bereichen der Bildung (z. B. Schüler-/Studentenvertretung) oder in der Nachbarschaftshilfe. Dazu zählt selbstverständlich auch die freiwillige Mitarbeit in politischen Parteien oder bei Organisationen wie Amnesty International oder ARGE-Daten (= Politik). Auch die freiwillige Mitarbeit in der Gemeinde, z. B. im Gemeinderat oder der Beisitz bei Wahlen, zählen zum zivilgesellschaftlichen bzw. bürgerschaftlichen Engagement und fallen in den Bereich Politik.

(Nach: 1. Freiwilligenbericht, 2009, S. 4 ff., 36 ff.)

M2   Freiwilligenarbeit in Österreich, IFES-Studienbericht Freiwilligenengagement, 2016:

Unter Freiwilligenarbeit bzw. freiwilligem Engagement versteht man Leistungen bzw. Hilfestellungen, die von Privatpersonen aus freien Stücken, d. h. ohne gesetzliche Verpflichtung und ohne Bezahlung (außerhalb des eigenen Haushalts), erbracht werden. Freiwilligenarbeit kann formell bzw. ehrenamtlich oder informell im privaten Umfeld der Nachbarschaft erfolgen.
Formelle Freiwilligenarbeit umfasst Hilfsdienste in Organisationen und Vereinen – dazu zählen etwa die

Freiwillige Feuerwehr, das Rettungswesen, Sport- und Kulturvereine, die Kirchen und Glaubensgemeinschaften, Sozialeinrichtungen etc.
Informelles Freiwilligenengagement umfasst die vielfältigen Tätigkeiten der Nachbarschaftshilfe (z. B. Reparatur- und Gartenarbeiten, zeitweilige Betreuung von Kindern und pflegebedürftigen Personen außerhalb des eigenen Haushalts).

Beteiligungsquote nach Alter und Geschlecht

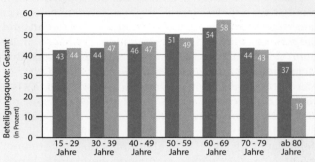

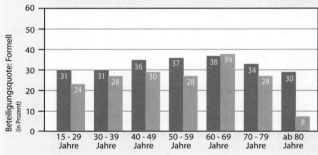

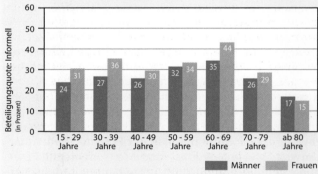

■ Freiwilligenengagement. Bevölkerungsbefragung 2016. IFES-Studienbericht im Auftrag des BM für Arbeit, Soziales und Konsumentenschutz, Wien, S. 18.

Aus der Grafik wird u. a. ersichtlich, dass bei formellem Freiwilligenengagement (v. a. bei Feuerwehr, Rettung, Sport) die Männer in nahezu allen Altersstufen die Mehrheit bilden. Frauen hingegen leisten fast durchgängig mehr informelle Freiwilligendienste (Nachbarschaftshilfe, wie z. B. Betreuungsleistungen).

(Zusammengefasst nach: Freiwilligenengagement, 2016, S. 10)

M3 **Zur politischen Bedeutung von freiwilligem Engagement, 2. Freiwilligenbericht, 2015:**

Es gibt verschiedene Formen der politischen Partizipation, die zum Teil auch mit freiwilligem Engagement verbunden sind. Dazu zählen u. a. Parteiarbeit, Kontaktaufnahme mit Politikern und Politikerinnen oder Mitarbeit in verschiedenen Organisationen. (…)

Selbst bei freiwilligem Engagement, das nicht in politischem Kontext erfolgt, können Kompetenzen erlernt werden, die für den politischen Meinungsbildungsprozess wichtig sind. Beim Engagement entsteht etwa eine Sensibilisierung für gesellschaftlich wichtige Themen. Mitunter gibt es Gelegenheiten, kontroverse Themen zu diskutieren, Entscheidungen auszuverhandeln, sich eine Meinung zu bilden und gegenüber anderen zu vertreten etc. Typisch vor allem für kleinere Organisationen sind basisdemokratische Entscheidungen. Ob und in welcher Qualität dies erfolgt, hängt von den Organisationen, deren Zielen und den beteiligten Personen ab.

(2. Freiwilligenbericht, 2015, S. 149ff.)

M4 **Freiwilliges Engagement bei Jugendlichen, 2. Freiwilligenbericht, 2015:**

Gemäß IFES-Erhebung zum freiwilligen Engagement in Österreich im Jahr 2013 beteiligen sich rund 43 Prozent der 19- bis 29-Jährigen an der Freiwilligenarbeit. Dabei gibt es zwischen formellem und informellem Engagement kaum Unterschiede. Die höchsten Beteiligungsquoten im formellen Bereich verzeichnen Sport und Bewegung (ca. 29 Prozent), Katastrophenhilfs- und Rettungsdienste (ca. 27 Prozent) sowie Umwelt-, Natur- und Tierschutz (ca. 22 Prozent). Im Bereich der Nachbarschaftshilfe (informell) engagieren sich 18 Prozent regelmäßig (z. B. wöchentlich oder auch täglich), 41 Prozent zeitlich begrenzt (z. B. einmalige, kurzfristige Hilfe) und 40 Prozent sowohl regelmäßig als auch zeitlich begrenzt. Anderen zu helfen, etwas Nützliches für das Gemeinwohl beizutragen, Freunde zu treffen und Spaß zu haben sind die Hauptbeweggründe für das Freiwilligenengagement Jugendlicher. Vier Fünftel betonen auch, dass ihnen solch ein Engagement die Möglichkeit bietet, Erfahrungen zu teilen, selbst Fähigkeiten und Kenntnisse einzubringen und dazuzulernen.

Seitens der nicht-engagierten Jugendlichen verwiesen rund 73 Prozent darauf, dass sie niemals gefragt oder gebeten wurden. 68 Prozent gaben an, nie über ein freiwilliges Engagement nachgedacht zu haben. Besondere Bedeutung erlangen diese Zahlen dadurch, dass sich knapp die Hälfte dieser Personengruppe über Möglichkeiten einer Freiwilligenarbeit zu wenig informiert fühlt.

(2. Freiwilligenbericht, 2015, S. 170; vereinfacht)

M5 **Bürger- bzw. Zukunftsräte in Vorarlberg, eine besonders ausgeprägte Form zivilgesellschaftlichen Engagements:**

In Vorarlberg ist ein Bürgerrat eine Einrichtung einer Gemeinde, um Lösungsvorschläge für aktuelle Probleme oder wichtige Zukunftsfragen auszuarbeiten. Ihm gehören 12 bis 15 Mitwirkende an. Diese werden per Los ausgewählt. Sie arbeiten an einem Problem ca. eineinhalb Tage. (…)

2013 wurden die deliberative Demokratie in die Landesverfassung aufgenommen und Richtlinien zur Abwicklung der Bürgerräte verabschiedet. Das bedeutet eine Stärkung von dialogorientierten und argumentativen Verfahren im demokratischen Prozess.

2015 wurde im Auftrag der Vorarlberger Landesregierung ein Bürgerrat zum Asyl- und Flüchtlingswesen einberufen. (…) Es wurde vor allem die Frage gestellt, was einerseits seitens der Bevölkerung benötigt wird, um mit der Aufnahme von Flüchtlingen gut umzugehen, und andererseits, was von den Flüchtlingen erwartet werden kann. Rund 20 % der Teilnehmer_innen mussten durch Personen mit Migrations- bzw. Flüchtlingshintergrund repräsentiert sein. (…)

Der Bürgerrat gliedert sich dabei in vier Stufen: (1) den Bürgerrat selbst, in dem gemeinsame Ergebnisse erarbeitet werden und der nicht öffentlich ist; (2) das Bürger-Café, in dem diese öffentlich präsentiert und vertiefend diskutiert werden; (3) die Resonanzgruppe, in der die Ergebnisse von den Behörden auf Verwertungszusammenhänge überprüft werden; (4) die Dokumentation, die die Ergebnisse der drei Stufen umfasst und als Grundlage für die Befassung des Landtages und der Landesregierung dient und die auch an die Gemeinden weitergeleitet wird.

(Hruby, Deliberative Demokratie – Bürgerräte in Vorarlberg. 2017, S. 13; bearbeitet)

→ Fragen und Arbeitsaufträge

1. Fasse die in M1 vorgestellten Begriffe unter Beachtung des politischen Aspekts (M3) in eigenen Worten zusammen. Ergänze nach Möglichkeit die einzelnen Bereiche durch weitere konkrete Tätigkeiten.

2. Interpretiere das Diagramm „Beteiligungsquote nach Alter und Geschlecht" (M2). Formuliere auch Hypothesen über Unterschiede zwischen den Geschlechtern bzw. zwischen Altersgruppen und begründe deine Annahmen.

3. Bereite die Aussagen von M4 übersichtlich auf, z. B. in einer Tabelle oder in einem Schaubild.

4. Diskutiert ausgehend von M5 über Möglichkeiten und Grenzen von Formen deliberativer Demokratie, wie sie Bürgerräte ermöglichen.

5. Recherchiere Informationen über vergleichbare Modelle der politischen Beteiligung in Österreich, z. B. über die von der Stadt Wien 2012 eingeführte „Wiener Charta".

6. Erörtere ausgehend von M2 und anhand der Materialien M1 bis M5 die Frage, ob freiwilliges Engagement als eine Form von politischer Beteiligung anzusehen ist. Bekräftige deine Aussagen mit passenden Argumenten und Beispielen.

Fachliche Begriffe/Konzepte des Politischen auf Fallbeispiele kritisch anwenden und adaptieren

8. Die direkte Demokratie in Österreich

In diesem Kapitel erweiterst du deine Politische Sachkompetenz, indem du dich mit verschiedenen Formen direkter Demokratie in der österreichischen Verfassung und auf Bundesebene beschäftigst. Außerdem sollst du eine eigene Stellungnahme zum Thema „Direkte Demokratie" formulieren.

M1 Das Bundes-Verfassungsgesetz (B-VG) bestimmt:

Artikel 41. (2) Jedes von 100 000 Stimmberechtigten oder von je einem Sechstel der Stimmberechtigten dreier Länder unterstützte Volksbegehren ist von der Bundeswahlbehörde dem Nationalrat zur Behandlung vorzulegen. (…)
Artikel 43. Einer Volksabstimmung ist jeder Gesetzesbeschluss des Nationalrates (…) zu unterziehen, wenn der Nationalrat es beschließt oder die Mehrheit der Mitglieder des Nationalrates es verlangt. (…)
Artikel 44. (3) Jede Gesamtänderung der Bundesverfassung (…) ist (…) einer Abstimmung des gesamten Bundesvolkes zu unterziehen. (…)
Artikel 49b. (1) Eine Volksbefragung über eine Angelegenheit von grundsätzlicher und gesamtösterreichischer Bedeutung, zu deren Regelung die Bundesgesetzgebung zuständig ist, hat stattzufinden, sofern der Nationalrat dies auf Grund eines Antrages seiner Mitglieder oder der Bundesregierung (…) beschließt. Wahlen sowie Angelegenheiten, über die ein Gericht oder eine Verwaltungsbehörde zu entscheiden hat, können nicht Gegenstand einer Volksbefragung sein.

(Bundes-Verfassungsgesetz. Online auf: https://www.ris.bka.gv.at/GeltendeFassung.wxe?Abfrage=Bundesnormen&Gesetzesnummer= 10000138, 12.12.2018)

M2 Das Schweizer Modell der direkten Demokratie:

Das Parlament macht die Gesetze und schlägt Änderungen in der Verfassung vor. Über Änderungen in der Verfassung muss aber das Volk zwingend abstimmen (…). Die Verfassungsänderung wird nur dann angenommen, wenn die Mehrheit der Bevölkerung (Stimmberechtigten) und der Kantone zustimmen. Das Volk kann aber auch von sich aus ein Anliegen einbringen und kann eine Änderung in der Verfassung verlangen. Dafür müssen 100 000 Personen unterschreiben (Volksinitiative). Dann muss das Volk über die Bestimmung abstimmen. Diese wird angenommen, wenn die Mehrheit der Bevölkerung und Kantone die Vorlage befürworten.
Wenn das Parlament hingegen ein neues Gesetz erlässt, muss es dem Volk nicht zur Abstimmung vorgelegt werden. Wenn das Volk aber nicht einverstanden ist, kann es eine Abstimmung verlangen. Dafür müssen mindestens 50 000 Personen unterschreiben. (…) Die Gesetzesänderung [wird] bereits angenommen, wenn die Mehrheit der Bevölkerung (Stimmberechtigten) zustimmt, die Mehrheit der Kantone ist hingegen nicht erforderlich.

(Keraj, Das politische System. Online auf: https://www.vimentis.ch/d/ publikation/231/Das+politische+System+der+Schweiz.html, 12.4.2018)

M3 Der Journalist Michael Völker beurteilt die Haltung von Jung und Alt zur direkten Demokratie so:

Demokratie ist zumutbar
(…) Die Jungen werfen den Alten vor, den Menschen nichts zuzutrauen, sie für dumm (und rechts) zu halten, sich der Demokratie und der Mitbestimmung zu verweigern, sich ganz auf die Autorität der Abgeordneten zu verlassen – oder schlicht den Aufwand zu scheuen, der damit verbunden ist, das Volk in demokratische Entscheidungsprozesse einzubinden.
Da ist was dran.
Die Alten werfen den Jungen vor, zu unsensibel für die Werkzeuge der Demokratie zu sein, dem Volk zu viel zuzumuten. Das Volk sei nicht qualifiziert genug, um komplexe Entscheidungen treffen zu können. Es sei leicht vom Boulevard [= Sensationspresse; Anm. d. A.] beeinflussbar und von den Demagogen verführbar. Wie man an den Wahlergebnissen sieht. Wohin das führt, das weiß man ja.
Da ist was dran.
Die Debatte muss aber dazwischen geführt [werden]. De facto sind alle Parteien für einen Ausbau der direkten Demokratie – durchaus mit unterschiedlichen Zugängen. Und es fällt auf, dass ausgerechnet die SPÖ, die gerne Volksabstimmungen anordnen würde, wenn es ihren Proponenten [= Vertretern; Anm. d. A.] gerade tagesaktuell in den Kram passt, als einzige Partei keinen konkreten Plan vorgelegt hat (…).
Auf die Details aber kommt es an: worüber abgestimmt wird; wie viel Stimmen notwendig sind; wann und in welchen Fragen der Nationalrat überstimmt werden kann. Tatsächlich kratzen die Modelle (…) an den Grundfesten der repräsentativen Demokratie. Und da kann man ruhig auf die Bedenken der „Alten" (…) hören: Auch Verfassungsgesetze zur allgemeinen Abstimmung freizugeben ist gefährlich und heikel. (…) Die Frage ist: Was kann dem Volk zugemutet werden (…)? Mehr als jetzt jedenfalls. (…) Man muss überlegen, ob sich Studiengebühren oder die Wehrpflicht zur Abstimmung eignen (…). Den Bürgern ist zumutbar, (…) mehr Verantwortung zu übernehmen – auch in gelegentlichen Volksabstimmungen.
(Völker. In: Der Standard, 23./24.6.2012, S. 36)

M4 Der ehemalige Bundespräsidenten Heinz Fischer im Interview über mehr direkte Demokratie (2012):

Immer mehr Politiker wollen, dass Volksbegehren ab einer bestimmten Grenze automatisch zu einer Volksabstimmung führen. Sollen in diesem Sinne die Bürger über den Verbleib der Griechen im Euro abstimmen?
Man muss sehr genau überlegen, inwieweit man die Entscheidungsmöglichkeiten und die Entscheidungsverantwortung des Parlaments durch plebiszitäre Elemente ersetzt. Eine Abstimmung über die Griechenland-Problematik in Österreich bringt uns nicht weiter. Da müsste aus Gründen der Gleichheit überall in Europa (…) abgestimmt werden. (…)

Sie sind dagegen, weil die Bürger bei so einer Frage überfordert sind?

Es gibt gute Gründe, warum die parlamentarische Demokratie (…) quer durch Europa als unverzichtbar gilt – ergänzt durch Elemente der direkten Demokratie.

Aber sollte man die Österreicher angesichts der Politiker-Verdrossenheit nicht mehr einbinden in die Entscheidungsfindung?

[Die Politiker] müssen Lehren aus der Politiker-Verdrossenheit ziehen, langfristig denken und Resultate liefern. Sie müssen bereit sein, Entscheidungen zu treffen und diese nicht an ihre Auftraggeber (…) zurückgeben. Das Volk ist der Auftraggeber und wählt Politiker, damit diese Verantwortung übernehmen. Man [sollte] daran arbeiten, dass die Elemente der direkten Demokratie effizienter werden, aber nicht ein neues System forcieren, das den Parlamentarismus schwächt. (…)

Welche Themen taugen für eine Volksabstimmung – und welche sicher nicht?

Das Problem, worüber darf abgestimmt werden und worüber nicht, wird ja erst künstlich geschaffen, wenn man (…) den Gesetzgeber durch Volksabstimmungen teilweise überspielen kann. Dann kommen manche und sagen: Aber über das Budget und Grundrechte und über Europa-Fragen und Minderheitenrechte etc. darf das Volk nicht abstimmen. (…)

Es sollte also keine Automatik geben: Ab zehn Prozent Unterstützer eines Volksbegehrens gibt es eine Volksabstimmung?

Keine Automatik, wo die parlamentarische Verantwortung übersprungen werden kann. (…)

(Fischer, Nein zu mehr Volksabstimmungen, 2012. Online auf: http://kurier.at/nachrichten/4497613-fischer-nein-zu-mehr-volksabstimmungen.php; Interview von Karin Leitner und Josef Votzi, 26.5.2012)

M5 Aus dem ÖVP-FPÖ-Regierungsprogramm 2017–2022 über die „Stärkung der Demokratie":

(…) In unserem (…) politischen System muss direkte Demokratie in Zukunft eine größere Rolle spielen. (…) Der Ausbau direktdemokratischer Elemente soll daher Schritt für Schritt und gemeinsam mit den Bürgerinnen und Bürgern erfolgen.

Schritt 1: Volksbegehren weiterentwickeln

• Künftig sollen 100.000 Wahlberechtigte eine echte Gesetzesinitiative starten können. Ein Volksbegehren, das mit dieser Anzahl unterstützt wird, ist den bisherigen Einbringungsmöglichkeiten von Gesetzen (Regierungsvorlagen und Initiativanträgen) gleichwertig und folgt den gleichen parlamentarischen Spielregeln. (…)

• Um zu vermeiden, dass Volksbegehren mit mehr als 100.000 Unterstützerinnen und Unterstützern im parlamentarischen Prozess versanden, werden folgende Verfahrensgarantien eingeführt:

• Behandlung der Volksbegehren in eigenen Sitzungen in Ausschuss und Plenum des Nationalrates

• Rederecht des Einbringers des Volksbegehrens im Nationalrat und damit Übertragung im Fernsehen (…)

• Verpflichtende (Ausschuss-)Begutachtung (…)

Schritt 2: Volksbefragung zur weiteren Stärkung der direkten Demokratie

• Gegen Ende der Gesetzgebungsperiode (…) soll im Jahr 2022 das folgende Modell zur weiteren Stärkung der Demokratie beschlossen werden. Kommt die dafür im Parlament nötige Zweidrittelmehrheit nicht zustande, so wird dazu eine Volksbefragung abgehalten:

• Wurde ein Volksbegehren in Form eines Gesetzesantrages von mehr als 900.000 Wahlberechtigten unterstützt und vom Parlament binnen einem Jahr nicht entsprechend umgesetzt, wird das Volksbegehren den Wählern in einer Volksabstimmung zur Entscheidung vorgelegt.

• (…) Voraussetzung für die Volksabstimmung ist, dass der Verfassungsgerichtshof in einer verpflichtenden Vorabkontrolle keinen Widerspruch zu den grund-, völker- und europarechtlichen Verpflichtungen Österreichs festgestellt hat. (…)

• Gleichzeitig kann der Nationalrat einen Gegenvorschlag zur Abstimmung einbringen.

• In der Volksabstimmung entscheidet die unbedingte Mehrheit der gültig abgegebenen Stimmen; die Stimmen für die Umsetzung des Volksbegehrens müssen mindestens ein Drittel der wahlberechtigten Bevölkerung repräsentieren.

(Regierungsprogramm. Online auf: https://www.oevp.at/download/Regierungsprogramm.pdf, 12.4.2018)

M6 IMAS-Studie: Keine Ja-Nein-Demokratie (2011):

Ein Reflex der Parteien auf die Schwierigkeit, Gegenwartsprobleme zu lösen, besteht augenscheinlich darin, politische Entscheidungen in Form von Volksabstimmungen zunehmend den Wählern selbst zu überantworten. Zwar befürworten 38 Prozent der Österreicher vorbehaltlos die Mitwirkung aller Bürger bei politischen Entscheidungsprozessen, doch gibt es (…) nur eine begrenzte Zahl von Problemen, bei denen ein wirklich spontanes Verlangen besteht, persönlich mitzureden. Was die Bevölkerung im Grunde mehr wünscht als eine Ja-Nein-Demokratie, sind klare Orientierungen, politischer Vorausblick und die Erkennbarkeit von Konzepten.

(IMAS International, Abschied von Wählern und Milieus, Nr. 2, 2011, S. 2)

→ Fragen und Arbeitsaufträge

1. Erkläre und vergleiche mit Hilfe von M1 und M2, welche gesetzlichen Möglichkeiten „direkter Demokratie" es auf Bundesebene in der Schweiz und in Österreich gibt bzw. künftig geben soll (M5).

2. Fasse die Bruchlinien zwischen „Jung und Alt" (M3) zusammen und nimm Stellung: In welchen Punkten stimmst du der Meinung des Journalisten zu, wo nicht?

3. Vergleiche die Argumente von Heinz Fischer für den traditionellen Parlamentarismus gegen mehr Volksabstimmungen (M4) mit den Aussagen der IMAS-Studie (M6) dazu und beurteile sie.

4. Erörtere den Inhalt des ÖVP-FPÖ-Regierungsprogramms (M5). Stelle deine eigenen Vorstellungen in Hinblick auf mehr oder weniger „direkter Demokratie" dar.

Grundprinzipien der sozialwissenschaftlichen Forschung beachten (Vollständigkeit der Datenerhebung, Eignung und Verlässlichkeit von Messverfahren, Nachvollziehbarkeit der Ergebnisse)

9. Die Bedeutung von Messverfahren und Datenerhebung

Die Darstellungen in diesem Kapitel vermitteln dir anhand von Beispielen aus den Bereichen „Politisches Interesse" und „Bildungspolitische Aussagen" grundlegende Einsichten in Methoden sozialwissenschaftlicher Forschung. Du wirst unterschiedliche Formen von Skalen zur Messung von Einstellungen (hier: Interesse an Politik) kennen lernen. Im Vergleich zueinander kannst du entsprechende Vorannahmen bei der Konstruktion von Skalen erkennen, die zu unterschiedlichen Ergebnissen führen können. Die Festlegung dessen, was als „Grundgesamtheit" definiert wird, ist für die Gewinnung der Ergebnisse und deren Interpretation sehr bedeutsam.

Wie denken junge Menschen über Politik? Was interessiert sie daran besonders? Solche und weitere Fragen bzw. Einstellungen der (jungen) Menschen zur Politik untersuchen die Sozialwissenschaften, wie Soziologie, Jugendforschung und Politikwissenschaft. Dort herrscht weitgehend Einigkeit darüber, dass man Einstellungen von Menschen, wie etwa das Interesse an Politik z. B. von Schülerinnen und Schülern, Studierenden oder Arbeiterinnen und Arbeitern mit bestimmten Verfahren gut erfassen kann. Dazu wurden unterschiedliche Formen von Messskalen entwickelt.

M1 **Messskalen als „Rating-Skalen":**

Um z. B. das Interesse an Politik zu erheben, wird oft eine Rating-Skala (Einschätzungs- bzw. Rang- oder Ordinalskala) mit vierstufiger Ausprägung verwendet: „sehr", „ziemlich", „wenig" und „gar nicht interessiert". Die Häufigkeit der Nennungen in den einzelnen Ausprägungs- bzw. Antwortkategorien wird in der Regel in Prozentzahlen angegeben.

Unter Zugrundelegung einer solchen Skala wurde 2013 das politische Interesse junger Menschen in Österreich nach Altersgruppen erhoben. Im „7. Bericht zur Lage der Jugend in Österreich" (2016, Teil A, S. 67) wurden folgende Ergebnisse veröffentlicht:

Befragung „Politisches Interesse nach Altersgruppen"

Alter	sehr interessiert	ziemlich interessiert	wenig interessiert	gar nicht interessiert
16, 17	2 %	26 %	40 %	33 %
18 bis 21	4 %	19 %	50 %	27 %
22 bis 29	12 %	30 %	38 %	21 %

Quelle: Kritzinger et. al. (2013)
N = 3.266.

Ein Problem bei der „Messung" mittels einer Rating-Skala liegt darin, dass die einzelnen Werte, z. B. „sehr interessiert", „ziemlich interessiert" oder „wenig interessiert" nicht eindeutig definierbar sind. D. h., es kann nicht garantiert werden, dass alle Befragten unter „ziemlich interessiert", „wenig interessiert" usw. das Gleiche verstehen.

M2 **Auch die „Stufung" der Rating-Skalen (z. B. vier- oder fünfstufig) ist von Bedeutung:**

In zwei Erhebungen A und B wurden Studierende aus dem Bereich „Sozialwesen" zum Interesse an Politik folgendermaßen befragt (vgl. neue praxis 2/2017, S. 160):

Befragung A:
146 Studierende, Frage: „Interessieren Sie sich eigentlich für Politik?"

Gar nicht	recht wenig	etwas	ziemlich	sehr
2,1 %	11,0 %	37,0 %	39,0 %	11,0 %

Befragung B:
115 Studierenden, Frage: „Wie stark interessieren Sie sich für Politik?"

Gar nicht	weniger	mittel	stark	sehr stark
0,9 %	20,0 %	60,9 %	15,7 %	2,6 %

Zunächst fällt die unterschiedliche allgemeine Fragestellung auf: Befragung A lässt offen, ob man sich für Politik interessiert, Befragung B hingegen drängt die Befragten möglicherweise in die Richtung eines Politikinteresses. Es fällt ihnen u. U. schwerer, „gar nicht" zu antworten. Das Antwortverhalten wird also über die (allgemeine) Fragestellung beeinflusst.

Im Unterschied zur Untersuchung von Kritzinger, Zeglovits, Oberluggauer sind in den Erhebungen A und B fünfstufige Skalen vorgegeben. Die Studierenden haben also die Möglichkeit, eine „mittlere" Ausprägung („etwas" bzw. „mittel") zu wählen, sich sozusagen „auf keine Seite zu schlagen". Eine gerade Anzahl der Stufen trennt hingegen stärker zwischen „zustimmenden" und „ablehnenden" Einstellungen. Als optimal erweisen sich fünf bis sieben Stufen.

Die Antwortkategorien sind in A und B – wie auch in der Studie des Jugendberichts – verbal ausgedrückt. Solches wird von den Befragten meist als unterstützend wahrgenommen. Das Antwortverhalten erreicht dadurch meist eine höhere „Gültigkeit" („Validität").

Doch liegen in der Art der Formulierung auch Tücken. In A und B sind die fünf Antwortkategorien unterschiedlich formuliert. Das Wort „ziemlich" (A, Stufe 4), mit dem sich sehr viele eingeschätzt haben, scheint weniger klar und eindeutig als „stark" (B, Stufe 4). Ähnlich uneindeutiger dürften „weniger" (2) und „mittel" (3) (Erhebung B) gegenüber „recht wenig" (2) und „etwas" (3) (Erhebung A) verstanden werden. Das legen die Antworthäufigkeiten nahe.

M3 Rating-Skalen als „Ziffernskalen":

Um inhaltlich angereicherte Formulierungen bei den Antwortkategorien zu vermeiden, werden häufig rein ziffernmäßige Kategorien verwendet und nur die Endpunkte verbal konkretisiert, wie Befragung C veranschaulicht (Skala von 0 = gar nicht bis 6 = sehr stark; vgl. neue praxis 2/2017, S. 159).

Befragung C:
213 Studierende, Frage: „Wie stark interessieren Sie sich für das allgemeine politische Geschehen?"

0	1	2	3	4	5	6
2,8 %	8,0 %	10,3 %	23,0 %	26,8 %	21,1 %	8,0 %

0 = gar nicht; 6 = sehr stark

Mittels einer Ziffernskala werden zwar verbale, also möglicherweise beeinflussende Vorgaben in den Antwortkategorien vermieden. Doch es wird – mehr als bisher – unterstellt, dass die Abstände (Intervalle) zwischen den einzelnen Ziffern jeweils gleich groß seien. Diese Intervalle bleiben jedoch – wie in den anderen Skalen – letztlich wieder von der Einschätzung der Befragten abhängig.

Trotzdem ist es nicht unüblich, diese Abstände als jeweils gleich anzunehmen, sie dementsprechend als Intervallskalen zu betrachten und somit Mittelwerte zu berechnen. Ein solches Vorgehen wäre nach diesem Muster auch bei den vorhergehenden Beispielen möglich, wenn die verbalen Ausprägungen in Ziffern übergeführt werden.

M4 Datenerhebung: Festlegung der Grundgesamtheit

In nahezu sämtlichen sozialwissenschaftlichen Studien werden Stichproben untersucht. Diese werden jeweils als Zufallsauswahl aus einer vorher definierten Grundgesamtheit gezogen. Dabei wird angenommen, dass die Stichprobe eine Zufallsstichprobe darstellt, dass also die Befragten zufällig, d. h. ohne systematische Beeinflussung aus der Grundgesamtheit ausgewählt werden. Dementsprechend lässt sich dann aus den Ergebnissen der Zufallsstichprobe auf die Grundgesamtheit rückschließen.

In den in M2 und M3 vorgestellten Beispielen wurden Stichproben von Studierenden aus dem Fachbereich „Sozialwesen" befragt und die Ergebnisse verschiedener Hochschulstandorte (A, B, C) verglichen. Daraus kann dann auf das politische Interesse aller Studierenden im Sozialwesen in diesen Hochschulstandorten geschlossen werden.

Ein weiteres Beispiel soll zeigen, dass es zu höchst unterschiedlichen Ergebnissen und Interpretationen führen kann, je nachdem, was man als Grundgesamtheit festlegt:
Seit Jahren wird von der OECD in ihren Mitgliedsländern die „Bildungsmobilität" („Bildungsaufstieg") untersucht. Es geht um den Prozentsatz jener „jungen" Menschen (30- bis 44- Jährige) („Bildungsaufsteiger"), die selbst zwar einen akademischen Studienabschluss erreicht haben, deren beide Eltern aber über keinen akademischen Abschluss verfügen.

Grundgesamtheit, Variante 1:
Als Grundgesamtheit werden in diesem Fall alle 30-bis 44-Jährigen mit Eltern ohne akademischen Abschluss in den einzelnen Ländern herangezogen. Daraus werden alle „Jungen", also alle 30-bis 44-Jährigen, mit einem akademischen Abschluss herausgefiltert. Diese Vorgangsweise führt zu folgendem Ergebnis: Bei den 30- bis 44-Jährigen aus Österreich erzielen nur 16 Prozent von Eltern ohne akademischen Abschluss selbst einen akademischen Abschluss. Im Durchschnitt aller OECD-Länder sind es doppelt so viele (32 Prozent) (vgl. OECD 2017, S. 95/96). Daraus folgern einige Bildungsforscherinnen und Bildungsforscher: Österreich erreiche bei den „Bildungsaufsteigern" (beide Eltern ohne akademischen Abschluss) den letzten Platz.

Grundgesamtheit, Variante 2:
Man könnte als Grundgesamtheit aber auch nur diejenigen 33-bis 44-Jährigen festlegen, die einen akademischen Abschluss aufweisen. Dann erhebt man daraus den Anteil derer, bei denen ihre beiden Eltern keinen akademischen Abschluss aufweisen. Nun ergibt sich allerdings ein anderes Bild: 63 Prozent der 30-bis 44-Jährigen mit einem akademischen Abschluss haben Eltern ohne einen solchen, sind also „Bildungsaufsteiger". In Deutschland sind es bei einer solchen Betrachtungsweise 43 Prozent, in Schweden 44 Prozent, in den USA 38 Prozent. Österreich befindet sich nach dieser Form der Analyse im oberen Mittelfeld der OECD-Länder (vgl. Wolfgang Fellner, Die Legende von der vererbten Bildung. In: Der Standard, 20.9.2017, S. 31).

→ Fragen und Arbeitsaufträge

1. Interpretiere die in der Tabelle M1 dargestellten Ergebnisse der Befragung „Politisches Interesse nach Altersgruppen".
2. Zeige anhand der Beispiele in M1, M2 und M3 auf, wie die einzelnen Messskalen aufgebaut sind.
   Erläutere im Vergleich der Skalen mögliche Probleme hinsichtlich der damit gewonnenen Aussagen.
3. Vergleiche in M4 die Varianten 1 und 2 bezüglich der Festlegung der Grundgesamtheit der „Bildungsaufsteiger". Halte die jeweils unterschiedlichen Kriterien fest.
   Nimm Stellung zu den daraus abgeleiteten Konsequenzen für die bildungspolitische Diskussion.
4. Projektvorschlag: Bildet drei Arbeitsgruppen. Entscheidet euch in der jeweiligen Gruppe für eine der drei vorgegebenen Varianten von Messskalen. Führt mit jeder Gruppe eine Stichprobenerhebung (z. B. an der Schule, im Freundeskreis) über politische Mitbestimmung durch.
   Interpretiert eure Ergebnisse. Vergleicht sie und erklärt möglicherweise erkennbare Unterschiede.

10. Die Gerichtsbarkeit

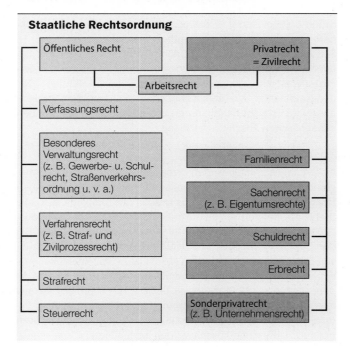

Staatliche Rechtsordnung

- Öffentliches Recht
- Privatrecht = Zivilrecht
- Arbeitsrecht
- Verfassungsrecht
- Besonderes Verwaltungsrecht (z. B. Gewerbe- u. Schulrecht, Straßenverkehrsordnung u. v. a.)
- Familienrecht
- Sachenrecht (z. B. Eigentumsrechte)
- Verfahrensrecht (z. B. Straf- und Zivilprozessrecht)
- Schuldrecht
- Erbrecht
- Strafrecht
- Steuerrecht
- Sonderprivatrecht (z. B. Unternehmensrecht)

Was ein moderner Rechtsstaat regelt

In einen modernen Rechtsstaat ist das gesamte öffentliche und private Leben bestimmten (Rechts-)Normen unterworfen. Das öffentliche Recht bestimmt sowohl die Grundordnung des Staates als auch das Zusammenleben der Menschen innerhalb dieser staatlichen Gemeinschaft.

Einerseits muss sich das Individuum dem Gemeinwohl unterordnen und hat gewisse Pflichten zu erfüllen (z. B. Steuerzahlungen), andererseits muss der Staat die Würde und Freiheit der oder des Einzelnen achten und schützen. Wo der Staat nicht seine Hoheitsrechte ausübt, kommt das Privatrecht zur Anwendung – es begleitet uns von der Geburt bis zum Tod. Dazu zählen alle Rechtsgeschäfte: z. B. private (Kauf-)Verträge, Fragen des Schadenersatzes und des Eigentums, Adoption, Ehe, Scheidung, Erbangelegenheiten u. v. m. Sie alle sind genauestens geregelt.

Die Recht sprechende Gewalt ist ausschließlich Bundessache und liegt bei den Gerichten. Ihre hauptverantwortlichen Organe sind weisungsfreie Richterinnen und Richter, die für ihre Tätigkeit von der Bundesverfassung besonders geschützt werden: Sie sind unabhängig, unabsetzbar und unversetzbar. In bestimmten Fällen sind daneben auch Vertreterinnen und Vertreter aus dem Volk an der Rechtsprechung beteiligt: Schöffinnen und Schöffen sowie Geschworene in den Strafgerichten, als Beisitzer tätige Laienrichterinnen und Laienrichter z. B. im Handels- und Arbeitsgericht. Die Gerichte haben im Wesentlichen drei Aufgaben:

- Entscheidungsfindung bei zivilrechtlichen Streitigkeiten;
- Lösung „nichtstreitiger" Angelegenheiten (z. B. in Bereichen des Familien- und Erbrechts);
- Ahndung strafrechtlicher Tatbestände.

Während sich im anglo-amerikanischen Raum die Rechtsprechung an bereits gefällten Urteilssprüchen der Gerichte orientiert (= Case Law), folgt die österreichische Justiz der römisch-rechtlichen Tradition – jeder Sachverhalt wird nach dem schriftlich festgelegten Recht beurteilt:

> Q § 12 ABGB Die in einzelnen Fällen ergangenen Verfügungen und die von Richterstühlen in besonderen Rechtsstreitigkeiten gefällten Urteile haben nie die Kraft eines Gesetzes, sie können auf andere Fälle oder auf andere Personen nicht ausgedehnt werden.
> (ABGB. Online auf: https://www.jusline.at/gesetz/abgb/paragraf/12, 29. 4. 2019)

Die Strafgerichtsbarkeit

Die Aufrechterhaltung von Ruhe und Ordnung sowie der Schutz von Person und Eigentum waren das vorrangige Ziel im „Ordnungsstaat" des 19. Jh. Heute ist dies eine von vielen Aufgaben des Staates. Nach wie vor wichtiges Instrument dieser Ordnungs- und Schutzfunktion aber ist die Strafgerichtsbarkeit.

Nach juristischer Auffassung sollen Strafen

- die Allgemeinheit vor Straftaten abschrecken (= Generalprävention);
- die Täterin oder den Täter vor einem Rückfall bewahren (= Spezialprävention);
- die Wiedereingliederung der Täterin oder des Täters in die Gesellschaft ermöglichen (= Resozialisierung).

Das Jugendgerichtsgesetz

Kinder und Jugendliche unter vierzehn Jahren gelten nach österreichischem Recht als „strafunmündig". Begehen sie Straftaten, kommen keine Strafen, sondern Erziehungsmaßnahmen zur Anwendung. Jugendliche zwischen dem vollendeten 14. und 18. Lebensjahr unterliegen dem Jugendgerichtsgesetz. Auch „junge Erwachsene" zwischen dem 18. und 21. Lebensjahr dürfen mit einer milderen Behandlung vor dem Strafgericht rechnen. Der Leitgedanke des Jugendstrafrechts ist Besserung und Erziehung durch andere Mittel als Strafe. Das Jugendstrafrecht sieht dafür u. a. folgende Möglichkeiten vor:

- Straflosigkeit bei (leichten) Vergehen für Jugendliche unter 16 Jahren.
- Die so genannte Diversion, das bedeutet die Einstellung des Strafverfahrens aufgrund von a) Zahlung eines Geldbetrages (ohne Eintragung ins Strafregister), b) Erbringung gemeinnütziger Leistungen (z. B. Arbeit im Altenheim), c) „Außergerichtlichem Tatausgleich" (ATA): Wenn eine verdächtige Person eine Tat eingesteht und das Opfer eine Schadensgutmachung akzeptiert, kann die Staatsanwaltschaft (oder das Gericht) auf eine Strafverfolgung verzichten. Dieser Tatausgleich kann bei allen Straftaten angewendet werden, wenn die damit verbundene Strafandrohung im Erwachsenenstrafrecht eine zehnjährige Freiheitsstrafe nicht übersteigt.

– Die vorläufige Einstellung des Gerichtsverfahrens mit einer Probezeit von zwei Jahren.

Wenn es zu einem Strafverfahren kommt, haben jugendliche Täterinnen und Täter immerhin noch die Chance eines „Schuldspruchs ohne Strafe".
Vor allem der „Außergerichtliche Tatausgleich" hat sich auf die Resozialisierung gefährdeter Jugendlicher sehr positiv ausgewirkt. Deshalb wird er im Rahmen der Diversion seit dem Jahr 2000 auch im Erwachsenenstrafrecht angewendet.

Diversionen nehmen zu, Verurteilungen ab

2007 wurden in Österreich 592 636 „gerichtlich strafbare Handlungen" angezeigt. Die Aufklärungsquote betrug dabei 39 Prozent. Im Jahr 2016 wurden 537 792 Straftaten angezeigt und davon 46 Prozent aufgeklärt. Immer mehr Straftaten wurden seit 2000 aber durch die Diversion geregelt: 45 317 Fälle im Jahr 2007 (bei 43 158 rechtskräftigen Verurteilungen durch Gerichte). Im Jahr 2016 gab es 51 129 Diversionsregelungen bei 30 450 Verurteilungen. Mehr als die Hälfte dieser außergerichtlichen Regelungen betraf Suchtmitteldelikte.
Österreich liegt mit der Anzahl seiner Strafgefangenen (relativ zu seiner Bevölkerungszahl) noch immer im europäischen Spitzenfeld. Diese Situation hat sich auch dadurch nicht wesentlich verbessert, dass die Verurteilten bei guter Führung bereits nach Verbüßung der Hälfte der Strafzeit mit einer bedingten Entlassung rechnen dürfen. Im Jahr 2016 befanden sich 8 825 Personen in den österreichischen Justizanstalten. Wegen der Überfüllung der Gefängnisse und der damit verbundenen Kosten kam es seit 2010 zur Einführung des elektronisch überwachten Hausarrestes mit Hilfe der „Fußfessel". Bis 2016 verbüßten knapp 4000 Personen zumindest Teile ihrer Haftstrafe in dieser neuen Form des Strafvollzuges. Im Durchschnitt trugen im Jahr 2016 310 Personen eine „Fußfessel".

Strafvollzug „im Geist der Menschenwürde"?

Seit 1992 gibt es ein Strafvollzugsrecht „im Geist der Menschenwürde". Ziel der Reformen seither war es vor allem, die Resozialisierungschancen der Häftlinge zu verbessern:
– Höherer Arbeitslohn und Einbeziehung in die Sozialversicherung: Der Lohn orientiert sich am Kollektivvertrag der Metallarbeiter. Etwa 75 Prozent davon werden für die Vollzugskosten und die Sozialversicherungsbeiträge abgezogen. Im Durchschnitt erhielten Häftlinge im Jahr 2017 rund fünf Euro pro Hafttag. Davon bekommen sie die Hälfte ausbezahlt, die andere Hälfte wird angespart (z. B. für Schadensgutmachung, Schuldentilgung, Unterhaltszahlungen bzw. Starthilfe für den Wiedereinstieg).
– Erleichterung und Erweiterung der Häftlingsbesuche
– Erleichterungen bei Ausgängen vor der Haftentlassung, zur Vorbereitung auf ein Leben in Freiheit
– Erweiterung der Berufsausbildung vor allem im Jugendstrafvollzug
– Möglichkeiten sinnvoller Freizeitgestaltung (Sport, Lesen, Radiohören und Fernsehen)

	Delikte insgesamt	Jugendliche (14- bis 17-Jährige)		Junge Erwachsene (18- bis 20-Jährige)	
	47 645	3 792	8,0 %	5 993	12,6 %
Davon: Strafbare Handlungen					
gegen Leib und Leben	8 433	600	7,1 %	1 165	13,8 %
gegen die Freiheit	3 824	328	8,6 %	427	11,2 %
gegen fremdes Vermögen	16 107	1 494	9,3 %	1 827	11,3 %
gegen die sexuelle Integrität und Selbstbestimmung	1 141	116	10,2 %	90	7,9 %
gegen das Suchtmittelgesetz	7 351	487	6,6 %	1 322	18,0 %
gegen das Verbotsgesetz	74	5	6,8 %	11	14,9 %

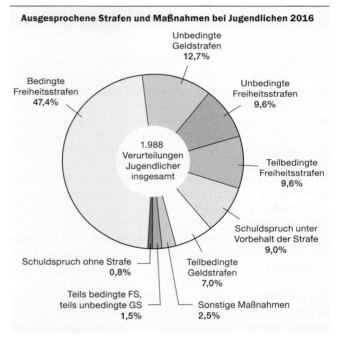

Ausgesprochene Strafen und Maßnahmen bei Jugendlichen 2016

1.988 Verurteilungen Jugendlicher insgesamt

- Unbedingte Geldstrafen 12,7 %
- Unbedingte Freiheitsstrafen 9,6 %
- Teilbedingte Freiheitsstrafen 9,6 %
- Schuldspruch unter Vorbehalt der Strafe 9,0 %
- Teilbedingte Geldstrafen 7,0 %
- Sonstige Maßnahmen 2,5 %
- Teils bedingte FS, teils unbedingte GS 1,5 %
- Schuldspruch ohne Strafe 0,8 %
- Bedingte Freiheitsstrafen 47,4 %

■ Tabelle und Grafik: Quelle: Statistik Austria 2016. In: Sicherheitsbericht 2016. Online auf: www.parlament.gv.at.

→ Fragen und Arbeitsaufträge

1. Erkläre den Unterschied zwischen öffentlichem und privatem Recht.
2. Recherchiere im Internet, welches Strafausmaß das österreichische Strafrecht für Jugendliche und Erwachsene vorsieht für: (leichter, schwerer) Diebstahl (§ 127, 128 StGB), Datenbeschädigung (§ 126a StGB), Missbrauch von Computerprogrammen (§ 126c StGB), Raufhandel (§ 91 StGB), Vergewaltigung (§ 201 StGB), Suchtmittelbesitz (§ 27, 28 SMG). Nimm Stellung zum unterschiedlichen Strafausmaß für die Delikte.
3. Nimm Stellung dazu, wie sinnvoll Freiheitsstrafen sind. Nenne mögliche Alternativen.

11. Die Kontrolle der Staatsgewalten: Nationale und europäische Gerichtshöfe

In der Bundesverfassung nimmt die Kontrolle der Staatsgewalten einen wichtigen Platz ein. Realpolitisch wenig wirksam ist dabei die Kontrolle der Regierung durch den Nationalrat (S. 184 ff.). Sehr wichtige Kontrollorgane von Gesetzgebung und Vollziehung sind jedoch der Verfassungs- und der Verwaltungsgerichtshof, der Rechnungshof und die Volksanwaltschaft. Von der Verfassung her sind sie unabhängig. Doch in der Verfassungswirklichkeit spiegelt sich auch hier die österreichische Parteiendemokratie wider: Die personelle Besetzung auch dieser Kontrollorgane erfolgt nämlich im Wesentlichen durch die gewählten, Macht ausübenden Politikerinnen und Politiker und indirekt damit auch durch die Parteien.

Der Verfassungsgerichtshof (VfGH)

Die Bundesregierung hat das Vorschlagsrecht für acht, Nationalrat und Bundesrat haben dieses für die übrigen sechs der vierzehn Mitglieder des VfGH. Die vom Bundespräsidenten ernannten Verfassungsrichterinnen und -richter setzen sich aus Verwaltungsbeamtinnen und -beamten, Richterinnen und Richtern, Rechtsanwältinnen und Rechtsanwälten sowie Universitätsprofessorinnen und -professoren zusammen.

Die Hauptaufgabe des VfGH liegt in der Überprüfung von Gesetzen, Verordnungen und Staatsverträgen auf ihre Verfassungsmäßigkeit. Er fällt das Urteil bei Kompetenzstreitigkeiten (z.B. wer welches Gesetz erlassen darf) zwischen Bund und Ländern oder zwischen Gerichten und Verwaltungsbehörden, bei der Anfechtung von Wahlen, Volksabstimmungen oder Volksbegehren und als „Staatsgerichtshof" bei Ministeranklagen.

Auch für die einzelnen Bürgerinnen und Bürger ist der VfGH wichtig: Er entscheidet nämlich über Beschwerden gegen Bescheide der Verwaltungsbehörden, wenn eine Verletzung der (verfassungsmäßig garantierten) Grundrechte oder die Anwendung rechtswidriger Gesetze oder Verordnungen eingeklagt wird.

Der Verwaltungsgerichtshof (VwGH)

Der VwGH ist zuständig für die rechtliche Kontrolle der Verwaltung und sorgt für den Rechtsschutz der oder des Einzelnen gegenüber der Hoheitsverwaltung. Er entscheidet vor allem bei Beschwerden über:
- die Rechtswidrigkeit von Maßnahmen oder Bescheiden der Verwaltungsbehörden;
- die Säumnis der Behörden bei der Bescheidausstellung;
- die falsche Auslegung des behördlichen Ermessensspielraums.

In Asylverfahren ist seit Juli 2008 nicht mehr der VwGH zuständig, stattdessen wurde ein eigener Bundesasylgerichtshof eingerichtet.

Der Rechnungshof (RH)

Der Rechnungshof ist ein Kontrollorgan der gesetzgebenden Gewalt und untersteht organisatorisch dem Nationalrat. Seine Präsidentin oder sein Präsident wird vom Nationalrat für eine einmalige Amtszeit von 12 Jahren gewählt (und kann jederzeit abgewählt werden).

Die Hauptaufgabe des Rechnungshofs ist die so genannte Gebarungskontrolle von Bund, Ländern, Gemeinde(-verbänden), Sozialversicherungen, staatlich verwalteten Fonds und allen Wirtschaftsunternehmungen, an denen der Staat mit mindestens 50 Prozent beteiligt ist. Unter die Gebarungsüberprüfung fällt dabei nicht nur die rechnerische Kontrolle von Einnahmen und Ausgaben dieser Institutionen, sondern auch ihre Überprüfung auf Sparsamkeit, Zweckmäßigkeit und Wirtschaftlichkeit.

Der Rechnungshof wird im Regelfall von sich aus tätig. Er kann aber auch zu Sonderprüfungen herangezogen werden (z.B. wenn die Bundesregierung oder ein Drittel der Nationalratsabgeordneten dies verlangen).

Jährlich erstellt der Rechnungshof den „Bundesrechnungsabschluss" und einen Tätigkeitsbericht an den Nationalrat (= „Rechnungshofbericht"). Bei Meinungsverschiedenheiten zwischen Rechnungshof und Bundes- oder einer Landesregierung über den Umfang der Prüfungstätigkeit entscheidet der VfGH.

Die öffentlichen Prüfberichte des Rechnungshofs (noch mehr jedoch die unveröffentlichten „Rohberichte", die durch Indiskretion immer wieder in

■ Die 14 Verfassungsrichterinnen und Verfassungsrichter können ihre Funktion bis zum 70. Lebensjahr ausüben. Foto, 2018.

die Medien gelangen) sorgen in der Öffentlichkeit vor allem dann für Aufsehen, wenn Unzulänglichkeiten aufgedeckt werden. Allerdings kann der Rechnungshof Fehler und Missstände nur aufdecken – die notwendigen Maßnahmen müssen von den zuständigen Organen und Unternehmen selbst getroffen werden.

Die Volksanwaltschaft

Aus der Ära Kreisky (1977) stammt die nach dem schwedischen Vorbild des „Ombudsmannes" geschaffene Volksanwaltschaft. Sie setzt sich aus drei vom Nationalrat auf sechs Jahre gewählten „Volksanwältinnen" und „Volksanwälten" zusammen – und zwar je einer Vertreterin oder einem Vertreter der drei stärksten Parteien. Diese können einmal wiedergewählt werden und sind in ihrer Amtsausübung unabsetzbar und unabhängig.

Die Volksanwaltschaft ist ein Organ der gesetzgebenden Gewalt zur Überprüfung von Missständen in der Verwaltung und damit auch zum Schutz der Bürgerin und des Bürgers vor der „Obrigkeit":

> **Q** *Artikel 148a. (1) Jedermann kann sich bei der Volksanwaltschaft wegen behaupteter Missstände in der Verwaltung des Bundes einschließlich dessen Tätigkeit als Träger von Privatrechten beschweren, sofern er von den Missständen betroffen ist und soweit ihm ein Rechtsmittel nicht oder nicht mehr zur Verfügung steht. Jede solche Beschwerde ist von der Volksanwaltschaft zu prüfen. (…)*
> *(2) Die Volksanwaltschaft ist berechtigt, von ihr vermutete Missstände (…) von Amts wegen zu prüfen.*
> (Bundes-Verfassungsgesetz. Online auf: https://www.ris.bka.gv.at/GeltendeFassung.wxe?Abfrage=Bundesnormen&Gesetzesnummer=10000138, 12.12.2018)

Als Missstand gilt auch unfreundliches Verhalten von Beamtinnen und Beamten. Alle derartigen Beschwerden müssen von der Volksanwaltschaft geprüft werden. Bei dieser Arbeit muss sie von allen staatlichen Organen unterstützt werden: Ihr gegenüber besteht keine Amtsverschwiegenheit, sondern Pflicht zur Auskunftserteilung und Akteneinsicht. Die Volksanwaltschaft kann mit ihren Prüfberichten jedoch auch nur Missstände aufdecken und Empfehlungen aussprechen, aber keine Anordnungen treffen. Die betroffene Verwaltungsstelle ist aber verpflichtet, dieser Empfehlung entweder nachzukommen oder zu begründen, warum sie es nicht tut. Die Inanspruchnahme dieses Kontrollorgans hat im Laufe der Jahre deutlich zugenommen: Im Jahr 1990 wurden etwa 5 700 Beschwerden an die Volksanwaltschaft gerichtet, 2016 waren es schon 18 492.

Der Oberste Gerichtshof (OGH)

Der OGH ist die höchste Instanz in Straf- und Zivilrechtssachen. Er kann jedoch nur unter gewissen Voraussetzungen angerufen werden. In der Strafgerichtsbarkeit hängt dies von der Schwere des Delikts ab (z. B. bei Nichtigkeitsbeschwerden gegen Urteile eines Schöffen- oder Geschworenengerichts), in der Zivilgerichtsbarkeit von der Höhe des Streitwerts. Der OGH ist auch oberstes Dienst- und Disziplinargericht für Richterinnen und Richter.

■ Volksanwälte Dr. Fichtenbauer, Dr. Brinek und Dr. Kräuter. Foto, 2018.

Der Europäische Gerichtshof (EuGH)

Der EuGH mit seinem Sitz in Luxemburg fällt Entscheidungen bei Streitigkeiten über die Auslegung und Anwendung des Gemeinschaftsrechts.
Das betrifft:
- Streitfälle zwischen Mitgliedstaaten oder EU-Organen;
- Streitigkeiten zwischen Gemeinschaftsorganen und Individuen;
- „Vorabentscheidungen": Wenn nationale Gerichte bei der Auslegung von Gemeinschaftsrecht Zweifel haben, können sie diese Rechtsfragen dem EuGH zur Entscheidung vorlegen.

Der Europäische Gerichtshof für Menschenrechte (EuGHMR)

Dieser Gerichtshof mit Sitz in Straßburg überwacht die Einhaltung der von der Europäischen Menschenrechtskonvention gewährleisteten Grund- und Freiheitsrechte. Er behandelt dabei Beschwerden von:
- Staaten gegen andere Mitgliedstaaten;
- Einzelpersonen oder Organisationen gegen Mitgliedstaaten.

Der Europäische Rechnungshof (EuRH)

Er ist – ähnlich wie der Rechnungshof in Österreich – für die Gebarungskontrolle auf EU-Ebene zuständig. Der EuRH überprüft alle Organe der EU sowie alle EU-Beihilfen an die Mitgliedstaaten: Immerhin betrug das EU-Budget für den Zeitraum zwischen 2007 und 2013 eine Billion Euro.

→ Fragen und Arbeitsaufträge

1. Schildere Fälle für die Volksanwaltschaft, die dir aus dem Fernsehen oder aus der persönlichen Umgebung bekannt sind.
2. Fasse die verschiedenen Kontrollorgane von Gesetzgebung und Verwaltung auf nationaler und auf EU-Ebene zusammen.

12. Europa vor der Europäischen Union

Nach dem Zweiten Weltkrieg kam es im Europa zu vielfältigen Formen von politischer, militärischer und wirtschaftlicher Zusammenarbeit. Die Europäische Union, gegründet 1993, kann als das wichtigste Projekt zur Erhaltung von Frieden und Stabilität in Europa betrachtet werden.

Zusammenarbeit in OECD ...

Während des Kalten Krieges schlossen sich viele Staaten in Bündnissen zusammen (z. B. NATO, Warschauer Pakt). Solche Kooperationen hatten politische, militärische oder wirtschaftliche Ziele.

1948 wurde die OEEC (Organization for European Economic Cooperation) geschaffen. Aufgabe dieser Organisation war die optimale Verteilung und Verwendung der Marshallplanhilfe. Eine enge wirtschaftliche Verflechtung zwischen Westeuropa, den USA und Kanada war die Folge. Nach Auslaufen des Marshallplanes wurde die OEEC in die OECD (Organization for Economic Cooperation and Development) umgewandelt (1961). Zu ihren wichtigsten Zielen gehören:
- die Förderung des Wirtschaftswachstums in ihren Mitgliedstaaten und den Entwicklungsländern;
- das Erreichen einer hohen Beschäftigung und eines steigenden Wohlstandes;
- die Ausweitung des Welthandels;
- die Bekämpfung von Korruption und Geldwäsche.

Der OECD gehören gegenwärtig 36 Mitgliedstaaten an (europäische Staaten, USA, Kanada, Australien, Neuseeland, Japan, Südkorea, Mexiko, Chile, Israel und Türkei). Sie hat ihren Hauptsitz in Paris und ist heute die wirtschaftliche Spitzenorganisation der westlichen Industrieländer. Bekannt ist das OECD-Pisa-Programm zur Messung von Schülerleistungen etwa am Ende der Pflichtschule.

Die bedeutendste der vielen Sonderorganisationen der OECD ist die IEA (International Energy Agency). Sie wurde 1974 als Folge der ersten Erdölkrise gegründet. Ihre Hauptziele sind die Sicherstellung einer gleichmäßigen Energieversorgung mit Erdöl. Ebenso bekämpft sie Versorgungskrisen. In den letzten Jahrzehnten betreibt sie verstärkt Projekte zur Erforschung und Entwicklung von Alternativenergie. Österreich ist Mitglied in der OECD und der IEA.

... und Europarat

Der Europarat, diese wichtige europäische zwischenstaatliche Organisation, wurde 1949 in London gegründet.

Der Europarat mit Sitz in Straßburg umfasst 47 Mitgliedstaaten und repräsentiert ca. 800 Millionen Menschen. Alle 28 EU-Mitgliedstaaten sind Mitglieder des Europarates. Er ist vollkommen unabhängig von der EU, arbeitet in bestimmten Fragen aber mit ihr zusammen. Die wichtigsten Ziele des Europarats sind die Verteidigung der Menschenrechte und die Förderung der politischen Stabilität in Europa. Zentrale Bedeutung kommt auch dem gemeinsamen Kampf gegen organisiertes Verbrechen, Korruption, Terrorismus und Diskriminierung von Minderheiten zu.

Der Europarat besteht aus zwei Organen: dem Ministerkomitee und der Parlamentarischen Versammlung. Das Generalsekretariat koordiniert die Aktivitäten der Organisation. Der Europarat wird durch internationale Übereinkommen und Empfehlungen an die Mitgliedstaaten tätig. Besondere Bedeutung hat der Europarat auf dem Gebiet der Menschenrechte erlangt. Die „Europäische Konvention zum Schutze der Menschenrechte und Grundfreiheiten" (1950) verankerte diese Rechte verbindlich im Völkerrecht. Sie sind in Straßburg einklagbar. Dafür wurden zwei Institutionen geschaffen: die Europäische Menschenrechtskommission, an die sich auch Einzelpersonen wenden können, und der Europäische Gerichtshof für Menschenrechte. Seine Entscheidungen sind für den betroffenen Staat verbindlich.

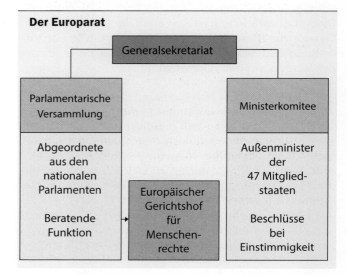

Der Europarat

Generalsekretariat

Parlamentarische Versammlung — Abgeordnete aus den nationalen Parlamenten — Beratende Funktion

Europäischer Gerichtshof für Menschenrechte

Ministerkomitee — Außenminister der 47 Mitgliedstaaten — Beschlüsse bei Einstimmigkeit

Der europäische Einigungsprozess beginnt

Bereits nach dem Ersten Weltkrieg gründete Richard Nikolaus Coudenhove-Kalergi die „Paneuropa-Union". Sie hatte die Schaffung der „Vereinigten Staaten von Europa" zum Ziel. Diese Idee ließ sich aber in der nationalistisch geprägten Zwischenkriegszeit nicht umsetzen. Nach den Schrecken des Zweiten Weltkrieges setzten sich schließlich jene durch, die für ein friedliches Zusammenleben eintraten. Die europäischen Nationen sollten durch freiwillige wirtschaftliche Verflechtungen so stark miteinander verbunden und voneinander abhängig werden, dass Kriege untereinander nicht mehr möglich wären. Der französische Außenminister Robert Schuman ergriff 1950 die Initiative:

Q *Der Friede der Welt kann nicht gewahrt werden ohne schöpferische Anstrengungen, die der Größe der Bedrohung entsprechen. (...) Europa lässt sich nicht mit einem Schlage herstellen und auch nicht durch eine einfache Zusammenfassung: Es wird durch konkrete Tatsachen entstehen, die zunächst eine Solidarität der Tat schaffen. Die Vereinigung der europäischen Nationen erfordert, dass der jahrhundertealte Gegensatz zwischen Frankreich und Deutschland ausgelöscht wird. (...) Die französische Regie-*

rung schlägt vor, die Gesamtheit der französisch-deutschen Kohlen- und Stahlproduktion einer gemeinsamen Hohen Behörde zu unterstellen, in einer Organisation, die den anderen europäischen Ländern zum Beitritt offensteht.
Die Zusammenlegung der Kohlen- und Stahlproduktion wird sofort die Schaffung gemeinsamer Grundlagen für die wirtschaftliche Entwicklung sichern – die erste Etappe der europäischen Föderation – und die Bestimmung jener Gebiete ändern, die lange Zeit der Herstellung von Waffen gewidmet waren, deren sicherste Opfer sie gewesen sind. Die Solidarität der Produktion, die so geschaffen wird, wird bekunden, dass jeder Krieg zwischen Frankreich und Deutschland nicht nur undenkbar, sondern materiell unmöglich ist.
(Schuman-Erklärung. Online auf: https://europa.eu/european-union/about-eu/symbols/europe-day/schuman-declaration_de, 29. 4. 2019)

Der ehemalige deutsche Bundeskanzler Konrad Adenauer schrieb dazu in seinen Erinnerungen:

Q *Es mußte eine Lösung der deutschen Frage gefunden werden, die (…) unsere westlichen Nachbarn beruhigte und ihnen das Gefühl von dauernder Sicherheit gab. (…) Ich bin Deutscher, aber ich bin und war auch immer Europäer und habe als solcher gefühlt. Deshalb habe ich mich von jeher für eine Verständigung mit Frankreich eingesetzt, ohne die ein Europa nicht möglich ist (…).*
(Adenauer, Erinnerungen 1945–1953, 1965, S. 40f.)

 Benenne die Gründe und Motive von Schuman und Adenauer zur Gründung der Europäischen Gemeinschaft für Kohle und Stahl (EGKS).

Von der EGKS zur EG

Neben dem Wunsch, den Frieden in Europa zu erhalten, spielte auch die Sorge westeuropäischer Staaten vor einer Machtausweitung der Sowjetunion eine Rolle. Zusätzlich benötigte man wegen des bevorstehenden Endes des Marshallplanes neue Ideen zur Förderung des wirtschaftlichen Aufschwungs.
Die Bundesrepublik Deutschland stimmte durch ihren Bundeskanzler Konrad Adenauer dem Schuman-Plan zu. 1951 wurde von Belgien, der BRD, Frankreich, Italien, Luxemburg und den Niederlanden der Pariser Vertrag über die Gründung der Europäischen Gemeinschaft für Kohle und Stahl (EGKS, auch Montanunion) geschlossen. Damit schufen diese Staaten einen gemeinsamen Markt für die kriegswichtigen Güter Kohle, Stahl, Eisenerz und Schrott. Dadurch sollte eine unbeschränkte Aufrüstung der Staaten künftig verhindert werden. Die sechs Mitgliedstaaten der EGKS dehnten die wirtschaftliche Integration schließlich auf alle Gebiete aus: Mit der Unterzeichnung der „Römischen Verträge" 1957 (sie traten 1958 in Kraft) entstanden die Europäische Wirtschaftsgemeinschaft (EWG) und die Europäische Atomgemeinschaft (EAG oder EURATOM). Das Ziel der EWG war die Errichtung eines gemeinsamen Marktes durch:

– die Schaffung einer Zollunion,
– den Abbau aller Handelsschranken,
– eine gemeinsame Agrar- und Verkehrspolitik,
– Erleichterungen im Personen-, Dienstleistungs- und Kapitalverkehr sowie
– eine schrittweise Angleichung der Wirtschafts- und Währungspolitik der Mitgliedstaaten.

Die EURATOM fördert die friedliche Nutzung der Kernenergie und -forschung einschließlich alternativer Energiequellen sowie die Reaktorsicherheit und den Umweltschutz.
Zunächst arbeiteten EGKS, EWG und EURATOM getrennt und mit eigenen Organen. 1967 wurden die bis dahin unabhängigen Organisationen EGKS, EWG und EURATOM zusammengeschlossen. Ihre gemeinsame Organisation war die Europäische Gemeinschaft (EG).
Ein weiterer wichtiger Meilenstein auf Europas Weg zur Einigung war die Einheitliche Europäische Akte (EEA). Sie trat 1987 in Kraft. Nun waren unter anderem Mehrheitsentscheidungen im (Minister-)Rat und die – sehr eingeschränkte – Beteiligung des Europäischen Parlaments (EP) an der Gesetzgebung möglich. Die EG sah mehrere Formen der Beteiligung von Drittstaaten vor: Freihandelsabkommen, Assoziierungsabkommen und den Beitritt als Vollmitglied. Seit 1967 wurde die EG ständig erweitert.
Dieser große Wirtschaftsraum (seit 1968 gab es keine Zölle innerhalb der EG, dafür einen gemeinsamen Außenzoll) mit seinem riesigen Potenzial drohte die Nichtmitglieder wirtschaftlich an den Rand zu drängen. Dies umso mehr, als die EG 1993 den Europäischen Binnenmarkt verwirklicht hat, der durch die „vier Freiheiten" gekennzeichnet ist.

Die vier Freiheiten im Binnenmarkt

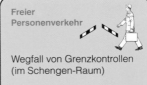

Freier Personenverkehr

Wegfall von Grenzkontrollen (im Schengen-Raum)

Verstärkte Kontrollen an den EU-Außengrenzen

Freier Dienstleistungsverkehr

EU-Bürgerinnen und EU-Bürger können gewerbliche, kaufmännische, handwerkliche und freiberufliche Dienste im EU-Raum anbieten und ausüben

Freier Warenverkehr

Wegfall der Grenzkontrollen

Gemeinsamer Zolltarif gegenüber Drittstaaten

Freier Kapitalverkehr

Weniger Beschränkungen im Kapital- und Zahlungsverkehr

 Beschreibe in eigenen Worten die vier Freiheiten im Binnenmarkt. Nenne Beispiele für Möglichkeiten, die sich daraus für dich persönlich ergeben können.

EFTA und EWR

1960 gründeten Staaten, die nicht der EWG angehörten, die Europäische Freihandelsassoziation (European Free Trade Association = EFTA). Damit sollten der freie Handel und die wirtschaftliche Integration zwischen den Mitgliedstaaten gefördert werden. Im Unterschied zur EU ist die EFTA aber keine Zollunion und sie verfolgt keine politischen Zwecke. Heute umfasst die EFTA vier Mitglieder: Island, Norwegen, Liechtenstein und Schweiz. Um den EFTA-Staaten die Teilnahme am EU-Binnenmarkt zu ermöglichen, wurde 1994 der Europäische Wirtschaftsraum (EWR) geschaffen. Der EWR dehnte die „vier Freiheiten" sowie die EU-Richtlinien hinsichtlich des Konsumentenschutzes, der Umwelt, des Wirtschaftsrechtes, der Bildung, der Forschung und der Sozialpolitik auf die drei beigetretenen EFTA-Länder Norwegen, Island und Liechtenstein aus. Diese mussten dafür etwa zwei Drittel des geltenden EG-Rechts in ihre nationalen Rechtsordnungen einpassen. Ausgeschlossen blieb u. a. der Agrarbereich. Mit dem Europäischen Wirtschaftsraum entstand der weltweit kaufkräftigste, einheitliche Markt.

Die Schweiz lehnte den Beitritt zum EWR in einer Volksabstimmung ab. Sie hat mit der EU seither viele bilaterale Abkommen ausgehandelt.

Die EU – der politische Zusammenschluss

Nach dem wirtschaftlichen Zusammenschluss mit der Schaffung des Binnenmarktes folgte die Weichenstellung für die politische Integration: Am 1. November 1993 trat der Vertrag von Maastricht über die Schaffung der Europäischen Union (EU) in Kraft.

■ Bundeskanzler Franz Vranitzky (l.) und Außenminister Alois Mock (r.) bei der Unterzeichnung des Beitrittsvertrags am 24. Juni 1994 in Korfu. Foto, 24. 6. 1994

Kurz vor dem EU-Gipfel in Korfu hatte sich eine klare Mehrheit der Österreicherinnen und Österreicher für den EU-Beitritt ausgesprochen. Der Vertrag trat am 1. Jänner 1995 in Kraft.

→ Fragen und Arbeitsaufträge

1. Nenne Gründe und Ziele für die wirtschaftlichen und politischen Zusammenschlüsse nach 1945.
   Erkläre die Bedeutung des Europarates und der OECD.
2. Fasse die genannten Schritte im europäischen Einigungsprozess zusammen.
   Erstelle eine Tabelle, in der du Stichworte zu den folgenden Begriffen einträgst: EGKS, EWG, EURATOM, EG, EFTA und EU.

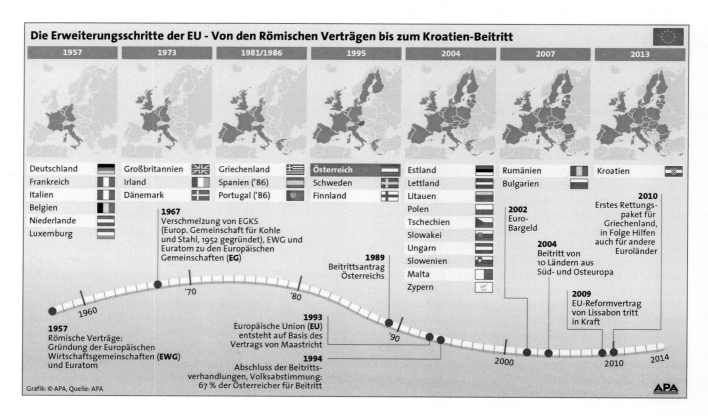

13. Die EU: Entwicklung und Ziele

Der Vertrag von Maastricht (1993)

Seine Inhalte bilden die Grundlage der Europäischen Union. Sie besteht aus drei Teilen:

– Die Europäische Gemeinschaft (EG): Sie sollte sich von einer Wirtschaftsgemeinschaft in eine politische Union wandeln. Ein Symbol dafür ist die „Unionsbürgerschaft": Unionsbürgerinnen und -bürger können sich überall in der EU niederlassen und sind dort auch bei Kommunalwahlen wahlberechtigt. Gleichzeitig bleiben sie Bürgerinnen und Bürger ihres eigenen Staates. Das Europäische Parlament (EP) wurde in seinen Rechten gestärkt: Es kann nun vom Rat der Europäischen Union beschlossene Gesetze zu Fall bringen. Die Wirtschafts- und Währungsunion (WWU) hatte die Verwirklichung des Binnenmarktes mit gemeinsamer Währung zum Ziel. Diese einheitliche Währung – der Euro – wurde am 1. Jänner 2002 eingeführt. Euromünzen und Eurobanknoten ersetzten die nationalen Währungen vorerst in zwölf der (damals) fünfzehn Mitgliedstaaten der EU (Belgien, Deutschland, Griechenland, Spanien, Frankreich, Irland, Italien, Luxemburg, den Niederlanden, Österreich, Portugal und Finnland).

– Die Gemeinsame Außen- und Sicherheitspolitik (GASP): Sie umfasst die regelmäßige Zusammenarbeit in allen außen- und sicherheitspolitischen Fragen von gemeinsamer Bedeutung bis hin zu gemeinsamen Aktionen der Westeuropäischen (Verteidigungs-)Union (WEU). Die WEU soll in Zukunft ausgebaut werden.

– Die Zusammenarbeit in den Bereichen Justiz und Inneres: Hier geht es um ein gemeinsames Vorgehen auf Gebieten wie Asyl- und Einwanderungspolitik oder polizeiliche Zusammenarbeit in der Bekämpfung des Terrorismus.

Verträge von Amsterdam und Nizza

Ab 1993 entwickelte und veränderte sich die EU schrittweise. So kam es unter den Mitgliedstaaten zur Unterzeichnung neuer Verträge. Im Vertrag von Amsterdam (1999) stand die Ausgestaltung der politischen Union, also die Vertiefung der Gemeinsamen Außen- und Sicherheitspolitik, im Mittelpunkt.

Im Jahr 2000 unterzeichnete der Europäische Rat der 15 Mitgliedstaaten den Vertrag von Nizza. Hauptziel war es, die Handlungsfähigkeit der EU nach der Osterweiterung auch mit 27 Mitgliedstaaten zu gewährleisten. Im Europäischen Rat wurden daher die Stimmen der Mitgliedstaaten neu gewichtet. Bevölkerungsreiche Staaten wie Frankreich, Deutschland, Großbritannien und Italien erhielten ein stärkeres Gewicht. Damit sollte ein angemessenes Verhältnis zwischen Stimmengewicht und Bevölkerungsgröße erhalten bleiben.

Der Vertrag von Lissabon

Ab 2004 bemühte sich die EU um die Verankerung einer eigenen Verfassung. Sie sollte die vielen Einzelverträge durch ein einziges Grundgesetz ersetzen. Der Vertrag über eine Verfassung für Europa scheiterte aber 2005 an ablehnenden Volksabstimmungen in Frankreich und den Niederlanden.

Nach längeren Verhandlungen über eine Reform der EU schlossen die europäischen Staats- und Regierungschefs den Vertrag von Lissabon. Er trat am 1. Dezember 2009 in Kraft. Er ersetzte die bestehenden Verträge nicht, er änderte sie lediglich ab.

Der deutsche Politikwissenschafter Eckart Stratenschulte über den Vertrag von Lissabon (2014):

Q *Mit dem Lissabonner Vertrag wurden die meisten Reformen des Verfassungsvertrages beibehalten. So hat das Europäische Parlament mehr Kompetenzen erhalten und ist zum gleichberechtigten Gesetzgeber (neben dem Rat der Europäischen Union, das Gremium der Fachminister) geworden. Der Einfluss der nationalen Parlamente auf den europäischen Entscheidungsprozess wurde ebenfalls gestärkt. Der Europäische Rat, das Gremium der Staats- und Regierungschefs, wird von einem Präsidenten für mindestens 2 ½ Jahre geführt.*
(...)
Für die Gestaltung und Vertretung der Außenpolitik der Europäischen Union ist das Amt eines Hohen Vertreters geschaffen worden, der sowohl Vorsitzender des Außenminister-Rates der EU als auch Vizepräsident der Europäischen Kommission ist. Er soll die Kompetenzen der EU im auswärtigen Handeln bündeln. Als erste wurde die Britin Catherine Ashton in das Amt berufen. Ihr wurde ein Europäischer Auswärtiger Dienst, also gewissermaßen ein Außenministerium, zur Seite gestellt. Mit diesen Reformen soll gewährleistet werden, dass die EU auch mit 28 Staaten noch funktioniert.
(...)
Die wesentlichen Unterschiede zwischen dem Verfassungsentwurf von 2004 und dem Lissabonner Vertrag liegen zum einen darin, dass die Verfassung die rechtlichen Regelungen, das sogenannte Primärrecht, in einem Dokument zusammengefasst hätte, während der Lissabonner Vertrag zwei Dokumente – den Vertrag über die Europäische Union (EUV) und den Vertrag über die Arbeitsweise der Europäischen Union (AEUV) – geschaffen hat. Zum anderen sind alle Bestimmungen beseitigt worden, die den Eindruck erwecken könnten, bei der EU handele es sich um einen Staat. So enthält der Vertrag keine Bestimmung mehr über die Flagge oder die Hymne der EU (obwohl es beides weiterhin gibt) und der „Europäische Außenminister" heißt jetzt Hoher Vertreter der Union für Außen- und Sicherheitspolitik.

(Stratenschulte: Die Europäische Union. Versuche der institutionellen Reform. Online auf: http://www.bpb.de/internationales/europa/europaeische-union/42998/institutionelle-reform, 5.4.2018)

→ Erkläre, welche grundsätzlichen inhaltlichen Unterschiede der Politikwissenschafter zwischen dem Verfassungsentwurf und dem Lissabonner Vertrag anführt.

Der Vertrag von Lissabon beinhaltet folgende Aspekte:

1. Ein demokratischeres und transparenteres Europa

- Das direkt gewählte Europäische Parlament wurde aufgewertet. Zwischen dem Europäischen Parlament und dem Rat besteht bei einem Teil der EU-Rechtsvorschriften Gleichberechtigung.
- Stärkere Einbeziehung der nationalen Parlamente: Einhaltung des „Subsidiaritätsprinzips": Die EU wird nur dann tätig, wenn auf der übergeordneten Ebene der EU bessere Ergebnisse erzielt werden. Dadurch und durch die Stärkung des Europäischen Parlaments soll die EU insgesamt demokratischer werden.
- Stärkeres Mitspracherecht der Bürgerinnen und Bürger: Dank der Bürgerinitiative können EU-Bürgerinnen und EU-Bürger von der Kommission neue politische Vorschläge einfordern.
- Die Zuständigkeiten zwischen den Mitgliedstaaten und der EU werden klarer getrennt.
- Erstmals wird die Möglichkeit zum Austritt eines Mitgliedstaates geschaffen.

2. Ein wirksameres Europa

- Schnellere und wirksamere Arbeitsmethoden: Die Beschlussfassung mit qualifizierter Mehrheit im Rat wird auf neue Politikbereiche ausgedehnt. Ab 2014 wird die „qualifizierte Mehrheit" nach dem Prinzip der „doppelten Mehrheit" von Mitgliedstaaten und Bevölkerungsgröße bestimmt. Eine doppelte Mehrheit ist dann erreicht, wenn 55 Prozent der Mitgliedstaaten, die gemeinsam mindestens 65 Prozent der europäischen Bevölkerung auf sich vereinen, zustimmen.
- Stabilere und schlankere Institutionen: Erstmals wird eine Präsidentin bzw. ein Präsident des Europäischen Rates gewählt. Die Amtszeit beträgt zweieinhalb Jahre. Die Ergebnisse der Wahlen zum Europäischen Parlament wirken sich direkt auf die Wahl der Kommissionspräsidentin bzw. des Kommissionspräsidenten aus.

3. Ein Europa der Rechte und Werte, der Freiheit, Solidarität und Sicherheit

- Demokratische Werte werden betont.
- Die Bürgerrechte und die Charta der Grundrechte werden rechtsverbindlich.
- Stärkung der „vier Grundfreiheiten"
- Solidarität zwischen Mitgliedstaaten: EU und Mitgliedstaaten sollen solidarisch handeln im Falle eines Terroranschlages oder einer Naturkatastrophe oder bei Problemen im Energiebereich.
- Mehr Sicherheit: Mehr Kompetenzen für die EU in den Bereichen Sicherheit und Recht, um eine bessere Verbrechens- und Terrorismusbekämpfung zu erreichen.

4. Europa als Global Player. Zusammenfassung aller außenpolitischen Instrumente der EU. Damit kann die EU zu seinen internationalen Partnern eine klare Position einnehmen.

- Ein neuer Hoher Vertreter der EU für Außen- und Sicherheitspolitik, gleichzeitig Vizepräsident der Europäischen Kommission; ein neuer Europäischer Auswärtiger Dienst

Mit der Charta sind die EU-Grundrechte schriftlich und verständlich niedergelegt worden:

Charta der Grundrechte der Europäischen Union

Würde des Menschen
- *Verbot der Todesstrafe*
- *Verbot der Folter, Sklaverei, Zwangsarbeit sowie des Klonens von Menschen*

Freiheiten
- *Recht auf Freiheit und Sicherheit*
- *Achtung des Privat- und Familienlebens*
- *Datenschutz*
- *Recht auf Gedanken-, Gewissens-, Religions-, Meinungs- und Vereinigungsfreiheit*
- *Recht auf Bildung*
- *Recht zu arbeiten und einen frei gewählten oder angenommenen Beruf auszuüben*
- *Garantie der unternehmerischen Freiheit*
- *Recht auf Eigentum*

Gleichheit vor dem Gesetz
- *Gleichheit von Männern und Frauen*
- *Schutz der Rechte von Kindern, der älteren Menschen und Behinderter*
- *Minderheitenschutz*

Solidarität
- *Umwelt- und Verbraucherschutz*
- *Verbot von Kinderarbeit*
- *Zugang zur Gesundheitsfürsorge und zu ärztlicher Vorsorge*

Bürgerrechte
- *Aktives und passives Wahlrecht*
- *Recht auf gute Verwaltung*
- *Zugang zu Dokumenten*

Justizielle Rechte
- *Unabhängige und unparteiische Gerichte*
- *Unschuldsvermutung*
- *Verhältnismäßigkeit der Bestrafung*
- *Verbot der Doppelbestrafung*

(Wiener Zeitung in Zusammenarbeit mit dem Bundeskanzleramt (Hg.), Eine Verfassung für Europa. Die neuen Spielregeln für ein friedliches Miteinander, Wien, o. J., S. 20f.)

→ Benenne konkrete Verstöße gegen die oben angeführten Grundrechte durch Staaten innerhalb oder außerhalb der EU.

Politische Organe und andere Einrichtungen

Der Europäische Rat: Er legt die allgemeinen politischen Zielvorstellungen und Prioritäten der Europäischen Union fest. Er setzt sich zusammen aus den Staats- und Regierungschefs der Mitgliedstaaten sowie dem Präsidenten des Europäischen Rates und dem Präsidenten der EU-Kommission.

Das Europäische Parlament: Es wird von den EU-Bürgerinnen und EU-Bürgern alle fünf Jahre direkt gewählt. Es gilt dabei das Verhältniswahlrecht. Seine drei wichtigsten Aufgaben sind die Gesetzgebung, die Haushaltsbewilligung und die Kontrolle anderer EU-Institutionen. Das Europäische Parlament besteht aus 751 Abgeordneten, unter ihnen die Präsidentin bzw. der Präsident (nicht stimmberechtigt). Im Jänner 2018 waren 18 von ihnen österreichische Abgeordnete. Diese Abgeordneten sind nach politischen Fraktionen und nicht nach Staatszugehörigkeit im Parlament gruppiert. Etwa ein Drittel sind Frauen.

Der Rat der Europäischen Union: Im Rat der Europäischen Union, kurz „Rat", treten die nationalen Ministerinnen und Minister aller EU-Mitgliedstaaten zusammen, um Rechtsvorschriften zu verabschieden und politische Strategien zu koordinieren. Weiters schließt er internationale Verträge zwischen der EU und anderen Staaten ab, genehmigt den Haushaltsplan der EU und entwickelt die Gemeinsame Außen- und Sicherheitspolitik der EU.

Die Europäische Kommission: Sie kann als „EU-Regierung" bezeichnet werden und besteht aus 28 Kommissarinnen und Kommissaren aus den einzelnen EU-Mitgliedstaaten. Sie wahrt die Interessen der EU insgesamt, erarbeitet Vorschläge für neue europäische Rechtsvorschriften, verwaltet den Haushaltsplan der EU, setzt EU-Recht durch (gemeinsam mit dem Europäischen Gerichtshof) und vertritt die EU auf internationaler Ebene. Die Präsidentin bzw. der Präsident der Europäischen Kommission wird vom Europäischen Rat vorgeschlagen und muss anschließend vom Europäischen Parlament in geheimer Wahl bestätigt werden. 2014 bis 2019 übte der ehemalige Premierminister Luxemburgs, Jean-Claude Juncker, dieses Amt aus.
Die drei Organe Europäisches Parlament, Rat der EU und Europäische Kommission werden auch als das „institutionelle Dreieck" bezeichnet. Sie erarbeiten die politischen Programme und Rechtsvorschriften, die in der gesamten EU gelten. Vorgeschlagen werden neue EU-Rechtsvorschriften von der Kommission, angenommen werden sie vom Parlament und vom Rat. Kommission und Mitgliedstaaten setzen diese dann um.

Drei weitere Organe sind sehr wichtig (vgl. S. 209):
– Der Europäische Gerichtshof (EuGH): Er stellt die Einhaltung des europäischen Rechts sicher.
– Der Europäische Rechnungshof (EuRH): Er überprüft die Finanzierung der Aktivitäten der EU.
– Die Europäische Zentralbank (EZB): Sie ist verantwortlich für die Währungspolitik der EU.

Die Befugnisse und Zuständigkeiten dieser Organe sind in den Verträgen (auch „Primärrecht" genannt) festgelegt. Sie bilden die Grundlage für alle Aktivitäten der EU. In ihnen sind auch die von den EU-Organen einzuhaltenden Regeln und Verfahren festgeschrieben. Die Verträge werden von den Staats- und Regierungschefs aller EU-Mitgliedstaaten abgeschlossen und von ihren Parlamenten ratifiziert (= rechtskräftig machen).
Weitere EU-Institutionen (Auswahl):
– Der Europäische Wirtschafts- und Sozialausschuss: Er vertritt die Zivilgesellschaft sowie Arbeitgeber/innen und Arbeitnehmer/innen.
– Der Ausschuss der Regionen: Er vertritt die regionalen Gebietskörperschaften.

1985 und 1990 wurden in Schengen (Luxemburg) Abkommen unterzeichnet, die den freien Personenverkehr und den Abbau von Grenzkontrollen im europäischen Binnenmarkt zum Ziel hatten. Der Schengen-Raum umfasst 26 Mitgliedstaaten mit einer Bevölkerung von ca. 420 Millionen Menschen (Stand: 2018). Im Zuge der Flüchtlingskrise wurden ab 2015 in einigen Schengen-Staaten, darunter auch Österreich, immer wieder zeitlich begrenzte Grenzkontrollen durchgeführt.

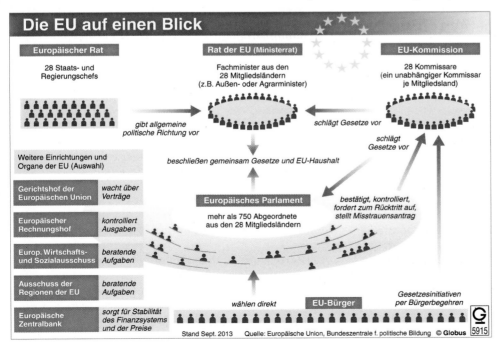

Die EU auf einen Blick

Stand Sept. 2013   Quelle: Europäische Union, Bundeszentrale f. politische Bildung   © Globus 5915

→ Fragen und Arbeitsaufträge

1. Verfasse einen Artikel zum Thema „Vom Vertrag von Maastricht zum Vertrag von Lissabon". Versuche darin die wichtigsten Entwicklungslinien der EU darzustellen.

2. Erkläre Funktionen und Zuständigkeiten der wichtigsten Institutionen und Organe innerhalb der EU.

3. Interpretiere die Aussage des ehemaligen deutschen Bundeskanzlers Konrad Adenauer: „Die Einheit Europas war ein Traum weniger. Sie wurde eine Hoffnung für viele. Sie ist heute eine Notwendigkeit für alle."

14. Die EU: Chancen für junge Menschen

Jugendliche und die EU

Millionen junge EU-Bürgerinnen und EU-Bürger haben Chancen und Perspektiven, die sie ohne Europäische Union nicht hätten. Viele von ihnen nutzen die zahlreichen Möglichkeiten auf dem Gebiet der Bildung, des internationalen Austausches und des Arbeitens in EU-Mitgliedstaaten.

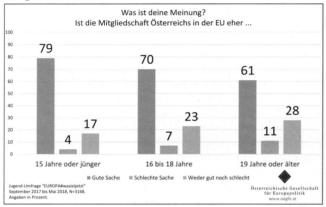

■ Jugend-Umfrage „EUROPA#wasistjetzt".
September 2016 bis Juni 2017, N = 2510. Quelle: www.oegfe.at.

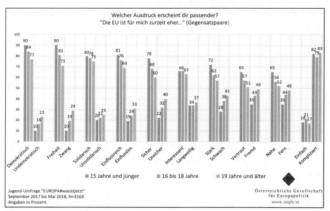

■ Jugend-Umfrage „EUROPA#wasistjetzt".
September 2016 bis Juni 2017, N = 2510. Quelle: www.oegfe.at.

→ Fasse die Ergebnisse zu den in den Schaubildern gestellten Fragen zusammen.
Interpretiere die unterschiedlichen Antworten.
Ermittle durch eine Umfrage in der Klasse, welche Einstellungen diesbezüglich in der Klasse vorhanden sind.
Diskutiert eure Ergebnisse.

Beispiel Bildung: Erasmus+ & Co.

Die Bereitschaft zu einem friedlichen und toleranten Miteinander hängt auch mit dem wirtschaftlichen Wohlergehen der Menschen zusammen. Dazu müssen gute Voraussetzungen im Bereich der Bildung geschaffen werden. Die EU hat daher in den letzten Jahrzehnten zahlreiche Maßnahmen und Programme, z. B. Schüleraustausch, Schulpartnerschaften, Programme für Aus- und Weiterbildungen, überregionale Projekte und vieles mehr, bereitgestellt.

Seit 1987 gibt es „Erasmus", das wichtigste EU-Förderprogramm. Es ist benannt nach Erasmus von Rotterdam, einem berühmten Humanisten des 16. Jh. Erasmus unterstützt Studienaufenthalte, Praktika, Unterricht und Fortbildungen im Ausland. Es entwickelte sich zum größten Förderprogramm von Auslandsaufenthalten an Universitäten. In den ersten 15 Jahren seines Bestehens finanzierte Erasmus ca. 1 Million Stipendien.

Neben der Zusammenarbeit und Modernisierung der Hochschulbildung soll auch die Mobilität von Studierenden und Lehrenden gefördert werden. Ein wichtiger Bestandteil ist die Anerkennung von Studienleistungen im Ausland und die finanzielle Unterstützung von Austauschstudentinnen und -studenten. Seit 2003 werden die Förderprogramme über Europa hinaus durch das Zusatzprogramm „Erasmus Mundus" erweitert. „Erasmus+" (Erasmus Plus), so heißt das Förderprogramm von 2014 bis 2020, beinhaltet noch zusätzliche Angebote, zum Beispiel Programme für eine Ausbildung an Arbeitsplätzen im Ausland.

Alle Mitgliedstaaten der EU sowie einige weitere europäische Länder nehmen an den Förderprogrammen der EU teil. Von 1992 bis 2018 nutzten über 100.000 österreichische Studierende das Erasmus-Programm.

Ein österreichischer Agrar-Ingenieur erinnert sich an seinen Erasmus-Aufenthalt an der Universität Ås in Norwegen (2016):

Q *Im Rückblick empfinde ich vor allem den Kontakt mit anderen Austauschstudenten als sehr bereichernd. Fast alle von ihnen wohnten im einzigen Studentenheim. Sie kamen aus europäischen, asiatischen und afrikanischen Ländern. Alle waren sehr offen und interessiert an neuen Kontakten. Wir waren eine internationale Gruppe, Toleranz und Interesse an den Mitstudenten waren großgeschrieben. Ich habe mich mit einigen sehr befreundet. Wir haben uns in den letzten Jahren wiederholt getroffen, in Österreich und in anderen Ländern. Ich plane, bald in einem der Länder zu arbeiten, dann ist es bestimmt angenehm, schon jemanden zu kennen. Auch von der norwegischen Bevölkerung wurden wir Erasmus-Studenten gut aufgenommen und akzeptiert. Mich hat erstaunt, dass Englisch für niemanden ein Problem ist. In welchem Land kann man sich 30 Minuten mit dem Friseur unterhalten, der ein perfektes Englisch spricht? Der Betrieb auf der Universität war anders organisiert als in Österreich. Man musste flexibel sein und sich umstellen. Leicht war es nicht immer, aber gelernt habe ich sehr viel. Zusammenfassend kann ich sagen, dass es durch Erasmus möglich war, ein anderes Land, eine andere Kultur mit all ihren Vor- und Nachteilen kennenzulernen. Das Auslandssemester bot eine Horizonterweiterung in vielerlei Hinsicht, sei es im eigenen Studiengebiet als auch im privaten Umfeld. Nie war es leichter, über den Tellerrand hinauszublicken, indem ich als „Fremder" in einem „fremden" Land studiert und gelebt habe.*

(Erasmus-Erfahrungsbericht von Manuel Kirisits, Vorarlberg 2018)

→ Beschreibe, worin die positiven Erfahrungen dieses Erasmus-Studenten bestanden. Diskutiert, ob und warum ein Erasmus-Aufenthalt für euch in Frage käme.

Der Bologna-Prozess

Mit der „Bologna-Erklärung" (1999), unterzeichnet von 30 Ländern, begann der Aufbau eines gemeinsamen europäischen Hochschulraums. Ein wichtiges Ziel bestand darin, international einheitliche Hochschulabschlüsse einzuführen. Dazu gehören ein Bündel von Maßnahmen, wie z.B. die leichtere Anerkennung und bessere Vergleichbarkeit von Universitätsabschlüssen. „Bologna" brachte für die meisten Studiengänge ein zweistufiges System von Studienabschlüssen: einen ersten berufsqualifizierenden Teil von mindestens drei Jahren (meist als „Bachelor" bezeichnet) und einen zweiten Teil („Master"). Ein Leistungspunktesystem („European Credit Transfer System", ECTS-Modell genannt) kommt bei Austauschmaßnahmen im Rahmen von Erasmus zur Anwendung.

Trotz der Fortschritte bei der Vereinheitlichung und Modernisierung des europäischen Hochschulsystems gibt es gegenüber „Bologna" auch kritische Stimmen von Studierenden und Lehrenden: Meistens werden nicht die Ziele, sondern die Umsetzung kritisiert. Studierende klagen unter anderem über die Verschulung und die Arbeitsüberlastung aufgrund der gestrafften Ausbildungsform.

Beispiel: Arbeiten und leben in der EU

Die EU-Staaten haben nur einen Anteil von ca. 7 Prozent an der Weltbevölkerung, aber 24 Prozent an der Weltwirtschaft (Stand: 2018). Damit zählt die EU zu den größten Volkswirtschaften der Welt.

Die EU ist der größte Importeur und Exporteur, der führende Empfänger ausländischer Investitionen: Täglich importiert und exportiert die EU Waren und Dienstleistungen im Wert von mehreren Hundert Millionen Euro. 2016 waren über 31 Millionen Arbeitsplätze in der EU von Ausfuhren in Drittländer abhängig. Dank der EU nutzen viele junge Menschen das Recht auf umfassende Freizügigkeit innerhalb der EU-Länder. Das bedeutet, dass alle EU-Bürgerinnen und EU-Bürger in allen Mitgliedstaaten arbeiten und leben dürfen.

Die Freiheit für Arbeitnehmerinnen und Arbeitnehmer besteht seit der Gründung der Europäischen Wirtschaftsgemeinschaft im Jahr 1957. Konkret bedeutet dies:

– das Recht, in jeden Mitgliedstaat reisen und sich dort aufhalten zu dürfen;
– das Recht, in einem anderen Mitgliedstaat zu arbeiten;
– das Recht auf Gleichbehandlung beim Zugang zur Beschäftigung, bei den Arbeitsbedingungen und allen anderen Vergünstigungen, die dazu beitragen, die Integration der Arbeitnehmerin oder des Arbeitnehmers im Aufnahmeland zu erleichtern;
– das Recht von nahen Familienangehörigen (z.B. Ehepartnerinnen und Ehepartner, Kinder, Eltern), sich mit der Arbeitnehmerin oder dem Arbeitnehmer im Aufnahmestaat aufzuhalten.

Diese Freizügigkeit findet auch in den Mitgliedstaaten des Europäischen Wirtschaftsraumes (vgl. S. 212) Anwendung. Im Europäischen Wirtschaftsraum vollzieht sich ungefähr die Hälfte des Welthandels. Die Möglichkeit, in einem Wirtschaftsraum von über 500 Millionen Menschen leben und arbeiten zu können, eröffnet viele Perspektiven: Der Arbeitsmarkt ist international geworden. Im Zeichen der Globalisierung bieten sich so gerade jungen Menschen Chancen, berufliche und private Erfahrungen auf einer internationalen Ebene zu machen.

→ **Fragen und Arbeitsaufträge**

1. Nenne wichtige Maßnahmen und Projekte der EU im Zusammenhang mit den Themen „Bildung" und „Arbeit". Berücksichtige dabei die Begriffe „Erasmus+", „Bologna-Prozess" und „Freizügigkeit".
2. Diskutiert in der Klasse, welche Bedeutung die EU-Programme, Maßnahmen und Möglichkeiten auf den Gebieten Bildung und Arbeit für euer späteres Leben haben könnten.

Ich und die EU, EU im Alltag

... arbeite:
- soziale Mindeststandards
- Arbeitnehmer- und Dienstleistungsfreiheit
- Europäische Betriebsrätinnen und Betriebsräte
- in vielen Mitgliedstaaten gemeinsame Währung
- Gender Mainstreaming und Gleichstellungsmaßnahmen

... reise gern:
- Passagierrechte im Flugverkehr
- Grenzkontrollen innerhalb der EU nur in Ausnahmefällen
- europäische Krankenversicherungskarte

ICH ...
und wie die EU mich betrifft

... lerne weiter:
- Austauschprogramme für Schülerinnen und Schüler sowie für Studierende
- Vereinheitlichung der Bildungsabschlüsse
- Anerkennung von Ausbildungsabschlüssen im europäischen Ausland

... möchte gesund bleiben:
- sauberes Trinkwasser
- schadstoffarme Atemluft
- Beschränkung von Straßenlärm
- Verbot von Pestiziden in der Landwirtschaft
- Verbot von krebserregenden Stoffen in Kosmetikprodukten

... kaufe ein:
- Gewährleistungsfristen auf Konsumgüter
- verpflichtende Kennzeichnung von Lebensmitteln
- hohe Hygieneanforderungen an Lebensmittel
- Konsumentenschutz bei Einkäufen im Internet
- Preisvorteile durch freien Einkauf in anderen EU-Ländern

■ Bundeszentrale für politische Bildung, 2009.

Alleine oder mit anderen für gemeinsame und/oder für die Interessen anderer eintreten und eingegangene Kompromisse akzeptieren

15. Die EU: Kritik und Probleme

Die Inhalte in diesem Abschnitt dienen dazu, Politische Handlungskompetenz zu entwickeln. In demokratischen Gesellschaften ist es wichtig, alleine oder mit anderen für gemeinsame und für die Interessen anderer einzutreten. Nicht immer können einzelne oder Gruppen ihre politischen und gesellschaftlichen Vorstellungen durchsetzen. Kompromisse einzugehen und diese auch zu akzeptieren, ist daher in einer Demokratie notwendig. Mit Hilfe der Materialien und Arbeitsaufträge auf dieser Doppelseite kannst du Politische Handlungskompetenz trainieren.

Unzufriedenheit mit „Brüssel"

Umfragen in den letzten Jahren zeigen, dass manche Menschen der EU mit Skepsis, Kritik oder Ablehnung begegnen. Sie sind der Meinung, die EU handle zu bürokratisch, zu wenig bürgernah. Bei manchen hat sich daher das Gefühl eingestellt, dass „die da in Brüssel alles entscheiden". Dabei können Unionsbürgerinnen- und -bürger auf unterschiedliche Weise Einfluss auf die EU-Politik ausüben:

• Eine wichtige politische Handlung besteht darin, sich an den Parlamentswahlen im eigenen Land zu beteiligen. Die Staats- und Regierungschefin/der Staats- und Regierungschef des Landes ist schließlich Mitglied im Europäischen Rat. Auch die Ministerinnen und Minister dieser Regierungen treffen Entscheidungen im Rat.

• Alle EU-Bürgerinnen und EU-Bürger können die EU-Politik mitbestimmen, indem sie an den Wahlen zum EU-Parlament teilnehmen. Die so gewählten Vertreterinnen und Vertreter arbeiten in Fraktionen mit Mitgliedern aus anderen Ländern zusammen.

• Im Bemühen um mehr Bürgernähe hat die EU das Online-Tool „Ihre Meinung zählt" eingerichtet. Damit sollen laut EU „Ansichten von außen" über geplante politische Maßnahmen und Gesetze eingeholt werden. Wer sich auf dieser Plattform registriert, kann online über bestehende Initiativen mitdiskutieren und Rückmeldungen und Informationen über den politischen Prozess bekommen.

• Fast täglich finden zu angekündigten Terminen in Städten innerhalb der EU Bürgerdialoge statt: Politikerinnen und Politiker stellen ihre Ziele vor und treten in einen Dialog mit interessierten Bürgerinnen und Bürgern.

• Die Unterschriften von einer Million Bürgerinnen und Bürger oder 0,2 Prozent der EU-Bevölkerung aus mindestens sieben EU-Ländern reichen aus, um eine Europäische Bürgerinitiative einzuleiten. Damit kann die EU-Kommission aufgefordert werden, einen Rechtsakt zu einem bestimmten Bereich (z. B. Umwelt, Landwirtschaft, Verkehr) vorzuschlagen.

Finanz- und Wirtschaftskrise

Seit 2009 wurden mehrere Länder des Euro-Raumes von einer Finanz- und Wirtschaftskrise erfasst. Betroffen waren besonders Griechenland, Irland, Spanien, Portugal und Italien. Zu den schwerwiegenden Auswirkungen in diesen Ländern gehören die hohe Jugendarbeitslosigkeit und die massive Kürzung von Sozialleistungen. Die Bewältigung dieser Krise stellt für die EU als Solidargemeinschaft eine der größten Herausforderungen dar. Es ist für die gesamte Wirtschafts- und Währungsunion wichtig, dass sich die „Krisenstaaten" schnell erholen.

In Zusammenhang mit der Wirtschaftskrise wurden Befürchtungen vom „Auseinanderbrechen der EU" laut. Verstärkt werden seither unterschiedliche Europakonzepte diskutiert: Eines davon ist jenes der „EU der zwei Geschwindigkeiten". Das würde bedeuten, dass einige EU-Staaten eine schnellere Integration auf bestimmten Gebieten vereinbaren. Andere Mitgliedstaaten würden später nachfolgen. Das Konzept „Kerneuropa" hingegen würde vorsehen, dass eine Gruppe von Mitgliedstaaten („Kern") eine verstärkte Integration miteinander betreibt, andere Staaten sich hingegen mit einer weitreichenden Zusammenarbeit begnügen würden.

Flüchtlings- und Asylpolitik

In den Jahren 2015 und 2016 kamen mehr als eine Million Flüchtlinge sowie Migrantinnen und Migranten in die EU. Die meisten flohen vor Terror und Krieg in Syrien und anderen Ländern. Manche überquerten die EU-Außengrenzen auch in der Hoffnung auf ein besseres Leben in Europa. Die große Zahl an Flüchtlingen brachte vor allem Staaten wie Griechenland und Italien an ihre Belastungsgrenze. Die Bereitschaft von mittel-, west- und nordeuropäischen Mitgliedstaaten, Flüchtlinge und Asylsuchende aufzunehmen, war relativ hoch, die der meisten osteuropäischen Staaten gering oder gar nicht vorhanden. Dies führte zu Auseinandersetzungen innerhalb der EU.

Im Jahr 2016 schloss die EU ein Flüchtlingsabkommen mit der Türkei. Das Ziel war, die Zahl der Menschen zu verringern, die über die Türkei die EU erreichen, um hier Asyl zu beantragen. Das Abkommen sieht vor, dass alle neu auf griechischen Inseln ankommenden Flüchtlinge in die Türkei zurückgeführt werden. Als Gegenleistung soll die Türkei Geld, Visafreiheit und raschere EU-Beitrittsgespräche bekommen. Kritikerinnen und Kritiker beklagen, dass sich die EU durch den Abschluss des Abkommens in zu große Abhängigkeit vom türkischen Präsidenten Erdoğan begeben habe. Menschenrechtsorganisationen weisen darauf hin, dass damit auch humanitäre Standards dramatisch herabgesetzt würden.

Brexit

2016 stimmte Großbritannien für den Austritt aus der EU. Als Austrittstermin wurde März 2019 festgelegt. Anfang 2019 waren jedoch wichtige Fragen wie die Rechte der in Großbritannien lebenden EU-Bürgerinnen und EU-Bürger, der Status der nordirisch-irischen Grenze und die Frage von Ausgleichszahlungen nach wie vor offen, und es gab keinen endgültigen „Ausstiegsvertrag" zwischen Großbritannien und der EU.

Erweiterung

Die Frage, ob, wie und wann sich die EU noch erweitern soll, ist umstritten. Sechs Staaten des Westbalkans (Serbien, Montenegro, Mazedonien, Albanien, Bosnien und Herzegowina sowie der Kosovo) und die Türkei zeigten in den letzten Jahren Interesse an einem Beitritt.

Voraussetzung für eine EU-Mitgliedschaft eines europäischen Staates ist, dass dieser die Grundsätze der Freiheit und der Demokratie, die Menschenrechte sowie die Rechtsstaatlichkeit achtet.

Die Gegner weiterer EU-Beitritte bezweifeln, dass die Beitrittskandidaten die Aufnahmekriterien umsetzen können. Manche meinen außerdem, eine Erweiterung würde der EU mehr Probleme als Vorteile bringen. Die Aufnahme neuer Mitglieder müsste von den EU-Staaten einstimmig beschlossen werden. In einigen Ländern gibt es sowohl unter Politikerinnen und Politikern als auch in der Bevölkerung Widerstände gegen eine weitere Erweiterung. Befürworter hoffen auf eine größere politische und wirtschaftliche Stabilisierung Europas und eine Zurückdrängung des Einflusses von Russland und China.

M1 **Guy Verhofstadt, ehemaliger belgischer Premierminister, seit 2009 Mitglied des EU-Parlaments der liberalen Fraktion (2016):**

Gewiss, diese Europäische Union ist nicht perfekt. (…) Das europäische Projekt, die europäische Idee, ist das Beste, was wir uns für unseren Kontinent wünschen könnten. Und wenn wir die EU nicht schon hätten, wir würden sie in diesen Tagen wohl gründen.

Denn mit einem auf Expansion angelegtem Russland auf der einen Seite und einem amerikanischen Präsidenten, der sich mit Nordkoreas Machthaber darüber streiten will, wessen Atomwaffenknopf der größere ist, auf der anderen, leben wir nicht gerade in Zeiten, in denen Europa sich entspannt zurücklehnen oder sich gar in mehr Nationalstaatlichkeit zurückziehen könnte. Es ist vielmehr die Zeit dafür, dass die EU mehr globale Verantwortung übernimmt, übernehmen kann. (…)

- *Dazu gehört, die europäische Verteidigungs- und Sicherheitspolitik auszubauen, um besser gegen Terrorismus gewappnet und militärisch unabhängiger zu sein;*
- *Dazu gehören europäische Migrationsregeln sowie ein echter europäischer Grenz- und Küstenschutz, um die Flüchtlingskrise nachhaltig und human zu managen;*
- *Dazu gehört (…) die Reform der Eurozone (…);*
- *Dazu gehören ambitionierte Freihandelsabkommen, um unsere Wirtschaft zu stärken. (…)*

Die Entwicklungen in Polen und Ungarn sind besorgniserregend. Werte, wie Demokratie, Rechtsstaatlichkeit, Unabhängigkeit der Justiz und freie Meinungsäußerung, sind zu verteidigen. Die europäische Gemeinschaft ist nichts Selbstverständliches und es gilt, für unsere gemeinsamen Werte konsequent einzustehen (…)

Kurzum: Die EU muss in 2018 einen großen Schritt nach vorne gehen, solidarisch zusammenstehen und ein auf freiheitlichen Werten basierendes Gegengewicht zu Trump, zu Russland, zu China werden.

(Verhofstadt, Warum das Jahr 2018 entscheidend für die Zukunft der EU ist. In: focus-online. Online auf: https://www.focus.de/politik/experten/verhofstadt/gastbeitrag-von-guy-verhofstadt-trump-russland-china-warum-das-jahr-2018-entscheidend-fuer-die-zukunft-der-eu-ist_id_8234 484.html, 26. 3. 2018

→ Fragen und Arbeitsaufträge

1. Fasse zusammen, worin Verhofstadt (M1) die Bedeutung der EU sieht und welche Vorhaben sie seiner Ansicht nach umsetzen sollte.
   Diskutiert seine Position in der Klasse.
2. Interpretiere die Karikatur (M2).
3. Wähle eines der in diesem Kapitel angesprochenen Themen, das dich interessiert:
   a) Bürgernähe,
   b) Flüchtlings- und Asylpolitik,
   c) EU-Erweiterung
   d) oder ein anderes zurzeit aktuelles EU-Thema.
4. Arbeitet zu zweit oder zu dritt.
   a) Recherchiert auf EU-Websites, welche gesetzlichen Regelungen es im Bereich eures Themas gibt.
   b) Recherchiert, welche Änderungsvorschläge diskutiert werden.
5. Erstellt eine Liste mit drei bis fünf Forderungen bzw. Vorschlägen, die von der EU umgesetzt werden sollten.
   Formuliert als Erstes die Minimalanforderungen, die erfüllt sein müssen, damit ein Vorschlag auf eure Gruppenliste gesetzt wird.
   Notiert auch, ob bzw. in welchem Maß ihr bereit wärt, eine teilweise Umsetzung eurer Forderungen zu akzeptieren.

M2 **Paolo Calleri: Friedensnobelpreis an die EU (2013)**

16. Vergleich politischer Systeme in der Welt

Begriffsklärung

Der Begriff „Politisches System" hat eine weitere Bedeutung als die Begriffe „Staat" oder „Regierungssystem". In diesem Kapitel wird er aus mehreren Gründen verwendet: Politik vollzieht sich nicht nur in den staatlichen Einrichtungen wie „Parlament" oder „Regierung". Politik wird im bedeutenden Ausmaß auch durch das gesellschaftliche Umfeld bestimmt: So etwa durch Medien (S. 232 f.), durch NGOs (S. 286 f.) oder durch Interessengruppen (S. 196 f.).

Allen politischen Systemen ist gemeinsam, dass sie in Gesellschaften ein Mindestmaß an Ordnung herstellen und ein geregeltes Leben der Mitglieder gewährleisten. Die Rahmenbedingungen können allerdings sehr verschieden sein. Regierungsformen stellen nach wie vor einen zentralen Bestandteil von politischen Systemen dar.

16.1 Grundlagen der westlichen Demokratien

Die Entwicklung demokratischer politischer Systeme begann als Schutz der Einzelnen vor der Willkür der Mächtigen. Allmählich ging es dann um die Teilnahme an politischen Entscheidungen und um Mitgestaltung.

In Europa mussten diese Mitbestimmungsrechte gegen eine feudale Herrschafts- und Gesellschaftsordnung durchgesetzt werden, in der bestimmte Gruppen wie der Adel oder die Kirche besonders privilegiert waren. In diesen jahrhundertelangen Auseinandersetzungen haben sich mehrere Grundelemente herausgebildet, die für die westlichen Demokratien kennzeichnend geworden sind.

Partizipation und Legitimation
Die Teilhabe an politischer Entscheidungsgewalt, d. h. die Partizipation der Bürgerinnen und Bürger, erfolgt durch Wahlen. Dadurch ist das politische (demokratische) System legitimiert, d. h. als rechtmäßig gerechtfertigt.

Rechtsstaat
Rechtsgleichheit (= alle Menschen sind vor dem Recht gleich) und Rechtssicherheit (= Bindung der staatlichen Entscheidungen an das Recht) sind unerlässliche Bedingungen für die Demokratie.

Gewaltenteilung
„Soziale Gewaltenteilung" bedeutet, dass nicht mehr nur politische Parteien Einfluss auf die Regierungstätigkeit und die politische Stimmung in einem Staat Einfluss nehmen. Die klassischen Print- und audiovisuellen Medien haben nach wie vor als „vierte Gewalt" ihre Bedeutung. Zunehmend üben aber auch soziale Gruppierungen sowie einzelne You-Tuber mit ihren vielfach vernetzten Followern über die Nutzung der neuen digitalen Medien Einfluss aus. Dies wird mittlerweile als „fünfte Gewalt" bezeichnet..

■ Theresa May (Premierministerin) verteidigt bei einer Fragestunde im Unterhaus ihren Zehn-Punkte-Plan zum Brexit. Foto, 22. 5. 2019.

Repräsentative oder direkte Demokratie
Bürgerinnen und Bürger wählen ihre Vertretung, d. h. ihre Repräsentantinnen und Repräsentanten. Diese treffen in den Parlamenten, Landtagen, Gemeinderäten u. Ä. die verbindlichen Entscheidungen.

In der direkten Demokratie treffen Bürgerinnen und Bürger wichtige Entscheidungen selbst – z. B. in der Schweiz. Solche direkt-demokratischen Elemente können auch in repräsentativen Demokratien Anwendung finden, z. B. durch Volksbegehren oder Volksabstimmungen.

Großbritannien: parlamentarische Tradition

Im Zuge der „Glorreichen Revolution" (1688/89) wurde die Macht des Parlaments und damit des Gesetzes über die Macht des Königs („Krone") gestellt.

Im Parlament wurde das Unterhaus zur dominierenden Kraft. Die Abgeordneten ließen sich im Wesentlichen zwei großen Gruppen zuordnen: den (grundbesitzenden) Tories (Conservatives) und den Whigs (Liberale, städtisches Bürgertum). Die Whigs wurden Anfang des 20. Jh. von den Labours (Abgeordnete der Arbeiterklasse) zurückgedrängt. Diese stellen seither die zweite große Gruppierung im englischen Unterhaus dar. Das Wahlrecht für das Unterhaus wurde – wie in vielen europäischen Ländern – im Laufe des 19. Jh. auf immer mehr Menschen ausgedehnt. Das allgemeine Wahlrecht wurde allerdings erst 1928 eingeführt.

Das Wahlsystem ist durch die Mehrheitswahl gekennzeichnet. Abgeordnete bzw. Abgeordneter eines Wahlkreises wird, wer die meisten Stimmen auf sich vereint (Einer-Wahlkreis). Alle anderen Stimmen bleiben demnach bedeutungslos. Kleinere Parteien haben nur in „regionalen Hochburgen" eine Chance, einen Sitz im Unterhaus zu bekommen. 2018 dominierte in Schottland die bis vor kurzem im Unterhaus in London nur mit wenigen Sitzen vertretene Scottish National Party. Sie strebt eine Unabhängigkeit Schottlands an.

Die Machtbefugnisse der Premierministerin bzw. des Premierministers sind besonders weitgehend: Sie oder er bestimmt die Kabinettsmitglieder und gibt die Richtlinien der Politik vor. Die Königin oder der König ist nach wie vor formal das Staatsoberhaupt. Ihr bzw. ihm wird bloß zugestanden, in der jährlichen Thronrede die Erklärung der Premierministerin bzw. des Premierministers zu verlesen und repräsentative Aufgaben zu übernehmen.

USA: präsidentielle Regierung

In den USA werden sowohl die Präsidentin bzw. der Präsident als auch der Kongress (Parlament) jeweils auf unterschiedliche Weise vom Volk gewählt. Der Kongress (Parlament) besteht aus dem Repräsentantenhaus und dem Senat.

Die Präsidentschaftswahlen finden alle vier Jahre in zwei Schritten statt: Zunächst wählen die Wahlberechtigten (man muss sich für jede Wahl registrieren lassen) in den einzelnen Bundesstaaten. Wer in einem Bundesstaat die Mehrheit erhält, gewinnt damit alle so genannten Wahlmänner dieses Bundesstaates. Die Zahl der Wahlmänner hängt von der Einwohnerzahl eines Bundesstaates ab. Die Versammlung der Wahlmänner aller Bundesstaaten wählt schließlich den Präsidenten.

Der Präsident ist sowohl Regierungschef als auch Staatsoberhaupt der USA. Er kann einmal wiedergewählt werden. Als Staatsoberhaupt hat er politische Entscheidungsmacht. Bei internationalen Verträgen braucht er die Zustimmung des Senats, bei einer Kriegserklärung die Zustimmung des Kongresses. Er kann vom Kongress weder abgewählt werden (außer bei nachweislich strafrechtlichen Vergehen mittels eines Impeachment-Verfahrens), noch kann er den Kongress auflösen und Neuwahlen ausschreiben.

Die bedeutende politische Macht des Kongresses liegt darin, dass er den Gesetzesvorhaben des Präsidenten, vor allem aber dessen Budgetvoranschlag, zustimmen muss oder Abänderungen durchsetzt.

Im Senat sind je zwei Abgeordnete eines Bundesstaates vertreten (100 Senatoren – jeweils für sechs Jahre gewählt).

Das Repräsentantenhaus wird alle zwei Jahre nach dem Mehrheitswahlrecht (vgl. Großbritannien) gewählt. Die Zahl der Abgeordneten, die von den einzelnen Bundesstaaten entsandt werden, hängt von der Einwohnerzahl des jeweiligen Bundesstaates ab (2018: 435).

Neben dieser horizontalen Gewaltenteilung kennen die USA auch eine vertikale. Die einzelnen Bundesstaaten verfügen über zahlreiche Rechte und besitzen auch ihre eigene Verwaltung. Sie haben z. B. eigene Steuergesetze, unterschiedliche Strafgesetze (z. B. Todesstrafe in einzelnen Bundesstaaten).

Zusätzlich zur exekutiven und legislativen Gewalt kommt in den USA dem Obersten Gerichtshof (Supreme Court) eine erhebliche Bedeutung zu. Der Präsident hat daher großes Interesse, freigewordene Positionen, die auf Lebenszeit vergeben werden, mit Kandidatinnen bzw. Kandidaten seiner Wahl zu besetzen. Der Supreme Court kann Grundlinien der Politik vorgeben. Eine solche Grundsatzentscheidung war z. B. jene gegen die Rassendiskriminierung (1954).

Frankreich: geteilte Regierungsgewalt

Das politische System Frankreichs ist jenes parlamentarische System in Europa, in dem seit 1958 (Beginn der V. Republik) die Präsidentin oder der Präsident die zentrale Figur darstellt. Das Staatsoberhaupt gibt die Leitlinien der Politik für die Regierung vor; es ernennt den Ministerpräsidenten oder beruft diesen auch ab. Für die Wahl der Abgeordneten zur Nationalversammlung gilt das Mehrheitswahlrecht.

Frankreich wurde lange Zeit sehr zentralistisch regiert. In den einzelnen Departements (vergleichbar unseren Bezirken) stand ein Präfekt an der Spitze, der die Anordnungen der Zentralregierung umsetzte. 2016 wurden die Departements zu 13 Regionen (und zusätzlich fünf Regionen betreffend die Überseegebiete) mit eigenen gewählten Regionalräten zusammengefasst. Diese sind gegenüber der Zentralregierung mit für die Region charakteristischen Befugnissen ausgestattet: Sie besitzen keine Gesetzgebungskompetenzen, verteilen aber die Geldmittel an die Departements innerhalb der Region.

16.2 Russland, China und Indien

Russland: „superpräsidentiell"

Bis Anfang der 1990er Jahre war Russland Teil der kommunistischen UdSSR. In diesem Staat bestimmte bis zu den Reformen unter Michail Gorbatschow die Kommunistische Partei unangefochten die Geschicke des Landes. Der Aufbau eines neuen politischen Systems wurde allerdings erst nach dem Untergang der UdSSR im Jahr 1991 möglich.

Die wesentlichen Grundlagen für den Übergang zu einem demokratischen System waren 1991 aber noch schwach ausgeprägt. Die politischen Führungsgruppen in Russland waren zunächst am Erhalt und an der Erweiterung ihrer eigenen Macht interessiert. Erst im Jahr 1993 trat nach einer Volksbefragung eine neue Verfassung in Kraft.

Im neuen politischen System Russlands kommt nun dem Staatsoberhaupt eine überragende Machtposition zu. Es wird jeweils für sechs Jahre vom Volk gewählt. Er bestimmt die Hauptrichtung der Innen- und Außenpolitik und kann Gesetzesentwürfe im Parlament einbringen. Überdies hat das Staatsoberhaupt ein Vetorecht gegenüber den Gesetzen des Parlaments (= Staatsduma), das nur mit einer Zweidrittelmehrheit vom Parlament überstimmt werden kann. Ferner kann das Staatsoberhaupt Dekrete und Verfügungen erlassen, die den Charakter von Gesetzen besitzen. Es ernennt die Regierung, kann die Regierung entlassen und auch die Staatsduma auflösen und Neuwahlen ausschreiben.

Auf diese Weise wird die Position des Präsidenten durch die Staatsduma nahezu unangreifbar und der demokratischen Kontrolle praktisch entzogen. Die Machtposition des russischen Präsidentenamtes ist daher im Vergleich zum französischen und US-amerikanischen am stärksten ausgeprägt.

Dieser Machtfülle des Präsidentenamtes steht ein verhältnismäßig schwaches Parlament gegenüber. Es besteht aus zwei Kammern:

- In der Staatsduma werden die Gesetze beschlossen (sie ist vergleichbar mit unserem Nationalrat).
- Im Föderationsrat (er ist vergleichbar mit unserem Bundesrat) sind die „Teileinheiten" Russlands u. a. durch die Gouverneure vertreten.

Die „horizontale Gewaltenteilung" ist daher im politischen System Russlands nur eingeschränkt verwirklicht. Auch unabhängige Gerichte sind nach wie vor nicht gesichert. Die Medien als vierte Gewalt („soziale Gewaltenteilung") sind entweder staatlich gelenkt oder in ihrer Unabhängigkeit immer wieder bedroht.

Die sozialen Spannungen sowie der schwierige Systemwechsel zu Demokratie und Marktwirtschaft ermöglichen es bis heute, dass diese Machtfülle des Präsidentenamtes autokratisch genutzt werden kann.

China: „einparteienbestimmt"

Im bevölkerungsreichsten Staat der Erde, der Volksrepublik China, ist das politische System nach wie vor durch die Monopolstellung der Kommunistischen Partei bestimmt. Erfolge in der Wirtschaft als Ergebnis einer Modernisierungspolitik haben zwar seit dem Ende der 1970er Jahre zu wirtschaftlichen und gesellschaftlichen Veränderungen im Sinne von mehr Offenheit geführt. Im politischen System ist allerdings nahezu keine Umgestaltung erfolgt. Die Kommunistische Partei steht noch immer über der Verfassung und dem Volk.

Ihr Organisationsprinzip der Machtausübung ist der „demokratische Zentralismus". Danach sind alle Parteiorgane den Entscheidungen des Zentralkomitees unterstellt. Es entscheidet über die Spitzenpositionen in Partei und Staat sowie über die politischen und wirtschaftlichen Grundsätze. Seine 344 Mitglieder werden vom 20-köpfigen Politbüro bestellt. Dieses fällt auch alle bedeutsamen politischen Entscheidungen. Das bedeutet eine Einschränkung der vertikalen Gewaltenteilung.

Entsprechend der Verfassung bildet das Parlament („Nationaler Volkskongress") der Form nach die wich-

■ Chinas Delegierte nehmen an der ersten Sitzung des Volkskongresses teil, während Präsident Xi Jinpng spricht.
Foto, März 2018.

tigste Einrichtung im Staat. Seine rund 3 000 Abgeordneten werden alle fünf Jahre indirekt von den Volksvertretungen der Provinzen, aber auch von Vertretern der Volksbefreiungsarmee gewählt. Aufgrund der Größe und der damit verbundenen Schwerfälligkeit des Nationalen Volkskongresses werden die Gesetze in einem kleineren Gremium, dem ständigen Ausschuss, beschlossen.

An der Spitze des Staates stehen der Staatspräsident, der Ministerpräsident und die Minister der Zentralregierung. Der Staatspräsident ist gleichzeitig auch Generalsekretär der Kommunistischen Partei. Damit ist diese Person sowohl Leiter des höchsten Staatsamtes als auch des höchsten Parteiamtes und hat somit die mächtigste Position inne.

Bisher war nur eine einmalige Wiederbestellung möglich. 2018 wurde diese verfassungsmäßig festgelegte zeitliche Begrenzung aus der Verfassung gestrichen. Dies stärkt die Position des gegenwärtigen Staatspräsidenten Xi Jinping zusätzlich, schränkt aber die zeitliche Gewaltenteilung maßgeblich ein.

■ Der amtierende Premierminister Narendra Modi grüßt seine Anhänger während einer Wahlveranstaltung in Bangalore. Foto, 4. 2. 2018.

Indien: Demokratie nach westlichem Vorbild

Das politische System Indiens orientiert sich zum einen an der parlamentarischen Demokratie Großbritanniens. Zum anderen haben auch die 28 Bundesstaaten Indiens ein entsprechendes politisches Gewicht. Aus diesem Grund besteht ein Zweikammernsystem: ein Haus des Volkes/House of the People (Volkskammer, 543 Mitglieder) und ein Rat der Staaten/Council of States (Staatenkammer, 250 Mitglieder).

Doch der wichtigste politische Akteur ist die indische Bundesregierung. In ihr besitzt die Premierministerin bzw. der Premierminister vergleichbare politische Macht wie in Großbritannien. Sie bzw. er wird vom Staatsoberhaupt aufgrund der parlamentarischen Mehrheitsverhältnisse bestellt und bestimmt die Ministerinnen und Minister; auch kann sie bzw. er das Parlament vorzeitig auflösen.

Das Staatsoberhaupt selbst wird von den beiden Kammern und den Parlamenten der Bundesstaaten gewählt und besitzt relativ geringe politische Macht. Allerdings hat es die Möglichkeit, auf Anraten der Premierministerin bzw. des Premierministers in die Regierungen der Bundesstaaten einzugreifen, wenn dort politisch instabile Verhältnisse eintreten.

Die Abgeordneten der Volkskammer werden – gleich wie in Großbritannien – in Einer-Wahlkreisen alle fünf Jahre gewählt. Die Wahl im Jahr 2014 war aufgrund der großen Zahl der Wahlberechtigten (815 Mio.) auf über einen Monat verteilt.

Die Volkskammer tagt zwei- bis dreimal im Jahr. Hindi und Englisch werden als Verhandlungssprachen ver-

wendet. Daneben sind dreizehn weitere Sprachen von Fall zu Fall als Verhandlungssprachen zugelassen.

In der Staatenkammer sind die Länder auf Bundesebene vertreten. Die Sitze dort werden nach der Bevölkerungszahl des jeweiligen Bundesstaates vergeben.

Zwölf Abgeordnetensitze sind besonders verdienstvollen Persönlichkeiten vorbehalten, welche das Staatsoberhaupt ernennt. Gesetzesentwürfe sind von der Volkskammer und der Staatenkammer anzunehmen. Doch hat die Volkskammer wesentlich mehr Bedeutung. In der Volkskammer dominierte bis 1996 die von der Nehru-Gandhi-Dynastie dominierte Kongresspartei. Ab 1996 erlangte die Hindu-nationalistische Partei („Bharatiya Janata Party") zunehmende politische Bedeutung. Sie stellt auch 2019 wieder den Ministerpräsidenten. Entgegen dem Verfassungsgrundsatz der Trennung von Religion und Politik verfolgt die „Bharatiya Janata Party" die Vorstellung einer „natürlichen" Vorherrschaft der Hindu-Mehrheit.

→ Fragen und Arbeitsaufträge

1. Arbeite die Kennzeichen präsidialer Regierungsformen heraus. Vergleiche insbesondere die Stellung des Präsidenten in den USA, in Frankreich, in Russland und in China.

2. Erörtere und bewerte die Bedeutung der genannten Formen der Gewaltenteilung für ein (demokratisches) politisches System.

3. Vergleiche die Regierungsformen der beiden bevölkerungsreichsten Staaten der Erde: China und Indien. Denke besonders an den „parteibestimmten demokratischen Zentralismus" in China und an das „Mehrparteiensystem" in Indien.

4. Vergleiche die Fotos des britischen Unterhauses und des chinesischen Volkskongresses. Untersuche die Sitzordnungen, die Distanzen, die Platzierung der Rednerpulte etc. Notiere deine Eindrücke.

5. Diskutiert eure Ergebnisse aus der Untersuchung der Fotos.

Politische und rechtliche Systeme

Österreich – eine parlamentarische Demokratie

- Österreich ist eine Demokratie nach westlichem Muster mit klaren Regeln der Machtbestellung. Jene Partei/en, die bei den Nationalratswahlen die Mehrheit erlangt/erlangen, bilden im Normalfall die Regierung. Sie wird von der Bundespräsidentin bzw. vom Bundespräsidenten ernannt. In die zweite Kammer des Parlaments, den Bundesrat, werden die Abgeordneten entsprechend den Ergebnissen der Landtagswahl entsandt. Das „freie Mandat" der Abgeordneten wird durch den „Klubzwang" eingeschränkt.
- Die Hauptaufgaben des Parlaments sind die Gesetzgebung und die Kontrolle der Regierung. Da sich die Regierung normalerweise auf eine Mehrheit im Nationalrat stützt, übernehmen diese Aufgaben vor allem die Oppositionsparteien, der Rechnungshof, der Verwaltungs- und der Verfassungsgerichtshof, die Volksanwaltschaften sowie die Medien.

Die Bundesverfassung – das Fundament des Staates

- Die österreichische Bundesverfassung von 1920/1929 bildet die rechtliche Grundordnung des Staates. Für wesentliche Verfassungsänderungen bedarf es einer Volksabstimmung. Die Verfassung wurde im Laufe der Zeit mehrfach ergänzt und besteht aus einer Vielzahl von Rechtsquellen. Seit dem Beitritt zur EU hat das Gemeinschaftsrecht Vorrang vor dem nationalen Recht.

Die Parteien der Zweiten Republik

- Die Bundespräsidentschafts- und in sechs Bundesländern die Bürgermeister-Wahlen sind Persönlichkeitswahlen. Für Nationalrat, Landtag und Gemeinderat gilt das (Partei-)Listen-Wahlrecht. Mit dem „Parteiengesetz" von 1975 wird die öffentliche Finanzierung der Parteien geregelt.
- SPÖ und ÖVP zusammen erhielten bis Mitte der 1980er Jahre neun von zehn Stimmen. Seit Beginn der ersten Großen Koalition (1947) haben sich ÖVP und SPÖ ihren Einfluss sowie die Führungspositionen in der Verwaltung und in der staatlichen Wirtschaft aufgeteilt (Proporz).
- Die Verluste der Großparteien seit 1986 kamen vor allem der FPÖ zugute. Sie stieg zwischen 1986 und 1999 von einer Kleinpartei zur Mittelpartei (27 Prozent) auf – trotz Abspaltung des Liberalen Forums (LIF, 1993). Sie spaltete sich 2005 durch die Gründung des „Bündnis Zukunft Österreich" (BZÖ) nochmals. Seit 2008 gewann sie bei den Nationalratswahlen wieder deutlich und bildete ab 2017 mit der ÖVP neuerlich eine Koalitionsregierung.
- Das Wahlverhalten in Österreich hat sich durch die gesellschaftlichen Veränderungen sehr gewandelt. Anstelle der ehemaligen Stammwählerinnen und -wähler aus den „Kernschichten" gibt es heute immer mehr Wechselwählerinnen und -wähler, die sich z. T. erst sehr spät vor einer Wahl entscheiden.

Die Sozialpartnerschaft

- Der Beginn der Sozialpartnerschaft fällt zusammen mit der Bildung der ersten Großen Koalition (1947). Die Spitzenfunktionärinnen und Spitzenfunktionäre der Verbände üben innerhalb ihrer Parteien bzw. für ihre Parteien wichtige Funktionen (z. B. als Parlamentarierinnen und Parlamentarier) aus.

Verwaltung, Selbstverwaltung und Zivilgesellschaft

- Für die Verwaltungsaufgaben des Staates in Bund, Ländern und Gemeinden sind die öffentlich Bediensteten verantwortlich. Die Verwaltung ist durch eine Fülle von Gesetzen und Verordnungen geregelt. Die ca. 2 100 österreichischen Gemeinden sind Organe der „Selbstverwaltung": Sie üben für Bund und Länder Verwaltungsaufgaben aus (z. B. die Durchführung von Wahlen) und sind für alle Aufgaben im „eigenen Wirkungsbereich" zuständig (z. B. Müllabfuhr, Kindergarten).
- Formen der direkten Demokratie haben besonders auf kommunaler Ebene große Wirksamkeit. Seit Beginn der 1970er Jahre wurden in ganz Österreich Bürgerinitiativen und Bürgerlisten gegründet. Sie sind wesentlicher Bestandteil der so genannten Zivilgesellschaft.
- Eine gesetzliche Basis hat die direkte Demokratie in Volksbegehren, Volksbefragung und Volksabstimmung.

Die Gerichtsbarkeit

- In Österreich ist die Rechtsprechung ausschließlich Bundessache und liegt bei den Gerichten. Neben unabhängigen und unabsetzbaren Richterinnen und Richtern werden in bestimmten Fällen auch Vertreterinnen und Vertreter aus dem Volk in die Rechtsprechung einbezogen.

Die Kontrolle der Staatsgewalten: Nationale und europäische Gerichtshöfe

- Kontrollorgane von Gesetzgebung und Vollziehung sind in Österreich der Verfassungs- und der Verwaltungsgerichtshof, der Rechnungshof und die Volksanwaltschaft sowie der Oberste Gerichtshof. Auf EU-Ebene sind das der Europäische Gerichtshof, der Europäische Gerichtshof für Menschenrechte und der Europäische Rechnungshof.

Europa vor der Europäischen Union

- 1948: Die OEEC wird geschaffen.
- 1949: Gründung des Europarates in London.
- 1950: Europäische Konvention zum Schutze der Menschenrechte und Grundfreiheiten.
- 1951: Belgien, die BRD, Frankreich, Italien, Luxemburg und die Niederlande gründeten die Europäische Gemeinschaft für Kohle und Stahl (EGKS).
- 1957: „Römische Verträge": Die EGKS-Staaten gründeten die Europäische Wirtschaftsgemeinschaft (EWG) und die Europäische Atomgemeinschaft (EAG oder EURATOM).
- 1960: Gründung der Europäischen Freihandelsassoziation (EFTA).
- 1961: OECD entsteht als Nachfolgerin der OEEC.
- 1967: EGKS, EWG und EURATOM werden zur Europäischen Gemeinschaft (EG) zusammengefasst.
- 1968: Vollendung der Zollunion.
- 1979: Erste Direktwahlen zum Europäischen Parlament.
- 1987: Die Einheitliche Europäische Akte (EEA) trat in Kraft.
- 1992: Vertrag von Maastricht: Ziel ist eine Wirtschafts- und Währungsunion, eine Gemeinsame Außen- und Sicherheitspolitik sowie Zusammenarbeit in den Bereichen Justiz und Inneres.

- 1993: Aus der EG wird die Europäischen Union (EU). Ratifizierung der Verträge von Maastricht durch alle EG-Staaten.
- 1994: Volksabstimmung in Österreich über EU-Beitritt: 66,58 Prozent der abgegebenen Stimmen (d. h. 54,33 Prozent der Wahlberechtigten) Ja, 33,42 Prozent Nein.
- 1995: Österreich, Finnland und Schweden treten der EU bei.

Die EU: Entwicklung und Ziele

- 1997: Die 15 Mitgliedstaaten unterzeichnen den Vertrag von Amsterdam zur Stärkung der politischen Union: Vertiefung der Gemeinsamen Außen- und Sicherheitspolitik, Intensivierung der Zusammenarbeit in den Bereichen Justiz und Inneres. Der Vertrag tritt 1999 in Kraft.
- 2002: Der Euro wird Zahlungsmittel in vielen EU-Staaten.
- 2000/2003: Vertrag von Nizza: Reform der Institutionen der EU.
- 2004: EU-Osterweiterung mit Estland, Lettland, Litauen, Malta, Polen, Slowakei, Slowenien, Tschechien, Ungarn und Zypern. Damit erhöht sich die Zahl der Mitgliedstaaten auf 25.
- 2005: Ablehnende Volksabstimmungen zur geplanten EU-Verfassung in Frankreich und den Niederlanden.
- 2007: Vertrag von Lissabon wird unterzeichnet und tritt 2009 in Kraft. Durch Reformen soll die EU demokratischer, transparenter und bürgernäher werden.
- 2007: Bulgarien und Rumänien treten der EU bei.
- 2013: Kroatien tritt der EU bei.
- 2016: In einer Volksbefragung stimmen 51,89 % der Wählerinnen und Wähler für den Austritt Großbritanniens aus der EU (Brexit).
- 2017: Einreichung des offiziellen Austrittsgesuchs durch die britische Premierministerin Theresa May; am 29. März Beginn der zweijährigen Frist bis zum Austritt; im Juni Beginn der Verhandlungen zu einem Austrittsabkommen zwischen der EU-Kommission und Großbritannien.
- 2018: Einigung der Verhandlungspartnerinnen und Verhandlungspartner der EU und Großbritanniens auf ein Austrittsabkommen.
- 2019: mehrfache Ablehnung des Vertragsentwurfs durch das britische Parlament; Fristverlängerung für den Austritt durch den Europäischen Rat zunächst auf 12. April, anschließend flexible Fristverlängerung bis 31. Oktober. Bis zum tatsächlichen Austritt bleibt Großbritannien vollwertiges EU-Mitglied.

Die EU: Chancen für junge Menschen

- 1999: Die „Bologna-Erklärung" wird von 30 Ländern unterzeichnet. Ziele des Bologna-Prozesses sind die Schaffung eines einheitlichen europäischen Hochschulraumes und damit die Vereinheitlichung von Hochschulabschlüssen.
- 2006/2007: Gründung der Nationalagentur für Lebenslanges Lernen, die alle europäischen (Berufs-)Bildungsinstitutionen, wie z. B. „Comenius" und „Erasmus", vereint.

Vergleich politischer Systeme in der Welt

- Im Jahresbericht 2018 diagnostiziert die NGO Freedom House eine weltweite „Krise der Demokratie". Seit 2006 haben laut Freedom House 113 Länder einen Netto-Rückgang und nur 62 Länder eine Netto-Verbesserung im Bereich demokratischer Rechte und Freiheiten erfahren. Das Recht, Politikerinnen und Politiker in freien und fairen Wahlen zu wählen, die Pressefreiheit und die Rechtsstaatlichkeit seien, so die NGO, weltweit Angriffen ausgesetzt und auf dem Rückzug.
- Weltweit gibt es unterschiedliche Demokratiemodelle: In präsidentiellen Regierungssystemen kommt der gewählten Präsidentin bzw. dem gewählten Präsidenten eine große Machtfülle zu.
- Großbritannien ist ein Beispiel für eine parlamentarische Demokratie. Die Regierungschefin bzw. der Regierungschef stützt sich auf eine parlamentarische Mehrheit.
- In den USA ist die Präsidentin bzw. der Präsident Staatsoberhaupt und Regierungschefin bzw. Regierungschef.
- Auch das politische System Frankreichs kennt eine starke Präsidentschaft, aber die Rechte und Kontrollmaßnahmen von Regierung und Parlament sind größer.
- In Russland ist die Präsidentin bzw. der Präsident der demokratischen Kontrolle durch die Staatsduma weitestgehend entzogen.
- Das politische System der VR China ist bestimmt von der Monopolstellung der Kommunistischen Partei und ihrem Einwirken auf alle wesentlichen Staatsorgane. So ist der Generalsekretär der Kommunistischen Partei gleichzeitig auch Staatspräsident.
- Das politische System Indiens orientiert sich einerseits an der parlamentarischen Demokratie Großbritanniens, andererseits haben aber auch die 28 Bundesstaaten politisches Gewicht. Das Staatsoberhaupt hat eine relativ geringe politische Macht.

Grundbegriffe

Deliberative Demokratie (beteiligungszentrierte Demokratie) Sie gibt Bürgerinnen und Bürgern mehr Möglichkeiten, sich an politischen Entscheidungsprozessen zu beteiligen. Die Ausrichtung auf gesprächsorientierte, argumentative Verfahren unterscheidet die deliberative Demokratie von direkt-demokratischen Beteiligungsformen, die stärker deklarativ und konfrontativ sind.

Europäische Kommission Sie ist das Exekutivorgan (= Regierung) der EU.

Europäischer Gerichtshof Der 1952 gegründete EuGH hat seinen Sitz in Luxemburg und ist das oberste rechtsprechende Organ der EU.

Europäischer Gerichtshof für Menschenrechte Gerichtshof des Europarates auf Grundlage der Europäischen Menschenrechtskonvention mit Sitz in Straßburg. Alle Bürgerinnen und Bürger können diesen Gerichtshof anrufen, wenn sie sich durch einen EU-Staat in einem in der Konvention garantierten Recht verletzt sehen.

Europäischer Rat Im „Rat" treten nationale Ministerinnen und Minister der Mitgliedstaaten zusammen, um Rechtsvorschriften zu verabschieden und politische Strategien zu koordinieren.

Europäisches Parlament Die drei Hauptaufgaben des von EU-Bürgerinnen und EU-Bürgern direkt gewählten Parlaments sind die Gesetzgebung (gemeinsam mit dem Rat), die Haushaltsbewilligung und die Kontrolle anderer EU-Institutionen.

Medien und Mediendemokratie

1924	1958	1969	1971	1990	1993	1995
Österreichischer Rundfunk geht auf Sendung.	Österreichisches Fernsehen mit regelmäßigen Ausstrahlungen	Projekt „Arpanet" – Anfänge des Internets	Einführung von E-Mail	Internet in Österreich	Freigabe des WWW (World Wide Web)	Die österreichische Tageszeitung „Der Standard" geht online.

Jederzeit und überall mit Menschen in aller Welt kommunizieren zu können; arbeiten, spielen, lernen und einkaufen mit Tablet oder Smartphone – für uns heute eine Selbstverständlichkeit. Möglich wurde dies durch die „digitale Revolution". Neben den klassischen Printmedien, dem Hörfunk und dem Fernsehen prägen die Neuen Medien unser Bild von der Welt und von der Geschichte. Man spricht daher auch von einer „Mediatisierung" der Gesellschaft, der Politik, der Geschichte.

Zu den Vorteilen der Neuen Medien gehören die nahezu unendlichen Möglichkeiten zur Information und Unterhaltung. Gegenüber politisch Mächtigen sollen Medien eine Kontroll- und Kritikfunktion übernehmen. Umgekehrt inszenieren sich auch die Politikerinnen und Politiker immer stärker in und über die Medien. Öffentlich diskutiert und kritisiert werden aber auch die Schattenseiten der digitalen Revolution: Dazu gehören „Hate Speech", „Fake News", Datenmissbrauch, der Versuch, durch den gezielten Einsatz von Algorithmen Menschen politisch und ökonomisch zu manipulieren. Internetgiganten wie Facebook werden für ihre Geschäftspraktiken kritisiert, Daten von Nutzerinnen und Nutzern zu verkaufen. Daher fordert die Öffentlichkeit mehr Transparenz und schärfere Regulierungen der Medienunternehmen durch die Politik.

1998	**2001**	**2004**	**2006**	**2007**	**2018**
Start der Suchmaschine Google	Eröffnung des Online-Lexikons Wikipedia	Gründung von Facebook	Einführung von Twitter	Präsentation des iPhone, Siegeszug der Smartphones beginnt	Datenskandal bei Facebook, 87 Millionen Menschen betroffen

In diesem Kapitel trainiert und erweitert ihr vor allem folgende Kompetenzen:

Politikbezogene Methodenkompetenz
- Selbstständig Informationen zu politischen Themen gewinnen, um damit ein eigenes mediales Produkt der politischen Artikulation zu erstellen
- Medienspezifik bei der Erstellung von eigenen medialen Produkten der politischen Artikulation beachten

Online-Ergänzungen
mg933e

■ Leben in einer „mediatisierten Welt". Foto, 2016.

1. Die Macht der Medien

„Medien-Revolution"

Per Smartphone Instagram-Nachrichten „checken" und versenden, ein Foto vom neuen T-Shirt verschicken, Bankgeschäfte zu Hause am Tablet erledigen – das ist für viele Menschen alltäglich geworden. Smartphone, Facebook, Twitter & Co. ermöglichen es, beinahe jederzeit und überall Kontakte herzustellen und uns fast unbegrenzt Informationen zu beschaffen. Die Möglichkeiten und Folgen dieser „Medien-Revolution" verändern Alltag, Arbeit, Wirtschaft und Politik. Noch vor wenigen Jahrzehnten gab es als weitverbreitete Medien nur Fernsehen, Hörfunk, Zeitungen und Zeitschriften, Bücher, Illustrierte und Schallplatten. Heute steht uns eine Vielfalt an digitalen Medien zur Verfügung.

Funktionen der Massenmedien

Klassische Massenmedien sind Presse, Hörfunk und Fernsehen. Neue digitale, vernetzte Technologien wie das Internet revolutionierten die Gesellschaft. Medien können sehr einflussreich sein: Immer wieder in Geschichte und Gegenwart kontrollierten bestimmte Medien die Mächtigen. Medienunternehmen beeinflussen die Politik. Medien werden daher neben Gesetzgebung, Verwaltung und Rechtsprechung häufig als „vierte Gewalt" im Staat bezeichnet. In einer Demokratie werden den Medien drei wichtige Funktionen zugeordnet:
– Die Informationsfunktion: Medien sollen vollständig, sachlich und verständlich informieren. Ihre Nutzerinnen und Nutzer sollen so die wirtschaftlichen, sozialen und politischen Zusammenhänge begreifen und sich eine Meinung bilden können. Öffentlich-rechtliche Medien wie der ORF sind gesetzlich verpflichtet, objektiv und unparteiisch zu informieren.
– Die Kontroll- und Kritikfunktion: Medien sollen – ähnlich wie die politische Opposition – die Regierenden kontrollieren und, wenn nötig, kritisieren.
– Die Bildungs- und Unterhaltungsfunktion: Medien haben auch einen kulturellen Auftrag. Dieser wird je nach Qualität der Inhalte in unterschiedlichem Maß erfüllt.

Pressefreiheit – ein Grundwert der Demokratie

Meinungs-, Informations- und Pressefreiheit gehören zu den wichtigsten Werten demokratischer Gesellschaften. Auch heute können Medien nicht überall frei und unabhängig arbeiten. In diktatorischen Systemen bestimmen die Machthaber, was und worüber berichtet werden darf. Regierungskritische Journalistinnen und Journalisten werden verfolgt, eingeschüchtert, verhaftet oder sogar ermordet. In den letzten Jahren gab es auch in manchen Demokratien eine Tendenz, die unabhängige Medienberichterstattung einzuschränken. Immer wieder griffen Politikerinnen und Politiker Journalistinnen und Journalisten verbal an. Einige Regierungen verabschiedeten Gesetze, welche die Berechtigungen zur Überwachung durch Geheimdienste ausbauten und so genannte Whistleblower bedrohten.

Christian Mihr, Geschäftsführer der NGO „Reporter ohne Grenzen", meinte in einem Interview über die Bedrohungen der freien Presse (2018):

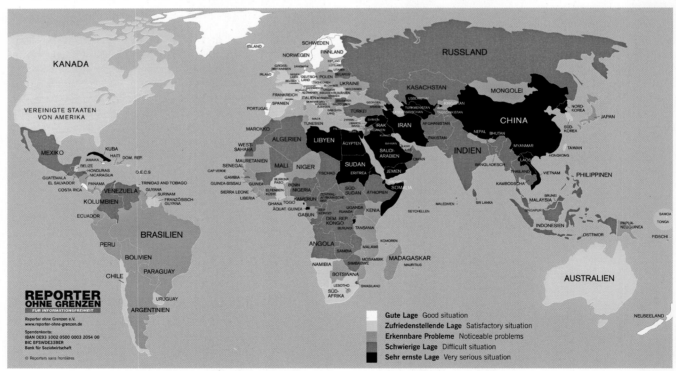

■ Pressefreiheit weltweit, Stand: 2017. Quelle: Reporter ohne Grenzen, 2017.

→ Arbeite heraus, in welchen Ländern die Pressefreiheit bedroht ist. Wähle einen Staat aus und recherchiere Genaueres zur politischen und wirtschaftlichen Lage.

Q *(...) In einigen Ländern müssen Journalisten willkürliche Haftstrafen fürchten. Fast die Hälfte der weltweit inhaftierten Journalisten sitzt in den Gefängnissen von nur fünf Ländern. Eine weltweite Bedrohung für Journalisten und ihre Quellen ist zudem digitale Überwachung. Rund die Hälfte der Medienschaffenden, die sich an das Nothilfereferat von Reporter ohne Grenzen wenden, sind davon betroffen. Auch in Demokratien haben medienfeindliche Rhetorik führender Politiker, restriktive Gesetze und politische Einflussnahme zu einer Verschlechterung der Lage geführt.*

(Mihr. Online auf: http://www.t-online.de/nachrichten/ausland/internationale-politik/id_83225674/-die-pressefreiheit-ist-weltweit-auf-dem-rueckzug-.html, 26.3.2018)

Internet und Soziale Medien

1969 wurde vom US-Verteidigungsministerium das Projekt „Arpanet" geschaffen, in dem erstmals der Informationsaustausch zwischen vernetzten Computern gelang. 1971 wurde E-Mail eingeführt, 1993 gab man das „World Wide Web", das von Wissenschafterinnen und Wissenschaftern im CERN (Europäische Organisation für Kernforschung) in Genf entwickelt worden war, kostenlos für die Öffentlichkeit frei. Damit begann der Siegeszug des Internets. Weitere Meilensteine waren die Einführung der Suchmaschine Google 1998 und der Start des Online-Lexikons Wikipedia 2001.

In den folgenden Jahren entwickelten Fachleute eine Vielzahl von Sozialen Netzwerken, auch Web 2.0 genannt. Das 2004 in den USA gegründete Unternehmen Facebook wurde Anfang 2018 von über 2 Milliarden Nutzerinnen und Nutzern verwendet. Facebook wird durch Werbung finanziert. Seine Funktionen und Applikationen sind vielfältig. Die Beliebtheit von Facebook sank bei jungen Leuten und in den Industrienationen, Zuwächse erzielte Facebook dagegen in Entwicklungsländern. Weitere bekannte Social-Media-Plattformen sind z. B. Twitter, Instagram, Whatsapp, Snapchat, Youtube, Musica.ly und Pinterest.

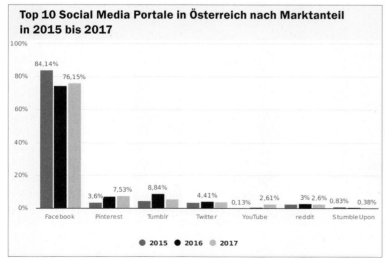

Top 10 Social Media Portale in Österreich nach Marktanteil in 2015 bis 2017

● 2015 ● 2016 ● 2017

■ Top 10 Social-Media-Portale in Österreich nach Marktanteil von 2015 bis 2017.
© Statista 2018. Quelle: StatCounter.

Generation „Smartphone"

Ein „magisches Produkt" nannte der US-Amerikaner Steve Jobs sein iPhone, das erste „Smartphone". Der Gründer und damalige Chef des Apple-Konzerns präsentierte es im Jänner 2007: Ein Handy mit ständig verfügbarem Internet-Zugang und Kamera, ein Computer für die Hosentasche. Bis 2007 hatten Userinnen und User mit ihren Handys telefoniert und SMS in ihre Geräte getippt. Zwar gab es schon vor dem iPhone Handys mit Internet, aber sie waren sehr umständlich mit Tasten zu bedienen. Völlig neu war jetzt die einfache Bedienung durch das „Wischen über die Bildschirmoberfläche". Inzwischen produzieren alle großen IT-Unternehmen Smartphones mit unterschiedlichen Betriebssystemen. Heute „kann" das Smartphone fast alles: Es dient als Telefon, Kalender, Kamera, Musik- und Videokanal, Adressbuch, Kreditkarte, Messenger- und E-Mail-Dienst, Spiele-Zentrale und noch vieles mehr. Mit Hilfe von „Apps" (Zusatzprogrammen) können Smartphones an individuelle Interessen und Bedürfnisse angepasst werden. Anfang 2018 besaßen über 2 Milliarden Menschen weltweit ein Smartphone. Der ständige Zugang zu digitalen Medien bringt Vorteile. Übermäßiger Gebrauch kann aber auch negative Folgen haben. So sagen Schätzungen, dass jeder vierte Verkehrsunfall durch Handy-Gebrauch am Steuer verursacht wird. Einige Fachleute befürchten auch, hoher digitaler Medienkonsum könne zu „digitaler Demenz" führen. Darunter versteht man die Unfähigkeit, ohne digitale Medien die eigenen geistigen Fähigkeiten vernünftig einsetzen zu können.

Eine weitere mögliche problematische Begleiterscheinung ist die Internetsucht:

Q *„Phubbing" nennt sich das weit verbreitete Phänomen, wenn man alle Menschen um sich herum ignoriert, um selber auf sein Handy zu starren. Auch von regelrechtem Suchtverhalten wird bereits gesprochen: In Österreich werden die „Abhängigen" auf bis zu 100.000 Personen geschätzt. Sie können ihr Handy nur schwer zur Seite legen und werden nervös, sobald kein Internetzugang vorhanden ist. Der Grund: Das Belohnungssystem im Gehirn wird aktiviert, sobald wir z. B. einen Like auf facebook bekommen. Jedes Mal, wenn das Handy vibriert, schüttet der Körper Dopamin aus – es stimuliert ein Gefühl der Erwartung, das uns dazu verleitet, wieder und wieder zu klicken. (...)*

(Hörmann, Steinberger, 10 Jahre Smartphone. Online auf: http://www.weekend.at/magazin/zehn-jahre-smartphone/40.530.218, 27.3.2018)

→ Fragen und Arbeitsaufträge

1. Beschreibe, welche Sozialen Medien in Österreich 2015 bis 2017 am meisten genutzt wurden (Schaubild).

2. Beurteile die in diesem Kapitel angeführten Vorteile und Gefahren von Smartphones.

3. Beschreibe deine persönliche Nutzung von Smartphones und Sozialen Medien.

2. Herausforderungen in der digitalen Welt

In den letzten Jahren sind bestimmte digitale Erscheinungen und Entwicklungen kritisiert bzw. kontrovers diskutiert worden.

„Big Data", Algorithmen und Datenmissbrauch

Ohne dass uns das immer bewusst ist, beeinflussen Algorithmen heute unseren Alltag: Sie zeigen uns am „Navi" den kürzesten Weg, schlagen Userinnen und Usern „passende" Partnerinnen und Partner beim Online-Dating vor und empfehlen „speziell für dich" Jeans. Soziale Netzwerke, Internet-Suchmaschinen (z. B. Google), Online-Dienste (z. B. Netflix, Amazon) und News-Seiten verwenden Algorithmen. Sie erleichtern zwar unser Leben, mit ihrer Hilfe kann aber auch unser Verhalten erforscht werden. Die Anzahl der gesammelten Daten von Userinnen und Usern ist stark angestiegen. Man spricht von „Big Data" bzw. von „Data Mining": Riesige Datenmengen können mit Hilfe von Algorithmen nach Zusammenhängen und Mustern analysiert und ausgewertet werden.

Folgen von „Filterblasen" und „Echokammern"

L (...) *Algorithmen bewirken, dass einem immer mehr vom „Gleichen" angezeigt wird. Bei sozialen Netzwerken wie „Facebook" ist dieses Phänomen besonders stark zu beobachten, wo sich sogenannte Echokammern bilden, in denen die eigene Meinung ständig bestätigt wird. Ebenso bekannt ist in diesem Zusammenhang der Begriff der „Filterbubbles", also Filterblasen (...). NutzerInnen wählen ihre Kontakte und die Personen beziehungsweise Seiten, denen sie folgen, selbst aus (...), d. h., wir folgen meist jenen Personen, die uns ähnlich sind und unsere Interessen und Ansichten teilen (...). Das kann zur Überzeugung führen, dass es sich bei der eigenen Haltung um eine Mehrheitsmeinung handelt.*
(...)
Unternehmen haben ein Interesse daran, Daten über ihre NutzerInnen zu sammeln, um diese gegenüber Werbetreibenden entsprechend vermarkten zu können (...).
Die Algorithmen von „Facebook" sind zwar nicht transparent, offensichtlich ist aber, dass Beiträge mit vielen Interaktionen (Likes, Kommentare, Teilen) besser sichtbar werden, d. h., dass emotionale Beiträge, die viele Reaktionen auslösen, bevorzugt werden. Das Ziel dahinter ist, dass UserInnen möglichst lange auf „Facebook" bleiben und so möglichst viel Werbung angezeigt bekommen.
(Kapfer, Urban, Wie das Netz tickt. In: Diendorfer, Kapfer u. a. (Hg.), Virtuelle Agora und digitale Zivilcourage, Demokratiezentrum Wien, 2017, S. 5 f.)

Einige Medienexperten befürchten, dass Algorithmen immer mehr Kontrolle über Menschen und ihre Einstellungen übernehmen könnten.

Auch wegen Datenmissbrauchs werden Internet-Unternehmen immer wieder kritisiert. So war z. B. Facebook 2018 von einem Datenskandal betroffen: Eine Analysefirma hatte sich die Daten von 87 Millionen Facebook-Nutzerinnen und -Nutzern unerlaubt gesichert. Sie soll diese mit dem Ziel ausgewertet haben, Wählerentscheidungen zu beeinflussen.
Aufgrund der zahlreichen „Datenlecks" fordern viele Menschen von den Social-Media-Konzernen mehr Transparenz. Auch erwarten viele schärfere Gesetze von Seiten der Politik.

Datenauswertung – Gefahr oder Chance?

Q *(...) Ein Teilaspekt von Big Data ist, dass man Daten zunächst ohne einen Zweck sammelt und im Nachhinein versucht festzustellen, ob die Informationen helfen vorherzusagen, welche Produkte Sie kaufen oder für welche Artikel Sie sich interessieren. Man hat in den 1990er-Jahren und Anfang 2000 angenommen, dass alles gut ist, wenn wir unsere Daten schützen – das ist aber nur ein Teil der Geschichte. Selbst Daten, die für sich genommen völlig harmlos sind, bergen eine ganze Menge Potenzial, etwas über uns abzuleiten, wenn sie miteinander verbunden werden.*

Welche Informationen lassen sich aus Daten gewinnen, die für sich genommen belanglos sind?
Eine Studie in den USA hat gezeigt, dass man bei manchen Menschen die sexuelle Orientierung aus den Facebook-Daten herauslesen kann, auch wenn diese Person das nicht bekannt gegeben hat. Dies geht über die Freundschaften zu jenen, die mit dieser Information freigiebiger sind. Man kann über unser Einkaufsverhalten herauskriegen, in welcher Zeitzone wir uns befinden und ob wir Impulskäufer sind oder nicht. Man weiß ziemlich schnell, wie viel Geld wir wahrscheinlich zur Verfügung haben, wie alt wir sind, wie viele Kinder wir haben, (...) diese Informationen lassen sich relativ leicht mit Einkaufs- und Mediennutzungsdaten herausbekommen. (...)

Bleiben wir bei den Chancen von Systemen, die auf Algorithmen basieren: Welche Anwendungen haben Sie hier im Kopf?
(...) Wenn ich an die vielen Kinder denke, die zu uns geflohen sind und unsere Sprache nicht sprechen (...), würde das viele Chancen auf Inklusion und Integration bieten. (...) Über seltene Krankheiten (...) kann ein Arzt in seinem Leben (...) nicht viel lernen. Da brauchen wir Algorithmen der künstlichen Intelligenz, um Muster zu entdecken und die entsprechende Behandlung vorzuschlagen. (...)
(Zweig, Dass ein Algorithmus sich nicht verrechnet ... Gespräch. In: tv diskurs, 20 (4), 2016, S. 12 ff.)

Hass im Netz – „Hate Speech", „Hasspostings", „Trolle" und „Shitstorms"

Beleidigungen und Verleumdungen im Netz werden als „Cybermobbing" bezeichnet. Eine plötzlich auftretende Menge an negativen und beleidigenden Kommentaren auf Blogs oder Sozialen Netzwerken nennt man einen „Shitstorm". „Trolle" oder „Hater" sind „Dauerstörer" im Netz. Sie posten beleidigende oder provozierende Kommentare. Häufig beinhalten sie rechtsextremes, antisemitisches oder antimuslimisches Gedankengut.
Der Begriff „Troll" kommt vom Englischen „trolling with bait". Damit ist eine Angeltechnik gemeint, bei der Köder langsam durchs Wasser gezogen werden. Der „Troll" „ködert", indem er provoziert und absichtlich Gespräche innerhalb einer Community stört.

„Hate Speech" („Hassreden") werden Beschimpfungen und Beleidigungen genannt, die über Soziale Medien wie Facebook, Youtube und Twitter oder über Kommentar- und Blog-Einträge von Online-Zeitungen publiziert werden. Meist bezieht sich „Hate Speech" auf Ausdrucksformen, welche Rassenhass, Fremdenfeindlichkeit, Frauenfeindlichkeit Antisemitismus, Antiislamismus, Nationalismus etc. beinhalten.
Zwar gilt in Demokratien die Meinungsfreiheit. Delikte wie Verhetzung, Verleumdung, üble Nachrede usw., die im Netz begangen werden, gelten jedoch als Straftaten und werden strafrechtlich verfolgt. Das Netz ist nämlich kein rechtsfreier Raum.
Oft wird kritisiert, dass Online-Riesen wie Facebook, Youtube und Twitter beim Löschen von „Hasspostings" säumig sind. Auf Drängen der EU befüttern diese Unternehmen seit 2017 eine gemeinsame Datenbank mit digitalen Fingerabdrücken. Dort sollen einmal erkannte unerwünschte Inhalte automatisch und dauerhaft („take down and stay down") von ihren Plattformen entfernt werden.

Es gibt viele Initiativen, die sich gegen „Hate Speech" engagieren. 2013 gründete z.B. der Europarat die Jugend-Kampagne „No Hate Speech Movement". In vielen Ländern sind nationale Bewegungen daraus hervorgegangen.
In Österreich stellt die Plattform „CounterACT!" als Umsetzungspartner Informationen und Materialien zur Bekämpfung von Hass und Hetze bereit.

Guter Umgang im Netz – digitale Zivilcourage

Q (…) *Das Internet ist dein Lebensraum. Übernimm Verantwortung und sorge dafür, dass Rassismus, Sexismus und Hetze im Netz keinen Platz finden. Hater und Dauer-Störer (sogenannte Trolle) dürfen in Sozialen Medien nicht dafür sorgen, dass sich Mädchen oder Jungen aus Angst vor Gewalt zurückziehen. Zeige Zivilcourage – online und offline. EINMISCHEN ERLAUBT! Beziehe Position für ein weltoffenes und respektvolles Miteinander. Weise andere darauf hin, wenn du das, was sie posten, für rassistisch hältst. Informiere dich, argumentiere gegen*

■ Conter-Meme veröffentlicht auf www.no-hate-speech.de.

Hetze im Netz, betreibe Widerstand mit Worten. (…) RESPEKT IM NETZ! (…) Vermeide aggressiv klingende Pseudonyme. Schaue auch bei vermeintlich lustigen Seiten darauf, ob die Späße nicht auf Kosten anderer gemacht werden. Diskriminierung ist nicht lustig! Pass auf, dass du nicht selbst Sprachmuster benutzt, in denen Vorurteile stecken (z. B. „Das Boot ist voll."). MAKE LOVE NOT HATE SPEECH. (…) GRENZEN SETZEN! Lösche Beleidigungen und Bedrohungen als Moderator/-in einer Seite. Blocke Leute, die sich bewusst rassistisch äußern, oder streiche sie von deiner Freundesliste. Melde Hasskommentare beim Betreiber der Seite, damit diese gelöscht werden. Vergiss dabei nicht, Beweise in Form von Screenshots mitzuliefern. Aussagen, die z. B. volksverhetzend sind oder zu Gewalt aufrufen, sind gesetzlich verboten und können geahndet werden. GENAU HINSEHEN! Lass dich nicht für dumm verkaufen. Hate Speech ist manchmal schwer zu erkennen. So werden teils bewusst falsche Aussagen verbreitet, oder Hate Speech tarnt sich als Ironie. Vor allem rechtsextreme Gruppen benutzen Soziale Medien, um menschenfeindliche Inhalte zu verbreiten. Sei kritisch und prüfe Quellen und Profile. Adde nur als Freunde, wen du kennst und wem du vertraust.
(Ifm: Hate Speech – Hass im Netz, 2016. Online auf: https://de.slideshare.net/gkrejci1/hate-speech-hass-im-netz, 27.3.2018)

→ Fragen und Arbeitsaufträge

1. Erläutere, was Algorithmen bewirken können und welche Chancen und Gefahren von „Big Data" ausgehen.
2. Diskutiert in der Klasse über „Hass im Netz": Besprecht, wer warum und wie schon davon betroffen war. Erklärt, welche Folgen „Hate Speech" für Betroffene haben kann. Beurteilt auch die Möglichkeiten, „digitale Courage" zu zeigen.
3. Analysiere, gegen welche Art von Hetze das Conter-Meme vorgehen möchte. Erkläre, welche stilistischen Mittel dazu eingesetzt wurden. Beurteile, welche Wirkung damit wohl erzielt werden soll. Gestalte einen eigenen Conter-Speech. Präsentiere ihn in der Klasse.

3. Politik und Medien

„Mediendemokratie"

Massenmedien haben in den letzten Jahrzehnten großen Einfluss auf die Politik gewonnen. Man spricht von „Mediatisierung" der Politik und von „Mediendemokratie". Darunter versteht man auch, dass sich Politik immer mehr an den Wünschen und Vorgaben von Massenmedien orientiert. Ein weiteres Kennzeichen von „Mediendemokratie" ist die Inszenierung von politischen Ereignissen, wie z. B. von Wahlkampfauftritten. Diese Inszenierungen drängen manchmal die politischen Inhalte in den Hintergrund.

Politik und Neue Medien

Noch vor 20 Jahren war das Fernsehen das Medium mit dem größten Einfluss auf unser politisches Bewusstsein. Heute bedienen sich Politikerinnen und Politiker der Neuen Medien und Sozialer Netzwerke. US-Präsident Obama etwa nutzte diese im Wahlkampf 2008 und konnte so einen großen Teil seiner Wahlkampfspenden gewinnen. Via Facebook und Twitter schuf er eine große Fangemeinde, die entscheidend zu seinem Sieg beitrug. Der 2016 gewählte US-Präsident Donald Trump verwendet Twitter als sein bevorzugtes Medium (S. 236).

Der Journalist Thorsten Schröder schreibt im April 2017 in der deutschen „Zeit online" über „100 Tage Trump in Tweets":

> **Q** Seit dem Amtsantritt (2017) hat der Präsident mehr als 440 Tweets abgesetzt (…). Die Plattform dient ihm als direkter Kommunikationskanal zu seinen Wählern, vorbei an Politik und Medien. Per Twitter verteidigt Trump – meist am frühen Morgen – seine Agenda, gibt Statements zu außenpolitischen Themen, dort attackiert er seine politischen Gegner und setzt sie unter Druck. (…) Immer wieder gelingt es dem Präsidenten, mit seinen Tweets selbst zum Tagesthema zu werden. (…) Zudem analysieren Journalisten, wie sich der Ton seiner Tweets seit der Wahl verändert und welchen Themen sich der Präsident besonders häufig widmet. Mit den Medien etwa beschäftigte sich Trump seit der Wahl viermal so häufig wie davor (…). Das häufigste Füllwort sei mit 72 Erwähnungen „great".
> (…)
> Immer wieder greift Trump die Medien an. Deren Berichte und Proteste und die niedrige Zustimmung zu seiner Agenda weist er zurück. 29-mal spricht er in dieser Zeit von „fake news" (…). Als die New York Times Anfang Februar einen Bericht veröffentlicht, der Trump als einsamen Präsidenten darstellt, greift er die Zeitung an. Insgesamt 15-mal nennt er das Blatt dabei ein „scheiterndes" Unternehmen. Im Februar bezeichnet er die Mainstream-Medien als Staatsfeinde.
>
> (Schröder, 100 Tage Trump in Tweets, 2017. Online auf: http://www.zeit.de/politik/ausland/2017-04/donald-trump-twitter-100-tage, 27.3.2018)

Auch bei der Nationalratswahl 2017 in Österreich bedienten sich Spitzenkandidatinnen und -kandidaten sowie Parteien der Sozialen Netzwerke.

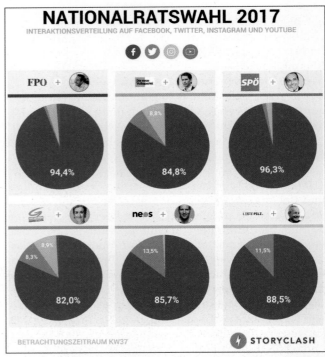

■ Infografik über die Interaktionsverteilung vor der österreichischen Nationalratswahl 2017. Als „Social-Media-Interaktionen" werden dabei alle Likes, Shares, Kommentare oder sonstige Reaktionen auf ein öffentliches Posting auf Facebook, Instagram, Twitter oder Youtube zusammengefasst.

Lügen im Netz: „Fake News" & Co.

Unter „Fake News" versteht man gezielte Falschmeldungen und Desinformationen im Netz. Diese können sich auf unterschiedliche Themenbereiche beziehen. „Fakes" – „Fälschungen" – werden auch eingesetzt, um Menschen politisch zu manipulieren. Mit der Verbreitung von „Fake News" wird die demokratische Meinungsbildung untergraben.

In den letzten Jahren tauchte in vielen demokratischen Staaten das Schlagwort von der „Lügenpresse" auf: Damit soll die Presse, häufig öffentlich-rechtliche Medien, in Misskredit gebracht werden. Vor allem populistische rechte Politikerinnen und Politiker versuchen so gegenüber den klassischen, etablierten Medien Stimmungsmache zu betreiben. Sie empfehlen, sich im Internet über „alternative Medien", die ihnen ideologisch nahestehen, zu informieren.

Zum „Unwort des Jahres 2017" in Deutschland und Österreich wurde der Begriff „Alternative Fakten" gewählt. Erstmals verwendete ihn Kellyanne Conways, eine Beraterin des US-Präsidenten Trump, in einem Interview. Sie wurde damals auf die Behauptung des Pressesprechers des Weißen Hauses angesprochen, bei der Amtseinführung Trumps seien mehr Personen anwesend gewesen als jemals zuvor bei einer Angelobung. Eine Überprüfung dieser Aussage durch die „New York Times" und andere Medien widerlegte diese.

■ Die Bilder zeigen das Publikum bei der Angelobung von Barack Obama am 20.1.2009 (oben) und von Donald Trump am 20.1.2017 (unten). Foto (oben) und Video-Screenshot (unten) wurden beide vormittags von der Spitze des „Washington Monument" aus aufgenommen.

Conways antwortete, angesprochen auf die offensichtlich falschen Angaben des Weißen Hauses, dieses habe lediglich „alternative Fakten" mitgeteilt. Seither wird die Formulierung „Alternative Fakten" häufig dafür verwendet, wenn Menschen Lügen, Unwahrheiten und Halbwahrheiten verbreiten.

„Social Bots"

Eine weitere Gefahr für die Demokratie stellen so genannte „Social Bots" dar, Software-Roboter, die in Sozialen Netzwerken, hauptsächlich auf Facebook und Twitter, ohne menschlichen Eingriff Aktionen ausführen. Mit Hilfe von Fake-Profilen kommentieren, liken, retweeten sie Beiträge oder verfassen eigene Kommentare. So sollen erwünschte politische Botschaften verstärkt und bestimmte Themen verbreitet werden. Meistens stehen dahinter politische Auftraggeberinnen und Auftraggeber.
Studien ergaben, dass „Social Bots" bei Themen wie „Brexit", „Ukrainekonflikt" und im US-Wahlkampf 2016 manipulierend in die Meinungsbildung eingegriffen ha-

ben. „Social Bots" verstoßen zwar gegen die Nutzungsbedingungen von Sozialen Netzwerken. Sie sind aber nur sehr schwer zu identifizieren.

Der Jurist David Röthler über „Social Bots" (2017):

> **Q** *Die zentrale Herausforderung im Umgang mit Social Bots ist wahrscheinlich dieselbe wie bei Fake News und „alternativen Fakten": Es geht darum, die Medienkompetenz möglichst vieler Menschen zu stärken. Wie kann man Inhalte verifizieren? Welchen Medien kann man eher als anderen trauen? Abschließend seien folgende konkrete Hinweise genannt: Die umgekehrte Bildersuche bei Google ist ein hilfreiches Instrument, um die Herkunft von Bildern festzustellen. Sie verrät, ob ein Bild bereits in einem anderen Zusammenhang veröffentlicht wurde. Zur Prüfung des Wahrheitsgehalts von Informationen können Angebote von Websites wie z. B. Mimikama, die Hoaxmap oder das Verification Handbook genutzt werden.*
>
> *(Röthler, Über die möglichen Gefahren von Social Bots. In: Diendorfer, Kapfer u. a. (Hg.), Virtuelle Agora und digitale Zivilcourage, Demokratiezentrum Wien, 2017, S. 50)*

Vorschläge der österreichischen Journalistin Ingrid Brodnig im Umgang mit „Fake News" (2017):

> **Q** *Der erste Schritt ist, selbst ein gutes Radar für dubiose (= zweifelhaft) Behauptungen zu entwickeln – um nicht auf Täuschungen hereinzufallen. Der wichtigste Tipp in der aktuellen Debatte ist: Lassen Sie sich nicht verwirren – behalten Sie in Erinnerung, es gibt sehr wohl Fakten. Und das Wesensmerkmal von Fakten ist, dass wir sie überprüfen können. (…)*
> *Die gefährlichste Desinformation, die derzeit kursiert, lautet: Dass wir Lügen und Irreführungen hinnehmen müssen und man gegen das politische Spiel mit der Fehlinformation speziell im Netz nichts tun könne. Doch das ist falsch und das Gegenteil ist richtig – wir können sehr viel unternehmen: Technisch lassen sich mehr Transparenz und Warnsysteme gegen Falschmeldungen implementieren. Juristisch können wir mehr Bürgerrechte verankern und den ohnehin schon bestehenden Schutz vor übler Nachrede stärker nutzen. Und auch jede einzelne und jeder einzelne kann entscheiden, sich nicht so leicht in die Irre führen zu lassen sowie weiterhin beharrlich und geduldig auf den Wert von Fakten hinzuweisen.*
> *(Brodnig, Lügen im Netz, 2017, S. 179 ff.)*

→ Fragen und Arbeitsaufträge

1. Erläutere, inwiefern „Fake News", „Social Bots", „Alternative Fakten" und die Behauptung einer „Lügenpresse" demokratische Gesellschaften bedrohen können.
2. Beurteile die Vorschläge von Röthler und Brodnig zur Bekämpfung von Lügen im Netz.

4. Medien und Mediennutzung in Österreich

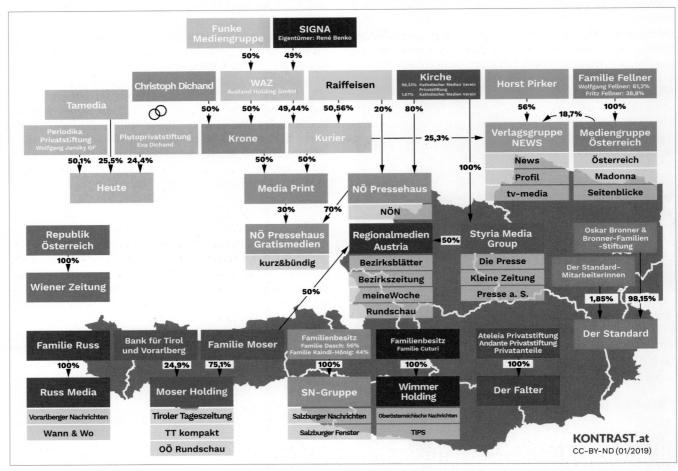

■ Printmedien in Österreich und ihre Eigentümer. Quelle: kontrast.at, 2019.

„Kirche" steht für folgende Eigentümer bzw. Beteiligungen: Bistum und Diözese St. Pölten (Niederösterreichische Nachrichten, 80 %); Katholischer Medien Verein Privatstiftung (Styria-Verlag, 98,33 %); Katholischer Medien Verein (Styria-Verlag, 1,67 %).

Österreich weist im Vergleich zu anderen Ländern eine hohe Medienkonzentration auf. Dies bedeutet, dass es einen Zusammenschluss von Zeitungen, Zeitschriften, Radio und Fernsehen im Eigentum einiger weniger Unternehmen gibt. Vor allem deutsche Großkonzerne (Westdeutsche Allgemeine Zeitung, Süddeutsche Zeitung, Gruner + Jahr etc.) engagieren sich direkt oder indirekt seit Jahren in Österreich. Die hohe Medienkonzentration und Verflechtung führt zu einem starken Wettbewerb um Konsumentinnen und Konsumenten sowie Werbekunden.

Printmedien

Das auflagenstärkste Printmedien-Unternehmen in Österreich ist die „Mediaprint". Sie wurde 1988 von den Tageszeitungen „Kronen Zeitung" und „Kurier" gegründet. An zweiter Stelle findet sich die Styria Media Group mit Zeitungen wie „Die Presse", „Kleine Zeitung" und anderen Produkten. Als erste deutschsprachige Zeitung ging die Tageszeitung „Der Standard" 1995 online.

In den letzten Jahrzehnten bekamen auch einige Gratiszeitungen, manche mit bereits bestehenden Printmedien verwoben, aufgrund ihrer großen Verbreitung Bedeutung am österreichischen Medienmarkt.

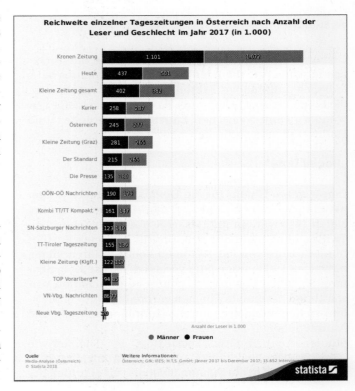

Radio und Fernsehen

Der ORF wurde 1955 gegründet. Er ist das größte österreichische Medienunternehmen. Anfangs strahlte er nur Radioprogramme aus. Seit 1958 gibt es in Österreich regelmäßige Fernsehsendungen.

Im Gegensatz zu den vielen privaten Radio- und Fernsehsendern, vor allem aus Deutschland, ist der ORF ein öffentlich-rechtlicher Sender. Er hat damit einen Bildungsauftrag. Haushalte, die ORF empfangen können, zahlen ORF-Gebühren.

Geleitet und kontrolliert wird der ORF von einem Stiftungsrat, der überwiegend von Vertreterinnen und Vertretern der (Regierungs-)Parteien besetzt ist. Ein Publikumsrat vertritt die Anliegen der Kundinnen und Kunden. An der Spitze des ORF steht eine Generaldirektorin bzw. ein Generaldirektor. Sie oder er wird vom Stiftungsrat gewählt.

Manchmal wird der ORF von politischen Parteien kritisiert, nicht immer objektiv zu berichten. Umgekehrt gibt es aber auch häufig den Vorwurf, Vertreterinnen oder Vertreter politischer Parteien würden versuchen, auf den ORF Einfluss zu nehmen.

Die Nutzung der Neuen Medien in Österreich

1990 begann in Österreich das „Internet-Zeitalter": Damals wurde zwischen Wien und dem Genfer Kernforschungszentrum CERN eine feste Standleitung installiert. Seither hat sich die Mediennutzung auch in Österreich grundlegend verändert. Das Fernsehen hat an Bedeutung verloren. Vor allem Jugendliche nehmen Nachrichten hauptsächlich über die Sozialen Netzwerke wahr.

Die klassischen Print- und Online-Medien haben die Sozialen Medien längst in ihre Kommunikationsstruktur aufgenommen.

→ Fragen und Arbeitsaufträge

1. Erörtere die Probleme, die sich aus der hohen Medienkonzentration in Österreich ergeben können. Schildere, welche Vor- und Nachteile Gratis-Tageszeitungen mit sich bringen.
2. Ermittle durch eine Umfrage den Medienkonsum deiner Mitschülerinnen und Mitschüler in Bezug auf klassische Medien (Zeitungen, Zeitschriften, Radio Fernsehen) und Neue Medien.
Vergleiche die Ergebnisse mit dem Schaubild „Jugend Internet Monitor 2018 Österreich".

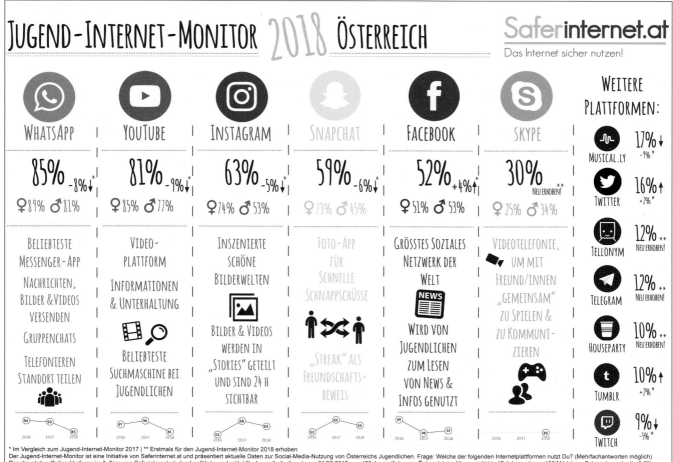

Kompetenztraining   Politikbezogene Methodenkompetenz

Selbstständig Informationen zu politischen Themen gewinnen, um damit ein eigenes mediales Produkt der politischen Artikulation zu erstellen

5. Möglichkeiten der politischen Artikulation

Die Inhalte in diesem Abschnitt dienen dazu, Politikbezogene Methodenkompetenz zu entwickeln. In demokratischen Gesellschaften ist es wichtig, sich eine eigenständige Meinung zu aktuellen politischen Themen zu bilden. Heute gibt es zahlreiche Möglichkeiten, sich über politische Fragen zu informieren. Persönliche politische Ansichten können mit unterschiedlichen medialen Produkten einer breiteren Öffentlichkeit übermittelt werden. Um damit die gewünschte Wirkung zu erzielen, müssen die jeweiligen Merkmale des Mediums beachtet werden. Du kannst mit Hilfe der Darstellungen, Quellen und Arbeitsaufträge zum Thema „Möglichkeiten der politischen Artikulation" auf dieser Doppelseite Politikbezogene Methodenkompetenz trainieren.

■ Studierende in Washington demonstrieren nach dem Amoklauf eines Schülers an der Highschool von Parkland (Florida) im Februar 2018 für schärfere Waffengesetze. „Genug ist genug" oder „Schützen Sie unsere Kinder, nicht Waffen!" stand auf vielen Transparenten. Foto, April 2018.

Politische Artikulationen durch „klassische Medien"

Seit Jahrzehnten ist der Leserbrief ein beliebtes Medium, um persönliche politische Meinungen und Forderungen einer größeren Öffentlichkeit kundzutun. Er ist – heute meist online – an die Redaktion einer Zeitung bzw. eines Journals oder an die Verfasserin bzw. den Verfasser eines journalistischen Beitrages (z. B. Artikel, Kommentar, schon veröffentlichter Leserbrief) gerichtet. Leserbriefe sollten kurz gehalten und in einer pointierten, aber sachlichen Sprache abgefasst sein. Die Redaktion entscheidet darüber, ob ein Leserbrief erscheint oder nicht. Auch damit lenkt sie die Meinungsbildung der Leserschaft.

Eine ähnliche mediale Form ist der Offene Brief: Er ist zwar an eine bestimmte Person gerichtet (z. B. an eine Politikerin oder einen Politiker, an leitende Mitglieder einer Gruppe, an eine Partei, Institution, NGO o. Ä.), wird aber von der Verfasserin bzw. dem Verfasser auch veröffentlicht. Oft geschieht das heute online. Damit soll bei Empfängerin oder Empfänger ein gewisser Druck aufgebaut werden, Stellung zu im Offenen Brief formulierten Meinungen oder Forderungen zu beziehen.

Seit den 1970er Jahren stellt das Plakat ein wichtiges Medium zur Verbreitung von Werbung dar. Die Inhalte können sich auf die Politik (Wahlwerbung, Parteienwerbung), auf Produkte oder auf Informationen zu Vereinen und Institutionen beziehen. Plakate werden meist in hohen Auflagen auf Papier gedruckt. Sie enthalten häufig Bild- und Textelemente und übermitteln eine Botschaft. Die Anordnung der einzelnen Elemente, Farben und Symbole spielen dabei oft eine Rolle. Je genauer ein Plakat inhaltlich und stilistisch auf den Adressatenkreis zugeschnitten ist, desto wirksamer ist seine Botschaft.

Bei Protestaktionen und Demonstrationen werden häufig Transparente oder Demonstrationsbanner verwendet. Darauf bringen Teilnehmerinnen und Teilnehmer ihre Meinungen und Forderungen zum Ausdruck. Meist ist der Text reduziert auf wichtige „Schlüsselbegriffe". Farben, Symbole und bildnerische Elemente unterstützen die oft mündlich geäußerten Anliegen (Reden oder Sprechchöre).

Politische Artikulationen durch Social Media & Co.

Anfang 2018 hatte mehr als die Hälfte aller Menschen Zugang zum Internet, mehr als die Hälfte von ihnen nutzt Soziale Medien. Dadurch haben sich die Möglichkeiten der politischen Artikulation vervielfacht: In fast allen Sozialen Medien werden gesellschaftliche, wirtschaftliche und politische Themen kommentiert und veröffentlicht.

Fast jede Zeitung bietet heute online einen Blog, auch Weblog genannt (engl. web und log für Logbuch oder Tagebuch), an. Man versteht unter einem Blog ein auf einer Webseite geführtes Tagebuch oder Journal. Bloggerinnen und Blogger verfassen bzw. „posten" (daher spricht man auch von „Postings") darauf ihre Meinungen zu bestimmten Themen.

Blogs sind öffentlich einsehbar. Sie bestehen aus einer chronologisch abwärts sortierten Liste von Einträgen. Ein Blog ist ein Medium, das oft Diskussionen oder Kommentare von Leserinnen und Lesern zu politischen Themen beinhaltet.

Ein sehr häufig genutztes Medium ist Twitter, die 2006 gegründete Anwendung zum Mikroblogging. Viele bekannte Personen, Firmen und Institutionen informieren inzwischen über Tweets ihre „Follower". Das sind die Abonnentinnen und Abonnenten der Inhaberin bzw. des Inhabers des Twitter-Accounts.

Jeder Mensch kann sich als Benutzerin bzw. Benutzer anmelden und Textnachrichten von maximal 280 Zeichen verbreiten. In Echtzeit können so Meinungen, Erfahrungen und Informationen ausgetauscht werden.

Besonders intensiv nutzt der US-Präsident Donald Trump Twitter (vgl. S. 232 f.). Kritikerinnen und Kritiker weisen darauf hin, dass es aufgrund der beschränkten Zeichenanzahl von Twitter-Meldungen zu Verkürzungen und Verfälschungen von komplexen politischen Themen kommen kann. Oft werden über Twitter emotionale Botschaften, Appelle und politische Einzelaspekte transportiert.

Medienspezifik bei der Erstellung von eigenen medialen Produkten der politischen Artikulation beachten

M1 Info-Grafik „Wie bewerten Jugendliche Informationen aus dem Internet?":

Methode

Die Qualität einer Quelle einschätzen

1. Wer steht hinter einem Inhalt?

Ein Blick ins Impressum einer Website sollte zeigen, wer hinter dem Inhalt steht (Parteilichkeit, Kompetenz, Intention). Fehlt diese Information, sollte das kritisch hinterfragt werden.

2. Stimmt das, was behauptet wird?

Texte, die nur auf Schlagzeilen beruhen, wenig Inhalt und viel Meinung präsentieren, sollten mit Vorsicht genossen werden. Von anderen Seiten kopierte Inhalte deuten auf unseriöses Copy & Paste-Verhalten hin.

3. Sind die Bilder echt, passen sie zum Text?

Bei Falschmeldungen werden oft Bilder aus anderen Kontexten verwendet oder Originalbilder verändert. Eine umgekehrte Bildersuche kann helfen, dem Original auf die Spur zu kommen.

4. Aus welcher Zeit stammen die Informationen?

In Suchmaschinen hilft ein voreingestellter Filter, der den Zeitraum der Ergebnisse einschränkt, die neuesten Informationen zu einem Thema zu finden.

→ Fragen und Arbeitsaufträge

1. Fasse ausgehend vom Autorentext die speziellen Merkmale von Leserbrief, Offenem Brief, Plakat, Demonstrationsbanner, Blog und Twitter zusammen.

2. Wähle ein Medium aus und definiere eine konkrete Situation, in der du dich äußern möchtest, und einen Adressatenkreis. Beurteile davon ausgehend, welche Möglichkeiten sowie welche Vor- und Nachteile das Medium für politische Artikulationen bietet.

3. Erstelle eine Liste mit Tipps, was beim Recherchieren von Fakten im Netz beachtet werden sollte.

4. Kleingruppenarbeit (3–4 SchülerInnen pro Gruppe):
   Wählt ein aktuelles politisches Thema, das in den österreichischen Medien diskutiert wird.
   Recherchiert dazu in lokalen und überregionalen Tageszeitungen, indem ihr Artikel, Kommentare, Leserbriefe und Blogeinträge lest. Seht euch auch Nachrichtensendungen an. Beachtet dabei den Methodentipp auf dieser Seite und die Hinweise zu „Fake News" (S. 232 f.).

a) Erstellt einige Leitfragen zum Thema, z. B.: Worum geht es genau? Wer sind die Akteurinnen und Akteure? Gibt es Pro- und Kontra-Argumente? Gibt es kontroverse Stellungnahmen oder parteipolitische Standpunkte?

b) Gestaltet mit Hilfe dieser Leitfragen einen Stichwortzettel oder eine Mindmap.

c) Präsentiert die wichtigsten inhaltlichen Aspekte eures Themas in der Klasse.

d) Diskutiert in der Klasse, welche Form der politischen Artikulation zu welchem Thema am besten passt. Begründet eure Meinungen.

e) Entscheidet euch nach der Diskussion für eine bestimmte mediale Form und gestaltet euren Beitrag. Zur Auswahl stehen: Leserbrief, Offener Brief, Plakat, Demonstrationsbanner, Blog-Eintrag, Tweet und Instagram.

f) Präsentiert eure Arbeitsergebnisse in der Klasse.

g) Belegt mit Hilfe von Beispielen, wie sich die Merkmale der medialen Form auf die Möglichkeiten und Wirkung der Botschaft auswirken.

6. Geschichtsdarstellungen in Neuen Medien

Wikis, Moodle & Co.

In früheren Jahrzehnten konnten sich Menschen vor allem mit Hilfe von traditionellen Medien (Artikel, Leserbriefe, Vorträge etc.) an Diskussionen über historische und politische Inhalte beteiligen. Dies war häufig ein mühsamer Prozess und oft Fachleuten vorbehalten. Völlig neu ist seit dem digitalen Wandel die Chance, dass jede Userin bzw. jeder User „Geschichte" darstellen kann: Über digitale Anwendungen wie Soziale Netzwerke, Blogs und Foren werden Ansichten, Meinungen und Untersuchungen zu historischen Themen verbreitet. Neu ist auch die Möglichkeit der „Dialogizität": Unmittelbar können Menschen mit anderen weltweit digital kommunizieren und diskutieren.

Der Wunsch, Erfahrung und Wissen gemeinschaftlich zu sammeln und für die Gruppe zu dokumentieren, führte zur Entwicklung von „Wikis" (hawaiisch: „wiki", bedeutet „schnell"). Ein Wiki ist eine Webseite, die gelesen und direkt im Browser geändert werden kann. Das bekannteste Wiki ist die 2001 als gemeinnütziges Projekt gegründete Online-Enzyklopädie Wikipedia. Sie ist frei, also kostenlos, und heute ein Massenmedium. Alle Besucherinnen und Besucher können, wenn sie bestimmte Regeln einhalten, Artikel und Beiträge verfassen und Texte ändern. Auf Diskussionsseiten werden Verbesserungs- und Änderungsvorschläge eingebracht. Manche Themenbereiche, darunter auch Geschichte, haben Fachredaktionen. Das Wiki-Prinzip geht davon aus, dass sich die Nutzerinnen und Nutzer gegenseitig kontrollieren und korrigieren.

→ Recherchiere, welcher Kritik sich Wikipedia ausgesetzt sieht (Zitierfähigkeit, Vandalismus, „Edit-Wars" und Sperrungen etc.).

Das Internet spielt bei der Recherche, Dokumentation, Kommunikation und Präsentation von schulischen Inhalten eine zentrale Rolle.

Auch für das Geschichtslernen entwickelten sich in den letzten Jahrzehnten vielfältige neue Angebote. Das Surfen in Mediatheken, Online-Archiven, auf Museen-Homepages und Videoportalen ist für viele Lehrende und Lernende selbstverständlich geworden. Da viele Schülerinnen und Schüler ein Smartphone und/oder Tablet besitzen, wird das „mobile Lernen" vermutlich zunehmen: Unabhängig vom Ort können Angebote der digitalen Geschichtskultur wahrgenommen werden.

Bereits heute gibt es viele webgestützte Lernangebote, auch für das Geschichtslernen. Beispiele dafür sind Web-Quests: Die Web-Quest-Methode leitet dazu an, Aufgaben auf einer von Lehrenden erstellten Webseite mit Hilfe der dort angebotenen Materialien zu bearbeiten. So wird eine eigenständige Untersuchung und Erkundung eines Themas möglich. Häufig werden Web-Quests in schulischen und universitären Zusammenhängen verwendet, da sie projektartiges Lernen anleiten und begleiten.

Nicht nur als Lernplattform, sondern als freies, objektorientiertes Kursmanagementsystem hat sich „Moodle" entwickelt. Ca. 120 Millionen Nutzerinnen und Nutzer (Private, Schulen, Unis, Unternehmen) weltweit bearbeiten in 14 Millionen angebotenen Kursen (Stand: 2018) in von Moodle zur Verfügung gestellten virtuellen Kursräumen das Arbeits- und Lernmaterial (Links, Texte, Dateien). Lernaktivitäten sind Aufgaben, Tests, die Erstellung von Wikis und Foren etc. Inzwischen gibt es eine Fülle an weiteren MOOCs (Massive Open Online Courses), die auch Kurse mit historischen Inhalten und Fragestellungen anbieten.

■ Quelle: GfK Austria, Gaming in Austria, 2017. Studie im Auftrag des Verbands für Unterhaltungssoftware ÖVUS.

→ Analysiere das Schaubild in Hinblick auf das Thema „Computerspielen in Österreich 2017".
Vergleiche die Ergebnisse mit deinen eigenen Spielgewohnheiten bzw. Spielerfahrungen.
Ermittle die Spielgewohnheiten in der Klasse durch eine Umfrage.

Geschichte in Computerspielen

Computerspielen ist zu einem globalen Phänomen von großer kultureller, technologischer, sozialer und wirtschaftlicher Bedeutung geworden. Für viele Menschen gehört das Spielen zu ihren wichtigsten Freizeitaktivitäten. Heute gibt es viele Spiele, die sich auf historische Ereignisse, Entwicklungen und Personen beziehen („Historienspiele"). Die meisten entfallen auf den Zeitraum 19. Jh. bis 21. Jh.

Mit Geschichte spielen sehr unterschiedliche Produkte: Lernspiele, auch „Serious Games" genannt, stellen den Anspruch, Historisches gut recherchiert anzubieten und spielerisches Geschichtslernen zu ermöglichen. Kriterien zur Überprüfung dieser Eigenschaften gibt es aber nicht. Die Computerspiele für den Massenmarkt haben keinen Bildungsanspruch. Sie wollen unterhalten und sich gut verkaufen. Trotzdem werden sie häufig mit dem Versprechen, „Geschichte zu zeigen, wie sie wirklich war", beworben.

Häufig wird gefragt, wie „wahr" oder „echt" die Darstellung von Geschichte in Computerspielen sein kann. Genau wie analoge sind auch digitale Geschichtsdarstellungen immer von bestimmten Personen mit bestimmten Interessen aus der Gegenwart heraus konstruiert. In der Regel wird „Geschichte" durch den Zuschnitt auf das Medium Computerspiel stark vereinfacht, verzerrt und auf einige wenige, eindimensionale Aspekte begrenzt. Dennoch vermitteln derartige Spiele Geschichtsbilder, also bestimmte Vorstellungen von Vergangenem.

Angela Schwarz, Expertin für das Thema „Geschichte in Computerspielen", fordert Konzepte, wie Computerspiele in der Bildung besser nutzbar gemacht werden könnten. Sie begründet diese Forderung so (2012):

Q *(...)*
Was für ein Geschichtsbild jeweils von einem Historienspiel vermittelt wird, ist daher eine wichtige Frage, denn von ihm werden Vorstellungen, die (junge) Menschen von Geschichte haben, bestätigt, verstärkt oder erst erschaffen.
Spielende bezeichnen mitunter die Geschichte des Spiels als authentischer oder anschaulicher als das, was sie aus Lernumgebungen kennen: aus dem Schulbuch, dem Unterricht, von der Führung durch Museum oder Gedenkstätte, von den Webseiten von Bildungsinstitutionen. (...)
Unstrittig ist die Notwendigkeit, in Bildungskontexten die Geschichte im Computerspiel zu dekonstruieren. (...) Dennoch kann der spielerische Zugang zu Fragen an die Geschichte anregen, zur Reflexion über das eigene Geschichtsbild, zu Fragen an das eigene Verhalten, mediale Angebote zu konsumieren.
(Schwarz. Online auf: http://lernen-aus-der-geschichte.de/Lernen-und-Lehren/content/10883, 9. 4. 2018)

→ Fasse zusammen, warum Schwarz Konzepte zur Dekonstruktion von Geschichtsdarstellungen in Computerspielen fordert.

Geschichtskulturelle Computerspiele dekonstruieren (Ideenquelle: http://spielbar.de/)

– **Spielerzählung:** Welche Geschichte wird erzählt, wer erzählt warum?
– **Spielhandlung:** Wie kann gespielt werden?
– **Themen:** Wie passen Personen und Ereignisse zu den Themen? Die Rolle von Feindbildern, Stereotypen, Gewalt: ihre Umsetzung, Darstellung und Wirkung.
– **Gestaltungselemente:** Optische Inszenierung (z. B. Comicstil) und dramaturgische Mittel (Bild, Musik, Charaktere) und ihre Wirkung. Welchen Einfluss können Spielende auf den Fortgang der Handlung nehmen, wie wird die „Geschichte" dadurch verändert?
– **Historische Fakten:** Halten historische Personen, Ereignisse, Orte, Objekte einer Überprüfung stand?
– **Entwicklerperspektive:** Gibt es Aussagen, warum bestimmte Themen und Quellen ausgesucht wurden? Welche Erzählabsichten und welche Auswahl der Inhalte leiten sich dadurch ab?

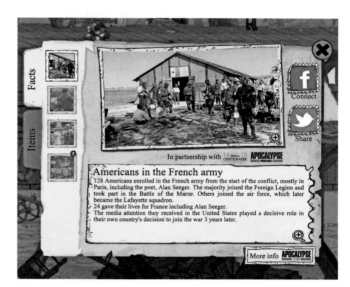

■ „Valiant Hearts: The Great War" (2014) erzählt eine auf historischem Material basierende fiktive Geschichte. Über ein „Ingame-Lexikon" werden Informationen und Abbildungen realer Schauplätze des Ersten Weltkrieges angeboten.

Quelle: http://www.spielbar.de/149228/computerspiele-im-unterricht-das-medienprojekt-spielewelten.

→ Fragen und Arbeitsaufträge

1. Beurteile, welche traditionellen und Neuen Medien deine Vorstellungen von geschichtlichen Ereignissen bzw. dein Geschichtswissen am meisten beeinflusst haben.
Begründe deine Meinung anhand von konkreten Beispielen.
2. Erörtere die Notwendigkeit, die in Neuen Medien vermittelten Geschichtsdarstellungen zu dekonstruieren.
3. Erhebt in der Klasse, welche Rolle Computerspiele mit historischen Inhalten für die Entwicklung eures Geschichtsdenkens spielen.
Begründet eure Aussagen.

Internationale Politik der Gegenwart

1945	1949	1955	1979	1989	1991	11.9.2001
Gründung der UNO	Gründung der NATO	Unterzeichnung des Warschauer Paktes	Islamische Revolution im Iran	Niederschlagung der Demonstration am „Platz des Himmlischen Friedens" in Beijing	Auflösung der Sowjetunion; Beginn des Zerfalls Jugoslawiens	Terroranschlag auf das World Trade Center und das Pentagon

Manche internationale Einrichtungen, die gegen Ende des Zweiten Weltkrieges oder bald nach Kriegsende gegründet wurden, wie die UNO, die Weltbank und der IWF, spielen nach wie vor eine wichtige Rolle in der Politik.

Andere Organisationen wie die NATO oder die KSZE (heute OSZE) haben sich seit den 1990er Jahren maßgeblich weiterentwickelt.

Die USA haben sich seit dem Zerfall der Sowjetunion (1991) zunächst als führende Weltmacht etabliert. China wird aufgrund des wirtschaftlichen Aufschwungs und seiner militärischen Stärke als Weltmacht des 21. Jh. gesehen. Auch Russland tritt seit Beginn des 21. Jh. wieder als weltpolitischer Akteur auf. In Lateinamerika befindet sich insbesondere Brasilien in einer Aufholphase.

Die Konfliktfelder der Gegenwart sind vielfältig: teils innerstaatlich, teils zwischenstaatlich, teils durch einen neuen internationalen Terror bestimmt. In ihrem Ausmaß sind diese Konflikte – ob im Nahen oder Mittleren Osten oder in Nordafrika – hingegen oftmals von weltpolitischer Bedeutung. Nahezu immer geht es dabei um die Sicherung des Zugangs zu Rohstoffen bzw. um wirtschaftliche Interessen.

2003	**2009–2016**	**2011**	**2012/2018**	**2013**	**2017**
Krieg der USA und ihrer Verbündeten gegen den Irak – Sturz Saddam Husseins	Barack Obama: US-Präsident	Beginn des „Arabischen Frühlings"	Wladimir Putin: neuerlich Präsident in Russland	Präsentation der „Seidenstraßen-Strategie" durch Präsident Xi Jinping	Amtsantritt von Donald Trump als US-Präsident

In diesem Kapitel trainiert und erweitert ihr vor allem folgende Kompetenzen:

Politische Urteilskompetenz
• Vorliegende Urteile hinsichtlich ihres Entstehungskontextes auf ihre Kompatibilität mit Grund- und Freiheitsrechten überprüfen
• Folgen von Entscheidungen und Urteilen abschätzen

Historische Fragekompetenz
• Einfluss der Fragestellung auf die Darstellung erkennen

Historische Orientierungskompetenz
• Mögliche Gründe für vorgeschlagene Orientierungsangebote in Darstellungen der Vergangenheit herausarbeiten

 Online-Ergänzungen
e2jr2f

◼ Das UNO-Gebäude in New York. Im Vordergrund das Denkmal „Non violence" des schwedischen Künstlers Fredrik Reuterswärd, das seit 1988 als Friedenssymbol vor dem Gebäude steht. Foto, 1999.

1. Internationale Organisationen

1.1 Die UNO

Die Verwirklichung einer Idee

Beide Weltkriege riefen als Antwort auf die Bedrohung der Welt Organisationen zur Bewahrung des Friedens hervor: der Erste Weltkrieg den Völkerbund, der Zweite Weltkrieg die Vereinten Nationen (UNO = United Nations Organization). So wie bei der Errichtung des Völkerbundes war auch nach dem Zweiten Weltkrieg ein US-Präsident Initiator der Weltfriedensorganisation: Roosevelt hatte die Vision, dass sich nach dem Sieg über die faschistischen Achsenmächte (NS-Deutschland, Italien und Japan) die Staaten den Entscheidungen einer Weltorganisation zur Vermeidung von Kriegen unterwerfen würden. Die Basis für die neue Weltorganisation wurde schon 1941, d.h. während des Krieges, mit der „Atlantikcharta" gelegt: In ihr verkündeten Roosevelt und Churchill, dass ein „dauerndes System allgemeiner Sicherheit" gebildet werden müsse, um den Frieden zu erhalten. Auf dieser Grundlage beschloss eine Konferenz in San Francisco im Juni 1945 schließlich die Gründung der UNO. Nach der Ratifizierung durch die 51 Gründungsmitglieder trat die Charta am 24. Oktober 1945 (heute „Tag der Vereinten Nationen") in Kraft. Inzwischen sind 193 international anerkannte Staaten der Welt Mitglieder der UNO (Stand: 2018). Sie anerkennen deren Satzung:

Q *Artikel 1. Der Zweck der Vereinten Nationen ist:*
1. Den Frieden zwischen den Völkern und die internationale Sicherheit zu wahren und zu diesem Zwecke wirksame gemeinsame Maßnahmen für die Vermeidung und Beseitigung von Bedrohungen des Friedens und die Unterdrückung von Angriffshandlungen und anderen Friedensbrüchen zu ergreifen sowie durch friedliche Mittel und in Übereinstimmung mit den Grundsätzen der Gerechtigkeit und des Völkerrechts den Ausgleich oder die Lösung von internationalen Streitigkeiten (…) zu sichern. (…)
3. Die internationale Zusammenarbeit zur Lösung der internationalen Probleme auf wirtschaftlichem, sozialem und kulturellem oder humanitärem Gebiet herbeizuführen und die Achtung der Menschenrechte und der grundlegenden Freiheiten für alle, ohne Unterschied von Rasse, Geschlecht, Sprache oder Religion, zu fördern. (…)
Artikel 2. Die Organisation und ihre Mitglieder sollen (…) in Übereinstimmung mit folgenden Grundsätzen vorgehen:
1. Die Organisation stützt sich auf den Grundsatz gleicher souveräner Rechte aller ihrer Mitglieder. (…)
4. Alle Mitglieder sollen sich in ihren internationalen Beziehungen jeder Drohung oder des Gebrauchs von Gewalt (…) enthalten. (…)
7. Keine Bestimmung der gegenwärtigen Satzung soll den Vereinten Nationen das Recht verleihen, sich mit Fragen zu befassen, die im Wesentlichen zu den inneren Angelegenheiten irgendeines Staates gehören.
(Zit. nach: Guggenbühl, Quellen zur Geschichte der Neuesten Zeit, 1969, S. 439 f.)

Die Wirksamkeit der UNO

In der „Charta der Vereinten Nationen" sind also hohe Ziele festgeschrieben. Dass diese bei weitem nicht immer erreicht werden, zeigen tagtäglich Berichte aus aller Welt. Immerhin können die Vereinten Nationen im Gegensatz zu ihrer Vorgängerorganisation, dem Völkerbund, auch militärische Macht zur Abwehr eines Aggressors einsetzen. Sie haben dies z.B. im Jahr 1950 in Korea und 1991 im Irak getan. Daneben hat die UNO die Möglichkeit, Beobachtertruppen in Krisengebiete zu entsenden. Derzeit sind österreichische UNO-Kontingente in Bosnien und Herzegowina sowie im Kosovo im Einsatz. Die zentrale Einrichtung der UNO bildet der Sicherheitsrat. Er setzt sich aus fünf ständigen und zehn nichtständigen Mitgliedern zusammen. Bei seinen Beschlüssen (z.B. über militärische Interventionen, über Resolutionen) kommt den fünf ständigen Mitgliedern (USA, RU, VRC, GB, FR) ein Vetorecht zu.
Gegenwärtig wird überlegt, die Anzahl der ständigen Mitglieder zu erhöhen. Zur Auswahl stehen Deutschland, Japan, Indien, Brasilien, ein Staat der islamisch-arabischen Welt sowie ein Staat aus Afrika. Auf solche Weise soll den aktuellen weltpolitischen Gegebenheiten auch in der UNO besser entsprochen werden.
Der Hauptsitz der UNO ist New York. Wichtige UN-Unter- und Sonderorganisationen sind über die ganze Welt verstreut. Genf, Wien und Nairobi sind UNO-Städte geworden. In Wien hat die UNO-Behörde für industrielle Entwicklung (UNIDO = United Nations Industrial Development Organization) ihren Sitz. Die ebenfalls in Wien ansässige Atom-Energie-Organisation (IAEO = International Atomic Energy Organization) berät die UNO in Fragen militärischer wie ziviler Atomenergie-Programme.

Gegenwärtige Herausforderungen

Die Herausforderungen für ein Tätigwerden der UNO sind vielfältig. In der alltäglichen Wahrnehmung stehen militärische Interventionen im Vordergrund.

L *2016 belief sich die Zahl der in Blauhelm-Missionen eingesetzten Offiziere, Soldaten und Polizisten auf mehr als 100 000, zu denen sich noch 20 000 zivile Mitarbeiter gesellen. Sie kommen aus 114 verschiedenen Ländern. Sie überwachen die Waffenstillstandslinien (…) in insgesamt 32 Staaten, vorwiegend in Afrika und im Nahen Osten.*
(Ziegler, Der schmale Grat der Hoffnung, 2017, S. 148; bearbeitet d. A.)

Der UN-Generalsekretär Antonio Guterres forderte in seiner Antrittsrede am 1.1.2017 Folgendes:

Q *On my first day as Secretary-General of the United Nations, one question weighs heavily on my heart. How can we help the millions of people caught up in conflict, suffering massively in wars with no end in sight? Civilians are pounded with deadly force. Women, children and men are killed and injured, forced from their homes, dispossessed and destitute. Even hospitals and aid convoys are targeted.*

No one wins these wars, everyone loses. Trillions of dollars are spent destroying societies and economies, fueling cycles of mistrust and fear that can last for generations. Whole regions are destabilized and the new threat of global terrorism affects us all. On this New Year´s Day, I ask all of you to join me in making one shared New Year´s resolution: Let us resolve to put peace first.

(Guterres, Appeal for peace from UN Secretary-General, 2017. Online auf: https://www.un.org/sg/en/content/sg/statement/2017-01-01/appeal-peace-un-secretary-general-antonio-guterres, 25.4.2019)

Der Politologe Kurt Mills beurteilt die Möglichkeiten der UNO in einem Interview mit der Wochenzeitung „Die Furche" kritisch-differenziert:

L *Die Uno unternimmt große Anstrengungen, um die nötigen Hilfsgelder aufzubringen und sich auf besonders betroffene Länder wie Nigeria, Süd-Sudan, Somalia oder Jemen zu konzentrieren. Aber Geld- und Hilfslieferungen bilden keine längerfristigen Lösungen. Um Menschen zu beschützen, braucht es starke politische Interventionen und militärische Aktionen. UNHCR und das Welternährungsprogramm der UNO sowie internationale NGOs investieren viel Zeit und Geld, aber humanitäre Hilfe kann nie die tieferliegenden Ursachen bekämpfen.*

(Die Furche, 8.6.2017, S. 6)

Gegenwärtig hat die UNO folgende Hauptaufgaben:
– Die Klimafrage: 2015 wurde auf der UNO-Weltklimakonferenz in Paris die Begrenzung der globalen Erwärmung auf deutlich unter 2°, möglichst 1,5° vereinbart. Ferner wurde beschlossen, dass finanzstarke Staaten ärmere Länder zur Erreichung der Klimaziele finanziell unterstützen.

– Die Verbesserung der Welternährung und die Verringerung der weltweiten Armut: Dazu hat die UNO die Agenda 2030 ausgearbeitet (vgl. S. 142f.).
– Die Bekämpfung von Seuchen und Epidemien: Weltweite UNICEF-Impfaktionen haben Pocken und Kinderlähmung nahezu ausgerottet. Durch HIV/AIDS oder wieder aufflammende Epidemien wie Ebola in Westafrika bleibt die UNO weiterhin gefordert.
– Die Versorgung von Flüchtlingen: Das Problem der Versorgung von Millionen von Flüchtlingen ist nach wie vor ungelöst.

Daneben muss sich die UNESCO als UNO-Sonderorganisation bei der Verleihung oder Aberkennung des „Weltkulturerbe-Status" öfters heiklen politischen Diskussionen stellen. Die Anerkennung der Altstadt von Hebron im Westjordanland als Weltkulturerbe 2017 etwa wurde sehr kontroversiell beurteilt. Israel sah darin eine Voreingenommenheit der UNESCO gegen sich und trat Ende 2018 aus der UNESCO aus. Auch die US-Regierung verließ mit Ende 2018 die UNESCO.

→ **Fragen und Arbeitsaufträge**

1. Arbeite mit Hilfe der ausgewählten Artikel der Satzung grundlegende Ziele der UNO und mögliche Beschränkungen zu deren Verwirklichung heraus.
2. Recherchiere aktuelle Befunde zu den im Autorentext und in den Textquellen genannten Herausforderungen der UNO. Diskutiert diese unter Einbeziehung der grundlegenden Aussagen der Quellenstellen.
3. Recherchiere die zehn Stätten mit Weltkulturerbe-Status in Österreich. Informiere dich über laufende Debatten dazu und beurteile diese. Berücksichtige dabei, wie wirtschaftliche und kulturelle Interessen zueinander in Beziehung gebracht werden.

Das System der Vereinten Nationen (UNO)

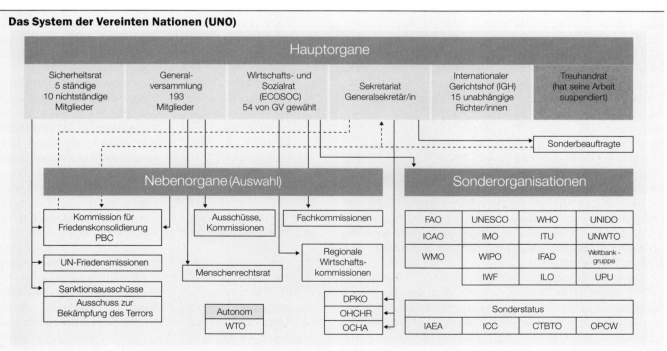

■ Deutsche Gesellschaft für die Vereinten Nationen. Stand: Jänner 2011.

1.2 Die NATO und die OSZE

Die NATO – ein militärpolitisches Netzwerk

Nach Ausbruch des Kalten Krieges wurde im Jahr 1949 die NATO (North Atlantic Treaty Organization) als Verteidigungsbündnis zwischen zwölf Staaten Europas und Nordamerikas gegründet. Der als Gegenbündnis im Jahr 1955 gegründete Warschauer Pakt – das Verteidigungsbündnis der osteuropäischen Volksdemokratien unter der Führung der Sowjetunion – wurde 1991 aufgelöst. Bereits im Jahr 1999 traten die ersten Staaten des ehemaligen Warschauer Paktes, Polen, Tschechien und Ungarn, der NATO bei.

Umfassende Erweiterung ab 2004

Im Jahr 2004 vollzog die NATO ihre bis dahin umfassendste Erweiterung: Neben Rumänien, Bulgarien, Slowenien und der Slowakei traten mit Estland, Lettland und Litauen erstmals auch ehemalige Sowjetrepubliken dem nordatlantischen Verteidigungsbündnis bei. 2009 traten Kroatien und Albanien bei und 2017 folgte Montenegro. Die NATO umfasst seither 29 vollwertige Mitglieder. Die 1945 auf der Konferenz von Jalta festgelegte Nachkriegsordnung in Europa gehört seit 2017 endgültig der Vergangenheit an. Die ehemals kommunistischen Staaten, die damals der Einflusssphäre der Sowjetunion zugeschlagen wurden, orientieren sich durch ihre NATO-Mitgliedschaft nun an der Integration in Europa. Für den Eintritt in dieses Bündnis hatten sie mehrere Gründe: Vorsicht gegenüber einem möglicherweise wieder bedrohlich werdenden Russland; außerdem wollte man – das wurde anlässlich der „Osterweiterung" der NATO im Jahr 1999 indirekt angedeutet (die Erinnerung an den Aggressor des Zweiten Weltkrieges ist noch wach) – mit dem wiedervereinigten Deutschland in ein starkes überstaatliches Militärbündnis eingebunden sein.

Zusammenarbeit mit Nicht-NATO-Staaten

Bereits im Jahr 1994 wurde die „NATO-Partnerschaft für den Frieden" gegründet. Ihr gehören unter anderem auch Österreich (seit 1995) und die Schweiz an. Ziele sind vor allem Transparenz der nationalen Verteidigungsplanungen sowie Planung, Übung und Durchführung von friedenserhaltenden Maßnahmen.

Diese Politik der NATO bedeutete eine Zurückdrängung des russischen Einflussbereiches in Europa. Das wurde durch den Einsatz von NATO-Truppen im Krieg um den Kosovo deutlich: Im Jahr 1999 griff die NATO – obwohl sie laut Statuten ausschließlich ein Verteidigungsbündnis darstellt – erstmals ohne Mandat des UNO-Sicherheitsrates militärisch in einen bewaffneten Konflikt gegen Serbien ein. Mit diesem Militärschlag wollte die NATO eine humanitäre Katastrophe – die weitere Vertreibung von Kosovo-Albanern – verhindern. Nach fast drei Monate dauernden Bombardements in Serbien wurde der Abzug serbischer Truppen aus dem Kosovo erzwungen.

Europaweite Vernetzung seit dem „11. September"

Die NATO bewertete die Terroranschläge vom 11. September 2001 erstmals als einen Angriff auf einen Mitgliedstaat. Damit trat nach Artikel 5 der kollektive Verteidigungsfall ein. Russland unterstützte damals die USA. Diese Verbesserung der Beziehungen der NATO zu Russland mündete schließlich im Jahr 2002 in die Gründung des „NATO-Russland-Rates". Auf diese Weise ist über die „NATO-Partnerschaft für den Frieden" (1994) und die NATO-Ost- und Südosterweiterung (1999, 2004, 2009, 2017) fast ganz Europa in dieses militärpolitische Netzwerk eingebunden. Allerdings besteht der „NATO-Russland-Rat" gegenwärtig (2018) nur pro forma. Gründe dafür sind die NATO-Osterweiterung 2004 – mit ihr rückte die NATO direkt an Russlands Grenzen heran – sowie der Konflikt um den Einfluss in der Ukraine. Dort orientiert sich eine politische Gruppierung am Westen, d. h. an einem Beitritt zur EU und zur NATO. Demgegenüber ist eine andere politische Gruppierung, v. a. in der Ostukraine, um eine enge Verbindung zu Russland bemüht, was von dort unterstützt wird. So gesehen stellt die Ukraine ein

// NATO-OSTERWEITERUNG 1949–2017

- **1949**: NATO-Gründungsmitglieder* (Belgien, Dänemark, Frankreich, Italien, Luxemburg, Niederlande, Norwegen, Portugal & Grossbritannien)
- **1952**: NATO-Beitritt von der Türkei & Griechenland
- **1955**: NATO-Beitritt von West-Deutschland
- **1982**: NATO-Beitritt von Spanien
- **1990**: NATO-Beitritt von Ost-Deutschland
- **1999**: NATO-Beitritt von Polen, Tschechien & Ungarn
- **2004**: NATO-Beitritt von Bulgarien, Estland, Lettland, Litauen, Rumänien, Slowakei & Slowenien
- **2009**: NATO-Beitritt von Albanien & Kroatien
- **2017**: NATO-Beitritt von Montenegro

Datenquelle: NATO – Topic: Enlargement // URL: nato.int/cps/en/natolive/topics_49212.htm
*NATO-Gründungsmitglieder Kanada, USA & Island nicht abgebildet
© Alexandre de Robaulx de Beaurieux, SIPER AG 2017, www.siper.ch

Swiss Institute for Peace and Energy Research
SIPER

■ Die Entwicklung der NATO von 1949 bis 2017.

zentrales Konfliktfeld in der neuerlichen Großmachtpolitik zwischen den USA und einem wiedererstarkten Russland dar. Mehrfach wird in diesem Zusammenhang sogar von einem neuen Kalten Krieg gesprochen.

Der Krieg gegen den Irak (2003) führte zur bisher schwersten inneren Krise des Bündnisses. Deutschland und Frankeich stellten sich gemeinsam mit Russland den US-amerikanischen und britischen Bestrebungen nach einer gemeinsamen militärischen Intervention gegen den Irak entgegen. Demgegenüber schlossen sich die Staaten der ersten NATO-Osterweiterung (Polen, Tschechien, Ungarn) der kriegerischen Intervention an.

Die Erwartungen der baltischen Staaten

Eine spezielle Unterstützung seitens der NATO erwarten die 2004 beigetretenen baltischen Staaten Estland, Lettland und Litauen. Dazu heißt es im Leitartikel der Neuen Zürcher Zeitung vom 13.1.2018 folgendermaßen:

L Engagierte sich die Nato in den letzten 25 Jahren außerhalb des Bündnisgebiets, steht seit der Annexion der Krim durch Moskau wieder das Kerngeschäft im Zentrum: die Sicherheitsgarantie für alle Mitglieder. Das gilt besonders für die baltischen Staaten. (…)
Russland und sein Verbündeter Weißrussland umschließen nicht nur fast völlig das Baltikum, die russische Armee ist auch bei Artillerie, Panzern, Marine, Flugzeugen und Flugabwehr allem haushoch überlegen, was die Nato dort auf die Schnelle einsetzen kann. (…)
Die Nato-Kräfte sind zwar insgesamt erheblich stärker als die russischen Truppen, aber erst nach einer Vorlaufzeit und nicht an dieser Nahtstelle von Ost und West. Die Verletzlichkeit des Baltikums ist ein politisches Pfand, von dem Moskau selbstbewusst Gebrauch macht. (…)
Die Nato muss im Jahr 2018 beweisen, dass sie es mit dem Schutz der baltischen Staaten und damit der militärischen Beistandsverpflichtung insgesamt ernst meint. (…)
(Gujer, Die militärische Logik ist zurück in Europa. Kommentar. In: Neue Zürcher Zeitung, 12.1.2018. Online auf: https://www.nzz.ch/meinung/kommentare/die-militaerische-logik-ist-zurueck-in-europa-ld.1346778, 2.2.2018)

Aus russischer Sicht bedeutet die Osterweiterung der NATO, dass das transatlantische Verteidigungsbündnis in dieser Region beinahe überall direkt an die Grenzen Russlands herangerückt ist; eine Tatsache, die dort vielfach als Bedrohung wahrgenommen wird.

OSZE (KSZE) – ein (weiteres) Sicherheitsnetz für Europa

Die Konferenz für Sicherheit und Zusammenarbeit in Europa (KSZE) tagte 1973 bis 1975 in Helsinki. Sie sollte einen geregelten Dialog zwischen Ost und West in Europa ermöglichen – z.B. Verzicht auf die Androhung von Gewalt durch die europäischen Staaten, die Anerkennung der bestehenden Grenzen, Achtung der Menschenrechte und der Grundfreiheiten, Gleichberechtigung und Selbstbestimmungsrecht der Völker.

In der Schlussakte von Helsinki wurde feierlich die friedliche Koexistenz von NATO und Warschauer Pakt beschlossen. Ebenso vereinbarte man wirtschaftliche Zusammenarbeit auf der Basis der Menschenrechte und einen kulturellen Austausch.

Entwicklungen ab 1989

Aufgrund des tiefgehenden Wandels in Europa seit 1989 (S. 94 ff.) musste sich die KSZE neue Schwerpunkte setzen. Aus der Konferenz wurde 1995 eine Organisation mit festen Institutionen, die nunmehrige OSZE (Organisation für Sicherheit und Zusammenarbeit in Europa). Sie hat ihren Sitz in Wien. Sie umfasst nicht mehr nur die europäischen Länder, sondern zu den derzeit 57 Mitgliedstaaten zählen auch die USA, Kanada sowie die Nachfolgestaaten der Sowjetunion, die teilweise in Europa, teilweise in Zentralasien liegen.

Ihr Rechtsstatus ist allerdings ungeklärt. Obwohl eine internationale Kommission die OSZE aufgrund ihrer Tätigkeit als internationale Organisation einstuft, behandelt die Mehrzahl der Staaten sie nicht als internationale Organisation. Die UNO fordert seit längerem eine Klärung dieser Frage, um den Mitarbeiterinnen und Mitarbeitern eine Rechtssicherheit zu gewährleisten.

Die Ziele der OSZE bestehen vorrangig darin, Sicherheit und Stabilität in ganz Europa zu fördern und eine europäische „Sicherheitsstruktur für das 21. Jahrhundert" vor allem durch vertrauensbildende Maßnahmen und Maßnahmen zur Konfliktverhütung zu entwickeln. Nach Auffassung der UNO gilt die OSZE als erste internationale Ansprechpartnerin bei Konflikten in ihrem Wirkungsbereich.

In der jüngeren Vergangenheit wurde die OSZE daher besonders zur Beobachtung von Wahlen, vor allem in „Übergangsdemokratien" (= Staaten ohne gefestigte Demokratie) herangezogen – z.B. in Georgien, Serbien, Weißrussland, Russland, Mazedonien. Aktuell bemüht sich die OSZE darum, dass sich der Konflikt zwischen Russland und der Ukraine wegen der Ostukraine nicht weiter zuspitzt.

Neben den erwähnten Aufgaben widmet sich die OSZE dem Kampf gegen den Rassismus, im Speziellen gegen den Antisemitismus. Trotz der Orientierung an den Menschenrechten weisen mehrere Mitgliedstaaten der OSZE nach wie vor erhebliche Missstände gerade in diesem Bereich auf.

→ Fragen und Arbeitsaufträge

1. Die NATO wird als „militärpolitisches Netzwerk" beschrieben. Arbeite die Ziele und deren Veränderung seit den 1990er Jahren heraus und interpretiere sie hinsichtlich ihrer neuen politischen Bedeutsamkeit. Denke dabei an das Verhältnis zu Russland.
2. Nimm Stellung zu den aktuellen politischen Herausforderungen der OSZE.

Vorliegende Urteile hinsichtlich ihres Entstehungskontextes auf ihre Kompatibilität mit Grund- und Freiheitsrechten überprüfen

1.3 Der Internationale Strafgerichtshof

Die Arbeitsaufträge 1 bis 3 erweitern deine Kompetenz, Urteile auf ihre Vereinbarkeit mit Grund- und Freiheitsrechten zu überprüfen. Aufgabe 4 und 5 leiten dazu an, dich mit den Folgen von Urteilen auseinanderzusetzen. Als Materialien für das Trainieren dieser Politischen Urteilskompetenz dienen dir Texte über den Internationalen Strafgerichtshof (ICC).

Der ICC nahm 2002 seine Tätigkeit auf. Von den 193 Mitgliedstaaten der Vereinten Nationen sind 124 dem Statut beigetreten. Die drei Großmächte USA, Russland und die VR China sind keine Mitglieder des ICC (Stand: 2018).

M1 **Der Historiker Edgar Wolfrum zum geschichtlichen Entstehungskontext des ICC, 2017:**

Das moralpolitische Erneuerungsversprechen, das den Menschenrechten innewohnte, verstärkte sich nach dem Ende des Kalten Krieges. Doch ging es mit den Menschenrechten keineswegs voran, wie erhofft, ganz im Gegenteil: Die Welt war in den 1990er Jahren mit neuen Genoziden konfrontiert, die man niemals mehr erwartet hatte. (Völkermorde in Jugoslawien und Ruanda) (…) Nachdem dies dennoch zum Erschrecken der Weltöffentlichkeit geschehen war, setzte die UN ein Internationales Strafgericht ein, das Kriegsverbrechen verfolgen sollte. 1998 traf eine internationale diplomatische Konferenz in Rom die Jahrhundert-Entscheidung, Grundlagen zur Errichtung eines ständigen Internationalen Strafgerichts (International Crime Court, ICC) zu schaffen. (…)

Dass der ICC 1998 durch einen internationalen Vertrag ins Leben gerufen wurde, verleiht ihm besonders hohe Legitimität, 2002 nahm er seine Arbeit auf. In den folgenden Jahren ermittelte er in zahlreichen Staaten. Vier „Situationen", wie es juristisch hieß, wurden durch die betroffenen Staaten selbst überwiesen – Demokratische Republik Kongo, Uganda, Zentralafrikanische Republik, Mali – und in zwei Situationen – Sudan und Libyen – geschah eine Überweisung durch einen Beschluss des UN-Sicherheitsrates.

Als größtes Problem erwies sich für den Internationalen Gerichtshof, eine neue Rechtsprechung zu etablieren, denn es mussten ja stets auch konträre politische Interessen zwischen unterschiedlichen Staaten berücksichtigt werden. Der ICC sollte nur in Fällen tätig werden, in denen ein an sich dazu berufener Nationalstaat schwerste Verbrechen nicht selbst verfolgen konnte oder wollte.

(Wolfrum, Welt im Zwiespalt, 2017, S. 193 f.)

M2 **Verurteilung Thomas Lubangas wegen des Einsatzes von Kindersoldaten im Krieg in der Demokratischen Republik Kongo (1998–2003), 2012.**

Lubanga wurde am 19. März 2005 von kongolesischen Behörden verhaftet.

Am 10. Februar 2006 erging von Seiten des IStGH Haftbefehl gegen Lubanga wegen des Verdachts der Rekrutierung und Verpflichtung von Kindern unter 15 Jahren für militärische Zwecke sowie des Einsatzes von Kindern für die aktive Teilnahme an kriegerischen Auseinandersetzungen. Daraufhin wurde Lubanga am 17. März 2006 dem Internationalen Strafgerichtshof übergeben und am 28. August 2006 vor diesem Gericht angeklagt. Damit war er der erste Verdächtige, der nach einem Haftbefehl des IStGH an diesen übergeben wurde, und auch der erste Angeklagte in der Geschichte des Gerichts.

Nach Weigerung der Anklagebehörde, die Identität eines Entlastungszeugen bekanntzugeben, wurde das Verfahren am 8. Juli 2010 zeitweise ausgesetzt. Lubanga verblieb nach einem entsprechenden Einspruch der Anklage gegen diese Entscheidung weiterhin in Haft. Am 14. März 2012 wurde er vom Gerichtshof schuldig gesprochen, die Strafbemessung erfolgte am 10. Juli 2012. Lubanga wurde zu 14 Jahren Freiheitsstrafe verurteilt. Am 1. Dezember 2014 wurde das Urteil von der Rechtsmittelkammer des Gerichtshofs bestätigt.

(Nach: https://de.wikipedia.org/wiki/Thomas_Lubanga, 11.1.2018)

M3 **Die Völkerrechtsexperten David Scheffer und Manfred Novak zu Dauer und Kosten der Verfahren am ICC, 2012:**

Scheffer: „Ja, dafür (lange Verfahrensdauer, hohe Kosten) gibt es aber Erklärungen. Etwa, dass es meist langwieriger ist, Verbrechen dieser Größenordnung zu untersuchen als etwa einen normalen Mord. Und dann war es auch das angriffige Vorgehen der Verteidigung – aber das ist meines Erachtens eine positive Nachricht. Es zeigt, dass am ICC die Beschuldigtenrechte ernst genommen werden." (…)

Nowak: „Entweder wollen wir diese internationale Gerichtsbarkeit gegen die extremsten Formen der Grausamkeit, oder wir wollen sie nicht. Wenn ja, so kostet das Geld. Die Prävention durch Urteile wie gegen Lubanga ist nicht zu unterschätzen. So kommt dieses Gericht weit billiger, als wenn man Staaten nach Bürgerkriegen beim Wiederaufbau helfen muss."

(Der Standard, 20.3.2012, S. 2)

M4 **Der Journalist Lutz Herden über den ICC, 2016:**

Zugegeben, der Haager Weltgerichtshof (ICC) verfügte in Afrika noch nie über eine begeisterte Lobby, doch gab es eine Gruppe von Staaten, die sich der Einsicht nicht verschließen wollten, dass Rechtspflege notfalls nationale Grenzen sprengen muss. Besonders dann, wenn es Kapitalverbrechen wie Völkermord, Kriegsverbrechen, Verbrechen gegen die Menschlichkeit und Aggressionen gegen Staaten wie Völker zu sühnen gilt. Immerhin wurde in 34 Ländern dieses Kontinents das Rom-Statut – die 1998 ausgehandelte Magna Charta des ICC – anerkannt, während 20 afrikanische Länder von Anfang an kategorisch auf Distanz gingen.

Die Skeptiker und Gegner erhalten nun Zulauf. (…) Wie die Abtrünnigen ihre Abkehr begründen, unter-

Folgen von Entscheidungen und Urteilen abschätzen

scheidet sich kaum: Man wolle nicht länger hinnehmen, dass Ermittlungen und Prozesse des Weltgerichtshofs nahezu ausschließlich gegen Afrikaner geführt werden, aber Kriegsverbrechen oder andere Vergehen westlicher Politiker und Militärs vollends ausgeblendet blieben. In Den Haag verfolge ein Gericht der Weißen einseitig Menschen mit dunkler Hautfarbe, so die Argumentation. (...) Was ist an solcher Generalkritik berechtigt, wenn mit Frau Fatou Bensouda seit 2012 eine ehemalige Justizministerin aus Gambia als Chefanklägerin des ICC fungiert? Fraglos fällt es schwer, nach knapp

■ Islamisten zerstören ein Jahrhunderte altes religiöses Bauwerk in Timbuktu. Video-Still, 1.7.2012.

anderthalb Jahrzehnten ICC den Eindruck zu entkräften, dass sich in Den Haag eine Rechtsprechung etabliert hat, deren Unabhängigkeit und Überparteilichkeit leider nicht über jeden Zweifel erhaben sind. Tatsächlich haben sich Ermittler und Ankläger dieses Gerichts seit 2003 bevorzugt mit schweren Rechtsbrüchen im Sudan, in der Demokratischen Republik Kongo, in Uganda, Kenia, Libyen, der Elfenbeinküste und Mali beschäftigt. In nichtafrikanischen Staaten wurde – wegen möglicher Kriegsverbrechen und anderer Delikte – lediglich in Georgien und der Ukraine ermittelt, mehr jedoch nicht. (...) Wird künftig ein mutmaßlich weiter abnehmender Teil der afrikanischen Staaten dem ICC zuarbeiten, dürfte dessen Handlungsvermögen Schaden nehmen. Das Gericht hat keine eigenen Vollzugs- und Vollstreckungsorgane, es ist auf die seiner Mitgliedstaaten angewiesen – und deren politischen Willen. Eine ohnehin selektive Rechtsprechung droht noch selektiver zu werden, allein weil die materiellen Voraussetzungen schrumpfen. (...) Mehr noch, durch die in den 90er Jahren entstandenen Wahrheitskommissionen sollten Willkür und Schande der Rassentrennung eher aufgearbeitet als geahndet werden. Um der inneren Versöhnung zu dienen, wagte die südafrikanische Zivilgesellschaft den Versuch, Täter und Mitläufer des Apartheid Regimes nach dem Prinzip „Sühnen ist besser als strafen" zur Rechenschaft zu ziehen. Das Exemplarische dieser Praxis wird heute kaum mehr erinnert. Dabei erscheint es für viele afrikanische Gesellschaften, die mehr denn je von ethnischen und konfessionellen Konflikten zerrissen werden, so dass ganze Staaten scheitern, doch ratsam, eine Rechtskultur zu finden, die friedensstiftend wirkt. Wenn freilich Sieger über Besiegte Gericht halten, lassen sich Hass und Feindschaft schwerlich eindämmen. (...)

(Herden, Wer geht, kommt nicht wieder. In: Der Freitag, Ausgabe 45/2016, 10.11.2016, S. 9. Online auf: https://www.freitag.de/autoren/lutz-herden/wer-geht-kommtnicht-wieder, 11.1.2018)

militia in North Africa. Al-Mahdi pleaded guilty in the International Criminal Court (ICC) in 2016 for the war crime of attacking religious and historical buildings in the Malian city of Timbuktu. (...) The ICC opened a formal investigation on Mali on 16 January 2013 to investigate alleged crimes, that occurred since January 2012 in the context of an armed conflict in the north of the country. The court issued an arrest warrant for al-Mahdi on 18 September 2015. The arrest warrant alleges, that from about 30 June 2012 to 10 July 2012 in Timbuktu, al-Mahdi committed the war crime of intentionally directing attacks against historical monuments or buildings dedicated to religion. The case against al-Mahdi represented the first time, the ICC had indicted an individual for the war crime of attacking religious buildings or historical monuments. (...)

(Ahmad al-Faqi al-Mahdi. Online auf: https://en.wikipedia.org/wiki/Ahmad_al-Faqi_al-Mahdi, 11.1.2018)

→ Fragen und Arbeitsaufträge

1. Arbeite in M1 jene Faktoren heraus, denen Wolfrum für die Schaffung des Internationalen Strafgerichtshofes (ICC) besondere Bedeutung zuerkennt.

2. Arbeite anhand von M2 und M3 Prinzipien und Arbeitsweise des ICC heraus. Beurteile sie hinsichtlich der Wahrung der Menschenrechte.

3. Arbeite in M4 heraus, welche Vorbehalte afrikanische Staaten gegenüber der Vorgangsweise des ICC vorbringen und wie Herden diese Kritik beurteilt. Nimm dabei Stellung zu den von Herden dargestellten möglichen Folgen und beurteile diese. Beachte auch die Folgen für eine berechtigte Verfolgung von Verbrechen gegen die Menschlichkeit (in Afrika).

4. Arbeite in M5 heraus, weswegen der ICC Ahmad al-Faqi al-Mahdi anklagte. Nimm Stellung dazu, inwieweit solche Verbrechen als Kriegsverbrechen bzw. als Verbrechen gegen die Menschlichkeit geahndet werden sollen.

5. Erörtere unter Bezugnahme auf das Kapitel „Afrika –späte Unabhängigkeiten" (S. 110 f.) die Vor- und Nachteile einer Konfliktbewältigung mittels „Wahrheitskommissionen", wie sie in Südafrika eingerichtet und praktiziert wird. Nimm dabei auch Stellung zur Überlegung „Sühne ist besser als Strafe".

M5 **Der Fall Ahmad al-Faqi al-Mahdi, der sich vor dem ICC schuldig bekannte:**

Ahmad al-Faqi al-Mahdi (also known as Abu Tourab) was a member of (...) a Tuareg Islamist

2. Weltmächte seit 1945

2.1. USA – Land der (un-)begrenzten Möglichkeiten?

Nach dem Zweiten Weltkrieg wächst der Wohlstand

Nach dem Ende des Zweiten Weltkrieges konnte die Regierung der USA die Wohlstandsgesellschaft noch weiter ausbauen. Das Einkommen vieler Amerikanerinnen und Amerikaner stieg, und die „Konsumgesellschaft" wurde allmählich zur „Überflussgesellschaft": Ein Auto behielt man im Durchschnitt zwei Jahre. Supermärkte entstanden in großer Zahl. 1950 brachte „Diner's Club" die erste Kreditkarte auf den Markt. Der kalkulierte schnellere Verschleiß der Konsumartikel führte schließlich zur Entstehung der „Wegwerfprodukte".
Der ständig wachsende Konsum und die Hilfe für den Wiederaufbau in Europa (Marshallplan) verhalfen der amerikanischen Wirtschaft zu großem Wachstum. Vom Kalten Krieg und dem Rüstungswettlauf mit der Sowjetunion profitierte die Rüstungsindustrie. Daraus entstand ein mächtiger „militärisch-industrieller Komplex", der starken Einfluss auf die Politik der USA gewann. 1956 übertraf der Wert der Rüstungsgüter jenen der Konsumgüter um etwa das Doppelte.

Antikommunismus und Meinungsdruck

Mit Beginn des Kalten Krieges verstärkte sich in den USA die Angst vor dem Kommunismus. 1947 erließ Präsident Harry Truman eine „Loyality Order". Danach mussten über zwei Millionen Bundesangestellte schwören, niemals einer Organisation angehört zu haben, die im Verdacht „kommunistischer und subversiver Betätigung" stand. In diesem Zusammenhang war Senator Joseph McCarthy besonders aktiv. Er beschuldigte Mitglieder der Regierung und Beamtenschaft sowie des diplomatischen Dienstes, Militärangehörige, Wissenschafterinnen und Wissenschafter sowie Kunstschaffende, dem Kommunismus in die Hände zu arbeiten. Erst 1954 verurteilte der Senat offiziell diese Vorgangsweise.

■ Der US-amerikanische Astronaut James Irwin neben der Mondfähre Falcon. Foto, 1972.

Weitreichende Reformen in den 1960er Jahren

1960 gewann der demokratische Kandidat John F. Kennedy die Präsidentschaftswahl. In seiner vielbeachteten Antrittsrede am 20. Jänner 1961 sagte er u. a. Folgendes:

> Q *The world is very different now. For man holds in his mortal hands the power to abolish all forms of human poverty and all forms of human life. (...) Let every nation know, whether it wishes us well or ill, that we shall pay any price, bear any burden, meet any hardship, support any friend, oppose any foe to assure the survival and the success of liberty. (...) To those new states whom we welcome to the ranks of the free, we pledge our word that one form of colonial control shall not have passed away merely to be replaced by a far more iron tyranny. We shall not always expect to find them supporting our view. But we shall always hope to find them strongly supporting their own freedom. (...) To those people in the huts and villages of half the globe struggling to break the bonds of mass misery, we pledge our best efforts to help them help themselves. If a free society cannot help the many who are poor, it cannot save the few who are rich. (...) To our sister republics south of our border, we offer a special pledge – to convert our good words into good deeds – in a new alliance for progress – to assist free men and free governments in casting off the chains of poverty. (...) And so, my fellow Americans: ask not what your country can do for you – ask what you can do for your country. My fellow citizens of the world: ask not what America will do for you, but ask what together we can do for the freedom of man.*
> *(Kennedy, Inaugural Address, 20 January 1961. Online auf: https://www. jfklibrary.org/Asset-Viewer/BqXIEM9F4024ntFl7SVAjA.aspx, 24. 1. 2018)*

→ Arbeite heraus, welche Zukunftsvorstellungen Kennedy in dieser Rede eröffnete. Stelle fest, an wen er sich richtet. Diskutiert die Werte, die in dieser Rede zum Ausdruck gebracht werden, und mögliche Wirkungen. Beurteilt die Aktualität der Zukunftsvorstellungen Kennedys.

Noch vor Ablauf seiner Amtsperiode wurde Kennedy 1963 in Dallas (Texas) ermordet. Die Hintergründe für diese Tat blieben bis heute unaufgeklärt.
Lyndon B. Johnson, Kennedys Nachfolger, setzte die Reformpolitik fort und führte u. a. einen „Feldzug gegen die Armut". Er schrieb darüber in seinen Erinnerungen:

> Q *Ich werde auch den Mann nie vergessen, dessen Heim an einem Berghang (...) im östlichen Kentucky ich besuchte. Er hieß Tom Fletcher. Seine Behausung war eine aus drei Räumen bestehende Dachpappenhütte, die er mit seiner Frau und acht Kindern teilte (...). Am meisten Sorge machte ihm, dass zwei seiner Kinder bereits vorzeitig mit der Schule hatten aufhören müssen; er fürchtete, dieses Schicksal werde den anderen ebenfalls beschieden sein. Das befürchtete ich auch. Die Tragik des Auf-immer-Gefangenseins in*

diesem Teufelskreis der Armut summierte sich in den Befürchtungen dieses Mannes: Die Armut zwingt die Kinder aus der Schule und zerstört ihnen damit ihre beste Chance, der Armut der Väter zu entrinnen.
(Johnson, Meine Jahre im Weißen Haus, 1972, S. 83)

Der „Feldzug gegen die Armut" brachte Erfolge. Innerhalb weniger Jahre sank die Zahl der Menschen, die an der Armutsgrenze lebten, von rund 35 Millionen auf 10 Millionen. Die finanziellen Mittel für sozialpolitische Maßnahmen wurden allerdings bald knapp. Denn vor allem der Krieg in Vietnam verschlang Unsummen.

Bürgerrechtsbewegung, Protest und Gewalt

Bis zum Zweiten Weltkrieg herrschte in den USA eine klare Rassentrennung zwischen Weiß und Schwarz, vor allem in den Südstaaten. Während des Krieges geriet diese Haltung zunehmend ins Wanken, da die Schwarzen genauso für die USA kämpften wie die Weißen. 1948 hob Präsident Truman die Rassentrennung in allen staatlichen Behörden und Einrichtungen auf. 1954 beschloss der Oberste Gerichtshof die Aufhebung der Rassentrennung in den Schulen. Ein großer Teil der weißen Bevölkerung wehrte sich dagegen, vor allem gegen den Zutritt der Schwarzen zu den Schulen. Dies führte Ende der 1950er Jahre besonders im Süden der USA zu schweren Unruhen. Gleichzeitig entwickelte sich aber auch eine gewaltlose Bürgerrechtsbewegung, die von Schwarzen und vielen Weißen gemeinsam getragen wurde. Ihr bekanntester Repräsentant war der schwarze Pfarrer Martin Luther King, der 1964 den Friedensnobelpreis erhielt. Neue Gesetze der Regierung Johnson verboten die Rassentrennung im gesamten öffentlichen Leben. Militante Gruppen („Black Panther", „Black Muslims") sagten sich von den Zielen der Bürgerrechtsbewegung los und lehnten die Integration in die Gesellschaft ab. Mitte der 1960er Jahre kam es in vielen Großstädten wieder zu schweren Unruhen:

In ihrem 1968 veröffentlichten Bericht kritisierte die (von Präsident Johnson eingerichtete) Kommission nicht nur die militanten Schwarzen, sondern auch die Polizei als Verursacher vieler Übergriffe. Die Hauptursache sei jedoch der weiße Rassismus, der das Leben in Amerika durchdringe. Wie zur Bestätigung des Untersuchungsergebnisses wurde Martin Luther King (…) im April 1968 von einem Weißen erschossen.
(Wynn, Die 1960er Jahre, 1984, S. 416)

Aufgrund der Erfolge der Bürgerrechtsbewegung verringerten sich die wirtschaftlichen Unterschiede zwischen schwarzen und weißen US-Bürgerinnen und US-Bürgern. In vielen Bereichen blieben jedoch die Ungleichheiten und zahlreiche Rassismen (z.B. Polizeiübergriffe, Verurteilungen) bestehen. Zur allgemeinen politischen Radikalisierung trug auch der Vietnam-Krieg bei. In Vietnam standen Schwarze neben Weißen im Krieg. Zu Hause in den USA hingegen sollten sie nicht gleichberechtigt sein? Der Krieg in Vietnam (1965–1973, S. 108f.) führte darüber hinaus zu massiven Jugend- und Studentenprotesten. Zehntausende Amerikaner starben

in Vietnam oder kehrten versehrt, krank oder drogensüchtig zurück. Die brutale Vorgangsweise gegenüber der Zivilbevölkerung, die täglich im Fernsehen zu sehen war, sowie die Halbwahrheiten der amtlichen Meldungen über das tatsächliche Kriegsgeschehen führten zu Protesten. Junge Männer zerrissen ihre Einberufungsbefehle und flüchteten ins Ausland. Eine tiefe Spaltung durchzog die amerikanische Gesellschaft. In den frühen 1970er Jahren ließen die inneren Unruhen wieder nach, doch das „Trauma Vietnam" hielt an.

Die indigene Bevölkerung

Nach der Gründung der „American Indian Movement" (1968) stufte die Regierung die indigene Bevölkerung als die am stärksten benachteiligte Minderheit ein. 1970 lebten innerhalb und außerhalb der 244 Reservationen rund 800 000 indigene Personen. Im Jahr 2000 wurden 2,47 Mio. Native Americans gezählt. Wohl wurden Projekte zur Verbesserung ihrer Lebenslage gestartet, doch die Mittel dafür waren gering. So kam es bereits 1975 bei Wounded Knee – einem historischen Ort des Krieges gegen die indigene Bevölkerung im 19. Jh. – zu einem vergeblichen Aufstand gegen dieses Elend. Seither wird versucht, Rechte auf dem Klageweg einzufordern. Im Jahr 2009 endete ein 13-jähriger Rechtsstreit zwischen der US-Regierung und Gruppen der indigenen Bevölkerung. Dabei erhielten die Kläger ca. 3,4 Mrd. Dollar als Abgeltung für beschlagnahmtes Land zugesprochen. Im Jahr 2012 kündigte die US-Regierung an, die Native Americans mit einer weiteren Milliarde Dollar zu entschädigen. Trotz dieser Entschädigungen protestieren diese immer wieder gegen Beschränkungen ihrer Freiheits- oder Eigentumsrechte.

→ Recherchiere im Internet Aktuelles zur Situation der Native Americans in den USA.

Mehrfacher politischer Richtungswechsel

Die Unruhen der 1960er Jahre lösten eine starke konservative Gegenströmung aus. Durch sie gelangte 1968 und 1972 der Republikaner Richard Nixon zur Präsidentschaft. 1974 wurde bekannt, dass im Wahlkampf 1972 in das Wahlkampfzentrum der Demokraten im Watergate-Gebäude in Washington eingebrochen worden war. Die Auftraggeber standen mit den engsten Mitarbeitern Nixons in Verbindung (Watergate-Skandal). Der Präsident trat daraufhin zurück.

Mit der Wahl des Demokraten Jimmy Carter zum Präsidenten (1976) weckte die amerikanische Außenpolitik Hoffnungen auf eine internationale Entspannung. Doch 1979 marschierten sowjetische Truppen in Afghanistan ein. In der iranischen Hauptstadt Teheran stürmten Anhänger des Revolutionsführers Khomeini die Botschaft der USA und nahmen das Personal als Geiseln. All dies trug dazu bei, dass Carter 1980 die Wahlen gegen den Republikaner Ronald Reagan verlor. Mit ihm begann die konservative Wende. Die Rüstungsausgaben wurden erheblich gesteigert. Dies zwang die Sowjetunion in einen Rüstungswettlauf, der sie wirtschaftlich und schließlich auch politisch ruinierte (vgl. S. 94 ff.)

Globaler Führungsanspruch der US-Politik

Nach dem Ende des Kalten Krieges (1990/91) erhoben sowohl Präsident George W. Bush sen. als auch sein Nachfolger Bill Clinton den Anspruch, die politischen, wirtschaftlichen und gesellschaftlichen Wertvorstellungen der USA weltweit durchzusetzen. Präsident Bush bezeichnete im Jahr 1992 die Veränderungen der letzten Jahre als von „nahezu biblischem Ausmaß"; Amerika habe den Kalten Krieg und den Kampf gegen den Kommunismus durch die „Gnade Gottes" gewonnen: „Eine einstmals in zwei bewaffnete Lager geteilte Welt erkennt heute die einzige und überragende Macht an: die Vereinigten Staaten von Amerika." Bill Clinton, Bushs Nachfolger ab 1993, hat dieses Selbstverständnis der politischen Führung der USA wiederholt bestätigt.

Der Historiker Andreas Rödder beschreibt die weltpolitische Situation der 1990er Jahre aus der Sicht der USA unter dem Titel „Ein seltsamer Hegemon" folgendermaßen:

> *Nach Ende des Kalten Krieges verfügten die USA über einzigartige und unangefochtene Macht. Die Frage war, ob die USA eine aktive globale Führungsrolle spielen und ihre Macht aktiv ausüben oder sich auf die eigenen Belange zurückziehen und ihre Politik international einbetten sollten. (...) Sie erwiesen sich im Golfkrieg von 1991 und mit den cruise-missile-Einsätzen gegen den Irak oder mit dem Eingreifen auf dem Balkan 1995 militärisch als unbesiegbar überlegen. Diese Erfahrung und das damit verbundene Selbstbewusstsein beförderten einen zunehmenden Unilateralismus, nicht zuletzt im Verhältnis zu Russland. Zur Jahrtausendwende standen die USA im Zenit ihrer globalen Dominanz – und waren zugleich eine „Supermacht ohne Mission". Zugleich wurde bereits unter der Präsidentschaft Clintons das Konzept der „Schurkenstaaten" (rogue states) entwickelt, das mit der Orientierung gegen den islamischen Fundamentalismus einherging. Die Agenda der Regierung George W. Bush jr. war mithin vorbereitet.*
>
> *(Rödder, 21.0: Eine kurze Geschichte der Gegenwart, 2016, S. 351)*

Der 11. September 2001 und seine Folgen

Die von Al-Qaida durchgeführten Terroranschläge von New York und Washington am 11. September 2001 erschütterten das Selbstbewusstsein der USA. Nun wurden die innere Sicherheit (Gründung eines Departments of Homeland Security) und der Krieg gegen den Terrorismus zu beherrschenden Themen.

> *„Wir befinden uns im Krieg", verkündete US-Präsident George W. Bush. Das Problem war, dass der Gegner, die Attentäter und das Terrornetzwerk Al-Qaida, keine Regierung als vielmehr der Inbegriff der „asymmetrischen Kriegsführung" war. Die Lösung lag in der Gleichsetzung von Terroristen und denen, die ihnen Unterschlupf boten und sie unterstützten.*

> *Noch am selben Tag wurden fünf Staaten identifiziert: der Irak, Afghanistan, Libyen, der Sudan und der Iran. Unter dem Schock des 11. September gingen die USA, nachdem sie in den neunziger Jahren zwischen Dominanz und Einbindung geschwankt hatten, zu einem erheblich resoluteren internationalen Auftreten über. Für den „Krieg gegen den Terror" nahm die US-Regierung das Recht zu Präventivschlägen in Anspruch, um Bedrohungen durch „Schurkenstaaten" und Terroristen zuvorzukommen (...). (...) Der erste „Schurkenstaat", gegen den sich der war on terror richtete, war Afghanistan.*
>
> *(Rödder, 21.0: Eine kurze Geschichte der Gegenwart, 2016, S. 352)*

Während es 2001 für den Krieg gegen das Taliban-Regime noch eine Legitimation durch die UNO gab (Resolution 1373), fehlte eine solche beim Angriff auf den Irak, dem zweiten so genannten „Schurkenstaat", im März 2003.

Mit Obama ein neuer Anfang?

2008 wurde mit Barack Obama erstmals ein Afroamerikaner zum 44. Präsidenten der Vereinigten Staaten gewählt. Zwei seiner Slogans im Wahlkampf hatten gelautet: „Yes, we can" und „Change". Mit „change" meinte der neue Präsident grundlegende Reformen im Inneren und eine neue Außenpolitik.

Obama stellte die Beendigung der Militärpräsenz im Irak sowie das Ende des Krieges in Afghanistan in Aussicht. Während die amerikanischen Soldatinnen und Soldaten den Irak verließen, mussten die Truppen in Afghanistan im Krieg gegen die Taliban sogar aufgestockt werden. 2011 erfolgte die gezielte Tötung des Anführers von Al-Qaida Osama bin Laden durch ein Spezialkommando der US-Armee.
Doch die darauffolgende Politik der USA förderte im Irak die Entstehung einer neuen Terrorgruppe, des „Islamischen Staates" (IS). Zu seiner Bekämpfung wurden nun amerikanische Spezialeinheiten in den Irak verlegt. Damit verstärkten die USA ihre neue Strategie der Kriegsführung: Reguläre Truppen wurden abgezogen, dafür wurden Spezialeinheiten entsendet.
Das geschieht nicht nur im Nahen Osten so, sondern auch in Afrika und in Regionen, die bis 1991 dem „Sowjetblock" zuzuordnen waren.

Innenpolitisch versprach Obama vor allem eine Verbesserung der Krankenversicherung und die Schließung des Straflagers in Guantanamo. Während er bei der Umsetzung einer erweiterten Krankenversicherung mit Abstrichen erfolgreich war, blieb das Straflager in Guantanamo bestehen.

Noch immer Einwanderungsland?

Bis heute versuchen jährlich zehntausende Menschen in die USA einzuwandern. Ein besonderes Problem stellen die staatlich nicht registrierten Immigrantinnen und Immigranten dar. Nach einem Bericht der Zeitschrift „Time" im Jahr 2012 lebten geschätzte 11,5 Mio. Immigrantinnen und Immigranten in den USA, die von den offiziellen Stellen nicht registriert waren. Die größte Befürchtung der nicht Registrierten ist es, deportiert zu werden. So mussten in den Jahren 2000 bis 2011 rund 2,8 Mio. Immigrantinnen und Immigranten die USA wieder verlassen.

Präsident Obama legalisierte durch eine Verordnung den Status vieler nicht registrierter Menschen. Der 2016 gewählte Präsident Donald Trump machte hingegen eine verschärfte Einwanderungspolitik zu einem seiner innenpolitischen Hauptanliegen. Er besteht u. a. darauf, die bereits bestehenden Grenzbefestigungen zu Mexiko auszubauen. Außerdem möchte er alle in den USA lebenden Personen ohne legale Aufenthaltsdokumente ausweisen lassen, unabhängig davon, wie lange sie sich bereits in den USA befinden und wie integriert sie sind. Diese Vorgehensweise stößt vielfach auf Kritik und Widerstand und wird durch Gerichte teilweise blockiert.

Der pazifische Raum

Ab Mitte des 19. Jh. verfolgten die USA aktiv politische, wirtschaftliche und militärische Interessen im pazifischen Raum. 1854 verschafften sie sich gewaltsam Zugang zu Japan; 1898 wurden die Philippinen, bis dahin spanische Kolonie, von den USA erobert und blieben bis 1946 US-amerikanische Kolonie.

Militärische und wirtschaftliche Interessen bestimmen auch im 21. Jh. in hohem Maße die Politik der USA in

diesem Gebiet. Das betrifft v. a. die Handelsrouten für den freien Warenverkehr, aber auch die Bodenschätze im Südchinesischen Meer, z. B. Erdgas. 2016 unterzeichneten die USA und elf andere Staaten ein umfassendes Freihandelsabkommen für den pazifischen Raum. 2017 wurde es von Trump unter dem Motto „America first" wieder aufgekündigt. Der Aufstieg der VR China im pazifischen Raum wird für die USA zunehmend zur Herausforderung. Ehemalige Verbündete, wie Thailand und die Philippinen, wenden sich deutlicher China zu. Hingegen zählt der ehemalige Kriegsgegner Vietnam neuerdings mit Japan und Südkorea zu den Verbündeten der USA. Eine besondere Rolle in der Region spielt der Konflikt mit Nordkorea, dessen atomare Aufrüstung die USA und ihre Verbündeten verhindern wollen. Auch für diese militärpolitischen Ziele der USA kommt der Haltung der VR China eine Schlüsselrolle zu.

→ Fragen und Arbeitsaufträge

1. Nenne wichtige Entwicklungen in der amerikanischen Politik der 1950er und 1960er Jahre. Fasse dabei z. B. die Ereignisse zum „Feldzug gegen die Armut", zur Bürgerrechtsbewegung oder zu den Native Americans zusammen.

2. Nimm Stellung dazu, welche Bedeutung der Terroranschlag vom 11. September 2001 für die US-Politik in der unmittelbaren Folge hatte und nach wie vor hat.

3. Beurteile den globalen Führungsanspruch der USA. Ziehe dazu neben aktuellen Medienberichten die Aussagen des Historikers Rödder und den Autorentext heran.

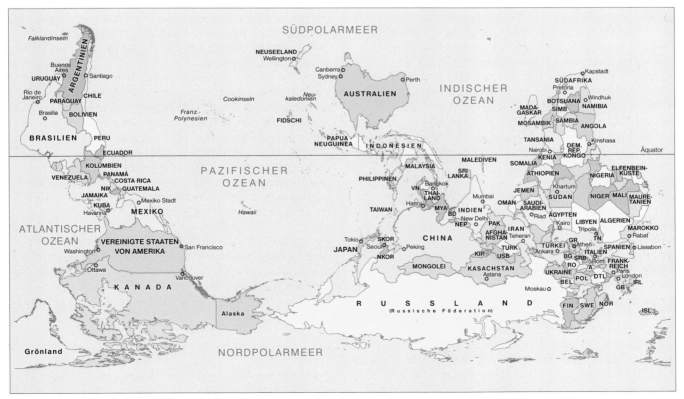

■ Diese „gesüdete" Kartendarstellung zeigt die Mächtigkeit des pazifischen Raumes, begrenzt u. a. von den USA und China. Europa gleicht aus dieser Perspektive einem kleinen Anhängsel der eurasischen Landmasse.

2.2 Russland – wieder ein Global Player

Von der Sowjetunion zur GUS

Die Sowjetunion war von Beginn an ein Vielvölkerstaat mit mehr als 160 verschiedenen Nationalitäten und ethnischen Gruppen. Die russische Bevölkerungsgruppe erhob den Führungsanspruch. Mit der Politik der Glasnost setzte eine Welle des Aufbegehrens ein. In den baltischen Republiken setzten sich die Bestrebungen nach Unabhängigkeit als Erstes durch. Der Wunsch nach Selbstständigkeit griff auch auf Russland und die Ukraine über. Staatspräsident Gorbatschow versuchte, den Zusammenhalt der Sowjetunion mit einem neuen Vertrag zu regeln. Er scheiterte aber. Ende 1991 gründeten 11 der 15 Sowjetrepubliken die „Gemeinschaft Unabhängiger Staaten" (GUS). Das bedeutete das Ende der UdSSR.

Russland als Nachfolgestaat der Sowjetunion

Dem Zusammenbruch der Sowjetunion 1991 folgte als größter und wichtigster Nachfolgestaat Russland. Dieses war zunächst innen- wie außenpolitisch erheblich geschwächt. Dazu schreibt der Historiker Andreas Rödder:

> Innenpolitisch stürzten schnelle Privatisierungen des Staatseigentums die ohnehin zutiefst marode Volkswirtschaft in wirtschaftliche Turbulenzen, in eine ökonomische Depression und Inflation, sie führten zu einem Rückgang der industriellen Produktion und des allgemeinen Lebensstandards, zu Machtkämpfen und Korruption.
> Außenpolitisch suchte Russland während der Präsidentschaft Boris Jelzins (folgte auf Gorbatschow; war der erste Präsident Russlands) Anlehnung an die vormaligen kapitalistischen Gegner. (…)
> Um die Jahrtausendwende änderten sich die Vorzeichen. Jelzins Nachfolger Wladimir Putin verfolgte eine autoritärere Innenpolitik, setzte auf erneute staatliche Kontrolle über ökonomische Ressourcen und auf eine nationalistische Außenpolitik.
> Sie richtete sich vor allem gegen die Ausdehnung der NATO, die zwischen 2002 und 2004 (…) ein Gebiet betraf, das Moskau nach wie vor als den eigenen Hinterhof ansah.
> (Rödder, 21.0: Eine kurze Geschichte der Gegenwart, 2016, S. 356)

Aber auch die Folgen des 11. September 2001 hatten für Russland weitreichende Folgen.
Dazu schrieb im Jahr 2003 die Monatszeitung Le Monde diplomatique:

> Heute sieht sich der Kreml vor vollendete Tatsachen gestellt. Im Gefolge des Afghanistan-Krieges errichteten die Vereinigten Staaten in Usbekistan und Kirgistan offenkundig auf Dauer angelegte Militärbasen, sie erwirkten die Nutzung militärischer Einrichtungen in Tadschikistan und Kasachstan und steckten ihre Fühler bis nach Georgien aus.
> (Le Monde diplomatique, Jänner 2003, S. 49)

Russlands neue Außenpolitik

Laut dem Historiker Rödder beklagte Präsident Wladimir Putin 2005 den Untergang des sowjetischen Imperiums als „größte geopolitische Katastrophe des 20. Jahrhunderts". In der Folge bemühte sich Putin mit seiner Politik um die Wiederherstellung Russlands als Großmacht.

Grenze der GUS (= Gemeinschaft unabhängiger Staaten) 1996 (Ende 1991 gegründet)   ● Hauptstadt

■ Quelle: Leitfragen Politik. Orientierungswissen Politische Bildung, Stuttgart 1998, S. 422.

Zunächst unterstützte Putin 2008 Autonomiebestrebungen georgischer Provinzen. Mit militärischer Gewalt zwang er Georgien zum Rückzug.

Neben der Region des Kaukasus wurde die Ukraine ab 2014 zu einem zweiten Konfliktfeld. Nachdem die Ukraine mit der EU eine vertiefte Zusammenarbeit anstrebte, ohne Russland in diese Verhandlungen einzubeziehen, unterstützte nun Putin eine prorussische Unabhängigkeitsbewegung im Osten der Ukraine, welche eine Abspaltung von der Ukraine zum Ziel hat. Seither kommt es dort zu laufenden Kampfhandlungen mit tausenden Toten und einer völligen Verarmung der Zivilbevölkerung. Die Halbinsel Krim, ebenfalls Teil der Ukraine, wurde 2014 von Russland annektiert. Als Stützpunkt der russischen Schwarzmeerflotte besitzt die Krim für Russland enorme strategische Bedeutung. Zusätzlich wird sie durch die christliche Taufe des Großfürsten von Kiew Vladimir im Jahr 988 als „urrussisches" Gebiet empfunden.

Die Innenpolitik ist weitgehend autoritär

Bis heute entwickeln sich die Demokratie und der Rechtsstaat in Russland nur langsam.

Dazu äußerte sich die ARD-Korrespondentin für Russland Sonia Mikich im Vorwort des „Russischen Tagebuchs" der regimekritischen Journalistin Anna Politkovskaja, die im Jahr 2006 ermordet wurde:

Während wir im Westen an unsere Energieversorgung dachten, fand – kaum berichtet, kaum kritisiert – eine atemberaubende Durchsetzung von Staat und Gesellschaft mit Geheimdienstlern und Militärs statt. Sie geben in Politik und Wirtschaft den Ton an. Sie besetzen oder beeinflussen inzwischen fast alle wichtigen Posten. Bis hin zum Sportspitzenfunktionär oder Fernsehdirektor. Die Kraftzentren im neuen Russland sind der Kreml und der mit ihm eng verbundene staatliche Gasmonopolist Gasprom. Bevölkert ist dieses Geflecht von den so genannten Silowiki (wörtlich: die Kräftigen, ehemalige Mitglieder des Inlandgeheimdienstes FSB) sowie von Politikern und Oligarchen, die Putin verpflichtet sind. Wie Marionetten hängen das Parlament, die Justiz und die Medien, die einstigen Kontrollinstanzen, von diesen Kraftzentren ab.

(Mikich. In: Politkovskaja, Russisches Tagebuch, 2007, S. 6)

■ Plakat Putins vor seiner Wiederwahl im März 2018 mit dem Slogan „Ein starker Präsident – ein starkes Russland!". Foto, 18.1.2018.

Trotz der Zunahme der politischen Opposition in den letzten Jahren beherrschen Putin und seine Partei das innenpolitische Leben Russlands. Obwohl Putin in sowjetischer Zeit an führender Stelle im sowjetischen Geheimdienst KGB tätig war, genießt er als Staatspräsident eine hohe Zustimmung.

Das begründet der Osteuropa-Historiker Jörg Baberowski in einem Interview folgendermaßen:

Erstens erinnern sich die meisten Menschen an das KGB nicht als ein Terrorinstrument, sondern als eine Überwachungsbehörde. Zweitens ging der Versuch Gorbatschows, die sowjetische Gesellschaft zu demokratisieren, mit einem ungeheuren Wohlstandsverlust einher. Die Armut spottete jeder Beschreibung. Unter diesen Umständen klang die Versicherung der Elite, die Bürger dürften nun alle vier Jahre wählen, nur noch wie Hohn. Drittens zerfielen die staatlichen Institutionen. 1993 kamen in Russland bei Bandenkriegen 30.000 Menschen ums Leben. Die Menschen machten die Erfahrung, dass nur vorankam, wer sich mit Gewalt nahm, was er wollte. Viertens zerfiel 1991 das Imperium, es wurde von oben aufgelöst. Man liebt Putin ja nicht, aber er hat die Ordnungssicherheit wiederhergestellt.

(Baberowski. In: Neue Zürcher Zeitung, 2.12.2017, S. 29)

Eine weitere wichtige Stütze für Putin und seine Regierung bildet die russisch-orthodoxe Kirche:

Nach der Wahl Wladimir Putins zum Präsidenten im Jahr 2000 ließ der Patriarch Alexij II. bei der Amtseinführung in einer Kirche auf dem Kreml-Gelände für den Staatschef beten. Der hatte sich zuvor zu seiner „heiligen Pflicht" bekannt, „das Volk Russlands zusammenzuschmieden". Russland ist nach Artikel 14 seiner Verfassung zwar ein weltlicher Staat, der keine Religion verordnet. Dennoch zeigt sich der Kreml der russisch-orthodoxen Kirche besonders verbunden. Sie sei, so Putin, „die geistige Stütze unseres Volkes und unserer Staatlichkeit".

(Spiegel Geschichte 6/2017, S. 64)

16 Jahre später, im Jahr 2016, zeichnete Präsident Putin den Patriarchen Kirill mit einem der höchsten Orden des Landes „für die Verdienste gegenüber dem Vaterland" aus.

→ Fragen und Arbeitsaufträge

1. Beschreibe den Übergang von der Sowjetunion zu Russland. Beziehe dazu auch die Karte (S. 252) ein.
2. Arbeite wesentliche Änderungen in der politischen Entwicklung Russlands von Jelzin zu Putin heraus. Beziehe dabei die Ausführungen zum außenpolitischen Kurs beider Präsidenten mit ein.
3. Erläutere wesentliche Merkmal der Innenpolitik Putins anhand der Aussagen von Mikich und Baberowski. Arbeite dabei heraus, worauf sich Putins Regierung besonders stützt. Diskutiert Möglichkeiten und Grenzen einer demokratischen Opposition.

2.3 Die Volksrepublik China – auf dem Weg zur Weltmacht

China wird „Volksrepublik"

Nach Ende des Zweiten Weltkrieges brach in China erneut der seit Ende der 1920er Jahre immer wieder aufflammende Bürgerkrieg zwischen der Regierungsarmee Tschiang Kai-Sheks und der „Roten Armee" Mao Zedongs aus. Da die Kommunisten für eine radikale Bodenreform eintraten, erhielten sie vor allem von der bäuerlichen Bevölkerung Unterstützung.

1949 endete der Krieg mit einem Erfolg der „Roten Armee". Am 1.10.1949 rief Mao Zedong in Beijing die „Volksrepublik China" aus. Tschiang Kai-Shek zog sich mit seinen Anhängern auf die Insel Taiwan zurück und errichtete dort mit Hilfe der USA die „Republik China".

Von der Landreform zur Kollektivierung

Die neue kommunistische Führung gestaltete die bestehenden Verhältnisse um. Die ideologische Grundlage bildete der Marxismus-Leninismus. Einige Grundgedanken wurden jedoch an die besondere Situation Chinas angepasst, z. B. sollten Bäuerinnen und Bauern (statt der Arbeiterschaft) und „Massen" (statt „Kader") Trägerinnen und Träger der revolutionären Umgestaltung sein.

1950 beschloss die Regierung die Enteignung der Grundbesitzer, ab 1955 bildete jedes Dorf eine „Sozialistische Produktionsgemeinschaft". In ihr bearbeiteten die Familien gemeinsam die Felder. Die Ernte wurde aufgeteilt. Als Privatbesitz verblieben nur noch das Haus, der Garten und das Kleinvieh.

Industrie, Handel und Banken wurden schrittweise verstaatlicht. Ein 1953 beschlossener erster Fünfjahresplan sollte – nach sowjetischem Vorbild und unterstützt von Fachleuten und Krediten aus der UdSSR – die Industrialisierung beschleunigen.

„Der große Sprung nach vorn" – ein Fehlschlag

Kritik und schlechte Wirtschaftsergebnisse führten 1958 zur Politik des „großen Sprungs nach vorn": Industrie und Landwirtschaft sollten gefördert und Veränderungen in der Gesellschaft vorgenommen werden. Um die traditionellen Familienstrukturen aufzulösen, wurden im ländlichen Bereich die Volkskommunen geschaffen. Erziehung, Feldarbeit, Altenpflege und Freizeit waren nämlich bis zu diesem Zeitpunkt in den Familien verankert. In den Kommunen sollte es weder Privateigentum noch Privatleben geben.

Die Wirtschaft erlitt durch die Politik des „großen Sprunges" schwere Rückschläge. Bis 1962 herrschte Hunger. Ihm fielen nach Schätzungen 30 bis 50 Millionen Menschen zum Opfer. Das zwang die Parteiführung, viele Maßnahmen zurückzunehmen. Die Volkskommunen jedoch blieben, wenn auch mit eingeschränkten Aufgaben, bestehen. Zahlreiche ideologische Gegensätze zwischen Beijing und Moskau führten 1960 zum Bruch zwischen den beiden kommunistischen Staaten.

Die „Proletarische Kulturrevolution" (1966–1970)

Anfang der 1960er Jahre verschärften sich in China die gesellschaftlichen Probleme. Dazu zählten eine Wirtschaftskrise, schlechte Berufsaussichten für die Jugend und Privilegien der politischen und militärischen Führungsschicht. Es kam zu Unruhen. Mao und seine Anhängerinnen und Anhänger nützten die Situation: Sie forderten v. a. die jungen Menschen zu einer „Proletarischen Kulturrevolution" auf. Als „Rote Garden" folgten Millionen diesem Aufruf. In Kampagnen der „Roten Garden" wurden Funktionärinnen und Funktionäre, Lehrende, Vorgesetzte, Kunstschaffende u. a. öffentlich angegriffen, verspottet und aus ihren Ämtern entfernt. Viele von ihnen wurden inhaftiert oder sogar hingerichtet.

Das gewaltsame Vorgehen der „Roten Garden" weckte Widerstand. Arbeiterinnen und Arbeiter sowie Bäuerinnen und Bauern streikten. Es kam zu bürgerkriegsähnlichen Kämpfen. Schließlich stellte sich auch Mao gegen die „Roten Garden". Die Armee griff ein und 1970 wurde die „Kulturrevolution" offiziell für beendet erklärt. Sie hatte aber schwerwiegende Folgen für Gesellschaft, Wirtschaft und Bildung:

Der Gewaltausbruch gegen die alte Welt dauerte nicht länger als einige Wochen, doch er hatte nachhaltige Folgen. Bald, nachdem Frauen, die sich modisch kleideten, von Rotgardisten angegriffen, ihnen die Haare in aller Öffentlichkeit geschnitten und das Gesicht mit Lippenstift beschmiert worden war, setzte eine eintönige Uniformität ein. (…) Männer und Frauen zogen einfache Kleidung vor, hauptsächlich blaue oder graue Baumwolluniformen und schwarze Stoffschuhe. (…) Buchläden hatten außer dem kleinen roten Buch („Mao Bibel") und anderen Schriften des Vorsitzenden keine Auswahl. (…) Ganze Bereiche der Kunst, des Handwerks und der Industrie waren vernichtet. (…)
(Dikötter, Mao und seine verlorenen Kinder, 2017, S. 95 ff.)

■ Plakat aus der Zeit der „Kulturrevolution" (1968), in der Mitte eine Rotgardistin mit Maos „Rotem Buch".

Der Text auf dem Plakat bedeutet: Neue Standards für die Leistung einführen: „Genauso wie die heldenhafte 4. Kolonne und Kamerad Li Wen'chung hart arbeiteten, um die Selbstsucht zu bezwingen und das gemeinsame Wohl zu befördern, sollen wir die neuesten Weisungen des Vorsitzenden Mao in die Tat umsetzen."

Um den Vorsitzenden Mao wurde in diesen Jahren ein großer Personenkult aufgebaut. Er hielt über die Zeit nach der „Kulturrevolution" hinaus an und wurde auch im Rahmen internationaler Protestbewegungen in den USA und Europa benutzt.

L Der sichtbarste Aspekt dieses Kults war eine Serie von Parolen, die überall zu sehen waren: „Unser großer Lehrer, großer Führer, großer Feldherr", großer Staatsmann oder „Lang lebe der Vorsitzende Mao". Züge hatten auf der Lokomotive ein Foto Maos montiert. Doch die gefürchtetste Waffe waren die Lautsprecher. Schon lange waren sie zu Propagandazwecken genutzt worden, aber jetzt waren sie ständig angeschaltet und spuckten andauernd die gleichen Zitate aus – immer in voller Lautstärke.
Revolutionäre Lieder wurden im Radio gesendet, das wiederum an Lautsprechern in Höfen, Schulen, Fabriken und Regierungsbüros angeschlossen war.
Dieser neue Eifer war vor allem von oben und nicht zuletzt von der Volksbefreiungsarmee gelenkt. Doch niemand wollte beim Führerkult in Rückstand geraten. Die einfachen Menschen griffen vermehrt nach einigen politisch sicheren Erzeugnissen, die verfügbar waren – das waren Mao Fotos, Mao Anstecker, Mao Plakate und Mao Bücher.

(Dikötter, Mao und seine verlorenen Kinder, 2017, S. 98 f.)

„Reich zu werden ist wunderbar"

1976 starb Mao Zedong. Im Machtkampf um seine Nachfolge setzten sich die Pragmatiker durch. Sie entfernten Maos Anhängerinnen und Anhänger aus den Parteiämtern und stellten viele von ihnen vor Gericht.
Im Dezember 1978 forderte der damals neu gewählte KP-Parteichef Deng Xiaoping eine Modernisierung des Wirtschaftssystems und eine beschleunigte Entwicklung zu mehr Wohlstand. Seine oft zitierten Parolen lauteten: „Reich zu werden ist wunderbar" bzw. „Es ist gleichgültig, ob eine Katze schwarz oder weiß ist. Hauptsache ist, sie fängt Mäuse."
In Abkehr von den bisherigen ideologischen Prinzipien traf man wichtige Entscheidungen: Die von Partei und Staat kontrollierte zentrale Planung der Wirtschaft wurde verringert, Entscheidungen wurden zunehmend vom Zentrum in die Regionen verlagert, die Marktwirtschaft gefördert sowie für Investitionen aus dem Ausland und den internationalen Handel geöffnet. Seither wuchs die Wirtschaft jährlich im Durchschnitt um 9 Prozent, und bereits mehr als 300 Mio. Menschen wurden aus der Armut geholt.
Für viele Industriestaaten, darunter die USA, Japan, Deutschland, aber auch Österreich ist der chinesische Markt inzwischen von großer Bedeutung.
China wurde aber auch für viele Entwicklungs- und Schwellenländer zu einem wichtigen Handelspartner. Chinas wirtschaftliche Macht stellt für sie allerdings auch eine Bedrohung dar. Speziell südostasiatische Staaten sehen in China den gefährlichen „Koloss im Norden".

→ Fragen und Arbeitsaufträge

1. Fasse zusammen, welche Maßnahmen die verschiedenen Führungen der Kommunistischen Partei Chinas trafen, um eine neue kommunistische Gesellschaftsordnung durchzusetzen.
   Beschreibe und analysiere dazu das Bild auf der linken Seite und erörtere die Rolle Mao Zedongs.
2. Analysiere anhand der Literaturstellen und der Bildquelle den von den politischen und militärischen Eliten gelenkten Kult um die Person Maos.
   Nimm aus demokratiepolitischer Perspektive Stellung zu einer solchen Form der „Würdigung" einer politischen Führungsperson.

■ Volksrepublik China: „Der große Sprung nach vorn". Arbeiter beim Bau von Kleinsthochöfen. Foto, 1959.

Im Zuge der angestrebten Industrialisierung in kürzester Zeit entstanden überall im Land Kleinsthochöfen, in denen Roheisen für die Stahlproduktion gewonnen werden sollte. Massenhaft vorhandene Arbeitskraft sollte fehlende Maschinen ersetzen. Straßen, Brücken, Tunnels, Dämme u. a. wurden so vielfach mit der Hand gebaut.

Keine politische Liberalisierung bis heute

1978 begann die Modernisierung und Liberalisierung des chinesischen Wirtschaftssystems. Doch das politische System blieb von Reformen ausgenommen.

Dies zeigte sich im Herbst 1988 in Tibet, wo Demonstrationen gegen die seit 1956 bestehende chinesische Herrschaft mit Polizei- und Militärgewalt niedergeschlagen wurden. Bis heute verbietet China die Rückkehr des 1959 geflohenen und im Exil lebenden Dalai Lama.

1989 begann der Zerfall des kommunistischen Systems in Europa. Auch in China forderte im Frühsommer 1989 besonders die studentische Jugend eine Demokratisierung der politischen Ordnung. Sie versammelte sich in Beijing tagelang auf dem Tian'anmen-Platz („Platz des Himmlischen Friedens") und verlangte Verhandlungen mit der Regierung. Der gleichzeitig stattfindende Staatsbesuch von Michail Gorbatschow, der für die Sowjetunion Perestroika und Glasnost ausgerufen hatte (S. 94f.), verstärkte diese Bewegung.

Anfang Juni 1989 jedoch wurde die Demokratiebewegung mit Panzern niedergewalzt. Mehr als 3 000 Menschen kamen ums Leben. Bis heute werden in China Systemkritikerinnen und Systemkritiker verhaftet und oft zu hohen Gefängnisstrafen verurteilt, wie z.B. der Friedensnobelpreisträger Liu Xiaobo.

Wachsende regionale und soziale Ungleichheit

Die wirtschaftliche Entwicklung in China hatte in verschiedenen Regionen und für verschiedene Bevölkerungsgruppen sehr unterschiedliche Auswirkungen.

Während sich in den großen Metropolen und wohlhabenden Küstenregionen die wirtschaftliche Situation vieler Menschen deutlich verbesserte, gab und gibt es vor allem im Inneren des Landes nach wie vor weit ärmere Provinzen.

Viele Menschen aus den ländlichen Gebieten verdingen sich auch gegenwärtig massenhaft als Wanderarbeiterinnen und -arbeiter in den Städten und auf Großbaustellen.

Zahlreiche ländliche Gebiete weisen aus der Sicht der Regierung in Beijing ein bedrohliches Maß an sozialer Unzufriedenheit auf. Zu ihnen gehören z.B. entlassene Arbeiterinnen und Arbeiter, schlecht bezahlte Arbeitsmigrantinnen und -migranten sowie Bäuerinnen und Bauern, die im Zuge von industriellen Groß- und Bauprojekten ihr Land verlieren ebenso wie ethnische Minderheiten wie z.B. die muslimischen Uiguren.

China gegen China

Im Jahr 2005 verabschiedete das Parlament der Volksrepublik China das „Antisezessionsgesetz". Dieses Gesetz ermächtigt die Regierung in Beijing, auch „nicht freundliche Mittel" (= militärische Mittel) gegen Taiwan einzusetzen, sollte sich die dortige Regierung für die Unabhängigkeit der Insel aussprechen. Taiwan wird nämlich von der VR China nicht als unabhängiger Staat, sondern als Provinz Chinas gesehen.

Die USA, die seit 1979 offiziell die Sicherheit Taiwans garantieren, werten das „Antisezessionsgesetz" nach wie vor als eine Gefahr für den Frieden und die Sicherheit der Region.

Chinas stetiger Aufstieg zur Weltmacht

Nach dem Ende des Kalten Krieges verstärkte China in der Außenpolitik seine Kontakte in viele Richtungen (Multilateralismus). Diese Politik war auch bedingt durch die Integration Chinas in die Weltwirtschaft. Das rasche Wirtschaftswachstum führte jedoch sowohl bei der Versorgung mit Energie als auch bei Rohstoffen zu neuen Abhängigkeiten.

Bis 1995 gehörte China noch zu den Erdöl exportierenden Ländern. Inzwischen ist das Land nach den USA und Japan weltweit der drittgrößte Erdöl-Importeur. Entsprechendes Interesse zeigt China daher an der Entwicklung in Zentralasien (Kasachstan, Aserbaidschan) und in Afrika (Sudan, Mozambique). Um die Energieversorgung zu sichern, werden in China riesige Staudämme errichtet, und nahezu jede Woche wird ein neues Kohlekraftwerk gebaut. Laut „World Energy Report" löste China 2010 die USA von der Spitze des weltgrößten Energieverbrauchers ab.

Die weltweit erfolgreiche Wirtschaftspolitik brachte China einen enormen Finanzüberschuss. Diese Mittel wurden über riesige Kreditvergaben zur Stabilisierung des

■ Jeff Widener, „Tank Man". Foto, 5. Juni 1989.
Der Vorfall ereignete sich am 5. Juni 1989 in der Nähe des Tian'anmen-Platzes in Beijing. Am Tag zuvor waren die Demonstrationen am Tian'anmen-Platz gewaltsam niedergeschlagen worden. Der Mann stand allein auf der Fahrbahn, als sich die Panzer näherten. Die Panzer hielten an. Der Mann wurde unmittelbar nach seiner Protestaktion verhaftet.

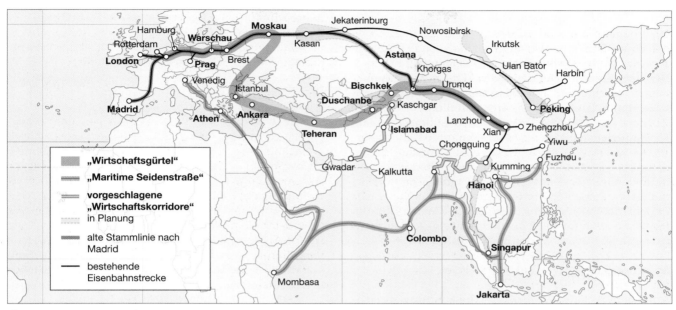

■ Chinas „Neue Seidenstraße".

Finanzsystems hoch verschuldeter Staaten eingesetzt. So wurde China auch auf dem Finanzsektor zur Weltmacht.

Die neue Weltgeltung drückt sich zum Beispiel in folgenden Headlines in Zeitungen aus:

Das Geld des Drachen. Chinesische Investitionen sorgen in Australien für Unruhe
(Neue Zürcher Zeitung, 7. 5. 2016, S. 11)

China, Reich der Ideen. Bisher haben die Chinesen nur kopiert, jetzt versuchen sie es mit Innovation.
(Frankfurter Allgemeine Sonntagszeitung, 15. 10. 2017, S. 26)

China setzt sich ehrgeizige Ziele. Peking beansprucht weltpolitische Führungsrolle
(Neue Zürcher Zeitung, 20. 10. 2017, S. 1)

Die neue „Seidenstraßen-Strategie"

Zum „Seidenstraßen-Projekt", dem weltweit größten Infrastrukturprojekt seit dem Zweiten Weltkrieg, schreibt die Juristin und Politikerin Karin Kneissl Folgendes:

L *Der aktuelle chinesische Präsident Xi Jinping veranschlagt ein Budget von vier Milliarden US-Dollar und hat zu diesem Zweck die asiatische Entwicklungsbank AIIB ins Leben gerufen. Es geht um ein breit gefächertes Konzept aus teils schon bestehenden Verkehrsverbindungen, etwa Hafenanlagen und Eisenbahnlinien, bzw. noch zu bauenden Pipelines und Umschlagplätzen, wo alte Karawanenstädte neben neuen Satellitenstädten ihre Rolle spielen werden. Erstmals präsentierte Xi seine Idee während eines Besuches in der kasachischen Hauptstadt Astana am 7. September 2013, als er von einem „Wirtschaftsgürtel" sprach, der chinesischen Wohlstand in bis-*

lang vernachlässigte Regionen bringen würde. Immerhin sollen vier Milliarden Menschen an diesem Vorhaben teilhaben. Ein Jahr später, im Oktober 2014, kündigte Xi während eines Besuches in Indonesien die „maritime Seidenstraße des 21. Jahrhunderts" an. Diese Verbindung von Hafenanlagen, die China bereits schon nützt oder zu kontrollieren anstrebt, wird auch Perlenkette genannt. Als offizielles Konzept wurde daraus schließlich „Eine Straße, ein Gürtel" (yi dai yi lu) (One belt one road).

(…) Nun gilt es, diese Strategie der neuen Hegemonie mit den Grundlagen der Kommunistischen Partei Chinas in Gleichklang zu bringen. Politische Ideen und damit auch Macht sind in China ideologisch, nicht demokratisch legitimiert. Allmählich ist dieses Vorhaben gereift, dabei spielt das chinesische Engagement von Zentralasien über Afrika bis nach Lateinamerika ebenso seine Rolle wie auch das wachsende Selbstbewusstsein in weiten Teilen der chinesischen Gesellschaft.
(Kneissl, Wachablöse, 2017, S. 36 f.)

→ Fragen und Arbeitsaufträge

1. Das Foto des Mannes, der sich allein gegen eine Panzerkolonne stellt, wurde zu einem der eindrucksvollsten Bilder des 20. Jh. gewählt. Untersuche und beschreibe, wodurch in diesem Fall „unterdrückende Staatsmacht" einerseits und „Zivilcourage eines einzelnen Menschen" andererseits zum Ausdruck kommen.

2. Nimm Stellung zur Haltung dieses Mannes gegenüber Bedrohung und Unterdrückung und bewerte sie. Recherchiere im Internet weitere Bilder zum Motiv des „Tank Man". Vergleicht diese und diskutiert Gründe für die Bevorzugung des hier ausgewählten Bildes.

3. Setze die „Seidenstraßen-Strategie" in Beziehung zur übergeordneten Gesamt-Wirtschaftspolitik Chinas. Beziehe dazu die Karte mit ein.

3. Lateinamerika – zunehmende Bedeutung in der Weltpolitik

Lateinamerika – einst „Hinterhof" der USA

Seit dem 19. Jh. übten die USA auf die Staaten in Lateinamerika großen Einfluss aus. US-Großkonzerne kontrollierten weite Bereiche der Wirtschaft. In vielen lateinamerikanischen Staaten befanden sich mit amerikanischer Hilfe Großgrundbesitzer, Großindustrielle und Offiziere an der Macht. Sie vertraten die Interessen einer kleinen reichen Oberschicht und regierten diktatorisch. Immer wieder gab es Versuche, diese Zustände zu ändern. Doch die USA unterstützten bei Umsturzversuchen in der Regel jene Kräfte, die ihren Interessen nützten. Sie waren damit 1954 in Guatemala und 1973 in Chile erfolgreich. In Kuba jedoch wurde die von den USA unterstützte Diktatur 1959 gestürzt und der Revolutionsführer Fidel Castro kam an die Macht (S. 93).

Militärregierungen – und ihre Ablöse

In den letzten Jahrzehnten des 20. Jh. kehrten zahlreiche lateinamerikanische Staaten zur Demokratie zurück. Die bis dahin herrschenden Militärdiktaturen hatten wirtschaftlich eine Politik des Wachstums ohne Verteilungsgerechtigkeit verfolgt. Forderungen nach mehr politischer Partizipation und nach gerechterer Verteilung des Wohlstandes wurden daher immer lauter.
Der Lateinamerika-Experte Hans Werner Tobler schreibt dazu:

> **L** Etwa 40 % der Gesamtbevölkerung Lateinamerikas wurden in den 1990er-Jahren [der Kategorie der Armen] zugerechnet. Ungefähr 6 Mio. Kleinkinder bis zu fünf Jahren galten als unterernährt; etwa 18 Mio. Kinder im schulpflichtigen Alter besuchten keine Schule; (…) mindestens 95 Mio. Menschen hatten keinen angemessenen Zugang zu Trinkwasser; ca. 100 Mio. verfügten nicht über die erforderlichen Gesundheitsdienste. Kinderarbeit war die Regel, Kinderprostitution häufig anzutreffen.
> (Tobler, Lateinamerika. In: Konrad/Stromberger (Hg.): Die Welt im 20. Jh., 2010, S. 330)

Die politischen und gesellschaftlichen Entwicklungen waren in den lateinamerikanischen Staaten sehr unterschiedlich.
In Argentinien z.B. musste die Militärregierung nach der Niederlage gegen Großbritannien im Krieg um die Malvinen bzw. Falkland-Inseln (1982) 1983 freie Wahlen zulassen. In Uruguay, El Salvador und Guatemala zwang massiver innerstattlicher und internationaler Druck die Militärregierungen dazu, die Macht abzugeben. Auch in Brasilien, Ecuador, Peru und schließlich auch in Chile zogen sich die militärischen Machthaber zurück.
Die Militärregierungen hatten der Mehrheit der Bevölkerung keine Beteiligung am politischen Leben zugestanden und massive Menschenrechtsverletzungen verübt. Kritische Personen und Oppositionelle wurden willkürlich verhaftet, gefoltert und vielfach auch ermordet. Die Angehörigen wurden darüber zumeist im Unklaren gelassen.

Argentinien – Militärdiktatur und Aufarbeitung ihres Erbes

■ Gedenkveranstaltung für die Opfer der argentinischen Militärdiktatur 1976–1983, Buenos Aires. Foto, 2018.

Während der Militärdiktatur (1976–1983) in Argentinien wurden von Seiten der Regierung zahlreiche Verbrechen an der Bevölkerung verübt. Deren politische und rechtliche Ahndung wird erst in jüngerer Zeit konsequenter betrieben. Im Juli 2003 wurden von einem Richter Haftbefehle gegen 45 Mitglieder der früheren Militärregierung erlassen. Unter ihnen befindet sich auch Jorge Rafael Videla, von 1976 bis 1978 Staatspräsident und Oberkommandierender des Heeres.
Gleichzeitig wurde ein Erlass aufgehoben, der untersagte, ehemalige Militärs, die während der Diktatur Menschenrechtsverletzungen an Ausländerinnen und Ausländern, vor allem an spanischen Staatsangehörigen, begangen hatten, auszuliefern.
Trotz innenpolitischer Widerstände hob das Parlament die Amnestiegesetze aus den Jahren 1986 und 1987 auf, die unter den Titeln „Schlusspunktgesetz" und „Gesetz über Befehlsnotstand" eine gerichtliche Verfolgung der Verbrechen verhinderten. Ende 2003 ratifizierte das Parlament auch eine Konvention der UNO, wonach Verbrechen gegen die Menschlichkeit nicht verjähren.
Der Oberste Gerichtshof entschied 2005, dass neue Verfahren gegen ehemalige Mitglieder der Militärregierung zu eröffnen sind. Solche werden auch gegenwärtig noch geführt.

→ Fragen und Arbeitsaufträge

1. Der argentinische Staat ahndet die Verbrechen, die während der Militärdiktatur begangen wurden, selbst. Setze dich damit auseinander, welche Schwierigkeiten bei der Aufarbeitung von Verbrechen gegen die Menschlichkeit zu überwinden sind.

2. Nenne Beispiele für Versuche, Verbrechen gegen die Menschlichkeit durch nationalstaatliche oder nationale Institutionen aufzuarbeiten.

3. Beurteile in diesem Zusammenhang Bezeichnungen wie „Schlusspunktgesetz" oder „Gesetz über Befehlsnotstand".

Fallbeispiel Brasilien

Nach der Militärdiktatur (1964–1985) war es Ziel der brasilianischen Regierungen, die Wirtschaft durch Privatisierungen, Liberalisierung des Außenhandels und die Öffnung des Marktes für ausländisches Kapital zu verbessern. Brasilien geriet dadurch allerdings in Abhängigkeit von Internationalem Währungsfonds (IWF) und der Weltbank. Außerdem wurde zur Bekämpfung der Massenarmut und gegen die Vernichtung des Regenwaldes wenig getan.

Wahl neuer Regierungen

Im Jahr 2002 wurde der sozialistische Gewerkschaftsführer Luiz Inácio Lula da Silva zum Präsidenten gewählt. Er setzte einschneidende soziale Reformen durch. Für viele galt dieser Präsident der damals zehntgrößten Industrienation der Welt als glaubhafter Vertreter einer Politik des Wandels zu mehr sozialer Gerechtigkeit bei gleichzeitiger Bewahrung der wirtschaftlichen Stabilität. Doch die Korruption blieb eine beherrschende Größe in der Politik. Lulas Nachfolgerin Dilma Roussef wurde 2016 aufgrund von Korruptionsvorwürfen ihres Amtes enthoben. Unabhängige Richter und Staatsanwälte sowie zivilgesellschaftliche Initiativen bemühen sich, der Korruption in der Politik Einhalt zu gebieten. Im Herbst 2018 wurde der rechtskonservative Jair Bolsonaro zum neuen Präsidenten gewählt, der in enger Verbindung zur seinerzeitigen Militärregierung stand.

Die Landreform – nach wie vor ungelöst

Eines der Hauptversprechen Lula da Silvas war es, eine Landreform durchzuführen. Großgrundbesitzern (ca. 1 Prozent aller Grundbesitzer) gehören in Brasilien beinahe 50 Prozent der landwirtschaftlich genutzten Fläche. Etwa drei Mio. Bäuerinnen und Bauern besitzen gemeinsam ungefähr 3 Prozent. Der überwiegende Teil

Demonstration von Gewerkschaftern und Anhängerinnen und Anhängern des früheren Präsidenten Lula da Silva, Sao Paulo. Foto, 24.1.2018.

Ein brasilianisches Gericht hatte im Jänner 2018 Lulas Berufung gegen seine Verurteilung wegen Korruption abgelehnt. Das bedeutete auch das Ende der Hoffungen, Lula könne 2018 bei den Präsidentschaftswahlen kandidieren und wieder gewählt werden.

der in der Landwirtschaft beschäftigten Menschen besitzt jedoch gar nichts. Der Konflikt um eine Landreform wurde von Gewalt begleitet. Die offiziell registrierten Landbesetzungen stiegen drastisch an. Mit diesen Besetzungen von Land der großen Grundbesitzer versuchte die „Bewegung der Landlosen", eine Reform durch die Regierung zu erzwingen.

Neu in dieser sozialen Protestbewegung war, dass sich die unzufriedenen Landlosen immer häufiger mit den unzufriedenen Obdachlosen in den Städten verbanden. Viele von ihnen waren im Zuge der wachsenden Landflucht in die Städte an der Küste gekommen, blieben dort aber in der Regel an den Rand gedrängt. In ihrem Protest besetzten sie Häuser oder auch die Firmengelände internationaler Konzerne.

Gefährdete Natur und Umwelt

Schon 1998 wurde in Brasilien versucht, die Produktion von Soja auch durch Züchtung von genmanipulierten Sojapflanzen zu steigern. Dieses Vorhaben wurde nach Protesten durch einen Gerichtsbeschluss verhindert. Doch die Regierung ermöglichte trotz des Widerstandes von Politikerinnen und Politikern, Bäuerinnen und Bauern sowie Umwelt- und Verbraucherorganisationen unter dem Druck der Lobby brasilianischer Großgrundbesitzer diesen Anbau. Soja macht 25 Prozent der Agrarexporte Brasiliens aus. Weltweit rangiert das Land bei der Produktion von Soja an zweiter Stelle hinter den USA.

Die Abholzung des Regenwaldes ging lange Zeit ungehindert weiter. Erst 2009 kündigte die Regierung an, die Abholzung durch den Einsatz von Militär und Polizei zu kontrollieren. Trotzdem zerstören nach wie vor illegale Abholzungen riesige Flächen an Regenwald sowie die Lebensräume der indigenen Bevölkerung.

Religion und Politik

Die Trennung von Kirche und Staat gehört seit dem Ende des 19. Jh. zu den republikanischen Idealen Brasiliens. Dennoch haben die verschiedenen Kirchen des Landes immer ihren Einfluss genutzt, um in die Politik einzugreifen. Anfang des 20. Jh. bezeichnete sich fast die gesamte Bevölkerung noch als katholisch. 100 Jahre später sind es knapp 74 Prozent.

Viele Gläubige sind inzwischen zu protestantischen Gemeinden, insbesondere auch zu den „Pfingstkirchen" abgewandert. Diese nutzen intensiv die Möglichkeiten der modernen Medienwelt. Inzwischen gehen zahlreiche politische Abgeordnete aus dieser Bewegung hervor. Die „Pfingstbewegung" konzentriert sich auf die Außenbezirke der Megastädte und auf ländliche Randgebiete, wo heimatlose und kulturell entwurzelte Migrantinnen und Migranten leben.

Brasilien – zunehmende globale Bedeutung

Brasilien nimmt als bei weitem größtes Land Lateinamerikas eine regionale Führungsrolle ein. Im Rahmen der Verhandlungen um eine Freihandelszone, die Nord- und Südamerika umfassen soll, tritt Brasilien als Sprecher der Staaten des Südens auf.

In vielen südamerikanischen Staaten steht man diesem Projekt allerdings sehr kritisch gegenüber. Man befürchtet nämlich durch eine Liberalisierung des Handels die Verdrängung der eigenen Erzeugnisse von den heimischen Märkten.

Brasilien versucht aber auch, als Global Player aufzutreten. Im Rahmen der IBSA- (Indien, Brasilien, Südafrika) und BRIC- (Brasilien, Russland, Indien, China) Staaten spielt Brasilien als Mitglied beider Staatengruppen eine wesentliche Rolle. So wird eine gemeinsame Linie im Nahostkonflikt und im Auftreten vor der UNO und ihrem Sicherheitsrat gesucht. Während Russland und China bereits von Beginn an ständige Mitglieder im UN-Sicherheitsrat sind, strebt Brasilien einen solchen ständigen Sitz seit Jahren an. Darüber hinaus bilden Themen wie weltweiter Handel, Energie- und Ernährungssicherheit sowie Klimaschutz zentrale Anliegen. Die zunehmende Bedeutung Brasiliens als erdölförderndes Land stärkt seine Stellung im Rahmen dieser beiden Staatengruppen und in der Welt.

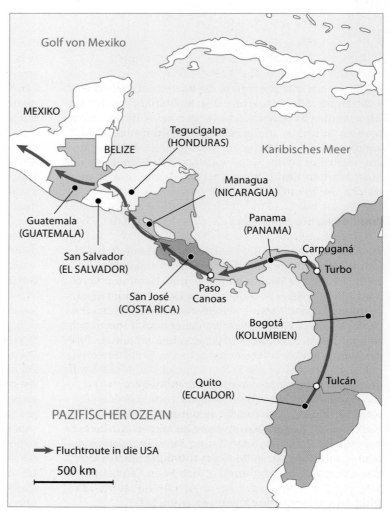

■ Migrationsroute durch Lateinamerika in die USA.

Lateinamerika: „Transitroute" für Migrantinnen und Migranten aus aller Welt?

Menschen aus Asien, aus der Karibik und aus Afrika, die in die USA einwandern wollen, reisen per Flugzeug zunächst nach Ecuador, wo z. B. seit 2010 die Visapflicht für Einreisende sehr liberal gehandhabt wird. Außerdem liegt Ecuadors Hauptstadt Quito relativ nahe der kolumbianischen Grenze. Von Kolumbien aus organisieren Schlepper gegen hohe Geldbeträge die „Weiterwanderung" nach Norden – per Fuß, per Taxi, per Schiff.

Lateinamerika – ein „neuer Vorhof Chinas"

Seit mehreren Jahren binden sich Lateinamerika und China stärker aneinander. Dazu schreibt die Publizistin Michi Strausfeld:

> *Zahlreiche Großprojekte wie der Bau von Strassen, Eisenbahnlinien und Häfen werden finanziert, Raffinerien ausgebaut, Elektrizitätswerke und Minen gekauft. China ist inzwischen der wichtigste Handelspartner von Argentinien, Brasilien, Chile und Peru sowie prioritärer Gläubiger von Brasilien, Venezuela oder Ecuador. (…)*
> *Den Vorwurf, hier würden im Gewand solidarischer Hilfe strategische Eigeninteressen verfolgt, weisen*

die Chinesen zurück und behaupten, alles geschehe auf egalitärer Basis, zum wechselseitigen Nutzen, denn sie exportieren nicht nur, sondern importieren auch viele Güter. Letzteres stimmt, China kauft alle nur erhältlichen Rohstoffe auf und erklärte Lateinamerika 2018 zum „unentbehrlichen Partner".
(Strausfeld: Vom Hinterhof der USA zum Vorhof Chinas? In: Neue Zürcher Zeitung, 17. 2. 2018, S. 20)

→ Fragen und Arbeitsaufträge

1. Recherchiert in Gruppen im Internet zur Migration über die „Transitzone" Lateinamerika in die USA.
   Überprüft, ob eure Ergebnisse mit den Informationen hier im Schulbuch übereinstimmen, ob sie diese erweitern, durch Beispiele veranschaulichen oder ergänzen.
   Fasst eure Ergebnisse in Kurzdarstellungen zusammen und vergleicht diese in der Klasse.

2. Durch die Beendigung des Kalten Krieges verlor der jahrzehntelang dominierende Ost-West-Konflikt seine Bedeutung. Auch der traditionelle Nord-Süd-Gegensatz veränderte sich durch die Entwicklung in Lateinamerika, China und Indien. Beurteile die globale Bedeutung Brasiliens in der Weltpolitik.

3. Arbeite heraus, wie in der Literaturstelle die Beziehungen zwischen Lateinamerika und China dargestellt werden. Nimm Stellung dazu, beziehe dabei auch die Literaturstelle zur „Seidenstraßen-Strategie" Chinas mit ein (S. 257).

4. Japan seit 1945

Reformen als Folge des Zweiten Weltkrieges

In Japan endete der Zweite Weltkrieg formell Anfang September 1945. Die Staats- und Militärführung kapitulierte bedingungslos kurz nach dem Abwurf der Atombomben auf Hiroshima und Nagasaki durch die US-Luftwaffe (S. 68 f.).

Die amerikanische Besatzungsmacht setzte Maßnahmen, die den Faschismus und seine Folgen beseitigen sollten. 1947 wurde eine neue Verfassung durchgesetzt, die Japan zu einer parlamentarisch-demokratischen Monarchie machte. Das Kaisertum blieb, doch der Tenno verlor seine politische Macht.

Japan wurde weitgehend entmilitarisiert und blieb verteidigungspolitisch völlig von den USA abhängig.

Der Beginn des Kalten Krieges, die Ausdehnung des sowjetischen Einflussbereiches in Ostasien und die Errichtung der Volksrepublik China führten jedoch dazu, dass die USA in Japan vom Besatzer zum Bündnispartner wurden. 1951 wurde zwischen den beiden ein Friedensvertrag unterzeichnet.

Wirtschaftsmacht – Konkurrenz mit China

Der Wirtschaftsaufschwung begann mit dem Krieg in Korea (1950–1953). Die japanische Wirtschaft lieferte, was die UNO für die Versorgung ihrer Truppen in diesem Krieg benötigte. Doch auch danach verzeichnete die Wirtschaft überdurchschnittlich hohe Wachstumsraten. Mit Protektionismus schützte man die eigene Produktion vor ausländischer Konkurrenz.

Bald drängten japanische Produkte selbst auf den Weltmarkt:

> *1952 erklärte US-Außenminister John Foster Dulles den Japanern, dass sie sich keine großen Hoffnungen auf Amerikas Märkte machen sollten – ihre Produkte seien einfach nicht gut genug. Seit 1970 aber*
> *– hat sich der Anteil Japans am Automobilmarkt der USA von zwei auf 34 Prozent erhöht (…).*
> *– (…) Vier Fünftel der in den Vereinigten Staaten verkauften Elektroprodukte stammen von Firmen wie Sony oder Toshiba. Vor zwanzig Jahren war es ein Zehntel.*
> *– konnte Japan seinen Handelsüberschuss mit den USA immer höher schrauben. 1990 lag das Plus bei 41 Milliarden Dollar.*
> (Tenbrock, Der späte Sieg. In: Die Zeit, Nr. 50, 6.12.1991, S. 41)

Darüber hinaus investierten Japaner in den USA fast hundert Milliarden Dollar in High-Tech-Unternehmen, Filmstudios und Immobilien.

Aber auch in Europa schaffte sich Japan durch Einkauf in große Konzerne und durch Gründung von Banken neue Standbeine. In Ost- und Südostasien bildete es bis zum Ende des 20. Jh. die wirtschaftliche Führungsmacht. Seit dieser Zeit wird Japan vom aufstrebenden China zurückgedrängt. Vor allem die Auseinandersetzung um Rohstoffe, wie Erdöl und Erdgas, im Südchinesischen Meer belastet die Beziehungen zu China.

Wettbewerb – Krisen – Sicherheitspolitik

Die wirtschaftliche Entwicklung war begleitet von einer niedrigen Arbeitslosenrate. Die nach dem Krieg gegründeten Gewerkschaften fassten kaum Fuß. Sie waren organisatorisch zersplittert und ihnen standen die traditionellen Bindungen zwischen Arbeitgeber und Arbeitnehmer hemmend entgegen.

> *In Japan (…) ist die Beschäftigung für den Betrieb wie für den Einzelnen eine Bindung auf Lebenszeit (…). Daher erachtet es ein Unternehmen bei einer Neueinstellung für ebenso wichtig, den Charakter des Bewerbers, sein Verhältnis zur Treue und seine Fähigkeit, der Firma langfristig etwas zu bringen, kennen zu lernen wie seine reine Arbeitsproduktivität (…). Da man wenig Aussicht hat, von einer Firma eingestellt zu werden, wenn man nicht von einer guten Schule oder (…) Universität kommt, gibt es bereits beim Eintritt in die guten Universitäten einen heftigen Wettbewerb, folglich auch harten Wettbewerb beim Eintritt in gute höhere Schulen (…). In extremen Fällen ist der Wettbewerb so rücksichtslos, dass er schon beginnt, wenn man ein Kind in den Kindergarten schickt: Einige Kinder erhalten schon zu Hause Vorbereitungsunterricht.*
> (Morishima, Warum Japan so erfolgreich ist, 1985, S. 122 ff., 179)

Am Beginn des 21. Jh. erfuhr Japans Aufstieg in Ostasien und in der Welt einige Rückschläge. Auch Japan ist von einer tiefen Wirtschafts- und Finanzkrise betroffen. Die atomare Katastrophe im Atomkraftwerk Fukushima (2011) führte dazu, dass Japan trotz seiner geringen Energieressourcen aus der Atomenergie auszusteigen beabsichtigt.

Die seit Jahren stattfindende Aufrüstung Chinas und das bedrohende Atomprogramm Nordkoreas veranlassten Japan zu einer Verfassungsänderung, die es ermöglicht, militärisch aufzurüsten, um verteidigungspolitisch nicht ausschließlich von den USA abzuhängen.

■ Arbeiterinnen und Arbeiter von Matsushita Electric singen die Firmenhymne. Foto, 2012.

→ Fragen und Arbeitsaufträge

1. Nimm Stellung zum Wettbewerbsprinzip, das der japanische Ökonom Michio Morishima beschreibt.

5. USA – China – Russland: Eine neue weltpolitische Konstellation?

Die vorliegenden Arbeitsaufträge dienen dazu, deine Historische Fragekompetenz weiterzuentwickeln. Du wirst herausfinden, welche Fragestellungen Darstellungen zu Grunde liegen und welchen Einfluss sie daher auf Darstellungen ausüben können. Komplexe Fragestellungen werden in der Regel aus mehreren unterschiedlichen Perspektiven betrachtet. Deshalb kommen Expertinnen und Experten mit ihren Analysen häufig zu unterschiedlichen Ergebnissen und Bewertungen.

M1 Der Journalist Christoph Hein über die Rivalität im Südchinesischen Meer:

Hier (im Südchinesischen Meer) verläuft die Schlagader des Welthandels zwischen dem Westen und den Wachstumsweltmeistern in Nordasien. Ein Drittel des globalen Warenverkehrs wird durch das Südchinesische Meer abgewickelt, freie Schifffahrtswege sind für Amerikaner und Asiaten ein nicht verhandelbares Gut. Besonders besorgniserregend: Inzwischen stoßen auch die Rivalen China und Indien hier bei der Suche nach Rohöl aufeinander. (...)
China erhebt Anspruch auf nahezu das ganze Südchinesische Meer. (...) Indien tastet sich über den Kauf von Ölfeldern in den Vorhof des früheren Kriegsgegners China. Und Amerika betrachtet die Region, gebunden durch Verträge mit einzelnen südostasiatischen Staaten als erstes Bollwerk gegenüber Pekings Machtstreben. (...)
Brantly Womack, Professor für Außenpolitik der Universität von Virginia, sieht die Wirtschaftskrise ab 2008 als Grund für die Eskalation des Streits. Seit damals gewann China aufgrund der Schwäche der restlichen Weltwirtschaft sprunghaft an Stärke. „Chinas wachsendes Gewicht hatte zwei Folgen: Erstens wuchs sein wirtschaftlicher Vorsprung gegenüber seinen südostasiatischen Nachbarländern, so dass sie sich ungeschützter und verletzlicher zu fühlen begannen. Zweitens nahm der wirtschaftliche Vorsprung der Amerikaner von China immer weiter ab, so dass Washington sich mehr und mehr um China als potentiellen Rivalen und Herausforderer zu sorgen begann." (...)

(Hein, Säbelrasseln über dem Meer. In: Frankfurter Allgemeine Zeitung, 11. 8. 2012, S. 13)

M2 Der chinesische Amerika-Experte Huang Ping über die Beziehungen zwischen den USA und der Volksrepublik China:

Huang: Man kann die Beziehungen als „gereift" bezeichnen. Vor 40 Jahren (= Beginn der Normalisierung der Beziehungen) gab es einen einfachen Grund – die Sowjetunion. Heute hat das Verhältnis viele Dimensionen: wirtschaftliche, gesellschaftliche, wissenschaftlich-technologische, kulturelle, „people to people", diplomatische etc. (...)
Schließlich handelt es sich um Beziehungen, die für die ganze Welt wichtig sind, nicht nur für die USA und China.
Standard: Wie wird es weitergehen?

Huang: In den kommenden Dekaden kann der Pazifik eine der wichtigsten Weltregionen werden. In den USA spricht man von „rebalance", vom neuen Ausbalancieren der US-Strategie. Das hat viel mit China zu tun, wenn es auch nicht immer für China gut ist. Auf der chinesischen Seite versuchen wir, einen neuen Typ von Machtbeziehungen zu etablieren. (...)
Mit „neu" meinen wir, dass es kein Nullsummenspiel ist. Wir sehen die USA als Großmacht, China als eine an Bedeutung gewinnende Macht. Beide können reife und komplexe, wenn auch nicht immer einfache Beziehungen entwickeln, eine für beide nützliche Zusammenarbeit. Das kann in den Bereichen Energie und Umwelt sein, aber auch in geopolitischen Fragen. (...) Diese Art von Machtverhältnis reduziert die Gefahr, dass man – auch ohne es zu wollen – in Konfrontationen oder sogar Kriege verwickelt wird. Ein Atomkrieg scheint immer weniger wahrscheinlich zu werden. Aber wir könnten leicht in einen Handelskrieg verwickelt werden. (...)

(Der Standard, 21./22. 7. 2012, S. 4)

M3 Der frühere deutsche Außenminister Hans Dietrich Genscher über die „Ost-West-Beziehung heute", 2012:

G-8-Gipfel in Camp David, Nato-Gipfel in Chicago, Russlands Präsident Putin blieb beiden fern. Heißt das nun kalter Wind aus Moskau, wie so viele Kommentatoren geschrieben haben? (...)
Heute geht es darum, dass Amerika, Europa und Russland ihre gemeinsamen Interessen gemeinsam definieren. Und diese Gemeinsamkeiten sind wesentlich größer, als es manche Sicherheitsbürokratien in Brüssel und auch solche in Washingtoner Amtsstuben wahrnehmen wollen. Es gibt genug Probleme, die wir nur gemeinsam mit Russland lösen können: Die Verhinderung neuer Atomwaffenbesitzer, die Verhinderung des israelisch-palästinensischen Konflikts durch eine für alle Seiten akzeptable Friedenslösung. (...).
Aber angesichts der vielen anderen sicherheitspolitischen Herausforderungen kommt auch und vielleicht zuvorderst dem künftigen Verhältnis zu unserem großen Nachbarn im Osten zentrale Bedeutung zu. (...)
Die Bewältigung der großen Probleme unserer Zeit geht nur mit Russland und nicht ohne und schon gar nicht gegen Russland.

(Genscher, Nicht gegen, sondern mit Russland. In: Der Standard, 5. 6. 2012, S. 27)

M4 Der Journalist Joshua Kurlantzick über die Schlagwörter „Washington Consensus" und „Beijing Consensus":

A major component of China's appeal to developing nations is that Beijing portrays China as a potential ideal. In their dealings with other developing nations, Chinese officials suggest that China has developed a model for social and economic success, and in speeches to developing-world audiences they increasingly sell the China model. The former „Time" foreign editor Joshua Cooper Ramo calls this model the „Beijing Consensus", in contrast to the „Washington Consensus" of the 1990s, which stresses rapid free-market reforms as a path to prosperity. In the Beijing Consensus, Ramo says, growth comes from the state directing development to some degree, avoiding the kind of chaos that comes from rapid economic opening, and thus allowing a nation to build its economic strength. (...)

China seems to have enjoyed striking success with its antiliberal model – decades of economic success and poverty reduction other developing nations can't help but notice. At the same time, the Washington Consensus has failed many developing nations. During the late 1980s and the 1990s, many African and Latin American nations opened their economies, slashed tariffs, and undertook other painful economic reforms, yet few nations in either Latin America or Africa saw their economies take off.

(Kurlantzick, Charm Offensive, 2007, S. 56 f.)

M5 Der indischstämmige Malaysier Chandran Nair, Leiter des „Global Institute for Tomorrow" in Hongkong, über das „chinesische Modell":

Pekings größte Sorge gilt der Versorgung mit Lebensmitteln. (...) Ganz Asien hat da Nachholbedarf – in der Landwirtschaft, bei der Versorgung mit sauberem Wasser. Deswegen muss der Staat in Asien eine wichtige Rolle spielen. Der anglo-amerikanische Ansatz – Demokratie stärken und den Staat schwächen – ist in dem Kontext ein Schwachsinn. Um diese Grundbedürfnisse zu befriedigen, brauchen wir einen starken Staat. Der Westen hat dank seines Reichtums den Luxus, die Rolle des Staates zu beschränken. Diesen Luxus haben wir nicht. (...)

(Zit. nach: Laczynski, In Peking lacht man über die Amerikaner. In: Die Presse, 25./26. 8. 2012, S. 5)

M6 Der US-Historiker Joseph S. Nye, ehemaliger Unterstaatssekretär im Department of Defense, über das Verhältnis von wirtschaftlicher und militärischer Macht:

Heute meinen manche, dass die Zunahme des chinesischen Anteils an der weltweiten Produktion einen fundamentalen Wandel im Gleichgewicht der Weltmächte bedeute, ohne dabei jedoch die militärische Macht zu berücksichtigen. Sie argumentieren, eine dominante Wirtschaftsmacht würde ohnehin schnell zur dominanten Militärmacht, und vergessen dabei, dass die Vereinigten Staaten 70 Jahre lang die größte Volkswirtschaft der Erde waren, bevor sie eine militärische Supermacht wurden. (...)

China und die USA sind heute wirtschaftlich hochgradig interdependente (= voneinander abhängige) Länder, doch viele Analysten verstehen die machtpolitischen Auswirkungen, die dies hat, falsch. Natürlich könnte China die USA in die Knie zwingen, indem es droht, seine Dollarbestände zu verkaufen.

Aber dies würde nicht nur – bedingt durch die Abschwächung des Dollars – den Wert seiner Devisenreserven mindern, sondern auch die US-Nachfrage nach chinesischen Importen gefährden, was zu Arbeitslosigkeit und Instabilität in China führen würde. Anders gesagt: Die USA in die Knie zu zwingen, könnte sehr wohl bedeuten, dass China sich selbst den Boden unter den Füßen wegzieht. (...) In diesem Fall ähnelt es einem „finanziellen Gleichgewicht des Schreckens". (...)

(Nye, Die Wirtschaft verdrängt das Militär. In: Phoenix, Nr. 4, 2011, S. 46 f.)

M7 China – Streit um Inseln:

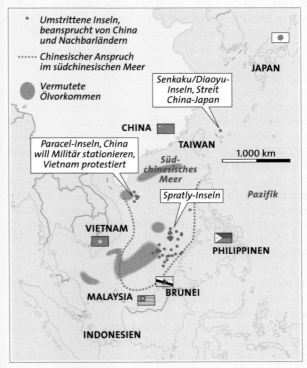

■ China – Streit um Inseln. Infografik: APA, erstellt am 25. 7. 2012.

→ Fragen und Arbeitsaufträge

1. Arbeite anhand der Literaturstellen M1, M2, M4, M5 und M6 heraus, welche Fragestellungen den Texten zu Grunde liegen. Ziehe zur Unterstützung die Infografik M7 heran.

2. Arbeite anhand der Literaturstellen M2, M4 und M5 die unterschiedlichen Zugangsweisen chinesischer und US-amerikanischer Politik heraus, um wirtschaftlich und sozial erfolgreich zu sein.
   Erläutere die in den Textstellen genannten Modelle „Beijing Consensus" und „Washington Consensus".

3. Diskutiert darüber, inwieweit die Modelle „Beijing Consensus" und „Washington Consensus" die in sie gesetzten Erwartungen erfüllen können.

4. Arbeite anhand von M3 heraus, in welchen Bereichen Russland aus europäischer Sicht eine bedeutende weltpolitische Rolle zuerkannt wird.

6. Konfliktfelder der Gegenwart

6.1 Dauerkrise im Nahen Osten

Aus Palästina wird Israel

Die Briten hatten im Ersten Weltkrieg das Osmanische Reich mit Hilfe arabischer Stämme besiegt. Diese erwarteten als Gegenleistung die nationale Selbstständigkeit. Großbritannien und Frankreich teilten sich jedoch die Gebiete im Nahen Osten als Mandate des Völkerbundes auf. Die Briten erhielten u. a. Palästina.

Infolge eines während des Ersten Weltkrieges gegebenen Versprechens (Balfour-Deklaration) wanderten Zehntausende jüdische Familien nach Palästina ein. Die Araber wehrten sich dagegen, bürgerkriegsähnliche Zustände waren die Folge. Dies veranlasste die Briten, ihr Mandat über Palästina aufzugeben (1948). Schon 1947 schlug die UNO vor, das Land in einen arabischen und einen jüdischen Staat zu teilen. Im Mai 1948 konstituierte sich allerdings nur der jüdische Staat Israel, der sofort von seinen Nachbarstaaten angegriffen wurde. Die Israelis konnten sich jedoch behaupten und im Gegenangriff ihr Gebiet erweitern. Arabische Flüchtlinge aus Palästina (Palästinenserinnen und Palästinenser), die vor den Kampfhandlungen in großer Zahl in die benachbarten Staaten ausgewichen waren oder vertrieben wurden, gliederte man dort nicht in die Gesellschaft ein. Sie wurden unter menschenunwürdigen Bedingungen in Lagern zusammengefasst, in denen sie und ihre Nachkommen heute noch leben müssen. Lediglich in Jordanien erhielt viele von ihnen die Staatsbürgerschaft.

„Stellvertreterkriege" und Terror

Im Zuge der Suezkrise 1956 besetzten die Israelis die Halbinsel Sinai, um den Angriffen aus den palästinensischen Flüchtlingslagern ein Ende zu bereiten. Unter dem Druck der Supermächte mussten sie jedoch ihre Eroberungen wieder aufgeben. Da sich als Folge dieses Konflikts Ägypten mit der UdSSR verbündete, erhielt Israel die verstärkte Unterstützung der USA und dort tätiger jüdischer Organisationen bis in die Gegenwart.

Die Bedrohung durch die arabischen Nachbarn spitzte sich 1967 zu, als der ägyptische Präsident Nasser unverhüllt mit der Vernichtung des jüdischen Staates drohte. Die anderen arabischen Staaten schlossen sich ihm an. So meinte die israelische Regierung, nur durch einen Präventivkrieg die vielfache Überlegenheit der arabischen Gegner ausgleichen zu können. Im folgenden „Sechstagekrieg" besiegte die israelische Armee die Gegner und besetzte weitere Gebiete: die Golanhöhen, das Westjordanland, den Gazastreifen, die Halbinsel Sinai. Auch der Ostteil von Jerusalem fiel unter israelische Herrschaft.

Israel wurde dafür von der UNO als „Aggressor" verurteilt. In den Flüchtlingslagern der Palästinenser setzte sich inzwischen die 1964 gegründete Palästinensische Befreiungsorganisation (PLO) unter Jassir Arafat durch. Die PLO betrachtete die Israelis als Eindringlinge in ihr Land, die vertrieben werden müssten. Da sich Israel als unangreifbar erwies, trugen Terrorkommandos ihren

■ Die USA unter Präsident Clinton in der Rolle des Vermittlers: Das Foto zeigt den historischen Händeschlag des israelischen Ministerpräsidenten Jitzchak Rabin (links) und des Führers der Palästinenser Jassir Arafat (rechts). Foto, Washington, 13. September 1993.

Kampf in die westlichen Industriestaaten: Flugzeugentführungen und der Anschlag der Gruppe „Schwarzer September" bei den Olympischen Spielen in München 1972 auf die israelische Olympiamannschaft bildeten seine Zuspitzung.

Jom Kippur und Camp David

Im Oktober 1973 griffen ägyptische und syrische Truppen am Jom Kippur, dem höchsten jüdischen Feiertag, Israel überfallsartig an. Sie erzielten dabei erstmals Erfolge. Damit schwanden der Nimbus der Unbesiegbarkeit Israels und das Unterlegenheitsgefühl der Araber. Diese neue Situation trug dazu bei, dass die Vermittlungsbemühungen des US-Präsidenten Jimmy Carter erfolgreich waren: 1979 wurde der Friedensvertrag zwischen Ägypten und Israel unterzeichnet, der auch die Rückgabe der Halbinsel Sinai an Ägypten beinhaltete. Das Verhältnis zu den Palästinensern und den anderen Nachbarn Israels – Syrien, Libanon und Jordanien – besserte sich jedoch nicht. Es verschärfte sich vielmehr durch die israelische Siedlungspolitik in den besetzten Gebieten. Hier gründeten Israelis viele neue Siedlungen, wodurch dieses Land der Palästinenser faktisch ein Teil des Staates Israel zu werden droht.

„Land für Frieden"?

Weitere Friedensbemühungen scheiterten stets an der unnachgiebigen Haltung beider Seiten. Israel wollte die besetzten Gebiete vor einem Friedensschluss nicht einmal teilweise aufgeben, die Palästinenser machten dies jedoch zur ersten Vorbedingung von Verhandlungen.

Dieser Zustand und die Unzufriedenheit der palästinensischen Bevölkerung mit der oft repressiven israelischen Verwaltung führten 1987 zur ersten „Intifada", dem Aufstand gegen die israelische Besetzung.

Nach dem Zweiten Golfkrieg (vgl. S. 267) bemühten sich die USA verstärkt um das Zustandekommen einer Nahost-Friedenskonferenz. Das Ende des Kalten Krieges

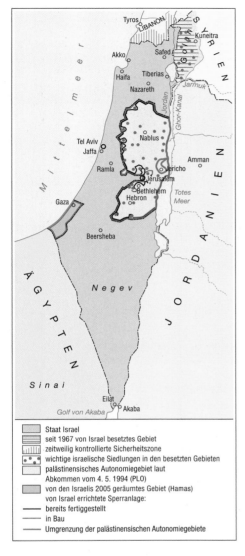

Staat Israel

seit 1967 von Israel besetztes Gebiet

zeitweilig kontrollierte Sicherheitszone

wichtige israelische Siedlungen in den besetzten Gebieten

palästinensisches Autonomiegebiet laut Abkommen vom 4. 5. 1994 (PLO)

von den Israelis 2005 geräumtes Gebiet (Hamas)

von Israel errichtete Sperranlage:

— bereits fertiggestellt

.... in Bau

— Umgrenzung der palästinensischen Autonomiegebiete

■ Israel 2011.

eröffnete auch hier neue Möglichkeiten. Die USA hatten bis dahin Israel immer unterstützt und alle UNO-Beschlüsse gegen Israel durch ihr Veto zu Fall gebracht.

1991 jedoch unterstützten sie erstmals die arabische Forderung „Land für Frieden" und die UNO-Resolutionen, in denen Israel zur Rückgabe besetzter Gebiete aufgefordert wurde.

Nach Geheimverhandlungen unter norwegischer Vermittlung unterzeichneten der israelische Ministerpräsident Rabin und PLO-Chef Arafat 1994 in Kairo das „Gaza-Jericho-Abkommen". Es sah eine Autonomie der etwa 800 000 Palästinenserinnen und Palästinenser im Gazastreifen und in Gebieten des Westjordanlandes vor. Wenige Tage später zog die israelische Armee aus diesen Gebieten ab. Ihren Platz nahm als Zeichen der Selbstverwaltung eine palästinensische Polizei ein.

Obwohl sich auch Jordanien 1994 mit Israel aussöhnte, war der Frieden keineswegs gesichert. Immer wieder versuchten radikale Israelis und Palästinenser (Hamas, Jihad Islami), den Friedensprozess durch Terroranschläge zu zerstören.

Die Ermordung Rabins durch einen rechtsradikalen jüdischen Siedler im Jahr 1995 erschütterte den Nahen Osten. Schließlich löste der provozierende Besuch des

späteren israelischen Ministerpräsidenten Ariel Sharon auf dem Tempelberg in Jerusalem im Jahr 2000 die zweite „Intifada" aus. In den Jahren 2001 bis 2003 häuften sich die Selbstmordattentate von Palästinensern gegen die israelische Zivilbevölkerung. Nach mehreren Vergeltungsschlägen rückte die israelische Armee wieder in die autonomen Palästinensergebiete ein. Vermittlungsversuche durch die EU, die UNO und die USA wurden von Israel zunächst abgelehnt. Darüber hinaus verstärkte Israel seine Politik der „gezielten Tötung" mutmaßlicher Terroristinnen und Terroristen.

Die „Road Map" – ein neuer Anlauf scheitert

Eine Hoffnung für den Frieden im Nahen Osten stellte die „Road Map" (2003) dar. Sie wurde von führenden Vertretern der UNO, der EU, der USA und Russlands ausgearbeitet. Nach der Durchführung von Wahlen sollte im Jahr 2005 ein palästinensischer Staat mit provisorischen Grenzen und eingeschränkter Bewaffnung entstehen.

Der Zeitplan wurde jedoch nicht eingehalten. Beide Seiten behinderten den Friedensprozess: Israel setzte seine bisherige Politik fast unverändert fort. Palästinenser verübten weiterhin Anschläge. Um sich dagegen zu schützen, begann Israel seine Grenzen durch eine mehrere Meter hohe Mauer („Wall") zu sichern.

Im Jahr 2004 starb Arafat. Sein Nachfolger Mahmud Abbas traf im Jahr 2005 mit Sharon zusammen. Die beiden Politiker vereinbarten einen sofortigen Waffenstillstand, die Freilassung von inhaftierten Palästinensern und den Rückzug der israelischen Armee. Die ebenfalls vereinbarte Räumung der israelischen Siedlungen im Gazastreifen wurde noch 2005 verwirklicht. Dies galt als Neuanfang zur Umsetzung der „Road Map" und als Ende der zweiten „Intifada".

Durch demokratische Wahlen der Palästinenser (2006) erlangte die radikal-islamische Organisation Hamas die absolute Mehrheit. Seither regiert die Hamas im Gazastreifen, die traditionelle PLO im Westjordanland. Vom Gazastreifen aus werden immer wieder Raketenüberfälle auf Israel verübt. Im Gegenzug zerstört Israel durch Luftangriffe Einrichtungen der Hamas und vielfach auch die zivile Infrastruktur.

Nach wie vor ist es nicht gelungen, eine Frieden schaffende Verhandlungslösung zu erzielen. Die Entscheidung des US-amerikanischen Präsidenten Trump im Jahr 2018, Jerusalem als die Hauptstadt Israels anzuerkennen, wurde von Israels Regierung begrüßt, löste aber auch zahlreiche Proteste sowohl in der arabischen Welt, aber auch international aus.

→ Fragen und Arbeitsaufträge

1. Beschreibe die Karte oben mit Hilfe der Legende genau. Erläutere die wesentlichen Konflikte in Israel.

2. Diskutiert auf Grundlage des Abschnittes „Land für Frieden'?" wichtige Bedingungen für einen Friedensschluss zwischen Israelis und Palästinensern. Denkt dabei z. B. an den israelischen Siedlungsbau, die Anerkennung der Existenz Israels durch sämtliche arabische Staaten und den Iran, Terrorismus etc.

6.2 Krisen und Kriege am Persischen Golf

Islamischer Fundamentalismus im Iran

Im Iran regierte Schah Resa Pahlewi (1941–1979) autoritär. Er verfolgte eine prowestliche Politik. Der größte Teil der Einnahmen aus dem Erdölexport kam nur einer kleinen Oberschicht und dem Militär zugute. Allgemeiner Unmut und Massendemonstrationen waren die Folge. 1979 zwang schließlich eine unter religiösen Vorzeichen abgelaufene Revolution den Schah zum Verlassen des Landes.

Der aus dem Exil in Paris heimgekehrte schiitische Geistliche Ajatollah Khomeini nutzte die Revolution für seine fundamentalistischen Ziele. Er konnte sich auf eine breite Zustimmung der iranischen Bevölkerung stützen.

Über die Zielsetzungen des islamischen Fundamentalismus heißt es in einem Fachbuch:

> L Seit der Mitte der 1970er-Jahre hat das Wiedererwachen des Glaubens in der islamischen Welt ungeahnte Ausmaße angenommen: Die „verschiedenen" Reislamisierungs-Bewegungen symbolisieren – über ihre Unterschiede hinaus – einen Protest, einen Bruch mit der westlichen Gesellschaft. (...)
> Sie stellen sich gegen einen Islam, der sich kompromittiert und an eine moderne Welt anpasst, die von der Säkularisierung getragen wird, sie bekräftigt ihren Willen, ein goldenes Zeitalter des Islam wieder auferstehen zu lassen: „Der Koran ist unsere Verfassung."
> (Étienne, Fundamentalismus oder: Saddam und die Fackel des Islam, 1991, S. 26)

Khomeini errichtete im Iran einen Staat der schiitischen Geistlichen (Mullahs), der sich streng an den Regeln des Koran orientierte. Dieser wurde zur alleinigen Basis der Verwaltung, der Rechtsprechung und der Sitten. Auf dieser Grundlage wurden – für westliches Denken – äußerst reaktionäre Maßnahmen gesetzt, wie z. B. öffentliches Auspeitschen, Verstümmeln und Hinrichten von Gesetzesbrechern oder die Verbannung der Frauen aus dem öffentlichen Leben, die sich überdies strengen Bekleidungsvorschriften unterwerfen müssen.

Khomeini starb 1989. Danach hoffte die Opposition auf Reformen. In Auseinandersetzungen um die politisch-kulturelle Ausrichtung des Landes setzten sich jedoch zunächst die konservativen Kräfte durch. Proteste gegen den staatlichen Gewaltapparat und die religiöse Vorherrschaft blieben erfolglos. Gegenwärtig zeichnet sich vor allem in der städtischen Gesellschaft eine Tendenz zu vermehrtem Pluralismus ab.

Weltpolitisch und insbesondere in Israel löst das Atomprogramm des Iran große Besorgnis aus. Man fürchtet, dass der Iran atomare Waffen bauen wird. Mehrere Resolutionen des Sicherheitsrates der UNO sowie Versuche der Internationalen Atomenergiebehörde zur Kontrolle des iranischen Atomprogramms blieben lange Zeit erfolglos.

2016 konnte schließlich in Wien mit starker Unterstützung der US-Regierung unter Präsident Obama ein in-

■ Eine junge Frau in Teheran interpretiert den seit 1979 bestehenden Kopftuchzwang so liberal wie möglich. Foto, 2018.

Unter dem amerikafreundlichen Schah gehörten die Iranerinnen zu den emanzipiertesten Frauen des Nahen Ostens. Nach der Revolution des Ajatollah Khomeini wurden ihre Rechte zunehmend eingeschränkt.

ternationales Kontrollabkommen unterzeichnet werden. Dieses wird allerdings vom neuen US-Präsidenten Trump und vom israelischen Ministerpräsidenten Netanyahu in Frage gestellt.

Die israelische Regierung sieht in der neuen Regionalmacht Iran, die den Staat Israel nicht anerkennt, eine Bedrohung des eigenen Staates. Iranische Milizen sind nämlich in Syrien aktiv, und im Libanon unterstützt der Iran die israelfeindliche Hisbollah.

■ Eine iranische Frau hebt inmitten des Rauchs von Tränengasbomben, die die Polizei gegen die Demonstrierenden eingesetzt hat, die Faust. Foto, 2017.

In Teheran waren im Dezember 2017 ausgelöst durch die massiven wirtschaftlichen Probleme des Irans spontane Massenproteste ausgebrochen.

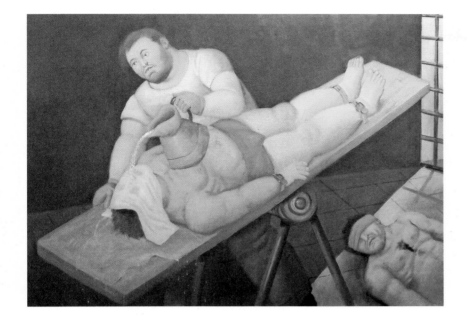

■ Fernando Botero, „Abu Ghraib 47". Gemälde aus dem Zyklus „Abu Ghraib", 2005.

Diese Bilder resultieren, so Botero, aus der Empörung, die die Gewalt im Irak in ihm und im Rest der Welt ausgelöst hat. (Vgl. Schmerzensmänner. Online auf: https://derstandard.at/1317019959672/Fernando-Botero-Schmerzensmaenner-mit-politischem-Gewicht, 10. 9. 2018)

Der Irak – Zentrum mehrerer Kriege

Der Einfluss des iranischen „Gottesstaates" auf die teilweise schiitische Bevölkerung Afghanistans, des Irak und der Scheichtümer am Persischen Golf erschien allen Anrainerstaaten bedrohlich. Dies und Grenzstreitigkeiten mit dem Irak führten 1980 zum iranisch-irakischen Krieg (Erster Golfkrieg). Erst 1988 wurde dieser blutige Kampf, in dem der Irak auch chemische Waffen einsetzte, durch einen Waffenstillstand beendet. Keiner der beiden Gegner konnte einen wesentlichen Vorteil verbuchen.

Lange Zeit wurde der Irak von arabischen und europäischen Staaten, aber auch von den USA und der UdSSR als Schutz gegen das fundamentalistische Regime im Iran aufgerüstet. Am Ende des Ersten Golfkrieges war der Irak unter Saddam Hussein zwar im Besitz modernster Waffen und somit die stärkste Militärmacht der Region, jedoch schwer verschuldet.

Nach einem Streit um die Nutzung eines Ölfeldes im Grenzbereich und der Weigerung Kuwaits, dem Irak seine Schulden zu erlassen, besetzte und annektierte der Irak 1990 das winzige, aber (öl-)reiche Scheichtum. Damit waren nicht nur wirtschaftliche Interessen des Westens in Gefahr, sondern es war auch ein Mitglied der UNO von der Landkarte gelöscht worden.

Die UNO forderte in zahlreichen Resolutionen die Räumung Kuwaits. Gleichzeitig verfügte sie den Aufbau einer multinationalen Streitmacht unter der Führung der USA. Diese fügte 1991 auch durch den Einsatz hoch entwickelter Waffensysteme dem Irak eine vernichtende Niederlage zu und zwang ihn zum Rückzug aus Kuwait (Zweiter Golfkrieg; Erster Irakkrieg). Die vielschichtigen Probleme in der Region wie z. B. das Verhältnis zwischen Sunniten und Schiiten oder die Frage einer größeren Selbstständigkeit der Kurden im Norden des Irak blieben ungelöst.

Der 11. September 2001 (S. 250) bedeutete einen Wendepunkt in der US-Außenpolitik. Präsident George W. Bush jr. bezeichnete den Iran, den Irak und Nordkorea als „Achse des Bösen". Vor allem der Irak, der nach bewusster Falschinformation durch die US-Administration

Bush die Welt mit Massenvernichtungswaffen bedrohe, sei erneut anzugreifen. Tatsächlich wurden im Irak auch keine Massenvernichtungswaffen gefunden.

2003 griffen die USA und eine „Koalition der Kriegswilligen" den Irak völkerrechtswidrig, d. h. ohne UN-Mandat, an und besiegten ihn nach sechs Wochen (Dritter Golfkrieg; Zweiter Irakkrieg). Saddam Hussein wurde von einem irakischen Gericht wegen Verbrechen gegen die Menschlichkeit verurteilt und 2005 hingerichtet.

Während ihrer Stationierung im Irak begingen Angehörige der Truppen der USA und der „Koalition der Kriegswilligen", z. B. aus Großbritannien, schwere Menschenrechtsverletzungen. Bilder über Folterungen aus dem Militärgefängnis Abu Ghraib, die zuerst in den US-Medien veröffentlicht wurden, machten diese Untaten publik.

Die sunnitische Mehrheit sah sich durch die neue, von Schiiten dominierte Regierung benachteiligt. Viele entlassene Militärangehörige konnten im zivilen Leben nicht Fuß fassen und lehnten das neue Regierungssystem, das von den USA gefördert wurde, ab. Diese unsichere Lage nutzte die fundamental-religiöse Terrororganisation „Islamischer Staat" (IS). Sie eroberte ab 2013 große Gebiete des Irak und bedrohte sogar die Hauptstadt Bagdad. Erst im Jahr 2017 konnte die irakische Armee, entscheidend unterstützt durch kurdische Milizen im Norden und US-Spezialtruppen, die Herrschaft des IS im Irak beenden. Offen bleibt aber nach wie vor, ob es gelingt, einen dauerhaften Ausgleich zwischen den zahlreichen ethnischen und religiösen Gruppen zu schaffen.

→ Fragen und Arbeitsaufträge

1. Bewerte die Situation von jungen Menschen im Iran, die seit Generationen unter repressiven Regimen aufwachsen. Ziehe dazu die beiden Bilder auf S. 266 heran.

2. Charakterisiere die wesentlichen Konfliktpotenziale im Mittleren Osten. Erörtere dabei den Einfluss des Islam auf die dortige Politik. Bewerte dabei auch die Interessen der USA und Israels.

6.3 Revolutionen in der arabischen Welt

Der Arabische Frühling und seine Folgen

Massenproteste und Rebellionen erschütterten ab Dezember 2010 die autokratischen Regierungen in diesen Ländern in Nordafrika und im Nahen Osten.

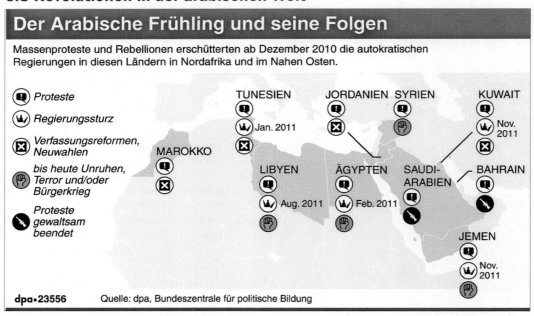

dpa•23556   Quelle: dpa, Bundeszentrale für politische Bildung

■ „Arabischer Frühling" 2011 – Schauplätze von Revolutionen.

Die Revolutionen in der arabischen Welt Nordafrikas und des Nahen Ostens seit 2010 gegen die autokratischen Regime hatten mehrere Ursachen:

– Besonders unter den Jugendlichen und den akademisch Gebildeten in der Region war und ist die Arbeitslosigkeit sehr hoch. Der Schriftsteller Tahar Ben Jelloun fasst z. B. für Tunesien zusammen:

> **L** *Die tunesische Zeitung La Presse vom 7. 2. 2011 gibt (...) bei den Akademikern eine Arbeitslosenquote von 44,9 % an; für die Jugendlichen zwischen 18 und 29 Jahren beträgt die Arbeitslosenquote im Schnitt 29,8 %, mehr als 1,3 Mio. Jugendliche haben zwischen 2004 und 2009 die Schule abgebrochen. Schließlich bekennen 70 % der jungen Tunesier, dass sie alle Mittel einsetzen wollen, um auszuwandern.*
> (Ben Jelloun, Arabischer Frühling, 2011. In: Bundeszentrale für Politische Bildung, 2013, S. 43)

– Gleichzeitig sahen diese Menschen, die zum großen Teil weder Arbeit noch Perspektive hatten, wie die Mitglieder der regierenden Klasse ihren Reichtum bedenkenlos vermehrten und vielfach außer Landes brachten.
– Ein dritter Grund war die politische Unfreiheit. Jahrzehntelang wurden in diesen Staaten kritische Äußerungen und oppositionelle Bewegungen mit polizeistaatlichen Mitteln bis hin zu willkürlichen Verhaftungen, Folter und Mord unterdrückt.

Den Anfang macht Tunesien

Entgegen den Erwartungen begann der „Arabische Frühling" nicht in Ägypten, sondern in Tunesien. Im Dezember 2010 verbrannte sich ein Mann namens Mohammed Bouazizi vermutlich aus Protest gegen behördliche Willkür und aufgrund fehlender Perspektiven selbst.

Dies bildete den Anlass für Proteste, die sich rasch zu einem Volksaufstand ausweiteten. Demonstrantinnen und Demonstranten verlangten vehement den Rücktritt des seit 1987 amtierenden Präsidenten Zine el-Abidine Ben Ali mit seiner korrupten Regierung.

Mitentscheidend für den erfolgreichen Verlauf der Revolution war das Verhalten der Armeeführung. Sie entzog dem Präsidenten ihre Unterstützung. Schließlich flüchtete der Präsident mit seiner Familie ins Exil. Die Regierungspartei wurde aufgelöst und im Oktober 2011 fanden Neuwahlen statt.

Tunesien galt seither als jenes arabische Land, in dem der Prozess der Erneuerung erfolgreich zu verlaufen schien. Allerdings stellen sich dieser Entwicklung zunehmend reaktionäre Kräfte entgegen, und Terroranggriffe gefährden eine stabile Entwicklung.

Ägypten im Aufbruch

In Ägypten begannen die Demonstrationen im Jänner 2011. Hier hatte es schon in den Jahren zuvor wiederholt Proteste gegen Präsident Husni Mubarak gegeben, der seit 1981 an der Macht war. Die Forderung nach freien demokratischen Wahlen blieben trotz Unterdrückung ebenso bestehen wie der Zusammenhalt von Jugendlichen und Gebildeten über die Neuen Medien. In den Demonstrationen auf dem Tahrir Platz in Kairo wurde Mubaraks Rücktritt gefordert. Er verlor seinen außenpolitischen Rückhalt in den USA. Im Februar 2011 musste er zurücktreten. Ein Militärrat übernahm die Übergangsregierung. Freie Wahlen zum Parlament wurden im Herbst 2011 durchgeführt.

Für diese Wahlen waren die islamistischen „Muslimbrüder", die verboten gewesen waren, am besten vorbereitet. Sie erhielten mit Abstand die meisten Stimmen. Die nach der neuen Verfassung von 2012 angestrebte Umgestaltung des Landes in eine islamische Republik stieß sowohl auf Zustimmung als auch auf Ablehnung.

Tahrir Platz, Symbol der Revolution in Ägypten. Foto, 8.2.2011.

Im Jahr 2013 erfolgte die Ablösung und Verhaftung des Präsidenten Mursi. Das Militär übernahm neuerlich die Macht. Der ehemalige Armeegeneral al-Sisi wurde zum Staatspräsidenten gewählt und im Jahr 2018 durch Wiederwahl, allerdings bei niedriger Wahlbeteiligung und praktisch ohne Gegenkandidaten, im Amt bestätigt. Obwohl sich die politische Lage einigermaßen stabilisiert hat und al-Sisi den Anspruch erhebt, das Land vor allem mit arabischer Finanzierung zu modernisieren und die innere Sicherheit zu garantieren, ereignen sich immer wieder Terroranschläge auf ägyptische Sicherheitskräfte auf der Halbinsel Sinai und gegen koptische Christen.

Bewaffneter Aufstand in Libyen

Kurz nach dem Rücktritt Mubaraks in Ägypten begannen im Osten Libyens Demonstrationen gegen Muammar al-Gadaffi. Dieser befand sich seit seinem Putsch gegen den König im Jahr 1969 an der Macht. Gadaffi reagierte auf die Proteste mit aller Härte. Neben Polizei und Militär setzte er auch Söldner aus Afrika ein. Anders als in Tunesien und Ägypten griffen in Libyen die Regierungsgegner zu den Waffen.

Mitte März 2011 beschloss der UN-Sicherheitsrat eine Resolution, die den Schutz der Zivilbevölkerung durch eine internationale Militäraktion vorsah. Mehrere NATO-Staaten wie USA, Frankreich, Großbritannien und Italien griffen daraufhin Libyen aus der Luft an. Tausende Menschen flüchteten nach Tunesien oder über das Meer nach Italien. Im Oktober 2011 wurde Gadaffi von den Revolutionstruppen getötet. Ein einheitliches Libyen, das von einer allseits anerkannten Zentralregierung geführt wird, gibt es bis heute nicht (Stand: 2018). Das zersplitterte Land ist offen für Flüchtlinge aus der Subsahara und dem Nahen Osten, die über das Mittelmeer nach Europa gelangen wollen.

Syrien – Unterdrückung mit aller Härte

In Syrien war seit den 1970er Jahren die Assad-Familie an der Macht. Sie stützt sich auf die Polizei, auf die Armee sowie vor allem auf den Geheimdienst. 2011 begannen auch in Syrien die Proteste. Präsident Baschar al-Assad versprach Reformen, ließ aber gleichzeitig die friedlichen Demonstrationen mit Gewalt bekämpfen. Die internationale Staatenwelt konnte sich dennoch nicht zu einer Militärintervention entschließen. Russland und China stimmten im UN-Sicherheitsrat dagegen; außerdem fürchtete man unabsehbare Folgen für die gesamte Region. Seither ist Syrien tatsächlich zum Schauplatz mehrerer Kriege geworden.

Nach anfänglichen Niederlagen kämpften die Regierungstruppen Assads mit massiver militärischer Unterstützung Russlands, aber auch des Iran, erfolgreich gegen die Rebellentruppen, die Präsident Assad stürzen wollten. Diese sind mittlerweile nahezu gänzlich besiegt (Stand: 2019).

In großen Teilen Syriens baute seit 2013 die Terrororganisation „Islamischer Staat" (IS) neben dem Irak ihre Schreckensherrschaft auf. IS-Kämpfer zerstörten systematisch noch aus der Antike stammende Kulturdenkmäler sowie christliche Kirchen und Moscheen. Die syrische Armee mit Hilfe Russlands sowie kurdische Verbände mit Hilfe der USA haben diese Schreckensherrschaft bis zum Jahr 2018 weitgehend beseitigt. Große Sorge bereiten ehemalige IS-Angehörige, die nun in ihre Herkunftsländer, z. B. nach Nordafrika und Europa, zurückkehren.

Der türkische Präsident Erdoğan förderte zu Beginn der Kämpfe in Syrien jene Kräfte, die Assad stürzen wollten. Mittlerweile richtet sich seine Politik in erster Linie gegen die kurdischen Kampftruppen im syrischen Grenzgebiet zur Türkei. Anfang 2018 marschierte das türkische Militär völkerrechtswidrig in Nordsyrien ein und bekämpft dort kurdische Verbände, die als „Terroristen" bezeichnet werden.

Diese seit 2011 tobenden Kämpfe zwangen Millionen Menschen in die Flucht: innerhalb von Syrien, in die Nachbarländer Jordanien, Libanon und zunächst auch in die Türkei sowie nach Europa.

Für eine mögliche Friedenskonferenz stellen sich folgende Fragen: Soll Assad an der Macht bleiben? Lässt sich die Einheit Syriens wiederherstellen? Gelingt es, ein friedliches Zusammenleben der Menschen mit ihren verschiedenen Religionen und politischen Einstellungen nach dem jahrelangen mörderischen Bürgerkrieg wieder zu ermöglichen? Was kann die internationale Gemeinschaft tun, um Syrien wieder aufzubauen?

→ Fragen und Arbeitsaufträge

1. Recherchiert zu einem der in der Infografik dargestellten Länder zusätzliche Informationen zu den politischen Entwicklungen. Verfasst einen kurzen Gruppenbericht.

7. Naher und Mittlerer Osten

Die Aufgaben auf dieser Doppelseite unterstützen dich dabei, die Historische Orientierungskompetenz weiterzuentwickeln. Am Beispiel von Quellen und Darstellungen über vergangene und aktuelle politische Entwicklungen im Nahen und Mittleren Osten trainierst du, Gründe für vorgeschlagene Orientierungsangebote oder ihnen zu Grunde liegende Absichten zu erkennen und herauszuarbeiten. So erweiterst du auch dein Verständnis der Konflikte in dieser Region.

M1 Zusammenfassung der Resolution 181 der UNO-Vollversammlung über die Teilung Palästinas, 1947 (Ausschnitt):

To solve the problem of the future of Palestine that was under British mandate, the General Assembly of the UN decides (...) to divide the territory of Palestine as follows:

- *A Jewish State covering 56 percent of Mandatory Palestine (excluding Jerusalem) with a population of 498 000 Jews and 325 000 Arabs;*
- *An Arab state covering 43 percent of Palestine, with 807 000 Arab inhabitants and 10 000 Jewish inhabitants;*
- *An international trusteeship regime in Jerusalem, where the population was 100 000 Jews and 105 000 Arabs.*

The partition plan also laid down:
- *The guarantee of the rights of minorities and religious rights; including free access to and the preservation of Holy Places;*
- *The constitution of an Economic Union between the two states: customs union, joint monetary system, joint administration of main services, equal access to water and energy resources (...).*

(Palestine-Israel Journal, Vol. 9, No. 4, 2002. Online auf: http://www.pij.org/details.php?id=115, 2.1.2019)

M2 Die Bedeutung Ostjerusalems:

Der Status von Jerusalem ist seit jeher einer der heikelsten Punkte in den Auseinandersetzungen zwischen Israelis und Palästinensern. Während Israel nämlich darauf besteht, dass Jerusalem in seinen heutigen Grenzen „unteilbar" Hauptstadt des Landes ist, wollen die Palästinenser Ostjerusalem zur Hauptstadt ihres künftigen Staates machen. Für Juden, Muslime und Christen ist die Stadt heilig, befinden sich doch in der Altstadt, die auf dem Gebiet Ostjerusalem liegt, wichtige Heiligtümer dieser drei Religionen.
Ostjerusalem war seit dem Palästinenserkrieg 1948 von Jordanien besetzt, wurde aber im Zuge des Sechstagekrieges 1967 von Israel erobert. Diese Annexion und die Ausweitung des Stadtgebietes um Teile des Westjordanlandes wurde von der internationalen Gemeinschaft nie anerkannt, weshalb auch die von Israel errichteten Siedlungen als illegal gelten. Zudem trennt die gewaltige Mauer, von Israel zur

Terrorabwehr errichtet, das Westjordanland immer stärker vom arabischen Teil Jerusalems. Muslime müssen sich zum Besuch ihrer heiligen Stätten an Checkpoints Kontrollen unterwerfen, die zur Zeit im Ramadan besonders streng sind.
(Wiener Zeitung, 13./14.8.2011, S. 7)

M3 Teilungsplan der UNO, 1947:

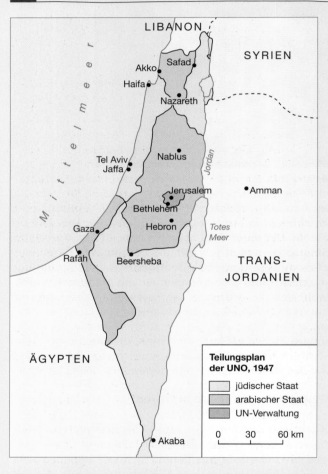

Teilungsplan der UNO, 1947

☐ jüdischer Staat
☐ arabischer Staat
☐ UN-Verwaltung

0   30   60 km

■ Tessler, A History of the Israeli-Palestinian Conflict, 1994, S. 262.

M4 Wiederaufnahme des Siedlungsbaus im Westjordanland, 2017:

Israels Ministerpräsident Netanyahu will den Siedlungsbau im besetzten Westjordanland vorantreiben. Nun hat das Sicherheitskabinett am Donnerstag (30.3.2017) einstimmig die Errichtung einer neuen Ortschaft nördlich der Palästinenserstadt Ramallah gebilligt. Sie soll für die Einwohner des Anfang Februar geräumten Siedlungs-Außenpostens Amona entstehen. (...)
In den vergangenen Jahren waren bestehende jüdische Siedlungen durch den Bau neuer Wohnungen immer weiter ausgeweitet worden. Derzeit leben rund 600.000 Siedler im seit 1967 besetzten Westjordan-

land und im von Israel annektierten Ost-Jerusalem. Ein Teil der Siedlungen wurde mit ausdrücklicher Genehmigung der Regierung errichtet, doch auch die wilden Siedlungen werden von der Regierung weitgehend geduldet.

Die Uno betrachtet dagegen sämtliche Siedlungen in den besetzten Palästinensergebieten als illegal. International wird der israelische Siedlungsbau zudem als eines der größten Hindernisse für einen dauerhaften Frieden im Nahost-Konflikt angesehen, weil die Wohnungen auf Land errichtet wurden, das die Palästinenser für ihren Staat beanspruchen.

(Israel genehmigt erste Siedlungen im Westjordanland seit 1992. Online auf: http://www.spiegel.de/politik/ausland/westjordanland-israel-genehmigt-erste-siedlung-seit-1992-a-1141240.html, 11.1.2018)

M5 Der algerische Schriftsteller Boualem Sansal zum Konflikt zwischen Israel und der arabischen Welt, 2012:

Frage: Sie sind nach Israel gereist. Warum?
Sansal: Ganz einfach, weil ich eingeladen worden bin. Das war für mich eine außerordentliche Gelegenheit. Ich finde es völlig normal, dass sich arabische und israelische Schriftsteller treffen. Sie machen das ständig, nicht in den arabischen Ländern und auch nicht in Israel, aber in den USA, in Frankreich, in Deutschland. Warum also nicht in Israel? Es muss immer jemand den ersten Schritt tun. Ich hoffe, dass dies weitere Besuche von Arabern in Israel und von Israelis in der arabischen Welt zur Folge hat. Damit können wir vielleicht etwas zum Frieden zwischen Israelis und Palästinensern beitragen.
(...)
Die Kritik (an meinem Besuch) kam vor allem von Seiten der Islamisten und von Intellektuellen, die sich stark für die Palästinenser engagieren. Für diese Leute bin ich ein Verräter, ein Söldner, was weiß ich. Doch wer etwas zum Frieden und zur Begegnung zwischen Völkern und Menschen beitragen will, darf sich nicht mit kleinen häuslichen Problemen der einen oder anderen Seite aufhalten. Wenn wir immer nur Angst haben und nichts tun, wird alles bleiben, wie es ist.
(...)
Frage: Was ist die Lösung? Eine Wohngemeinschaft im gleichen Haus? Zwei Häuser?
Sansal: Ich glaube, die einzige Lösung sind zwei Häuser, in einem Haus zusammenleben, ist nicht mehr möglich.

(Islamismus ist eine echte faschistische Ideologie. In: Der Standard, 10.7.2012, S. 5)

M6 Der ägyptische Schriftsteller Alaa al-Aswani über das Verhältnis zwischen Westen und arabischer Welt:

(...) eine Welle des Hasses gegen Araber und Muslime überspült zurzeit den gesamten Westen. Gleichzeitig wird der Begriff „Westen" in der Arabischen Welt häufig verallgemeinert. Westliche Politik, die die schlimmsten Diktaturen unterstützte und zur Besetzung und Zerstörung des Iraks führte, wo, unter dem Vorwand der Errichtung von Demokratie, eine Million Menschen umkamen, trug dazu bei, dass man in der Arabischen Welt glaubt, dass der Westen den Arabern und Muslimen feindselig gegenübersteht. Niemand wird hier erwähnen, dass der Westen mehr ist als die Summe seiner Regierungen und dass die westliche Zivilisation auch für anderes steht als für die staatliche Politik. Niemand wird erwähnen, dass jener Westen, der George W. Bush und Tony Blair hervorgebracht hat, derselbe Westen ist, dem die Welt auch Shakespeare, Voltaire und Rousseau verdankt; dass der Westen, der den Kolonialismus in die Arabische Welt getragen hat, derselbe Westen ist, in dem die Vorstellungen von Demokratie und Menschenrechten entwickelt wurden. Niemand wird erwähnen, dass die Demonstrationen gegen die Invasion des Iraks in westlichen Hauptstädten um vieles größer waren als in der islamischen Welt. Aber eben, ein Stereotyp hat endgültig und klar zu sein. Erstaunlich dabei ist, dass die Extremisten auf beiden Seiten derselben Logik folgen. Wenn weiße Rassisten die Araber für weniger fähige und weniger intelligente Geschöpfe halten, für gewalttätiger und blutrünstiger, so denken viele muslimische Extremisten, dass alle Menschen im Westen den Islam hassen und sich auf die eine oder andere Weise gegen ihn verschworen haben. Das Problem ist ein wechselseitiges.
(...)
Wir haben die Pflicht, einander in die Augen zu sehen und miteinander zuerst als Menschen zu kommunizieren. Dann wird uns klar werden, dass wir zwar verschiedene Religionen oder Hautfarben haben mögen, dass wir aber zunächst alle Menschen sind, mit den gleichen Gefühlen und Ideen. (...)
(al-Aswani, Im Land Ägypten, 2011, S. 9f.)

→ Fragen und Arbeitsaufträge

1. Stelle ausgehend von der Quelle M1 und der Karte M3 dar, welche Lösung die UN-Resolution 181 hinsichtlich der Teilung Palästinas vorsieht.
2. Untersuche die Textstellen M2, M4 und M5 darauf hin, welche Probleme zwischen Israelis und Palästinensern gegenwärtig bestehen. Arbeite die unterschiedlichen Orientierungsangebote und Sichtweisen in den Textstellen heraus. Suche dabei die jeweiligen Absichten und Vorstellungen der hier zitierten Autorinnen und Autoren zu ergründen.
3. Arbeite heraus, welche Argumente in M2, M4 und M5 für eine Zweistaatenlösung angeführt werden.
4. Arbeite heraus, wie al-Aswani (M6) die Sicht der arabischen Welt und des Westens aufeinander beschreibt. Erkläre und beurteile das Orientierungsangebot des Autors.

Die Konfliktregion Naher und Mittlerer Osten im 20. und 21. Jahrhundert

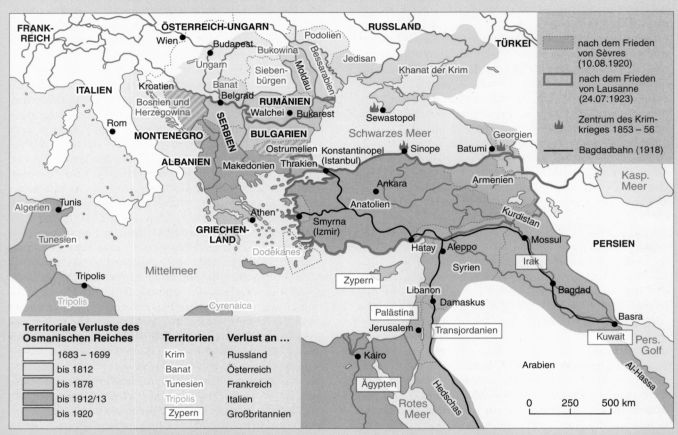

Gebietsverluste des Osmanischen Reiches bis 1920.

Legende zur Karte:

- nach dem Frieden von Sèvres (10.08.1920)
- nach dem Frieden von Lausanne (24.07.1923)
- Zentrum des Krimkrieges 1853 – 56
- Bagdadbahn (1918)

Territoriale Verluste des Osmanischen Reiches

	Territorien	Verlust an …
1683 – 1699	Krim	Russland
bis 1812	Banat	Österreich
bis 1878	Tunesien	Frankreich
bis 1912/13	Tripolis	Italien
bis 1920	Zypern	Großbritannien

Niedergang des Osmanischen Reiches

Die politische Landschaft des Nahen und Mittleren Ostens, wie wir sie heute kennen, ist das Ergebnis von Entscheidungen vor allem Großbritanniens und Frankreichs während und nach dem Ersten Weltkrieg. Bereits vor dem Ausbruch des Ersten Weltkrieges hatte das Osmanische Reich im Verlauf des 19. Jh. in Südosteuropa und Nordafrika seine Herrschaftsgebiete verloren.
Der Historiker Helmut Mejcher schreibt dazu:

L *Die osmanisch-türkische Regierung in Konstantinopel (Istanbul) war im Verlauf des 19. Jahrhunderts außerstande, das Osmanische Reich oder die Welt des Islam noch zu verteidigen. Nach dem Verlust der europäischen Provinzen drohten auch die osmanischen Verwaltungsbezirke in Nord-*

afrika und Arabien verlorenzugehen. Auf die Besetzung Algeriens durch die Franzosen und Ägyptens durch die Briten folgte – inmitten der Balkankriege – die italienische Eroberung Libyens.
(Mejcher, Sinai, 5. Juni 1967, 1990, S. 53)

Im Nahen und Mittleren Osten blieb das Osmanische Reich jedoch bis zum Ersten Weltkrieg eine regionale Großmacht.

L *Der nahende Untergang des Osmanischen Reiches stellte die damaligen Großmächte (Frankreich und Großbritannien) vor eine doppelte Herausforderung.*
Sie mussten neue Strategien für die „Orientalische Frage" (…) finden. Während des 19. Jahrhunderts stand im Mittelpunkt der „Orientalischen Frage", dass die Schwächung des Osmanischen Reiches das Gleichgewicht der europäischen Mächte nicht beein-

trächtigen und nicht Russland zugutekommen sollte; nun aber galt es, die Aufteilung des Osmanischen Reiches so vorzunehmen, dass das Machtgleichgewicht intakt blieb.
(Hermann, Wurzel des Nahost-Konflikts. In: FAZ. Der Erste Weltkrieg. 15. 5. 2016)

Das Sykes-Picot-Abkommen (1916)

Eine entscheidende Bedeutung bei der Neugestaltung des Nahen und Mittleren Ostens kam einem Abkommen zwischen Großbritannien und Frankreich aus dem Jahr 1916 zu. Es wurde von den beiden Diplomaten Mark Sykes und Francoise Georges-Picot ausgehandelt. Dieses geheime Abkommen sah eine Aufteilung der von arabischen Bevölkerungsgruppen bewohnten Gebiete des Osmanischen Reiches vor.
Das Abkommen beinhaltete u. a. folgende Regelungen:

Q *(...)*
2. That in the blue area France, and in the red area Great Britain, shall be allowed to establish such direct or indirect administration or control as they desire and as they may think fit to arrange with the Arab state or confederation of Arab states. 3. That in the brown area there shall be established an international administration, the form of which is to be decided upon after consultation with Russia, and subsequently in consultation with the other alliies, and the representatives of the sheriff of Mecca. 4. That Great Britain be accorded (1) the ports of Haifa and Acre, (2) guarantee of a given supply of water from the Tigris and Euphrates in area (a) for area (b). (...)
(The Sykes-Picot Agreement, Sir Edward Grey to Paul Cambon, 16 May 1916. Online auf: https://en.wikisource.org/w/index.php?title=The_Sykes-Picot_Agreement&oldid=6182954", 1.8.2018)

Die Abmachungen dieses Abkommens haben sich schließlich politisch durchgesetzt, obwohl manche Mitglieder der britischen Regierung befürchteten, die Auflösung des Osmanischen Reiches könne nicht absehbare Folgen im Nahen und Mittleren Osten haben.

Den arabischen Führungsschichten war dieses geheime Abkommen zunächst nicht bekannt. Ihnen hatte man vielmehr ein arabisches Königreich ohne festgelegte Grenzen in Aussicht gestellt. Aus diesem Grund führten sie zahlreiche Aufstände gegen die osmanische Herrschaft durch.

Nach dem Ersten Weltkrieg: Mandatsgebiete

Der Erste Weltkrieg endete mit einer Niederlage der verbündeten Mittelmächte Deutsches Kaiserreich, Habsburger Monarchie Österreich-Ungarn und Osmanisches Reich. 1920 wurden auf der Konferenz von San Remo vom Obersten Rat der Alliierten Mächte (Großbritannien, Frankreich, Italien) die arabischen Provinzen des besiegten Osmanischen Reiches zwischen Großbritannien und Frankreich aufgeteilt. Die Grenzziehungen und Einflussgebiete wichen in einigen Teilen vom Sykes-Picot-Plan ab:
So wurde der Nord-Irak britisch und das Gebiet in Palästina, das u. a. wegen der religiösen Bedeutung Jerusalems für die christlichen und muslimischen Religionsgemeinschaften international verwaltet werden sollte, wurde britisches Einflussgebiet.

Trotzdem riefen arabische Führungseliten ein arabisches Königreich mit Damaskus als Hauptstadt aus. Das französische Militär löste dieses Staatsgebilde jedoch gewaltsam auf. Endgültig geregelt wurde die Verwaltung dieser Region durch Großbritannien und Frankreich schließlich im Jahr 1922 durch den Völkerbund: Palästina, Transjordanien und Mesopotamien wurden britisch, der Libanon und Syrien wurden französisches Mandatsgebiet (Mandat = Recht auf Verwaltung).
Die mit dieser Regelung verbundenen Grenzen wurden orientiert an den Interessen dieser beiden Kolonialmächte gezogen, wobei die Erdölvorkommen dieser Region eine wichtige Rolle spielten. Bis zum Ende des Zweiten Weltkrieges blieb die gesamte Region vorwiegend britisch-französisches Einflussgebiet. Die konfliktvorbeugende Bedeutung der durchdachten früheren Verwaltungseinteilung durch das Osmanische Reich hatten die Kolonialmächte nicht erkannt.
Dazu schreibt der politische Redakteur der Frankfurter Allgemeinen, Rainer Hermann:

L *Sie legten drei osmanische Provinzen zusammen, nannten das Gebilde dann Irak. Die anderen Provinzen hießen nun Syrien, ohne dass es solche Nationen vorher gegeben hätte.*
(Hermann, Wurzel des Nahost-Konflikts. In: FAZ. Der Erste Weltkrieg. 15.5.2016)

Die moderne Türkei entsteht

Gleichzeitig mit diesen Entwicklungen entstand nach den Friedensverträgen von Sévres (1920) und von Lausanne (1923) unter Kemal Ata Türk aus dem Kernland des Osmanischen Reiches die moderne Türkei. In ihr wurden nun u. a. Staat und Religion weitgehend getrennt, z. B. durch die Abschaffung des Kalifats. Die Konflikte mit Griechenland wurden nach

■ Proklamation des Arabischen Königreichs Syrien am 7. März 1920, Aleppo. Postkarte, kolorierte Fotolithografie, 1920.

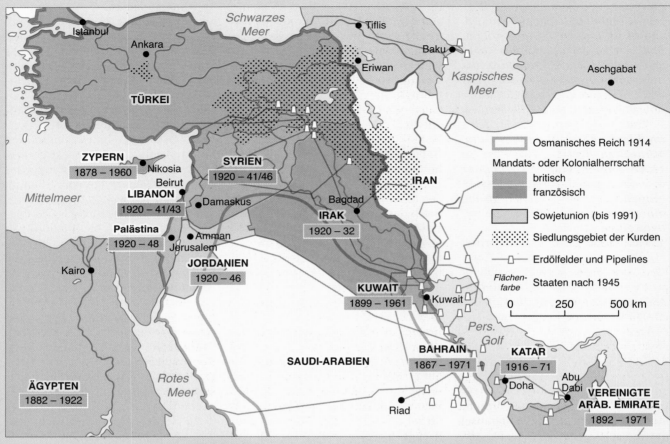

■ Entwicklungen im Nahen und Mittleren Osten ab 1867.

schweren Kämpfen und einem rücksichtslosen wechselseitigen Bevölkerungsaustausch beendet. Die Türkei behielt mit Ostthrakien ein kleines Gebiet auf europäischem Boden, Griechenland hingegen wurden die ägäischen Inseln vor der türkischen Küste zuerkannt.

Die kurdische Bevölkerung der Region erhielt trotz ihrer Bemühungen keinen eigenen Staat. Sie lebte nun in der Türkei und im britischen (heute: Irak) und im französischen (heute: Syrien) Mandatsgebiet sowie im Iran.

Neue Staaten im Nahen und Mittleren Osten

Mit Ende des Zweiten Weltkrieges waren Frankreich und Großbritannien politisch und wirtschaftlich geschwächt. Im Gegenzug stiegen nun die USA und die Sowjetunion zu globalen Führungsmächten auf. Diese neue Konstellation der weltpolitisch bestimmenden Mächte wurde auch für die Region des Nahen und Mittleren Ostens bedeutsam.

Da der Völkerbund 1945 zu existieren aufgehört hatte, stellte sich für die Mandatsgebiete nun die Frage der weiteren politischen Entwicklung. Sollten sie zu selbstständigen Staaten werden oder sollten sie im Auftrag der UNO als „Treuhandgebiete" weiterhin von Frankreich und Großbritannien verwaltet werden? Letztlich mussten sich Frankreich und Großbritannien sowohl aus außenpolitischen wie auch aus innenpolitischen Gründen aus den Mandatsgebieten zurückziehen. 1946 entstanden mit Jordanien (ehemals britisch) sowie dem Libanon und Syrien (ehemals französisch) drei neue unabhängige Staaten. Der Irak war bereits 1932 ein weitgehend unabhängiges Königreich geworden. Allein Palästina blieb vorerst britisches Mandatsgebiet. 1947 gab Großbritannien dieses Mandat an die UNO zurück. Diese beschloss daraufhin, Palästina in einen palästinensischen und in einen jüdischen Staat zu teilen (= Teilungsplan). Mit 14. Mai 1948 zogen die britischen Truppen endgültig ab und der Staat

Israel wurde proklamiert, nicht jedoch auch der vorgesehene Staat für die Palästinenser. Schon am 15. Mai 1948 griffen Truppen Ägyptens, Syriens, Jordaniens, des Libanon und des Iraks den eben erst gegründeten Staat Israel an. Der erste Nahost-Krieg brachte bedeutende Gebietsgewinne für das siegreiche Israel.

Interessen der USA und der Sowjetunion

Am Beginn des Kalten Krieges spielte die Containment-Politik (= Eindämmungspolitik) der USA gegenüber der Sowjetunion auch im Nahen und Mittleren Osten eine zentrale Rolle.

L *Der Stellenwert des Nahen Ostens in der alles überragenden alliierten Eindämmungsstrategie gegenüber der Sowjetunion blieb zunächst ganz auf das zugeschnitten, was in Europa geschah und drohte. Das sowjetische Vorgehen in Osteuropa und in Berlin im Krisenjahr 1948 schien dieser Einschätzung der sowjetischen Bedro-*

hung recht zu geben. Die sowjetische Politik im Iran und in Griechenland, ihre Drohungen gegenüber der Türkei auf den Konferenzen von Jalta und Potsdam, die unerwartete Unterstützung der UN-Teilungsresolution für Palästina im November 1947, die Waffenlieferungen an die jüdische Seite im Krieg mit den Arabern und schließlich Moskaus Interesse an einer Treuhandschaft über Libyen alarmierten aber die Westalliierten und unterstrichen die Dringlichkeit eines Verteidigungssystems im Nahen Osten.

(Mejcher, Sinai, 5. Juni 1967, 1990, S. 105 f.)

Eines der Ziele der Eindämmungspolitik gerade in dieser Region bestand in der Sicherung des Zugangs zu den Erdölvorkommen. Besonders deutlich zeigte sich das im Iran. Dort verstaatlichte die Regierung die von den Briten betriebene Erdölindustrie (Anglo-Persian Oil Company). Ein von den Geheimdiensten der USA und Großbritanniens geförderter Putsch stürzte 1953 die demokratisch gewählte Regierung. Der entmachtete Schah wurde neuerlich auf den Thron gebracht. Er war somit ein wesentlicher Verbündeter des Westens und regierte autokratisch, bis er durch die islamische Revolution im Jahr 1979 unter Ayatollah Khomeini gestürzt wurde.

Naher und Mittlerer Osten: Eine Krisenregion

In den letzten Jahrzehnten ist der Nahe und Mittlere Osten immer wieder als Krisenregion hervorgetreten. Die Konfliktsituationen und Bündnisbildungen sind fast unüberschaubar geworden. Die Folgen der Kriege in Afghanistan 2001 und im Irak 2003 (s. S. 266 f.) sowie der Eingriff äußerer Mächte in Libyen und Syrien 2011 (s. S. 268 f.) öffneten rivalisierenden Regionalmächten Raum für politische Interventionen. Folgende vier Konstellationen sind besonders bestimmend:

Ab 2012 unterstützte die türkische Regierung aufständische Gruppen in Syrien gegen das Regime von Präsident Assad. Im Jahr 2015 jedoch erfolgte eine Annäherung an Russland und in weiterer Folge an den Iran, die das Regime von Assad unterstützten. Ein zentrales Motiv der türkischen Politik war und ist in diesem Zusammenhang die – völkerrechtswidrige – Vertreibung der Kurden aus den Grenzgebieten Syriens und des Iraks zur Türkei.

Auch der Iran und Saudi-Arabien streben eine Vormachtstellung im Nahen und Mittleren Osten an. Der Iran übt Einfluss im Irak, in Syrien, im Libanon und im Jemen aus; Saudi-Arabien ist um Einflussnahme im Jemen, in Syrien, im Libanon und in den Emiraten bemüht. Eine Schlüsselrolle kommt auch Israel zu. Es sieht sich vom Iran bedroht und erachtet gegenwärtig eine Zusammenarbeit mit arabischen Staaten als Gegengewicht. Grundbedingung dafür ist die Anerkennung des Existenzrechts Israels (s. S. 264 f.).

Innere Revolutionen gegen autokratische Regierungen wie der so genannte „Arabische Frühling" im Jahr 2011 führten bislang nicht zu den erhofften demokratischen Verhältnissen. Von außen angestoßene militärische Eingriffe zum Sturz autokratischer Regime wie 2003 im Irak und 2011 in Libyen vergrößerten letztlich die Probleme: Libyen wurde zu einem „failed state" (= gescheiterter Staat) und im Irak scheiterten alle Versuche einer inneren Befriedung. Dort kam es zu Kämpfen um die Macht zwischen Sunniten und Schiiten, zu massiven Terroranschlägen sowie zur vorübergehenden Errichtung des „Islamischen Staates im Irak und der Levante" (ISIL) durch die Terrororganisation Islamischer Staat (IS).

Die Lage in Syrien war nach der Rebellion gegen das diktatorische Regime von Präsident Assad im Jänner 2011 besonders verworren. Bis zum Jahr 2018 gelang es der syrischen Armee mit massiver Unterstützung durch die russischen Luftstreitkräfte, den Aufstand im Wesentlichen niederzuschlagen. Russland kehrt damit als einflussreiche politische Kraft in die Region des Nahen Ostens zurück. Dort hatte es nach dem Ende des Kalten Krieges die politische Vormachtstellung den USA überlassen müssen.

Syrien als Gesamtstaat kann jedoch nach wie vor nicht als befriedet und als in seiner staatlichen Einheit gesichert gelten. Im Norden kontrolliert die Türkei große Grenzabschnitte mit eigenen Truppen. Weite Gebiete im Norden und Nord-Osten werden von den Kurden dominiert, die von den USA im Kampf gegen den IS unterstützt wurden. Präsident Assad stellt den Kurden, um sie für sich und den Gesamtstaat zu gewinnen, eine regionale Autonomie in Aussicht. Doch vielen Arabern in Syrien ist dieser kurdische Einfluss zu groß. Darüber hinaus sind in Syrien nach wie vor verschiedene Gruppierungen terroristisch aktiv, die auf irgendeine Art mit Al-Qaida verbunden sind. Seit 2018 formiert sich u. a. eine neue Gruppierung unter der Bezeichnung „Wächter des Glaubens". Sie spalteten sich wiederum von anderen Rebellengruppen ab.

Die Vielfalt an ethnischen und religiösen Bevölkerungsgruppen erschwert es indirekt, stabile politische Verhältnisse in den Staaten dieser Region zu schaffen.

Der Journalist Wolfgang Machreich stellt dazu fest:

L *Studien zeigen, dass nicht ethnische Vielfalt an sich, sondern eher die ethnische Dominanz einer Gruppe in Konkurrenz zu anderen, kleineren Ethnien, konfliktträchtig ist.*

(Machreich, Das Maschinengewehr am Rücksitz. In: Die Furche, Nr. 21, 24. Mai 2018, S. 3)

Die Konflikte, die der heutigen Situation zu Grunde liegen, sind letzten Endes auch ein Ergebnis von politischen Entscheidungen, die während und nach dem Ersten Weltkrieg im Zuge der Auflösung des Osmanischen Reiches gefällt wurden.

→ Fragen und Arbeitsaufträge

1. Arbeite anhand der Karten und Literaturstellen heraus, wie nach dem Zerfall des Osmanischen Reiches neue politische Einheiten im Nahen und Mittleren Osten geschaffen wurden. Beurteile die Rolle Großbritanniens und Frankreichs bei diesen Prozessen.

2. Analysiert zu dritt eine der Konfliktkonstellationen. Bezieht dabei, wenn nötig, Informationen zum Thema „Naher Osten" aus anderen Kapiteln ein. Präsentiert eure Ergebnisse in der Klasse, verwendet dazu auch ein Plakat oder eine Präsentation.

Internationale Politik der Gegenwart

Internationale Organisationen: UNO, NATO, OSZE

- Im Juni 1945 wurde die UNO in San Francisco gegründet. Die entscheidenden Kompetenzen kommen dem Sicherheitsrat zu. Gegenwärtig wird diskutiert, die fünf ständigen Mitglieder (ausgestattet mit Vetorecht) zu erweitern. Zu den besonders schwierigen Aufgaben der UNO zählen neben der Entsendung von Soldaten zur Friedenssicherung die Klimafrage, die Verringerung der weltweiten Armut, die Bekämpfung von Epidemien und die Versorgung von Millionen von Flüchtlingen.
- Nach Ende des Zweiten Weltkrieges wurde 1949 die NATO gegründet; in den Jahren 1999, 2004, 2009 und 2017 wurde sie schließlich auf 29 Mitglieder erweitert. Mit Litauen, Lettland und Estland befinden sich darunter auch drei Teilrepubliken der 1991 aufgelösten Sowjetunion.
- Die OSZE wurde 1995 als Nachfolgeeinrichtung der KSZE gegründet. Sie hat ihren Sitz in Wien. Ihre Ziele bestehen vorrangig darin, Sicherheit und Stabilität in Europa zu fördern, eine europäische „Sicherheitsstruktur für das 21. Jahrhundert" zu entwickeln und Demokratisierungsprozesse zu unterstützen.

Weltmächte seit 1945

- Nach dem Ende des Zweiten Weltkrieges konnte die Regierung der USA die Wohlstandsgesellschaft zu einer „Konsumgesellschaft" bis hin zu einer „Überflussgesellschaft" ausbauen. Die Wirtschaft wuchs, auch aufgrund der mächtigen Rüstungsindustrie im Kalten Krieg.
- Mit Beginn des Kalten Krieges verstärkte sich in den USA der Antikommunismus. 1947 erließ Präsident Truman eine „Loyality Order". Besonders aktiv in der Verfolgung Verdächtiger war Senator Joseph McCarthy.
- 1960 gewann der demokratische Kandidat John F. Kennedy die Präsidentschaftswahl. Damit begannen weitreichende Reformen. Noch vor Ablauf seiner Amtsperiode wurde Kennedy 1963 ermordet. Auch sein Nachfolger Johnson setzte die Reformpolitik fort; vor allem sozialpolitische Maßnahmen waren erfolgreich.
- 1954 wurde die Aufhebung der Rassentrennung in den Schulen beschlossen. Ein großer Teil der weißen Bevölkerung wehrte sich dagegen, was Ende der 1950er Jahre besonders im Süden der USA zu schweren Unruhen führte. Gleichzeitig entwickelte sich auch eine gewaltlose Bürgerrechtsbewegung mit dem schwarzen Pfarrer Martin Luther King an der Spitze. Nun wurde die Rassentrennung im gesamten öffentlichen Leben verboten. Militante Gruppen sagten sich von den Zielen der Bürgerrechtsbewegung los und lehnten die Integration in die Gesellschaft ab. Mitte der 1960er Jahre kam es wieder zu schweren Unruhen. Aufgrund der Erfolge der Bürgerrechtsbewegung verringerten sich die wirtschaftlichen Unterschiede zwischen schwarzen und weißen US-Bürgerinnen und US-Bürgern. In vielen Bereichen blieben jedoch die Ungleichheiten und zahlreiche Rassismen bestehen.
- Der Krieg in Vietnam (1965–1973) führte zu massiven Jugend- und Studentenprotesten. Eine tiefe Spaltung durchzog die amerikanische Gesellschaft. In den frühen 1970er Jahren ließen die inneren Unruhen wieder nach, doch das „Trauma Vietnam" hielt an.

- Nach der Gründung der „American Indian Movement" (1968) stufte die Regierung die indigene Bevölkerung als die am stärksten benachteiligte Minderheit ein. Seitdem wurden Projekte zur Verbesserung ihrer Lebenslage verfolgt, ebenso wird versucht, Rechte auf dem Klageweg einzufordern. Immer wieder protestieren Gruppen von Native Americans gegen Beschränkungen ihrer Freiheits- oder Eigentumsrechte.
- In den späten 1960er und in den 1970er Jahren kam es mehrfach zu politischem Richtungswechsel. Nach dem Watergate-Skandal trat der republikanische Präsident Nixon zurück. Nach der Präsidentschaft des Demokraten Carter kam es mit der Wahl des Republikaners Reagan zum Präsidenten wieder zu einer konservativen Wende und auch zu einem Rüstungswettlauf mit der Sowjetunion.
- Nach der Auflösung der Sowjetunion (1991) beanspruchten die USA die Vorherrschaft in der Weltpolitik.
- Ihr häufig unilaterales Vorgehen rechtfertigten und rechtfertigen die USA seit dem Anschlag von 2001 oft als Bekämpfung des internationalen Terrorismus.
- Außenpolitisch führten und führen die USA seit 1991 mehrere Kriege; innenpolitisch verschärfte sich der Gegensatz zwischen den Demokraten und den Republikanern in grundsätzlichen Fragen (z. B. Gesundheitsreform und Einwanderung in die USA). Die Beziehungen der USA zu den Staaten im pazifischen Raum haben sowohl wirtschaftlich als auch militärisch wachsende Bedeutung.
- Die Sowjetunion zerfiel im Jahr 1991. Russland wurde der größte und bedeutendste Nachfolgestaat der Sowjetunion.
- Außenpolitisch bemüht sich Russland unter Staatspräsident Wladimir Putin, den Status als Weltmacht wiederzuerlangen; innenpolitisch ist Russland durch die Vielzahl der Nationalitäten und durch die Entwicklung eines demokratischen Rechtsstaates herausgefordert.
- Nach jahrelangem Bürgerkrieg wurden im Jahr 1949 die „Volksrepublik China" (VRC) und die „Republik China" (Taiwan) gegründet. Die VRC betrachtet Taiwan allerdings nach wie vor als Bestandteil eines einheitlichen chinesischen Staates.
- Trotz zahlreicher Wirtschaftsreformen blieb das politische System Chinas von Reformen ausgenommen. Protestbewegungen wurden unterdrückt und es fand keine Demokratisierung des Staates statt.
- Außenpolitisch wächst Chinas Einfluss nicht nur in Asien, sondern weltweit. Stellvertretend dafür steht das Milliarden-Projekt „Neue Seidenstraße", das die VRC verstärkt mit Ländern Asiens, Afrikas und Europas sowohl auf dem Land- als auch auf dem Seeweg verbinden soll. Innenpolitisch führen die wachsenden regionalen und sozialen Ungleichheiten immer wieder zu Spannungen.

Lateinamerika – zunehmende Bedeutung in der Weltpolitik

- In Lateinamerika kehrten seit den 1980er Jahren nach dem Scheitern der Militärdiktaturen zahlreiche Staaten zu demokratischen Staatsformen zurück.
- Brasilien erlangte außenpolitisch als Mitglied der BRIC- und der IBSA-Staaten zunehmend globale Bedeutung. Innenpolitisch hat Brasilien auch in den 2010er Jahren große soziale und ökologische Probleme (z. B. Abholzung des Regenwaldes; Monokulturen) zu bewältigen.

- Vor allem Mexiko, der Nordwesten Lateinamerikas sowie die Länder Zentralamerikas stellen gegenwärtig sowohl Transit- als auch Ausgangsregionen für Migrationen in die USA dar.

Japan seit 1945

- Japan stieg ab den 1960er Jahren zu einer globalen Wirtschaftsmacht auf, blieb aber im Bereich der militärischen Sicherheit von den USA abhängig. Gegenwärtig strebt Japan danach, militärisch aufzurüsten. Damit will die japanische Regierung seine sicherheitspolitische Abhängigkeit von den USA verringern.

Konfliktfelder der Gegenwart

- Im Jahr 1979 wurde durch Vermittlung der US-Regierung ein Friedensvertrag zwischen Israel und Ägypten unterzeichnet. 1994 folgte ein solcher mit Jordanien.
- Nach dem Ausbruch der zweiten „Intifada" und den damit verbundenen zahlreichen Selbstmordanschlägen von Palästinensern in Israel einigte man sich zunächst auf einen Friedensfahrplan („Road Map", 2003). Dennoch ist eine Lösung des Konflikts nicht in Sicht. Die „Road Map" gilt inzwischen als gescheitert.
- Im Jahr 1979 wurde im Iran das repressive Regime des Schahs durch eine Revolution gestürzt. Sie führte zur Errichtung einer islamischen Republik, in der die schiitischen Geistlichen auch politisch dominieren. Dagegen formiert sich allerdings immer mehr auch Widerstand. Aktuell besitzt der Iran großen Einfluss auf die politischen Entwicklungen im Mittleren und Nahen Osten.
- Der Irak wurde im Jahr 2003 völkerrechtswidrig von einer „Koalition der Kriegswilligen" unter Führung der USA angegriffen und besiegt (Zweiter Irakkrieg; Dritter Golfkrieg). Die innere Lage im Irak konnte bisher aber nicht beruhigt werden. Ab dem Jahr 2013 kontrollierten die Terrormilizen des „Islamischen Staates" (IS) große Teile des Landes. Sie gelten im Irak inzwischen weitgehend als militärisch besiegt. Aktuell kennzeichnen zwei Probleme die Situation im Irak: Welcher Status soll den mehrheitlich von Kurden bewohnten Gebieten im Norden des Landes zuerkannt werden? Wie lässt sich über Wahlen und politische Reformen ein Ausgleich zwischen den vielfachen ethnischen und religiösen Gegensätzen erreichen?
- Im Jahr 2011 wurden in drei arabischen Ländern Nordafrikas (Tunesien, Ägypten, Libyen) durch Revolutionen autokratische Regime gestürzt. Die Hoffnungen auf Demokratie und politische Stabilität blieben jedoch weitgehend unerfüllt.
- Auch in Syrien kam es im Frühling 2011 zu Protesten gegen die Regierung unter Präsident Baschar al Assad. Wichtige Gründe für die Unzufriedenheit waren die schlechte wirtschaftliche Lage und die hohe Arbeitslosigkeit auch unter gut ausgebildeten jungen Erwachsenen. Von der wirtschaftlichen Entwicklung ab Beginn der 2000er-Jahre hatten nur wenige Gebiete profitiert und es war ein wirtschaftliches Gefälle zwischen verschiedenen Regionen entstanden. Aus den anfangs friedlichen Protesten entwickelte sich ein grausamer Krieg, der eine Flüchtlingstragödie ausgelöst hat. Mittlerweile flüchteten aufgrund des Krieges mehrere Millionen Menschen in die Nachbarländer und Hunderttausende nach Europa; in Syrien selbst gibt es bereits über sechs Millionen Binnenvertriebene. Die militärische Macht des IS konnte bis Anfang 2019 zwar weitgehend gebrochen werden, dennoch kommt es nach wie vor zu Gefechten zwischen IS-Kämpfern und Angehörigen der von den USA unterstützten Syrischen Demokratischen Kräften (SDF).

Längsschnitt: Die Konfliktregion Naher und Mittlerer Osten im 20. und 21. Jahrhundert

- Das Osmanische Reich blieb bis Ende des Ersten Weltkrieges im Nahen und Mittleren Osten die vorherrschende Großmacht. Im Sykes-Picot-Abkommen (1916) teilten Großbritannien und Frankreich die von arabischen Volksgruppen bewohnten Gebiete in Einflusssphären auf. Diese wurden nach dem Ersten Weltkrieg französische bzw. britische Mandatsgebiete. Bestrebungen nach einem eigenständigen arabischen Königreich blieben erfolglos.
- Gleichzeitig mit diesen Entwicklungen entstand unter Kemal Atatürk die moderne Türkei.
- Die gegenwärtige Staatenwelt des Nahen Ostens entstand nach dem Zweiten Weltkrieg. In den beiden letzten Jahrzehnten gab es dort zahlreiche Krisen. In den aktuellen Kriegen in dieser Region geht es wesentlich um die Vormachtstellung von Iran bzw. Saudi-Arabien (und der Türkei) (z. B. im Krieg in Syrien).

Grundbegriffe

NATO, North Atlantic Treaty Organization (Nordatlantikpakt) 1949 gegründet als Verteidigungsbündnis der USA und Kanadas mit zunächst zehn westeuropäischen Staaten, heute militärisch-politisches Bündnis von 29 Mitgliedstaaten (Stand 2019).

Organisation für Sicherheit und Zusammenarbeit in Europa (OSZE) 1995 aus der Konferenz für Sicherheit und Zusammenarbeit in Europa (KSZE) entstanden, 57 Mitgliedstaaten (Stand: 2019). Für Abstimmungen gilt das Konsensprinzip. Ihre Missionen (hauptsächlich in Südosteuropa und Zentralasien) dienen der Konfliktverhütung, der Förderung des Dialogs zwischen ethnischen Gruppen, der Beobachtung und Hilfe bei der Durchführung von Wahlen oder bei der Vereinbarung von Autonomieregelungen.

Seidenstraße – alt: Als „Seidenstraße" bezeichnet man ein altes Netz von Handelsrouten, das Zentralasien mit Ostasien und dem Mittelmeer verband. Ihre größte Bedeutung erlangt sie mit einigen Unterbrechungen zwischen ca. 100 v. Chr. bis etwa zum 14. Jh. Auf ihr wurde aus China vorwiegend Seide nach Europa gebracht; von Europa gingen Wolle, Gold und Silber nach dem Osten. Über die Handelsbeziehungen hinaus fanden auch Kontakte zwischen europäischen und fernöstlichen Kulturen und Religionen statt.

Seidenstraße – neu: Das „Seidenstraßen-Projekt" kann als größtes Wirtschaftsprojekt seit dem Zweiten Weltkrieg gesehen werden. Es wurde am 7. September 2013 vom chinesischen Präsidenten Xi Jinping vorgestellt. Es soll die Volksrepublik China verstärkt mit Ländern Asiens, Afrikas und Europas sowohl auf dem Land- als auch auf dem Seeweg verbinden. Als wichtige europäische Häfen werden Piräus und Triest ins Auge gefasst.

UNO, United Nations Organization 1945 gegründete internationale Organisation zur Sicherung des Weltfriedens und der internationalen Zusammenarbeit mit zahlreichen Sonderorganisationen, z. B. dem Kinderhilfswerk UNICEF. Österreich ist seit 1955 Mitglied der Vereinten Nationen.

Emanzipatorische Bewegungen und Gegenströmungen nach 1945

1918	1945	1948	1953	1961	1962–1965	1968
Einführung des Frauen-wahlrechts in Österreich	Atombombenabwürfe auf die japanischen Städte Hiroshima und Nagasaki auf Befehl des US-Präsidenten Harry S. Truman	Veröffentlichung der Allgemeinen Erklärung der Menschenrechte durch die UNO	In-Kraft-Treten der Europäischen Menschenrechts-konvention	Gründung der NGOs Amnesty international (AI) und World Wide Fund For Nature (WWF)	Zweites Vatikanisches Konzil	Höhepunkt einer Welle von Jugend-protesten

Das Jahr 1968 war der Höhepunkt einer Welle von Jugendprotesten, die vor allem von Studierenden getragen wurden. Deren Ziel war u. a. ein grundlegender gesellschaftlicher Wandel mit mehr gesellschaftlicher Gleichstellung. Ein kleiner Teil der oppositionellen Studierenden glitt in eine linksextreme Terrorszene ab.

In den nachfolgenden Jahrzehnten veränderte sich die Rolle der Frauen besonders deutlich: In den 1960er und 1970er Jahren kämpfte die Zweite Frauenbewegung gegen männliche Bevormundung und für die Gleichberechtigung der Frauen. Ab Mitte der 1980er Jahre und verstärkt ab 1995 wurde zunehmend die Strategie des Gender Mainstreaming eingesetzt, um eine Gleichstellung der Geschlechter im politischen und wirtschaftlichen Leben zu erreichen.

Politische Mitbestimmung verlangten auch die Nichtregierungsorganisationen (NGOs), wozu auch die Anti-Atom- und die Friedensbewegung zählen.

Ab Ende der 1980er Jahre erlangten religiös-fundamentalistische Strömungen verstärkt Zulauf, vor allem im Islam. Es bildeten sich gewaltbereite islamistische Terrorgruppen, wie Al-Qaida, der „Islamische Staat" (IS) und Boko Haram.

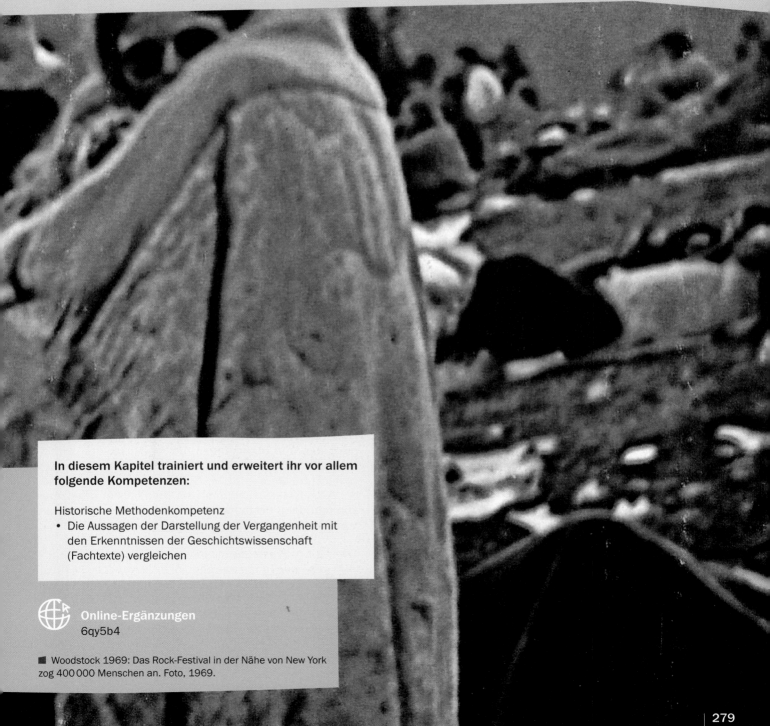

1970–1993	**1984**	**1986**	**1988**	**2001**	**2011**	**2018**
Gründung, Aktivitäten und Zerschlagung der terroristischen Roten Armee Fraktion (RAF) in der BRD	Proteste von Umweltschützerinnen und Umweltschützern in der Hainburger Au	Atomarer Super-GAU in Tschernobyl (Sowjetunion/ Ukraine)	Beginn der Aktivitäten von Al-Qaida im afghanischen Befreiungskampf gegen die Sowjetunion	Terroranschläge auf das World Trade Center (New York) und das Pentagon (Washington)	Atomarer Super-GAU in Fukushima (Japan)	Weitgehende Zurückdrängung der Terrororganisation „Islamischer Staat" (IS) im Irak und in Syrien, dennoch weiterhin Anschläge

In diesem Kapitel trainiert und erweitert ihr vor allem folgende Kompetenzen:

Historische Methodenkompetenz
- Die Aussagen der Darstellung der Vergangenheit mit den Erkenntnissen der Geschichtswissenschaft (Fachtexte) vergleichen

Online-Ergänzungen
6qy5b4

■ Woodstock 1969: Das Rock-Festival in der Nähe von New York zog 400 000 Menschen an. Foto, 1969.

1. Die Entwicklung der Frauenbewegungen

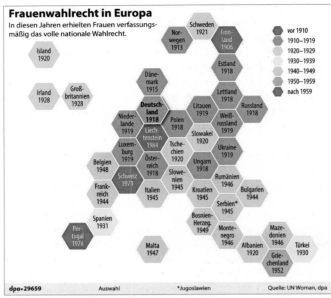

Frauenwahlrecht in Europa
In diesen Jahren erhielten Frauen verfassungsmäßig das volle nationale Wahlrecht.

vor 1910
1910–1919
1920–1929
1930–1939
1940–1949
1950–1959
nach 1959

dpa•29659   Auswahl   *Jugoslawien   Quelle: UN Woman, dpa

■ Frauen- und Männerwahlrecht in Europa.

Ein Aufbruch – die Erste Frauenbewegung

Ein wichtiges Ergebnis der Ersten Frauenbewegung, die sich ab etwa 1870 organisierte, war die Erringung des Wahlrechts für Frauen. In Österreich war das im Jahr 1918 der Fall.

Der Feminismus als neue soziale Bewegung – die Zweite Frauenbewegung

Q *Die Zuweisung der Geschlechterrollen ist universell, und auch ihre Folgen sind es. Darum muss auch der Feminismus universell sein. In der westlichen Welt trat vor dreißig Jahren die Frauenbewegung erneut in die Arena.*
(Schwarzer, Der kleine Unterschied und seine großen Folgen, 1975/2007, S. 9)

Ab den 1960er Jahren forderten Frauen immer nachdrücklicher die Befreiung aus männlicher Bevormundung und aus wirtschaftlicher Abhängigkeit. In Diskussions- und Arbeitsgruppen strebten sie politische Selbstorganisation an. Männer schlossen sie aus ihren Diskussionsgruppen aus. Ihren Ausgang nahm die Neue Frauenbewegung von der Studentenbewegung in den USA.

Q *Wir, MÄNNER und FRAUEN, die wir uns hiermit als National Organization for Women konstituieren, glauben, dass die Zeit für eine neue Bewegung zur vollständig gleichberechtigten Partnerschaft der Geschlechter gekommen ist, als Teil einer weltweiten Revolution für Menschenrecht.*
(Zit. nach: Castells, Der Aufstieg der Netzwerkgesellschaft. Das Informationszeitalter, Band 1, 2001, S. 191)

Mit dieser Erklärung von NOW (National Organization for Women) im Jahr 1966 wurde die liberale Frauenbewegung gegründet. Sie war eine der bedeutendsten so-zialen und politischen Bewegungen des 20. Jh. Ihr Motto war: „Das Private ist politisch."

Als feministische Bewegung bekämpfte sie vor allem das „Patriarchat" (= die durch männliche Vorrechte geprägte Gesellschaft). Dieses wurde als sexistische Gesellschaftsordnung bezeichnet:

Q *Sexismus ist Ausbeutung, Verstümmelung, Vernichtung, Beherrschung, Verfolgung von Frauen; die Verneinung des weiblichen Körpers, die Gewalt gegenüber dem Ich der Frau; die Kolonialisierung und Nutzung ihres Körpers, der Entzug der eigenen Sprache, die Einschränkung ihrer Bewegungsfreiheit, die Unterschlagung ihres Beitrages zur Geschichte der menschlichen Gattung.*
(Janssen-Jurreit, Sexismus. Über die Abtreibung der Frauenfrage, 1978, S. 127)

Vor allem die traditionelle Arbeitsteilung, in der der Mann das Vorrecht vor der Frau hatte, kritisierte die feministische Seite massiv. Entsprechend dieser Auffassung ist die Frau für die Kindererziehung und die Arbeit im Haushalt zuständig, der Mann übt einen Beruf aus und verdient Geld (= traditionelles Rollenbild).

Auch die verbreitete häusliche Gewalt gegen Frauen wurde thematisiert. Zum Schutz gegen männliche Gewalt wurden z.B. Selbstverteidigungskurse angeboten, Frauenhäuser errichtet und psychologische Beratungsdienste für misshandelte Frauen aufgebaut.

Allmählich gelang es, auch die Gewerkschaften, die politischen Parteien und die Kirchen für Themen der Frauenbewegung zu gewinnen.

Gender Mainstreaming als neuer Anlauf

Trotz aller Bemühungen hat sich die Situation der Frauen in der Gesellschaft lange Zeit nicht zufriedenstellend gebessert. Auf der Grundlage der vierten UN-Weltfrauenkonferenz in Beijing (1995) haben sich schließlich die Regierungen der teilnehmenden Staaten verpflichtet, die Benachteiligungen von Frauen zu beseitigen. Etwas später hat auch die EU im Vertrag von Amsterdam (1997/1999) festgelegt, dass bei allen politischen Programmen und Maßnahmen die Auswirkungen zu beachten sind, welche sie auf die Gleichstellung der Geschlechter haben – z.B. bei Stellenausschreibungen, bei der Arbeitsplatzgestaltung oder auch bei der Besetzung von leitenden Positionen in Betrieben. Diese Strategie wird als „Gender Mainstreaming" bezeichnet.

Q *Mit dem Gender Mainstreaming soll ein umfassender und nachhaltiger Wandel der Geschlechterordnung erreicht werden. Bewirkt werden sollen strukturelle Veränderungen, die deutlich machen, dass Organisationen und Abläufe „vergeschlechtlicht" sind. Damit soll vom Defizitdenken der Frauen Abstand genommen und auch Änderungen bei den Männern angeregt bzw. gefördert werden.*
(Lenz/Adler, Geschlechterverhältnisse, Bd. 1, 2010, S. 113)

Gender Mainstreaming beinhaltet folgenden Auftrag an die Spitze von Einrichtungen bzw. von Unternehmen und an die darin beschäftigten Mitarbeiterinnen und Mitarbeiter: Es sind die unterschiedlichen Interessen und Lebenssituationen von Frauen und Männern in der Gestaltung der Arbeitsabläufe, in der Kommunikation und in der Öffentlichkeitsarbeit von vornherein zu berücksichtigen. Damit soll das Ziel der Gleichstellung von Frauen und Männern besser verwirklicht werden. Diesbezüglich sind viele Fortschritte erzielt worden. Doch manches blieb offen.

„Offene Baustellen" – Beispiel Frauenquoten

Ab 2018 gilt in Österreich eine gesetzliche Frauenquote von 30 Prozent in Aufsichtsräten börsennotierter Unternehmen:

L *Die jüngste diesbezügliche Analyse der Beratungsorganisation Ernst & Young kommt auf einen Frauenanteil in den Vorstandbüros von 5,6 Prozent (30. 7. 2017). Absolut stieg die Zahl von neun auf elf Frauen. Ihnen stehen 185 Männer in den Vorstandsgremien gegenüber. Der Frauenanteil in den Kontrollgremien (= Aufsichtsräten) beträgt 17,4 Prozent. 103 Frauen stehen 593 Männer gegenüber. Die Studienautorin meint: „Wer gezielt nach qualifizierten weiblichen Aufsichtsräten sucht, findet sie auch. Das gilt auch für die Vorstandsetagen."*
(Nach: Sempelmann, Nur 5,6 % Frauenquote. Online auf: www. trend. at/thema-8257 073, 8. 8. 2017)

Ein Blick zurück

L *Ein Blick zurück in die Geschichte zeigt, dass heute eine neue Generation von Mädchen und Frauen heranwächst. Sie besitzen Bildung, Selbstbewusstsein. Viele Errungenschaften der Frauenbewegung in den 70er Jahren werden als selbstverständlich angenommen. Sie sehen sich heute nicht (mehr) als passive Opfer der gesellschaftlichen Benachteiligungen.*

Diese positiven Entwicklungen bilden eine solide Basis dafür, dass sich Mädchen und junge Frauen heute vermehrt einmischen und Geschlechtergerechtigkeit einfordern.
Doch kulturelle Revolutionen wie ein Wandel des Geschlechterverhältnisses und damit die „Umwälzung unserer Lebensformen" brauchen scheinbar länger als ein oder zwei Generationen.
(Kromer/Hatwagner, Geschlechtergerechtigkeit. In: Friesl/Kromer/Polak, Lieben, Leisten, Hoffen, 2008, S. 228)

Internationale Trendwende?

Seit einiger Zeit ist international wieder so etwas wie eine Trendwende („Backlash") spürbar. Einerseits hat sich ein Teil der Frauenbewegung vermehrter Innerlichkeit zugewandt. Andererseits hat man durch gesellschaftliche Stützungsmaßnahmen – zumindest in manchen europäischen Ländern – den Frauen eine bessere Vereinbarkeit von Mutterschaft und Beruf ermöglicht: z. B. Reduktion der Arbeitszeit während der ersten sieben Lebensjahre des Kindes; Gleichstellung der Frauen im Berufsleben; Sicherungen für die berufliche Wiedereingliederung nach der Karenzzeit; vermehrtes Angebot an Kindergärten und ganztägigen Schulen etc. Von Politikerinnen ist immer wieder die Forderung zu hören, Männer zu einem Karenzzeit zu verpflichten.

→ **Fragen und Arbeitsaufträge**

1. Halte in Stichworten die Ziele und Vorgaben von Gender Mainstreaming fest.
2. Diskutiert unter Einbeziehung des Beispiels Frauenquoten die Kluft zwischen Anspruch und Wirklichkeit. Recherchiert darüber hinaus nach weiteren aktuellen Beispielen.

■ Alice Schwarzer, deutsche Journalistin und Publizistin. Foto, 2017.
Schwarzer, seit 1984 die Herausgeberin der Frauenzeitschrift „Emma" (gegründet 1977) wurde zur Leitfigur der Zweiten Frauenbewegung in Deutschland und Österreich. 1975 formulierte sie einen Traum von der Zukunft:

„Ich träume von dem Tag, da man nicht mehr von Männern und Frauen, sondern von Menschen redet. (...) Das Leben von weiblichen und männlichen Menschen (sollte nicht) nach Rollenzwang, sondern nach persönlich unterschiedlichen Bedürfnissen und Interessen verlaufen."

(Zit. nach: Schwarzer, Der kleine Unterschied und seine großen Folgen, 1975/2007, S. 178)

2. Die 1968er-Proteste

■ Ernesto Che Guevara, Portrait von Alberto Korda, 5.3.1960 – Ho Chi Min, anonymes Foto, 1966 – Mao Zedong, anonymes Foto, 1968.
Diese drei Männer waren Symbolfiguren im Kampf gegen die kapitalistische Ordnung: Che Guevara als revolutionärer Kämpfer der kubanischen Revolution, Ho Chi Minh als Leitfigur des vietnamesischen Widerstandes gegen die USA und Mao Zedong, dessen Aufruf zur „Proletarischen Kulturrevolution" 1964 im kommunistischen China Millionen junger Menschen folgten.

Die „68er" – ein alter Hut?

Tatsächlich. Diejenigen jungen Menschen, die die „68er-Bewegung" getragen haben, gehören heute schon zur Großelterngeneration. Die allermeisten von denen, die damals lautstark gegen das Establishment protestierten, sind heutzutage gut etabliert.

> *Die 68erInnen waren antiautoritär. (…) Ihnen ging es zentral um eine Veränderung der gesellschaftlichen Beziehungen: der Beziehungen zwischen den Geschlechtern, zwischen Kindern und Eltern, zwischen Vorgesetzten und Untergebenen oder zwischen Studierenden und Professoren.*
> (Ebbinghaus/van der Linden (Hg.), 1968, 2009, S. 13)

Viele Vorläufer und Ursachen

Das Jahr 1968 war der Höhepunkt einer Welle von Jugendprotesten, die in den 1960er Jahren vor allem die westlichen Länder, aber auch Japan und Südkorea erfassten.

– Wichtige Ausgangspunkte waren die Proteste von Studierenden an US-amerikanischen Universitäten. Dort protestierte man zunächst gegen die Rassentrennung und ab 1964 auch gegen den Vietnamkrieg. Die Hippie-(„Blumenkinder"-)Szene trat mit ihrer Parole „Make Love not War" gegen den Vietnamkrieg und eine prüde Sexualmoral auf. Unterstützt durch die Entwicklung der Antibabypille propagierte man die freie Liebe und den Drogenkonsum (LSD) zur „Öffnung blockierter Erfahrungswelten".
– Die Eltern, insbesondere die Väter, wurden aufgrund ihrer unzureichenden Beschäftigung mit ihrer zum Teil nationalsozialistischen Vergangenheit von den Jungen, vor allem den Söhnen, immer heftiger kritisiert.

Gemeinsamkeiten

Obwohl sich die Protestbewegungen in den einzelnen Ländern unterschieden, gab es wichtige gemeinsame Merkmale:

– Fast in allen Staaten standen Studierende an der Spitze der Bewegung.
– Das Ziel war mehr gesellschaftliche Gleichstellung durch basisdemokratische Beteiligung. Manche strebten auch einen grundlegenden gesellschaftlichen Wandel auf der Basis eines erneuerten Marxismus an.
– Es war eine „rock revolution". Ihr „Markenzeichen" war eine neue Jugendkultur; ihre Kennzeichen waren die Musik des Beat und Rock, der Bruch mit den bisher üblichen Frisur- und Kleidungsvorschriften sowie eine freizügige Sexualmoral, die man z.B. in Kommunen ausleben konnte. Jugendlichkeit wurde von nun an ein wichtiger Wert.
– Die Rolle der Frauen veränderte sich besonders deutlich. Viele Töchter wollten eine völlig andere Frauenrolle leben als ihre Mütter.
– Charakteristisch waren Protestformen des zivilen Ungehorsams, z.B. Sit-ins, Teach-ins, Happenings u.a.m.

Studentenproteste, Straßenschlachten, APO

In der Bundesrepublik Deutschland bildete sich ab 1967 die so genannte Außerparlamentarische Opposition (APO): Sie machte „Opposition" auf der Straße – und nicht im Parlament. Während einer Demonstration gegen den Schah von Persien in West-Berlin wurde der Student Benno Ohnesorg von einem Polizisten, einem informellen Mitarbeiter des DDR-Staatssicherheitsdienstes, erschossen (2.6.1967). Dies und das Attentat auf den charismatischen Studentenführer Rudi Dutschke (11.4.1968) verliehen der APO eine besondere Dynamik. Zahlreiche Straßenschlachten in West-Berlin und in großen Städten Deutschlands unter dem Motto: „High sein, frei sein, Terror muss dabei sein" folgten.

> *Innerhalb eines Jahres (…) radikalisierten sich junge Frauen und Männer sehr schnell, gaben ihre „Bürgerlichkeit" auf (…) und wurden kurzfristig „Berufsrevolutionäre".*
> (Rabehl, Zur archaischen Inszenierung linksradikaler Politik. In: Kraushaar, Frankfurter Schule und Studentenbewegung, 1998, S. 39)

Ab Herbst 1968 begann die Zersplitterung der APO. Die Frauen kritisierten die Unterdrückung durch ihre männlichen Kollegen und zogen aus dem Sozialistischen Deutschen Studentenbund (SDS) aus. Der größte Teil der protestierenden Studierenden-Bewegung wandte sich in der Folge der SPD (Sozialdemokratische Partei Deutschlands) unter dem damaligen Kanzler Willy Brandt zu.

Die RAF und der Terror

Einige wenige der protestierenden Studierenden gingen als Terroristinnen und Terroristen in den Untergrund. Die RAF (Rote Armee Fraktion, zunächst mit Andreas Baader, Ulrike Meinhof, Gudrun Ensslin und Jan Carl Raspe) wurde gegründet. Ihr Ziel war es, die Gesellschaftsordnung der Bundesrepublik Deutschland zu zerstören. Sie wurde als „imperialistisches System" abgelehnt. Mitglieder der RAF führten in den nächsten Jahren immer wieder Attentate und Überfälle durch. Im Jahr 1972 wurde fast die gesamte Führung der RAF verhaftet, vor Gericht gestellt und verurteilt.
Noch gewaltsamere Terroranschläge verübte die „Zweite Generation", z. B. im Jahr 1977 die Ermordung des Generalbundesanwaltes Buback, des Bankiers Ponto und des Arbeitgeberpräsidenten Schleyer, aus Sicht der RAF „Vertreter des Systems", das sie stürzen wollten. Erst im Jahr 1993 galt die RAF als zerschlagen.

Und in Österreich? – „Schluss mit der Wirklichkeit"

Im Vergleich zu Deutschland, Italien und Frankreich war die Situation in Österreich kaum revolutionär gestimmt. Aber es ging auch hier um die Frage: „Wie lange kann die Zweite Republik mit einer unbewältigten Vergangenheit leben?" (Paul Lendvai)
Anlässlich einer Demonstration von Studierenden im Jahr 1965 gegen den Hochschulprofessor Borodajkewycz wegen dessen nationalsozialistischer und antisemitischer Äußerungen gab es ein Todesopfer: Ernst Kirchweger, ein ehemaliger Widerstandskämpfer, wurde von einem rechtsextremen Studenten niedergeschlagen und dabei tödlich verletzt. Er war das erste innenpolitisch motivierte Todesopfer der Zweiten Republik. Die Ereignisse im Jahr 1968 gestalteten sich dann in einer „heißen Viertelstunde" aktionistisch:

L *Der Wiener Aktionismus hat die Öffentlichkeit tief verstört. Die Veranstaltung „Kunst und Revolution" am 7. Juni 1968 im Neuen Institutsgebäude der Wiener Universität beleidigte die österreichischen politischen Symbole, verletzte alle Standards der zivilisierten Gesellschaft. In den theoretischen Texten tobte sich der Anarchismus als Zerstörungswut gegen alle Strukturen – Staat, Religion, Kunst – aus. „Österreicher, schmeißt die Würdenträger über die Rampen. (...) Weg mit dem Wahnsinn des Alltags! Schluss mit der Wirklichkeit."*
(Hanisch, Der lange Schatten des Staates, 1994, S. 482)

Einige (langfristige) Folgen

Zumindest indirekt können einige wesentliche Veränderungen in Schule und Gesellschaft auf die 1968er Bewegung zurückgeführt werden, zum Beispiel: die Koedukation ab 1974 in allen öffentlichen Schulen; das Zivildienstgesetz (1974); das Schulunterrichtsgesetz von 1974 mit erstmaligen Mitbestimmungsrechten für Eltern- und Schülervertreter; die „Fristenlösung" (Schwangerschaftsabbruch innerhalb der ersten drei Monate) seit 1.1.1975.

Einschätzungen – 50 Jahre danach

L *Ich plädiere dafür, dass man die Sechziger- und die Siebzigerjahre als eine Lebensstilrevolution ansieht und dass man die Studentenbewegung nur als einen kleinen Teil davon betrachtet. Die alten Autoritäten verlieren an Bedeutung, die Parteien, Gewerkschaften, Kirchen. Die jungen Menschen bauen ihre Identitäten nun auch aus anderen Quellen zusammen, dazu zählt der Massenkonsum, aber auch Musik, insbesondere Popmusik (...). (...) Wir überhöhen 68, weil die Bilder der Revolte eine so ungeheure Strahlkraft entwickelt haben. Dabei blicken wir immer nur auf die Studenten, nur auf die Städte wie Frankfurt am Main oder Berlin, nur auf die Männer und bei Männern nur auf Rudi Dutschke und einige andere. Dabei handelte es sich um eine radikalisierte Minderheit aus ein paar Tausend Aktivisten, die den Sozialismus wollte und dabei scheiterte.*
(„Da hatte sich viel aufgestaut". Die Historikerin Christina von Hodenberg im Interview. In: Spiegel Geschichte 4, 2016, S. 135f.)

■ Studentenunruhen 1968: Demonstration der Außerparlamentarischen Opposition gegen das Attentat auf Rudi Dutschke, Berlin Schöneberg, 12.4.1968. Foto, 1968.

→ Fragen und Arbeitsaufträge

1. Arbeite die Gemeinsamkeiten und Ziele der 1968er-Proteste heraus. Bewerte sie hinsichtlich ihrer historischen Bedeutsamkeit.
2. Arbeite anhand der Literaturstellen mögliche unterschiedliche Sichtweisen gegenüber der 1968er-Bewegung heraus. Nenne mögliche Gründe für diesen Perspektivenwandel.

3. Anti-Atom-Protest und Friedensbewegung

Zuerst: „Atom für den Krieg"

Im August 1945 wurden von den USA zwei Atombomben auf Hiroshima und Nagasaki abgeworfen. Sie töteten Hunderttausende Menschen. Das führte zur Kapitulation Japans und zum Ende des Zweiten Weltkrieges. Trotz der damaligen Erfahrung mit der gigantischen Zerstörungskraft der Bomben setzte im Kalten Krieg ein beispielloser Rüstungswettlauf ein. Er gipfelte in 70 000 Atomsprengköpfen weltweit im Jahr 1986. 2017 schätzte das Stockholmer Friedensforschungsinstitut SIPRI, dass diese zwar auf ca. 14 900 reduziert, gleichzeitig aber modernisiert worden waren.

In den letzten Jahren bewegten zwei Themen die Diskussion um atomare Rüstung: Der Iran verpflichtet sich mit dem Atomabkommen 2016 zur friedlichen Nutzung der Kernenergie und lässt internationale Kontrollen zu. Nordkorea bleibt als Atommacht unberechenbar.

Erst dann: „Atom für den Frieden"

Nach dem Zweiten Weltkrieg begann man mit der zivilen Nutzung der Kernenergie. Man sah in ihr die Energie der Zukunft. 1954 ging in den USA der erste Reaktor ans Netz. UNO und EWG richteten besondere Unterorganisationen zur Kontrolle bzw. zur Förderung der Atomkraft ein: UNO 1956 – IAEO (Internationale Atomenergie Organisation; Kontrollinstanz für die Einhaltung internationaler Verträge zur friedlichen Nutzung der Kernenergie, mit Sitz in Wien); EWG 1957 – EURATOM (regelt die Verwendung und Förderung der Kernkraft innerhalb der EU).

Schon bald führte die prinzipielle Skepsis gegenüber der friedlichen Nutzung der Kernenergie zu Protesten. Das Problem der Zwischen- bzw. Endlagerung des Atommülls (Halbwertszeit des Plutoniums: 24 000 Jahre) konnte bislang nicht gelöst werden. In Deutschland nahmen die meist friedlichen Auseinandersetzungen z. B. um die Wiederaufbereitungsanlage in Wackersdorf in

■ Kontra-Zwentendorfplakat im Vordergrund, im Hintergrund ein Plakat für das Kernkraftwerk. Foto, 1978.

Der damalige Bundeskanzler Kreisky drohte bei einem Nein zur Inbetriebnahme von Zwentendorf mit seinem Rücktritt.

den 1970er Jahren oder auch die Proteste gegen die CASTOR-Transporte (seit Mitte der 1990er Jahre) auch z. T. gewalttätige Ausmaße an.

Österreicherinnen und Österreicher stimmten in der Volksabstimmung im Jahr 1978 mit knapper Mehrheit gegen die Inbetriebnahme des fertig gebauten Atomkraftwerkes (AKW) in Zwentendorf. Doch die AKWs in Tschechien, in der Slowakei, in Slowenien, in Deutschland und in der Schweiz bleiben bestehen.

Zwei Super-GAUs! Trendumkehr?

Am 26. 4. 1986 kam es im AKW in Tschernobyl (Sowjetunion/Ukraine) im Rahmen einer Sicherheitsübung zur bis dahin schwersten Reaktorkatastrophe der Geschichte. Tausende Menschen fanden in der Folge durch Verstrahlung in der Ukraine und in Weißrussland den Tod. Die Krebsrate, v. a. bei Kindern, erhöhte sich um das Zehnfache. Das übrige Ost- und Zentraleuropa – einschließlich Ostösterreich – entging knapp einer atomaren Katastrophe.

Durch diesen Super-GAU wurden die Vorbehalte gegen die friedliche Nutzung der Atomenergie verstärkt. Trotzdem plante man in den folgenden Jahren aufgrund des weltweit steigenden Energiebedarfs in den Industrieländern ihren Ausbau. Der „Energiehunger" der Wohlstandsgesellschaften hat die Bedenken gegen die Kernenergie zurückgedrängt. Die wirtschaftlich aufstrebenden Staaten China und Indien benötigen mehr Strom als je zuvor. Sie setzen dabei ebenfalls auf Atomkraft.

Doch der Super-GAU in Fukushima (Japan) am 11./12. 3. 2011, „die schlimmste Katastrophe in Japan seit 1945", bestärkte erneut die Atomskeptiker. Die IAEO möchte nun weltweit mit „Stresstests" die Sicherheit bestehender Kernkraftwerke überprüfen. Deutschland und die Schweiz haben sich darüber hinaus innerhalb der nächsten 20 Jahre den totalen Ausstieg aus der Atomenergie vorgenommen. Italien will nicht wieder in die Kernenergiegewinnung einsteigen. Andere Länder wie Frankreich oder Großbritannien sehen noch keine andere Lösung für den steigenden Energiebedarf und setzen weiterhin auf den Ausbau der Atomenergie.

Der Strom – nur aus der Steckdose?

Es geht bei den Auseinandersetzungen um den Ausstieg aus der Kernenergie aber nicht nur um die Verhinderung von Gefahren. Es geht um die Deckung des Energiebedarfs und um die Durchsetzung von nachhaltigem technischen Fortschritt: Wie können alternative Energien aus Sonne, Wasser, Wind und Biomasse erzeugt und besser genutzt werden? Viele Vertreterinnen und Vertreter der Industrie meinen, dass für den steigenden Energiebedarf die alternative Energieproduktion noch zu wenig ausgereift sei.

Der britische Umweltschützer und politische Aktivist, George Monbiot, schreibt dazu:

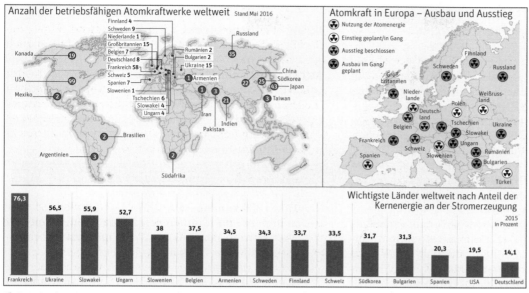

■ Atomkraftwerke weltweit. Stand: Mai 2016. In: Der Standard, 25. 11. 2016, S. 2. Quelle: Statista, APA/WNA.

Q *Auf einem derart hohen Zivilisationsniveau wie dem unserem kommen wir mit einer Öko-Schmalspur-Energieproduktion auf keinen grünen Zweig. Die Gewinnung von Sonnenenergie in Großbritannien etwa wäre hoffnungslos ineffizient. Windenergie in dicht besiedelten Gebieten ist weitgehend nutzlos. (…) Aber die primäre Energiequelle, auf die die meisten Volkswirtschaften zurückgreifen würden, wenn die AKWs wirklich abgeschaltet würden, wäre (…) fossiles Öl.*

(Monbiot. In: Der Standard, 23./24./25. 4. 2011, S. 34)

Viele Kernkraftgegnerinnen und -gegner allerdings vermuten hinter solchen und ähnlichen Einschätzungen den Einfluss jener Konzerne, die am Geschäft mit der Atomenergie oder mit dem Erdöl verdienen.

Der mit dem alternativen Nobelpreis ausgezeichnete Energieexperte Mycle Schneider sieht mit der „Katastrophe von Fukushima" „das Ende des Atomzeitalters" angebrochen. „Jetzt muss endlich intelligente Energiepolitik gemacht werden. Bisher wurde alles über die Produktion geregelt" (In: Der Standard, 17. 3. 2011, S. 7).

„Die billigste Energie ist die, die man nicht braucht." Unter diesem Motto möchte die EU nach der „EU-Energiestrategie 2020" den Energieverbrauch bis 2020 um 20 Prozent senken. Bis 2030 soll eine um 30 Prozent höhere Energieeffizienz erreicht werden. Dazu sollen Gebäude besser isoliert sowie sparsamere E-Geräte und verbrauchsärmere Flugzeuge und Autos entwickelt werden. Diese Ziele sind allerdings bisher noch nicht verbindlich festgeschrieben.

Anti-Atom- und Friedensbewegung

Schon in den 1950er Jahren gab es in der Bundesrepublik Deutschland erste Proteste gegen die Wiederbewaffnung und den Plan, die deutsche Bundeswehr mit taktischen Atomwaffen auszurüsten.

Aus der Widerstandsbewegung „Kampf dem Atomtod" ging die „Ostermarschbewegung" hervor. Sie gewann als Friedensbewegung ab 1960 an Bedeutung. Anfang der 1960er Jahre – im Kalten Krieg – demonstrierten amerikanische und europäische Pazifistinnen und Pazifisten für eine Abrüstung der USA, Großbritanniens, Frankreichs und der Sowjetunion. Mit den Protesten gegen den Vietnamkrieg begann sich die Friedensbewegung auf internationaler Basis zu etablieren. Allerdings wurde die Friedensbewegung zunächst verdächtigt, von der Sowjetunion unterstützt zu sein, sozusagen die „fünfte Kolonne Moskaus" zu bilden.

In den Jahren 1982 und 1983 gelang es der Friedensbewegung in Österreich, jeweils etwa 100 000 Demonstrantinnen und Demonstranten gegen die atomare Aufrüstung und für Atomwaffenfreiheit zu mobilisieren. Das waren die bis dahin mächtigsten Kundgebungen in der Zweiten Republik.

Nach 1989 traten – besonders in Osteuropa und am Balkan – wieder konventionelle („voratomare") Krisensituationen ein. In den Kriegen im zerfallenden Jugoslawien zwischen 1991 und 1999 konnte die Friedensbewegung letztlich kaum etwas dazu beitragen, die Konflikte zu beruhigen und auf diplomatischem Wege zu lösen.

→ Fragen und Arbeitsaufträge

1. Stelle die Argumente für und gegen eine friedliche Nutzung der Kernenergie gegenüber. Analysiere und bewerte diese. Erläutere die von dir bevorzugte Position und begründe deinen Standpunkt.

2. Erörtere politische Reaktionen bzw. Reaktionen einzelner Staaten auf atomare Risiken durch Kernkraftwerke. Beziehe auch die Quellenstelle ein und recherchiere für Staaten mit Kernkraftwerken den aktuellen Stand.

3. Analysiere die Zusammenhänge zwischen atomarer Aufrüstung und Friedensbewegung.

4. Vergleicht euer eigenes Verhalten in Bezug auf Energieverbrauch. Überlegt daran anschließend für euch nachhaltige Energiestrategien.

4. NGOs – Engagement für Menschen und Umwelt

NGOs – ein lästiger „bunter Haufen" oder die „Avantgarde der Zivilgesellschaft"?

Die „Non Governmental Organizations" (NGOs) – die Nichtregierungsorganisationen – werden von manchen Politikerinnen und Politikern immer noch als „lästige Chaosgruppen" bezeichnet. Sie würden die herkömmliche Politik und ihre (häufig bürgerfernen) politischen Entscheidungsgremien stören.

NGOs verlangen mehr Mitentscheidungsrechte von den politischen Entscheidungsträgern und fordern diese offensiv ein – z.B. in Form von Protestbewegungen. Mittlerweile sind NGOs immer öfter auch „Hoffnungsträger" für eine stärkere Demokratisierung und eine stärker bürgernahe Politik. Man bezeichnet sie nun mitunter auch als „Ombudsleute der Gesellschaft" oder auch als „Anwältinnen und Anwälte der Natur". Das Entstehen von NGOs zeugt tatsächlich von funktionierenden pluralistischen Demokratien. Sie selbst aber sind nicht aus Wahlen demokratisch hervorgegangen. Eine „Global Governance", also eine Steuerung der Weltpolitik durch NGOs, wäre demnach demokratisch nicht legitimiert.

Schmaler Grat: retten oder schleppen?

Seit 2015 versuchen Jahr für Jahr Tausende Flüchtlinge, von Libyen aus nach Europa zu gelangen. Mit der militärischen Operation „Sophia" versuchen europäische Streitkräfte, diese Flüchtlingskrise im Mittelmeer unter Kontrolle zu bringen. Neben der Rettung aus Seenot soll vor allem auch der Menschenschmuggel durch Schlepper gestoppt werden. Nach wie vor sind NGOs mit Schiffen im Einsatz, um schiffbrüchige Flüchtlinge zu retten.

Q *Unterdessen wurde bekannt, dass Italiens Behörden seit Oktober 2016 gegen die NGO „Jugend rettet" wegen Verdachts der Beihilfe zur illegalen Migration ermitteln. Laut der Tageszeitung La Republica war ein verdeckter Ermittler an Bord eines Schiffes der NGO „Save the Children" und hat Fotos gemacht, wie Schlepper Flüchtlinge an das Schiff von „Jugend rettet" übergeben. „Es handelt sich also nicht um gerettete Migranten, sondern um eine Übergabe", erklärte Staatsanwalt Cartosia.*
(Der Standard, 4.8.2017, S. 6)

Um eine mögliche Unterstützung illegaler Migration durch NGOs zu unterbinden, verlangte die Regierung Italiens im Sommer 2017 die Unterzeichnung eines entsprechenden Verhaltenskodex. Das haben mehrere NGOs, wie etwa „Ärzte ohne Grenzen", abgelehnt und ihren Einsatz zeitweilig ausgesetzt.

Das erhöht wiederum das Risiko für die Flüchtlinge. Doch Italien geht von der Auffassung aus, zu bestimmen, wer nach Italien einreise bzw. nach Europa komme, sei Aufgabe des Staates und nicht die von Aktivisten. Libyen steht mittlerweile im Mittelpunkt einer geplanten gemeinsamen Flüchtlingspolitik der EU.

NGOs – Abgrenzungen, Aufgaben, Ziele

L *Der Begriff „NGO" wurde das erste Mal von den Vereinten Nationen im Jahr 1949 gebraucht.*
Als NGO gelten nur solche Organisationen,
- *die organisatorisch von Regierung bzw. Staat getrennt autonom handeln. D. h., sie verfügen weder über Regierungsämter noch über staatliche Durchsetzungsgewalt;*
- *die keine privaten, gewinnorientierten Interessen verfolgen (non profit), sondern sich und ihre Mittel für öffentliche Angelegenheiten einsetzen. Sie sind also gemeinnützig;*
- *die sich in den allermeisten Fällen als „zivilgesellschaftliche Organisationen" für universelle Anliegen engagieren. Sie klagen Gerechtigkeitsforderungen ein, streiten für Menschenrechte sowie für die Rechte zukünftiger Generationen und sie thematisieren globale Umwelt- und Überlebensinteressen;*
- *die ihre Unterstützung in der Regel durch freiwillige Spenden und ehrenamtliche Mitarbeit gewinnen.*

Neben NGOs bestehen noch Varianten – wie z. B. GONGOs (Governmental organized non-governmental organizations) oder QANGOs (Quasi non-governmental organizations). Das sind Organisationen, die zwar nicht zum Staatsapparat gehören. Sie sind aber mit ihm verbunden und von staatlicher Förderung abhängig. Somit werden sie teilweise vom Staat gelenkt.
(Nach: Take, NGOs im Wandel, 2002, S. 37 ff.)

Vom Beginn der NGOs

Als älteste NGO ist das „Rote Kreuz" zu nennen, die größte weltweit tätige Hilfsorganisation. In Europa entstanden vor allem ab den 1960er Jahren wichtige NGOs. Ihre Zielstellungen betreffen zum einen den Schutz und die Förderung der Menschenrechte, zum anderen die Bewahrung einer lebenswerten Umwelt. Eine wesentliche Voraussetzung dafür, dass diese Organisationen wirksam werden können, ist ihre Arbeit auf weltumspannender Ebene und ihre internationale Vernetzung. Solche international tätigen NGOs werden auch als INGOs bezeichnet.

NGOs und Menschenrechte

„Amnesty International" ist die wohl bekannteste nichtstaatliche Menschenrechtsorganisation.

Q *Sie können Ihre Zeitung an jedem x-beliebigen Tag aufschlagen und werden darin eine Meldung finden, dass jemand irgendwo auf der Welt gefangen genommen, gefoltert oder hingerichtet wurde, weil seine Ansichten oder Religion der Regierung nicht passten.*
(Benenson, Die vergessenen Gefangenen. In: The Observer, London, 28.5.1961. Zit. nach: Engelmann/Fiechtner (Hg.), Aller Menschen Würde. Ein Lesebuch für Amnesty International, 2001)

Mit dem 1961 in „The Observer" veröffentlichten Satz beginnt die Geschichte der Organisation Amnesty International (AI), die sich diesen Namen offiziell im Jahr 1962 zugelegt hat. Seither tritt AI gegen den Missbrauch staatlicher Gewalt im Allgemeinen und gegen die Verletzung der Menschenrechte weltweit auf.

Mit intensiver Aufklärungsarbeit, sorgfältigen Nachforschungen und genauer Dokumentation von Menschenrechtsverletzungen wurde Amnesty International zur am meisten anerkannten und einflussreichsten Menschenrechtsorganisation der Welt. Die Sektion „Amnesty-Österreich" wurde im Jahr 1970 gegründet.

Für seine Tätigkeiten hat Amnesty International 1977 den Friedensnobelpreis und 1978 den UNO-Menschenrechtspreis erhalten.

 Eine weitere wichtige Menschenrechtsorganisation ist Human Rights Watch. Sie widmet sich dem Menschenrechtschutz weltweit, u. a. dem Verbot geschlechtsbezogener Diskriminierung, und sie tritt gegen den Einsatz von Kindersoldaten auf.

NGOs in der Umwelt- und Naturschutzpolitik

 Eine der größten internationalen Naturschutzorganisationen ist der 1961 gegründete World Wide Fund For Nature (WWF). Er setzt sich für die Erhaltung der biologischen Vielfalt der Erde (Biodiversität), für die nachhaltige Nutzung natürlicher Ressourcen, für die Eindämmung von Umweltverschmutzung und von schädlichem Konsumverhalten ein.

Man setzt beim WWF v. a. auf die Zusammenarbeit mit Regierungen, der Wirtschaft und der lokalen Bevölkerung. In Kooperation bemüht man sich um die Errichtung von Naturschutzgebieten für bedrohte Tiere, Pflanzen und Landschaften sowie ein nachhaltiges Wirtschaften.

◼ Protestaktion der NGO Global 2000 gegen die Inbetriebnahme des AKW Mochovce. Foto, 2008.

2008 wurde der Weiterbau zweier Reaktoren im bereits Mitte der 1980er Jahre erbauten slowakischen Atomkraftwerk Mochovce, nur 100 km von der österreichischen Grenze entfernt, beschlossen. Die Fertigstellung verzögert sich seither Jahr für Jahr.

 Offensiv und unter Nutzung der Medien bringt Greenpeace seine Anliegen an die Weltöffentlichkeit. Die 1971 von Atomwaffengegnerinnen und -gegnern und Friedensaktivistinnen und -aktivisten in Kanada gegründete Organisation wurde vor allem durch spektakuläre Aktionen gegen den Walfang und gegen Kernwaffentests bekannt.

GLOBAL 2000 GLOBAL 2000 ist eine österreichische Umweltschutzorganisation. Im Zentrum stehen Themen wie „Atomkraft", „Klimawandel", „Pestizid-Einsatz in der Landwirtschaft", „Gentechnik" und „Ressourcenschonung".

Fridays for Future

Die aktuelle Klimaänderung geht nicht nur außerordentlich rasch vonstatten. Sie ist auch zum überwiegenden Teil vom Menschen selbst verursacht. Die 16-jährige schwedische Schülerin Greta Thunberg ist seit ihrem Auftritt beim Weltwirtschaftsforum in Davos im Jänner 2019 zu einer Leitfigur des globalen Klimaschutzes geworden. „Ich will, dass ihr Panik bekommt", lautete dort eine ihrer prägnantesten Aussagen.

Thunberg ist der Ansicht, dass das Thema Klimaveränderung besonders die Jugend betreffe. Maßnahmen zur Verlangsamung der Klimaveränderung nur einzumahnen, reicht ihrer Meinung nach angesichts der weltweit drohenden Gefahren nicht mehr. Sie ruft die Jugend weltweit zu einem Protest auf, der auch während der Unterrichtszeit der Schülerinnen und Schüler stattfinden soll, damit er in den Medien Aufmerksamkeit erregt. Eine der Forderungen Thunbergs lautet: „Die Regeln müssen geändert werden, und zwar heute."

„Mobilization of Shame"

Ein wesentliches Druckmittel bei der Arbeit zahlreicher NGOs liegt in einer internationalen und öffentlichkeitswirksamen Kritik und oftmals Bloßstellung von Regierungen oder Wirtschaftsunternehmen. Man erwartet sich dadurch eine Umorientierung von deren Politik. Doch immer mehr NGOs neigen zur Ansicht, dass nachhaltige Lösungen von Umwelt- und Menschenrechtsproblemen nur in Kooperationen mit dem Staat und der Wirtschaft zu erreichen sind. Allerdings fürchten sie, dass das Interesse der Öffentlichkeit an den Themen der NGOs dann verloren geht, wenn sie keine spektakulären Aktionen mehr setzen.

→ **Fragen und Arbeitsaufträge**

1. Bewerte ausgewählte NGOs in Bezug auf deren Bedeutung für die Menschenrechts- und Umweltpolitik.

2. Verfasst einen Aufruf oder eine Petition für eine von der Klasse ausgewählte Organisation. Begründet, warum gerade für diese Organisation gespendet werden soll. Bemüht euch um eine Veröffentlichung z. B. in der Schülerzeitung.

3. NGOs und deren Arbeit werden im Allgemeinen als Zeichen der Zivilgesellschaft positiv bewertet und anerkannt. Nenne unter Einbeziehung der Literaturstelle und des Autorentextes Gründe, die dafür sprechen. Suche nach Argumenten, die eine vorbehaltlos positive Einschätzung hinterfragen.

5. Herausforderungen der Gegenwart

5.1 Fundamentalismus in der modernen Welt

Herkunft und Merkmale

Der Begriff „Fundamentalismus" ist schon zu Beginn des 20. Jh. in den USA entstanden. Es handelte sich zunächst um eine Gegenbewegung innerhalb der protestantischen Theologie. Diese ging damals im Sinne eines modernen Wissenschaftsverständnisses daran, die biblischen Texte mit historisch-kritischen Methoden zu analysieren und zu interpretieren. Dem stellte die „Fundamentalists" ihre „Fundamentals" entgegen. An vorderster Stelle stand und steht noch die irrtumslose Unfehlbarkeit der Heiligen Schrift:

> Q *Wir bekennen, dass die Schrift als Ganzes und in allen ihren Teilen, bis hin zu den einzelnen Wörtern der Originalschriften, von Gott inspiriert wurde.*
> (Artikel VI der fundamentalistischen Chicago-Erklärung zur Irrtumslosigkeit der Bibel von 1978. Zit. nach: Thiede, Fundamentalistischer Bibelglaube. In: Hemminger (Hg.), Fundamentalismus, 1991, S. 133)

Schöpfungsglaube gegen Evolutionstheorie

Mit der Auffassung, die Bibel sei „bis hin zu den einzelnen Wörtern" irrtumslos, wurde anfangs vor allem die Evolutionstheorie von Charles Darwin abgelehnt und die Schöpfungsgeschichte des Alten Testaments als wortwörtlich richtig verteidigt. Aufgrund dieses Schöpfungsglaubens (= Kreationismus) wurde nach 1921 in einigen Südstaaten der USA verboten, die Evolutionstheorie an Schulen zu unterrichten.

Im Verlauf seiner Geschichte hat sich der Begriff „Fundamentalismus" jedoch gewandelt und geweitet. Heute bezeichnet man als „Fundamentalismus" Strömungen innerhalb von Religionsgemeinschaften, die nur die eigene Glaubensüberzeugung – die eigene Wahrheit – zulassen und alle anderen Religionen ablehnen (vgl. http://www.politik-lexikon.at/fundamentalismus/).

Wesentliche Merkmale des Fundamentalismus

1. Der Fundamentalismus bietet ein geschlossenes Weltbild: Es gibt nur eine „richtige" Erklärung und Deutung der Welt und auch klare Vorschriften für die Lebensführung im Alltag.

2. Der Fundamentalismus lehnt die Auffassung von der Überlegenheit der modernen, aufgeklärten Gesellschaft ab. Er übt Kritik am Anspruch nach alleiniger Geltung des wissenschaftlich aufgeklärten Denkens.

3. Traditionen erhalten den Rang einer unbefragten Autorität – ähnlich religiösen Dogmen.

4. Der Fundamentalismus ist gekennzeichnet durch ein Elitebewusstsein. Fundamentalistinnen und Fundamentalisten wissen sich einer kleinen Schar an Auserwählten zugehörig und fühlen sich dadurch geborgen.

Faszination in einer unsicheren Welt

Wir leben in einer Zeit der voranschreitenden Verwissenschaftlichung unseres Lebens. Die Erfahrungen mit dynamischen Entwicklungen machen viele Menschen unsicher.

> L *Im Westen reagiert der Fundamentalismus auf innere Widersprüche der Neuzeit, z. B. auf neuzeitliche Ideologien, auf quasi religiöse Ansprüche von Wissenschaft und wissenschaftlichem Weltbild. (...) Für den Islam, für Hindus und Buddhisten bricht die neuzeitliche Kultur von außen herein. Ihre religiösen Fundamente werden von der neuzeitlichen Verweltlichung bedroht, aber gleichzeitig droht eine kulturelle Verwestlichung, es drohen wirtschaftliche Abhängigkeit und politische Bevormundung. Oft ist der Fundamentalismus ebenso ein Versuch politisch-kultureller Selbstbehauptung wie ein religiöses Unternehmen. (...) Oft ist er ein Versuch der Bewahrung eigener Traditionen.*
> (Hemminger, Fundamentalismus in der verweltlichten Kultur, 1991, S. 10f.)

Fundamentalismus ... im Katholizismus

Das Zweite Vatikanische Konzil (1962–1965) brachte der katholischen Kirche einen Modernisierungsschub: Sie respektiert z. B. seither das Recht auf Religionsfreiheit Andersgläubiger. Sie schwächte die überlieferten Jenseitsvorstellungen von Hölle und Fegefeuer ab und rückte die Barmherzigkeit Gottes gegenüber der Strafe in den Vordergrund. Sie schaffte Latein als verpflichtende Liturgiesprache ab u. v. a. m.

Einige Gruppen innerhalb der Kirche können diese Änderungen nur schwer nachvollziehen. Manche katholische Fundamentalistinnen und Fundamentalisten lehnen z. B. die Volksmesse ab, andere respektieren die Auffassungen von Menschen, die nicht an Gott glauben, nicht.

■ Via Fernsehen verbreiten christliche Fundamentalisten ihre Botschaften. Foto, 1999.

Das Foto zeigt einen Auftritt des bekannten US-Fernsehpredigers Billy Graham im Central Park in New York im September 1999. Der Einfluss auf die Politik ist durchaus gegeben, wie etwa die Tea-Party-Bewegung zeigt.

... im Protestantismus

Nach dem Zweiten Weltkrieg wurden in den USA Ziele des ursprünglichen Fundamentalismus von Teilen der evangelikalen Bewegung (= Nachfolge der Wanderprediger aus der Pionierzeit) übernommen. Erklärtes Ziel war die Rechristianisierung Amerikas u. a. mit Bibellektüre, Schulgebet und militantem Abtreibungsverbot. Bekannte fundamentalistische amerikanische Fernsehprediger werden als „Televangelists" (z. B. Billy Graham, gest. 2018; Oral Roberts, gest. 2009) bezeichnet. Sie sprechen über die elektronischen Medien („Elektronikkirchen") die Massen an.

... im Islam

Die Verwirklichung eines islamischen Staates und die Bekämpfung zunehmender „Verwestlichung" gehören zu den Hauptzielen islamisch fundamentalistischer Bewegungen. Zu ihren bedeutendsten Gruppen zählten lange Zeit die „Muslimbrüder" (gegründet 1928 in Ägypten). Sie sahen in der Religion das Modell für alle sozialen und politischen Handlungen und den Koran sowie das von ihm ausgehende göttliche Recht, die Scharia, als einzige Richtlinie.
Von der islamischen Revolution im Iran (1979) ausgehend, erlangten diese Ideen in der übrigen islamischen Welt – von Ostasien über Nordafrika bis Europa – zunehmend an Bedeutung.
Bassam Tibi, Universitätsprofessor und Verfasser zahlreicher Publikationen zum Islam in Europa, meinte dazu:

> Islamische Fundamentalisten sollen nicht automatisch mit der Religion des Islam assoziiert werden, wie es die westlichen Medien gewöhnlich zu tun pflegen. Der Islam ist eine vierzehn Jahrhunderte alte Zivilisation, wohingegen die Fundamentalisten einen neuen Trend im Islam darstellen.
>
> (Tibi, Krieg der Zivilisationen, 2001, S. 225)

Gegenwärtig beschäftigen sich Medien, Politik und Wissenschaft häufig mit dem so genannten „Islamismus":

> Beim Islamismus handelt es sich um Bestrebungen zur Umgestaltung von Gesellschaft, Kultur, Staat oder Politik anhand von Werten und Normen, die als islamisch angesehen werden.
> Der Begriff „Bestrebungen" wurde gewählt, weil unter ihn verschiedenste Aktivitäten gefasst werden können, angefangen von missionarischer oder erzieherischer Tätigkeit über das Engagement in politischen Parteien bis hin zu revolutionären Plänen.
>
> (Seidensticker, Islamismus, 2016, S. 9)

> Es gibt innerhalb des Islamismus den theologischen Diskurs darüber, ob die Anwendung von Gewalt eine religöse Pflicht sei oder nicht. Diejenigen, die diese Frage mit „Ja" beantworten, sind Dschihadisten.
>
> (Nouripour, Was tun gegen Dschihadisten?, 2017, S. 38)

■ Demonstration in Nairobi für die Freilassung von im Norden Nigerias durch die Terrorgruppe Boko Haram entführten Schülerinnen. Foto, Mai 2014.

Zu den besonders gewaltbereiten Dschihadistengruppen zählen etwa die Terrorgruppen Al-Qaida, „Islamischer Staat" (IS) und Boko Haram.

Necla Kelek, Universitätsprofessorin für Soziologie, hält eine Unterscheidung von Islam und Islamismus generell für schwierig. Sie wies darauf in ihrer Rede anlässlich der Verleihung des Friedenspreises 2010 in Frankfurt hin:

> Der politische Islam – und ich meine damit z. B. die Konferenz der 45 Staaten der islamischen Konferenz – stellt die Menschenrechte unter den Vorbehalt der Scharia, ihres göttlichen Rechts. (...) Es ist deshalb schwer, Islam und Islamismus voneinander zu trennen.
>
> (Kelek, Lassen Sie uns über Freiheit sprechen, 2010)

Fundamentalismus als Herausforderung: Wertediskussion und Dialogbereitschaft

Fachleute meinen, dass der Umgang mit dem Fundamentalismus dazu zwingt, sich mit eigenen Wertorientierungen zu beschäftigen. Jedes Gemeinwesen – von der Familie bis zum Staat – brauche eine Mindestübereinstimmung an Werten, denen sich die Mitglieder verpflichtet fühlen. Eine solche Mindestübereinkunft an Grundwerten mache es überhaupt erst möglich, unterschiedliche pluralistische Wertvorstellungen zu leben. Die Politik habe den Freiraum dafür zu sichern, damit unterschiedliche religiöse oder weltanschauliche Orientierungen gelebt werden können. Dazu seien kritische Toleranz und ein interkultureller Dialog nötig.

→ Fragen und Arbeitsaufträge

1. Fasse die Informationen zum Fundamentalismus in den drei dargestellten Religionen zusammen. Nimm mit Hilfe der Literaturstellen kritisch dazu Stellung.
2. Entwickle Vorschläge dafür, wie man einen Dialog mit Menschen führen kann, die von ihrer „Wahrheit" absolut überzeugt sind.

5.2 Terrorismus – eine globale Bedrohung

■ New York, World Trade Center. Foto, 11. 9. 2001.
Aus Saudi-Arabien und Ägypten kommende Terroristen steuerten zwei Passagierflugzeuge in die Twin Towers des World Trade Centers in New York. Die Weltöffentlichkeit konnte in Echtzeit mitverfolgen, wie das zweite Flugzeug in den Nordturm des WTC raste.

Al-Qaida und „Islamischer Staat" (IS): Gefürchtete Terrornetzwerke

Die Anschläge vom 11. September 2001 stellten den Höhepunkt des Terrorismus von Al-Qaida unter der Führung von Osama Bin Laden dar. Al-Qaida entstand 1988 während des afghanischen Befreiungskampfes gegen die sowjetische Besatzung (1979–1989) und wurde von den USA finanziell und durch Waffenlieferungen unterstützt.

Nachdem die Taliban in Afghanistan ein streng islamistisches Regime errichtet hatten, wandte sich die radikal ausgerichtete Al-Qaida allgemein gegen die konsumorientierte Lebensweise des Westens und vor allem gegen die Dominanz der USA. Nach der Tötung Bin Ladens durch ein US-Kommando (2011) verlor sie im Mittleren Osten an Einfluss.

Doch mit dem „Islamischen Staat" (IS) bildete sich im Irak und in Syrien ein neues Terrornetzwerk heraus. Als militante Islamisten vertraten die Anhänger die Ideologie des Dschihad, als Kampf des rechtgläubigen Islam gegen den feindlichen Westen. Sie riefen zunächst einen „Islamischen Staat" aus, der nach heftigen Kämpfen schließlich große Teile des Iraks und Syriens umfasste. Der Führer, Abu Bakr al-Baghdadi nahm 2014 den Titel eines Kalifen an. Als solcher verstand er sich sowohl als religiöses als auch politisches Oberhaupt aller Musliminnen und Muslime.

Die IS-Kämpfer handelten mit äußerster Brutalität. Religiöse Minderheiten, wie Christen oder Jesiden, aber auch nicht nach ihren Vorstellungen lebende Musliminnen und Muslime wurden vertrieben, verletzt oder sogar ermordet. Die Ideologie und die Gewaltexzesse – wie z. B. Massenenthauptungen – haben dem IS massive Ablehnung, aber auch einen steten Zustrom von freiwilligen Kämpferinnen und Kämpfern beschert. Diese kamen aus der arabischen Welt und auch aus Europa. Wie Al-Qaida unterstützt der IS Terroranschläge und Selbstmordattentate überall auf der Welt – vor allem in europäischen Hauptstädten. Doch die überwiegende Anzahl der Anschläge findet in Afghanistan, im Irak und in anderen arabischen und islamischen Staaten statt, und die Mehrzahl der Opfer sind Musliminnen und Muslime.

Trotz der schweren Niederlagen im Irak und in Syrien in den Jahren 2017 und 2018 ist der IS als transnational agierendes Terrornetzwerk mit Anschlägen und Selbstmordattentaten weiterhin gefährlich.

Die Terrororganisation Boko Haram

Sympathisanten von Al-Qaida gründeten um das Jahr 2000 die islamistische Terrororganisation Boko Haram. Ziel war es, einen islamischen Gottesstaat zu errichten. Dem UNICEF-Bericht „Beyond Chiboko" (2016) zufolge, benützt Boko Haram auch Minderjährige. So sollen sich seit 2014 in Nigeria, Niger, Mali und dem Tschad 117 von ihnen auf öffentlichen Plätzen in die Luft gesprengt haben, der größte Teil davon Mädchen. Mehr als 2 Mio. Menschen sind auf der Flucht. Die transnationale Vernetzung des islamistischen Terrors zeigt sich auch darin, dass der Boko Haram-Anführer, Shekau, 2015 dem Führer des IS, Abu Bakr al Baghdadi, die Gefolgschaft schwor.

Koalitionen gegen den Terror

Nach dem 11. September 2001 gelang es den USA, eine breite Front für den „Krieg gegen den Terrorismus" aufzubauen. Wichtige islamische Staaten, wie Saudi-Arabien, konnten für den Krieg gegen Afghanistan (Oktober 2001 bis März 2002) gewonnen werden. Dieser führte zwar zum Sturz des Taliban-Regimes, doch kämpften NATO-Truppen dort auch 2019 noch immer gegen die vor allem in den ländlichen Regionen wieder erstarkten Taliban. Die Bezeichnung „Achse des Bösen" für den Irak, Iran und Nordkorea durch den US-Präsidenten George W. Bush jr. stieß auf Widerspruch bei europäischen Regierungen.

Trotzdem griffen die USA und ihre Verbündeten („Koalition der Kriegswilligen") 2003 den Irak in einem völkerrechtswidrigen Krieg erneut an (Dritter Golfkrieg) und besetzten ihn. Damit destabilisierten sie den Irak und bereiteten den Boden für den Aufstieg des IS.

„Terroristen" oder „Freiheitskämpfer"?

Die terroristischen Organisationen Al-Qaida, IS und Boko Haram versuchten bzw. versuchen mit Gewalt ideologische Ziele durchzusetzen. Dazu wird die Staatsgewalt provoziert und die Bevölkerung durch Gewalttaten und durch mediale Inszenierung eingeschüchtert. Den Menschen wird das Gefühl vermittelt, dass bei den Gewaltakten (z. B. auch in öffentlichen Verkehrsmitteln, Diskotheken, Restaurants oder auf Marktplätzen) jeder getroffen werden könnte. Einer ähnlichen Vorgangsweise bedienten sich auch die Rote Armee Fraktion (RAF) in Deutschland sowie die IRA in Nordirland. Auch die Tamil Tigers auf Sri Lanka und die Kämpfer in Tschetschenien sowie die palästinensischen Selbstmordattentäter in Israel gehen ähnlich vor. Diese Terrorgruppen übten ihre gewalttätigen Aktionen im Normalfall aber im eigenen Staat aus, während Boko Haram länderübergreifend und Al-Qaida und der IS weltweit operieren.

Alle diese Terrororganisationen sehen sich selbst als Vorkämpfer für eine „gerechte Ordnung". Daraus leiten sie die moralische Überlegenheit ab, mit der sie ihre Gewalttaten rechtfertigen:

> „Terrorismus" ist ein politischer Kampfbegriff, der in den politischen Auseinandersetzungen um die Macht strategisch eingesetzt wird. „Terrorismus" ist ein moralisch verurteilender Begriff zur Bezeichnung bestimmter Akteure, den die so Bezeichneten in ihrer Selbstbeschreibung nicht verwenden, weil sie sich z. B. als Freiheitskämpfer sehen.
> (Hillebrandt, Begriff und Praxis des Terrorismus. In: Kron/Redding (Hg.): Analysen des transnationalen Terrorismus, 2007, S. 46)

Um die Massen auf sich aufmerksam zu machen und den Menschen Angst einzujagen, muss Terror wirkungsvoll inszeniert werden. Dabei spielen mehrere Gesichtspunkte eine Rolle:

> Der Terrorismus zeigt sich nicht nur in spektakulären Gewaltakten oder Videobotschaften der Terroristen. An seiner Inszenierung sind die Terroristen (...) ebenso beteiligt wie die politischen Strategen, die wissenschaftlichen Beobachter, die bedrohte Bevölkerung und nicht zuletzt die Medien. Nur so kann der Terrorismus seine Wirkung entfalten.
> (Frindte/Haußecker, Inszenierter Terrorismus, 2010, S. 9)

Die Kunsthistorikern Charlotte Klonk weist auf die besondere Rolle der Bilder in den Medien hin:

> Bilder vom Terror (...) dienen zunächst einmal den Angreifern selbst. Die Verbreitung von Amateurbildern im Internet im Zuge einer Tat trägt als jüngste Entwicklung zur Wirksamkeit von Terrorbildern bei. Dadurch verlagert sich zumindest ein Teil der Verantwortung im Umgang mit Bildern von den herkömmlichen Instanzen der Medien auf die Schultern der Mediennutzer.

> Die sind nun nicht mehr nur Rezipienten der Bilder, sondern sie wirken im Internet aktiv an der Produktion, Verbreitung und Konsumtion mit und werden insofern als Prosumenten bezeichnet.
> (Nach: Klonk, Terror. Wenn Bilder zu Waffen werden, 2017, 213ff.)

Maßnahmen gegen den Terror: Bomben, Überwachung oder mehr Gerechtigkeit?

Wie kann Terror bekämpft, wie können Terroristen unschädlich gemacht werden? Überlegungen der USA, zur Bekämpfung der Terroristen kleine und kleinste Atomwaffen herzustellen, stießen weltweit auf heftigen Widerstand. Eine solche Strategie des „Small first Strike" lässt eine Senkung der Schwelle beim Gebrauch von Atomwaffen befürchten.

Durchaus problematisch hinsichtlich einer Entwicklung zu einem Überwachungsstaat ist die Überwachung der Bürgerinnen und Bürger, z. B. im Telefonverkehr etwa durch IMSI-Catcher, durch Videoüberwachung, durch das Sammeln von biometrischen Daten oder durch Vorratsdatenspeicherung.

Gegen eine Verschärfung des Strafausmaßes bei terroristischen Gewalttaten oder die bessere Koordination der Staaten bei der Verbrechensbekämpfung gibt es grundsätzlich weniger Einwände:

> Wir müssen Informationen zusammenführen, enger zusammenarbeiten, Gefahren vorher erkennen und konstruktiver angehen. Und ja, wir müssen auch verstehen, dass wir ohne mehr Geld, Härte und militärische Mittel den Dschihadismus nicht besiegen können.
> (Nouripour, Was tun gegen Dschihadisten?, 2017, S. 283)

> Der Staat muss sich gegen die (selbst-)zerstörende Gewalt zur Verteidigung des Rechts und seiner Bürger schützen. Dazu braucht es eine genau abgewogene Gewalt. Aber damit die Rechtsgewalt nicht selbst Unrecht wird, muss sie sich strengen Maßstäben unterwerfen. Sie muss u. a. auf die Ursachen des Terrors achten, der seine Quelle sehr oft in bestehendem Unrecht hat. (...) Sie muss daher auf die Beseitigung des vorausgehenden Unrechts (...) bedacht sein.
> (Ratzinger, von 2005–2013 Papst Benedikt XVI.: Auf der Suche nach dem Frieden. In: Frankfurter Allgemeine Zeitung, 11.6.2004, S. 39)

→ Fragen und Arbeitsaufträge

1. Diskutiert in der Klasse die „Angemessenheit" von vorbeugenden Maßnahmen und von Reaktionen auf Terroranschläge.
2. Nimm zum Begriff „Terrorismus" Stellung. Beziehe dazu die zwei Literaturstellen (Hillebrandt und Frindte/Haußecker) mit ein.

6. Nationen und ihre Symbole: Der Wiener Heldenplatz

Die Arbeitsaufträge auf dieser Doppelseite unterstützen dich dabei, deine Historische Methodenkompetenz zu trainieren und weiterzuentwickeln. Du lernst, die Aussagen von Darstellungen der Vergangenheit (z. B. Fotos, journalistische Texte, Lexikon-Artikel, Dokumentationsbeiträge) und jene von wissenschaftlichen Texten einander gegenüberzustellen und zu vergleichen. Dabei sollen die unterschiedlichen Darstellungsweisen und Erkenntnisziele herausgearbeitet werden. Alle Materialien auf der Doppelseite behandeln den Wiener „Heldenplatz", einen historischen, geschichtsträchtigen „Erinnerungsort" in Wien im Bereich der Hofburg, der sich aus verschiedenen Perspektiven betrachten lässt: als Schauplatz des „Anschlusses" im März 1938, als Symbol der österreichischen Zeitgeschichte und seiner jeweiligen Vereinnahmung und als „Repräsentations- und Versammlungsort" mit einer speziellen räumlichen Ausgestaltung.

M1 **Foto des Heldenplatzes am 15. März 1938, aufgenommen vom Balkon der Neuen Hofburg aus:**

■ Adolf Hitler am Balkon der Hofburg am Wiener Heldenplatz. Foto, 15. 3. 1938.

„Als Führer und Kanzler der Deutschen Nation des Reiches melde ich vor der deutschen Geschichte nunmehr den Eintritt meiner Heimat in das Deutsche Reich."

M2 **Hugo Portisch, Österreich II, 1986:**

(...) Der Heldenplatz fasst rund 250.000 Menschen. An diesem 15. März 1938 ist er gesteckt voll. Das vermittelt der Welt den Eindruck, als wären alle Österreicher dagewesen und hätten Hitler zugejubelt. Wir haben mit einer Reihe von Menschen gesprochen, die damals auf dem Heldenplatz waren, haben sie danach gefragt, weshalb sie hingegangen sind. Die Antworten waren verschieden. Für die einen war es „ein historischer Augenblick", bei dem sie dabei sein wollten. Durchaus mit positiven Gefühlen: Der Traum von der Wiederherstellung des großen Reiches Deutscher Nation wurde für sie in diesem Moment wahr. Andere jubelten, weil sie vom Anschluss

das Ende der wirtschaftlichen Not erwarteten. Viele hofften, dass die neue Volksgemeinschaft die innere Entzweiung Österreichs beenden würde. Aber, und das war für uns neu, für nicht wenige der damals auf dem Heldenplatz Anwesenden war die Teilnahme Pflicht: Belegschaften großer Betriebe wurden geschlossen auf den Platz geführt, so auch die Eisenbahner aus den Bahnhöfen, die Straßenbahner aus den Remisen. Wir trafen auch auf eine Teilnehmerin an dieser Kundgebung, die damals Angestellte in einem jüdischen Geschäft auf der Mariahilfer Straße war; die Belegschaft des Geschäfts war energisch aufgefordert worden, an der Kundgebung teilzunehmen: „Und wir trugen auch die Firmentafel vor uns her", berichtet sie. Damit soll nicht bezweifelt werden, dass der Anschluss von einer großen Zahl von Menschen begrüßt und Hitler von Hunderttausenden in Wien und in anderen österreichischen Städten umjubelt wurde. Details wie diese zeigen nur, dass generelle Urteile und Pauschaleinschätzungen immer falsch sind und sich nach dem Augenschein allein kaum etwas hundertprozentig beweisen lässt. (...)

(Portisch, Österreich II. Der lange Weg zur Freiheit. 1986, S. 141)

M3 **Gerhard Botz, Historiker, „Die Befreiungskundgebung auf dem Heldenplatz":**

„Die beispiellose Huldigung der Wiener Bevölkerung", die nach dem Urteil „reichsdeutscher" und nationalsozialistischer Beobachter Hitler in einem Maße zuteilwurden, „wie sie kaum bisher einem Kaiser und König in dieser Stadt zuteilgeworden sind", erreichten ihren Höhepunkt am 15. März 1938. Bedenkt man die Unkontrollierbarkeit und Subjektivität solcher und ähnlicher Feststellungen, so wird man als historischer Betrachter gut daran tun, die für die Sprache des Nationalsozialismus so typischen Superlative einzuschränken. Es bleibt immer noch die nach 40 Jahren schwer verständliche Begeisterung von etwa 250.000 der insgesamt über 1,8 Millionen Wiener. Viele in der Masse befanden sich zweifellos in einem echten Freudentaumel über den „Anschluß", der nun, nach kaum 20 Jahren prekärer Existenz in einem Kleinstaat, die nationale Sehnsucht nicht nur der Deutschnationalen erfüllte. Viele, die das politische Geschehen sonst gleichgültig ließ, waren nur deswegen gekommen, weil sie den Führer, von dem man so viel sprach und vor dem alles kapituliert hatte, bloß sehen, leibhaftig vor sich haben wollten. Viele wieder waren erschienen, weil ihr Betrieb, Büro, Verein geschlossen ausmarschiert war und sie den gefährlichen Unwillen, der sich überall als die tatsächlichen Herren zeigenden kleinen und größeren Funktionäre der siegreichen Partei nicht auf sich ziehen wollten, indem sie sich ausnahmen. Einmal an Ort und Stelle, wurden alle wohl ohne Ausnahme von dem Massenerlebnis erfaßt.

(Botz, Wien vom „Anschluß" zum Krieg, 1978, S. 73)

M4 **Peter Stachel, Historiker, über das „Bild" vom Heldenplatz am 15. März 1938:**

Das „Bild" vom 15. März 1938 ist eindeutig nationalsozialistischer Provenienz. Die Fotografen und Kameraleute der nationalsozialistischen Propagandamaschinerie waren aus nachvollziehbaren Gründen bestrebt, den Heldenplatz als möglichst gut gefüllt, die Menge der euphorisch jubelnden Menschen als möglichst groß und möglichst begeistert zu präsentieren. Es sind aber gerade diese Bilder und filmischen Aufzeichnungen, die in ihrer visuellen Eindringlichkeit die Wahrnehmung des 15. März 1938 bis zum heutigen Tag dominant bestimmen. Bis heute werden die Bilder des „Anschlusses" zwangsläufig durch die offizielle Brille des Nationalsozialismus betrachtet. (...)

(Stachel, Mythos Heldenplatz, 2002, S. 25)

M5 **Der ehemalige Bundespräsident Heinz Fischer über das Zeitgeschichte-Schulprojekt „A Letter to the Stars":**

Das Projekt „A Letter to The Stars" ist (...) heute das größte schulische Zeitgeschichte-Projekt der Republik. Schülerinnen und Schüler haben – oft auch mit Ihrer (der Lehrer/innen; Anm. d. A.) persönlichen Unterstützung – mittlerweile Tausende Lebensgeschichten von österreichischen Ermordeten und Überlebenden des NS-Regimes recherchiert und damit auch selbst Geschichte geschrieben. Sie erforschen verdrängte und verschüttete Schicksale, und sie begegnen den letzten Zeugen. Diese intensive Beschäftigung mit der Vergangenheit ist immens wichtig, um daraus in der Gegenwart für die Zukunft lernen zu können.

(Zit. nach: Wikipedia „A Letter To The Stars"/Stimmen zum Projekt. Online auf: https://de.wikipedia.org/wiki/A_Letter_To_The_Stars; 8.8.2018)

→ **Fragen und Arbeitsaufträge**

1. Analysiere und beschreibe das Foto von Hitler am Balkon der Hofburg vom 15. März 1938 (M1). Arbeite heraus, was durch das öffentlich inszenierte Bild ausgedrückt werden soll und was in den öffentlichen Bildern vermutlich nicht sichtbar gemacht wurde.
2. Analysiere das Propagandafoto (M1) und stelle es in Beziehung zu den Texten M3 und M4 der beiden Historiker sowie zu M2. Beachte dabei die Perspektive der Aufnahme, die Personen im Vordergrund, die am Heldenplatz versammelten Menschen, die am Foto sichtbaren Symbole etc.
3. Informiere dich anhand eines Lexikons (z.B. Topographisches Lexikon „Schauplatz Österreich", Band 1 Wien von Peter Schubert) über den Wandel der Benennungen und Beschreibungen des Heldenplatzes.
4. Beurteile das NS-Propagandafoto (M1) im Hinblick auf seine Verwendungsmöglichkeiten, z.B. als Beleg für die große Zustimmung der österreichischen Bevölkerung zum „Anschluss", als Beleg gegen die Auffassung, Österreich sei ein Opfer des NS-Regimes gewesen, oder als Beleg dafür, dass gemessen an der Gesamteinwohnerzahl Wiens bzw. Österreichs nur ein relativ kleiner Teil davon offen Begeisterung für den „Anschluss" zeigte.
5. Stelle die beiden Bilder (M1, M6) hinsichtlich ihrer Aussage zum „Symbol Heldenplatz" gegenüber. Arbeite die Botschaften der beiden Bilder heraus und vergleiche diese.
6. Informiert euch in Kleingruppen über das 2003 erstmalig durchgeführte große Schulprojekt „A Letter To The Stars". Verwendet dazu folgende Links: https://www.ots.at/ (Suchbegriff: a letter to the stars); http://www.lettertothestars.at/.
7. Wie Fischer (M5) ausführt, basieren die Briefe der Schülerinnen und Schüler auf von ihnen selbst erarbeiteten Geschichtsdarstellungen. Recherchiert zu zweit eine dieser Darstellungen auf: http://www.lettertothestars.at/. Untersucht, ob die Darstellung Ereignisse oder Vorfälle beschreibt, die auch in den Materialien dieses Kapitels beschrieben werden. Wenn ja, vergleicht die Aussagen.

M6 **Fotomontage, der Wiener Heldenplatz als „Living Memorial" am 5. Mai 2003:**

■ *Abschlussveranstaltung des Zeitgeschichte-Schulprojekts „A Letter To The Stars" für die Opfer des NS-Regimes am Wiener Heldenplatz am 5.5.2003. Fotomontage, Mai 2003.*

Diese Aktion sollte auf das Symbol „Heldenplatz" eine neue Sichtweise werfen, ähnlich wie das „Lichtermeer" 1993 anlässlich der Demonstration für mehr Mitmenschlichkeit und gegen Ausländerfeindlichkeit (vgl. S. 147 f.).

Emanzipatorische Bewegungen und Gegenströmungen nach 1945

Die Entwicklung der Frauenbewegungen

- Die Zweite Frauenbewegung als eine der wichtigsten emanzipatorischen, sozialen Bewegungen fordert die Befreiung der Frauen aus männlicher Bevormundung und wirtschaftlicher Abhängigkeit.
- „Gender Mainstreaming" bezeichnet eine Strategie der Gleichstellungspolitik. Soziale Unterschiede und strukturelle Ungleichheiten für Frauen und Männer sollen hinterfragt, sichtbar gemacht sowie die Ursachen beseitigt werden. Wesentlich ist, dass bei allen Entscheidungen, Projekten und Vorhaben der Politik und Verwaltung die unterschiedliche Lebensrealität von Frauen und Männern im Vorhinein berücksichtigt wird.

Die 1968er-Proteste

- Wichtiger Vorläufer der 1968er-Bewegung waren Proteste von Studentinnen und Studenten an US-amerikanischen Universitäten – v. a. gegen die Rassentrennung und gegen den Vietnamkrieg. Das „Markenzeichen" der „rock revolution" der 1960er Jahre war eine neue Jugendkultur: Die jungen Menschen provozierten die Erwachsenen mit Beat und Rock, mit der Nichtbeachtung der damals üblichen Frisur- und Kleidervorschriften sowie mit ihrer freizügigen Sexualmoral (Antibabypille).
- Das Ziel der 1968er-Proteste war mehr gesellschaftliche Gleichstellung durch basisdemokratische Beteiligung.
- Aus einem radikalen Teil der Außerparlamentarischen Opposition (APO) in Deutschland ging die Rote Armee Fraktion (RAF) hervor. Nach Jahren terroristischer Aktivitäten (Überfälle, Attentate, Mordanschläge) auf „Vertreter des politischen und wirtschaftlichen Systems", das sie stürzen wollten, wurde die RAF 1993 zerschlagen.
- In Österreich war die Situation weniger revolutionär. Bei einer Studentendemonstration im Jahr 1965 gegen die Verbreitung neonazistischen Gedankengutes wurde in Wien ein Teilnehmer tödlich verletzt.
- Einige langfristige Folgen der 1968er-Bewegung in Österreich waren die Koedukation in allen öffentlichen Schulen ab 1974, das Zivildienstgesetz 1974, die Einführung von Mitbestimmungsrechten für Eltern- und Schülervertreter (Schulunterrichtsgesetz 1974) und die Einführung der „Fristenlösung" 1975.

Anti-Atom-Protest und Friedensbewegung

- Ab etwa 1960 entwickelte sich die „Ostermarschbewegung" gegen die atomare Aufrüstung im Kalten Krieg. Die pazifistische Bewegung entwickelte sich zur permanenten „Kampagne für Abrüstung" (1963) und schließlich zur gesellschaftskritisch argumentierenden „Kampagne für Demokratie und Abrüstung" (1968). Dabei nahm sie Ausmaße einer Massenbewegung an.
- In Österreich stimmte die Bevölkerung 1978 mit knapper Mehrheit gegen die Inbetriebnahme des fertig gestellten Atomkraftwerkes in Zwentendorf.
- Am 26. 4. 1986 ereignete sich im Atomkraftwerk Tschernobyl (Sowjetunion/Ukraine) der erste Super-GAU der Geschichte.
- Am 11./12. 3. 2011 ereignete sich aufgrund eines Erdbebens und eines dadurch ausgelösten Tsunamis ein Super-GAU im Atomkraftwerk Fukushima (Japan). In drei Reaktorblöcken gab es Explosionen, außerdem entstand ein Brand in einem Brennelementbecken. Dadurch wurden große Mengen an radioaktivem Material freigesetzt.
- Als Reaktion auf den Reaktorunfall in Fukushima haben mehrere Länder, u. a. Deutschland und die Schweiz, ihren Ausstieg aus der Atomenergiegewinnung angekündigt.

NGOs – Engagement für Menschen und Umwelt

- NGOs (Non Governmental Organizations = Nichtregierungsorganisationen) sind Organisationen, die wichtige gesellschaftliche Interessen vertreten, aber weder dem Staat noch der Regierung unterstellt sind.
- Beispiele für große, international vernetzte NGOs sind Organisationen wie Rotes Kreuz, Amnesty International, Human Rights Watch, WWF, Greenpeace, Global 2000, Fridays for Future.
- Viele NGOs setzen sich weltweit für die Einhaltung der Menschenrechte und für die Bewahrung einer lebenswerten Umwelt ein.
- NGOs stehen in einem Spannungsverhältnis zwischen bürgernaher demokratiefördernder Politik und eingeschränkter demokratischer Legitimation.

Herausforderungen der Gegenwart – Fundamentalismus und Terrorismus

- Der Fundamentalismus bietet ein geschlossenes Weltbild, das nicht am Denken der Aufklärung orientiert ist.
- In allen Religionen bildeten sich fundamentalistische Strömungen heraus. Fundamentalistische islamische Bewegungen bekämpfen die „Verwestlichung" in ihren Ländern, wie z. B. Al-Qaida, der „Islamische Staat" (IS) oder Boko Haram.
- Seit den Anschlägen vom 11. 9. 2001 nahm der internationale Terrorismus, v. a. von Al-Qaida und durch den „Islamischen Staat" (IS), in der westlichen Welt und in islamischen Staaten (z. B. Pakistan, Afghanistan, Irak, Syrien) durch Bombenanschläge stark zu.
- Der Krieg gegen den Terror führte u. a. zum völkerrechtswidrigen Dritten Golfkrieg gegen den Irak (2003) und zum Kampfeinsatz der NATO gegen die aufständischen Taliban in Afghanistan.
- Der Kampf gegen den Terrorismus scheint eine durchaus als problematisch gesehene Entwicklung hin zu mehr Überwachung der Bürgerinnen und Bürger zu fördern.

■ Greta Thunberg, Klimaschutzaktivistin bei der Klimademonstration am 31.5.2019 in Wien. Foto, 31.5.2019.

Grundbegriffe

Frauenbewegung, Erste und Zweite Ein wichtiges Ziel der Ersten Frauenbewegung war die Einführung des Wahlrechts für Frauen (in Österreich 1918). Die Zweite Frauenbewegung ab den 1960er Jahren setzte sich z. B. für ein „Selbstbestimmungsrecht der Frau über ihren Körper", für Schutz vor häuslicher Gewalt, für „gleiches Geld für gleiche Arbeit" und Ähnliches mehr ein. Einige wesentliche Ziele wurden erreicht, z. B. Reformen des Familien- und Eherechts in vielen Staaten, die Einführung einer „Fristenlösung", Quotenregelungen für die Besetzung von Arbeitsplätzen u. Ä.

Fundamentalismus Der Begriff ist zu Beginn des 20. Jh. in den USA entstanden. Sein herausragendes Kennzeichen ist die irrtumslose Unfehlbarkeit von religiösen und politischen Grundüberzeugungen. Fundamentalisten finden sich in allen Religionen.

GAU, Super-GAU Der Begriff wird v. a. im Zusammenhang mit Atomenergie verwendet. Durch Störfälle in Reaktoren können massive negative Auswirkungen auf die Umwelt entstehen, die ausströmende Radioaktivität kann Lebewesen entweder töten oder schwere Krankheiten verursachen. Ein GAU – ein Größter Anzunehmender Unfall – ist ein schwerer Störfall in einem Kernkraftwerk.

Als Super-GAU bezeichnet man einen Unfall, bei dem noch stärkere Belastungen auftreten als beim schlimmsten Störfall, für den die Anlage ausgelegt wurde. Radioaktive Strahlung tritt aus, die Folgen sind unabsehbar. Super-GAUS bisher: Fukushima (2011) und Tschernobyl (1986).

NGO, Non Governmental Organization, Nichtregierungsorganisation. NGOs sind Organisationen, die wichtige gesellschaftliche Interessen vertreten, aber nicht dem Staat oder der Regierung unterstellt sind. Viele NGOs sind im Umweltschutzbereich tätig (z. B. Greenpeace), andere beschäftigen sich mit Fragen der Menschenrechte (z. B. Amnesty International) oder vertreten die Interessen bestimmter Gruppen. Auch das Österreichische Rote Kreuz, die Caritas, Zara – Zivilcourage und Antirassismusarbeit, die Asylkoordination und Ärzte ohne Grenzen sind NGOs.

Terrorismus Versuch, politische Ziele mit Gewalt durchzusetzen. Terroristische Organisationen (z. B. RAF, IRA, Al-Qaida, IS, Boko Haram) sehen sich selbst als moralisch legitimierte Freiheitskämpfer für eine gerechtere Welt gegen eine unterdrückende Herrschaft. Von bestehenden politischen Systemen (Staaten) werden Terroristinnen und Terroristen als bedenkenlose Gewalttäter gesehen. Mit der Zerstörung des World Trade Center am 11. September 2001 rückte das Terrornetzwerk Al-Qaida in das Zentrum der Weltöffentlichkeit. Mittlerweile nimmt der „Islamische Staat" (IS) diese Rolle ein.

Zivilgesellschaft Unter Zivilgesellschaft versteht man in erster Linie jenen Bereich der Gesellschaft, der nicht staatlich-(partei-)politisch ist, sondern sich freiwillig und öffentlich in gesellschaftlichen und politischen Fragen engagiert. Zur Zivilgesellschaft gehören zahlreiche NGOs und Initiativen. Ziel dieser Einrichtungen ist es, auf demokratischem Wege die Achtung der Menschenrechte und Solidarität zu fördern, die Kluft zwischen Arm und Reich abzubauen und so zu einer gerechteren Gesellschaftsordnung beizutragen.

Semester-Checks: Kompetenzen trainieren
Kompetenzmodul 5

Sowohl in der 7. Klasse als auch in der 8. Klasse werden in beiden Semestern Historische Kompetenzen und Politische Kompetenzen entwickelt und trainiert. Im vorliegenden Semester-Check findest du alle im Lehrplan für das Kompetenzmodul 5 vorgegebenen Kompetenzen.

1. Politikbezogene Methodenkompetenz

Teilkompetenz: Medial vermittelte Informationen kritisch hinterfragen (S. 16–17)

Die Inhalte im Kapitel „Wenn Fotos lügen…" dienen dazu, Politikbezogene Methodenkompetenz zu entwickeln. Anhand des Themas „Fotomanipulationen" soll der Einfluss der medialen Präsentationsformen reflektiert werden. Ziel ist, Verfälschungen der Aussagen von Fotografien zu erkennen. Dies ermöglicht dir auch, medial vermittelte Informationen kritisch zu hinterfragen. Du erarbeitest dir diese Kompetenz in Verbindung mit dem Thema „Fotomanipulationen in der Sowjetunion".

Teilkompetenz: Erhebungen nachvollziehen, die im politischen Diskurs eingesetzt werden, und deren Daten analysieren (S. 100–101)

Die Informationen im Kapitel „Erinnerungen, Erzählungen und politische Diskussionen" dienen dazu, die Politikbezogene Methodenkompetenz weiterzuentwickeln. Am Beispiel der Methode „Oral History" wird gezeigt, wie Datenerhebungen und dahinterliegende Fragestellungen nachvollzogen und untersucht werden können. Auf diese Weise sollen Sachaussagen und bewertende Aussagen besser unterscheidbar werden.

2. Historische Sachkompetenz

Teilkompetenz: Unterschiedliche Verwendung von Begriffen/Konzepten in Alltags- und Fachsprache erkennen sowie deren Herkunft und Bedeutungswandel beachten (S. 30–31)

Wichtige Ziele im Fach „Geschichte und Politische Bildung" sind das Lernen von historischen Begriffen und das Weiterentwickeln von fachspezifischen Konzepten wie „Macht", „Herrschaft", „Zeit" usw. In der Alltagssprache haben diese Begriffe meistens mehrere Bedeutungen und können in unterschiedlichen Zusammenhängen verwendet werden. Auch verändern manche Begriffe und Konzepte im Laufe der Zeit ihre Bedeutung. Das Kapitel „Begriffe und Konzepte: ‚Faschismus' und ‚Totalitarismus'" unterstützt dich dabei, die Begriffe „Totalitarismus", „Faschismus", „Nationalsozialismus", „autoritäre Systeme" und „politische Religion" mit Hilfe von Lexika und Fachliteratur zu klären, zu vergleichen und zu analysieren sowie sachlich richtig anzuwenden.

3. Politische Urteilskompetenz

Teilkompetenz: Bei politischen Kontroversen und Konflikten die Perspektiven und Interessen und zu Grunde liegenden politischen Wert- und Grundhaltungen unterschiedlich Betroffener erkennen und nachvollziehen (S. 42–43)

Politische Urteilskompetenz beinhaltet die Fähigkeit und die Bereitschaft zu einer selbstständigen, begründeten Beurteilung politischer Entscheidungen, Probleme und Auseinandersetzungen. Notwendige Teilkompetenzen dafür sind u. a., bei politischen Kontroversen und Konflikten die Perspektiven und Interessen unterschiedlich Betroffener erkennen und nachvollziehen zu können. Damit verbunden sein muss auch die Analyse von Werthaltungen, die dabei zu Grunde liegen. Im Kapitel „Wahlplakate spiegeln Interessen und Ideologien" kannst du diese Politische Urteilskompetenz mit Hilfe der Analyse, Interpretation und Beurteilung von Wahlplakaten aus der Ersten Republik trainieren.

Teilkompetenz: Vorurteile und Vorausurteile von rational begründeten Urteilen unterscheiden (S. 74–75)

Um deine Politische Urteilskompetenz weiterzuentwickeln, sollst du mit Hilfe der Quellen und Darstellungen im Kapitel „Antisemitische Vorausurteile und Vorurteile" Merkmale von Vorurteilen, Vorausurteilen und rational begründeten Urteilen kennen und voneinander unterscheiden lernen. Urteilskompetenz bezieht sich hier auf fertig vorliegende Urteile. Inhaltlich sollen sie am Beispiel des historischen Umgangs mit der jüdischen Minderheit in Österreich erarbeitet werden.

4. Historische Methodenkompetenz

Teilkompetenz: Gattungsspezifik von historischen Quellen für ihre Interpretation berücksichtigen (S. 60–61)

Politische Reden sind wichtige historische Quellen. Sie weisen bestimmte Merkmale auf, was den Aufbau, den Einsatz sprachlicher und stilistischer Mittel sowie Strategien betrifft. Wenn man diese analysiert, gewinnt man wesentliche Erkenntnisse über die Funktionen der Rede. Damit können auch die politischen Intentionen der Rednerinnen und Redner interpretiert werden. Im Kapitel „Politische Reden im Nationalsozialismus: Beispiel ‚Sportpalastrede'" lernst du anhand einer berühmten politischen Rede aus der Zeit des Nationalsozialismus, die gattungsspezifischen Eigenschaften von Quellen für ihre Interpretation zu berücksichtigen.

Teilkompetenz: Aus den Ergebnissen der Quellenarbeit und den Erkenntnissen aus Darstellungen eine selbstständige historische Darstellung entlang einer historischen Fragestellung erstellen (S. 80–81)

Um deine Historische Methodenkompetenz weiterzuentwickeln, sollst du eine selbstständige Darstellung zum Thema „Über Täter und Opfer der NS-Herrschaft" erarbeiten. Nütze dazu nicht nur die Quellen und Darstellungen im Kapitel „Über Täter und Opfer der NS-Herrschaft". Wichtig sind auch deine bisherigen Erkenntnisse aus diesem Großkapitel, vor allem aus den Kapiteln 8 und 10.

5. Historische Fragekompetenz

Teilkompetenz: Eigenständige Fragen zu Entwicklungen in der Vergangenheit formulieren (S. 82–83)

Um dein historisches Denken weiter zu schärfen, sollst du mit Hilfe der im Kapitel „Erinnerungskulturen im Umgang mit der NS-Herrschaft und dem Holocaust" präsentierten Quellen und Darstellungen sinnvolle Fragen zum Kapitelthema entwickeln. Seit dem Ende des Zweiten Weltkrieges haben sich die damit verbundene österreichische „Gedächtnislandschaft" und die damit zusammenhängende Erinnerungskultur stark verändert. In der Öffentlichkeit wird dies an verschiedenen Gedenktagen, Gedenkorten, Mahnmalen und Denkmälern deutlich.

Kompetenzmodul 6

Im vorliegenden Semester-Check findest du alle im Lehrplan für das Kompetenzmodul 6 vorgegebenen Kompetenzen.

1. Politische Handlungskompetenz

Teilkompetenz: Differenzierte politische Diskussionen führen; Kontakte zu Institutionen und Personen der politischen Öffentlichkeit aufnehmen sowie Angebote von politischen Organisationen nutzen können (S. 118–119)

Die Arbeitsaufträge 1 bis 4 im Kapitel „Entwicklungszusammenarbeit am Beispiel Afrika" erweitern deine Kompetenz, differenzierte politische Diskussionen zu führen. Arbeitsauftrag 5 leitet dazu an, deine Kompetenz zu trainieren, demokratische Mittel zur Durchsetzung deiner Anliegen zu nützen. Du wirst Kontakte zu Institutionen und Personen herstellen, die mit nachhaltiger Entwicklungszusammenarbeit befasst sind. Diese bieten auch entsprechende Informationen an, die für konkrete Projekte genutzt werden können. Damit politische Diskussionen fundiert und differenziert geführt werden können, braucht es entsprechende Grundlagen. Die Bezeichnung „Entwicklungsländer" ist erst nach 1945 gebräuchlich geworden. Mit der Entwicklungsproblematik haben sich in den vergangenen Jahrzehnten nationale Regierungen, internationale Organisationen wie die UNO und die OECD, Nichtregierungsorganisationen (NGOs) und Kirchen, aber auch die Wissenschaften beschäftigt.

Teilkompetenz: Demokratische Mittel zur Durchsetzung eigener Anliegen konzipieren und/oder anwenden, insbesondere Formen schulischer und außerschulischer Mitbestimmung; Medien nutzen, um eigene politische Meinungen und Anliegen zu verbreiten (S. 144–145)

Mit Hilfe der Materialien im Kapitel „Armutsbekämpfung im reichen Österreich" sollen Politische Handlungskompetenzen weiterentwickelt werden. Im Zentrum stehen die Konzipierung und Erarbeitung von Materialien und Maßnahmen, welche die Durchsetzung politischer Anliegen zur Mitbestimmung und Mitgestaltung – sowohl in als auch außerhalb der Schule – unterstützen. Die aufgezeigten Beispiele dienen dem politischen Handeln gegen Armut an der Schule als Anregung; die einleitenden Literaturstellen liefern grundlegende Informationen.

2. Historische Sachkompetenz

Teilkompetenz: Grundlegende erkenntnistheoretische Prinzipien des Historischen kennen und anwenden (Perspektivität; Selektivität; Retroperspektivität) (S. 124–125)

Die Materialien im Kapitel „Das Ende kolonialer Herrschaft in Asien und Afrika" dienen dazu, die Historische Sachkompetenz weiterzuentwickeln. Anhand des genannten Themas geht es darum, verschiedene Perspektiven in historischen Quellen und Darstellungen zu identifizieren und zu hinterfragen bzw. themenbezogene Auswahlentscheidungen in historischen Darstellungen zu erkennen (Selektivität) sowie die Retrospektivität von Geschichte zu erkennen und zu reflektieren.

3. Historische Orientierungskompetenz

Teilkompetenz: Darstellungen der Vergangenheit hinsichtlich angebotener Orientierungsmuster für die Gegenwart und Zukunft befragen (S. 132)

Die Materialien im Kapitel „Familienbilder" dienen der Weiterentwicklung der Historischen Orientierungskompetenz. Den Ausgangspunkt bilden grundsätzliche und für unveränderlich gehaltene Aussagen zur Familie, die mit Darstellungen von sich im Laufe der Zeit wandelnden Familienformen kontrastiert werden, um eventuelle Orientierungsmuster für zukünftige Entwicklungen zu erkennen.

Teilkompetenz: Orientierungsangebote aus Darstellungen der Vergangenheit hinterfragen und mit alternativen Angeboten konfrontieren (S. 133)

Die Materialien M1 und M2 im Kapitel „Feminismus" dienen der Weiterentwicklung der Historischen Orientierungskompetenz. Die Autorinnen Kelle und Stoller betrachten Sinn, Zweck und Ziele von „Feminismus" bzw. „Antifeminismus" aus unterschiedlichen Perspektiven. Sie hinterfragen bzw. problematisieren vorhandene Orientierungsangebote auf unterschiedliche Weise und gelangen solcherart zu alternativen Angeboten für gegenwärtige Aufgaben des Feminismus.

4. Historische Methodenkompetenz

Teilkompetenz: Darstellungen der Vergangenheit kritisch-systematisch hinterfragen (dekonstruieren); Aufbau von Darstellungen der Vergangenheit analysieren (S. 150–151)

Die Materialien im Kapitel „Jugend" dienen dazu, die Historische Methodenkompetenz weiterzuentwickeln. Die Aufgaben 1, 2, 5 und 6 leiten dazu an, Darstellungen der Vergangenheit zur Thematik „Jugend" kritisch systematisch zu hinterfragen (zu dekonstruieren). Aufgabe 3 und 4 zielen darauf ab, den Aufbau von Darstellungen der Vergangenheit zu diesem Thema z. B. hinsichtlich der inhaltlichen Gewichtung, der Argumentationslinien oder der Erzähllogik zu analysieren.

Kompetenzmodul 7

Im vorliegenden Modul-Check für das siebte und achte Semester findest du alle im Lehrplan für das Kompetenzmodul 7 vorgegebenen Kompetenzen.

1.   Historische Methodenkompetenz

Teilkompetenz: Erstellen verschiedener Darstellungen der Vergangenheit in verschiedenen medialen Formen zur gleichen Materialgrundlage (Quellen, Darstellungen) erproben (S. 174–175)

Die Aufgaben im Kapitel „Die Ära Kreisky" unterstützen dich dabei, deine Historische Methodenkompetenz zu erweitern. Mit Hilfe des Autorentextes auf S. 172 f. und den Materialien auf der Doppelseite 174–175 lernst und trainierst du, Darstellungen über die Politik in der Ära Kreisky bzw. über seine Person in verschiedenen medialen Formen zu erarbeiten.

Teilkompetenz: Perspektivität, Intention und Bewertungen in Darstellungen der Vergangenheit feststellen sowie deren Entstehungskontext berücksichtigen (S. 194–195)

Im Kapitel „Die Großen Koalitionen der Zweiten Republik" trainierst du mit Hilfe von Geschichtsdarstellungen zum Thema „Große Koalition", diese Darstellungen auf ihre Perspektivität, ihre Bewertungen und ihre Intentionen hin zu untersuchen und dabei den Entstehungszusammenhang der Darstellung mit einzubeziehen.

Die Aufgaben unterstützen dich dabei zu erkennen, dass Geschichtsdarstellungen niemals nur eine Aufzählung von Fakten sind; vielmehr sind diese Darstellungen Ergebnisse von Quellenanalyse und Quelleninterpretation, die in einer „Geschichtserzählung" zusammengefasst werden.

2.   Historische Sachkompetenz

Teilkompetenz: Fachliche Begriffe/Konzepte des Historischen auf Fallbeispiele kritisch anwenden und adaptieren (S. 178–179)

Im Geschichtsunterricht lernst du, historische Fachbegriffe zu verstehen und zu verwenden sowie Vergangenes mit Hilfe von fachspezifischen Konzepten und Begriffen zu ordnen und zu beschreiben. Die Arbeitsaufgaben im Kapitel „Neutralität und Neutralitätspolitik" unterstützen dich dabei, deine Historische Sachkompetenz in diesem Teilbereich zu erweitern.

3.   Politische Handlungskompetenz

Teilkompetenz: Sich an politischen Prozessen verantwortungsbewusst beteiligen (S. 200–201)

Freiwilliges Engagement in verschiedenen Bereichen ist eine wichtige Form verantwortungsbewusster politischer Beteiligung. Arbeitsauftrag 1 im Kapitel „Politische Beteiligung und Zivilgesellschaft" leitet dazu an, dich grundsätzlich mit der Thematik „Politische Beteiligung und freiwilliges Engagement" von Bürgerinnen und Bürgern auseinanderzusetzen. Die Bearbeitung der Arbeitsaufträge 2 bis 5 vertieft dein Wissen über verschiedene Formen freiwilligen Engagements und leitet dich dazu an, ihre politische Bedeutung zu untersuchen und zu beurteilen.

Teilkompetenz: Alleine oder mit anderen für gemeinsame und/oder für die Interessen anderer eintreten und eingegangene Kompromisse akzeptieren (S. 218–219)

In demokratischen Gesellschaften ist es wichtig, alleine oder mit anderen für eigene Interessen und für die Interessen anderer einzutreten. Nicht immer können einzelne oder Gruppen ihre politischen und gesellschaftlichen Vorstellungen durchsetzen. Kompromisse eingehen zu können und diese auch zu akzeptieren ist daher in einer Demokratie eine wichtige Fähigkeit. Mit Hilfe der Materialien und Arbeitsaufträge im Kapitel „Die EU: Kritik und Probleme" lernst du, deine Politische Handlungskompetenz in diesen Bereichen zu erweitern.

4. Politische Sachkompetenz

Teilkompetenz: Fachliche Begriffe/Konzepte des Politischen auf Fallbeispiele kritisch anwenden und adaptieren (S. 202–203)

Im Kapitel „Die direkte Demokratie in Österreich" erweiterst du deine Politische Sachkompetenz, indem du dich mit verschiedenen Formen direkter Demokratie in der österreichischen Verfassung und auf Bundesebene beschäftigst und eine Stellungnahme zum Thema „Direkte Demokratie" formulierst. Das erleichtert es, dir dein konzeptuelles Wissen und Verständnis des Begriffs „Demokratie" bewusst zu machen, es zu hinterfragen und zu vertiefen.

Teilkompetenz: Grundprinzipien der sozialwissenschaftlichen Forschung beachten (Vollständigkeit der Datenerhebung, Eignung und Verlässlichkeit von Messverfahren, Nachvollziehbarkeit der Ergebnisse) (S. 204–205)

Das Kapitel „Die Bedeutung von Messverfahren und Datenerhebung" vermittelt dir anhand von Beispielen aus den Bereichen „Politisches Interesse" und „Bildungspolitische Aussagen" grundlegende Einsichten in Methoden sozialwissenschaftlicher Forschung. Du lernst unterschiedliche Formen von Skalen zur Messung von Einstellungen kennen. Durch den Vergleich verschiedener Typen von Messskalen kannst du die ihnen zu Grunde liegenden Vorannahmen herausarbeiten; du wirst auch erkennen, dass unterschiedliche Messinstrumente zu unterschiedlichen Ergebnissen und zu unterschiedlichen Gesamtinterpretationen führen können.

5. Politikbezogene Methodenkompetenz

Teilkompetenz: Selbstständig Informationen zu politischen Themen gewinnen, um damit ein eigenes mediales Produkt der politischen Artikulation zu erstellen; Medienspezifik bei der Erstellung von eigenen medialen Produkten der politischen Artikulation beachten (S. 236–237)

In demokratischen Gesellschaften ist es wichtig, sich über politische Fragen zu informieren und sich eine eigene Meinung zu aktuellen politischen Themen zu bilden. Persönliche politische Ansichten können mit unterschiedlichen medialen Produkten einer breiteren Öffentlichkeit übermittelt werden. Um damit die gewünschte Wirkung zu erzielen, müssen die jeweiligen Merkmale des Mediums beachtet werden. Du kannst mit Hilfe der Darstellungen, Quellen und Arbeitsaufträge im Kapitel „Möglichkeiten der politischen Artikulation" deine Politikbezogene Methodenkompetenz trainieren und erweitern.

6. Politische Urteilskompetenz

Teilkompetenz: Vorliegende Urteile hinsichtlich ihres Entstehungskontextes auf ihre Kompatibilität mit Grund- und Freiheitsrechten überprüfen; Folgen von Entscheidungen und Urteilen abschätzen (S. 246–247)

Die ersten drei Arbeitsaufträge im Kapitel „Der internationale Strafgerichtshof" leiten dich dazu an zu trainieren, Urteile auf ihre Vereinbarkeit mit Grund- und Freiheitsrechten hin zu überprüfen. Du bist aufgefordert, die Urteile in den Darstellungen zu erkennen, und untersuchst dann, ob bzw. wie sie mit Grund- und Freiheitsrechten vereinbar sind. Als Materialien für das Trainieren dieser Politischen Urteilskompetenz dienen dir Texte über den Internationalen Strafgerichtshof (ICC). Aufgabe 4 und 5 des Kapitels „Der internationale Strafgerichtshof" fordern dazu auf, sich mit den Folgen von Urteilen auseinanderzusetzen. Als Materialien für das Trainieren der Politischen Urteilskompetenz dienen wieder Texte über den Internationalen Strafgerichtshof (ICC). Auch hier sind als erster Schritt die Urteile in den Texten zu identifizieren. Außerdem sollst du die Wirkung der Urteile erkennen und selbst beurteilen.

7. Historische Fragekompetenz

Teilkompetenz: Einfluss der Fragestellung auf die Darstellung erkennen (S. 262–263)

Die Arbeitsaufträge im Kapitel „USA – China – Russland: Eine neue weltpolitische Konstellation?" helfen dir, deine Historische Fragekompetenz weiterzuentwickeln. Du wirst untersuchen, welche Fragestellungen den Darstellungen zu Grunde liegen und welchen Einfluss sie auf Darstellungen ausüben. Komplexe Fragestellungen werden in der Regel aus mehreren unterschiedlichen Perspektiven betrachtet. Deshalb kommen Expertinnen und Experten mit ihren Analysen häufig zu unterschiedlichen Ergebnissen und Bewertungen.

8. Historische Orientierungskompetenz

Teilkompetenz: Mögliche Gründe für vorgeschlagene Orientierungsangebote in Darstellungen der Vergangenheit herausarbeiten (S. 270–271)

Die Aufgaben im Kapitel „Naher und Mittlerer Osten" unterstützen dich dabei, deine Historische Orientierungskompetenz weiterzuentwickeln. Mit Hilfe von Quellen und Darstellungen über vergangene und aktuelle politische Entwicklungen im Nahen und Mittleren Osten trainierst du, Gründe für vorgeschlagene Orientierungsangebote oder ihnen zu Grunde liegende Absichten zu erkennen und herauszuarbeiten. So erweiterst du auch dein Verständnis der Konflikte in dieser Region.

9. Historische Methodenkompetenz

Teilkompetenz: Die Aussagen der Darstellung der Vergangenheit mit den Erkenntnissen der Geschichtswissenschaft (Fachtexte) vergleichen (S. 292–293)

Die Arbeitsaufträge im Kapitel „Nationen und ihre Symbole: Der Wiener Heldenplatz" unterstützen dich dabei, deine Historische Methodenkompetenz zu trainieren und weiterzuentwickeln. Du lernst, die Aussagen von Darstellungen der Vergangenheit (z. B. Fotos, journalistische Texte, Lexikon-Artikel, Dokumentationsbeiträge) und jene von wissenschaftlichen Texten einander gegenüberzustellen und zu vergleichen. Dabei sollen die unterschiedlichen Darstellungsweisen und Erkenntnisziele herausgearbeitet werden. Als Arbeitsgrundlage dienen dir Materialien zum Thema „Der Wiener Heldenplatz", einem historischen, geschichtsträchtigen „Erinnerungsort" in Wien im Bereich der Hofburg, der sich aus verschiedenen Perspektiven betrachten lässt: als Schauplatz des „Anschlusses" im März 1938, als Symbol der österreichischen Zeitgeschichte und seiner jeweiligen Vereinnahmung und als „Repräsentations- und Versammlungsort" mit einer speziellen räumlichen Ausgestaltung.

Quellen- und Literaturverzeichnis

25-Punkte-Programm der NSDAP vom 24. Februar 1920. Online auf: http://www.documentarchiv.de/ (24.7.2018).
35. Sitzung des Nationalrates der Republik Österreich. Stenographisches Protokoll. XVIII. Gesetzgebungsperiode. 13.12.2017. Montag 8.7. und Dienstag 9.7.1991. Online auf: https://www.parlament.gv.at/ (1.3.2019).

ABGB 1811, § 91 und 92. Online auf: http://www.renner-institut. at/ (25.7.2018).
Adenauer, Konrad: Erinnerungen 1945–1953. Stuttgart 1965.
Alakus, Baris u.a. (Hg.): Sex-Zwangsarbeit in nationalsozialistischen Konzentrationslagern. Wien 2006.
Al-Aswani, Alaa: Im Land Ägypten. Am Vorabend der Revolution. Frankfurt am Main 2011.
Albrich, Thomas: Das offizielle Ende der Ritualmordlegenden um Simon von Trient und Andreas von Rinn. In: Albrich, Thomas (Hg.): Jüdisches Leben im historischen Tirol. Online auf: www.erinnern.at/ (22.2.2019).
Albrich, Thomas u.a. (Hg.): Holocaust und Kriegsverbrechen vor Gericht. Der Fall Österreich. Innsbruck/Wien/Bozen 2006.
Allgemeine Erklärung der Menschenpflichten. Den Vereinten Nationen und der Weltöffentlichkeit zur Diskussion vorgelegt vom InterAction Council. Online auf: http://www.humanistische-aktion.de/ (22.2.2019).
Allgemeine Erklärung der Menschenrechte. Resolution 217 A (III) der Generalversammlung vom 10. Dezember 1948. Online auf: https://www.ohchr.org/
Allgemeines Bürgerliches Gesetzbuch (ABGB): Online auf: https://www.jusline.at/gesetz/abgb (29.4.2019).
Altrichter, Helmut/Haumann, Heiko: Die Sowjetunion. 2 Bde. München 1987.
Ammerer, Heinrich: Warum denke ich, was ich denke? In: Informationen zur Politischen Bildung, Bd. 29, 2008.
Angermann, Erich: Die Vereinigten Staaten von Amerika seit 1917. München 1987.
Armendienst in Österreich. Gemeinsame Ausgabe der Vinzenzgemeinschaften Österreichs. August 2017.
Asserate, Asfa-Wossen: Die neue Völkerwanderung. Wer Europa bewahren will, muss Afrika retten. Berlin 2016.
ATTAC Österreich: Gründungsdeklaration. Originalfassung vom September 2003. Online auf: https://www.attac.at/engagieren/deklarieren/deklaration.html (22.2.2019).
Auf dem Weg in eine globale nachhaltige Informationsgesellschaft – eine europäische Perspektive. Jahrbuch Arbeit und Technik. Friedrich-Ebert-Stiftung. Bonn 1999.

Bailer-Galanda, Brigitte: Das sogenannte Lachout-„Dokument". In: Bailer-Galanda, Brigitte/Lasek, Wilhelm (Hg.): Amoklauf gegen die Wirklichkeit. NS-Verbrechen und „revisionistische" Geschichtsschreibung. 2. Aufl. Wien 1992.
Beck, Ulrich: Politik der Globalisierung. Berlin 1998.
Beck, Ulrich: Risikogesellschaft. Auf dem Weg in eine andere Moderne. München 1986.
Ben Jelloun, Tahar: Arabischer Frühling. Vom Wiedererlangen der arabischen Würde. Lizenzausgabe für die Bundeszentrale für politische Bildung. Bonn 2011.
Benenson, Peter: Die vergessenen Gefangenen. In: The Observer, London, 28.5.1961. Zit. nach: Engelmann, Reiner/Fiechtner, Urs M. (Hg.): Aller Menschen Würde. Ein Lesebuch für Amnesty International. Frankfurt am Main 2001.
Benz, Wolfgang: Jüdische Kulturzeitschrift. Heft 94, 04/2012. Online auf: http://david-kultur.at/ (25.7.2018).
Benz, Wolfgang: Sinti und Roma: Die unerwünschte Minderheit. Berlin 2014.
Berchtold, Klaus (Hg.): Österreichische Parteiprogramme 1868–1966. München 1967.
Berger, Franz/Schausberger, Norbert: Zeiten, Völker und Kulturen. Geschichte des 20. Jahrhunderts. Lehrbuch der Geschichte und Sozialkunde für die Oberstufe der allgemeinbildenden höheren Schulen. Band für die 8. Klasse. Geschichte des 20. Jahrhunderts. ÖBV und Ed. Hölzel, Wien 1972 (Nachdruck 1977).
Bergsträsser, Arnold: Politik. In: Weltpolitik als Wissenschaft. Wiesbaden 1965.
BM für Arbeit, Soziales und Konsumentenschutz: Armutsgefährdung und Lebensbedingungen in Österreich. Wien 2011.
BM für Arbeit, Soziales und Konsumentenschutz: 1. Bericht zum freiwilligen Engagement in Österreich. (1. Freiwilligenbericht). Erstellt von Eva More-Hollerwöger und Arno Heimgartner. Wien 2009.
BM für Arbeit, Soziales und Konsumentenschutz: Bericht zur Lage und zu den Perspektiven des freiwilligen Engagements in Österreich. (2. Freiwilligenbericht). Projektleitung: Bernhard Hofer. Wien 2015.
BM für Arbeit, Soziales und Konsumentenschutz: Sozialbericht 2011–2012. Wien 2013.
BM für Arbeit, Soziales und Konsumentenschutz: Sozialbericht 2015–2016. Wien 2017.
BM für Arbeit und Soziales: Von Ausgrenzung bedroht. Wien 1994.
BM für Familie und Jugend (Hg.): 7. Bericht zur Lage der Jugend in Österreich. Wien 2016. Online auf: https://www.frauen-familien-jugend.bka.gv.at/ (20.3.2019).
BM für Inneres: Sicherheitsbericht 2015. Wien 2016. Online auf: https:// www.bmi.gv.at/508/files/SIB2015_Hauptteil_V20160627_web.pdf (9.10.2018).
BM für Inneres: Sicherheitsbericht 2016. Bericht über die Tätigkeit der Strafjustiz. Online auf: https://www.bmi.gv.at/ (1.3.2019).
BM für Landesverteidigung und Sport: Verfassungsrecht und militärische Landesverteidigung. Online auf: http://www.bundesheer.at/ (1.3.2019).
BM für Soziale Sicherheit und Generationen: Bericht über die Soziale Lage 2004. Wien 2005.
Böhnisch, Lothar: Jugendbilder und Jugenddiskurse des 20. Jahrhunderts bis heute. In: Böhnisch, Lothar/Plakolm, Leonhard/Waechter, Natalia (Hg.): Jugend ermöglichen. Zur Geschichte der Jugendarbeit in Wien. Wien 2015.
Botz, Gerhard: Wien vom „Anschluß" zum Krieg. Wien, München 1978.
Brockhaus Konversationslexikon. 13. Band. Leipzig 1903.
Brodnig, Ingrid: Lügen im Netz. Wien 2017.
Bruneforth, Michael/Lassnig, Lorenz u.a. (Hg.): Nationaler Bildungsbericht Österreich 2015. Band 1. Das Schulsystem im Spiegel von Daten und Indikatoren. Graz 2016.
Bückmann, Walter: Die Vision der UNO für die Zukunft der Welt: die 2030-Agenda für nachhaltige Entwicklung. Berlin 2015.
Bundesgesetzblatt für die Republik Österreich: Jahrgang 1955, 57. Stück, 211.
Bundesgesetzblatt für die Republik Österreich: Jahrgang 1975. Ausgegeben am 31. Juli 1975. 412.
Bundesgesetz: Neuordnung der persönlichen Rechtswirkungen der Ehe. Online auf: https://www.ris.bka.gv.at/ (26.2.2019).
Bundeskanzleramt Österreich. BM für Frauen und Öffentlichen Dienst: Frauenbericht 2010. Online auf: https://www.frauen-familien-jugend.bka.gv.at (13.3.2019).
Bundesrecht konsolidiert: Gesamte Rechtsvorschrift für Unabhängigkeitserklärung. Online auf: https://www.ris.bka.gv.at/ (1.3.2019).
Bundes-Verfassungsgesetz. Online auf: https://www.ris.bka.gv.at/ (12.12.2018).
Bundes-Verfassungsgesetz in der Fassung von 1929. Online auf: https://www.parlament.gv.at/ (1.3.2019).

Calic, Marie-Janine: Geschichte Jugoslawiens im 20. Jahrhundert. München 2010.
Castells, Manuel: Der Aufstieg der Netzwerkgesellschaft. Das Informationszeitalter. Wirtschaft. Gesellschaft. Kultur. Band 1. Wiesbaden 2001.
Churchill, Sir Winston: An das Unterhaus am 13. Mai 1940. Online auf: https://winstonchurchill.org/ (25.7.2018).
Collins, Larry/Lapierre, Dominique: Um Mitternacht die Freiheit. München 1978.
Conze, Werner: Der Nationalsozialismus 1919–1933. Stuttgart 1979.
Cooper, David: Der Tod der Familie. Ein Plädoyer für eine radikale Veränderung. Hamburg 1972.
Courtois, Stéphane u.a.: Das Schwarzbuch des Kommunismus – Unterdrückung, Verbrechen und Terror. München 1998.
Craig, Gordon Alexander: Geschichte Europas 1815–1980. Vom Wiener Kongress bis zur Gegenwart. Übers. v. Marianne Hopmann. München 1996.

Dachs, Herbert/Faßmann, Heinz (Hg.): Politische Bildung. Grundlagen – Zugänge – Materialien. Wien 2002.
Danimann, Franz (Hg.): Finis Austriae. Wien, München, Zürich 1978.
Das Wannsee-Protokoll. Online auf: https://www. ns-archiv.de/ (25.7.2018).
Datenschutz-Tipps. Online auf: https://www. saferinternet.at/ (25.7.2018).
Datta, Asit: Armutszeugnis. München 2013.
Deaton, Angus: Gespaltene Gesellschaft. In: Spektrum der Wissenschaft 5/17.
Deaton, Angus: Der große Ausbruch. Von Armut und Wohlstand der Nationen. Stuttgart 2017.
Dehlinger, Alfred: Systematische Übersicht über 76 Jahrgänge Reichsgesetzblatt (1867–1942). Stuttgart 1943.
Der autoritäre „Ständestaat"/Austrofaschismus 1933–1938. Online auf: http://www. demokratiezentrum.org/ (25.7.2018).
Der lange Schatten der NS-Psychiatrie. Der Fall Dr. Heinrich Gross. Online auf: http://www.gedenkstaettesteinhof.at/ (26.2.2019).
Der sogenannte „Korneuburger Eid". Online auf: https://austria-forum.org/af/ (25.7.2018).
Der Standard, 15./16.5.2004.
Der Standard, 17.3.2011.
Der Standard, 23./24./25.4.2011.
Der Standard, 10.7.2012.
Der Standard, 23./24.6.2012.
Der Standard, 10.7.2012.
Der Standard, 21./22.7.2012.
Der Standard, 20.3.2012.
Der Standard, 11./12.8.2012.
Der Standard, 15.7.2017. Online auf: https://derstandard.at/2000061314173/Justizpalastbrand-Protokoll-einer-Katastrophe (27.9.2017).
Der Standard, 4.8.2017.
Die Furche, 8.6.2017.
Die Pariser Völkerbundakte vom 14. Februar 1919. Franz. und engl. Text mit deutschen Übersetzungen. Berlin 1919.
Diendorfer, Gertraud/Kapfer Margot u.a. (Hg.): Virtuelle Agora und digitale Zivilcourage. Wien 2017.
Dikötter, Frank: Mao und seine verlorenen Kinder. Chinas Kulturrevolution. Darmstadt 2017.
Dokumente der deutschen Politik. Bd. 2. Berlin 1938.
Domes, Jürgen: Die Ära Mao Tsetung. Innenpolitik in der Volksrepublik China. Stuttgart 1971.
Dörre, Klaus/Lessenich, Stephan/Rosa, Hartmut: Lob der Gleichheit. Warum die Postwachstumsgesellschaft umverteilen muss. In: Le Monde diplomatique: Atlas der Globalisierung: Weniger wird mehr. Berlin 2015.
Duverger, Maurice: Die politischen Parteien. Tübingen 1959.

Ebbinghaus, Angelika/Henninger, Max/van der Linden, Marcel (Hg.): 1968 – ein Blick auf die Protestbewegungen 40 Jahre danach aus globaler Perspektive. ITH Tagungsberichte Bd. 43. Leipzig 2009.
Ebenhoch, Ulrike: Die Frau in Vorarlberg 1914– 1933. Dornbirn 1986.
Ebner, Anton/Majdan, Harald: Geschichte 4 für die Oberstufe der allgemeinbildenden höheren Schulen. öbv, Ed. Hölzel, Hölder-Pichler-Tempsky, Österr. Gewerbeverlag, Salzburger Jugend-Verlag. Wien, Salzburg 1975.
Eco, Umberto: Vier moralische Schriften. München 1998.
Eichmann-Prozess: Eichmann trial. 88 Session. Transkript Minute 16'50–17'20 aus: https://www.youtube.com/watch?v=YF2462I109A (25.7.2018).
Engelmann, Reiner/Fiechtner, Urs M. (Hg.): Aller Menschen Würde. Ein Lesebuch, amnesty international gewidmet. Frankfurt am Main 2001.
Étienne, Bruno: Fundamentalismus oder: Saddam und die Fackel des Islam. In: Die neue Welt-Unordnung. Der Standard, Sonderdruck. Wien 1991.

Fassbender, Bardo (Hg.): Quellen zur Geschichte der Menschenrechte. Von der Amerikanischen Revolution zu den Vereinten Nationen. Stuttgart 2014.
Fellner, Wolfgang: Die Legende von der vererbten Bildung. In: Der Standard, 20.9.2017.
Fetscher, Iring: Joseph Goebbels im Berliner Sportpalast 1943: „Wollt ihr den totalen Krieg?" Hamburg 1998.
Figl, Leopold: Zitate aus Ansprachen. Online auf: https://austria-forum.org/ (1.3.2019).
Fischer, Heinz: Nein zu mehr Volksabstimmungen, 2012. Online auf: http://kurier.at/; Interview von Karin Leitner und Josef Votzi (26.5.2012).
Fischer-Kowalski, Marina/Wiesbauer, Elisabeth: „Früchterln" und was sie fruchten. Gedanken und Notizen zur Jugendkultur in den fünfziger Jahren. Wien 1985.
Frank, Leonhard: Links, wo das Herz ist. Berlin 1963.
Frankfurter Allgemeine Sonntagszeitung, 15.10.2017
Frankfurter Rundschau, 19.5.1991.
Frankfurter Rundschau, 11.12.1991.
Frass, Otto: Quellenbuch zur österreichischen Geschichte. Bd. 4. Wien 1967.
Frey, Marc: Geschichte des Vietnamkriegs. München 2006.
Frindte, Wolfgang/Haußecker, Nicole (Hg.): Inszenierter Terrorismus. Wiesbaden 2010.
Frisch, Max. In: Seiler, Alexander J.: Siamo italiani – Die Italiener. Gespräche mit italienischen Arbeitern in der Schweiz. Zürich: EVZ 1965.
Fritzsche, Karl Peter: Menschenrechte. Eine Einführung mit Dokumenten. Paderborn 2004.
Fuchs, Walter/Krucsay, Brita: Zählen und Verstehen: Jugenddelinquenz, erfahrungswissenschaftlich betrachtet. In: 6. Bericht zur Lage der Jugend in Österreich. Wien 2011.

Gärtner, Heinz: Frage des Tages, 26.10.2015. Online auf: http://www.kleinezeitung.at/ (9.4.2018).

Gärtner, Heinz u.a.: Österreich im internationalen Kräftefeld. Wien 1990 (= Materialien und Texte zur politischen Bildung, Bd. 6).
Gärtner, Reinhold: Politiklexikon für junge Leute. Wien 2008.
Gasteyger, Curt: Europa zwischen Spaltung und Einigung 1945–1990. Eine Darstellung und Dokumentation über das Europa der Nachkriegszeit. Köln 1990.
Gehler, Michael: Der EG-Beitrittsantrag. In: Gehler, Michael/Steininger, Rolf (Hg.): Österreich im 20. Jahrhundert, Bd. 2. Wien, Köln, Weimar 1997.
Geiger, Brigitte/Hacker, Hanna: Donauwalzer – Damenwahl. Frauenbewegte Zusammenhänge in Österreich. Wien 1989.
Genscher, Hans-Dietrich: Nicht gegen, sondern mit Russland. In: Der Standard, 5.6.2012.
Gerlich, Peter/Müller, Wolfgang C.: Grundzüge des politischen Systems Österreichs. Materialien und Texte zur politischen Bildung. Band 4. Wien 1988.
Geschichte lernen. Heft 175/2017, Die russische Revolution.
Geschichte lernen. Heft 158/2014. Online auf: https://www.freitag.de/ (25.7.2018)
Gesetz zur Behebung der Not von Volk und Reich. Online auf: https://www.1000dokumente.de/ (25.7.2018)
Geyer, Roderich, unter Mitarbeit von Fink, Karl/Luger, Franz: Geschichte und Sozialkunde für die 8. Klasse der allgemeinbildenden höheren Schulen. Österreichischer Agrar-Verlag, Wien 1974.
Gies, Erica: Energierevolution für Afrika, Spektrum der Wissenschaft 5/2017.
Gleichbehandlungsgesetz, 1979, § 2. Online auf. https://www.ris.bka.gv.at/ (5.3.2019).
Gorbatschow, Michail: Perestroika. München 1987.
Göhring, Walter/Hasenmayer Herbert/Jedlicka, Ludwig: Zeitgeschichte. Ein approbiertes Lehr- und Arbeitsbuch für Geschichte und Sozialkunde (2. verbesserte Auflage). Verlag Ferdinand Hirt, Wien 1979.
Görlich, Ernst Joseph: Grundzüge der Geschichte der Habsburgermonarchie und Österreichs. Darmstadt 1970.
Graml, Hermann: Reichskristallnacht: Antisemitismus und Judenverfolgung im Dritten Reich. München 1988.
Große Koalition. Online auf: https://de.wikipedia.org/ (2.4.2018).
Guggenbühl, Gottfried (Hg.): Quellen zur Allgemeinen Geschichte, Bd. IV: Quellen zur Geschichte der Neuesten Zeit. Zürich 1969.
Gujer, Eric: Die militärische Logik ist zurück in Europa. Kommentar. In: Neue Zürcher Zeitung, 12.1.2018: Online auf: https://www.nzz.ch/ (1.3.2019).
Guterres, Antonio: Appeal for peace from UN Secretary-General Antonio Guterres. New York 2017. Online auf: https://www.un.org (25.4.2019).

Halbrainer, Heimo/Lamprecht, Gerald: Nationalsozialismus in der Steiermark. Innsbruck 2015.
Hanisch, Ernst: Der lange Schatten des Staates. Österreichische Gesellschaftsgeschichte im 20. Jahrhundert. Wien 1994.
Hartl, Iris: Frauen in den Goldenen Zwanzigern. Rauchen, Sporteln und Monokeln. Online auf: https://www.stern.de/ (25.7.2018).
Hauser, Gunther: Österreichs Sicherheitspolitik zwischen Neutralität und Solidarität. In: Truppendienst, Folge 282, Ausgabe 2/2005. Online auf: http://www.bundesheer.at/truppendienst/ (1.3.2019).
Heilsberg, Franz/Korger, Friedrich, unter Mitarbeit von Klein, Rudolf/Meier, Thea/Wagner-Rieger, Renate: Allgemeine Geschichte der Neuzeit von der Mitte des 19. Jahrhunderts bis zur Gegenwart (5. Auflage, bearbeitet und ergänzt von Hübner, Ferdinand). öbv, Hölder-Pichler-Tempsky, Hölzel Wien 1969.
Hein, Christoph: Säbelrasseln über dem Meer. In: Frankfurter Allgemeine Zeitung, 11.8.2012.
Hemminger, Hansjörg (Hg.): Fundamentalismus in der verweltlichten Kultur. Stuttgart 1991.
Herden, Lutz: Wer geht, kommt nicht wieder. In: Der Freitag, 10.11.2016. Online auf: https://www.freitag.de/ (1.1.2018).
Hermann, Rainer: Wurzel des Nahost-Konflikts. In: Frankfurter Allgemeine. Der Erste Weltkrieg. 15.5.2016.
Hessel, Stephane: Empört Euch. Deutschsprachige Ausgabe. Berlin 2011.
Hillebrandt, Frank: Begriff und Praxis des Terrorismus. Eine praxistheoretische Annäherung. In: Kron, Thomas/Reddig, Melanie (Hg.): Analysen des transnationalen Terrorismus. Wiesbaden 2007.
Hitler, Adolf: Mein Kampf. München 1939.
Hobsbawm, Eric: Globalisierung, Demokratie und Terrorismus. München 2009.
Hodenberg, Christina von: Interview. In: Spiegel Geschichte 4, 2016.
Hofer, Walther: Der Nationalsozialismus. Frankfurt am Main 1957.
Hofer, Walther: Die Entfesselung des Zweiten Weltkrieges. Eine Studie über die internationalen Beziehungen im Sommer 1939. Frankfurt am Main 1967.
Honsik, Gerd: Freispruch für Hitler? Wien 1988.
Höss, Rudolf/Broszat Martin (Hg.): Kommandant in Auschwitz. Autobiographische Aufzeichnungen des Rudolf Höss. München 1963.
Hörmann, Tamara/Steinberger, Lukas: 10 Jahre Smartphone: Wie wir zu Abhängigen wurden, 22.9.2017. Online auf: http://www.weekend.at/magazin/ (1.3.2019).
Howarth, Ken: Oral History. Glouctershire 1999.
Hrncir, Marcus/Urbanek, Sigrid: Der demokratische Rechtsstaat Österreich. In: Materialpaket Politische Bildung, hg. vom Forum Politische Bildung. Wien 2002.
Hruby, Eva: Deliberative Demokratie – Bürgerräte in Vorarlberg. In: ksoe Dossier 02/2017.

IMAS International: Abschied von Wählern und Milieus. Report Nr.2, 2011. Online auf: www.imas.at (1.3.2019).
Internationale Konferenz für Bevölkerungsentwicklung 1994 in Kairo. Aktionsprogramm. Nach WBB 2004.
Informationen der Österreichischen Entwicklungszusammenarbeit: Weltnachrichten Nr. 3/2011.
Isak, Hubert: Gemeinsame Verteidigung und Neutralität. Online auf: https://static.uni-graz.at/ (1.3.2019).

Jaegermann, Judith: Meine Erinnerungen. Israel 1985. Online auf: http://www.schoah.org/zeitzeugen/jaegermann-0.htm (1.3.2019).
Jagschitz, Gerhard: Der österreichische Widerstand gegen das nationalsozialistische Regime 1938–1945. In: Schneck, Peter/Srentenovic, Karl (Hg.): Zeitgeschichte als Auftrag politischer Bildung. Lehren aus der Vergangenheit. Wien 1978.
Jakir, Peter: Kindheit in Gefangenschaft. Frankfurt am Main 1972.
Jaschke, Hans Gerd: Rechts- und Linksextremismus, Islamismus. Online auf: http://www.bpb.de/ (25.7.2018).
Jochum, Manfred: Die erste Republik in Dokumenten und Bildern. Wien 1983.
Johnson, Lyndon B.: Meine Jahre im Weißen Haus. München 1972.
Judt, Tony: Geschichte Europas von 1945 bis zur Gegenwart. Frankfurt am Main (4. Auflage) 2012.
Jugend-Umfrage „EUROPA#wasistjetzt". Online auf: www.oegfe.at/ (18.3.2019).
Jung, Alexander: Große Depression. Das Fanal von 1929, 10.8.2009. Online auf: http://www.spiegel.de/ (25.7.2018).

Janssen-Jurreit, Marielouise: Sexismus. Über die Abtreibung der Frauenfrage. Berlin 1978.

Kelek, Necla: Lassen Sie uns über Freiheit sprechen. Rede anlässlich der Verleihung des Freiheitspreises 2010 der Friedrich-Naumann-Stiftung. Frankfurt 2010.
Kelle, Birgit: Pro. In: Kleine Zeitung, 8.3.2015, S. 2.
Kelsen, Hans: Vom Wesen und Wert der Demokratie. Tübingen 1929.
Kennedy, John F.: Inaugural Address, 20 January 1961. Online auf: https://www.jfklibrary.org/ (24.1.2018).
Kepplinger, Brigitte/Reese, Hartmut: Das Funktionieren einer Tötungsanstalt. In: Rotzoll, Maike u.a. (Hg.): Die nationalsozialistische „Euthanasie"-Aktion. Paderborn, München, Wien, Zürich 2010.
Keraj, Visar: Das politische System der Schweiz. Online auf: https://www.vimentis.ch/ (1.3.2019).
Kirisits, Manuel: Erasmus-Erfahrungsbericht. Vorarlberg, Wien, 2018.
Klaus, Georg/Buhr, Manfred: Philosophisches Wörterbuch. Berlin 1975.
Klonk, Charlotte: Terror. Wenn Bilder zu Waffen werden. Frankfurt am Main 2017.
Klusacek, Christine/Stimmer, Kurt (Hg.): Dokumentation zur österreichischen Zeitgeschichte, 1918–1928. Wien, München 1984.
Kneissl, Karin: Wachablöse. Wien 2017.
Kößler, Gottfried: Vernichtungskrieg. Verbrechen der Wehrmacht 1941–1944. Frankfurt am Main 1997.
Kreisky, Bruno: Im Strom der Politik. Erfahrungen eines Europäers. Berlin 1988.
„Kreisky, der Journalistenkanzler". Online auf: http://oe1.orf.at/ (3.4.2018).
„Kreisky zum Schmunzeln". Online auf: http://oe1.orf.at/ (3.4.2018).
Kromer, Ingrid/Hatwagner, Katharina: Geschlechtergerechtigkeit. In: Friesl, Christian/Kromer, Ingrid/Polak, Regina (Hg): Lieben, Leisten, Hoffen. Die Wertewelt junger Menschen in Österreich. Wien 2008.
Krüger, Thomas: Die Macht der Bilder. Online auf: http://www.bpb.de/ (25.7.2018).
Kühnl, Reinhard: Faschismus. Zur Problematik eines politischen Begriffes. München 1972.
Küng, Hans: Handbuch Weltethos. München 2012.
Kurlantzick, Joshua: Charm Offensive. How China's Soft Power is Transforming the World. New Haven, London 2007.

Lackner, Herbert/Linsinger, Eva: Große Koalition: Warum SPÖ und ÖVP einander immer fremd geblieben sind. In: profil.at, 12.10.2013. Online auf: https://www.profil.at/ (5.3.2019).
Laczynski, Michael: In Peking lacht man über die Amerikaner. In: Die Presse, 25./26.8.2012.
Lamprecht, Gerald: Der Gedenktag 5. Mai im Kontext österreichischer Erinnerungspolitik. In: Informationen zur Politischen Bildung Nr. 32, 2010.
Lautemann, Wolfgang/Schlenke, Manfred: Geschichte in Quellen. Band 7: Die Welt seit 1945. München 1978.
Laqueur, Walter: Weimar. Die Kultur der Republik. Frankfurt am Main 1976.
Le Monde diplomatique, Jänner 2003.
Lenin, Wladimir Iljitsch: Werke. 45 Bde. Herausgegeben vom Institut für Marxismus-Leninismus beim ZK der KPdSU. Berlin 1988.
Lenz, Karl/Adler, Marina: Geschlechterverhältnisse. Einführung in die sozialwissenschaftliche Geschlechterforschung. Band 1. Weinheim 2010.
Ley, Robert: Soldaten der Arbeit. München 1938.
lfm: Hate speech – Hass im Netz. Online auf: https://de.slideshare.net/ (1.3.2019).
Loch, Werner/Hoffmann, Alfons: Die deutsche Nachkriegsgeschichte. Limburg 1982 (= Geschichte in Unterrichtsmodellen, Bd. 9).
Loth, Wilfried: Was war der Kalte Krieg? Annäherungen an ein unbewältigtes Erbe. In: Praxis Geschichte 5/1991.
Löw, Raimund: Revolution von oben oder Verwaltung des Zufalls. In: Hauer, Ernest/Reithmayr, Franz (Hg.): Raus aus der Sackgasse. Ein Lesebuch zur Wende im Osten. Wien 1990.
Luger, Kurt/Martischnig, Michael: Die konsumierte Rebellion. Wien 1991.

Machreich, Wolfgang: Das Maschinengewehr am Rücksitz. In: Die Furche, Nr. 21, 24. Mai 2018, S. 3.
MacMillan, Margaret: Den Versailler Vertrag trifft keine Schuld. Online auf: http://www.zeit.de/ (25.7.2018).
Malina, Peter/Spann, Gustav: 1938–1988. Vom Umgang mit unserer Vergangenheit. Wien 1988.
Martin, Hans-Peter/Schumann, Harald: Die Globalisierungsfalle. Leipzig 1996.
Mayring, Philipp: Qualitative Inhaltsanalyse. Grundlage und Techniken. 11. aktualisierte Auflage. Weinheim und Basel 2010.
Mejcher, Helmut: Sinai, 5. Juni 1967: Krisenherd Naher und Mittlerer Osten. 20 Tage im 20. Jahrhundert. München 1990.
Meurs, Wim van: Krise, Stabilisierung und Integration. Südosteuropäische Politikgeschichte nach Ende des Sozialismus. In: Clewing, Konrad/Schmitt, Oliver Jens (Hg.): Geschichte Südosteuropas. Wien 2011.
Merkmale des totalitären Staates. Online auf: http://www.kwschulen.ch/ (25.7.2018).
Meyer, Hermann: Weltgeschichte im Aufriss III. Frankfurt am Main 1961.
Michler, Walter: Weißbuch Afrika. Bonn 1991.
Mihr, Christian. Online auf: http://www.t-online.de/ (26.3.2018).
Morishima, Michio: Warum Japan so erfolgreich ist. Westliche Technologie und japanisches Ethos. München 1985.
Moskauer Deklaration. Online auf: http://www.ibiblio.org/ (29.11.2017), übersetzt d.A.
Münchner Neueste Nachrichten, 25. Juli 1940, Inseratenteil.

Nave-Herz, Rosemarie: Die Geschichte der Frauenbewegung in Deutschland. Darmstadt 1994.
neue praxis. Zeitschrift für Sozialarbeit, Sozialpädagogik und Sozialpolitik. 2/2017.
Neue Zürcher Zeitung, 7.5.2016.
Neue Zürcher Zeitung, 20.10.2017.
Neue Zürcher Zeitung, 2.12.2017.
Neugebauer, Wolfgang: Widerstand und Opposition. In: Tálos, Emmerich u.a. (Hg.): NS-Herrschaft in Österreich. Wien 2002.
Neugebauer, Wolfgang: Zwischen Kollaboration und Widerstand. In: Malina, Peter/Spann, Gustav: 1938–1988. Vom Umgang mit unserer Vergangenheit. Wien 1988.
Nonn, Christoph: Das 19. und 20. Jahrhundert. Orientierung Geschichte. Paderborn 2007.
Nouripour, Omid: Was tun gegen Dschihadisten? Wie wir den Terror besiegen können. München 2017.
Nye, Joseph Samuel: Die Wirtschaft verdrängt das Militär. In: Phoenix. Zeitschrift über politische Asche und das Salz der Diskussion, Nr. 4, 2011.

Österreichische Angestelltenzeitung 1931, Nr. 279. Zit. nach: Appelt, Erna: Von Ladenmädchen, Schreibfräulein und Gouvernanten. Die weiblichen Angestellten Wiens zwischen 1900 und 1934. Wien 1985.

Opitz, Peter J.: Menschenrechte und Internationaler Menschenrechtsschutz im 20. Jahrhundert. München 2002.

Pabst, Martin: Die UN und die Entkolonialisierung (I). Vereinte Nationen 5/2015.
Palestine-Israel Journal of Politics, Economics and Culture. Narratives of 1948. Vol. 9, No. 4, 2002.
Pammer, Thomas: V.F.-Werk „Österreichisches Jungvolk". Wien 2011 (Diplomarbeit).
Pelinka, Anton: Das politische System Österreichs. In: Dusek, Peter/Pelinka, Anton/Weinzierl, Erika: Zeitgeschichte im Aufriss. Wien 1981.
Pelinka, Anton: Die gescheiterte Republik. Wien 2017.
Pelinka, Anton: Die Studentenbewegung der sechziger Jahre in Österreich. In: Forum Politische Bildung (Hg.): Wendepunkte und Kontinuitäten. Zäsuren der demokratischen Entwicklung in der österreichischen Geschichte. Innsbruck, Wien 1998, S. 148–153.
Plasser, Fritz/Ulram, Peter A.: Das österreichische Politikverständnis. Wien 2002.
Plasser, Fritz/Sommer, Franz: Wahlen im Schatten der Flüchtlingskrise. Wien 2018.
Polis aktuell, Nr. 4/2017.
Politiklexikon für junge Leute. Online auf: http://www.politik-lexikon.at/ (22.2.2019).
Politkovskaja, Anna: Russisches Tagebuch. Köln 2007.
Portisch, Hugo: Österreich II. Der lange Weg zur Freiheit. Wien 1986.
Poth, Robert: Nix Kreisky. Online auf: https://rpoth.at/ (13.4.2018).
Praxis Geschichte, Film – Geschichte – Unterricht, 52/1992.
Praxis Politik, Entwicklungspolitik – Schwerpunkt Afrika, 1/2010.
Protokoll der 78. Sitzung der Konstituierenden Nationalversammlung der Republik Österreich am 29.4.1920. Online auf: http://www.oesta.gv.at/ (25.7.2018).

Rabehl, Bernd: Zur archaischen Inszenierung linksradikaler Politik. In: Kraushaar, Wolfgang: Frankfurter Schule und Studentenbewegung. Von der Flaschenpost zum Molotowcocktail. 1946–1995. Band 3. Frankfurt am Main 1998.
Rathkolb, Oliver: Die paradoxe Republik. Österreich 1945 bis 2010, Aktualisierte Neuausgabe. Innsbruck, Wien 2011.
Ratzinger, Josef: Auf der Suche nach dem Frieden. In: Frankfurter Allgemeine Zeitung, 11.6.2004.
Reden an die deutsche Frau, Reichsparteitag, Nürnberg, 8. September 1934.
Regierungsprogramm 2017–2022 der Neuen Volkspartei/Freiheitlichen Partei Österreichs. https://www.oevp.at/download/Regierungsprogramm.pdf. (5.3.2019).
Rerum Novarum 1891. Text auf der Internetseite der Katholisch-Theologischen Fakultät der Universität Innsbruck. Online auf: http://iupax.at/ (25.7.2018).
Rohrer, Anneliese: Frage des Tages, 26.10.2015. Online auf: http://www.kleinezeitung.at/ (9.4.2018).
Rothermund, Dietmar: Delhi: 15. August 1947. Das Ende kolonialer Herrschaft. München 1998.
Rothermund, Dietmar: Blutiger Bruderzwist: Der indische Subkontinent vor der Spaltung. In: Die Zeit. Welt- und Kulturgeschichte, Bd. 14: Zweiter Weltkrieg und Nachkriegszeit. Hamburg 2006.
Rödder, Andreas: 21.0: Eine kurze Geschichte der Gegenwart. München 2016.

Sagmeister, Thomas: Mein Mann wird ein Heiliger. 1991.
Salzburger Nachrichten, 28.7.2017.
Schaller, Christian: Demokratie ist nicht gleich Demokratie. In: Dachs, Herbert/Diendorfer, Gertraud/Faßmann, Heinz: Politische Bildung. Grundlagen – Zugänge – Materialien. Wien 2002, S. 14–20.
Schausberger, Norbert: Der Griff nach Österreich. Der Anschluss. Wien, München 1978.
Schausberger, Norbert: Österreich. Der Weg der Republik 1918–1980. Mit einem ergänzenden Bericht v. Rudolf Kirchschläger: Erinnerungen und Gedanken über Österreichs entscheidende Zeit. Hg. unter Mitwirkung des Bundespressedienstes. Graz, Wien 1980.
Scheen, Thomas: Afrika kommt. In: Frankfurter Allgemeine Woche Nr. 28, 2017.
Scheipl, Josef/Staudinger, Eduard: Zwei österreichische Organisationen für Entwicklungszusammenarbeit. Autorentext.
Scheuch, Manfred: Wie faschistisch war der Austrofaschismus? In: Der Standard, 15./16.5.2004.
Schmid, Heinz Dieter (Hg.): Fragen an die Geschichte. Bd. 4. Frankfurt am Main 1988.
Schmid, Hans-Dieter/Schneider, Gerhard/Sommer, Wilhelm (Hg): Juden unterm Hakenkreuz. Dokumente und Berichte zur Verfolgung und Vernichtung der Juden durch die Nationalsozialisten 1933 bis 1945. 2 Bde. Düsseldorf 1983.
Schmidt, Helmut/Buhl, Dieter/Sommer, Theo: Im Besitz der Kongresspartei: Indien. In: Die Zeit. Welt- und Kulturgeschichte. Bd. 15. 2006.
Schmitt, Carl: Verfassungslehre. In: Schmid, Heinz Dieter/Wilms, Eberhard: Fragen an die Geschichte. Das 20. Jahrhundert. Berlin 1999.
Schneider, Carsten: Die gescheiterte Generalprobe der Bankenunion. In: Der Standard, 21.8.2017.
Scholl, Inge: Die Weiße Rose. Frankfurt am Main 1993.
Schöllgen, Gregor: Geschichte der Weltpolitik von Hitler bis Gorbatschow 1941–1991. München 1996.
Schönbrunn, Günter: Weltkriege und Revolutionen 1914–1945. Geschichte in Quellen, Bd. 5., 3. Aufl. München 1979.
Schröder, Thorsten: 100 Tage Trump in Tweets, 2017. Online auf: http://www.zeit.de/ (27.3.2018).
Schubert, Peter: Schauplatz Österreich. Topographisches Lexikon zur Zeitgeschichte in drei Bänden. Band 1. Wien 1976.
Schuman-Erklärung – 9. Mai 1950. Online auf: https://europa.eu/european-union/about-us/symbols/europe-day/schuman-declaration_de (25.7.2018).
Schumpeter, Joseph. A.: Kapitalismus, Sozialismus und Demokratie. Stuttgart 1972.
Schwarz, Angela: Zur Diskussion: Geschichte in Computerspielen: Unterhaltungsmedium und Bildung? Online auf: https://lernen-aus-der-geschichte.de/ (1.3.2019).
Schwarzer, Alice: Der kleine Unterschied und seine großen Folgen. Berlin 1975/2007.
Seers, Dudley: Prioritäten für eine Welt mit mehr Gleichgewicht. In: Neue Zürcher Zeitung, 25. August 1978.
Seidensticker, Tilman: Islamismus. Geschichte, Vordenker, Organisationen. München 2016.
Sempelmann, Peter: Nur 5,6 % Frauenquote. Online auf: www. trend.at/ (8.8.2017).
Senghaas, Dieter: Entwicklungspolitik. Alte und neue Herausforderung. In: Praxis Politik, 1/2010.
Siebenhaar, Hans Peter: Österreich. Die zerrissene Republik. Zürich 2017.
Sileitsch, Hermann: Austro-Keynesianer wider Willen. Online auf: https://www.wienerzeitung.at/ (13.4.2018).
Sperber, Manès: Der Westen darf nicht einmal weinen. Neues Forum, Bände 3–4, 1956.
Spiegel Geschichte, 6/2017.
Spiegel Online: G-8 startet 20-Milliarden Plan gegen Hunger. 10.7.2009; Online auf: http://www.spiegel.de/ (25.07.2018).
Spiegel Online: Israel genehmigt erste Siedlung im Westjordanland seit 1992. 31.3.2017. Online auf: http://www.spiegel.de/ (11.3.2018).
Spiegel, Tilly: Frauen und Mädchen im österreichischen Widerstand. Wien 1967.
Stachel, Peter: Mythos Heldenplatz. Wien 2002.
Statistik Austria: Bevölkerungsprognose 2016. Erstelldatum 11.11.2016.

Statistik Austria: migration & integration. zahlen. daten. indikatoren. 2016. Wien 2016.
Statistik Austria: Mikrozensus Arbeitskräfteerhebung (MZ-AKE) 2014. Online auf: https://familiefamilienrecht.wordpress.com/ (25.7.2018).
Steininger, Rolf: 15. Mai 1955: Der Staatsvertrag. In: Gehler, Michael/Steininger, Rolf (Hg.): Österreich im 20. Jahrhundert. Bd. 2. Wien, Köln, Weimar 1997.
Steininger, Rolf: Die Südtirolfrage 1945–1992. In: Gehler, Michael/Steininger, Rolf (Hg.): Österreich im 20. Jahrhundert, Bd. 2. Wien, Köln, Weimar 1997.
Stiefel, Dieter: Der Arbeitsmarkt in Österreich in der Zwischenkriegszeit. Studia Germanica et Austriaca 2/2002.
Stojka, Karl: Mein Bruder Ossi. In: Stiftung Denkmal für die ermordeten Juden Europas (Hg.): Karl Stojka aus dem österreichischen Burgenland. Online auf: https://www.stiftung-denkmal.de/ (22.2.2019).
Stoller, Silvia: Kontra. In: Kleine Zeitung, 8.3.2015, S. 2.
Stöver, Bernd: Ein totaler Krieg. In: ZEIT-Geschichte 3/12. Der Kalte Krieg. Weltpolitik im Schatten der Bombe.
Stratenschulte, Eckart, D.: Die Europäische Union. Versuche der institutionellen Reform. Online auf: http://www.bpb.de/ (5.3.2019).
Strausfeld, Michi: Vom Hinterhof der USA zum Vorhof Chinas? In: Neue Zürcher Zeitung, 17.2.2018.

Take, Ingo: NGOs im Wandel. Von der Graswurzel auf das diplomatische Parkett [Diss.]. Wiesbaden 2002.
Tálos, Emmerich: Sozialpartnerschaft ist Eliteherrschaft. In: Der Standard, 29.03.2018. Online auf: https://derstandard.at/ (1.3.2019).
Tenbrock, Christian: Der späte Sieg. In: Die Zeit, Nr. 50, 6.12.1991.
Tenbrock, Robert Hermann/Kluxen, Kurt/Stier, Hans Erich (Hg.): Zeiten und Menschen. Geschichtliches Unterrichtswerk, Oberstufe, Ausgabe G, Bd. 2. Paderborn 1970.
Tessler, Mark: A History of the Israeli-Palestinian Conflict. Bloomington 1994.
The Independent, 11.9.1991.
The Sykes-Picot Agreement: Sir Edward Grey to Paul Cambon, 16 May 1916. Online auf: https://en.wikisource.org (1.8.2018).
Thiede, Werner: Fundamentalistischer Bibelglaube im Licht reformatorischer Schriftverständnisse. In: Hemminger, Hansjörg (Hg.): Fundamentalismus in der verweltlichten Kultur. Stuttgart 1991.
Tibi, Bassam: Krieg der Zivilisationen. Politik und Religion zwischen Vernunft und Fundamentalismus. München 2001.
Tobler, Hans Werner: Zwischen Beharrung und Aufbruch. Lateinamerika. In: Konrad, Helmut/Stromberger, Monika (Hg.): Die Welt im 20. Jh. nach 1945. Wien, Berlin 2010.
Treue, Wilhelm: Deutschland in der Weltwirtschaftskrise in Augenzeugenberichten. München 1976.
Tscherne, Werner/Scheithauer, Erich/Gartler, Manfred: Weg durch die Zeiten 4. Arbeits- und Lehrbuch für Geschichte und Sozialkunde. 1980. Für die 8. Klasse der Oberstufe. Leopold Stocker Verlag, Graz 1980.

Übereinkommen betreffend die Rechte und Pflichten der neutralen Mächte und Personen im Falle eines Landkriegs. Online auf: http://www.gesetze.ch (1.3.2019).
Unabhängigkeitserklärung. Online auf: https://www.ris.bka.gv.at/ (12.12.2018).
UNHCR: Fördernde und hemmende Faktoren. Integration von Flüchtlingen in Österreich. Deutsche Zusammenfassung des nationalen UNHCR-Berichts. Wien 2013.

Vereinte Nationen: Die Allgemeine Erklärung der Menschenrechte vom 10.12.1948. Artikel 16/3.
Verhofstadt, Guy: Trump, Russland, China: Warum das Jahr 2018 entscheidend für die Zukunft der EU ist. In: focus-online, 7.1.2018. Online auf: https://www.focus.de/ (5.3.2019).
Vertrag über eine Verfassung für Europa. Online auf: https://europa.eu/european-union/sites/europaeu/files/docs/body/treaty_establishing_a_constitution_for_europe_de.pdf (1.3.2019).
Vierteljahreshefte für Zeitgeschichte, Heft 3. München 1960.
Völkischer Beobachter, 13. September 1936.
Voregger, Michael: Computerspiele im Unterricht: das Medienprojekt „Spielewelten". Online auf: https://www.spielbar.de/ (1.3.2019).
Vranitzky, Franz. Online auf: https://www.parlament.gv.at/ (13.12.2017).

Walter, Dierk: Globale Fronten. In: ZEIT-Geschichte 3/2012. Weltpolitik im Schatten der Bombe.
Weber, Max: Politik als Beruf. Kapitel 2. Online auf: http://gutenberg.spiegel.de/buch/politik-als-beruf-8139/2 (27.2.2019).
Weigl, Andreas: Migration und Integration. Eine widersprüchliche Geschichte. Innsbruck, Wien, Bozen 2009.
Weltbevölkerungsbericht 2016. Kurzfassung. Online auf: https://www.dsw.org/ (13.9.2017).
Welthaus Jahresbericht 2016: Senegal. Lösung von Landkonflikten. Graz 2016.
Welthunger-Index. Online auf: https://www.globalhungerindex.org/de/results/ (22.2.2019).
Wendt, Reinhardt: Vom Kolonialismus zur Globalisierung. Europa und die Welt seit 1500. Paderborn 2007.
Wette, Wolfram: Erobern, zerstören, auslöschen. In: Sommer, Theo (Hg.): Gehorsam bis zum Mord? Der verschwiegene Krieg der deutschen Wehrmacht. Hamburg 1995.
Wiener Tafel-Projekte für eine gerechtere Gesellschaft. Online auf: http://wienertafel.at/ (25.07.2018).
Wiener Zeitung, 13./14.8.2011.
Wiener Zeitung in Zusammenarbeit mit dem Bundeskanzleramt (Hg.): Eine Verfassung für Europa. Die neuen Spielregeln für ein friedliches Miteinander. Wien, o.J.
Wifo-Studie: Sozialpartner bringen mehr Jobs und höheren Lohn. In: Die Presse.com, 14.10.2014. Online auf: https://diepresse.com/ (1.3.2019).
wissen.de: Totalitarismus. Online auf: http://www. wissen.de/ (25.7.2018).
Wodak, Ruth/de Cillia, Rudolf: Sprache und Antisemitismus. Wien 1988.
Wolfrum, Edgar/Arendes, Cord: Globale Geschichte des 20. Jahrhunderts. Stuttgart 2007.
Wolfrum, Edgar: Welt im Zwiespalt. Stuttgart 2017.
Wolgin, Alexander: Hier sprechen die Russen. Wiesbaden 1965.
Wynn, Neil A.: Die 1960er Jahre. In: Die Vereinigten Staaten von Amerika. Frankfurt am Main 1984.

Zand, Bernhard: Hundert Jahre Krieg, 27.1.2014. Online auf: http://www.spiegel.de/ (25.7.2018).
Ziegler, Jean: Wir lassen sie verhungern. Die Massenvernichtung in der Dritten Welt. München 2012.
Ziegler, Jean: Der schmale Grat der Hoffnung. München 2017.
Zimmermann, Karl: Die geistigen Grundlagen des Nationalsozialismus. Leipzig 1933.
Zweig, Katharina: Dass ein Algorithmus sich nicht verrechnet, heißt nicht, dass er immer recht hat! Claudia Mikat im Gespräch mit Katharina Zweig. In: tv diskurs, 20. Jg. (4), 2016.